ISBN 978-0-265-62459-3
PIBN 10403183

RIVISTA
DI FILOLOGIA

(E

D'ISTRUZIONE) CLASSICA

DIRETTORI

DOMENICO COMPARETTI - GIUSEPPE MÜLLER

GIOVANNI FLECHIA

ANNO DECIMO

TORINO

ERMANNO LOESCHER

—

1882

Roma e Firenze presso la stessa Casa.

Torino — V. Bona, Tip. di S. M. e RR. Principi

INDICE GENERALE

DELLE MATERIE CONTENUTE NEL VOLUME X

Filologia greca.

Istruzione classica.

Necrologia.

ELENCO

DEI COLLABORATORI DELLA RIVISTA

ARRÒ ALESSANDRO, Dottore in lettere a Torino.

ASCOLI GRAZIADIO ISAIA, Professore all'Accademia scientifica letteraria di Milano.

BARCO GIOVANNI BATTISTA, Professore nel R. Liceo Gioberti di Torino.

CANELLO G. UGO, Professore nella R. Università di Padova.

CIPOLLA FRANCESCO, Professore a Verona.

COMPARETTI DOMENICO, Professore nel R. Istituto di Studi Superiori in Firenze.

CORTESE GIACOMO, Dottore in lettere a Savona.

D'OVIDIO FRANCESCO, Professore nella R. Università di Napoli.

FERRERO ERMANNO, Professore nella R. Università di Torino.

FLECHIA GIOVANNI, Professore nella R. Università di Torino.

FUMAGALLI CARLO, Professore nel R. Liceo di Bergamo.

GARLANDA FEDERICO, Dottore in lettere a Torino.

JEEP LODOVICO, Professore nel Ginnasio di Königsberg.

MOROSI GIUSEPPE, Professore nel R. Istituto di Studii superiori a Firenze.

MÜLLER GIUSEPPE, Professore nella R. Università di Torino.

ODDENINO MICHELE, Professore nel R. Ginnasio di Alcamo.

OLIVA GAETANO, Professore nel R. Liceo di Firenze.

PASDERA ANTONIO, Professore a Froslone.

RAMORINO FELICE, Professore nella R. Università di Palermo.

SABBADINI REMIGIO, Professore nel R. Liceo di Ventimiglia.

SETTI GIOVANNI, Professore nel R. Liceo d'Aquila.

STAMPINI ETTORE, Docente libero nella R. Università di Torino.

TARTARA ALESSANDRO, Professore nel R. Ginnasio di Roma.

TEZA EMILIO, Professore nella R. Università di Pisa.

VITELLI GIROLAMO, Professore nel R. Istituto di Studii superiori a Firenze.

LETTERE GLOTTOLOGICHE

DI

G. I. ASCOLI.

=====

PRIMA LETTERA.

(*Sommario:* I. Parole d'introduzione, che valgono insieme per questa
lettera e per le successive. — II. I motivi etnologici delle alterazioni del linguaggio. — III. Le combinazioni originali del tipo
τJÁ continuate per combinazioni greche del tipo τεjó τεó. — IV. ῦς
e σῦς; e l'applicazione che i Greci hanno fatto di alcune lettere
fenicie.)

Milano, 21 aprile 1881.

I. — Vi restituisco, amico pregiatissimo, la parte manoscritta del vostro lavoro, rinnovandovi le mie congratulazioni più schiette e più vive. Voi andate veramente molto
più in là di quei confini, oltre i quali a me non è dato di
portare, non che un vero giudizio, nè anche un esame ben
sicuro. Ma ho considerato ogni cosa con la migliore attenzione che io potessi; e mi sono sempre meglio persuaso,
che all'indagine vostra, per quanto ella si dilati e si divarii,
non vengono mai meno e la bella sicurezza dei metodi e
la più larga intelligenza delle cose. Per quello che è dei

propri miei studi, vedo poi con intima compiacenza, come abbia largamente fruttificato , per virtù vostra , quel poco che ho io potuto darvi, o nella scuola, o nelle mie pagine ahimè troppo disperse; e più ne godo, quanto meno io sperava che voi serbaste amore a coteste discipline. Nulla perciò mi potrebbe riuscire più grato e dilettevole , che il rispondere ai quesiti o seguir le esortazioni che mi avete rivolto con tanto garbo e con un sentimento così affettuoso e così lusinghiero. E spero che in qualche modo le forze mi vi bastino; ma certo non mi sarà dato di farlo, come pur vorrei, nel termine che voi m'indicate. O tentando senz'altro la teoria, o insistendo sopra singoli fatti, lo studio de' quali riconduce inevitabilmente alle affermazioni di principio, voi in effetto mi invitate a una discussione, che versi intorno a quanto hanno di più dilicato gli studi ne' quali io mi muovo e la più recente loro storia. L'assunto non mi par lieve per chi debba pigliarlo, com'è il caso mio, in mezzo a infinite distrazioni; e non me lo agevola di certo , o anzi me lo aggrava , il vostro legittimo desiderio che io segua l'ordine voluto dal vostro studio principale o dalle varie appendici. S'aggiunge il desiderio, più forse cortese che non legittimo, di V... e di P..., che io abbia a scriver queste *Lettere* in un modo alquanto meno ostico dei soliti miei saggi, quasi si presumesse di parlare anche a chi non fa della glottologia l'obietto esclusivo o principale dei propri suoi studi.

Ma, insomma, io mi proverò, incominciando oggi stesso. E se a voi pare intanto, che la mia obedienza mi possa render lecita un'ammonizione d'ordine generale, io mi periterò tanto meno a farvela sentire, quanto più sono sicuro che voi non mi dobbiate frantendere. V'ha , dunque, un vizio generale o come un peccato d'origine nel vostro libro, e massime per quanto concerne le cose glottologiche; vizio che di certo si risolve in un argomento di lode per voi, o

almeno di gratitudine per noi tutti, ma del quale pur gioverebbe, e per la sostanza e per l'effetto, che i vostri bei
volumi andassero esenti. Egli sta nella foga, con la quale
voi rivendicate o propugnate la parte che spetti alla scuola
italiana negli ultimi incrementi del sapere. Vedo bene, che,
per quanto è del mio proprio campicello, io vo doppiamente accagionato di questo impeto vostro che a me pare
soverchio; poichè c'entrano insieme la vostra grande benevolenza per me e l'incuria apparente con la quale io ho
assistito a discussioni od a negligenze parecchie. Ma non è
mai stata vera incuria. È stato un riserbo, che in certa
parte m'era imposto da altri obblighi miei, e per una molto
maggior parte m'era suggerito dalla sicura fiducia che non
sarebbero mancate, in favor mio, voci ben più autorevoli
ed efficaci che non la voce mia propria. Le citazioni che
mi sono permesso di apporre, qua e colà, a' vostri margini,
vi condurranno senz'altro a riconoscere, che se qualche insistenza può ancora parer lecita circa il contingente che di
qua dall'Alpi s'è dato agli ultimi studi di codesta specie,
resta pur sempre che la rimunerazione c'è ormai venuta,
anche d'oltralpe, non già scarsa o stentata, ma anzi generosa, quando si guardi al complesso, e a volte anche eccessiva. Il pericolo d'essere ingiustamente rimeritati si fa
sempre minore in questo nostro mondo un po' troppo calunniato. Allargatasi via via la palestra degli studi, sì che
ormai non ha quasi alcun impedimento pur dai confini tra
nazione e nazione, nè alcuna specie di giudici privilegiati,
vi si rende, o impossibile o vana, ogni sentenza angusta od
astiosa. Così possiamo sempre starcene abbastanza tran-
quilli circa l'apprezzamento dell'opera nostra; o possiamo
almeno aspettare, con animo rassegnato, che una qualche
occasione di nuove indagini, intrinsecamente profittevoli agli
studi, ci dia modo di parlare, con giusta misura, anche

intorno alla storia, più o meno minuta, della qualunque parte che già abbiamo nello stesso campo sostenuta (1).

---

(1) Vi devo in ispecie pregare di non mandare alla stampa, senza aver fatto precedere nuove e pacate diligenze, il resto dell'Appendice in cui venite a parlare delle aspirate e delle serie palatine ecc., alle quali serie vi prometto di ritornare nella prossima Lettera. Vi sarebbe un po' d'ipocrisia, dalla mia parte, se assolutamente io mi opponessi alla vostra affermazione che da codeste indagini della scuola milanese ripeta il suo principio una certa rinnovazione degli studi fonistorici intorno alla parola indo-europea; e vi concedo abbastanza facilmente che paia strano il veder mandato il mio nome insieme con altri, anzichè solo, per alcune di codeste percezioni; nè vi condannerò, di sicuro, per il modo con cui giudicate di certe opposizioni, le quali mi vedrete poi condannare anche più deliberatamente che non faceste voi. Ma, pur concessovi tutto questo, qui più che mai vi debbo porre in guardia contro il vostro zelo troppo ardente. Voi tralasciate molte distinzioni; e malgrado lo schietto vostro amore per la verità e la giustizia, venite a alcune sentenze, più o meno generali, che feriscono a torto e gli stranieri e i nostrali. Se così il Delbrück [*Einleitung in das sprachstudium*, 59, 136], malgrado alcuni miei particolari schiarimenti (*St. crit.*, II, 25 sgg.), non ha fatto le parti giuste per ciò che è delle serie palatine ecc., voi vedrete, a suo luogo, quanto malagevole gli potesse tornare il far diversamente. Per ciò che è poi delle aspirate greco-italiche, anche il Fick (²1055) si è esplicitamente riferito alla mia ricostruzione; e se l'indicazione sua non si ripete nell'ultima ristampa, ciò non deve punto attribuirsi a un'intenzione men che benevola. Il Pezzi, dal canto suo, avea già studiato questa teoria nella sua *Grammatica storico-comparativa della lingua latina*, e l'aveva molto accuratamente esposta e applicata, contrapponendola alle teorie del Corssen con un coraggio che a quei tempi non era punto comune. Posso anche soggiungere, senza commettere alcuna indiscrezione, che a Napoli, nella scuola di Kerbaker, quella teoria fu suffragata, sin dalle prime, di un'esposizione così limpida, convinta e calorosa, da mettere invidia nel suo autore. — Se i *Saggi indiani* a voi piacciono tanto e forse troppo (e avete, nel *tanto* e nel *troppo*, un buon compagno, il Flechia), non c'è stato nessuno, per quanto io sappia, che ne contestasse il valore. E quanto alle mie esercitazioni romanologiche, non potrete non convenire che i Flechia, i Mussafia, gli Schuchardt, i Foerster, per non dire che di questi, mi abbiano addirittura guastato con la loro bontà. Ai Francesi bisogna tener conto delle loro peculiari condizioni. Essi devono primamente pensare al proprio loro pubblico, ed è pressochè inevitabile che assumano talvolta certe loro particolari intonazioni, quando in

Ancora permettete, in questa specie d'esordio, un'altra osservazione, d'indole men generale, ma che pur tocca una parte abbastanza considerevole dei ragionamenti ai quali m'invitate, e anche si connette abbastanza strettamente con l'ammonizione che ho fatto precedere, perchè mi paia non inopportuno di qui innestarla. Voi cioè, da buon meridionale, sillogizzate con terribile abondanza contro quella pretesa rinnovazione di principî che sarebbe « il decalogo dei Neo-grammatici ». Le stritolate queste povere Tavole della nuova fede; e fate di quei Leviti e dei Diaconi, e pur di qualche più o meno inconsapevole Suddiacono cisalpino, uno scempio che ricorda i Vespri. Ora io vi dirò molto candidamente, che l'acume e la verità mi parvero bensì brillare in quasi tutte quelle terribili pagine; ma che il vostro discorso pur mi riconduceva di continuo alla sentenza del Manzoni intorno agli effetti della Biblioteca Ambrosiana, dei quali « sarebbe facile dimostrare in due frasi, al modo « che si dimostra, che furono miracolosi, o che non furono « niente ». Concedo, che agli allievi delle nostre scuole di linguistica debba parer singolare, e pressochè incredibile, che certi accorgimenti o enunciati elementari, familiarissimi a loro da così gran tempo, or si vogliano proclamare come cose nuove, come canoni metodologici di cui nessuno, per l'addietro, vedesse la grande e sicura portata. Ho stentato

---

ispecie si tratti di misurarsi con i Cisalpini. Sono, del rimanente, cose poco men che impercettibili. — Più ragione potreste avere per ciò che è di alcune percezioni morfologiche, d'ordine più o meno generale; e non tarderò a tenervene discorso. Ma qui è anche da considerare la troppa dispersione delle mie note; la quale in parte dipende dalla scarsità delle mie forze, in parte da una dura necessità in cui si sono generalmente trovati i linguisti italiani della generazione cui io appartengo; dal bisogno, cioè, di raggiungere e accompagnare e continuare gli stranieri, in ordine a troppe cose ad un tempo. Beata la generazione che ora è libera di fare altrimenti!

anch'io a prestar fede a' miei occhi quando ebbi a leggere
che andava finalmente riconosciuto il bisogno d'intendere
l'evoluzione de' suoni secondo la ragione effettiva della loro
entità naturale; o riconosciuta l'utilità grande che dalla considerazione delle fasi moderne della parola si può ritrarre
anche per quant'è della dichiarazione o ricostruzione delle
fasi antiche; o scoverta l'efficacia varia e grandissima delle
spinte analogiche; o scoverto ancora, che di ogni eccezione
od incertezza, onde soffrono o paiano soffrire le norme fonologiche, debba cercarsi un perchè, il quale in effetto la
risolva; e altro che sia di simigliante. Di certo voi potete
aggiungere, con animo sicuro, che, ben lungi dall'essere
per noi una fase nuova di studi quella che s'informi a codeste massime, le nostre scuole da un pezzo rappresentano
una fase più inoltrata; quella, cioè, in cui maestri ed allievi
hanno ormai utilmente esercitato un lavoro insistente di
critica sperimentale intorno a ogni affermazione di cotal
maniera. Nè punto mi sembrano superflui, anche per gli
iniziati, quei saggi, più o meno popolari, che voi imaginate,
per esemplificare l'ampiezza grandissima e la solidità tetra-
gona di resultanze ormai conseguite, circa le quali sien pur
costretti a confessare questi banditori della *buona novella*
che nulla per essi ne debba andare detratto o vi possa andare aggiunto. Sono anzi pronto ad aiutarvi in quest'opera;
e sono il primo a convenire, che, se la dottrina non è nuova
(in quanto è buona), il linguaggio di qualche suo apostolo
è stato, per vari modi, assai infelice. Concedo ancora, per
dir d'un ultimo particolare, che gli esempi di pretesa etero-
dossia (l'esempio sia poi una singola dichiarazione, o tutto
un libro, o tutt'un autore), intorno ai quali la nuova Chiesa
ha cimentato l'azione sua propria, dovettero talvolta parer
scelti proprio a rovescio; e non nego che qualche redar-
guizione, rapida e stringente, possa ancora tornare oppor-

tuna o doverosa. — Ma, appunto perchè è vero tutto questo, è vero insieme, che nessun turbamento ce ne dee venire in ordine alle sorti o al progresso della nostra disciplina. Anzi è tutt' altro. Si tratta, in realtà, di valorosi compagni di studio, che si vengono industriando, con particolare insistenza, intorno all' azione di alcuni principî, la virtù dei quali, sempre ammessa, ora diventa, per loro merito, sempre più largamente manifesta. Valgono essi e varranno a continuare e a correggere l'opera di coloro che li hanno immediatamente preceduti, così come l'opera di questi ha continuato e corretto quella dei maestri che avevano lavorato prima di loro. Se qualche trovato li inebbria o qualche presunzione li illude, non li persuaderemo del loro torto col trasmodare a nostra volta. Senza poi dire, che voi inasprite la disputa con argomentazioni propriamente personali, non sempre giuste, e quasi sempre (scusate) o inopportune o superflue (1).

---

(1) Così mi duole grandemente, che sia tra' fogli stampati quel passo in cui discorrete, con tanto acerbo rigore, del sentimento che nutra l' Osthoff per le cose mie. Ma voi siete confutato, nel modo più irrefragabile, dal suo stesso articolo nella *Literaturƶeitung* [di Jena, art. 476 dell'anno 1878], che pur conoscete e allegate! Io vi concedo subito, che nei *tre punti*, come voi dite, l'Osthoff abbia molto torto, e non solo dinanzi alla linguistica, ma anche un po' dinanzi alla moralità letteraria. Senonchè, appunto per questo, io non mi son dato nessuna premura di mandar per le stampe una qualunque mia risposta. Ed ecco ora, se mel permettete, come io sarei, pressappoco, proceduto nella esposiẑione dei *tre punti* e nelle rispettive risposte, quando io mi fossi risoluto di favellarne in pubblico.

P r i m o p u n t o. — Io sono accusato, non solo di consentire, nella pratica, che le norme fonologiche patiscano eccezioni, ma ancora di sostener quest'eresia in sede teorica; e il grave peccato si troverebbe commesso a p. 39 del sec. vol. degli *Studi Critici*.

Or la verità è questa. Io non parlo mai, nè scrivendo, nè inse-

Insomma , io non vi vorrei parere epigrammatico ; ma devo pur confessare, che in luogo delle vostre 72 (dico settantadue) pagine di polemica generale, io altro in sostanza

---

gnando, di eccezioni. Mostro e dimostro che di un dato suono, o di una data combinazione di suoni, si possano anche avere esiti diversi in una lingua medesima o in un medesimo dialetto , e cerco le ragioni delle diversità. Spesso le trovo ; e quando io non le trovi, conchiudo: non par possibile che la data voce o la data serie di voci non abbia il fondamento etimologico che le assegniamo, ma la ragione della special determinazione fonetica non è ancora trovata. Così io credo che facciano tutti i veri linguisti da un gran numero d'anni. Tutti così diciamo, per esempio, *chien* franc. è c a n i s , e *pain* franc. è p a n i s ; la base -a n i è identica in entrambi (la differenza di quantità, che è tra *cănis* e *pānis*, non vale, come ognun sa, in ordine a' riflessi neo-latini), ma la resultanza è diversa dall'uno all'altro ; e la ragione della diversità è trovata ; vedi, per es., *Arch. glott.*, III, 71-2. Oppure diciamo: avviene in uno stesso dialetto, che GL ecc. di fase anteriore, o si mantenga, o si riduca a *l* ; ma il primo caso si verifica a formola protonica, il secondo a formola postonica ; vedi, per esempio, *Arch. glott.*, I, LII. O ancora ci chiediamo, perchè p o d i o dia l'it. *poggio*, e m e d i o dia all' incontro l'it. *mezzo*, o r a d i o dia insieme *raggio* e *razzo* ; e le distinzioni cronologiche, le quali ci valgono, per consimili differenze, in altre parti delle serie neo-latine risalenti a DJ (v., per es., *Arch. glott.*, I, 511), qui ancora non si possono sicuramente accampare ; come non si possono ancora accampar sicuramente di cotali distinzioni in un caso com'è quello di *gabbia* it. = c a v e a allato a *pioggia* it. = p l o v i a , o in un caso com'è quello di *macchia e maglia*, le due forme per le quali si continua nell'italiano, cioè nel dialetto fiorentino, il lat. m a c u l a , secondo le due diverse significazioni sue (trattasi veramente, come oggi ognuno conosce, di un KLJ di fase anteriore, che si semplifica in *kkj* o in *llj*, secondo che ceda la seconda o la prima delle tre consonanti aggruppate) ; v., per es., *Arch. glott.*, III, 288. Si potrebbe, ogni esperto lo sa, continuare indefinitamente con ricordi di siffatta specie. E c'è poi bisogno d'avvertire, che le ragioni, non ancora trovate, si cercan di continuo ? E che altro fo io, poichè si discorre del

non direi se non ciò che si contiene nelle tre o quattro pa-
ginette che ho qui fatto precedere, solo aggiungendo, per
quella che voi argutamente chiamate *la gazzarra psicolo-*

---

mio modesto esempio, da ben più di vent'anni? Se, dunque, le parole che si trovano a p. 39 del secondo volume degli *Studi Critici*
pur si prestassero a quell'equivoco da cui par dipendere l'imputazione
dell'Osthoff, l'equivoco dovrebbe senz'altro andar respinto, come una
imaginazione affatto assurda. Ma si aggiunge, che quelle parole affatto non si prestano ad alcun equivoco. Io cioè m'opponeva (nel
1867) a certe solenni affermazioni, dalle quali si sarebbe dovuto inferire che la fonologia comparata fosse cosa estremamente facile e
semplice, quasi non si trattasse se non « dell'unica e esclusiva formola A = B », e tutta la disciplina si potesse « tradurre in una specie
di tavola pitagorica o di bussola delle lingue. » Affermavo dal canto
mio, come tutti dovevano e debbono affermare, trattarsi veramente
di ben altro; poichè, a cagion d'esempio, il lat. *uber* non risponde
meno sicuramente all' indiano *ūdhar*, di quello che il lat. *medio* al-
l'indiano *madhja*, comunque nel primo caso s'abbia *b = dh*, e nel secondo: *d = dh*. E soggiungevo: « Di certo, la saldezza della nostra
« dottrina fonologica proviene per molta parte dalla grande costanza
« di molte equazioni della semplice formola A = B; ma più precisa-
« mente sta in ciò: che per un sistema d'analogie, geometricamente
« perfette, nel quale ciascun idioma ha le sue particolari ragioni e
« ciascun suono è partitamente considerato in ogni sua diversa con-
« giuntura, risaliamo, dall'un canto, alle condizioni originali de' sin-
« goli elementi, e, dall'altro, ne seguiamo, per infiniti meandri, le
« infinite e spesso ben recondite peripezie. » Ora l'Osthoff vorrebbe,
fermandosi a cotesto mio esempio, che l'interdentale protoitalica
(una specie di *th* inglese di pronuncia sorda) diventasse *b* in *uber* per
effetto del *r*; e all'incontro si determinasse in *d* nell'altra voce (*medio*),
perchè non le era attiguo un *r*. Io qui non discuterò cotesta spiegazione, e l'ammetto senz'altro per giusta. Ma, imprima, si toglie mai per
essa che lo *dh* originario o sanscrito abbia nel latino due diversi continuatori e entrambi legittimi, e quindi non si regga il principio del-
l'esclusiva formola A = B ? In secondo luogo, una tal dimostrazione
sarà mai cosa che contraddica comunque a chi ponea, nella sua de-

gica, una specie d'interpellanza, formulata pressappoco in questi termini : « A voialtri è piaciuto e piace continuamente « parlare di *momenti psichici,* di azione *psichica,* di un'arte

---

finizione, il sistema 'geometricamente perfetto, nel quale ciascun 'suono è partitamente considerato in ogni sua diversa congiuntura'? E finalmente, chi ha preparato all'Osthoff l'interdentale paleoitalica, dalla quale egli ripeterebbe tutto quanto il suo lavoro? Gliel'ha pre- parata un mio antico studio, che si riproduceva in quello stesso mio libro !

Secondo punto, quello che voi chiamate *il ritornello ar- meno.* — Io ho espresso l'opinione (*St. crit.,* 11, 228), nella quale ri- mango sempre fermo, che il *-n* dell'armeno *a-nu-n,* nome, e d'altret- tali, sia un' affissione seriore, da conguagliarsi con quella che è nel- l'arm. *tu-n,* casa, e altrettali. L'Osthoff m' oppone, che se io credo perduto l' *-an* originario pure in esempi così antichi quali sarebbero le voci per 'cane' e 'nome' (temi sscr. *çvan, nāman*), non si sa poi vedere donde io voglia prendere l' *-an* ascitizio che io presumo aderir più tardi a codeste serie di temi armeni. In quest' occasione, ripro- duce l'Osthoff una sua noterella [*Morph. unters.,* 1, 118 = *Jen. Li- teraturʒeit.,* l. c.], con la quale mi rimette bruscamente a un luogo in cui l'Hübschmann avrebbe dimostrato che all'armeno sia estranea la riduzione iranica di *çv* in *sp.*

Ora ecco la troppo facile ma tranquilla risposta. — L'Osthoff ha manifestamente creduto che l' *-an* ascitizio, del quale io parlava, così per *anun* ecc., come per *tun* ecc., fosse l' *-an* originario del tipo *nā- man* o del tipo *çvan*! Ma come poteva io fare un'ipotesi, che avrebbe appunto negato quel ch'io voleva dimostrare? Io parlava di un *-an* ascitizio, equivalente a un primitivo *-ana*; come appunto poneva Fe- derigo Müller, che giustamente ho citato (p. 224)! Quindi io postu- lava uno *ç[v]-ana,* come si postula uno *dvar-ana* ecc., o come si po- stula, con una diversa aggiunzione, lo *çvaka* che diede σπακα, cane, ai Medi. Dicevo poi, tra parentesi, che, per più d'una ra- gione, stavo dubbio circa l'attenenza tra l'arm. *šun,* gen. *šan,* e il sscr. *çvan çun.* In effetto, c' è, da un lato, che di contro al med. σπακα s' abbia il pers. *sag* e altri riflessi iranici in cui non si vede traccia del *v* fondamentale, che qui dovrebbe ¯anzi essere *p.* E c'è,

« *psicologica* per la quale s'innovi la nostra disciplina; e
« potete vedere come alcuni adepti, più o meno digiuni di
« scienza vera, vadano facendo la voce grossa intorno al

---

dall'altro, l'arm. *skund*, allato al pure arm. *šun* ecc. Intorno a tutto
ciò, io non ho affatto nulla da mutare; e allego altrove, e commento
a tale proposito, il rapporto che è tra lo zendo *viçpa*, l'antico pers.
viça e il curdo *gisk*. Ma in tutto codesto n o n c'e n t r a p o i, i n
e f f e t t o, n è p u n t o n è p o c o, l'i d e a c h e i o m i f a-
c e s s i o m i f a c c i a d e l l'a t t i n e n z a t r a l'a r m e n o e
g l'i d i o m i p e r s i a n i ecc. Quest'idea, se l'Osthoff o altri hanno
curiosità di saperne qualcosa di più, non implica punto che io mandi
l'armeno, senz'alcuna distinzione, col gruppo iranico. L'opportuna
distinzione io la ripeto ogni anno a' miei allievi! Ma giova poi soggiungere, che, circa *çv* in *sp*, non c'è, nel passo dell'Hübschmann,
quello che l'Osthoff ha reiteratamente asseverato che .ci sia. Ivi n o n
s i d i c e che l'arm. *spitak*, bianco, sia voce forastiera. Di *açva* sscr.
(*açpa* zendo) ivi si avverte che ne manchi il continuatore armeno,
l'armeno adoperando, pel nome del ' cavallo ', voci d'altre basi. L'e-
sempio dunque è semplicemente s o t t r a t t o a l l a p r o v a, ma
non fa prova contro *çv* in *sp*. Resta il controverso *skund*, il quale
ha anche poi accanto a sè i greci σκύλλος e σκύμνος. — Ecco, dunque,
come codeste escandescenze iranologiche portano in sè medesime il
giusto castigo per chi vi si è malamente abbandonato.

Rimarrebbe il t e r z o p u n t o; l'accusa, cioè, che io non abbia
ben trattato l' Hübschmann. Quest'accusa ha, è vero, come voi dite,
l'apparenza di un brutto scherzo. Ma io non mi ci so fermare. Me
ne rimetto alla coscienza dell' Hübschmann stesso, pel quale io non
ho, nè ebbi mai, se non un sentimento di molta gratitudine e di
molta stima. — Voi, intanto, vogliate troncare, o correggere almeno,
vi prego, tutto quanto a questo proposito vi viene da dire dei *Tedeschi*. Come mai ci può qui entrare questo strano modo di esagerar
nella difesa, massime oltrepassandosi, come voi fate, la ragione degli
studi, per entrare in considerazioni d'ordine prettamente morale? O
non sono forse tedeschi il Curtius e Johannes Schmidt e lo Spiegel,
e gli altri che voi stesso citate per lo schietto amore col quale è lor
piaciuto di considerar le cose mie? Non è egli un buon tedesco, in

« capitolo della *psicologia*, che dai *vecchi* sarebbe stato ne-
« gletto! Ora, diteci in coscienza: tutta codesta *psicologia*
« consiste essa in altro che nella considerazione di due serie
« di agguagliamenti; una delle quali si può ben rappresen-
« tare per l'esempio dell'it. *mietiámo,* con l'*ie* che storica-
« mente non gli spetterebbe e proviene, per livellazione di
« forme, dalle voci con la prima accentata (*miéto* ecc.), a
« cui storicamente egli spetta; e l'altra si può rappresentare
« per l'esempio dell'it. *mossi*, che assume, per un'altra
« specie di livellazione di forme, il *si* di *scrissi* (scripsi) ecc.,
« estraneo a lui nell'ordine storico o latino? — Dovete si-
« curamente riconoscere, che, in tutta la vostra *psicologia*,
« n o n c'è a l t r o , n o n c'è a s s o l u t a m e n t e a l t r o ;
« e se volete poi continuare coi paroloni psicologici e vi
« ostinate a non concedere che non è punto nuovo, ned è
« comunque in sè rinnovato, il principio di esercitazioni
« cosiffatte, noi non vi potremo più altro dire, se non che
« tutti i gusti sono gusti. » — Ma l'effetto pratico rimarrà
a ogni modo, per buona fortuna, lo stesso : che cioè i giovani continueranno a imparare dai vecchi, e viceversa (1).

———

ispecie, il venerando Schweizer-Sidler, che ha sempre messo, e mette
sempre, un amore cosi grande nel far valere l'opera modesta di questo
Cisalpino che gli deve tanto e non ha mai avuto la consolazione di
parlargli?

(1) Se la polemica generale mi sembra soverchia, credo all'incontro
che gioverebbe insistere di più ne' particolari. Così, per esempio, io
trovo assai curioso il saggio della ' nuova dottrina ' che qui ora v'ad-
duco:

« La lingua italiana riconosce la legge fonetica, che il lat. *qu*, in-
« terno innanzi a *e* ed *i*, si palatinizzi: *cuocere* coquere, *laccio* la-
« queus, *torcere* torquere, *cucina* coquina; diversamente no: *acqua*
« aqua, *cuoco* coquo. Ma il numerale *cinque* non s'adatta a questa
« regola; laddove il rumeno, all'incontro, che segue la stessa norma

II. — Ma io ho ormai abusato, con queste prediche, della mia qualità di vostro antico maestro, e vengo senz'altro all'argomento che oggi più vi preme, cioè ai m o t i v i e t n o-l o g i c i n e l l e t r a s f o r m a z i o n i del l i n g u a g g i o.

« circa la riduzione palatina del *qu*, ha *cinci̯*, cinque, in corrispon-« denza affatto normale con gli altri casi di *qu* interno mutato in *c'*: « *nici̯* neque, *coace* coquere, *stoarce* extorquere. Cfr. Diez, *gr.*, I⁴ « (I³), 264, 265, 481-2. Il motivo, per cui l'it. *cinque* devia, mal si « potrà, io credo, vedere in altro se non in ciò, che qui intervenisse « un agguagliamento col numerale per le cinque decine (*cinquanta*), « nel quale il *qu*, secondo norma fonetica, resiste ». Osthoff, in *Morphol. untersuch.* von Osth. u. Brugmann, I, 129.

Dunque, siamo intesi: dato un lat. -que- -qui-, l'italiano d e v e avere -ce- -ci-; e dato un lat. -qua- o -quo-, l'italiano d e v e mantenere incolume l'antica formola, o almeno la gutturale antica; quando non intervenga una qualche perturbazione d'ordine analogico. — Ma, se è così, perchè dunque diciamo *segui* sequeris, *segue* sequitur, e non *seci sece*? Si farà qui agire l' 'attrazione' della gutturale che è di ragione istorica in *seguo segua seguono*? Ma l'analogia italiana vorrebbe tutt'altro (cfr. *torco torca*, allato a *torce torci*; oppure *io cuoco* e *io cuoca* o *cuocia*, allato a *cuoci cuoce*)! Oppure oseremo invocar l'aiuto taumaturgico del tipo *distinguo distingui*, che insieme scusi, cioè dia una ragione di 'adattamento', anche per la trasformazione 'irregolare' del *quo* di *sequor* in *guo* (cfr. *luogo*, allato a *fuoco* e *giuoco*)? E *aquila*, non *ác'ila*, come si spiega? Sarà voce non popolare? O come si spiega l'*ávolo* = a q u i l o, che è in *vent-ávolo*, l'aquilone (cfr., per l' -o- : *debile debole*, *fievole* ecc. ecc.)?

Si potrebbe continuare molto lungamente con questa serie di domande; e i romanisti si rallegrerebbero tutti, senz'alcun dubbio, delle risposte che un così acuto indagatore, com'è l'Osthoff, si compiacesse di far loro sentire, a illustrazione de' suoi apoftegmi. Ma a noi, semiromanisti più o meno vecchi e di stampo più o meno antico, sia intanto lecito dichiarare, che il sentirci discorrere, per *torcere* ecc., di 'legge italiana' del QUE QUI in *c'e c'i*, o il sentir circoscritto il fenomeno a QUE QUI interni, o il citarsi il rumeno *c'inc'i̯* come prova del rigore della 'legge rumena' di QUE QUI in *c'e c'i*, son tutte cose

Superfluo che io v'assicuri, non esser minore la mia maraviglia di quel che sia la vostra, nel veder così stranamente trascurati codesti motivi e tanto mal misurata e male

---

che ci fanno strabiliare. Ci sia perciò lecito di mostrare insieme, con molta brevità, quel che noi poveri vecchi modestamente insegniamo, da una bella serie d'anni, intorno a questa materia.

Le formole ǫᴠᴇ ǫᴠɪ perdettero in alcune voci, sin da un molto antico periodo del volgare romano, il loro v; e la esplosiva gutturale, riuscita attigua per tal modo alla vocale palatina, venne, col tempo, a ridursi a esplosiva palatina, così com'era avvenuto per le antiche formole ᴋᴇ ᴋɪ (*cerno* ecc.). Una così antica riduzione è avvenuta pei seguenti quattro esemplari: *quinque* (prima sillaba), *laqueus*, *torquere*, *coquere*; i quali, passando per la fase di *kinque*, *lakeo* (*lakjo*), *torkére* (*tórkere*), *cokere*, si fecero *c'inque*, *lac'c'o*, *tórc'ere*, *cóc'ere*. Tutte le favelle neolatine ripercuotono concordemente cotesta riduzione dei quattro esempi, cioè danno nei loro riflessi quel che darebbero per ᴄᴇ ᴄɪ ᴄᴊ di fondamento latino (v. *Arch. glott.*, pass.). È solo un'apparente eccezione quella delle forme sarde *chimbe tórchere cóghere*, che gl'inesperti potrebbero voler condurre a *quinque* ecc. piuttosto che a *c'inque* ecc. Il vero è che *quinque*, a cagion d'esempio, avrebbe dato *bimbe* al sardo (cfr. *bindighi* = *quindici*), e che un *c'* di fase anteriore si continua normalmente nel sardo (logudorese) per *k* (*g*); v. *Arch. glott.*, II, 143-144, e cfr. *Leʒ. di fon. comp.*, § 18, 2. Il sardo *chimbe*, tradotto in figura toscana, sonerebbe *c'ingue*.

Il perchè di questa riduzione così antica, la quale intaccava *tórquet*. a cagion d'esempio, e non intaccava *sequi*, non è ben chiaro, per ora, ma poco ci manca. In *quinque* può avere agito la tendenza a dissimilare, che in *quindecim* non aveva motivo d'azione. Per *laqueus* c'è da avvertire, che la vocale palatina era nell'iato, e quindi trattavasi, nel volgare, di *j* (*laqᴠjo*), cioè del più efficace tra gli elementi palatini. La combinazione medesima si riproduceva, in alcune forme caratteristiche, anche per *torquere* (*tórqueo torqueas*, cioè *torqᴠjo* ecc.). Chi osi ancora ricondurre *secius* a *sequius* (io ora non intendo pronunciarmi), qui pure avrebbe il ǫᴠɪ nell'iato; e più in là noi saremo nuovamente condotti a questa medesima osservazione.

Anche per qualche altro esemplare la riduzione resulta antica e dif-

descritta la forza o l'azione d'altre cause alterative. Voi
avete, con molta abilità e dottrina, riassunti e fecondati,
per alcune parti, gl'insegnamenti della scuola; e così io non

---

fusa, ma la figura incolume dovea reggersi nel volgare accanto alla
ridotta. Penso specialmente a *quercus*, il quale ha pur potuto risen-
tirsi della tendenza a dissimilare (cfr. *querquetum* e *quercetum*). Così
il sardo *chercu*, quercia, ritradotto in figura toscana, giusta la norma
che s'è testè ricordata, ci dà veramente *c'ercu*, e ci conduce perciò al
napol. *c'iércole*, grosso ramo di quercia, o a *c'ersa* del siciliano ecc.,
di contro al tosc. *quercia*. La tendenza a dissimilare aveva incentivo
non minore in *querquedula*. Ma il *farciglione* del dizionario italiano,
allato a *farchetola* o *farquetola* del dizionario stesso (cfr. FLECHIA,
Arch. gl., IV, 385), dice poco. E il franc. *cercelle* e altri termini
che gli consuonano, con entrambi i QVE ridotti, fors'entrano piuttosto
in un'altra categoria d'esempi, della quale or passo a toccare.

Il numero degli esempi ridotti venne cioè a estendersi, in varia
misura, ma ancora assai anticamente, nel volgare di qualche regione
romana. Dei criteri che possano aversi per l'antichità di codeste riduzioni regionali, s'è incominciato a toccare nell'*Arch. gl.*, I, 90 n
(cfr. 522-23 n, 524). Citavo or'ora il franc. *cercelle*, che trova accanto a sè, oltre lo spagn. *cerceta*, la riduzione cisalpina che si rap-
presenterebbe pel diminutivo piemont. *çerçlót* o pel friul. *çerçéñe*
(anche vedo in qualche scrittura di dotti italiani: *cercedola cerce-
vola*, che non so bene da qual regione vadan ripetuti). Ma, nel Friuli,
anche *çeri* quaerere, e *çĕd* quiete. Circa i quali due esempi, si potrebbe
rinnovare l'osservazione, che già di sopra si fece per la molto antica
riduzione di *laqueus* ecc. Qui ritorniamo, vale a dire, a QUE QUI nel-
l'iato: *quiéte*; e *quiére* ecc. delle voci caratteristiche di *quaerere* con
l'antico dittongo volgare (friul. *çir = çiér* = quaerit; cfr. l'it. *chiedere*). S'aggiunge però anche il friul. *çe* nel significato di 'quid'.

Le formole QVE QVI, in quanto ancora incolumi nel latino volgare,
avrebbero dovuto dare, nel rumeno, *pe pi*, come QVA vi diede *pa -pe*
(*patru* quattuor, *ape* aqua). Ma l'elemento labiale di QVE QVI deve in
questa regione esser sempre taciuto, sin dalle prime età dell'immis-
sione latina (come vi tacque lo stesso elemento pur nel QVA di *qualis*,
onde il rum. *care* e non *pare*; cfr. l'it. *chi* quis, o il friul. *aghe*

avrei pressochè nulla da aggiungere, e non ho affatto nulla a ridire, intorno alle dimostrazioni che si riferiscono alla riazione che gli idiomi aborigeni dell'India hanno esercitato

---

aqua, ecc.); sempre cioè qui si parte da *ke ki* per QVE QVI del volgare latino; e *ke ki* sempre poi qui danno, per norma specifica e costante: *c'e c'i* (cfr. lo slavo). Abbiamo perciò in Rumenia: *c'e c'i-ne* di contro agli it. *che chi*, per la stessa ragione che vi abbiamo *calc'i* (it. *calchi*) *calc'e*, calcas calcat. Così *c'inc'i* vi riviene a *c'inche* (c'inke) = *cinque*; e il secondo *c'* vi è d'un'età affatto diversa dal primo; com'è di età affatto diversa dalla palatina iniziale (e di motivo affatto diverso), la diversa palatina finale del *c'inc* di parecchi dialetti ladini; cfr. *Arch.*, I, 206 ecc.

Già così riuscimmo a negare, per via indiretta, che l'it. *cinque* si debba a un particolare ' adattamento '; stia, cioè, per *c'inc'e*, in grazia di *cinquanta*. Ora convien che segua e si legittimi la diretta affermazione, che l'it. *cinque* è tal quale la schietta e storica forma del latino volgare. A questa rivengono, affatto normalmente, anche il *c'unc* del ladino di Sopraselva, cioè *c'i-u-nk*, con l'attrazione dell' *u* che precedeva a altra vocale (ciunc : cinque :: liunga : lingua; cfr. *Arch. gl.*, l, 92, 112 ecc.); e il sardo *chimbe* = *c'ingue*; e il franc. *cinq*; ecc.

Il latino volgare non aveva ridotto a *ke c'e* la seconda sillaba di *quinque*, come non ebbe mai ridotto a *ki c'i* il *qui* del verbo *sequi* o di *aquila* ecc. In tutti gli esempi, le cui antiche basi volgari mantennero incolume il *qv* di QVE QVI, se ne ebbero poi, molto naturalmente, nell'italiano e altrove, esiti o continuatori non diversi da quelli che vi si ebbero per il *qv* della base QVA. Perciò, nell'italiano: *cinque, aquila, seguire,* *avilo (vent-avolo, aquilone), cosi come: *ov-unque* ecc. (-unquam), *acqua, eguale* e *avale* (entrambi da a e q u a l e). Medesimamente nel fondamento ladino e nel fondamento francese: *seuvere* sequi, come *auva* aqua (cfr. *Arch. gl.*, I, 211) ecc. O medesimamente nel sardo: *abile abilastru* (aquila aquilotto; si parte da *agvila*; e la fase *avila* ritorna ne' ladini *aulja* ecc., *Arch. gl.*, I, 210), come *abba* aqua (agva); ecc.

Il p a r a l l e l o d i m e d i a (lat. GVE ecc.) non può non riuscire scarso. poichè il latino non tollera le rispettive formole se non interne

sulla parola ariana a cui essi vennero soccombendo. Ma
credo che gioverebbe una maggiore e migliore insistenza in
ciò che risguarda le ragioni etniche delle alterazioni che pa-

---

e precedute che sieno da *n* o *r*; vedi *Leẓ. di fonol.*, § 26. Pei riflessi
volgari e neolatini, ci riduciamo veramente alle sole basi *ngua nguo
ngue ngui*. Pure, la congruenza tra la serie di media e quella di tenue,
resulta assai bella e piena. Poniamo primo l'esempio *ninguit (ningit)*,
la cui forma incolume, l'unica probabilmente che in effetto risonasse,
è attestata, ben meglio che per virtù di codici, dall'abruzzese *nengue*.
Nè le contrasta il rum. *ninge*, che risalirà a *ninghe*, per *ghe* in *ǵe*,
secondo la norma generale ricordata di sopra per le basi di tenue;
onde pur *sunǵe* sangue, e altri consimili riflessi rumeni, si riconducono, il più probabilmente, a **sanghe* ecc. di fase immediatamente
anteriore; cfr. *roǵi* rogas, ecc. Poi sia ricordato *unguere ungere*,
dove la forma ridotta resta l'unica nel verbo neolatino, l'altra conti-
nuandosi a mala pena nel nome *unguento*. Circa *extinguere*, che è
estingere nella base ladina, provenzale e francese, non vorrei sentenziare se l'oscillazione risalga a Roma antica (cfr. *Arch. gl.*, I, 92-3 n).
Ma certo è che il numero degli esemplari ridotti si estende in quelle
stesse regioni nelle quali vedevamo che s'estendesse per le basi di
tenue. Perciò l'intero *gv* si continua negl' ital. *sangue, inguine in-
guinaglia, anguilla* (cfr. *lingua*), o nei sardi *sambene ímbena am-
bidda* (cfr. *limba*); ma all'incontro ho mostrato che *inǵe* stia a fondamento del termine ladino e francese per l' 'inguine' (*Arch. gl.*,
ib.); e un *sanǵe* per *sangue* dee stare in fondo al franc. *saigner*
(=sainjare, cfr. l'it. *dis-sanguare*). Così a *sanǵe* riviene il friul.
sanẓit cornus sanguinea; e a *pinǵe anǵilla* i friul. *penẓ* pingue, *anẓíle*
anguilla.

Questa è dunque, per ora, la resultanza dell'indagine veramente
scientifica, la resultanza, cioè, per la quale davvero si affina e si accresce il sapere, e della quale si può dire, rimanendo all'antica determinazione, che sia 'geometricamente istorica'. L'opera si potrà
anche perfezionare, senz'alcun dubbio; ma avverrà questo per virtù
di affermazioni temerarie, o non piuttosto per virtù d'una riguardosa
continuazione del lavoro già assodato, riguardosa e modesta tanto più,
quanto più sarà viva, larga e profonda?

tisce la parola romana. Alludo specialmente a quelle trasformazioni del latino che vadan ripetute dalla riazione della
favella celtica sulla romana; e vorrei provarmi a darvi
qualche saggiuolo dei modi di esposizione che a me parrebbero, nel caso vostro, i meglio adatti. Veramente, non
sentirete cose che la Scuola già non v'abbia dato per guisa
più o meno continua; ma forse vi accorgerete viemeglio,
che, sopra questo campo, la dimostrazione riesce e più agevole e più efficace. A ogni modo, io sbozzo, molto rapidamente, un tipo qualunque, e voi farete di più e di meglio.

Premetto, sulle generali, che per quanto s'attiene alle
mutazioni direttamente promosse dalle predisposizioni orali
degl'indigeni, noi abbiamo, per ora, tre modi d'induzione
o di riprova. Un modo è questo: l'alterazione della parola
latina si avverte entro quel territorio che la storia insegna
o consente che andasse contrastato tra Romani e Celti o
più propriamente tra Romani e Galli, e non si avverte, al-
l'incontro, al di là di quei termini; perciò s'inferisce, senza
altro, dall'effetto alla causa, se pur non ci sia ancora
dato conseguire alcuna particolar riprova dell'azione che si
imputa, nel caso determinato, a codesta causa. Un secondo
modo è questo: l'alterazione specifica, che la parola latina
subisce nel territorio galloromano, si riproduce nella evoluzione del proprio linguaggio dei Celti medesimi. Un terzo
modo è finalmente questo: l'alterazione specifica, che la parola latina patisce nel sovrapporsi a quella dei Galli, è similmente patita dalla parola germanica che si sovrappone
anch'essa alla celtica, o nella stessa contrada od in altre.
Il primo modo si potrebbe dire di congruenza corografica; il secondo, di congruenza intrinseca; il terzo,
di congruenza estrinseca. Una resultanza che sia otte-
nuta anche pel primo solo di questi tre modi, accresce il
valore di ciascun'altra, e a vicenda ne ha accresciuto il va-

lore suo proprio. Se poi una resultanza è comprovata per più modi, nessuno vorrà negare ch'essa vada tra le migliori scoperte che sul nostro campo si possano sperare. Poichè la quantità o la qualità delle cose provate va naturalmente considerata anche sotto il rispetto della nostra facoltà di provare; e questa facoltà è grandemente ridotta per ciò, che la diretta notizia dei dialetti un tempo parlati dai Galli sui territori che andarono romanizzati, si riduce, ahimè, a presso che nulla. Dobbiamo ricorrere, come a men discosti ausiliari, ai dialetti britoni, stretti parenti bensì degli antichi dialetti della Gallia, ma pur non altro che parenti, e tali ancora i cui monumenti non ci riconducono a età gran fatto antica. Tra i quali dialetti britoni, io intanto preferisco citare quello del Galles o il cimrico; perchè il britone dell'Armorica, rifluito in Francia, dal di là della Manica, qualche secolo dopo Cristo, può talvolta lasciare in certuni un qualche dubbio, che, tra lui e il francese, anzichè trattarsi di evoluzioni che analogamente si riproducano, non d'altro si tratti se non di mero influsso neolatino nel celtico moderno.

1. Prendo le mosse da uno dei fenomeni di cui già avete opportunamente toccato, cioè dall' *ü* che tra' Galloromani viene a rispondere all' *ū* latino; per es., franc. o lomb. *dür* = dūrus, *crü (crüd)* = crūdus.

La prova, che diciamo corografica, è presto data. Il fenomeno occorre in Francia, nella zona ladina e pei territori *franco-provenzali* e gallo-italici (1). Non occorre

(1) [Mandando ora alla stampa questa *Lettera*, non mi pare superfluo di aggiungere qualche parola sull'importanza istoriologica che è qui data all' *ü* galloromano, benchè s'abbiano, più in là, parecchie note, in cui è generalmente accennato alle ragioni onde si assicura

nelle Spagne, o al versante mediterraneo della penisola ita-

---

tale importanza ai fenomeni fonetici del neolatino o del celtico, intorno ai quali versa questo rapido sbozzo. Molto prima che l'indagine scientifica venisse a tentare queste connessioni (cfr., p. e., SCHU-
CHARDT, *Vok.*, I, 466·7, per l'*ei* ecc.), se ne aveva tra noi come una
persuasione tradizionale, e appunto il fenomeno dell'*ü*, pel quale si
collegano Milano, Genova, Torino e Parigi, andava tra quelli che
eran citati di continuo. Poi venne l'età dello 'scetticismo incipiente',
e s'incominciò a sentir parlare dell'*i* = *ü* = *u* in Grecia, come d'una
prova del poco fondamento che sopra siffatte cose si potesse fare, e
di un nuovo argomento per la bella conclusione che 'tutto nasce
dappertutto'; quasi che, a tacer d'altro, non si trattasse, nel galloromano, d'un incontro il qual fa parte di un ampio sistema di congruenze, e pel quale, come per l'intiero sistema, una gran sezione
della romanità si distacca dal resto. Più tardi ancora, duole il con-
fessarlo, le dubitazioni d'uomini rispettabilissimi, i quali, con generosa abnegazione, molto utilmente si restringono entro a modesti
confini, ma forse non voglion sempre riconoscere che angustia di
limiti non consente larghezza di giudizi, vennero a turbare maggiormente le nostre acque. Sia citato, *honoris causa*, il LÜCKING, il quale
accampa (*Die ältest. franz. mundart.*; Berlino 1877, p. 148-49), contro
l'antichità dell'*ü*, i due argomenti che or riferisco. Imprima, l'*ū* latino non sarebbe passato in *ü*, all'infuori del francese, se non in
'singoli dialetti', come nel neoprovenzale, nel ladino engadinese e
nel lombardo. Poi, nel latino de' documenti merovingi occorre *u* per
ō; e in un'età, in cui l'antico *ū* già sonasse *ü*, mal si potea venire
all'idea di adoperare codesto carattere, in luogo dell'*o*, per esprimere un suono che sicuramente era diverso dall'*ü*; dunque l'*u*,
scritto per *ō*, dev'essere più antico che non l'*ü* pronunziato per *ū*.
Orbene, circa il primo argomento, può parer singolare che si portasse innanzi, da tal valentuomo, nel 1877. Di certo, non c'è l'*ü* in
tutti i dialetti ladini de' Grigioni; ma i dialetti che non l'hanno, lo
ebbero, e anzi lo esagerarono, arrivando all'*i* = *ū*, come qui sopra
ora vediamo. Per la Cisalpina, poi, c'è ben altro che un 'lombardo'
da mettersi tra i 'singoli dialetti'; e insomma è dimostrato da un
pezzo, che anche per l'*ü* si ristabilisce la continuità dall'Alpi Car-

liana (1), o nelle isole italiane, o trà' Rumeni. Quanto a riprove
i n t r i n s e c h e, abbiamo che nel britone si risponde per *i*

---

niche all'Oceano. Quanto al secondo argomento, io non me ne so
meravigliare abbastanza. Poichè, ai tempi de' Merovingi, il francese
non si scriveva punto, e l' *u* perciò non rappresentava a que' scribi
latini alcuna pronunzia francese o alcun ragguaglio etimologico tra
latino e francese. L'*ŏ* latino, per giusta e sicura tradizione, letteraria
e vernacola, era un *o* chiuso e si confondeva con l'*ŭ*; e facilmente
si scriveva *nus* e *honure*, come si scriveva *ubi* e *cruce*. — Ogni indagine metodica, per minuto che l'obietto ne sia, giova sicuramente
anche alle ricostruzioni generali; e chi osi queste, senz'aver sudato
ostinatamente intorno ai particolari, sempre di certo fabbricherà sul-
l'arena. Ma anche sia lecito, una volta tanto, avvertire i pregiudizi
e i pericoli a cui pur ci porta una limitazione o una segregazione
soverchia e fittizia. Le letterature volgari si schiudono timide e im-
pacciate, come vergognose di sè, desiderose di nascondere tutto ciò
per cui il loro linguaggio soverchiamente si distacchi dalla illustre
antichità. Il glottologo che tuttavolta non le considerasse con la maggiore attenzione, mostrerebbe di non conoscere il proprio mestiere ;
ma l'antichità de' fenomeni dialettali va per lui, di regola, ben più in
su che non vadano i monumenti letterari; e non già per il solo fatto
delle ricostruzioni, salde e piene, che le estese comparazioni gli consentano, ma anche per quelle riprove particolari o autottone, che
in tanti incontri gli duole di veder così neglette. Quali sono, per
esempio, i più antichi *giacimenti* di lingua francese? Stanno nei nomi
propri di luogo e in quel tanto di francese che primamente assun-
sero i Britoni rifiuiti in Francia. Di poco posteriore al vero dischiu-
dersi di una letteratura nazionale, è il giacimento normanno che ci
è offerto dalla lingua inglese; e questo pure, comunque tutt'altro che
trascurato, non si rallegra ancora di tutta quell'attenzione ch' ei me-
riterebbe.]

(1) Dico *penisola*, per escludere il continente, dov'è l'*ii* nel ligure,
e perciò pur nel versante mediterraneo dell'Apennino. Circa la differenza generale tra il versante adriatico e il mediterraneo della penisola, potrete poi dare un'occhiata all'*Italia dialettale*, nel XIII vol.
della nuova edizione dell'E n c i c l o p a e d i a B r i t a n n i c a, o nella
prima puntata dell'VIII vol. dell'*Arch. glott. it.*

all'$\bar{u}$ di fase anteriore o etimologica, il quale si conserva nel
l'ibernico (Irlanda e Scozia). Come sapete, da *u*, generalmente parlando, non si viene ad *i*, se non passando per
ü; e anche tra i Galloromani arriviamo, per questa via,
ad *i* = $\bar{u}$ lat., com'è nel ladino di Sopraselva : *dir* d u r u s,
mitt m u t u s, ecc. Così dunque all' irland. *dūn* fortilizio,
risponde normalmente il cimrico *din*, o all' irland. *rūn*
mistero, il cimr. *rin*. Il fenomeno ancora s' illustra, per
riprova i n t r i n s e c a, dal fatto dell' *y* che nel cimrico succede all' $\breve{u}$ originario e irlandese, come in *hy-*, irl. *su- so-*,
sanscr. *su-* (gr. ἐυ-) (1). E la congruenza del galloromano
col britone punto non s'infirma per ciò che anche nell'anglosassone, nell'islandese, nello svedese e nel danese s'abbia
y per *u* di antica fase; poichè la mutazione qui non avviene se non all' *umlaut*, cioè per effetto di un *i* che c'è
o c'era nella sillaba successiva (*y* = *ü* = *u-i*), e lo stesso
è appunto il caso dell' *ü* degli Alto-Tedeschi (per esempio,
nell'anglosassone: *gerȳne* mysterium, allato a *rūn* id.; *lyge*
mendacium, allato a *lugon* mentiti sunt; nell' islandese :
lȳk claudo, allato a *lūka* claudere; *dylja* celare, allato a
dula velamen; nel medio-alto-tedesco : *liige* mentiretur, allato a *lugen* mentiti sumus). Ora, quali pur sieno, del
resto, le ultime ragioni per cui l' *umlaut* della grammatica
di Grimm si connetta coll' *infectio* della grammatica di
Zeuss, rimane pur sempre che nell'anglosassone ecc. il fenomeno dell' *ü* o *y* da *u* è transitorio, dipendente cioè da
una causa accidentale, e in effetto ancora si risolve nella
somma di due suoni diversi; laddove, all'incontro, per
entro al britone, così come nel galloromano rispetto al latino, la riduzione dell' $\bar{u}$ ad *i* (*ü*) è fenomeno costante o di

---

(1) Di più e di meglio or si ricava da Rhys, *Lectures on Welsh
Philology*, sec. ed., p. 213-16, 244-46.

ordine assoluto, tal cioè che non dipende dal riflesso di una
vocale che sia o fosse nella sillaba successiva. V' ha bensì
un idioma germanico, in cui l' *ü* per *u* appare ottenuto in
guisa non diversa da quella che s'avverte pel britone o il
galloromano. È la favella dei Paesi Bassi (per es., oland.
kus, cioè quasi *cüs*, bacio; *duur*, cioè *düür*, la durata);
ma è quanto dire la favella germanica sovrapposta al celtico
de' Belgi. Il principe dei germanologi, il Grimm (I³, 278,
cfr. 294), pensava a un influsso della limitrofa lingua francese. Noi invece incomincieremmo ad affermare che si tratti
di effetti identici, e tra di loro indipendenti, di una causa
stessa; e così otterremmo, pel nostro assunto, pur una riprova di quell'ordine che dicevamo estrinseco. Dove intanto mi affretto a ricordarvi, che è celtica anche la gran
caratterìstica basso-terranea (olandese) di FT in CHT (*lucht* =
luft, aria, ecc.); cfr. irl. *secht*, cimr. *seith*, septem; irl. *necht*,
cimr. *nith*, neptis.

Quale sarà dunque la giusta spiegazione di codesta risposta galloromana dell' *ŭ* latino? Manifestamente questa:
L' *ŭ* latino era uno schietto *u*, come appunto suona nel
toscano *duro* ecc., laddove l' *ŭ* latino piegava all'incontro
ad *ǫ* (*o* chiuso), come appunto suona nel tosc. *nǫce* n u c e
ecc. Ora, il suono che tra' Galli stava men rimoto dallo schietto *u*, era l' *ü*. E il lat. d u r o, per esempio, non potea dal
loro stromento orale esser facilmente riprodotto se non per
düro (*dürǫ dür*).

Molto antico, cioè di latino volgare, e perciò molto largamente riflesso nella romanità seriore e moderna, è il dittongo dell' *o* breve fuor di posizione ed anche in posizione,
che risuona, per es., nel tosc. *suole* solet, o nel napolit.
cuornǫ cornu. Queste pronuncie italiane già ci dicono che
fosse uno schietto *u* anche il primo elemento di cotesto
dittongo di volgare romano; e si aggiunge l' *ue* spagnuolo

(per es. *nuevo* novus, *cuerda* chorda), in cui la determinazione del secondo elemento deve dipendere dall'accento che
un tempo era fermo sul primo (v., per ora, *Arch.*, IV,
405)(1). Analoga determinazione s'ebbe tra' Galloromani; ma
poichè in quest' *üe* (poi *ué*) era uno schietto *u,* e anzi un *u*
schietto e accentato, la piena e specifica pronunzia galloromana ne dovette essere *üe.* Così n o v o diede primamente
un gallico *nüevǫ nüev ,* forma positivamente attestata, alla
quale ora appunto miriamo ; e l' *ö,* che risuona nel *nöf* di
pronuncia francese o lombarda , altro non è se non una
resultanza seriore o monottonga di codesto *üe* galloromano,
ottenuta per quel processo di assimilazione, che si può, in
via approssimativa, descrivere così: *nüef nuœf nöf.*

Qui l'importanza degli idiomi ladini si fa grande. La fase
dell' *üe* risuona ancora nell' Engadina (limitata alla formola OR + cons.), dove proprio assistiamo alla riduzione che
testè si poneva per la Francia o per la Lombardia (cfr. gli
eng. *üert* hortus, *öss* osso, *öf* ovo, ecc., allato agli spagn.
huerto hueso huevo). E in Sopraselva, cioè in uno dei territori galloromani dove l' *ü* da *ü̃* si risolve nello schietto *i*
(*dir* durus, ecc.), pur questo dittongo *üe* si dovea risolvere
in *ie,* come in effetto avviene, senz'alcuna restrizione di formola (sopras. *iert iess ief nief* ecc.).

Ma è un fenomeno d'ordine generale, e costante in specie
nelle regioni per le quali ora ci moviamo, che una consonante gutturale, la quale riesca attigua ad *i* o ad altra vocale prossima ad *i*, si riduca tosto o tardi a consonante
palatina. Qui scriveremo, per una semplificazione che in
questo luogo non nuoce punto, non altro che *c'* per l' al-

---

(1) Un'analogia abbastanza notevole, ma d'ordine affatto generico, è
offerta dalla evoluzione germanica : *üe,* ' umlaut ' medio-alto-ted. di
uo, = got. ó; per es. *müele* molerem, allato a *muol* molui, got. *mōl.*

terazione palatina di un *k* di fase anteriore, qual pur sia
l'età in cui l'alterazione si produce o la sua più precisa
determinazione fisiologica; e ci ricordiamo imprima deli'antica riduzione di ǫ[v]ɪ, come in *c'inque* = kinque = quinque
[v. sopra, p. 14 n]; poi di quella che si rappresenta per
l'inglese *chin,* cioè *c'in*, allato al tedesco *kinn* il mento.
Per non diversa ragione, diventava *c'* un *k* che precedesse,
nell'engadinese o nel soprasilvano, all' *ü* od *i* del dittongo
iie ie = ŏ latino; e così c o r p u s, passando per *cúorp* e
cüerp o *kierp*, dà finalmente ai Soprasilvani: *c'íerp* o quasi
c'ȋrp (engad. *c'üerp*). Ugualmente c o r n u, passando per
cúorn e *cüern* o *kiern*, finisce per dare ai Soprasilvani:
c'íern o quasi *c'ȋrn*. E tollerate ancora l'esempio di c o -
r i u m, che imprima dà *cuorio cuoiro*, onde regolarmente *küeir* (eng. *cör* da *cüe[i]r*), o *kieir*, onde si finisce
nel soprasilvano *c'ȋr*.

Or quale conclusione si ricava, da tutto ciò, in ordine
al quesito nostro? Molto semplicemente, ma altrettanto sicuramente questa: che si passa da o s s o a *ȋs*, da h o r t o
a *ȋrt*, da c o r n u a *c'irn,* da c o r i o a *c'ir*, e via così discorrendo, per effetto di una semplicissima e evidentissima
causa d'ordine etnologico; pel solo fatto, cioè, che l'*ü* fosse
il profferimento celtico, il quale meno si scostasse dallo
schietto *u* di pronunzia romana. Assistiamo a una così profonda trasformazione della parola latina, senza aver bisogno
d'invocare, anzi dovendo escludere, in ultima analisi, ogni
altra causa alteratrice. Di ragione subalterna, o individua-
trice, o come altro mai la vogliano dire, qui non occorre
se non questo: che uno dei due distretti mantenesse l'*ü*,
e dell'*ü* poi naturalmente risentisse un particolare effetto
(*iie ö*); mentre nell'altro distretto l'*ü* molto chiuso si riduceva ad *i*, e dell'*i* ivi naturalmente s'avea qualche particolare effetto (*ie ȋ*). Ma è chiaro insieme, che pur questa

differenza non esista se non perchè s'era avuto primamente
l' *ü* per l'antico *u,* e così ritorni essa medesima all' ordine
etnologico.

2. Nella precedente dimostrazione ci accadeva d'incontrare la riduzione francese o lombarda, per la quale s' ha
növ da *nuev* (*nüev*), e via così per tutta la serie. Questa riduzione or mi porta a un' osservazione accessoria, che ben
si conviene, essa pure, al discorso che veniamo facendo.

Voi ricordate giustamente ciò che nelle Lezioni si opponeva al supposto del Diez che nel francese vadano senza
altro tra di loro confuse la serie dell' *ŏ* e quella dell' *ó*. Ma
giova vedere ancora più in largo.

Il dittongo galloromano per l' *ŏ* e per l' *ŭ* del latino
classico, è nella sua più schietta forma : *óu* (che vuol dire
il rovescio dell' antico dittongo volgare dell' *ó* breve : *uo*),
in giusta simmetria col dittongo galloromano per l' *ĕ* o l' *ĭ*
del latino classico, che è nella sua più schietta forma : *éi*
(e vuol dire il rovescio dell' antico dittongo volgare dell' *é*
breve: *ie*). Ricorrono entrambi incolumi tra gli Emiliani :
bologn. *óura* hōra, *lóuv* lŭpus, allato a *dvéir* debēre, *peil*
pīlus(1). Incolumi occorrono anche tra i dialetti franco-provenzali: aost. *óura*, *nevóŭ* nepōte, *lóu* lŭpus, allato a *pléina*
plēna, *pei* pīlus. Son dittongazioni estranee all' Italia pro-

---

(1) S'ottien buona riprova dell'antichità o dell'importanza organica
di questi dittonghi emiliani, quando si confrontino con l'*ei* e l'*ou*
che altrove s'hanno come sviluppi seriori (caratteristici però anch'essi).
Quando *ei ou* sono seriori, non dipendono dalle basi latine (*ei* = *ĕ ĭ*;
ou = *ŏ ŭ*); cfr. *Arch.*, I, 483; laddove nel bolognese ne dipendono;
e perciò *fiour* allato a *cor*; *valeir* allato a *jir* hĕri. — Del resto,
circa la molta antichità di tutti codesti fenomeni, pei quali s'ha così
larga e viva la congruenza corografica e intimamente istorica, voi
non potreste parlare più correttamente di quello che fate; e io anzi
sarei stato più rigoroso circa l' inanità di quegli argomenti in contrario, che voi maliziosamente chiamate *cartapecorini.*

pria, alle Isole italiane, alle Spagne e alla Rumenia, e ora appunto moviamo a rintracciarle in Francia e nella zona ladina. La congruenza corografica è dunque altrettanto manifesta che per l'*ü*. Quanto alla congruenza intrinseca, essa è dimostrata, per l'*ei*, nel numero che segue. Per l'*ou*, non vedo che i dialetti britoni offrano alcun diretto riscontro; ma è un caso molto analogo quello dell'*áu* cimrico da *ū* di fase anteriore; p. es. cimr. *llawn* == irl. *lān* pieno, *llawr,* pl. *lloriau,* = irl. *lār* suolo (cfr. cimr. *awr,* pl. *oriau,* da non confondersi però senz'altro coll'ant. fr. *houre,* ingl. *hour,* hōra). Del rimanente, qui basterebbe, per la congruenza che diciamo intrinseca, il parallelismo già notato dell'*ei* da *ę* (*ē í*), e il nostro ragionamento ha, in questo numero, un assunto alquanto diverso che non negli altri.

L'*óu* per *ǫ* (*ṓ ú*) manca ai dialetti lombardi, come vi manca l'*éi* per *ę* (*ē í*). Nel Piemonte e nella Liguria, è l'*ei*; ma l'*óu* (per *ṓ ú*) non vi risuona, o mal più vi risuona.

Tra i dialetti franco-provenzali, l'*ou* per *ǫ* (*ṓ ú*), che già citammo, può anche allargarsi in *au,* corrispondentemente all'*ei* per *ę* (*ē í*) che s'allarghi in *ai*. Così nella Tarantasia (Savoia): *meilláu* meliōre, *gáula* gŭla, analogamente ad *avai* habēre, *nai* nĭve; ecc. Per tal modo, la distanza tra il dittongo dell'*ǫ* (*ṓ*) e quello dell'*ǫ* (*ṓ*), vi si fa viemaggiore; e nel tarantasio avremo p. e.: *cuér* cŏre, *buén* bŏno, allato a *fláur* flōre, *neváu* nepōte.

Nel francese, all'incontro, come s'era avuta la riduzione dell'*o* in *e* nel dittongo dell'*ó* breve (*uo ue;* già vedemmo similmente: *ue* savoiardo, *ue* spagnuolo, ecc.), così vi si è avuta, meno anticamente, la riduzione identica dell'*o* in *e* nel dittongo dell'*ṓ* e dell'*ú*. Il galloromano *flóur* flōre, a cagion d'esempio (che è del più antico francese, e, importato embrionalmente nell'antica Inghilterra, vi sussiste, e anzi allargato), si ridusse a un ant. frc. *fleur*, di contro al pur ant. frc. *cuer* cŏre. Anche tra' Francoprovenzali occorre pur questa riduzione; onde nel valsoanino: *doléur* dolōre, allato a *suér* soror (*Arch.*, III, 12). Nè manca nella zona ladina; e così nella sezione occidentale: *éura* hōra, *néus* nōs (1). La corretta differenza (*eu* = ó̌, *ue* = ŏ́), che è rappresentata da *fleur* e *cuer*, si mantiene con bella costanza nell'antico francese (2). Ma come *ue* finì per dare alla Francia la riduzione monottonga ö (cüer cuœr cör), così ivi s'ebbe la stessa riduzione anche per l'*eu* (fleur flœur flór), e siamo, in ultima analisi, alla resultanza identica di due identici fattori (la somma di *u* + *e*, o di *e* + *u*), punto non ostando, in questo caso, la contraria disposizione che era tra le due combinazioni diverse. Per questa

---

(1) *Arch. gl.*, I, 132. Nella sezione centrale è anzi un territorio, in cui l'*eu*, dittongo dell'ó̌ e dell'ú̌ (che ivi oscilla sicurissimamente con l'*ou*, malgrado ogni testimonianza che a ciò paia contraddire), si viene a trovare allato all'*ue*, dittongo dell'ŏ́ (p. e. *fléura* allato a *cúer*), così ottenendosi, qui pure, una condizione che°grandemente si accosta a quella dell'antico francese; v. ib. 365.

(2) Nell'affermare molto nitidamente questa distinzione, il TOBLER (*Li dis dou vrai aniel*, p. XXVI) appuntava l'*eu* degli ant. fr. *leu jeu feu*, che gli facea difficoltà, le basi essendo di *o* breve. Ma l'*u* di queste tre voci è veramente l'*u* finale della base latina, o meglio l'*u* finale attratto. Avviene cioè, che nella base galloromana si ripercuota codest'*u* dopo la vocale accentata che precedesse a un *g* primario o secondario. Cosi fagu ha dato *fáugu*, donde soltanto può aver ragione il lomb. *fo* = prov. *fau* (cfr. lomb. *avost* augustus mensis, ecc.). E similmente: *lóug*[*u*] *jóug*[*u*] *fóug*[*u*]; onde, col dittongo dell'ó̌, il frc. ant. avrebbe dovuto avere: *lueu jueu fueu*, che si son semplificati in *leu* ecc. La base galloromana è nitidamente continuata nel soprasilvano, che dà: *liug lieug, ǵiug ǵieug, fiug fieug* (*fieuc*). Qui l'*u* è affatto manifestamente l'*u* finale, attratto, della base latina, poichè l'*u* del dittongo (*uo iie*) qui sta normalmente nell'*i* (*nief* novus ecc., già addotti di sopra). V. *Arch. gl.*, I, 27 ecc.

via le serie dell' *o* andarono finalmente tra di loro confuse e nella pronuncia e nella scrittura francese (1).

Come dunque si conchiude, un po' più stringentemente di quello che faceste voi? Il francese ha smarrito la distinzione delle due serie dell *ó* (*ǫ ọ*: *flör cör*), non già per alcuna confusione iniziale, ma pel fatto che la determinazione galloromana dell' *ǫ* ha subíto due ulteriori fasi d'alterazione (*ou* : *eu ö*), alle quali il bolognese, per esempio, o il savoiardo, rimane estraneo. Il lombardo, alla sua volta, ha bensì la propria evoluzione regionale, così dell' *ǫ*, come dell' *ẹ* (*vuç* vōce, *sira* sera) (2), ma non è evoluzione specificamente galloromana; e così, non solamente distingue il lombardo tra la serie di *fiúr*, *úra*, e quella di *cör*, *föra*, ma serba insieme, tra le due serie, una differenza antigallica, non dittongando il riflesso dell' *ǫ*. Questa maggiore italianità del lombardo, rispetto al francese o all'emiliano, si riconferma per le condizioni diverse che sono, tra lombardo da una parte, e francese e emiliano dall'altra, in ordine alla espunzione delle vocali fuor d'accento. Ma all'emiliano, per contro, è o si fece estraneo, generalmente parlando, l'*ü* (e quindi l' *ö*), comune al francese e al lombardo; come non ebbe questo suono, o ben piuttosto l'ha smarrito, il friulano, all'estremità orientale della zona ladina (3); e la serie di queste *misuraȥioni*, come bene accennate, andrebbe lungamente continuata e ragionata, anche

---

(1) Cfr. Schuchardt, *Vok.*, II, 147-8; e Neumann, *Zur laut- und flexionslehre d. altfr.*, Heilbronn 1878, p. 47. Come parallelo d'ordine meramente fisiologico, sien qui ricordate quelle serie nordiche tra le quali va l'*ö* islandese per 'umlaut' dell'*a*, promosso da *u*; p. es. *klögun* (*kláugun* ecc.) querela, allato a *klaga* accusatio.

(2) Cfr. il siciliano, *Arch. gl.*, II, 145-46; e il cimrico, Zeuss, ²99-100.

(3) *lúne* ecc., allato a *suéle* ecc., *Arch. gl.*, I, 499, 494-95; ma l'*ö* è ancora nel Comelico, ib., 384-85. Cfr. l' *ü* e l' *ö* in Val di Rumo, allato all' *u* e l'*ue* in Val di Non (Fondo), ib., 324, 327-28.

pel franco-provenzale e il provenzale. Or le differenze che
ne resultano, in parte hanno di certo la lor piena ragione
dalla proporzione diversa in cui entrano i due fattori etnici,
il romano e il gallico, nella composizione del nuovo ente
nazionale; in parte dalle diversità che pur certamente occorrevano nella qualità o nella composizione del substrato
anteromano di queste medesime terre che diciamo galliche.
Ma intanto, malgrado ogni difficoltà, noi ci accorgiamo di
continuo, che il nostro *etnometro* ci si viene affinando tra
le mani.

3. Qui però ci affretteremo a ritornare a più limpide
cose, rifacendoci a quel dittongo galloromano per l' e di
fase anteriore (= $\acute{e}$ lat. ed $\overset{\smile}{i}$ lat.), che, nella sua più schietta
forma, suona *ei*, e circa il quale è già resultata, nel nu-
mero precedente, quella congruenza che diciamo c o r o -
g r a f i c a.

Lo schietto *ei*, com'è a Torino, a Genova e a Bologna,
così è nel ladino di Sopraselva: *seida, plein; beiver, peil*.
L'engadinese lo allarga in *ai*: *saida, plain; baiver, pail*;
e anche un dialetto franco-provenzale ci mostrava, nel precedente numero, questo medesimo allargamento. La Francia
s'è come bipartita; e accanto all' *ei*, ebbe l' *oi* (così, p. es.,
aveir di tipo normanno, *avoir* di picardo). Che l' *oi* rappresenti un' alterazione dell' *ei*, è cosa per sè manifesta
(cfr., per entro a un medesimo dialetto di Francia: *avoine*
avēna, allato a *veine* vēna); e si riprova indirettamente
per ciò, che i dialetti di Francia, ne' quali s'ha l' *oi*
per $\acute{e}$ od $\overset{\smile}{i}$ latino (*soie; boire, poil*), dànno *oi* ugualmente
per ogni *ei* di fase anteriore, comunque egli surga; e così:
droit (drejt, directo), *moyen* (mejen me[d]iano), ecc. Dal
profferimento, che la scrittura continua sempre a rappre-
sentare col suo *oi*, il francese è poi passato a *oe* $\varrho\acute{a}$ $u\acute{a}$.

Orbene, il normal continuatore briṭone (cimrico ecc.) di un antico *ẹ́*, sia celtico o latino, è appunto *oi oe* (*oi, ui, wy*). Così nel cimrico: *troi trui trwy* = ant. celt. t r ē (trans), *bluydyn blwydyn* anno, = ant. celt. b l ē d [e] n i ; *cadwyn* lat. catēna; *kuyr kwyr,* corn. *coir,* armor. *coar,* lat. cēra. Pur qui son pronte, se mai occorressero, le prove indirette per la fase dell' *ei;* poichè vediamo che si venga similmente all' *oi* da altri *ei* di fase anteriore; come è p. e. nel cornico *noit* = **neit,* neptis. Vorremo noi d'altronde trascurare l' argomento estrinseco che pur s'aggiungerebbe mercè l' *oa* dell' inglese = *æ* *â* anglosassone = *ē* antico sassone (ovveramente *ei,* come risuona nell'ant. altotedesco; v. GRIMM, I³, 357-59, 240, 106, KOCH, I, 55-6), e vuol dire la serie in cui entra l'ingl. *oath ,* giuramento, di contro all'alto-ted. *eid?* Non va codesto argomento, nè trascurato, nè valutato fuor di misura (1). E s'esce, in complesso, con la persuasione, che non solo sia di effetto gallico la risposta dell' *ei* all' *ę* di volgare romano (*ẹ́* *ĭ̆*), ma che sia specifica anche la spinta per le ulteriori riduzioni : *ui oe* ecc. (2).

---

(1) Cfr. GRIMM, ib., 397; SCHUCHARDT, in Groeber's *Zeitschr.*, IV, 123. L'*oi* per *ei* è anche nel piacent. *-oin* =*-ein* = *-en* = *-ĭn*. Circa i fenomeni congeneri nei dialetti del versante adriatico degli Apennini meridionali, lasciatemi ricordare ancora l' *Italia dialettale* che già v' ho citato (n. a p. 21).

(2) L' *ui* britone per *ē*, dovrà egli in ultima analisi andar raccostato all' *ēui* che è nell'irlandese per *ē* nell' 'infezione'? È questo un quesito che ci porterebbe troppo in fondo! — Vedo io bene, del rimanente, che all' affermazione di un' intima attenenza tra l' *oi (ui)* cimrico e l' *oi* francese, la quale implica la molta antichità d' entrambi, si potrà opporre, a cagion d' esempio, che stia l' *ei*, anzichè l' *oi*, nei più antichi saggiuoli di francese non normanno. Ma così si ritorna alla questione di principî, di cui già accadde toccare [n. a p. 19 ecc.], e della quale altrove parliamo a distesa. Sia intanto lecito qui ripetere, che lo spoglio dei codici o delle iscrizioni è bensì cosa di

Che dunque si torna a conchiudere per il caso nostro? La pronuncia, con la quale lo stromento orale de' Galli ha meglio saputo rendere quell' *é* molto chiusa per cui nel latino volgare si continuavano l' *é* e l' *ĭ* (cfr. tosc. *seta, pelo*), è stato quell' *ei* appunto per cui tra loro si continuava l' *e* lunga delle basi celtiche, di pronunzia chiusa sicuramente

---

momento grandissimo anche per l'effettiva storia del linguaggio, e che voi perciò (scusate ancora) non fate bene a non parlarne sempre con tutto quel molto rispetto e quella riconoscenza vivissima che a siffatti lavori da tutti si devono; ma che insieme è pur vero, non essere codesti spogli se non uno solo dei fattori della storia, e tal fattore che moltissime volte riesce assai modesto in confronto di più altri, o anzi riesce, non di rado, per molteplici cause d'imperfezione e d'artifizio, cosi grandemente mal fido, che solo la critica più larga e più severa ne può fare sicura e giusta ragione. Un paio di nuovi esempi non parrà forse inopportuno. Il RHYS, nel suo bel lavoro che già m'accadde citarvi [p. 22 n], dopo aver discorso dei dittonghi irlandesi *ia = ē* e *ūa = ō* (v. la nota che ora qui segue), avverte che sicure traccie non s'hanno, nè dell'uno, nè dell'altro dittongo, nelle vecchie iscrizioni ogmiche d'Irlanda, le quali son probabilmente posteriori al sesto secolo (o. c., p. 103-4). Orbene, non è egli ben più antico il distacco del gaelico dall'irlandese? E come si può spiegare la perfetta congruenza dei sistemi fonetici di questi due dialetti (compresivi i dittonghi di cui si parla), se non riconoscendo che i loro caratteri sono anteriori al distacco? Del rimanente, appunto nel sesto secolo è fiorito S. Colombano, venuto a morire, nel principio del settimo, in Italia. Le nostre antiche chiose irlandesi, provenienti dal suo chiostro di Bobbio (ottavo e nono secolo), si possono dir davvero l'immediata continuazione della sua tradizione letteraria e di quella de' primi suoi discepoli o successori, quando sieno in ispecie confrontate con le *note irlandesi* del *Libro d'Armagh*, che rappresentan la tradizione letteraria dell'ottavo secolo nell'Irlanda stessa. Ma codeste note e chiose hanno p. e. l' *ia* (*īa*) per *ē*, l' *éiui* per l' *ē* ' infetto ', e insomma ci immettono in quelle condizioni istoriche, le quali essenzialmente permangono per tutti i secoli seguenti. Chi mediti intorno a questo complesso di cose, non si lascerà di certo illudere dalle apparenze d'incolumità fonetica che da qualche grama iscrizione si possan ricavare. Solo un miracolo ci potrebbe condurre da cotesta incolumità alle condizioni effettive dell'antico irlandese, che ci sono con tanta e tanto viva copia attestate e rientrano con tanto viva congruenza nel sistema istoriale (cfr. p. 40 n). — Or qualche esempio

anch'essa (1). Nelle ulteriori evoluzioni di quest' *ei* (*ai*, *oi* ecc.), c'entreranno, lo ammettiamo, delle cause ' individuatrici '; ma, in queste medesime cause, ormai s'intravvede la ragione etnica (*oi* ecc.); e, a ogni modo, tutte le varietà dipendono dalla prima dittongazione che ha chiaro il suo motivo nazionale. Di guisa che, se ancora teniamo conto di quel successivo esaurimento del *d* primario e secondario che si compie per una larghissima distesa galloromana (sul quale proposito si può intanto ricordare, a chi non abbia di meglio, l'*Arch. gl.*, I, 305-11), resulta chiaramente che in una così gagliarda riduzione, com'è p. e. quella del franc. *suá* (seide soide soi[d]e) pel lat. *seta*, non v'ha nulla che ci porti a imaginare motivi più o meno arbitrari e meschini. Ci vediamo quell' esito che della voce latina era naturale che si avesse nel determinato filone galloromano.

4. 5. Vogliamo ancor toccare dell' Á in *e* , e della riduzione palatina delle gutturali susseguite da A, cioè di quelle due principalissime caratteristiche, le quali occorrono, o combinate o spaiate, per una gran zona galloromana che va dall'Oceano all'Adriatico, e non occorrono all'infuori di essa.

Raffiguriamcele imprima con queste rapide serie d'esempi:

---

che si riferisca propriamente al neo-latino. Chi vorrebbe oggidì negare che il dittongo dell' ó́ (*uo* ecc.) risalga al volgare romano ? Nessuno, io credo, tra quanti studiano ragionando. Ma egli tuttavolta non c'è affermato da alcuna testimonianza, o di grammatici, o d'iscrizioni, o di qualsia altra maniera. E scendendo ben più in giù, nè Bonvicino, cioè il più antico autore in dialetto milanese, nè le *Rime Genovesi*, che sono il più antico testo ligure, hanno qualsiasi indizio di ö o di un qualunque dittongo dell' ŏ. Ma c'è più oggidi chi osi sostenere che il dittongo galloitalico, o il suo esito, si debba ripetere da un'età posteriore a que' testi ?

(1) Nella risposta ibernica dell' *ē*, così celtico, come romano, è un *i* lungo (*ī*ᵃ; cfr. *cīs* census). Analogamente è *u* lungo (*ū*ᵃ) in quella dell' *ō*, e s'incontra con l' *ū* (*ü*) del cimrico.

franc. *amer* amaro, *clef*; sez. occident. della zona ladina (alto-engad.): *sel* sale, *tref* trabe; sez. centrale della
stessa zona (garden.): *ęla* ala, *fęver* fabro; corrente gallo-
ital.: piem. *dé* dare, moden. *passę* passare e passato; ecc. (1).

franc. *cher* (ant. *chier*; *c'ier*) caro, *chèvre* (ant. *chievre*;
c'ievre) capra; franco-prov. (savoi.): *z̧añ* *c'añ* campo,
c'ēvra; sez. occ. d. zona lad.: alto-eng. *c'er* caro, *c'ēvra*;
sez. centr. della stessa zona: nonese *c'ar* caro e carro,
c'ávra, garden. *c'auc'áñ* calcagno; sez. orient. (friul.): *c'alc'á*
calcare (2).

Qui pure, la esplorazione degli idiomi ladini è riuscita
molto fruttuosa, discoprendo una continuità, la quale è affatto impossibile ripetere da alcun'azione d'ordine politico o
civile, che sia posteriore alla conquista romana, e non può,
per conseguenza, non essere un effetto delle peculiari condizioni etnologiche, anteriori a quel conquisto. Non si troverà
facilmente, io credo, chi oggi si attenti d'impugnare una tale
affermazione. Potè all'incontro e può parere, che, appunto
per questi due fenomeni, sia molto scarsa o manchi la riprova
diretta o indiretta che naturalmente se ne cerca nei territori
celtici non romanizzati. Ma, sin d'ora, non siamo poi così
poveri o sprovvisti, neanche d'argomenti di siffatta specie.

All'antico *ā* si risponde, nel cimrico, come già ci occorse
di avvertire (p. 27), per *au aw*: *llawn* pieno (ibern. *lān*),
paup chiunque (ibern. *cách*), *brawt* fratello (ibenr. *brāthir*),
priawt sposo (derivazione per *-āt*). Ne viene intanto, che
l'elemento si turbi di continuo. L' *au* si vede poi ridotto ad
eu, in *llewni* empire, allato a *llawn* pieno, per la 'infezione'

---

(1) Cfr. *Arch. gl.*, I, 538 *a*, II, 445.

(2) Voi avete dimenticato, per la geografia di CA in *c'a* ecc., la ben
utile scrittura del JORET [*Du c dans les langues romanes*; Parigi 1874;
p. 188 sgg.]. Ma circa le serie picarde e normanne, non ho bisogno
di dirvi che io sto per la teoria del 'ricorso'.

causata dall' -*i*; ed è il parallelo dell'*e* che s' ha normalmente, nel caso dell' 'infezione', per l' *a* breve. Ma nel cor-
novallico e nell'armoricano, ricorre l' *eu,* o semplicemente
e, senza che sia il caso dell''infezione'; e così: corn. *leun*
pieno, *peb* chiunque, armor. *leun pep*, *breuder* fratelli,
priet sposo. L'Ebel suppone (*Gramm. celt.*, ²96), che il cor-
novallico e l'armoricano altro in effetto non dieno se non
il fenomeno dell' ' infezione', portato al di là de'suoi legittimi confini. Ma codesta dichiarazione si risolve appunto nel
riconoscere una tendenza, che ben conviene al nostro assunto. — Per quello che è poi in ispecie della riduzione
dell' *ā* (*au eu*) al solo *e*, potrebbe in taluno nascere il
dubbio, se forse non si tratti dell'imperfetta rappresentazione di un suono che in sè compendiasse tutto l' *eu* (*ö*).
Senonchè, l'armoricano odierno qui toglie ogni incertezza,
per la nitida distinzione ch'egli mantiene, p. e., tra *leûn*
(lön), *breûr* (*brör,* pl. *breûdeûr*), e *pép*, *pried* (1). —
Un'altra congruenza, e questa d'ordine estrinseco, va qui
ancora ponderata. Nella lunga serie di voci inglesi, alla
quale spettano *bathe* (cioè *bœth*), bagnarsi, di contro all'alto-
ted. *baden,* o *grave* (cioè *grœv*), incidere, di contro all'alto-
ted. *graben,* noi veramente abbiamo un *ă* in *e*. Onde proviene ciò? Proviene, per ragione immediata, dall'anglosassone, che ha codest' *œ* (l' *ä* di Grimm), senza che c'entri
la ragione dell''umlaut' (*bädh bädhes, gräf*). Ma l'anglosassone donde ha poi egli questi turbamenti, che rimangono estranei agli altri idiomi germanici, eccetto il frisone (2)? La congruenza col frisone fa essa ostacolo alla

---

(1) L' *au* da *ā ă* è nei Grigioni per le sole formole AN e ANT ecc.;
p. es. soprasilv. *saun maun,* ant. alto-engad. *taunt, maunc'a* manca;
e si riduce ad *e* nell'odierna pronuncia dell'alto-engadino: *sæm* sano,
tænt ecc.; v. *Arch. gl.,* I, 167 ecc., e cfr. DIEZ, 1⁵, 389, 449 n.

(2) V. GRIMM, I⁵, 327 sgg., 377 (cfr. 360-61); 403 sg. (cfr. 410);

presunzione di un motivo ' gallo-britannico ' di questa riduzione, che si continua, pur con l'accento rimosso, nelle
voci romanze o latine importate in Inghilterra (p. e. *grade*
cioè *græd*, *grace* cioè *græç*; *labour* cioè *læbǫr*, *nation*
cioè *næ̆šǫn næ̆š'n*, *nature* cioè *næ̆tjur*)? Non vorrei, per
ora, dover rispondere (1).

Ripassando alle gutturali che diventan palatine (*c'ar* caro
ecc.), l'ámbito intiero delle riduzioni galloromane andrebbe,
mi pare, brevemente descritto a questo modo: I. Si riduce
a *c'*, e rispettivamente a *ǵ* (2), la gutturale innanzi ad A, a
formola iniziale, o interna dopo consonante (tipi: *c'avál*,
fórc'a, *vac'c'a*; *ǵal*, *lónǵa*). II. Il G di GA interno preceduto
da vocale, si riduce a *j*; e ugualmente il C di CA nella stessa
postura, il quale passa prima in *g* (tipi: *nejár* negare;
prejár, *pajár*). III. Il G riuscito finale, che è quanto dire
il G delle formole finali GO GU, passa analogamente in *ǵ* e
j, secondo che sia preceduto da consonante o da vocale;
e similmente il C di -CO -CU, il quale anche passa prima in
ǵ (tipi: *larǵ fanǵ*, *roj* rogo, *c'astij* castigo; *arc'*, *laj* = lago
laco, *dij* dico, *amíj*).

La correlazione tra' due esiti che abbiamo segnato per I
e II (3), si può ancora veder nitida e sicura. Così, p. e.,
il ladino di Sopraselva, o almeno il dialetto soprasilvano
che prevale, è alieno dall'uno e dall'altro; e come dice

---

382 sgg.; *Gesch. d. deutsch. spr.*, 660, 680; Koch, *Hist. gr. d. engl.
spr.*, I, 34, 47. Scarsi inizii nello svezzese e nel danese, Gr., I⁵, 499,
515 (cfr. 426).

(1) Cfr. l'*ae* nel 'mittelniederländisch' per *ā ă* del 'mittelhoch-
deutsch', Grimm, I⁵, 281 sgg., unitamente alle osservazioni che circa
l'olandese si son prima qui fatte (p. 23).

(2) Ricordo, per la semplicità di queste trascrizioni, quel che n'ebbi
a dire più sopra (p. 24-5).

(3) V. 'Saggi Ladini' (*Arch. gl.*, I), num. 160-61, 162-4, 165,
181-2, per es. a p. 205, 210-11.

cauld caldo e *vacca,* così ancora *pagar* ecc. Ai dialetti del-
l'Engadina, per contro, son proprî tutt'e due; e perciò :
altoeng. *c'od, pajér* , bassoeng. *c'áud, pag̓ár (pajár).* Similmente in Savoia : *ʒemije* *c'amíʒe* camicia , *fuerʒe* *fuerc'e
forca, allato a *ʒoïë* giocare, *pleïë* piegare; o nel Friuli :
c'amése, fórc'e; *ʒujá, plejá.* — L'esito che abbiamo segnato
col num. III (1), resulta esso pure in manifesta relazione
cogli altri due, ma in relazione non così ferma; i suoi confini
anche sono, in parte, più ristretti; e forse va distinta, intorno ad esso, più d'un'età. A ogni modo, la maggiore evidenza fisiologica se ne ha dalla zona ladina; e da questa
sola ho io presenti degli esempi in cui il fenomeno si
compia dietro a consonante. Nello stesso soprasilvano (a-
lieno dalla riduzione nelle formole CA ecc.) s' hanno p. e.:
arc' arcus, *pasc'* pascuum; e l'intiera digradazione si esem-
plifica pel basso-engad. *suolc'* sulcus, accanto all'alto-engad.
suolj, soprasilv. *sulj* (sǫlc' sǫlg̓ sǫlj). Nelle varietà triden-
tino-orientali della zona ladina, molto propizie all'esplosiva
palatina, è schietto lo *-c'* dopo vocale. Così in Val di
Rumo: *fœc'* ecc., *'mbriac'*; in Val di Non: *fuéc'* ecc., *lacı*
lago. Per codesta formola, l'evidenza ci è un po' turbata
dalle ortografie de' dialetti grigioni, le quali però non ces-
sano di avere i loro pregi. Così, allato al *vic'*, vicus, di
odierna pronuncia soprasilvana e basso-engadinese, c'è *vich
vih* delle grafie alto-engadinesi; o accanto al soprasilv. *šig̓*
sucus (2), l'antica grafia basso-engad. *dʒüch* (Valle di Mün-

---

(1) V. ib., num. 167, 183.

(2) Cfr. *castig̓* ecc., sempre però esempi in cui la gutturale era
preceduta da *i* soprasilvano. Uno schietto *-g̓ (-c')*, preceduto da altra
vocale che non sia l' *i*, non vedo ne' Grigioni. — Notevole, a questo
proposito, l' *-ic'* da *-ich* tedesco, in *liadarlic'* ecc., liederlich, di varietà sopra- e sotto-silvane; cfr *Arch. gl.*, I, 144; e qui, più innanzi,
la n. 1 a p. 41.

ster: *such sü*), odierno alto-eng. *ʒüj*. Nell' antico basso-
engadino, occorrono: *fœch giœch lœch* fuoco ecc., e analogamente *rœch* 'ruego (preghiera), che nell' odierno diventano: *fö ǵö lö* , *rö*. La fase con la continua palatina sopravvive, a cagion d'esempio, nel leventinese: *föi ǵöi löi*,
o in *ǵüi* di qualche dialetto del cantone di Neufchâtel. In
giusta analogia avremo per l a c u s : ant. basso-eng. *laich*,
odierno alto-eng. *leih lej*, sotto-silv. *lai* , leventin. *lai* (e
laigh). Ugualmente è *laj lai* (*le*) in ˙ varietà piemontesi o
nell'antico francese, e ˙-*ai* = -AC nei nomi locali di Francia
e del Piemonte (v. *Arch. gl.*, II, 128), o nel prov. *ibriai*
ebriacus, o nell'*uvai vai,* da o p a c o, tra'dialetti del Piemonte
(FLECHIA, *Arch. gl.,* II, 3). Per la qual via, s'arriva anche
al dileguo assoluto, come avviene ne' nomi locali di Francia
in -*á* (-*at*) = -AC.

Se, dunque, non sarà di certo superfluo che ben si ri-
studii la serie qui segnata col num. III , mal si potrà, io
credo, revocarne in dubbio l' importanza istorica, considerati che sieno i segnacoli della sua estensione nello spazio
e i suoi rapporti con le altre due serie. Ma non dovremo
noi insieme considerare qualche congruenza ' britannica ',
in ispecie per quant' è dei filoni di media ? Se da *argant*
(ant. irl. *argat*), argento, si viene al medio-cimrico *aryant*
(odierno *arian*), o da *bolg* (ant. irl. *bolc*), sacco, al medio-
cimr. *boly bol* (odierno *boly bol*, stomaco ecc.), dovremo
noi renunziare all'idea che un'intrinseca somiglianza inter-
ceda tra cotali esiti cimrici e i galloromani di cui testè si
toccava? O non farà al caso nostro pur la serie in cui entrano i cimrici *da* (ant. irl. *dag -dach*) (1), bonus, e *ty*
(cfr. ant. irl. *teg tech*; e gli od. pl. cimr. *tai, teiaù*), domus;

---

(1) I derivati come *dayoni* ecc. (cfr. ZEUSS, ²140, 815, e il cimrico
odierno) non oserei tuttavolta dividere in *daj-oni* ecc.; cfr. *drygioni*
ecc.

od anzi lo stesso dileguo di *g* tra vocali, com'è nel medio-
cimr. *Breit* Brigita? Vedo bene, quante seduzioni e distrazioni, più o meno pericolose, qui da più parti ci vengano, e
in ispecie dalla storia della parola tedesca (1). Ma, sul territorio celtico, noi abbiamo sicuri fondamenti per istabilire
la digradazione: *g, gh, gj, j.* In effetto, date le basi RG,
LG, noi siamo al caso della più legittima delle ' infezioni '
britanniche, e ' infezione ', in ultima analisi, vorrà qui
sempre dire ' aspirazione '; onde occorrono realmente: corn.
arghans, armor. *arc'hant* (2). L' ' infezione ' sarebbe legittima, secondo le norme del *b* e del *d,* pure pel *g* britannico
tra vocali e all'uscita(3); e in effetto, se passiamo all'Irlanda,
avremo p. es. il medio-irland. *tigh tighe* (cfr. *teg tech,*
tige, degli ant. codici), casa, della casa, o *dagh* (*dag dach*
degli ant. cod.), buono. Senonchè, ogni *gh* irlandese, come
ogni *dh*, si riduce a non valere se non *j* (*hj j*); e, all'interno o all'uscita, finisce per tacere affatto; onde, a cagion
d' esempio, sono ormai come identici tra loro l' irl. *dagh*
(*dā*) e il cimrico *da,* buono. Così il lat. s u c u s (sugu-) è

---

(1) P. es., dalla serie cui spetta l'ingl. *day* di contro all'anglosassone *däg* (*dei* anche nel frisone), o da quelle in cui entrano l'anglo-sass. *bëorh* e lo svedese *berg* (*berj*), monte, berg, -*bury*. Ma
come sottrarsi a quella per cui dall'anglo-sass. *swȳlic* (*swillc*) s'arriva all'ingl. *such*?

(2) Pei filoni, che or qui si tentano, aggiungete a ZEUSS-EBEL:
STOKES, *Middle-Breton Hours*, Calcutta 1876, p. 67; RHYS, o. c.,
p. 59 sg., 223 sg.; D'ARBOIS DE JUBAINVILLE, in *Mém. de la Soc. de
Linguist.*, IV, 256 sg.

(3) L' ' infezione ' importa per il *d*, ch'egli successivamente si possa
fare un'interdentale sonora (*th* sonoro ingl.) e alternarsi con ƺ; p. es.
corn. *beth*, cimr. *bedd*, armor. *béƺ*, sepolcro, ZEUSS, ²142-44 (cfr 154-
55), LE GONIDEC, *Gr.*, 1839, p. 7. Questo ' stato ' del *d* primario, ricorda in particolar modo lo ƺ = D del provenzale (DIEZ, I³, 234-35,
cfr. 230); e il Maestro dei romanologi avrebbe forse parlato con
minor riserva di cotesto riscontro, se p. e. avesse potuto considerare
le intime ragioni del cimrico *dd*.

stato *sūgh* nell'irlandese, come l'ortografia sempre dice ; ma ormai, passato di certo per *sūj* (1), altro non è se non *sū* (cfr. gli engadin. *χüch, süj sü,* sucus, addotti qui sopra). Afferreremmo veramente una norma generale e fondamentale, da dirsi ibernico-britannica, dalla quale resulterebbe, p. es., che il nome proprio ch'è in antica ortografia, ibernica o britannica, *Dagān* (' Buonino'), volgesse da antica età a una pronuncia da scriversi pressappoco *Daghan Daghjan* (2); o resulterebbe, in altri termini, che, p. es., un

----

(1) Cfr. le pronunzie del gaelico [Scozia], ap. AHLWARDT in Vater's *Vergleichungstaf.*, p. 231.

(2) Con quest'asserzione si ritorna, più direttamente che mai, al quesito sulla differenza che intercedesse tra la pronuncia effettiva e quello ' stato fonetico' che parrebbe rappresentato dalla ortografia solenne o latineggiante delle iscrizioni ; e io mi ci fermo volontieri, anche per ripetere che nulla potrebb'essere più lontano dal mio pensiero che il negare altissimo valore alle testimonianze epigrafiche e merito grandissimo a chi vi si affatica intorno. Ma se, p. e., le antiche iscrizioni cimriche ci danno, come il codice Landavense, il *g* di *tigirn-*, signore, vuol ciò mai dire che questo *g* fosse a que' tempi una gutturale sonora ancora intatta ? Pur l'antico irlandese scrive semplicemente *tigerna*, ma nessuno perciò vi contesta l' ' infezione ' del *g*, la quale dagli stessi antichi codici si ricava per argomenti negativi (*g* non *gg*, ecc.); e s'aveva dunque, pur nell'ant. irlandese, *tigherna*, com'è scritto nel medio-irlandese, onde poi tace affatto il *gh* nell'odierna pronuncia, così livellandosi la voce ibernica con la britannica. Il nome pr. *Eu-tegirn* (allato a *Eu-tigirn*) del Landavense, accenna, col suo *e*, a una pronuncia non gran fatto diversa dall'odierno *teyrn*, o anzi forse a questa identica pronuncia. Non mi voglio valere del *gh* per *g* tra vocali, che parrebb'essere in un'antica ma incerta iscrizione (RHYS, o. c., p. 364-65). Ma se addirittura avessimo *tern* (= *teirn*) in iscrizioni antiche ? Io lo credo. Il nome pr. *Ettern-Etern-*, che occorre in due antiche iscrizioni, è tenuto dal Rhys per latino, e il *t* gli parrebbe una geminazione arbitraria (o. c., 172, 275, 366, 393). Non farò difficoltà circa l'uso, abbastanza raro o mal certo, del lat. *Aeternus* in funzion di nome proprio. Ma il Rhys tace della serie *Etern Edern Edyrn*, che è data dalla *Grammatica celtica*, ²140-41, come di nome proprio composto in cui entri *tigirn*. Si fida egli della differenza tra *Llanedern* e *Eutigirn* o *Mordeyrn* ? Non dovremo noi conchiudere, che la effettiva pronuncia popolare, *Eteirn,*

lat. n e g a r e dovesse andar facilmente ripercosso dai Celti per *neghjar*. Dunque, mi chiederete, volete voi sempre qui arrivare, più o meno modernamente, ma per antica spinta, dalla gutturale alla palatina, passando per l' 'aspirazione'? Ed ecco un'altra domanda, io risponderei, che ci porterebbe troppo in fondo. Ma intanto lasciate che vi ricordi, come questa vicenda torni affatto manifesta in un caso ben diverso, ma pur sempre bene analogo, vale a dire in ᴄᴛ, ᴄʜᴛ, ᴊᴛ, che è la elaborazione che si compie, così per le basi propriamente celtiche, come per le galloromane (tipo *noct nocht nojt*, tipo che s'impunta, senza turbarci, anche nella penisola iberica) (1). I dialettologi inglesi come dichiarano essi l' *ai* (*ei*) che succede all' *i* anglo-sassone nel tipo *niht* (fris. *nacht*) notte? Voi ne potete vedere, in questo momento, ben più che io non possa (2). Se veramente si tratta, per stare a quest'esempio, di *nejt = nijt = night = niht* (cfr. il cimr. *teyrn* da *tijirn*, ᴢᴇᴜss, ²140), noi riavremo, per la terza volta, la medesima azione esercitata da' Celti sopra la medesima sostanza originale.

Ma tanto più giova che s'esca per ora da siffatte spine, quanto è meno controverso (almeno tra' linguisti italiani), che le due caratteristiche di cui ora s'è parlato (*e* = ᴀ́, *c'a*

è qui stata assunta alla dignità dell'epitafio, perchè essa rasentava una molto nobile voce latina? Mi sia lecita finalmente, circa l'antichità de' fenomeni caratteristici degli idiomi britoni, una considerazione analoga a quella che più sopra facevo per gli ibernici (p. 32 n); il venirle cioè una conferma incontrovertibile dall'intima congruenza tra la fonetica del britone d' Inghilterra e quella del britone rifluito in Francia ne' primi secoli dell'era.

(1) Per questa via, che qui è indicata in modo affatto sommario, mi si è fatto chiaro, come da ᴄᴛ latino e da ᴄʜᴛ tedesco si arrivi, nei Grigioni, a un prodotto identico, profondamente rimoto dalla base. S'ebbe, per l'una base e per l'altra, la serie evolutiva: *cht jt jtj c'*; p. es.: *tec'* tecto, *dic'* dicht. Cfr. *Arch. gl.*, I, 88, 144.

(2) [Cfr. ᴋᴏᴄʜ, o. c., p. 136, ʀʜʏs, o. c., p. 62 sg.]

ecc. = CA ecc.) sieno di fondamento regionale o d'ordine
etnico. Solo ancora ci vorremo far lecito, a mo' di conclusione, un esempio che in se compendii, per qualche maniera, quest'ultimo paragrafo e quello che l'ha preceduto.
Sia un riflesso di c a d e r e, cioè del volgare c a d é r e. Per
CA in c'a e pei fenomeni rappresentati dianzi dal frc. *soie* =
sei[*d*]*a,* noi arriviamo all'ant. frc. *chaoir*, moderno *choir*,
che vuol dire *šuár*, e con ciò a una delle maggiori divergenze fonetiche che si possano pensare. Ma la riduzione si
spiega, in ogni sua parte, per effetto di vicende che tutte
ancora si riscontrano, come a filoni continui, dalle Alpi
Carniche all'Oceano (1).

---

(1) La vostra annotazione sulle congruenze sintattiche tra celtico e
galloromano, mi sembra corretta in ogni parte. Senonchè, ora dovete vedere anche SCHUCHARDT, in Groeber's *Zeitschr.*, IV, 150 sgg.
Le costruzioni irlandesi, a cui alludete, si potrebbero rappresentare
per questo esempio: *is-hē arn-dūnatu dūn*, che è letteralmente: c'est
notre audace à nous. Vedete, del resto: ZEUSS, [2]920-21. — Quanto
alle congruenze lessicali, bisogna andar col piè di piombo; e pur qui
vi giova SCHUCHARDT, l. c., p. 125 sg. Gli esempi che prendete al
NIGRA, mi paion tutti buoni; e se a voi urta, pel *dr* e per altro, il suo
confronto del canavese *dróga*, mendicità, coll'irl. *trōg* [cfr. frc. *truand*;
cimr. *truan* = ant. irl. *trōgān*, onde poi *truaghan truaan*], egli ora
potrebbe per sè invocare lo ZIMMER, in Kuhn's *Zeitschr.*, XXIV, 208 sg.
Circa *bega*, contesa, che è pur del vocabolario italiano, ma è fermo
in ispecie nell'Italia Superiore, io vi diceva semplicemente, che se è
di vena celtica (irl. *bāgh* combattimento, *bāghaim* combatto, disputo),
potrebbe riuscire esempio prezioso per l'*e = ă*. Circa il soprasilvano
digrar (deghirar daghirar), gocciolare, dicevo parermi, più ingegnosa
che giusta, l'idea di mandarlo col cimr. *daigr*, lagrima, perchè, a
tacer d'altro, qui mi parrebbe un miracolo la conservazione del *g* di
un *gr* mediano; e contro il vostro tentativo di combinare senz'altro
il friul. *ióte* [vivanda liquida] coll'ant. cimr. *iot*, ant. irl. *ūth*, puls,
sta il fatto che i termini celtici attestano una forma fondamentale col
t scempio, e il riflesso friulano (*jote* e non *jode*) accenna all'incontro
a *tt* (*ct*, *pt*). Il DU CANGE, d'altronde, vi avrebbe indirettamente pre-
venuto (s. j u t t a; cfr. DIEFENBACH, *Nov. gloss.*, 1867, s. v.); e a *jutta*,
che fa capolino anche tra' vernacoli tedeschi, sarà da richiamare
pur l'antiquato spagn. *jota*, sorta d'intingolo o minestra, che manca al

Cosi abbiamo sempre trovato (num. 1-5), per tutta questa tanto frastagliata distesa di terra, una comunione di tendenze iniziali, che importano esiti conformi. Questo complesso di tendenze, che non si riproduce nel resto della romanità, e perciò resulta specifico, è troppo chiaro (diciamolo pure più volte) che non dipenda da alcuna ragione di climi, nè s'abbia a ripetere dalla depravazione fortuita delle pronunzie di singoli individui, ed è all'incontro ben chiaro, che in effetto egli si risolva in un motivo anteromano. Questo motivo noi crediamo di coglierlo; ma anche errassimo in ciò, resterebbero pur sempre le congruenze per le quali si dimostra che tra di loro così intimamente si stringano i parlari galloromani, e resterebbe l'antitesi che ne proviene tra questi e il rimanente dei parlari neo-latini. Com'e dunque che a siffatte condizioni maggiormente non si fermino i ricercatori delle cause per le quali la parola latina, o la parola in generale, s'altera e si frange (1)? Voi li accusate di

---

Diez e al Caix. — Finalmente, il parallelo ideologico, a cui accennate, io nol facea valere se non come una coincidenza d'ordine meramente ideale. Dicevo, cioè, che l'irl. *lāaim* [io getto, mando, pongo] si associa idealmente al lat. *mittere* che nel neo-latino è 'porre' (mettere), e al *buttare* che tra i Franco-provenzali e i Piemontesi viene a dir 'mettere'. Il caso ritorna per βάλλω, che ai Greci moderni è 'gettare' e 'porre'; e rientra in quella gran corrente dell'abuso dell'energia ideale, ch'è tutt'uno con la riduzione del contenuto ideale della parola.

(1) [L'amico, al quale era diretta questa lettera, si doleva, in ispecie, della noncuranza de' motivi etnologici che gli pareva di scorgere in due autori, dai quali nessuno dissente senza grandissimo dispiacere: il WHITNEY e il DELBRÜCK; ma non ignorava che non da tutti si trascurano codesti motivi, e cosi lo SCHUCHARDT pensi di continuo alle ragioni celtiche delle trasformazioni per le quali si determina il galloromano, o il MIKLOSICH scruti, con quella serena larghezza che gli è propria, le ragioni 'autottone' che agiscono sulla riduzione della parola latina in parola rumena, seguíto ora, con molto zelo, anche da un valoroso indigeno, l'HASDEU. Nessuno però ha affermato, con maggior coraggio e maggior nitidezza, la riazione celtica sul latino,

ostinazione; ma io altro non so vedere, nella loro trascuranza, se non un effetto delle particolari difficoltà che sono
inerenti a tutti gli studi glottologici, e devon rallentare ogni

---

di quello che facesse il Nigra: 'Celticae gentes, latinam linguam
'magna ex parte utique mutuati sunt et proprio ingenio usuique ac-
'commodaverunt. Eo autem facilius hoc factum est, quo arctior erat
'nexus inter celticas et italicas linguas, quo citius Celtae in ditionem
'populi romani reducti sunt, quo magis Roma victrix subjectas im-
'perio gentes armis, litteris, artibus, legibus, institutis superabat. Re-
'vera romanicorum populorum glossarium et grammaticam latinam
'originem perhibent, quamquam in utroque satis frequentia celtica
'vestigia manent. Sed dum Celtae a Romanis glossarium et gram-
'maticam mutuabantur, propriam phonologiam servaverunt. Latinam
'linguam accommodaverunt legibus celticae phonologiae, propriis, ut
'ita dicam, organis propriaeque pronuntiationi (*Glossae hibern. vet.
Cod. Taur.; Parigi 1869, p. xxxii).' Ma intanto il Whitney dice, per
esempio, nel suo bel libro *La vita e lo sviluppo del linguaggio* (traduzione del D'Ovidio, Milano, 1876, p. 4, 10 sg.): « .....Nè le divi-
« sioni linguistiche coincidono con le geografiche, e neanche, nei loro
« limiti e gradi, con gli apparenti limiti delle razze. Non di rado,
« ben più grandi son le differenze di razza che s'incontrano tra i par-
« lanti un sol linguaggio o un solo corpo di linguaggi rassomiglianti,
« che tra quelli che usano dialetti affatto dissimili l'uno dall'altro.......
« La massa del popolo di Francia è di Celti, quanto alla discen-
« denza, con tratti caratteristicamente celtici che niuna mistura o
« educazione è stata capace d'obliterare; eppure è a mala pena di
« qualche conto quel tanto di celtico che vi è nel francese; il quale
« è quasi puramente un dialetto romanzo, un rappresentante mo-
« derno dell'antico latino. Pochi linguaggi vi sono a questo mondo
« scevri di mescolanza, come poche razze vi sono cosiffatte; ma l'una
« mistura non determina punto l'altra, nè è la misura dell'altra. L'in-
« glese è di ciò una prova sorprendente; dell'elemento franco-latino,
« preponderante nel vocabolario inglese, la parte più familiare e in-
« dispensabile vien dai Normanni, razza germanica, che l'ebbe dai
« Francesi, razza celtica, che alla sua volta la ricevette dagl'Italiani...»
Orbene, noi appunto stavamo vedendo, se il celtico traspaia, o no,
in questo 'rappresentante dell'antico latino', e per ben altro che non
pe' cimeli lessicali ai quali il Whitney alluderebbe. Quanto poi ai
vocaboli francesi, che vennero, in molto abbondante misura, a far
parte del linguaggio inglese, la realtà è ben altra da quello che al
ragionamento del nostro autore converrebbe. Di certo, *feature* (fai-
ture feture), *reason* e *nation*, a cagion d'esempio, son voci che ven-

loro progresso. A voi è parso che io esagerassi nel misurare queste difficoltà (1), e io mi proverò, un altro giorno,
a capacitarvi del contrario. A ogni modo, è non poco singolare la sicurezza con cui taluni vengono a dirci, quasi si
trovassero in possesso del più apodittico di tutti gli argomenti: che ogni alterazione deve pur sempre essere stato
un individuo a produrla egli per il primo, e non rimanerci
se non di studiare come l'alterazione individuale si diffonda
e finisca per diventare un fenomeno generale e costante, o
quasi un canone del dato linguaggio. Pare che non entri
pur nella loro imaginazione un caso come quello dell' *ü*
che l'abitudine orale di tutt'intiero un popolo avrebbe pressochè istintivamente contrapposto a ogni *u* nitido e accentato che era proposto nella parola romana alla imitazione
sua. La dottrina delle *spinte individuali,* la quale si risolve
nell'affermazione che la storia della parola dipenda, per la
massima sua parte, dalla pronuncia difettosa o arbitraria

---

gono all'Inghilterra dalla Francia. Ma vi stanno esse incolumi, come
piante cui sia ugualmente favorevole o indifferente ogni terra? Mainò!
Vi stanno a questi patti: che la prima diventi *fítjur*, la seconda
ríȝ'n, la terza *néš'n* [v. sopra, p. 36]. E vuol dire, che non solo
escono affatto dalla romanità, per ciò che perdano l'accento latino,
ma che anzi subiscono un nuovo complesso d'alterazioni, in cui non
è punto assurdo o intempestivo che il glottologo tenti distinguere tra
la nuova parte che ne spetti a motivo celtico e quella che a motivo
tedesco, cioè a ciascuno dei due elementi onde constava la compa-
gine nazionale dell'Inghilterra, quando vi si immetteva per terzo il
francese. — I motivi etnologici sarebbero poi singolarmente trascurati dal DELBRÜCK nella sua d'altronde ben pregevole *Introduzione allo
studio della scienza del linguaggio*, là dove disserisce sulle mutazioni
fonetiche ecc., a p. 116 sgg. dell'originale, p. 125 sgg. della versione
italiana di P. MERLO, Torino (Loescher), 1881, la quale appunto so-
prarriva mentre io aggiungo questa nota. — Insieme sopraggiunge
anche *La glottologia e i neogrammatici* del FUMI, Napoli 1881, che
verte, con savia temperanza, intorno alle questioni di cui si toccava
nella prima parte di questa ' Lettera '.]

(1) *St. Crit.*, II, 4 sgg.

di singole persone (1), non sarebbe tale, veramente, di cui avessimo gran fatto a impermalirci in questa età che proclama così tenacemente gli umilissimi principî d'ogni umana cosa ; e avremmo pronta, al postutto, una consolazione non piccola, poichè simultaneamente si afferma, che non solo resti salda la dottrina delle trasformazioni regolari e specifiche dei suoni di ciascun linguaggio, ma questa anzi si debba intendere, d'ora impoi, con un rigore non mai prima sentito e draconianamente inesorabile. Noi dunque ascoltiamo sempre e ascolteremo volontieri tutto quello che ci sappiano insegnare circa gli sconvolgimenti che le pronunzie individuali riescano a causare nelle tradizioni glottiche di tutto un popolo; e lungi dal negare l'utilità o il bisogno di insistere anche nelle percezioni di codesta maniera, ci fermiamo sempre, per quanto è da noi, a distinguere quelle determinazioni particolari o subalterne, che sogliamo dire d'*individuazione regionale* (2). Ma qual pur sia il modo in cui si pensi che la gran comunità dei parlanti accolga e regoli o simmetrizzi gli errori o gli arbitrî personali, ne verrà sempre, che gli effetti di tale azione, se la imaginiamo grande, avrebbero dovuto perturbare l'ordine storiale della parola, causarvi continuamente dei salti o degli strappi, rendere insomma impossibile, o anzi impensabile, quella che diremo la storia naturale e ragionata delle lingue. Or la verità è all'incontro, che questa storia ci resulta sempre più viva e più sicura, perocchè sia come un'ampia tela, che si svolge, di fase in fase, con intera continuità e per via di coerenze generali. E quando v'hanno influssi di una lingua

---

(1) L'affermazione si potrebbe accettare, senza molta difficoltà, in quanto si volesse riferire a diverse tendenze orali per cui andassero tra di loro distinti dei veri patriarchi, generatori di primi nuclei di tribù o di popoletti.

(2) [V. per es. qui sopra, a p. 25-6 e 33.]

nell'altra, questi costituiscono, occorre appena avvertirlo, dei nuovi fatti storiali, ma non interrompono o non contraddicono la storia. Noi così ricomponiamo le vicende più che due volte millennari della parola latina; e troviamo bensì, ch'essa vada alterata, e anche di molto; ma le alterazioni, da quali cause pur s'abbiano a ripetere, rispondono, generalmente parlando, alle ragioni fondamentali di questa medesima parola, per guisa che s'ottengano come altrettante copie, a varî colori, ma tutte a lor modo fedeli, di uno stesso originale. Nulla, di certo, è eterno quaggiù; e può, per esempio, avvenire, che la trasformazione importi il tramonto di antiche differenze, cioè il coincidere di due o di più elementi, diversi in origine tra loro. Ma pure i motivi di siffatti avvenimenti ci soglion resultare perspicui e non punto capricciosi. Così più sopra ci ricordavamo del come e del perchè il continuatore dell'*o* breve e quello dell'*o* lungo venissero a confondersi tra loro nella regione francese. Vi si confondono similmente il *ǵ* delle antiche basi GE GI (col quale va, come nell'italiano ecc., anche il *ǵ* da J-; cfr. it. *gelo* gelu e *già* jam), e il *ǵ* seriore, galloromano, proveniente dal G della base GA; onde, per es., oggi s'ode ugualmente uno *ž̧* in *gémir* gemere, *jumeau* gemello, o in *jambe* gamba e *large* larga. La ragione, per la quale una almeno delle due serie parrebbe scardinata, sta in ciò, che il *ǵ* seriore, cioè quello che sorge dal G della base GA, si 'rallenta' anch'esso, come si 'rallentava' l'altro e diverso *ǵ* delle basi GE GI, o come si 'rallenta' il *c'* seriore della base CA (*c'avál ševál*); e i due diversi *ǵ* finiscono, in questo conforme processo, per andar tra di loro confusi. Lo *dž̧*, direbbe un fonologo tedesco, onde pressappoco constava ciascuno dei due *ǵ*, perdette, in entrambe le funzioni, il proprio elemento esplosivo, così come lo perdeva lo *tš* onde constava il *c'* di *c'avál* ecc. Ma nel parallelo di 'tenue', il *c'* di CE CI essendosi ridotto a mera sibilante dentale (e così, per conseguenza, anche lo *sc'* di SCE SCI; onde, p. e.: *cendre,* cioè *ç̃ãdre,* cinere, come *poiss-on,* cioè *puaç-õ,* pisce, ovveramente 'pesciolino'), punto non avvenne che le sorti sue si confondessero con quelle del *c'* di CA, il quale vedevamo che si riduca a *š*; e nessuno difetto o arbitrio di pronuncia è entrato mai a turbare la nitida e pur lieve distinzione che è tra le due serie (*ç̃ãdre*; *ševal*); nè mai più la turberà. Nella zona ladina, poi, la distinzione si mantiene ugualmente sicura, così tra le due serie di tenue, come tra le due di media (tipi: *c'ener* e *c̆asa* ; *ǵener* e *ǵal*). Non è bastata la scarsità o l'·assoluta mancanza di tradizioni letterarie, perchè alcuna causa, o fortuita o volitiva, valesse a farle mai uscire, o deviare comunque, dall'orbita della storia. E non solo per ciò che è d'intere serie, ma anche in ordine a casi singoli o isolati, dei quali 'a priori' si stimerebbe incredibile che potessero andare incolumi attraverso a' secoli, contrariati come pur erano da analogie più o meno generali, si riscontra assai frequentemente una tenacità che sa di prodigioso. Vi ricordate come dicevamo, che sin da' tempi romani, e non per ragione etimologica, lo *scendere* di *de-scendere* dovesse consonare, per l' *e* chiusa o lunga, con *vendere,* dove cotest'*e* ha la sua ragione etimologica, cioè antichissima o addirittura indo-europea (*vēno* = vesno, *ѵ̇̃ѵο-* ecc.). Vedevamo il toscano darci *vẹndere scẹndere,* con l' *ẹ* stessa di *avẹre* ecc., e tal quale il siciliano darci *vínniri scínniri ,* con l' *i* di *avíri* ecc.; e vuol dire, che l'analogia generale dell'*e* aperta toscana (e siciliana) per l' *e* latina in 'posizione', analogia che invale pur nella formola ÉND (*tendere pendere prendere accendere, faccenda merenda*; sicil. *sténniri pénniri*), non è mai bastata a travolgere que' due esemplari divergenti. Il lat. *stella* dovette avere anch'egli, non si sa bene perchè, un'*e*

di pronuncia lunga o chiusa; e malgrado le seduzioni, non
solo dell'analogia generale, ma del filone amplissimo in cui
l' *e* aperta appunto risuona in -*ello* ed -*ella*, oggi ancora
il toscano sta saldo all'*e* chiusa del suo *stella,* per la quale
egli si combina esattamente con lo *stiḍḍa* (non *steḍḍa*) di
Sicilia, *stéila* de' Piemontesi e de' Ladini, savoiardo *esséila,*
franc. *étoile*, tutti con la giusta ma come eccezionale risposta
da *e* lunga, anzichè da *e* breve latina.

Ma ritornando più specialmente alla noncuranza dei motivi etnologici, egli è abbastanza naturale che coloro, i quali
non se ne danno per intesi quando si tratti, per esempio,
di studiar la riduzione della parola romana nelle Gallie,
molto meno ci pensino quando la lor mente si rivolge a
cose più rimote, o tenti addirittura le cause e i modi per
cui si son determinate le antiche varietà della famiglia indoeuropea (il tipo indiano, l'iranico, il greco, il germanico, ecc.).
Nelle indagini sulle particolari convenienze che tra questi
varî tipi intercedono, o sul diverso grado che loro spetta
in ordine alla conservazione dell' organismo primitivo (1),
par davvero, per adoperare una frase vostra, che 'invalga
come una moda di parlar *de omnibus rebus',* tranne che
d'incrociamenti tra genti ariane e non-ariane, o anche tra
Arii di varie stirpi, che prima si andassero più o men lungamente divisi gli uni dagli altri. Un paragone, com'è quello
della parola latina che per la potente riazione degli indigeni
si riduca a parola francese o a parola rumena, parrebbe,
nel leggere i loro libri, che non istia tra le cose pensabili.

----

(1) [Una lucida e ragionata esposizione delle due principali teorie,
quella cioè dei varî distacchi, simboleggiati nell'*albero* (SCHLEICHER
ecc.), e l'altra delle varietà imaginate in serie continua, a guisa di
una *catena* che ritorni in sè stessa (JOHANNES SCHMIDT), è nell'opera,
già ripetutamente citata, di DELBRÜCK, p. 129 sgg. dell'originale, 139
sgg. della traduz. ital.]

Fanno, si direbbe, di non vedere o di non credere, che se
i due termini asiatici della parola ariana [l'indiano e l'ira-
nico], i quali nelle lor più antiche fasi letterarie si conciliano ancora così agevolmente in un termine solo, vengono
successivamente a diverger cotanto l'uno dall'altro, la causa
principalissima della gran divergenza si tocca, per così dire,
con mano, ed è quella di cui avete così bellamente parlato.
L'organismo ariano va sfibrato e guasto, per l'azione dele-
teria ch'esercita sovr' esso l'India aborigena; e varî incrociamenti si sono bensì avuti di certo anche nell'Irania, ma
gli effetti ne resultarono, generalmente parlando, men gravi,
sia per la qualità degli elementi eterogenei in cui l' ariano
qui s'imbatteva, o sia piuttosto per le ragioni del numero
e della civiltà, le quali riuscisser qui più favorevoli agli
Arii che non sul continente indiano (1). Or come si fa a
non inferire, con giusta discrezione, da questi casi a quelli
della prisca Europa ? La giusta discrezione voi la sapete
sùbito misurare e vuole esser molta, poichè nessuno di
noi può dimenticare la differenza che passa dall'affinità che
interviene, p. e., tra latino e francese o tra sanscrito e ben-
galico, a quella che all' incontro intercede tra il greco e il
latino o tra il gotico e l'antico slavo. Nel primo caso, —
dove la parentela si può significare, per via d' esempi, col
lat. o ital. *stato*, di contro al franc. *été,* o coll'equivalente
sanscr. *sthita* (nomin. *sthitas sthitō*), di contro al sindio
thio, — si dice, abbastanza correttamente, che una lingua sia
generatrice dell'altra, o pur che questa sia una degenerazione

---

(1) La diversità delle resultanze, secondo che c'inoltriamo a nord-
ovest o a sud-est dell'Indo, si rappresenta, abbastanza correttamente,
per esempi come son questi: neopers. *burādar*, sind. *bhāu*, fratello,
che rispettivamente risalgono a *brātar-* e *bhrātā* (*bhrāto); — neopers.
ast, pracr. *atthi*, è, prototipo *asti*; — neopers. *haft*, indost. *sāt*, sette,
che rispettivamente risalgono a *hapta* e *sapta*.

di quella. Nel secondo caso, — che può essere rappresentato pel greco *a-mélgo,* allato al lat. *mulgus* (*capri-mulgus*; *mulgeo*), o pel got. *dauhtar,* allato al tema lituano *dukter-,* figlia, — gl'idiomi diversi resultan tra loro nella relazione di fratello a fratello, o come in una certa parità di grado. Senonchè, egli è ovvio imprima, che dagli incrociamenti (come già con brevi parole s'è testè accennato nell'avvertirsi la differenza generale tra neo-persiano e neo-indiano, e come accadrebbe di avvertir facilmente pure sul campo neo-latino) si possono avere effetti grandemente diversi, secondo le proporzioni e le qualità dei fattori. Quando ci trasportiamo a età così remote come son quelle in cui si maturano le differenze per le quali sorge il paleo-italico, il gotico ecc., le condizioni di quantità o di numero, per dir di queste sole, dovremo di certo imaginarle ben più modeste di quelle che ci rappresentino, a cagion d'esempio, il cozzo e la mistione degli Arii e degli Aborigeni nella penisola indiana. Urti sovversivi la parola ariana non ne avrà subíto, in nessuna parte dell'antica Europa; ma gli urti si saranno grandemente moltiplicati, lungo la sterminata distesa di secoli. C'è poi da considerare, in secondo luogo, che il rapporto di *fratellanza* o di *parità di grado,* il quale si afferma esistere tra il greco, il latino, il gotico ecc., va, alla sua volta, inteso anch'esso con giusta discrezione. O anzi diciamo addirittura, che in codesta affermazione vi ha non poco di esagerato e di scorretto. Sin che si tratti del nucleo fonetico della parola, potremo dire, abbastanza giustamente, che la sostanza primordiale sia continuata, nei diversi termini, per modo che, suppergiù, nessuno di essi termini sovrasti all'altro, nessuno abbia perduto o innovato più dell'altro (1). Ma se veniamo alla flessione, o anche

---

(1) La stessa *lautverschiebung,* piuttosto che una vera innovazione,

alla sintassi rudimentale, come si può sostenere alcun che di simigliante? Il greco torreggia solitario, per la meravigliosa incolumità dell'organismo ariano che a lui è propria. Il latino, o diciam pure il paleo-italico, bene è di certo il linguaggio che men d'ogni altro si discosta dal greco ; e chiude gli occhi alla verità chi a ciò non consente; ma ugualmente li chiude chi ciò non affermi con giusta discrezione. Poichè, malgrado le particolari congruenze, quanto grande non resta egli il distacco tra i due linguaggi, per esempio nella flessione del verbo! Tutte insieme sommate le differenze, per le quali vanno disgiunte tra di loro le lingue neo-latine (la rumena compresa), non basterebbero a coprire una modesta parte di codesto distacco (1). Il quale naturalmente si risolve in ciò, che il palco-italico perda o innuovi, mentre il greco sta fermo all'archetipo. Or come si spiega codesto? I climi è manifesto che non ci possono entrare. La ragione del tempo neanche; poichè lo stesso numero di secoli è passato sopra la voce che è *dídōmi* nel greco (*dádāmi* sanscrito) e sopra quella che è *do* nel latino, la prima

---

può dirsi, con linguaggio musicale, un *trasporto* che non turba l'armonia.

(1) Chi perciò discorra d'*italo-greco,* può non avere nessun torto, e il torto stare dal lato di chi frantenda le parole o l'assunto. Qui anche il DELBRÜCK mi pare che non veda assai felicemente (o. c., alla fine). Basterebbe la storia delle aspirate a dimostrare un'intima congruenza tra italico e greco. O anche basterebbe la storia delle vocali; dove andrebbe giustamente considerata, oltre la congruenza nelle antiche determinazioni, anche la persistenza eccezionale di quei fonemi; e così, p. e. in *egō*, *oktō* (di contro al lit. *aš* io, o al got. *ahtau*, od. ted. *acht*, otto), non solo badato alle congruenze dell'*e*-, dell'*o*- (comune questa al celtico) e dell'-*ō*, ma badato insieme al perdurare che fa l'-*o*, oggi ancora, nelle voci italiane od elleniche ; o similmente in *omso* (ὦμος umerus), per dir d'un altro esempio, che oggi ancora mantiene, suppergiù, le vocali di quell'età che diremmo italo-greca. Quanto non c'è di caratteristico, sotto più rispetti, e sempre d'ordine italo-greco, nel -*nosco* (*conosco*) che oggi ancora risuona sul labbro italiano!

rimanendo incolume e la seconda riducendosi di tanto; così
come il medesimo numero di secoli è corso per Roma e
per Parigi dal punto in cui Cesare immetteva nelle Gallie
la voce *stato*, la quale è a Roma rimasta incolume sempre,
mentre a Parigi si riduceva a *été*. Come dunque sfuggire,
pel latino stesso o il paleo-italico, a quella ragione del tras-
formarsi della parola, che sta nei mutamenti della com-
pagine della nazione, o insomma ai motivi etnologici, pei
quali l'antico organismo si perturbi e rallenti? Nella sintassi
rudimentale dell'antico celtico, voi trovate una tal differenza
dall'archetipo (che insomma vuol dire dal greco e dagli i-
diomi antichi dell'Asia ariana), da non bastare a misurarla,
se ancor mi permettete la similitudine di prima, tutte quante
unite le differenze che sono tra le sintassi rudimentali di tutti
gli altri idiomi indo-europei. Or codesta differenza non si
spiega, se non come un effetto dell'Europa ante-ariana.

III. — Rimetto a un altro giorno il toccare delle vicende *etnogoniche* in relazione alla saldezza che s'avverte
nelle trasmutazioni de' suoni; e per questa volta non vi aggiungerò se non delle note ben rapide (ma per voi sufficienti) sopra alcuni quesiti a cui vi conduceva la *Grammatica greca* di Gustavo Meyer. Del qual libro voi dite molto
bene, ma non ne dite, cred'io, abbastanza. Le riserve, che
si possano o si debban fare, quando pur versino, come pare
a voi, intorno a questioni numerose e rilevanti, non tolgono, in un caso com'è questo, che la lode abbia a riuscire
calorosa e piena.

1. Mostrate meraviglia perchè il Meyer non tocchi di
στερεός = *starja-*, cioè non si dia per inteso di un εο che
possa corrispondere a *jo,* e perchè egli citi bensì, come pa-
rente di ἐτεός, il sscr. *satjá-*, ma quello riconduca a ἐτε-

Fó-ς (1). Forse era più legittimo il fare qualche maraviglia per il silenzio ch' egli serba intorno a κενεός, nel passo in cui ragguaglia correttamente κεινός κενός col sscr. çūnjá, origin. *kvaṇjá (§ 264) (2); o perchè non appaiano espressamente considerati o chiariti, nel debito luogo, i rapporti che corrono tra στερρός e στεῖρα, o tra κέννος e κεινός (cfr. §§ 109, 273-74). In effetto è, che questi innovatori, come vedono che a *rj* e a *nj* il greco si sottrae col mandare assimilato o internato il *j* (lesb. φθέρρω κτέννω; gr. com. ὄνειρος φαίνω), così non ammettono questa diversa continuazione di *rjo* ecc. che sarebbe ρεο ecc.; e similmente, poichè τj dà notoriamente σσ (ττ), non potrebbero mai ammettere un τεο = tjo. Così intanto avete una loro difficoltà contro ἐτεό = satjá, che è come d'ordine generale e perciò insieme abbraccia pur gli altri esempi. Ma se ne aggiungono altre due. Poichè *satjá* contiène in sè, come si crede, il participio *sant* (rad. *as*) in forma debole, la qual forma debole dovrebbe andar riflessa, nel greco, per ἀτ (ἄτ) e non per ἐτ (ἔτ). S' è finalmente scoverta un' armilla, la quale porta iscritto: ΕτεϜανδρω, e perciò vengono ormai agitando, con formidabile sicurezza, un ἐτεϜό-ς (3). Ora, circa la difficoltà che dicemmo d'ordine generale, noi siamo qui appunto per tentarne la risoluzione. E circa le altre due, peculiari a

---

(1) [*Griechische grammatik von Gustav* MEYER ; Lipsia 1880; § 221, cfr. § 219.]

(2) Lo scrupolo vostro circa la scarsa antichità che possa avere questo derivato [*çūnjá* da *çúna*], non si regge. Imprima non manca al Veda (è nel composto *çūnjāiśá* dell' Atharva); poi c' è la riprova dell' ant. slavo *suj* che l' HÜBSCHMANN giustamente accompagna, nel luogo già citato [*Kuhn's Zeitschr.*, XXIII, 17], coll'armeno *sïn*. Questa voce armena, del resto, non prova neanch'essa contro *sp* da *çv* (v. sopra, p. 11, n); poichè null'è più naturale che riportarla a *sujn*, come riflesso di un indo-iranico *çūnja*. Ma di ciò altrove.

(3) Vedete: BRUGMANN, in Kuhn's *Zeitschr.*, XXIV, 34; G. MEYER, ib. 243 ; OSTHOFF, ib. 419.

ἐτεός, sia intanto lecito dire, che vanno messe entrambe in lunga contumacia. Di certo, la sezione *sat-já* non si può teoricamente impugnare; ma resta pur sempre, che non si troverebbe nell'antico indiano un secondo esemplare di simil tipo, cioè del tipo *tudat-ja* (1), e che altre sezioni non sieno impossibili (ne tocchiamo in appresso), intorno alle quali andrebbe appunto consultato il riflesso greco. Quanto all'ΕτεϜανδρω, voi sapete come io non sia un grande adoratore d'ogni ἅπαξ λεγόμενον epigrafico; e codesto nome proprio dell' 'armilla' non mi scuote gran che. Sarà bene aspettare un secondo esempio, prima di credere a questo ἐτεϜό; come sarà bene aspettarne un altro paio, prima di risolversi a staccare ὅς ἥ ὅ da *jás* ecc. per grazia del famoso Ϝοτι. — Così dunque, nel mostrarvi come sia che il Meyer non pareggi tra loro ἐτεός e *satjás*, vi avrò insieme confessato che io sempre ancora li pareggi.

2. Ma procedendo, dovremo credere davvero, che κενεός sia morfologicamente diverso dal suo sinonimo eolico κέννος (= κενϳος), o l'att. στερρός diverso da στερεός? Ognun vede, che ciò repugna, come *a priori* (2). Si vuole mal sicuro l'eol. ἄλλος, che starebbe, nell'identico rapporto, allato ad ἠλεός; ma non verrà conferma, appunto da questo rapporto, a quella forma controversa? È poi da considerare, che son tutti ossitoni gli esemplari greci in -εο che qui entrino in questione: στερεό ἠλεό κενεό ἐτεό, cui io aggiungo,

---

(1) [V. Grassmann, *Wörterb. z. Rigv.*, p. 1711, cui ora si aggiunge: Whitney, *Index verborum to the published text of the Atharva-Veda*, in *Journ. of the Am. Or. Soc.*, New Haven, 1881, p. 352. C'è *sahantja* (che non vedo in Lindner, *Altind. nominalbild.*); ma parrebbe piuttosto derivare da un *sahanta, che non immediatamente dal participio, e a ogni modo darebbe il tipo *tudant-ja*.]

(2) Va anche ricordato l'argivo ὤβεα (Esich.), accanto ad ὤϊον, ᾠόν.

come sapete, anche θεό, e abbiamo ugualmente ossitoni i
sscr. çūṇjá satjá divjá; laddove è o balena il parossitono
negli esemplari eolici, con l'assimilazione, che si possan
qui richiamare (κέννος, ἄλλος; cui s'aggiunge, malgrado la
incertezza in ordine all'elemento assimilato, l'eol. στέννος
allato a στεινός στενός; v. Curtius, ⁵609). Non avremo qui
noi la corretta imagine della doppia accentuazione greca
(cfr. divjá allato a dívja nel sanscrito) e insieme la ragione
dell' -εο? Io lo credo fermamente (1).

Credo cioè, che ρj vj λj, e così pure altri nessi congeneri
di cui in appresso tocchiamo, sviluppassero facilmente nel
loro seno una vocal sottile, quando riuscivan protonici (2); e
κενεjός così rappresentare altrettanto normalmente uno degli
antichi tipi accentuali del greco, quanto κένjος (cioè κέννος)
rappresenti normalmente l'altro. Da κενεjός, come sapete,
si viene poi regolarmente a κενεός. Sarebbe questo un ben
determinato filone per l'ἀνάπτυξις greca, da aggiungersi a
quelli che già si sono esplorati (cfr. G. Meyer, §§ 92 e
29). E diremo, per non tacere di ogni analogia esteriore,
che se il greco ebbe p. e. μόλυβο-, piombo, da μλυβο-, come
l'ant. persiano ebbe durúǵ, mentire, da drúǵ, così avrebbe il
greco avuto στερεjó ecc. da στερjó ecc., come l'ant. persiano
non potea più avere se non tija nija ecc. per tja nja ecc.
di fase anteriore : martija anija arija (3). Non ho poi bisogno di ricordare a voi l'analogia dei viventi dialetti del-

---

(1) Ho tralasciato, per andar cauto, di valermi dell'accentuazione di
στεῖρα, o di quella di θυρεός, cfr. θαιρός, ma θαίραια, sscr. dúrja, parossitono, e dvārja.

(2) Un buon presentimento sarebbe in L. Meyer, Vergl. gr., II,
401.

(3) Cfr. Spiegel, Keilinschr., 147, J. Schmidt, Vocalism., II, 300-
302. Le analogie indiane so che le avete presenti ; ma non è forse
inutile ricordare, come sia per gran parte illusoria la differenza che
sembra qui intercedere tra l'antico persiano e lo zendo. L'illusione

l'Italia meridionale, che vi danno p. es.: *mestérejo* mysterium, *cójera* ('cójra) coria, *chiéseia* ecclesia, *'mmíreja* ('nví-
dja), ecc.

3. Già vi dicevo, che non credo limitato il fenomeno
greco alle sole basi che segneremmo per NJÓ RJÓ LJÓ. Così
io cerco, non in altro che negli effetti di un' accentuazione

---

proviene dalla scrittura, o, a dir meglio, dalla trascrizione; poichè
nella scrittura originale è veramente un doppio *jod* o un doppio *vau*
per il *j* o rispettivamente per il *v* delle trascrizioni, che piuttosto
dovrebbero darci *ij* e *uv* (vedete Spiegel, *Gramm. d. altbaktr. spr.*,
§§ 43, 45). Laonde, p. e., rimpetto a uno *dvitja*, secondo, che giustamente si pone come forma primitiva, sono ben poco diversi tra di
loro, in ordine ai riflessi di *-tja*, il sscr. *dvitīja*, l'ant. pers. *duvitija*
e lo zendo *bitiia* (bitja); il quale esempio giova, del resto, anche a
mostrare come l'ant. persiano andasse più in là per questa via, che
non facesse lo zendo (*duv-* da *dv-*). Similmente si ragguagliano lo zendo
Huuaçpa, o scriviam pure addirittura *Huvaçpa*, e l'ant. pers. *Uvaçpa*,
quel dai bei cavalli (sscr. *sv-açva*). L'antichità del fenomeno si ad-
dimostra, per modo particolare, nel caso dello zendo *huva*, ant. pers.
uva, per l'origin. *sva-* suus, il quale insieme dà allo zendo, per via
affatto normale, quel prodotto che si trascrive per *qa* e proviene da
uno speciale inasprimento di *hv* = *sv* (hva, khva, kh[v]a). La interca-
lazione è dunque accaduta quando il linguaggio era ancora alla fase
hva (o *sva*); prima cioè che avvenisse l' inasprimento che s'esprime
per *khva* ecc. S'ebbero cosi, nell'antica Irania, le due varietà ˙*hva* e
huva, la prima delle quali subì ulteriore e normale alterazione nello
zendo (*qa*), e l'altra ne subì una, pur normale, nell'ant. persiano
(*uva*); onde si risolve, a cagion d'esempio, la gran differenza che appare tra due riflessi della prima parte di uno stesso nome proprio:
Uva-khšatara ('autocrata') nelle iscrizioni cuneiformi, e Κυα-ξάρης
nella pronuncia che ritraevano i Greci (quasi uno zendico: *Qa-khša-
thra*; onde *Khva-khšahra*). Intanto io riafferro, per questa via, un altro
dei vostri quesiti, quello cioè che concerne il rapporto genealogico
tra *sva* e *sava*, suus, o *tva tava*, tuus. A voi probabilmente parrà che
qui si navighi nelle vostre acque; e mi direte: Così come l' antica
Irania ebbe l'epentetico *huva* allato a *hva*, non potremo dunque ammettere, per una fase ancora più antica, gli epentetici *sava tava* da
sva tva? E vi potreste pur compiacere dell'opinione di due gran valentuomini, i quali, considerando isolatamente lo zendo *hava* = *sava*
(terza voce per 'suo'), hanno stimato pur questa una voce epentetica;
Justi, *Handb. d. ẓendspr.*, p. 359 *a*, Spiegel, *Gramm. d. altbaktr.*

diversa, la ragione della differenza che passa tra il solito tipo del futuro greco e il tipo dorico, non estraneo, per voci mediali, pure al resto della grecità (1). Credo, cioè, alla coesistenza indoeuropea di due tipi accentuali di futuro, i quali, in via teorica, rappresento per *ráik-sja* e *rik-sjá*, onde, sempre in via teorica per ora, le resultanze greche: λείπ-σjο e λιπ-σεjó.

Come vengo io a questa presunzione? Non ha per me alcun diretto valore un argomento che a prima vista parrebbe averne tanto, quello, cioè, del costante tipo indiano *dā-sjá* (*dāsjāmi*), allato al solito tipo greco δώ-σω (δώσω).

---

spr., §§ 63*b*, 161. Senonchè, io debbo imprima confessarvi, che non vorrei vedervi andare tanto insù. E se proprio esigeste una mia opinione non altro che teorica, vi dovrei poi dire, che date, per il periodo unitario, due forme come *sva* e *sava*, le probabilità di gran lunga maggiori mi parrebbero stare per l'anteriorità della seconda. Ma scendendo a più umili strati, mi piace piuttosto ricordarvi, che nell'Asia, oltre lo zendo *hava* = *sava* suus, noi raccoglievamo, come un vero possessivo, il genitivo *tava* tui (pater tui = pater tuus), che è dello zendo e del sanscrito. — Del rimanente, l'opinione che mi attribuite, nel toccare dei riflessi greci di *tva-s* (σό-ς) e *tava-s* (τεό-ς), l'opinione cioè che *tv* dia σ (-σσ-) a tutti i dialetti greci, è veramente la mia; come è vero, che per le forme greche col -τ- nella voce per 'quattro' (τέτορες ecc.), io abbia detto, non doversi trascurare gli esiti del tipo feminile (*c'átasr* *τέτεορ-), che ha perduto, nel greco, la sua individuale esistenza.

(1) L'Osthoff, seguíto da G. Meyer (§§ 538, 539), vorrebbe che il futuro dorico (il quale, nella maggiore sua schiettezza, si rappresenta con la voce δειξέομες), fosse una 'contaminazione' del tipo δείξο- col tipo μενέο-. Ora di codeste 'contaminazioni', o, per dir meglio, di codesti cumuli di esponenti flessionali, se ne danno di certo; e un perfetto sardo, come *dolfesi* (dov'è *dol-ui* e *dol-si*, e più ancora), ne può essere un buon esempio. Ma è un perfetto tralignatissimo, cioè grandemente rimoto dalla coscienza istorica delle sue ragioni, come súbito si riconosce anche dal presente *dolfo* o dal participio *dolfidu*. Le condizioni, in cui avvengono siffatti cumuli, sono esse dunque tali da compararsi con quelle in cui δείξω rispondeva a δείκνυμι? Non chiudiamo gli occhi alla verità, se vogliamo cercarla!

Poichè il sanscrito, dandoci p. e. *daikšjá-* (non *dikšjá-*)
o *jakšjá* (non *ikšjá-*), accenna a una rimutazione di accento; richiama cioè, in modo manifesto, un anterior tipo
accentuale: *dáikšja-*, che legittimamente coincide col tipo
solito al greco: δείξο-, e si mantiene, per lo stesso antico
indiano, nel prezioso esemplare *sū́šja-nt-j-ās* (1), del quale
tantosto si ritocca. Ma perchè è ella poi avvenuta nell'antico indiano questa rimutazione d'accento? Nessuno certamente vorrà pensare, io credo, a un 'conguagliamento' di
accentuazione tra l'antichissimo futuro e il futuro partici-
piale (*dātā́ 'smi* ecc.), formazione perifrastica, ben tarda e
affatto peculiare. Nè più alcuno vorrebbe sostenere la ragione che per codesta mutazion d'accento era imaginata da
Francesco Bopp (2). Tutti or penseremo, piuttosto, alla
prevalenza che un tipo accentuale abbia conseguíto sull'altro,
per modo che lo stato del nucleo radicale più non corri-
spondesse di continuo alla ragione dell'accento; dove non
va dimenticato, circa la facilità con cui potesse o l'uno o
l'altro tipo prevalere, che il Veda e l'Avesta portano a credere ben limitato l'uso del futuro nelle più antiche età della
parola indoeuropea. L'antico indiano avrà così conguagliato
un *ǵái-šja* (*ǵi* vincere), a cagion d'esempio, accentato ori-
ginalmente sulla radice, con un *dhak-šjá* (*dah* ardere), che
sin dalle origini potè avere l'accento sull'esponente del futuro (onde la serie livellata, che or si forma per *ǵaišjá* ecc.,

---

(1) Delbrück, *Altind. verbum*, p. 183.

(2) [Giova riprodurre, anche pel confronto con quant'altro qui poi
si dice, le parole del glorioso fondatore della nostra disciplina: 'Die
'betonung des griechischen und litauischen (δώσω ecc.) scheint mir
'die ursprüngliche und die sanskritische eine folge der auch bei no-
'minal-compositionen im sanskrit vorwaltenden neigung zur verschie-
'bung des tones vom ersten glied auf das zweite.' *Vergleichend. ac-
centuations-system*, p. 120.]

dhakšjá ecc.). Nel greco, all'incontro, e nel lituano, prevalse il tipo con l'accento sulla radice (δώ-σω, *dŭ'-siu*);
con questa differenza però, che quando lo stato della radice ammetta distinzioni, il greco sempre l'abbia allo stato
forte (costante cioè il tipo *ráik-sja*), e il lituano allo stato
debole (costante cioè, contro la ragione storica dell'accento,
un tipo *rík-sja*). Ha insomma il lituano la stessa accentuazione e il medesimo stato di radice nel futuro e nell'infinito, il quale riviene anch'esso a un tipo originale con
l'accento sulla parte accessoria (tipo *rik-tí*); onde p. es.,
lëkù (=leik-) io abbandono, *lìk-siu* abbandonerò (λείπ-σω),
lìk-ti abbandonare. Tra sanscrito e lituano è un'antitesi,
che è per noi sommamente istruttiva (sscr. *raikšjắ-mi*, dal
tipo *ráik-sja*; lit. *lìk-siu*, dal tipo *rik-sjá*). E resta lo
zendo; il quale pare di non poco aiuto per la ricostituzione
di qualche cospicuo esemplare asiatico, in cui fosse di ragione storica l'accento che prevalse nell'indiano; o, in altri
termini, pei diretti indizî di una condizione asiatica la quale
si potrebbe rappresentare coi tre esempi: *dā-sjá, dik-šjắ
ráik-šja*, tutti e tre compiutamente legittimi, onde poi, per
l'attrazione vicendevole degli ultimi due, il sanscrito veniva
a *daikšjá*. Il tema di futuro che lo zendo contrappone al
sanscrito *bhav-i-šjá* (φύσω; tema del presente: *bháva*), è
bū-šja (tema del presente: *bava*). Questo esemplare, di gran
pregio per noi a ogni modo, non tanto però ci favorisce,
quanto a prima vista potrebbe parere. La utilità ne può
in parte andare sminuita dalla qualità della vocale (1) e dal
curioso incontro coll'esemplare vedico *sŭ̄-šja*, che s'è di
sopra addotto e appunto ha l'accento sulla radice. Ma il
doppio tipo brillerebbe nello zendo per *dīša* (=dikh-šja),

---

(1) Cfr. Bopp, *Vergl. gr.*, § 665.

tema futurale di *diç* segnare, insegnare, allato a *haošja-,* tema futurale di *hu* spremere (1).

Questa è dunque l'intelaiatura, nella quale mi rientra il doppio esito greco: δειξο- = *déiksjo,* e δειξεο- = *deiksejó.* Allato al tipo che per lo stato della radice coincide col sanscrito e per l'accento col lituano, v'ebbe insieme tra' Greci quello che per entrambi i caratteri coincide col sanscrito. Dove è da aggiungere, che nulla osti a credere che l'accentuazione, onde ripetiamo l'*ejo,* si mantenesse incolume in sino all'ultimo. Poichè la grammatica ben può accentuare, a sua posta: -πραξέω ecc.; ma la verità è, che noi non abbiamo forme non contratte che ci mostrino il loro accento, quando si tolgano i due esempi esichiani, e πεσέονται (Om.), πεσέεται (Erod.), le quali due forme era per doppia ragione impossibile che i grammatici accentuassero diversamente da quello che hanno fatto. Gli altri esemplari, o sono contratti, sia nelle epigrafi, sia negli autori, o non contratti nelle epigrafi (2); e nessuno può dire che non s'abbia piuttosto a accentuare: -πραξεώ, o che δοξεῖτε non risalga a δοξεέ-τε piuttosto che a δοξέε-τε.

Ma procedendo ancora, io vi confesserò di presumere, che, in alcuni casi, il fenomeno epentetico, di cui veniamo studiando, sia anteriore alla vita individuale del greco. Spero così, che, malgrado i molti ostacoli, ne debba venir luce intorno a' verbi greci e latini in -*eo*; dove mi paiono veri precursori, comechè rimasti ben lontani dalla meta, il Grass-

---

(1) Cfr. Justi, *Handb.,* 156, 401; J. Schmidt, *Revue de linguistique,* III, 365. Non vedo però, che Spiegel e Hovelaque tengano conto, tra le forme futurali, di *dīšā, dišjāt* (e *merāšjāt*); e non posso consultare, in questo momento, il Bartholomæ. Ci vogliono forse vedere forme aoristiche modali ?

(2) V. Curtius, *Verbum,* II², 317 sgg.

mann e il De Saussure (1). Ugualmente sarà un caso, che oltrepassi i limiti del greco, quello che appunto forma uno de' vostri quesiti, e al quale ora passo.

4. Dico di -τέο nell'aggettivo verbale, che si ripristina in un ossitono -τεjó per virtù del triplice esempio d'Esiodo, e risalirà a -τjó; dove il nesso τj, mercè l'ossitonia e l'epentesi che ne consegue, era per legittima ragione sottratto, pur susseguendo a vocale, alla sorte ch'egli ha dovuto subire, essendo postonico, in πρόσσω, μέλισσα, ecc. (2).

---

(1) Il primo nel giornale di Kuhn, XI, 48 sgg.; il secondo nei *Mémoires de la Société de Linguist.*, III, 279 sgg.

(2) V. *Stud. crit.*, II, 413 sgg. Non fu ivi potuto addurre alcun esempio di σσ da τj che non fosse nella sillaba postonica. Ma anche tra le serie di σσ da θj κj ecc., non raccogliete tutt'insieme se non due soli esempi, in cui la riduzione appaia nella tonica: κισσός, κολοσσός, *ib.*, 419 sgg. — Mi sia ancora lecito soggiungere compendiosamente, qui in nota, che il -τέο di ὀστέον, osso, ha per me l'identica storia fonetica del -τέο degli aggettivi verbali. Credo, cioè, che si debba partire da *astjá* (cfr. Curtius, *Grundz.*, num. 213), onde *ὀστεjó ecc., caso che grandemente rassomiglia a quello di *āvja* (cfr. *ib.*, num. 597), che dà il pl. argivo ὤβεα (*ὀϜεjó) della già citata chiosa esichiana, allato ad ὤιον (ᾠόν) e al lat. *ovum*. Come ad *āvja* sta il lat. *ovo*, così pressappoco sta ad *astja* un lat. *osso (onde *os oss-is*; come *vas vas-is* da *vaso*, cfr. Corssen, *Ausspr.*, II², 594, 597); e *osso ci offrirà veramente un nuovo esempio per l'antichissima assibilazione di *tj* dopo altra consonante, non già un esempio eccezionale di *ss = s* prim. + *t* (cfr. Fröhde in Bezzenberger's *Beitr.*, I, 205, de Saussure, *Mém. d. l. Soc. d. Ling.*, III, 297). Codesta riduzione di *s + t* in *ss*, non occorre mai; e così è un'eccezione apparente anche l' *-issimo*. Il vero è, che da *-timo* si venne a *-simo* per schietta evoluzione fonetica, nei casi dove era legittimo che questa evoluzione intervenisse (p. es. in *mac-simo*; cfr. *fic-so* da *fic-to*). Così da *dives*, cioè dal tema *divit*, si sarà regolarmente avuto un *divissimo* (cfr. *messus* da *met-to*) sul tipo *mac-simo*, allato a un *divitistimo* sul tipo *sollistimo*; e siamo nel filone donde poi l' *-issimo* si stacca e diffonde come se in lui altro non si contenesse che l'esponente del superlativo. Ma di più, un'altra volta; e qui ancora sia avvertito questo solo: che è un'illusione il *-simo* del preteso *celer-simo celerrimo*, poichè *r + s* origin. ben si risolve in *rr* (*fer-se ferre*); ma *r + s* second.,

Non si parla dell'aggettivo verbale in -τεο, senza parlare insieme dell'altro aggettivo verbale in -το; o a parlar per via d'esempi, deve considerare φατό-, 'quel che si può dire', chiunque consideri φατέο-, 'quel che si deve dire'. — Abbandonato, e a ragione, come io pur credo, il ragguaglio -τεο = sscr. *tavja* (1), or dunque vorrebbero persuaderci di questo: che il participio in -*to*, di significato ancora molto incerto, e come elastico, nella più antica fase del greco, si venisse piegando, sin dall'età omerica, a significar la 'passività contingente'; e che nella forma in -*tejo* (-τεο), ottenutasi grecamente o anzi atticamente da quella in -*to*, si sviluppasse, dopo Omero, la significazione della 'passività necessaria' (2).

Voi sapete, quanto il punto di partenza, per sè stesso, qui mi debba repugnare. L'organismo del linguaggio indo-europeo, qual ci resulta per il periodo durante il quale la unità degli Arii andò spezzata, è ben lungi dall'esser tale a cui si convengano le ipotesi di funzioni fluttuanti o mal fisse. Le incertezze che si vogliono attribuire, nell'ordine della funzione, al periodo unitario, si risolveranno ben piuttosto in altrettante deviazioni, che la funzione originale, così come il suono, ha dovuto, per varie ragioni, più tardi su-

---

o resta, o dà *ss s* (*vorsus prosa*). Il vero è all'incontro, che il comparativo ridotto (*celer-is-*) qui s'aggiunge all'esponente -*i-mo* che è in *minimo infimo* ecc.; onde: *celér-is-imo*, che dà necessariamente *celér[i]rimo*. È insomma il tipo *plo-is-imo plurimo*.

(1) Cfr. Curtius, *Verbum*, II², 384.

(2) V. Curtius, *ib.*, 385 sgg., G. Meyer, o. c., § 600; Brugmann, *Morphol. untersuch.*, I, 202 sg. Qui mi sia permesso notare, senza che ne soffra la molta stima che tutti devono a un così sagace e così benemerito indagatore quale è il Brugmann, come il suo lavoro sul passivo indo-iranico, nel quale entra il passo testè citato, non mi possa rimuovere comunque da ciò che io ebbi a dirne in un vecchio mio Saggio ch'egli non ha conosciuto (*Studi ario-semitici*, II, § 20).

bire. Ma venendo senz'altro al concreto, tollerate che io qui
faccia precedere la conclusione alle dimostrazioni, e vi dica
sùbito, che ben lungi dall'aversi, nel nostro caso, alcun che
di peculiare al greco o di post-omerico, la nostra doppia
forma e la sua funzione sta come impressa in fronte alla
umanità indoeuropea, con quel doppio e antichissimo nome
che è nelle voci vediche *márta* e *mártja*, 'l' uomo', cioè
'il mortale'. Non dicono codeste voci, se vogliamo antici-
patamente esaurire la parte ideale, non dicono, come ognun
vede, 'il morto', ma neanche dicono senz'altro 'il mori-
turo'. Data questa funzione meramente futurale, noi reste-
remmo a significazione attiva, quando il nostro esponente
si applicasse a verbo transitivo (avremmo, p. e., un 'fac-
turus'). Ma si tratta di 'quello sul quale è dato o è voluto
'che si compia lo stato o l'azione che il verbo esprime';
e perciò è legittimo che pel medesimo esponente si ottenga,
da 'morire': 'quel che può o dee morire', e da 'fare':
'quel che può o dev'esser fatto'. La riprova sperimentale
di questo ragionamento, s'ottiene di leggieri, consideran-
dosi, p. e., il ted. *sterb-lich* mortale, allato al pur ted.
thun-lich fattibile; o anche, in modo un po' indiretto, guardando insieme a *eundum mihi est* e *faciendum mihi est*.
Circa poi al 'potersi fare' o al 'dover farsi', ei son concetti che si toccano, massime nelle origini, o si confondon
tra di loro; e *infandus*, a cagione d'esempio, è: 'is de quo
quis fari non debet vel non potest'.

Ora un po' di storia o di dimostrazione, secondo che le
forze per oggi consentano. Il vedico *márta*, cui a capello
risponde lo zendico *mareta*, non è più se non un sostantivo (il mortale, l'uomo), onde viemeglio si conferma l'antichità del vocabolo. La significazione aggettivale balenerebbe
però ancora nell' ἅπαξ λεγόμενον *ámarta* immortalis. È pà-
rossitono questo *márta*, e tal dalle origini, come appare

dallo stato della radice, il quale è pur comune al termine iranico. A parlare in termini grammaticali, il 'participio futuro passivo' qui si differenzia dal 'participio perfetto passivo', per l'accento e per la conseguente diversità nello stato della radice (sscr. *mr̥tá* mortuus, zend. *mereta*). Nella stessa funzione del *-ta* di *márta,* abbiamo insieme, per la maggiore antichità indoeuropea, un *-ata* (come anche allato del *-tá* di part. perf. pass. apparirebbe un *-atá* nel solitario *pac'atá* coctus (1)). I tre esempi vedici che si soglion citare (2), già li conoscete : *darçatá,* che può essere veduto o merita d'esser veduto, videndus, *jaǵatá* colendus, sanctus, *harj-atá,* tal da essere desiderato; e un quarto ne incontriamo più in là. Sono diventati ossitoni, lasciandosi attrarre dall'analogia abondantissima del participio di perfetto passivo, col quale ormai non si potean più confondere, stante l' *-a-*; ma lo stato della radice (p. e. *darçata* e non *dr̥çata,* cfr. *dr̥çatí*) attesta un'antica accentuazione da rappresentarsi per *˙dárçata,* e analoga perciò a quella di *márta.* Lo zendo risponde sempre a capello : *dareçata, jaẕata.* — Quanto al greco, il continuatore di *márta* vi è μορτός βροτός, che ha ceduto per l'accento alla stessa analogia cui cedevano *darçatá* ecc. nell'India, ma anche le ha ceduto, almeno in parte, per lo stato della radice (3); e così il greco s'avvia,

---

(1) *vratá,* cioè *vr-atá,* venuto a funzione di sostantivo (volere, dovere, ecc.), domanderebbe lunghe considerazioni. Vedete intanto : POTT, *Wurʒelwörterb.,* II 3, 615.

(2) [Cfr. BENFEY, *Vollst. gr.,* p. 144; LINDNER, o. c., p. 38.]

(3) Qui avvien di confrontare, almeno per quant'è delle sorti fisiche della parola, il sscr. *rtá,* giusto ecc., coll' *ar[e]ta* dell'antica Irania (*árta*). Andrebbe poi ristudiato il sscr. *amrta* 'immortale' (= zend. *ameṣa*), coincidente, e per l'accentuazione singolare (cfr. *ákrta, ávrta*) e per l'accezione, con *adr̥ṣta* non visibile (cfr., del resto, anche il semplice *drṣtá*), e insieme considerato anche *ádhr̥ṣta* irresi-

con questo esempio-principe, a quella indistinzione di forma
tra le due diverse entità passive in -ta, che si rappresente-
rebbe per γνωτός δαρτός ecc.; indistinzione che gli riusciva tollerabile, per la ragione che nelle funzioni di
schietto participio passivo egli aveva in continua funzione
le forme in -μενο. Dei riflessi greci che s'abbiano per il
tipo dàrç-ata (come ἀρι-δείκ-ετο), s'è il Benfey avveduto per
il primo (1).

Allato a -ta e -ata, s'ebbe anche -tja qual derivatore di
'participî futuri passivi'; s'ebbe, cioè, a parlare con l'esempio-
principe, mártja mortale (che dee morire), sinonimo di
márta. Il valore tipico di codesto martja non si sminui-
rebbe per nulla da chi pur lo volesse un 'derivato' da márta
pel suffisso ja, fidandosi dell'analogia, scarsa per più ragioni, che parrebbe offerta da çvaitjá sinonimo di çvaitá,
bianco (2). Rimarrebbe pur sempre, che questa 'derivazione', grandemente antica, diventasse un vero tipo. Nel più
antico strato della letteratura indiana, è già fermo l'uso di
mártja come sostantivo, e anzi è il solo; ma pure in quello
strato si sente lo schietto aggettivo nel composto ámartja
immortale, come si sente, pur fuori del composto, nei Brā-
hmana (3). Nell'antico persiano si risponde correttamente
per martija al sanscr. mártja, e ne appare costante l'ac-
cezion di sostantivo, anche nel composto (u-martija εὐαν-

---

stibile, e qualche altro esemplare, pur dallo zendo. Qui agiscono pur
le ragioni del composto. 'Il non mai conseguíto' rasenta 'l'incon-
seguibile'; cfr. inaccesso, inaccessibile.

(1) [Cfr. L. MEYER, o. c., II, 92, CURTIUS, Verbum, II², 387; e
molto felicemente il BEZZENBERGER aggiunse, in Kuhn's Beiträge, VIII,
120: ἄ-σπ-ετο-ς]

(2) Con molto savia cautela, in BÖHTLINGK-ROTH non si deriva
mártja da márta, ma semplicemente da mar. Vedete anche POTT,
o. c., ib., 525-26.

(3) V. BÖHTLINGK-ROTH, s. v.

ὄρος, ben popoloso). Così è pur dello zend. *mašja* (=*martja*
per *š*=*rt*). Che se passiamo ad altri esemplari asiatici,
mal si potrà di qui staccare lo zend. *frakhstja* 'l'interro-
gando' (1); ed è grandemente prezioso il ved. *gopajátja*
custodiendus, che accennerebbe a un -*a-tja* (come più sopra
incontravamo l' -*a-ta* di *darçata* ecc.) (2), e ci riconduce a
satjá, vero, che potrebbe ammettere la medesima sezione:
s-atja, 'quel che dev'essere, deve stare, sussistere'(3). Siamo
così arrivati al -*tja* pel quale normalmente s'ottengono, in
grammatica sanscrita, participî futuri passivi da 'radici in
vocal breve', e nessuno, io credo, oggi vorrebbe sostenere
che il *t* ne sia un 'fulcro' della radice, e non parte inte-
grale dell'antico esponente. Esempi vedici ne sono: *bhṛtja,*
il mantenendo, il servo (cfr. *bhar-a-tá*, il mantenendo, il
soldato), e *çrútja,* degno d'essere udito. È lo stesso tipo
dell' 'assolutivo', sì per l'accento e sì per lo stato della radice, ma questo stato accennerebbe a ossitonia originale.
— Passando al greco, non sapremmo non incominciare da
βρότειος βρότεος, sebbene, e per l'uso meramente aggettivale
e per l'accento, vi sien le apparenze di una derivazione nominale, propriamente greca, da βροτός, onde si potrebbe
voler fortuito, malgrado la congruenza fonetica, l'incontro
della forma tra βρότειος e *mártja* (*martija*). Ma se badiamo,
dall'un canto, alla grande antichità e alla gran tenacità del
termine asiatico, e consideriamo, dall'altro, che il nostro
aggettivo greco, ben lungi dall'essere di fattura più o men
tarda, resulta estraneo alla prosa e occorre ne' poeti più
antichi, mal sapremo rassegnarci a non crederlo un diretto

---

(1) Cfr. JUSTI, o. c., 371 *b*; SPIEGEL, *Gr. d. altb. spr.*, p. 94.
(2) Cfr. BENFEY, *Vollst. gr.*, § 905, in f.
(3) [Avrebbe un esempio di -*atja* anche lo zendo; v. BEZZENBERGER
in Kuhn's *Beiträge*, VIII, 120.]

continuatore della stessa forma originale che si continua tra
gli Arii dell' Asia (1). Viene poi, in vera funzione d' 'aggettivo verbale', è ossitono, il tre volte ripetuto φατειός di
Esiodo; onde la conclusione è, che, sopra questo antico
stampo greco e secondo che lo stato della radice vuole, noi
riportiamo il solito κλυτέος a *κλυτεϳό, così tal quale come
prima portavamo, secondo che lo stato della radice sempre
vuole, il vedico çrútja a *çrutjá. E quando taluno ci volesse disturbare in questo nostro ragionamento, noi davvero
ci sentiremmo ormai disposti a gridargli con buona maniera:
ἀπ-ιτέον!, che indianamente sarebbe: apa-itja-m (2).

Se poi gli spogli omerici non ci danno alcun 'aggettivo
verbale' in -τεο, non ne può venire, a chi ben guardi, alcuna difficoltà contro l'affermazione che per -τεο si continui
una formazione anteriore alla vita individuale del greco.
L' uso dei 'participî futuri passivi' in -ta e tja, sarà stato
scarso nelle origini, e molto scarso è sempre rimasto tra
gli Arii dell'Asia. Nell' Europa, all' incontro (e vuol dire,
come tosto vediamo, così tra i Celti come fra gli Elleni),
egli si è venuto, lungo i secoli, dilatando. L' età d'Omero
non avrà conosciuto se non pochi o pochissimi di codesti
derivati verbali per -τεο; ma è assurdo sostenere che le
fossero del tutto estranei, quando Esiodo ci mostra il suo
φατειός in una combinazione stereotipica (οὔτι φατειός, tal
quale un lat. infandus), la quale palesa un uso ormai antico e ci porta perciò sicuramente ad Omero, o anzi molto
più in su. Senza poi dire, che, se noi non abbiamo ragionato male, Omero ci dà tutto quello che vogliamo, col darci

---

(1) Notevole che il vocabolario romaico ci offra βροτός ἡ όν, mortale (cfr. rom. χρυσός=χρυσέος; e per l'accento: θνητός).

(2) [Come vedo dopo scritta questa lettera, l'idea di conciliare -τεο
col sscr. -tja è balenata anche a G. Meyer (Kuhn's Zeitschr., XXII,
498); ma i pregiudizi teorici gli hanno impedito di coltivarla.]

βροτός e βρότεος di contro a *marta* e *martja martija* del sanscrito e dell'antico persiano.

Vi ho già accennato come io creda, che la forma epentetica, o bisillaba, vada, pur nell'Europa, al di là del greco. Gli è che il -τεjó, ritrovato in Grecia, mi ritorna tal quale nel *-ti, -i-thi,* dell'ant. irlandese (pari all' *-i-toi* che è desunto dal cimrico), onde appunto s'ottiene il participio di futuro passivo (1). Riviene l'irl. *-ti* a un *-tejo-s* di fondamento europeo, così come ad *-ejes* l' *-i* del nomin. plur. de' temi che uscivano per *-i*; e il dittongo dell'antica fase celtica (*-tei -i-tei*) è attestato dal britone, sì che ne venga un caso analogo a quello dell'irl. *dī,* duae, allato al cimrico *dui,* dove è un *ei* di uscita originale (2).

---

(1) Per es. *com-srithi* conserendus ; e insieme avrebbe l'ant. irlandese anche il correlativo dell'aggettivo verbale greco in -το; v., per ora, Zeuss-Ebel, 1096 *a*.

(2) Cfr. Zeuss-Ebel, 479, Windisch nei *Beiträge ʒ. gesch. d. deutsch. spr.* di Paul e Braune, IV, 249, 242. Non può arrestarci l' *-i* cimrico di contro all' *ī* irlandese nel numerale *tri,* irl. *trī =* *trejes.* — Le lingue ariane dell'Asia hanno del resto anche *-tva* (*-thwa*) quale antico derivatore di part. fut. pass.; onde taluno a prima vista potrebbe imaginare, che s'arrivasse per -τεϝο al greco -τεο. Ma il -τειο di Esiodo ci ferma a *-tja*. Per il *-ti* ecc. del celtico, in Zeuss-Ebel era messa innanzi, timidamente, la ricostruzione -τειϝα (p. 802), e Stokes (*The old-irish verb.*, p. 49) pensava a -ταϝια. Ma tacendo delle obiezioni d'ordine storico, che distolsero dal mandare insieme il gr. -τεο e il sscr. *-tavja*, e pur trascurando la congruenza che ora avremmo conseguíto tra celtico e greco, resta che le ipotesi di -τειϝα o -ταϝια urtano contro l'esito cimrico, che non dovrebbe perdere il *ν*; la qual considerazione vale insieme a mostrare, che mal si convenga, anche per il celtico, l'ipotesi del -τϝα. Stokes, dunque, ha sempre ragione, in quanto ha trovato che l'irl. *fissi* (= fid-ti), sciendus, risponda a capello a Ϝιστέο-; ma l'identità or sarebbe dimostrata per diversa guisa. Quanto all' *-ei-os* che si estingua in un cimr. *wy* (*oi*) = *ē*, v. Zeuss-Ebel, pp. 96, 532, 816, 831. Non mi si vorranno, io credo, opporre i casi cimrici di cons. + *idd* (*ydd*) = cons. + *j*, stabiliti dal Rhys nella *Revue celtique*, II, 115; cfr, Stokes, *Middle-Bret. Hours*, p. 102, D'Arbois de Jubainville, l. c., 266. La differenza

Questo povero -τεο, dunque, anzichè sottrarsi alla indagine comparativa e andarsene relegato tra le formazioni
greche di età meno antica che non sia il più antico monumento letterario che dei Greci si conservi, varrebbe a rannodare, in assai notevole guisa, e Celti e Greci con gli Irani
e cogli Indi. — E altro, per questa volta, io non posso (1).

---

dipenderebbe dall'esito or vocale e or consonante di *j*. Ci gioverebbero,
anzi, *trydydd = tritja* e simili, in quanto darebbero una·fase di *tj*
con vocale inserta. Io poi mi fermo, un po' maliziosamente, a *trydydd = tritja*, pensando che del cimr. *tritid* s'è voluto fare un argomento contro la mia dichiarazione del superlativo greco in -τατο
(BEZZENBERGER, *Beitr. z. kunde d. indog. spr.*, V, 95)! Ma anche di
ciò, la prossima volta.

(1) IV. — Poichè vedo che vi premon tanto e ὕς [cfr. G. MEYER,
o. c., § 222] e il *qoppa* ecc. [cfr. FABRETTI, *Le antiche lingue italiche*, Torino 1874, § 97 ecc.], vi servo súbito con questa proscritta.
Circa la coesistenza di σῦς e ὕς, il mio pensiero, a dirlo un po' più
distesamente che voi non facciate, era e rimane questo che segue. Noi
vedevamo, che se, per *s* + voc. (sempre ora parlandosi di formole
iniziali), greco e iranico vanno compiutamente tra loro d'accordo
(p. e. ἑπτά, zend. *hapta-*, sscr. *sapta-*), non è più così per la combinazione *sv-*; la quale, sempre per *s* in *h*, diventa nell'iranico: *hv khv*
(v. p. 57, n); laddove nel greco, a tacer qui d'altro, si continua legittimamente per σ- (σϝ-, σσ-; p. e. σῖγάω). Orbene, in quell'incontro
s'avvertiva insieme, che se lo zendo ci dà *hu* pel *sū-s* latino, e parecchi dial. neo-irani ci danno all'incontro una base *khu-*, questa
condizione di cose accenna che nelle origini iraniche, sia per ragione
etimologica o sia per ragione di un mero sviluppo fonetico, stessero
due varietà sinonime, da potersi scrivere *sū* e *svū*. Ripensate in Grecia
queste due varietà, e ne avrete simultaneamente, a fil di regola: ὕς e
σῦς. Soggiungevo, che pur la variante sanscrita *çū-kara* allato a *sū
-kara*, porco, veniva a indiretta conferma di codesta ricostruzione, *ç*
occorrendo come succedaneo sanscrito di *s* originario dinanzi a *v*
(cfr. *çvaçura çvāttra*, e guardate, in un momento d'ozio, il I dei
Frammenti linguistici). — Quanto al *qoppa* ecc., tutto quello che voi
aggiungete al § 16 delle mie *Lezioni*, mi par buono e giusto in ogni

parte, fatta sempre eccezione per il tuono troppo battagliero. Mi sono anch'io meravigliato che quelle mie indicazioni non riuscissero un po' meno inefficaci; ma alcune delle scritture, che voi citate, rimangono alquanto rimote dalle cose nostre; e poi ve la prendete anche cogli errori di stampa o di penna, come son manifestamente il nome e la figura d'una lettera in fondo alla p. 55 della scrittura dell'onorando Fabretti. Circa l' H (tra' Fenici, secondo le prove che sapete: χητ ήτ e quasi ητ), è da dire più chiaramente, che tutti e tre i valori, ch'egli assume tra' Greci (χ, ', η), corrispondono ai varî profferimenti che tra' Fenici risonavano iniziali nel suo nome.

ISTRUZIONE CLASSICA

Proposte per un riordinamento della Facoltà di lettere e filosofia nelle Università del Regno.

I. Ogni istituzione, per quanto abbia dato buoni risultati, allorchè più non corrisponde ai bisogni del paese ed al progresso cui tutte le cose umane devono obbedire, ha da essere riformata o in tutto o in parte, secondo che più non s'addica affatto al mutato ambiente, ovvero possa ancora a questo con alcune modificazioni convenire. Pertanto, prima di dare opera alle riforme, è d'uopo diligentemente considerare la natura dell'istituzione che vuol essere modificata, cercare quali sieno i suoi lati difettosi e quali invece sieno le parti ancor buone, per procedere riguardo a quella come far si suole rispetto ai vecchi edifizi, i quali, se sono riconosciuti ancora sufficientemente solidi per non dover essere interamente rifatti, si riparano nelle parti men buone, lasciando stare il resto, ma nel caso contrario si abbattono per essere ricostruiti su nuove basi.

Ora fra le varie istituzioni che si riferiscono alla pubblica istruzione e che, a parer mio, abbisognano maggiormente di riforma, devo annoverare la *Facoltà di lettere e filosofia* delle nostre Università. Di questa voglio nel presente scritto occuparmi.

II. Tutte le persone competenti in fatto di studi filologici, storico-geografici e filosofici riconoscono oramai che quella Facoltà, com'è presentemente ordinata, non corrisponde più guari al suo scopo, che è quello non solo di fornire alla nazione quella coltura letteraria e filosofica che è tanta parte del civile progresso, ma pur anche di formare valenti cultori delle singole discipline di cui vi s'impartisce l'insegnamento, e valorosi maestri per le scuole secondarie del paese. Vediamo dunque per quali ragioni un tale intento non si può più raggiunger bene colla Facoltà nel suo attuale ordinamento.

Anzi tutto è cosa incontestabile che il progresso fatto in questo secolo dalle varie discipline, che s'insegnano in detta Facoltà, è sì grande che un sol uomo, per quanto vasto ingegno abbia sortito da natura, non può riuscire a conoscerne con certa profondità ed ampiezza se non alcune poche le quali abbiano una stretta affinità con quella disciplina cui ciascuno suole oramai rivolgere in guisa speciale il suo pensiero e le sue cure. Perciò chi deve attendere a più materie di svariata natura e debolmente connesse fra loro, è posto senza dubbio nell'impossibilità di formarsi una cognizione profonda ed estesa di qualche speciale parte del sapere, giusta la nota sentenza :

« Pluribus intentus minor est ad singula sensus »,

che se fu sempre vera, lo è tanto più nei tempi nostri in cui la specializzazione del sapere s'impone all'uomo come un'assoluta e formidabile necessità.

Inoltre chi è destinato all'insegnamento può tanto meglio compiere la nobile sua missione, quanto più è versato in quella o in quelle materie ch'è suo debito insegnare. È quindi necessario che per tempo egli impari a restringere il campo de' suoi studi e concentrarli su quelle determinate materie che egli deve poi trasmettere mediante l'insegnamento alle giovani generazioni affidate alle sue cure, se vuol rendere veramente efficace ed utile l'opera sua.

Ciò posto, può la Facoltà di lettere e filosofia nelle presenti condizioni di cose formare buoni specialisti? può dare al paese valenti
insegnanti? — Io rispondo risolutamente no. Senza dubbio vi sono
in Italia e valenti specialisti e valenti insegnanti nelle scuole secondarie, ma ricercate un po' come abbiano raggiunto una certa eccellenza e
nel sapere e nella pratica dell'insegnamento. Voi troverete che, usciti
dall'Università con superficialissime cognizioni pertinenti a numerose
materie e senza saperne nessuna alquanto a fondo, hanno dovuto rifare
i loro studi lottando contro numerose difficoltà, rimpiangendo ogni momento il tempo che dovettero consacrare a tante e diverse materie,
rubandolo a quelle cui avrebbero voluto attendere in particolare guisa
come a scopo della propria vita scientifica. Voi troverete che, usciti
dalle aule universitarie e saliti sulle catedre delle scuole secondarie,
si sono trovati come in un ambiente sconosciuto, quasi non fatto per
loro, senza nulla conoscere del metodo da tenersi, senza sapere adattare
l'insegnamento all'intelligenza degli alunni: quindi altre fatiche, altri
pentimenti e rimpianti cui si deve e si può ovviare per l'avvenire con
un migliore ordinamento della Facoltà di lettere e filosofia.

Certo sarebbe ridicolo il pretendere che in quattro anni di studi
universitari si riesca specialista consumato e praticissimo insegnante;
ma si può e si deve pretendere che il neo-laureato abbia già di quella
disciplina speciale, a cui intende d'applicarsi ancora in seguito, una
notizia, se non molto profonda, almeno abbastanza estesa; che possegga intorno ad essa una grande quantità di cognizioni bibliografiche, mediante le quali soltanto si possono avere i materiali di studio
ed è possibile compiere pregevoli ed utili lavori ad incremento e
decoro della scienza che si coltiva; che conosca bene, oltre alla lingua
francese, almeno la tedesca, perchè si possa valere ne' suoi studi anche
di quello che riguardo alla sua materia speciale fu scritto in paesi
stranieri; che sia insomma così preparato e indirizzato nel ramo di
studi che vuol seguitare a coltivare, da non essergli forza di tornar da
capo all'abbiccì del sapere, come spesso accade ora; ma possa invece
proseguire animosamente nella via già presa. Quanto poi all'insegnamento, cui debbono già essere preparati i neo-dottori, perchè non
si potrebbe, nel periodo dei loro studi universitari, con una serie di
ben organizzate conferenze svolgere e perfezionare in loro l'attitudine didattica; perchè non si potrebbe insegnar loro il modo che
dovranno tenere nell'istruzione della gioventù che sarà poi loro affi-

data, dar loro un'idea chiara dei metodi migliori che a tal riguardo si possono seguire?

Ma dalle considerazioni generali veniamo alle particolari, facendoci anzi tutto ad osservare il lato difettoso del presente ordine di cose.

III. Primieramente la poca omogeneità delle materie, cui lo studente deve attendere, fa sì ch'egli, invece di concentrare i suoi sforzi, di convergere i suoi studi a quel gruppo di discipline per cui sente maggiore propensione, sia obbligato a distrarsi per seguire questo e quell'altro insegnamento che ha nulla a che fare cogli studi cui egli ha deliberato di coltivare specialmente. Di fatto per lo studente, che ha scelto a materia di studio il campo della filologia, a che cosa serve l'insegnamento della *storia moderna* ch'egli ora invece deve seguire per due anni consecutivi? A che gli serve l'insegnamento della *filosofia teoretica*, della *geografia*, della *storia della filosofia*, materie tutte nobilissime e degnissime di studio, ma che poco importano al giovane che si vuole consacrare alla filologia? Tanto più che lo studente, il quale entra all'Università, non esce dalle scuole elementari, ma sì dai licei dove ha dovuto apprendere quel tanto di geografia, di storia moderna, di filosofia che deve far parte della coltura generale e che può bastare ad uno studente di filologia. È vero che i licei d'Italia non danno in generale quei risultati che s'avrebbe il diritto di avere, ma che perciò? L'Università non deve formare la coltura generale dei giovani; questi devono già averla ricevuta dai licei. — Ma ritornando allo studente di filologia, ho menzionato quattro materie che assolutamente non gli servono pe' suoi studi: vediamo ora se gli serva gran fatto l'insegnamento delle altre materie, quale è presentemente ordinato.

Noto subito che, stando almeno a quanto avviene nell'Università di Torino, nessun professore fa più di tre ore di lezione alla settimana, compresa per parecchi di essi un'ora destinata alle esercitazioni degli alunni. Con tale orario quali cognizioni di *letteratura latina* e *greca* possono acquistare gli studenti? Come può il professore fare con tale orario, in 3 anni, un'esposizione alquanto compiuta dei principali periodi della storia letteraria, far la critica e l'esegesi dei testi, far conoscere la storia e lo sviluppo fonetico morfologico e sintattico della lingua di cui si occupa, comunicare ai giovani larghe notizie bibliografiche, tener loro parola delle principali pubblicazioni che si vanno ogni giorno facendo in quel ramo di studi, ecc., ecc.? Il professore è pertanto obbligato a restringersi ad una parte sola e lasciare tutto il resto alla buona volontà dei giovani, i quali spesso, inesperti e senza guida non possono di per sè scemare anche in minima parte l'immensa lacuna. Per esempio, quale studente (stando sempre a quanto avviene nell'Università di Torino), terminati i suoi studi universitari, può dire di conoscere la storia della lingua latina, di quella lingua che egli deve poi insegnare nelle scuole secondarie? Che se di ciò si occupi il professore di letteratura latina, gli resta forse tempo per trattare la parte letteraria propriamente detta? E qui notate una cosa singolare: esiste nell'Università di Torino una catedra di *grammatica e lessicografia greca* che è utilissima: per essa i giovani studiosi possono essere messi in grado di conoscere lo svolgimento della lingua greca ne' suoi vari dialetti, ed abilitarsi quindi alla interpretazione ed alla lettura dei numerosi testi greci non iscritti nel dialetto attico. Al contrario non vi trovi alcun insegnamento che si riferisca semplicemente all'idioma latino, alle sue varie vicende, alle relazioni che esso ha cogli altri·dialetti italici, specialmente con l'umbro e con l'osco di cui novantanove su cento fra i neo-dottori non conoscerebbero neppure l'alfabeto, quando non venisse pietosamente in loro soccorso per questo rispetto il professore d'archeologia. E si che a noi italiani dev'essere oggetto di special cura e, per così dire, un dovere lo studio di quella lingua che fu madre della nostra! Di guisa che lo studioso delle lettere latine esce dalla Università con cognizioni superficialissime del latino classico, e troppo spesso ignaro del latino arcaico, i cui monumenti non è posto in grado di mediocremente interpretare.

Inoltre quali cognizioni di *metrica greco-romana* reca generalmente con sè il giovane laureato? La metrica greco-romana abbraccia un campo così vasto che appena un anno di non interrotto insegnamento può bastare per dare agli alunni le più elementari e necessarie cognizioni. Che cosa perciò può mai restare nella mente dell'alunno, se anche i professori di lettere latine e greche consacrino, il che difficilmente avviene, qualche ora a tale materia? D'altra parte come può, p. e., il professore di greco far conoscere in modo compiuto ai suoi uditori l'organismo del dramma greco senza entrare nelle più intricate questioni della metrica classica? E come può l'insegnante delle lettere latine dare un'idea adeguata dello svolgimento della poesia romana senza invadere il campo della metrica ? Invece questa povera scienza è abbandonata e negletta compiutamente, precisamente come tutto ciò che si riferisce alla *grammatica storica* ed alla *stilistica latina !*

Nè in migliori condizioni si trova l'insegnamento delle *lettere italiane,* giacchè nel presente ordinamento 3 anni assolutamente non bastano per ragioni simili a quelle per cui ho dichiarato insufficiente l'insegnamento delle lettere latine e greche. C' è bensì nelle nostre Università un insegnamento affine e che può riuscire, affidato com'è a uomini d' incontestabile dottrina , d' immensa utilità a chi brama conoscere profondamente la nostra letteratura ; ma chi ne tien calcolo ? Intendo parlare dell'insegnamento della *storia comparata delle letterature neo-latine,* insegnamento che non è obbligatorio se non a quelli che sono iscritti alla Scuola di Magistero, la quale alla sua volta non è obbligatoria. E qui sia detto una volta per sempre, che lo studente, distratto com'è da tante materie disparate ed obbligatorie, non potendo valutare l'importanza d'una materia che ignora affatto, difficilmente si determina a frequentare altri corsi, e tutt'al più s'inscriverà a quelli che gli servono a completare le 18 ore settimanali di scuola prescritte dal Regolamento, senza darsi pensiero di seguirne regolarmente l'insegnamento e di ritrarne qualche profitto. Ora, per il corso in questione, quello cioè della storia comparata delle letterature neo-latine, che cosa succede? Succede che pochissimi lo frequentano, quasi nessuno ne approfitta per i suoi studi ; conseguenza funestissima per il sapere , chi consideri che non si può altrimenti conoscere la letteratura italiana dei primi secoli, che collo studio comparativo di tutte le letterature neo-latine : le origini di essa formano un capitolo rilevantissimo di quella grande storia che abbraccia tutte quante le nazioni sorte dal ceppo latino per quanto spetta alla loro civiltà, al nascimento ed al successivo svolgersi dei varii generi letterari ; talchè, per recare un esempio, riesce impossibile il formarsi una chiara idea della nostra lirica, della nostra epopea, della nostra novella, ecc., senza studiarla in relazione con quella degli altri popoli neo-latini : il fatto stesso del Rinascimento non si può assolutamente studiare sul semplice suolo italiano.

Da quanto si è detto testè facilmente si vede che si provvederebbe assai meglio, che ora non si faccia, allo studio della letteratura italiana, se il corso di storia comparata delle letterature neo-latine fosse reso obbligatorio, e quindi l'insegnante di quella, lasciando a parte i primi secoli, rivolgesse i suoi sforzi ad illustrare gli altri i quali, cosa incredibile, generalmente in Italia sono poco conosciuti, perchè, mentre sui primi abbondano le pubblicazioni e gli studi, specialmente dacchè si cominciò ad esplorare diligentemente il campo delle letterature neo-latine, sugli altri sinora si è lavorato e si lavora poco. Nè va dimenticato un fatto di capitalissima importanza ed è che, a misura che progrediscono gli studi, si fa tanto più sentire il bisogno del metodo comparativo, il solo che può veramente approfondire il sapere e dichiarare certe questioni senza intender le quali non si può dire d'aver acquistato una seria coltura letteraria.

Procedendo innanzi nella disamina delle varie materie che si riferiscono alla filologia, anche l'insegnamento della *storia comparata delle lingue classiche e neo-latine* è insufficiente perchè dato in un anno solo e con un orario quale sopra si è indicato. Basta forse un anno per dare ai giovani le più importanti nozioni concernenti la fonologia e la morfologia di quelle lingue? Di più tale insegnamento si dà presentemente a giovani appena usciti dal liceo dove ciascun sa quanto poco s'impari di latino e quanto meno di greco, donde molti escono senza nemmen saper leggere il francese, non che comprenderlo; di quale utilità può dunque essere lo studio della glottologia comparativa per giovani che posseggono sì scarso patrimonio linguistico? Ben è vero che allo studente di glottologia non occorre una profonda e vasta conoscenza delle lingue di cui si deve occupare, ma dal non molto al quasi nulla corre gran tratto; e per il giovane, che frequenta un corso di glottologia con pochissima conoscenza delle lingue onde si discorre, tale insegnamento perde la sua efficacia riducendosi ad un meccanismo pedantesco e noioso.

Resta l'*archeologia greco-romana* e la *storia antica* da esaminare. Quanto alla prima è chiaro che un anno solo non è assolutamente sufficiente. Le relazioni strettissime che questa scienza ha colla filologia classica impongono che se ne allarghi l'insegnamento, ed un anno per l'archeologia romana ed uno per la greca non sarebbe troppa cosa, chi consideri come spetti all'insegnante di questa materia il dare non solo le più importanti nozioni di epigrafia e numismatica greca e romana, materie già per sè vastissime, ma ancora il fornire agli alunni particolareggiate nozioni di tutte le antichità sì pubbliche come private dei Greci e dei Romani che meglio conferiscano a farne conoscere la vita. Rispetto poi alla storia antica credo che al cultore della filologia basterebbero i due anni che sono prescritti dall'attuale Regolamento, purchè l'insegnamento fosse esclusivamente ristretto alla storia della Grecia e dell'Italia antica ed a quei popoli che con queste nazioni ebbero immediate relazioni. Il resto dell'insegnamento dovrebbe essere destinato a quegli studenti soltanto che intendono farsi cultori delle discipline storico-geografiche.

Tale, io credo, è la condizione dell'insegnamento per ciò che spetta allo studioso della filologia, il quale, per di più, non è obbligato nè ad un corso di *paleografia*, che, se non erro, non esiste in alcuna Università propriamente detta, mentre è tanto utile ai cultori della filologia; nè ad un corso di *pedagogia* che io reputo indispensabile a chiunque voglia prendere la carriera dell'insegnante; nè, almeno, ad un corso di *lingua tedesca*, senza la quale, volere o volare, manca necessariamente allo studioso un mezzo poderosissimo di accrescere la propria dottrina e perfezionarsi ne' suoi studi. Nè vale il dire che, esistendo nelle Università i due ultimi corsi, può il giovane frequentarli e valersene come se fossero obbligatorii, perchè, come fu già sopra osservato, lo studente che entra all'Università non può ancora valutare l'importanza di quei corsi, ed anche conoscendola, per la necessità di dover attendere ad altre materie, oltre a quelle che riguardano la filologia, è spesso costretto a non approfittare di que' due insegnamenti. D'altra parte va notato che delle lacune del proprio sapere lo studioso non s'accorge mai se non quando è alquanto inoltrato negli studi che coltiva; allora poi intervengono sovente impreveduti difficoltà che gli impediscono di dare opera a colmare quella lacuna. È quindi cosa savia fare in certa guisa violenza allo studente obbligandolo ad occuparsi di quelle materie che sono riconosciute necessarie al suo bene; e lo studente non potrà fare a meno di serbar riconoscenza a chi ha provveduto al suo utile ed al suo sapere.

IV. Esaminate le condizioni dell'insegnamento per ciò che riflette i cultori degli studi filologici, passiamo a considerare quanto avviene di chi intende avviarsi allo studio delle discipline *storico-geografiche*. Per costui si verifica anzi tutto ciò che ho detto del filologo, vale a dire che egli è obbligato ad occuparsi di materie delle quali potrebbe far senza, con benefizio inestimabile del suo profitto nelle discipline che direttamente lo interessano. E per verità la *grammatica e lessicografia greca*, la *storia comparata delle lingue classiche e neo-latine*, la *filosofia teoretica* qual rilevante giovamento possono recargli? E non gli sono forse di troppo tre anni di *letteratura greca* oltre l'anno di grammatica e lessicografia? Non basterebbero forse due anni di *letteratura italiana e latina?*

Al contrario l'insegnamento di quelle materie che più interessano lo studioso della storia, come *la storia moderna, la storia antica, la geografia,* l'*archeologia greco-romana*, la *storia della filosofia* è estremamente ristretto. A che servono per lui due anni di storia moderna ed antica e un anno solo per ciascuna delle altre materie? Come si può con tale distribuzione di materie, con tale durata dell'insegnamento dare un buon indirizzo a chi si è destinato agli studi storico-geografici? Anche qui i professori sono obbligati a strozzare, per così dire, il proprio insegnamento, a lasciare da banda importantissimi periodi di storia od importantissime questioni geografiche etnografiche ed archeologiche, a tenere quasi all'oscuro i loro scolari in ciò che concerne la bibliografia, le fonti della storia, le scoperte geografiche ed archeologiche. o dare solo insufficienti notizie; non possono assolutamente guidare i giovani alle indagini, alla critica storica, ecc., ecc. Che se poi allo studioso della filologia un solo anno di archeologia greco-romana non basta, che dovrà dirsi dello studioso della storia? E dove lascio la *paleografia* la cui cognizione è oramai divenuta un dovere per chiunque coltivi la storia? E delle *antichità orientali* chi tiene parola se non se di tanto in tanto, alla sfuggita, l'insegnante di storia antica, il quale col suo orario può fare tutt'altro che miracoli? E che cosa significa un anno solo di *geografia* con le belle cognizioni che di essa portan seco i giovani licenziati dalle scuole secondarie classiche? Quanto poi alla *lingua tedesca* ed alla *pedagogia* ci si trova nelle stesse condizioni che si sono sopra esaminate discorrendo degli studi filologici. Eppure le son tutte cognizioni che si devono acquistare da chi vuol divenire un serio cultore ed insegnante di storia e geografia, e si devono acquistare per tempo, alla Università, quando si è giovani e non distratti dalle cure della vita, le quali troppo sovente distolgono l'uomo dall'intraprendere studi nuovi; chè esso spesse volte si deve chiamare assai lieto quando quelle gli permettono di proseguire gli studi che ha cominciato sui banchi delle scuole nelle aule dell'Università. E poi è tempo che si comprenda che il progresso delle scienze tutte nell'età nostra è in ragione direttissima col numero degli specialisti, e che gli studiosi tanto più possono approfondire le loro cognizioni quanto per tempo han cominciato a volgere il loro pensiero ad una parte determinata del sapere. Ecco il principio che tardi o tosto deve trionfare anche nelle Università ed in particolar modo in quelle Facoltà che sono destinate a formare, ad un tempo, buoni cultori delle scienze e buoni insegnanti.

V. Volgiamo ora un istante la nostra attenzione agli studenti di *filosofia*. La facoltà filosofica è, a parer mio, la meglio ordinata per ciò che spetta all'omogeneità delle materie, se si riguarda però solamente il secondo biennio d'insegnamento, poichè chi s'avvia agli studi filosofici è costretto a studiare nel primo biennio tutte le materie che sono prescritte per il primo biennio del corso di lettere. In altri termini, si comincia nell'attuale ordinamento a studiar specialmente filosofia quando lo studente ha superato il così detto esame di licenza. Sin qui l'unica materia filosofica, cui sia obbligato a studiare, è la *filosofia teoretica*, l'insegnamento della quale, come ognun sa, dura due anni per gli studenti di filosofia, cominciando un anno prima della licenza e terminando un anno dopo. Dunque, nel primo biennio, lo studente onde si discorre è obbligato a frequentare i corsi di *geografia*, di *grammatica e lessicografia greca*, di *storia comparata delle lingue classiche e neo-latine*, di *storia antica*, di *storia moderna* oltre alle tre letterature. Ora di tutti questi corsi è chiaro che sono necessari solo quelli di *storia antica* e di *letteratura italiana, latina* e *greca*, e che gli altri quattro sono per lo studente di filosofia un inutile ingombro. Ho posto fra gli studi a lui necessari anche quello della storia antica, come quella che in generale malamente si studia nelle nostre scuole secondarie ove sinora s'insegna solo nelle due ultime classi del ginnasio e perchè, ancorchè s'insegnasse come dovrebb'essere insegnata, viene affatto trascurata e quindi pressochè del tutto dimenticata nel liceo ove non se ne tiene più parola. Riguardo poi alle tre letterature, due anni per l'italiana e la latina dovrebbero bastare, mentre per la greca dovrebbero essere prescritti quattro anni. E la ragione è chiara, chi pensi come la esatta e profonda cognizione della lingua greca è assolutamente necessaria al filosofo che voglia abbracciare nella sua mente anche l'importantissimo movimento filosofico dell'antichità ; e però non è ragionevole il limitare questo studio, come vorrebbe taluno, perchè lo studente di filosofia non è destinato ad insegnare il greco.

Questo per la parte letteraria che è riconosciuta d'utilità immediata anche al cultore della filosofia. Passando alla parte puramente filosofica, basta forse un anno solo per la *filosofia morale?* Quanti problemi morali, quante importantissime questioni deve lasciar da parte l'insegnante di quella materia se vuol darne ai suoi studenti un'idea generale ! Se invece prende ad oggetto del corso una questione o più questioni particolari, quale idea precisa può farsi lo studente dell'ambito di quella disciplina, delle sue relazioni colle altre scienze ? I problemi, le questioni morali hanno troppa importanza perchè non s'abbiano a trattare anche nelle aule dell'Università con grande ampiezza e con metodo scientifico. Quindi, quale è ora, quest'insegnamento è poco proficuo ; per divenir tale dev'essere esteso almeno a tre anni.

Nè in migliori condizioni si trova l'insegnamento della *storia della filosofia* ristretta a due soli anni, i quali si può dire che bastino appena per dichiarare i punti principali concernenti la storia della filosofia antica. Così succede che lo studente esca dall'Università conoscendo una minima parte di quanto dovrebbe sapere in fatto di storia della filosofia, avendo qualche notizia di due o tre fra i maggiori filosofi e non più, ma chiamandosi per altro dottore in filosofia! E della *psicologia* che cosa avviene ? nulla, perchè (cosa veramente orribile) non esiste nell'insegnamento universitario ed è un tanto di più se ne discorra alquanto l'insegnante di pedagogia. Così, mentre nei paesi più civili la psicologia, specialmente come scienza positiva, viene coltivata con sommo ardore e con immensi risultati, in Italia non ha alcun luogo nell'insegnamento ufficiale universitario ! Sarebbe quindi ora che si pensasse a fondare nelle nostre Università un corso speciale di psicologia positiva (1) cui gli studenti di filosofia, a mio avviso, sarebbero obbligati almeno per due anni di studio, considerato il suo campo vastissimo e le numerosissime attinenze che essa ha con altre scienze, specialmente colla fisiologia. La quale ul-

---

(1) Apprendiamo con sommo piacere che il chiaro fisiologo Angelo Mosso della nostra Università ha intenzione di aprire nel prossimo anno scolastico un corso libero di tale materia.

tima scienza, sebbene prescritta dal vigente Regolamento, è poco cu-
rata dagli studenti di filosofia, mentre dovrebbero studiarla seriamente e sostenere in tal materia un rigoroso esame. Io non mi voglio
dilungare qui a provare come sia necessario anche questo studio al
filosofo; chi sa che cosa è psicologia, sa che alla sua compiuta conoscenza occorrono cognizioni fisiologiche ed anatomiche più che
elementari; non sarebbe quindi un pretender troppo il richiedere
dagli studenti almeno le principali nozioni di fisiologia, cosa questa
che non credo si sia potuta ottenere ancora, se debbo prestar fede
ad autorevoli persone che me ne parlarono.

Riguardo alla *pedagogia* reputo poter bastare un anno d'insegnamento precisamente come si fa ora, ma lamento, anche per rispetto
agli studi filosofici, la mancanza d'un corso obbligatorio di *lingua
tedesca*, senza di cui l'alunno è costretto a rimettersi ne' suoi studi
alle compilazioni od ai trattati di storia della filosofia, od a monografie più o men esatte, sieno pure ristrette ad uno o a pochi filosofi
tedeschi, e rinunziare alla cognizione diretta di tutta la filosofia germanica. Se questo sia bene, veggano gl'intelligenti. Sarebbe anche desiderabile che lo studente di filosofia fosse costretto ad un corso di
lingua inglese, poichè i sistemi filosofici devono essere studiati nella
loro forma genuina, e non attraverso a traduzioni e compilazioni di
ogni sorta; ed il movimento filosofico inglese ha tale e tanta importanza che deve essere conosciuto da ogni mediocre cultore della filosofia. Ma nell'attuale ordinamento degli studi si può ciò fare?

VI. Fatta una rapida critica del presente ordinamento della Facoltà di lettere e filosofia io credo bene di mettere innanzi alcune
proposte che mi pare si possano attuare con bene inestimabile degli
studi e degli studiosi. Bastano poche modificazioni perchè si ringio-
vanisca l'istituzione e la si renda più adatta allo scopo quale abbiamo
superiormente designato.

Primieramente io propongo che la Facoltà sia divisa in tre sezioni
assumendo il titolo, più esatto e corrispondente appunto al numero
delle sezioni, di *Facoltà di filologia, scienze storico-geografiche e filo-
sofiche*.

La sezione *filologica* abbraccierebbe i seguenti insegnamenti obbligatorii per tutti gli studenti ad essa inscritti:

1. Letteratura italiana . . . . . per anni 3
2. Letteratura latina . . . . . . » 3
3. Letteratura greca . . . . „ 3
4. Grammatica storica e stilistica latina . . . » 1
5. Grammatica e lessicografia greca . . . » 1
6. Storia comparata delle letterature neo-latine . » 2
7. Storia comparata delle lingue classiche e neo-latine » 2
8. Archeologia greco-romana . . . . » 2
9. Storia comparata della metrica classica . . „ 1
10. Storia antica . . . . » 2
11. Paleografia . . . . » 1
12. Pedagogia . . . . „ 1
13. Lingua tedesca . . . . . . „ 2.

La sezione *storico-geografica* comprenderebbe le materie seguenti:

1. Storia antica . . . . per anni 4
2. Storia moderna . . . . . . » 4
3. Storia della filosofia . . . . . » 2
4. Geografia . . . . » 2
5. Archeologia greco-romana . . . . » 2
6. Antichità orientali . . . . . „ 1
   Paleografia . . . . » 1
8. Letteratura italiana . . . . . » 2
9. Letteratura latina . . . . » 2
10. Letteratura greca . . . . . . „ 2
11. Pedagogia . . . . » 1
12. Lingua tedesca . . . . . . » 2.

Finalmente la sezione *filosofica* darebbe i seguenti insegnamenti:

1. Filosofia teoretica . . . . . per anni 2
2. Filosofia morale . . . . . . » 3
3. Psicologia . . . . » 2
4. Storia della filosofia . . . . . » 4

5. Fisiologia . . . . per anni 2
6. Pedagogia . . . . » 1
7. Storia antica . . . . » 1
8. Letteratura italiana . . . . . . » 2
9. Letteratura latina . . . . » 2
10. Letteratura greca . . . . , 4
11. Lingua tedesca . . . . » 2
12. Lingua inglese . . . . » 2.

Stabilite così le materie *obbligatorie* per le tre sezioni in cui dovrebbe esser divisa la Facoltà e la durata dei singoli corsi, passo a determinare quante, secondo me, dovrebbero essere le lezioni che settimanalmente lo studioso dovrebbe frequentare. Osservo subito che per uno studente che conosca e voglia fare il proprio dovere, *quattro* ore di lezione al giorno sono per nulla gravose e che si possono con profitto ascoltare giornalmente anche *cinque* lezioni, tanto più quando le materie, cui deve attendere, sono omogenee o almeno non troppo disparate. Ciascun vede quanto tempo avanzi al vero studioso per compiere a casa sua o nelle biblioteche la propria istruzione, per far ricerche, lavori, ecc. Dunque mi pare che sia assai ragionevole lo stabilire che per le materie *obbligatorie* l'orario importi da 18 a 24 ore di lezione per settimana, affinchè lo studente possa, qualora vi abbia uno speciale interesse, frequentare qualche altro corso *complementare*, ovvero i corsi dei liberi docenti che abbiano effetto legale; i quali corsi, se vengon fatti a dovere, possono tornare d'immenso profitto ai giovani che si vogliano perfezionare in qualche materia speciale, anche quando non credano di frequentarli invece dei corsi ufficiali, cui corrispondano e per la materia e per il numero delle lezioni. Pertanto si porterebbe a 30 il limite massimo delle lezioni che ogni studente potrebbe frequentare ogni settimana ed a 18 il minimo, precisamente com'è nell'attuale Regolamento, con questa differenza però che, mentre, p. e., nell'anno 4° di lettere dell'Università di Torino, lo studente non ha presentemente che 9 ore per settimana per i corsi obbligatorii, in nessun caso la somma delle lezioni dei corsi obbligatorii dovrebbe essere inferiore a 18 per settimana.

Ora, conforme a queste premesse, ecco quale mi sembra dovrebbe essere l'orario dei corsi obbligatorii per ogni settimana:

Sezione filologica.

Materie di corso	Anno 1°	Anno 2°	Anno 3°	Anno 4°
Letteratura italiana Ore	3	3	3	—
Letteratura latina . . »	—	6	6	6
Letteratura greca . . »	—	6	6	6
Grammatica storica e stilistica latina . . . »	4	—	—	—
Grammatica e lessicografia greca . . . . »	4	—	—	—
Storia comparata delle letterature neo-latine »	3	3	—	—
Storia comparata delle lingue classiche e neo-latine . . . . . »	—	—	3	3
Archeologia greco-romana . . . . »	—	—	3	3
Storia comparata della metrica classica . . »	—	—	—	3
Storia antica . . . »	3	3	—	—
Paleografia . . . . »	—	—	3	—
Pedagogia . . . . »	—	—	—	3
Lingua tedesca . . . »	3	3	—	—
Totale Ore	20	24	24	24

Sezione storico-geografica.

Materie di corso	Anno 1°	Anno 2°	Anno 3°	Anno 4°
Storia antica . . Ore	3	3	3	3
Storia moderna. . . »	3	3	3	3
Storia della filosofia . »	—	—	3	3
Geografia . . . . »	—	—	3	3
Archeologia greco-romana . . . . »	—	—	3	3
Antichità orientali . »	—	—	—	3
Paleografia . . . »	—	—	3	—
Letteratura italiana . »	3	3	—	—
Letteratura latina . . »	6	6	—	—
Letteratura greca . . »	6	6	—	—
Pedagogia . . . . »	—	—	—	3
Lingua tedesca . . . »	3	3	—	—
Totale Ore	24	24	18	21

Sezione filosofica.

Materie di corso	Anno 1°	Anno 2°	Anno 3°	Anno 4°
Filosofia teoretica . Ore	3	3	—	—
Filosofia morale . . »	—	3	3	3
Psicologia . . . . »	—	—	3	3
Storia della filosofia . »	3	3	3	3
Fisiologia . . . . »	—	—	3	3
Pedagogia . . . . »	—	—	—	3
Storia antica . . . »	3	—	—	—
Letteratura italiana . »	3	3	—	—
Letteratura latina . . »	6	6	—	—
Letteratura greca . . »	3	3	3	3
Lingua tedesca . . . »	3	3	—	—
Lingua inglese . . . »	—	—	3	3
Totale Ore	24	24	18	21

Osservando queste tabelle si vede che per ogni materia io vorrei prescritte *tre* ore di lezione ogni settimana, eccetto che per l'insegnamento della grammatica storica e stilistica latina, e della grammatica e lessicografia greca, per cui reputo indispensabili *quattro* ore; inoltre all'insegnamento della letteratura latina e della letteratura greca sarebbero prescritte *sei* ore per gli studenti di filologia e per quelli di storia e geografia, mentre gli studenti di filosofia avrebbero *tre* ore di greco e *sei* di latino ogni settimana. La ragione di ciò è chiara, chi consideri quello che ho sopra discorso intorno all'insufficienza, per gli studenti di filologia, di sole tre ore settimanali di letteratura latina e greca; chi pensi inoltre che, secondo le mie proposte ed i ragionamenti fatti, gli studenti di storia e geografia dovrebbero essere obbligati a frequentare que' due corsi per soli due anni, e che gli studenti di filosofia sarebbero tenuti alla frequentazione del corso di letteratura latina per *due* anni, mentre per *quattro* anni seguirebbero quello di letteratura greca: del che abbiamo sopra dato la ragione.

Non si obbietti che si potrebbe estendere a tutti i quattro anni di corso, per gli studenti di storia e di filosofia, l'insegnamento della letteratura latina, e per quelli di storia e geografia anche l'insegnamento del greco; perchè è bene che gli studenti nel secondo biennio dei loro studi si occupino esclusivamente di quelle materie che più strettamente si riferiscono o alla storia e geografia od alla filosofia, appunto per la necessità di dover specializzare i loro studi; e d'altra parte, per gli studenti di filologia, i quali devono frequentare quei corsi per tre anni consecutivi sino alla laurea, sono assolutamente richieste le *sei* ore da me segnate nell'orario.

VII. Nasce quindi una grave questione per l'orario dei professori di lettere latine e greche. È giusto raddoppiar loro addirittura il numero delle lezioni che sono obbligati a fare, senza pensare ad un conveniente compenso? Ecco pertanto interessato il bilancio della Pubblica Istruzione, interessato l'erario, alle condizioni del quale è pur forza subordinare qualsiasi riforma. Ora io non so se noi versiamo in tali condizioni finanziarie da poter accrescere lo stipendio ai professori di lettere latine e greche in proporzione del maggior numero di lezioni che loro vengano assegnate. Non so nemmeno se, vista la necessità di dover aggiungere alcuni nuovi insegnamenti alla Facoltà, si potrebbe anche semplicemente dare ai detti insegnanti una indennità annuale corrispondente allo stipendio d'un *incaricato*: ma credo che anche non potendosi ciò fare per ora, si debba cercare di farlo al più presto possibile, ed intanto si trovi un qualche temperamento che permetta di subito attuare la riforma senza aggravare soverchiamente l'erario.

A me pare di aver trovato questo temperamento proponendo che il professore ufficiale di dette materie continui per ora a fare le sue tre lezioni settimanali, e per le altre tre si obblighino gli studenti tutti a frequentare, in quelle Università ove si abbia, quel corso libero con effetto legale, tanto di letteratura latina quanto di letteratura greca che verrà dal Ministro, anno per anno, designato, considerati i titoli e l'attitudine didattica dei varii liberi docenti di quelle stesse materie, i quali insegnino effettivamente e facciano ogni settimana un numero di lezioni uguale a quello prescritto per l'insegnante ufficiale (1). Per tal guisa l'erario non resta aggravato più di quello che

(1) Un inconveniente che si verifica ogni anno all'Università di Torino mi obbliga a toccare qui di volo una questione delicata, quella dei

è presentemente, potendosi anche, nell'attuale ordinamento, dare il caso che gli studenti, considerata l'utilità d'un corso libero con effetto legale, vi si inscrivano tutti. D'altra parte è così piccolo il numero degli studenti di lettere e di filosofia, che l'erario non ha a risentirsene punto delle loro iscrizioni ai corsi liberi. Certo sarebbe necessario rimediare ad uno sconcio, il quale, se non è molto grave nelle Facoltà numerose di studenti, è gravissimo per quelle che ne hanno pochi, e, per di più, generalmente studiosi. Lo sconcio a cui accenno è il corrispondere, che ora si fa, la quota d'iscrizione al libero docente solo in proporzione del numero degli studenti che pagano le tasse. Si consideri che, in generale, chi studia lettere o filosofia non è ricco e spesso nemmeno agiato, e quindi può collo studio facilmente ottenere la dispensa dal pagamento delle tasse; al libero docente quindi, non punto sovvenuto altrimenti dal governo, rimane quasi nulla. Ora il nulla, per chi lavora coscienziosamente, è troppo poco!

Ma tornando all'argomento, designato dal Ministro il libero docente al cui corso si debbano iscrivere tutti gli studenti, egli dovrebbe

---

Dottori aggregati. A questi, cui la legge 13 novembre 1859, con esorbitanza fenomenale, concede la privata docenza con effetti legali in *tutte le materie* pertinenti alla Facoltà (art. 93), viene sempre assegnato l'ufficio di supplire i professori assenti o infermi, anche quando non esercitino effettivamente la privata docenza, ponendoli quindi al di sopra di quelli che, talora con immensi sacrifizi ed indefesso studio, esercitano la loro qualità di privati insegnanti regolarmente, sottoponendosi anche all'orario stesso dell'insegnante ufficiale, senza essere dottori aggregati. Se ciò sia giusto, veggano le persone imparziali che più che ai vani nomi riguardano alla realtà delle cose, che non possono veder preferite a chi onestamente e assiduamente lavora, persone che sovente volte, dopo aver sostenuto un esame, non si curano più di continuare i loro studi, o non ne dànno segno alcuno, o che ad ogni modo nulla fanno per il bene dell'istruzione universitaria, salvo l'intervenire alle riunioni della Facoltà esercitando un'ingerenza che i soli insegnanti devono avere.

Ciò sia detto per tutti i casi possibili, chè si deve pur riconoscere che fra i *Dottori aggregati* si trovano persone dottissime e rispettabili per ogni riguardo, che lavorano indefessamente e sono ottimi insegnanti. Ma frattanto sarebbe giusto stabilire per legge che l'incarico di supplire gli insegnanti ufficiali venga conferito ai liberi docenti, o aggregati o non, per ragione di merito, o, a parità di merito, per ragione dell'anzianità nell'insegnamento libero effettivamente esercitato. Questo criterio dovrebbe pur servire per la formazione delle commissioni esaminatrici.

mettersi d'accordo col professore ufficiale riguardo alla ripartizione della materia da trattare durante l'anno scolastico, per impedire ogni inconveniente, ogni ripetizione o contraddizione, e rendere più proficuo ed omogeneo l'insegnamento. Naturalmente agli esami gli studenti sarebbero tenuti a dar ragione ad entrambi gl'insegnanti di quanto fu da loro esposto durante il corso.

VIII. Rimane la questione delle nuove catedre che, secondo le mie proposte, si dovrebbero instituire e che ho dimostrato affatto necessarie. Queste si riducono, se ben si osserva, a *quattro*. Le catedre, cui accenno, sono quelle di *Storia comparata della metrica classica* per la sezione filologica, di *Paleografia* per le sezioni filologica e storico-geografica, di *Antichità orientali* per la sezione storica, e di *Psicologia* per la sezione filosofica. Le altre catedre credo esistano in quasi tutte le Facoltà di lettere e filosofia, tranne quelle di *Grammatica latina* e di *Grammatica greca*, le quali sussistono bensì, ma presentemente, se non erro, si escludono a vicenda nelle varie Università, per non dire che in alcuna mancano affatto e l'una e l'altra.

Tolta adunque quest'irregolarità, prescrivendo che in ogni Facoltà di filologia esistano entrambe le catedre di grammatica che ho testè menzionato, restano quattro sole catedre da instituire. Riguardo a queste io proporrei che per qualche anno, sino a migliori condizioni finanziarie, fossero assegnate, a titolo d'*incarico*, a quelli fra gl'insegnanti ufficiali o liberi di ciascuna Facoltà, che sieno riconosciuti idonei a tali insegnamenti. In questa maniera con tenuissima spesa si provvederebbe seriamente al migliore andamento, al lustro della Facoltà e, quel che più monta, all'incremento degli studi 'ed alla utilità degli studiosi.

IX. Prima di finire, non sarà male dir anche qualche cosa degli *esami* e della *Scuola di Magistero*.

Gli esami, quali si dànno attualmente, per gruppi, riescono poco serii. Non è il caso che io spenda parole per dimostrarlo, chè tutti, e insegnanti e studenti, ne sono malcontenti e reclamano una riforma. Allo studente è un peso enorme dover rispondere su tre, quattro materie, spesso disparatissime, senza nessun intervallo di tempo fra l'una e l'altra; al professore è un tormento il dover perdere il proprio tempo per assistere ad esami che versano su materie che non sono la propria; è quindi in generale disattento, e deve rimettersi al voto del professore della materia. Ne avviene perciò che per ogni materia il votante è uno solo, chi la insegna, e che il libero docente, il quale fa parte della commissione, vota in generale facendo la media dei voti dati dagli altri commissari; ciò che non dev'essere. Di più, per via del numero delle materie che formano il gruppo di esame, allo scopo di non impiegar troppo tempo e non prolungare il supplizio del candidato, c'è sempre un solo che interroga, il professore della materia; ed anche ciò è contrario allo spirito del Regolamento vigente.

Bisogna pertanto ovviare a quest'inconvenienti, che non sono nemmeno i più gravi, essendocene altri ben maggiori, fra cui il principale è che cogli esami a gruppi, come sono ora, non si può avere una seria garanzia del sapere degli studenti, i quali vengono interrogati per soli pochi minuti in ciascuna materia; per non dire che sovventi volte giovani di vero merito, pel cumulo delle materie, si confondono e non sanno più rispondere alle più semplici interrogazioni; mentre giovani di pochissima capacità o negligenti riescono fortunati. Si pensi adunque a ristabilire gli esami *speciali* quali si davano un tempo colle commissioni composte di tre membri, cioè il professore della materia e due liberi docenti della stessa materia, o, in loro mancanza, due altri insegnanti di materia affine; di più gli esami sieno annuali e dati su tutte le materie prescritte per ciascun anno, salvo quelle il cui corso duri tre o quattro anni, per le quali lo studente dovrebbe subire l'esame solo due volte. In questa maniera saranno più serii gli esami, e studenti e professori ne saranno più soddisfatti.

Resta a dire della *Scuola di Magistero*. Questa scuola, nelle condizioni in cui si trova presentemente, non dà alcun frutto e, se devo giudicare da quanto avviene nell'Università di Torino, è poco frequentata. Primieramente è in facoltà dello studente frequentarla o non, il che è cosa veramente riprovevole, chi pensi che lo scopo di cotesta scuola *deve* essere non tanto quello di far esercitare i giovani con conferenze, lavori scritti, ricerche d'ogni genere nelle singole discipline, quanto più specialmente quello di addestrarli all'insegnamento sviluppando la loro attitudine didattica, facendo loro applicare i migliori metodi d'insegnamento, obbligandoli a fare qualche lezione su argomenti differenti e designando la classe a cui la lezione dovrebbe essere diretta, a correggere lavori scritti di alunni delle scuole secondarie, ecc., ecc.; insomma la Scuola di Magistero più che uno scopo scientifico dovrebbe avere quello di formare buoni insegnanti per le scuole secondarie. Quindi ogni studente dovrebbe essere obbligato a frequentarla non solo, ma non dovrebbe essere ammesso all'esame di laurea senza aver ottenuto dai singoli professori della Scuola suddetta un certificato d'approvazione.

In secondo luogo, se, nello stato attuale della Facoltà, lo studente è già oppresso dallo studio di materie disparatissime, come può egli trovare il tempo per frequentare la Scuola di Magistero, sia pur solo per quella sezione di essa che è più consona co' suoi studi speciali? Invece, dividendo, come propongo, in tre sezioni la Facoltà, le sezioni corrispondenti della Scuola di Magistero serviranno ottimamente allo studente non solo per approfondire in certe materie le sue cognizioni, rischiarare i suoi dubbi, ecc., ma particolarmente per addestrarsi a comunicare altrui, per mezzo dell'insegnamento orale, quanto ha imparato nel corso dei suoi studi.

Ma sorge una questione: quando è che si deve dallo studioso frequentare questa Scuola? Molti vogliono che vi si debbano ammettere i soli laureati; ma io credo che così non debba essere. Non confondiamo la Scuola di Magistero colle *Scuole di Perfezionamento;* queste devono seguire alla laurea, quella deve precedere, perchè la laurea deve essere non solo un titolo che faccia fede della dottrina di chi l'ha ottenuta, ma pur anche un'abilitazione all'insegnamento, e nessuno dev'essere da un'Università abilitato all'insegnamento se non abbia già dato prova di essere idoneo e per sapere e per attitudine e buon metodo didattico.

Quindi io sarei d'avviso che fossero tenuti a frequentare la Scuola di Magistero tutti e soli gli studenti del 4° anno delle tre sezioni. Ma siccome esercitarli in tutte le materie sarebbe troppo e l'orario complessivo del Corso e della Scuola di Magistero supererebbe il limite massimo delle ore in cui possono gli studenti essere occupati dagli insegnanti, così, avuto riguardo allo scopo speciale di quella Scuola, io proporrei che dovesse comprendere quelle sole materie che il discente presumibilmente avrà da insegnare nelle scuole secondarie. E però per gli studenti di filologia dovrebbe comprendere le seguenti materie: *letteratura italiana, latina, greca, storia antica;* per quelli di storia e geografia: *storia antica e moderna, geografia, archeologia greco-romana* e *antichità orientali;* per quelli di filosofia: *filosofia teoretica, filosofia morale, psicologia, storia della filosofia.* Cosi, fissando un'ora per settimana per ciascuna materia, gli studenti di filologia sarebbero complessivamente occupati per 28 ore, quegli di storia per 26, quelli di filosofia per 25 ore ogni settimana, tra il corso ordinario e la Scuola di Magistero.

Queste sono le proposte che io ho creduto bene di fare per il miglioramento degli studi e filologici e storico-geografici e filosofici, valendomi dell'esperienza da me fatta nell'Università di Torino e come studente e come libero insegnante. Sarò oltremodo lieto se, quali che vengano giudicate e la mia critica dell'attuale ordinamento e le mie proposte, quel poco ch'io ho scritto potrà almeno sollevare qualche utile e seria discussione sui mezzi più acconci per rendere più rispondente ai suoi molteplici scopi la Facoltà di lettere e filosofia.

Torino, 24 agosto 1881.

ETTORE STAMPINI.

BIBLIOGRAFIA

Iscrizioni greche di Olimpia e di Ithaka. Memoria di DOMENICO COMPARETTI (Reale Accademia dei Lincei, Memorie della Classe di Scienze morali, storiche e filologiche, serie 3ª, vol. VI, 1881).

È uno studio, che il prof. Comparetti comunicava all'Accademia dei Lincei nella seduta del 20 febbraio 1881 intorno a tre iscrizioni in bronzo, che la Direzione degli scavi in Olimpia aveva già pubblicate nella *Gazzetta archeologica,* ma con illustrazioni affatto provvisorie e parziali del Kirchhoff e di G. Curtius per quella segnata col n° 362; del Fränkel per quella segnata n° 56, e del Kirchhoff ancora per quella che è pubblicata sotto il n° 363. Della breve iscrizione d'Ithaka aveva dato qualche notizia lo Schliemann già sino dal 1868 in un libro intitolato *Ithaka, il Peloponneso e Troia;* ma fu soltanto la scoperta dell'americano signor Stillmann, che ne rese possibile la interpretazione. Delle iscrizioni d'Olimpia, numeri 362, 56, 363 il prof. Comparetti ci dà qui un facsimile in litografia; di quella di Ithaka s'aggiunge una riproduzione fotografica, tratta dalla negativa della fotografia, fatta sul marmo a cura del predetto signor Stillmann. A conferma delle pubblicazioni, fatte dalla *Gazzetta Archeologica*, il prof. Comparetti dice di aver ricevuto i calchi delle iscrizioni n° 362 e 56, presi per conto suo in Olimpia dal valoroso giovane Dott. L. Milani, e dai quali si rileva, che il facsimile dell'iscrizione 362 dato dalla *Gazz. Arch.* è meno esatto nell'ultima riga, dove nel calco si legge chiarissimo NA e non ΛA, e fra i due O vedesi la traccia di I, o senza dubbio il posto da questo occupato. Il facsimile dell'iscrizione n° 56 è del tutto conforme a quello pubblicato. Le tre iscrizioni in bronzo, che formano soggetto di questo studio, appartengono a quel genere d'epigrafi, che presentano insolite difficoltà d'interpretazione a causa « della loro antichità e delle caratteristiche troppo mal conosciute oggidì del dialetto locale in cui furono scritte ».

Sarebbe difficile il riepilogare in brevi cenni l'efficace e sobrio ragionamento, che il prof. C. ha condensato in poche pagine per confermare la lezione, che egli dà del testo delle iscrizioni. È l'arte sovrana veramente di questo insigne archeologo e filologo, di farci pensare un mondo di cose con un solo leggero accenno. L'iscrizione n° 362 è la più lunga, e le conghietture, che intorno a vari vocaboli fecero il Kirchhoff e il Curtius (Giorgio) non recarono molta luce. Il prof. Comp. in parte correggendo, in parte supplendo, in parte felicemente congetturando, è riuscito a darci una lezione, che segnerà un vero trionfo nell'arte interpretativa, oltre che essa è ricca d'importanti deduzioni e fatti linguistici, e di notizie, attinenti alla storia e all'archeologia. E prima di tutto il Comp. vide e notò, ciò che non vide il Kirchhoff, che in questa rhetra non abbiamo una legge intera e completa, ma *soltanto un articolo di aggiunta ad una legge anteriore* (p. 5), e lo induce dal KAI che sta nell'intestazione, che si chiude colle parole KAITAYTO, che vanno lette καὶ ταυτῶ, cioè καὶ τὰ αὐτοῦ, *anche queste cose qui,* e non κατὰ τὸ αὐτό come pensa il Kirchhoff.

Quanto al significato generale dell'iscrizione, pare al Comp. che si tratti del caso, che uno degli Elei che onoravano il paese, distinguendosi con vittorie nei giuochi olimpici, e costituivano un corpo d'onore (Γάρρην), procedesse ad una solenne consacrazione sia di un'ara, o di una statua o d'altro. Una rhetra antecedente deve aver prescritto il da farsi per parte della cittadinanza Elea e de' suoi principali rappresentanti, perchè la ceremonia della καθιέρωσις avesse la più grande solennità. Che cosa fosse questo, che era da farsi, e quali fossero gli obblighi (τὰ δίκαια), che venivano imposti a' dignitari, qui nominati, non sappiamo ; ma dalla possibilità cui s'allude qui d'essere *trattenuti* (ἱμάσκοι), pare che primo dovere fosse quello d'intervenire alla cerimonia, e i verbi ἐπιτιθέναι, ἐπιποιεῖν τὰ δίκαια accennano al prendervi parte diretta con sacrifici, offerte ecc. (p. 9).

Lasciando di dire di molte importanti e acute osservazioni in fatto di lingua e di erudizione, che si trovano nella parte, che riguarda la interpretazione di questa iscrizione, rileveremo con singolare compiacimento, perchè ci sembrano degnissimi di nota, i punti seguenti. L'interpretazione data al vocabolo θαρρῆν nell'intestazione, che il Comp. spiega come infinito con valore d'imperativo, nel significato di *eseguire*, o *compiere*, o *far compiere*, significato d'uso locale (eleo), derivato da quello generale di θαρρέω — *osare, intraprendere arditamente*, con qualche affinità forse con θεαρός (θεωρός), che si trova in qualche iscrizione Elea. Abbiamo già accennato alla lezione καὶ ταὐτῶ, cioè καὶ τὰ αὐτοῦ del Comp. contro il κατὰ τὸ αὐτό del Kirchhoff.

Segue appresso la congettura veramente geniale del Comp. nella seconda riga dell'iscrizione, e che riguarda la parola, che il Comp. legge e interpreta κατιαραύσειε, contro il Kirchhoff e il Curtius, che non volendo ammettere un verbo come sarebbe καθιαραύω, pensarono due parole staccate. Il prof. Comp. accetta il digamma, malgrado la mancanza d'ogni analogia, e crede che la forma stia per καθιερώσειε da καθιερόω (consecrare), come κοινόω diventa κοινάω, ἐμπεδόω ἐμπεδέω, συλάω συλέω ecc. E l'υ starebbe a rappresentare un rafforzamento della sibilante, assai comune nei dialetti dorici, per tacere di Omero, cosicchè κατιαραύσειε starebbe per κατιαράσσειε.

Acutissima è pure l'obbiezione, che il Comp. fa al Kirchhoff rispetto all'interpretazione del passo Ϝάρρενος Ϝαλείω della seconda linea dell'iscrizione, che secondo il K. starebbe a significare lo iscriversi di un figliuol maschio (παῖς ἄρρην) nei ruoli della φρατρία. Pare strano al Comp. che si voglia fare una legge speciale per un fatto così comune della vita, e più strano ancora l'intervento di un'autorità panellenica, come è quella rappresentata dall'Ellanodica ricordato più sotto, ad un atto, che avrebbe carattere puramente Eleo. Prevale qui, secondo la bellissima congettura del Comp. l'idea del *maschio valore*, della ἀνδρία, della ἠνορέη, e con la parola ἄρρην s'indica *in forma collettiva* l'insieme di quegli ἄλκιμοι νεανίαι, che onoravano la patria Elea colle vittorie ne' giuochi.

Somma importanza per gli studi epigrafici e lessicografici ha il fatto linguistico, scoperto e chiarito dal prof. Comp. rispetto alle forme επευποι, επευπετω ed ευποι delle linee 5-6 dell'iscrizione, per le quali egli crede che non si possa pensare al verbo πέμπω, come fa il Kirchhoff, e meno ancora all'ἐμπάω del Curtius. Il signor Comp. riconduce tutte queste forme a ποιέω, e in relazione a ciò le ha completate nel testo, che egli dà dell'iscrizione, stabilendo come punto di partenza l'ἐπιποεόντων della lin. 4; così che s'avrebbe la locuzione ἐπιποεῖν τὰ δίκαια, che, sinonima ad ἐπιτιθέναι τὰ δίκαια, starebbe ad indicare l'obbligo di que' cotali ufficiali pubblici di prender parte a quel cotale atto della vita pubblica.

Quanto al μαστρααι della lin. 6, il Comp. crede che la forma originaria dovette essere μαστραία, che da Esichio sotto la forma di μαστρίαι è spiegata per « αἱ τῶν ἀρχόντων εὐθύναι ».

Resta infine un altro fatto, del tutto nuovo pei nostri lessici, la spiegazione cioè che il prof. Comp. dà della frase ἱμάσκειν τινα τῶν δικαίων, che egli intende nel senso di *impedire qualcuno dall'eseguire il suo dovere*. Già il Kirchhoff aveva pensato al verbo ἱμάσσω; ma la novità della conghiettura Comparetti sta nell'aver ricondotto l'ἱμάσκω al sostantivo ἱμάς, derivandone con bello accenno il significato di *legare*.

Finalmente il prof. Comp. oppugna la cronologia dell'iscrizione fissata dal Kirchhoff, come anteriore all'anno 580, ossia l'*Olimp.* 50ᵃ, limite estremo dell'epoca, durante la quale l'ufficio di Ellanodica fu esercitato da una persona sola. Tutta l'ipotesi del Kirchhoff fondandosi sul singolare Ἑλλανοδίκας, il Comp. gliela annienta, mostrandogli come già Pindaro, in un inno che è dell'anno 476, parli alla stessa maniera dell'*Ellanodica*, che corona il vincitore. Ora, è accertato, che a quest'epoca quegl'ufficiali pubblici erano per lo meno nove.

Tutto compreso, il Comp. non la crede anteriore al secolo V°.

L'esame, che il prof. Comp. ha fatto della iscrizione nº 56, pubblicata già dal Fränkel sino dal 1878 nella *Gazz. archeol.*, gli porse

modo di esprimere alcune conghietture e di dare schiarimenti, che
i pratici della materia epigrafica, nelle sue attinenze colla lessicografia e colla storia, non tarderanno a riconoscere come improntati
alla più schietta originalità. Mettiamo in primo luogo l'idea, significata dal Comp. a p. 13, che il testo originario dell'iscrizione fosse
bustrofedo, ma che poi essendo diventato meno intelligibile, forse
per deperimento della materia, venisse *trascritto*, secondo la maniera
invalsa già generalmente. Ciò che spiegherebbe alcuni errori.

Quanto alla lezione del testo, il Comp., esposte alcune sue conghietture sulle forme καθύσας della 2ª linea, che egli inclina a ricondurre verso un καθθυσίας (nome), e sull'altra ἐκκαίυς nella linea 5ª,
che egli propenderebbe a prendere per ἐκκαίευς; passa a parlare delle
forme verbali ἐπείμβοι, ἐνεβέω ed ἔβοι della linea 1, 3, 5 dell'iscrizione. Ravvisa il Comp. nelle vicende di questo verbo un'analogia
con quelle dell'ἐπιποεόντων dell'altra iscrizione.

Ravvisa il Comp. qualche cosa di metodico in siffatte mutilazioni,
o abbreviazioni di forme verbali, osservazione questa di somma importanza per gli studi epigrafici.

Per la storia e scienza dell'antichità son di grande interesse le brevi,
ma sostanziali notizie, che il Comp. ci porge a p. 14 riguardo ai diritti e doveri dei visitatori del santuario di Olimpia. A suo avviso è
probabile che gli Elei adoperassero la parola ξένος in quel senso, in
cui secondo Erodoto l'avrebbero adoperata gli Spartani, cioè nel
senso di βάρβαρος (*non greco*).

––––––––––––

L'illustrazione, fatta dal Kirchhoff della iscrizione n° 363 nella *Gazzetta Archeologica* è giudicata molto severamente dal prof. Comparetti, che la ritiene molto al di sotto della esperienza e del valore,
che egli pure riconosce all'illustre epigrafista tedesco. L'errore principale del K. fu quello di aver preso *per dativi*, *in principio della
iscrizione*, quelli *che non sono che due accusativi*. La cagione di questo
errore dipende da quella che il Comp. assai argutamente chiama
routine degli archeologi, pei quali è regola, che dopo l'intestazione
ὰ Ϝράτρα debba seguire sempre il dativo, indicante la persona, a cui
la legge sarebbe rivolta. Crede il Comp. che tale non fosse la regola,
e che la presente iscrizione dimostri in modo chiarissimo, che le
leggi s'intestavano colla parola ὰ Ϝράτρα, come chi dicesse: *Legge*
(p. 15). L'errore sarebbe vecchio, e daterebbe dalla falsa interpunzione

data dal Böckh della iscrizione Elea n° 11 del *Corpus Inscrip. Graec.*, che è la più antica che si conoscesse prima di queste, scoperte recentemente.

Il Comp. segnala come degna di nota la distinzione che si fa in questa iscrizione *fra l'autorità laica e la religiosa*, non solo quanto ai limiti di loro competenza, ma anche quanto al modo speciale di considerare la stessa cosa, essendo chiaramente indicate le diverse attribuzioni de' πρόξενοι (autorità laica) e de' μάντιες (indovini, interpreti del *ius sacrorum*). Quanto all'epoca, il Comp. giudica la presente iscrizione non meno antica della prima; il dialetto è quello dell'Elide, ma non della stessa varietà della prima epigrafe.

Quanto all'iscrizione d'Ithaka, fu già notato come fosse comunicata al prof. Comparetti dal signor Stillmann, americano, e come di essa si trovino già traccie nel libro dello Schliemann (*la fenice degli scopritori!*), ricordato più su.

Rese le dovute lodi allo Stillmann per le cure spese per completare le due parti del blocco di marmo, sul quale è incisa l'epigrafe, accennato come il Kirchhoff (che non aveva ancora il testo completo) tentasse indarno di cavare qualche luce da quel monumento, il professor Comp. passa all'interpretazione, e dice trattarsi ivi *d'un tesoro nascosto*, cioè degli arredi sacri (τὰ ἔντεα) di un tempio, nel quale si veneravano riunite le tre divinità *Athena, Rhea* ed *Hera.* L'iscrizione ha sette linee, ed è bustrofeda. Il Comp. argomenta, che fossero i sacerdoti stessi che scolpiron l'iscrizione, per escludere ogni testimonio del fatto da tenersi occulto.

Il prof. Comparetti ha già abituato il mondo dei dotti a molte altre prove del suo valore eccezionale nell'interpretare e papiri ed epigrafi; ma tuttavia confessiamo, che guardando il facsimile fotografico di questo monumento, e pensando al senso evidentissimo che egli ha saputo trarne, non si può a meno di sentire una grande contentezza, che anche l'Italia possa finalmente misurarsi con gli stranieri in un campo che essi erano usi sin qua a riguardare come provincia propria; almeno per ciò che concerne l'epigrafia greca.

Un solo desiderio ci resta ad esprimere, ed è che in occasione di consimili pubblicazioni l'egregio signor Comparetti voglia contrapporre ai testi greci la traduzione letterale italiana, onde ovviare a possibili errate versioni d'imperiti, e rendere più accostabile a molti il senso vero delle epigrafi. — Vero è, che egli lavora pei dotti, ma pure... sentimmo il bisogno di esprimergli questo desiderio, che sappiamo condiviso da altri.

Un po' di conclusione.

Il prof. Comparetti ha l'arte di nascondere la erudizione, che egli possiede sconfinata addirittura, e di far capire subito netto il suo pensiero, senza affogarlo in un pelago di *apparati critici*. L'*inter utrumque tene* non fu mai meglio applicato, come in questi succosi e preziosissimi contributi alla scienza della antichità, che il Comp. offre a quando a quando agli studiosi. Maestri e scolari abbiamo dunque tutti qualche cosa da apprendere dal Comparetti; oltre le notizie peregrine, che egli ci dà, possiamo apprendere da lui il segreto di conferire carattere nazionale a quella scuola, che s'ha il vezzo di chiamare straniera, unicamente perchè essa aspettava l'uomo che la richiamasse a' suoi giusti confini. E se anche ad altri pare, come parrà di certo, che questi lavori del prof. Comparetti accennino per l'appunto ad una compiuta elaborazione e quasi trasformazione del pensiero e de' metodi ultramontani ne' metodi e nell'indole che sono propri di noi, ringraziamo l'autore di questo nuovo indirizzo dato alla scienza, e salutiamo il maestro (*).

Firenze, marzo 1881.

GAETANO OLIVA.

(*) Queste righe erano già scritte e composte da lungo tempo, quando mi pervenne la memoria del prof. DOMENICO PEZZI: *Nuovi studi intorno al dialetto dell'Elide*, inserita negli *Atti della R. Accademia delle Scienze* di Torino, vol. XVI (Adunanza del 24 aprile 1881). In questa memoria il prof. Pezzi prende ad esame il lavoro del prof. Comparetti, considerandolo però soltanto in ordine alle questioni fonologiche e dialettali, lasciando le altre parti delle ricerche ermeneutiche e critiche. Questi *Nuovi studi* del Pezzi sono come un'appendice all'altro suo lavoro sul *Dialetto dell'Elide*, inserito negli Atti della stessa Accademia di Torino, serie II, tom. XXXIV.

Il prof. Pezzi, pur riconoscendo l'alta importanza delle ricerche fatte dal Comparetti, non consente però con lui quanto ad alcune deduzioni, e conclude col dire, che gravi ostacoli si oppongono ancora alla soluzione di parecchi fra i problemi concernenti le iscrizioni in dialetto eleo, testè scoperte, a superare le quali pare a lui non siano bastati ancora l'ingegno e la dottrina dei più insigni ellenisti, e invoca la scoperta di nuovi documenti a rimuovere tali ostacoli.

Le osservazioni che il prof. Pezzi fa alle conghietture del Comparetti sono certamente degne di nota, derivando da un profondo studio sul fonetismo del dialetto eleo, quale apparisce appunto dal lavoro accennato quassopra. Gli appunti segnatamente fatti alle restituzioni suggerite dal prof. Comparetti, riguardo alle forme επευποι, επευπετο, ευποι dell'iscrizione CCCLXII; ed ενεβεο, e l'εβοι della iscriz. LVI, nonchè riguardo all'oscuro κατιραυσειε dell'iscrizione CCCLXII, 6, possono offrire materia a controversia. Nel complesso però ci pare di poter dire, che volendo sottoporre ad un esame critico il lavoro comparettiano, non si poteva prescindere dalle considerazioni di ermeneutica e critica, che accompagnano le ricerche fonetiche e morfologiche, e sulle quali ci piacque richiamare l'attenzione degli studiosi.　　　　　　　　　　　　　G. O.

PLATONIS *opera quae feruntur omnia. Ad Codices denuo collatos edidit* M. SCHANZ. Vol. VII, Euthydemus, Protagoras. Ex officina Bernhardi Tauchnitz. Lipsiae, MDCCCLXXX.

L'opera che annunziamo fa parte della magnifica raccolta di classici greci e romani, che il solerte Tauchnitz sta pubblicando in triplice edizione, di cui l'una in-8° per le scuole, l'altra tascabile, la terza di lusso; ed è il 7° volume delle opere di Platone, di cui già son venuti a luce, oltre questo, il vol. 1° contenente l' *Eutifrone*, la *Apologia*, il *Critone*, il *Fedone*, il fascicolo 1° del vol. 2° contenente il *Cratilo*, e il 12° che contiene le *Leggi*. Il Dr. *Martin Schanz* che s'assunse la cura di pubblicare i dialoghi platonici, è già assai favorevolmente conosciuto nel mondo filologico; fu lui che sottopose a nuova disamina i principali manoscritti di Platone che ancora esistono, e fe' noti i risultati di sue ricerche in parecchie monografie; tra l'altro egli annunziò aver fatto la scoperta che il codice veneto segnato T è l'archetipo di tutta la seconda famiglia dei codici platonici, e dimostrò che il Vaticano Θ in una serie di dialoghi non è che una copia del più antico e principalissimo detto *Clarkiano* o *Bodleiano* (B). Gli studi originali del SCHANZ lo ponevano dunque in grado più d'ogni altro di attendere a una nuova edizione critica dei dialoghi platonici; e della stima che egli gode in Germania per il Platonismo è prova il fatto ch'egli è incaricato della recensione annuale delle pubblicazioni relative a Platone nel *Jahresbericht* diretto da CONRAD BURSIAN, al quale, com'è noto, contribuiscono i migliori ingegni tedeschi. — Noi ci limiteremo ora ad esaminare il volume dell'Eutidemo e del Protagora editi dal Schanz; anzi restringeremo il nostro studio al Protagora, perchè ciò sarà sufficiente al lettore per farsi un'idea della diligenza usata da questo dotto sul testo platonico.

È da notare anzitutto che l'A. premette ai due dialoghi alcune osservazioni sulla retta scrittura di certe parole greche conforme alle testimonianze dei codici; per es. fa vedere che si deve scrivere εἰλιγγιῶ non ἰλιγγιῶ, e invece ἴλιγγος non εἴλιγγος (cfr. SUIDA, s. h. v.); preferisce, come più genuina, la forma πάσσοφος a quella πάνσοφος che crede invalsa a poco a poco per mal ragionata correttura dei copisti. Finora era incerto se il pron. di 3ª pers. αὐτοῦ αὐτόν potesse adoperarsi in luogo della 2ª σαυτοῦ σαυτόν, essendovi dei luoghi dove per comune consenso dei migliori codici si legge la prima maniera per la 2ª, e d'altra parte essendo rifiutata tal sostituzione da alcuni grammatici (v. le mie « Postille critiche ed esegetiche al Protagora di Platone ». Estratto dalla Rivista di Filologia, 1879, fascic. ottobre-dicembre, p. 16). Il Schanz osservando che sono rari i luoghi dove si fa tale sostituzione, e che in ogni caso all'αὐτοῦ αὐτόν precede un ς (Es. Prot., 312 A : σὺ δὲ οὐκ ἂν αἰσχύνοιο εἰς τοὺς Ἕλληνας α ὐ τ ὸ ν σοφιστὴν παρέχων;), crede questo scambio doversi pel singolare attribuire a sbaglio d'ammanuensi, e doversi perciò escludere dall'uso platonico, ammettendolo solo pel plurale ove ἡμᾶς αὐτούς, si dice incontestabilmente in tutta la grecità. L'osservazione è acuta, ma non decide la quistione, finchè lo scambio di questi pronomi non sarà dimostrato impossibile per tutti gli autori greci, o almeno per quelli del buon secolo. Tali e simiglianti sono le noterelle raccolte dal Schanz a titolo di prefazione al suo volume dell'Eutidemo e del Protagora, noterelle sempre preziose per l'ortografia e l'ortoepia greca.

Passando ora al testo del Protagora, è da avvertire ch'egli segue come codici principali il Bodleiano B e il veneto T, a differenza degli altri editori che tennero il T come secondario. Ciononostante si può dire in tesi generale che il suo testo non differisce da quello già noto, per la ragione che il codice veneto era già stato usufruito anche dai critici anteriori. Ma il Schanz ha il merito di essersi tenuto per lo più alla lezione dei manoscritti, avvertendo il lettore con note a piè di pagina sì delle varianti introdotte per propria congettura, sì di quelle che accettò da altri. Questa diligenza rende la sua edizione preferibile ad altre recentissime, nelle quali non si dubitò introdurre nel testo troppo ardite novità (v. le citate Postille, p. 66). Le varianti introdotte dal Schanz sono veramente poche e di piccola importanza; cosa più degna di lode che di biasimo. A pag. 54, linea 22 (p. 312 D), volendo emendare il controverso passo τί ἂν εἴποιμεν αὐτὸν εἶναι, ὦ Σώκρατες, ἐπιστάτην τοῦ ποιῆσαι δεινὸν λέγειν, che lo Stallbaum aveva corretto accettando da due codici una particella ἢ prima di ἐπιστάτην (v. Postille, p. 16 e sgg.), il Schanz propone si faccia una proposizione ipotetica interponendo un εἰ prima di εἴποιμεν. Tale emendamento, a dirla schietta, non mi soddisfa ; perchè in tale interrogazione resta spostata l'invocazione ὦ Σώκρατες, la quale pare interrompa il corso della proposizione infinitiva αὐτὸν εἶναι ἐπιστάτην κτλ. e si aspetterebbe piuttosto dopo il τί ἄν cosi : τί ἄν, ὦ Σ. εἰ εἴποιμεν αὐτὸν εἶναι κτλ. Inoltre, la maniera dello Stallbaum oltrechè confortata dalla testimonianza di due codici, è più conforme a tutto l'andamento di questo luogo del Protagora; infatti a pag. 312 C si formola questa domanda: τί ἡγεῖ εἶναι τὸν σοφιστήν; ed a tale domanda risponde Ippocrate: τί ἄν εἴποιμεν αὐτὸν εἶναι, ὦ Σ., ἢ ἐπιστάτην κτλ.; dove è evidente che il τί della risposta dev'essere analogo a quello della domanda, ossia riferirsi ad αὐτόν, σοφιστήν, non rimaner sospeso come sarebbe nella congettura del Schanz; la quale perciò non è accettabile. E qualche dubbio rimane altresì sull'opportunità delle cancellature che il Schanz vorrebbe fare qua e là, come ad es. della parola ἀστρονομικά a pag. 58, l. 7, del τὰ καλά (o meglio τὰ κακά) a p. 67, l. 28, del κατὰ παράδειγμα a p. 71, l. 1, dell'ὅτι ἀδικοῦσιν a p. 79, l. 22; perchè, sebbene queste espressioni non sieno strettamente necessarie all'intelligenza del contesto in cui si trovano, pure non hanno nulla che vi ripugni (1). E dell'ultima ὅτι ἀδικοῦσιν, p. 333 D, affermo anche risolutamente che è una follia il cancellarla. S'incomincia ivi una discussione partendo dall'ipotesi che si possa esser savii pur commettendo ingiustizia, e Socrate domanda a Protagora: « ti par egli vi siano alcuni i quali pur operando ingiustamente sien savii?». «Sia» risponde l'altro. « E l'essere savio chiami tu un pensar bene?» «Sì». E il pensar bene è egli un consigliarsi bene perchè commettono ingiustizia? (τὸ δ' εὖ φρονεῖν εὖ βουλεύεσθαι ὅτι ἀδικοῦσιν;)». In altri termini : il commettere ingiustizia è egli in tal caso frutto di una ragionata deliberazione, e d'una deliberazione buona? E si continua a dire : ciò sarà evidentemente solo nel caso che chi commette ingiustizia riesca felicemente nell'impresa che tenta, perchè se gli fallisse il tentativo, allora chiunque riconoscèrebbe che s'è consigliato male. In questo ragionare il concetto di ἀδικεῖν è principalissimo, ed è questo concetto che si suppone per ipotesi conciliabile coll'altro della saviezza, del buon consiglio. Dunque non solo non va cancellato l'ὅτι ἀδικοῦσιν, ma l'aver proposto tal cancellatura, basta a dimostrare che il Schanz non ha ben capito questo passo del nostro

---

(1) Eccettua forse il τὰ καλά (p. 67, l. 28, 323 D), il quale si riconosce facilmente essere una glossa spiegativa del τἀναντία τούτοις, mentre l'*haec mala* della traduzione del Ficino non sarebbe che una traduzione parafrastica del ταῦτα μὲν γάρ κτλ.

dialogo. — Lasciando stare per ultimo certe novità di niuna importanza, come il παντός che a pag. 66, l. 3o, sostituisce ad ἅπαντος dei codici, dell'ἔκτησαι che a pag. 6ɔ, l. 2o sostituisce a κέκτησαι, ammesso del resto nella stessa linea, non vi sono altre congetture originali nel testo del Schanz. Fra quelle che egli accettò da' suoi predecessori stimo riprovevoli, conforme alle prove datene nelle mie Postille, quella dell'εἶναι suggerita dall'Heindorf in luogo dell'εἶτα a pag. 72, l. 20 (Postille, p. 37), la cancellatura del τὸ ὅμοιον a p. 77, l. 15 (331 E) proposta dall'Hirschig e dall'Henneberger (Postille, p. 48), la sostituzione della voce ἀξία a p. 105, l. 10 (356 A) alla lezione dei codici ἀναξία, congettura ond' è autore lo Schleiermacher (Postille, pag. 61). Quest' ultima principalmente non so davvero spiegarmi com'abbia potuto essere accettata non solo contro il consenso dei codici ma anche contro la testimonianza di Cicerone in Prisciano (v. lo stesso Schanz a pag. 105 nota) e del Ficino, e contro la ragion del contesto. Si parla ivi di quella volgar sentenza per cui si dice di aver fatto ciò che è male, indottivi dal piacere, che per la sinonimia in quel luogo supposta dei concetti di male dolore, bene piacere, torna a dire aver fatto il male vinti dal bene, oppure aver fatto ciò che è doloroso vinti dal piacere. Socrate avverte che se si riconosce d'aver errato operando così, gli è perchè si giudica che il bene fosse *indegno* di vincere il male, il piacevole fosse *indegno* di vincere il doloroso; e tale *indegnità* non consiste in altro, seguita egli, che nella minore intensità del piacere o nel minor numero delle cose piacevoli in comparazion delle dolorose, onde l' unica differenza fra le une e le altre è differenza di quantità. Ora ad esprimere questo pensiero che il piacere sia *indegno* di vincere il dolore, si ricorre nel testo all'aggettivo ἀνάξιος, es., pag. 355 B: ἀνάξιά ἐστι τἀγαθὰ τῶν κακῶν, e pag. 356 A: δῆλον ὅτι ἀναξίων ὄντων νικᾶν. Appresso volendosi esprimere l'idea che l'*indegnità* consiste soltanto in differenza quantitativa bisognò a Platone formare un nome astratto dell'aggettivo prima adoperato, e però usò il vocabolo ἀναξία. Il rifiutare questa parola per la sola ragione che è un ἅπαξ εἰρημένον, e il sostituirvi ἀξία è arbitrio del tutto irragionevole. Anche Cicerone, traducendo questo passo e adoperando il vocabolo *indignitas*, dovè sforzare l'uso corrente di questa voce pigliandola nel senso etimologico, ossia come astratto d'*indignus*; ed anche noi in italiano quando adoperiamo, come s'è fatto più sopra, la parola *indegnità* ci accorgiamo d'aver per le mani una parola non d'uso corrente, ma necessaria a esprimere il nostro pensiero. — Finalmente mi si conceda d'insistere perchè l'ὅτι παθόντα, suggerito dall' Hermann in luogo dell'inesplicabile ὅτι μαθόντα dei codici a pag. 353 D e accettato dal Schanz, venga sostituito da altra congettura più conveniente, forse meglio che mai da un μόνον τε come già ebbe a proporre il Cornario (v. Postille, p. 59 e sgg.).

Del resto questa diversità d'opinioni su qualche passo del Protagora, non vieta che riconosciamo il merito di Martin Schanz, la cui edizione crediamo meglio d'ogni altra raccomandabile agli studiosi italiani, come quella che riproduce quasi esattamente il testo dei manoscritti, dando al lettore tutte quelle informazioni che gli sono necessarie e sufficienti per rifarsi la storia di esso testo e dei varii tentativi con cui lo si volle ridurre alla forma primitiva e genuina (1).

---

(1) Mi servirò di quest'occasione per rispondere ad alcuni appunti fatti dallo stesso dottor Schanz a' miei lavori sul Protagora, e specialmente alle citate « Postille critiche ed esegetiche » nel Jahresbericht di Bursian, 1879, vol. 17, p. 241. Nella recensione di quest'ultimo opuscolo il Schanz sentenzia molto risolutamente che io vi do a vedere Mangel an Schärfe des Urtheils, ferner Mangel an Methode; e per tutta prova adduce il passo, p. 312 A, dove l'αὐτόν sta per σαυτόν, di cui si è parlato più sopra. Rispetto a questo passo io m'ero limitato a recare in mezzo le opinioni degli uni e degli altri circa la possibilità o no di questo scambio in Platone, e non mi-arbitrai di decidere la quistione nè in un senso nè nell'altro per mancanza di dati. Ciò ha bastato perchè il Schanz pronunciasse quella condanna così severa. Via, signor Schanz, con tutto il rispetto che le professo, mi permetta di dirle che la riservatezza nel sentenziare per insufficienza di dati è precisamente conforme al vero metodo scientifico, e invece il citare questo solo passo fra i 41 da me discussi nelle Postille è proprio disforme dal buon metodo di giudicare i lavori altrui. Gli è che (noti bene chi legge) la ragione per cui il Schanz citò questo solo passo non è stata il proposito di farne oggetto di critica severa, ma il desiderio di approfittarsi dell'occasione per annunciare ai suoi lettori che egli un anno dopo aveva saputo decider la quistione nel § 12 della sua prefazione all'Eutidemo e al Protagora. Io non mi so persuadere che queste critiche-annunzi siano conformi al vero metodo scientifico. — In un altro luogo della sua recensione il dottor Schanz scrive: Endlich operirt der Verfasser auch noch mit der Uebersetzung des Ficinus und den alten Ausgaben, welche nicht den geringsten Werth für sich beanspruchen können. Veramente doveva avere la testa nel sacco il Schanz quando scrisse queste parole. O non insegna egli a me che la traduzione del Ficino è importante non solo per l'esegesi, ma anche per la critica del testo? Non accetta anch'egli, a p. 309 C, la lezione σοφώτερον suggerita dalla version del Ficino in luogo del σοφώτατον de' codici? e a p. 323 D non ricorda egli la lezione τὰ κακὰ in luogo di τὰ καλά, anche questa del Ficino, sebbene poi egli cancelli, e non a torto, l'una e l'altra? Il Schanz osa dire che io lavorai sulle edizioni vecchie. O non ho anzi discusso continuamente le opinioni del Deuschle, del Cron, del Kroschel? Voleva egli forse ch'io citassi la sua edizione non ancora pubblicata? E per contro le edizioni dello Stefano e del Cornario non le usufruisce forse anche lui? Come dunque osa aggiungere che tali edizioni non hanno il menomo valore, quando è assioma indiscutibile che niuna manifestazione del pensiero va disprezzata, ma tutte hanno a collocarsi nel loro clima storico che solo permette di valutarle convenien-

temente? — E assai fidente nella propria autorità si dimostra anche il Schanz quando senza ragioni sentenzia impossibile la interpunzione da me proposta τί οὖν; τἀνῦν ἢ παρ' ἐκείνου φαίνει nel primo dialogo del Protagora in luogo di: τί οὖν τὰ νῦν; ἢ κτλ. Io confesso volentieri, che, pensandoci meglio, respingerei ora tale interpunzione proposta due anni fa; perchè la miglior maniera d'intendere queste parole dette dall'amico a Socrate è pur sempre quella suggerita dallo Schleiermacher traducendo: *aber was nun?* ossia parafrasando: « Comunque sia ciò che tu dici, quello che *per al presente* ti domando è se tu ne venga da lui ». Onde va letto: τί οὖν τὰ νῦν; ἢ παρ' ἐκείνου φαίνει; Ma con che diritto il Schanz doveva sentenziare *unmöglich* quella interpunzione, senza degnarsi neppure di accennarne il perchè?

Del resto la ragione per cui il Schanz fu così severo con quelle mie povere Postille (anche questo noti bene chi legge) non è una ragione di ordine scientifico, ma piuttosto un sentimento di orgoglio nazionale. In quell'opuscolo io affermai, in tesi forse troppo generale, che i Tedeschi contemporanei abusano della critica congetturale. Quest'accusa che il Schanz s'affrettò a ripetere colle mie stesse parole evidentemente ha mal disposto l'animo di lui. Pure di questo stesso parere, modificato, se si vuole, nell'espressione, sono molti degli studiosi italiani. Si riconosce il merito incontestabile dei Tedeschi che in ogni ramo della coltura scientifica hanno raccolto la più copiosa e preziosa messe di materiali, e nel campo speciale della classica filologia mediante la più accurata indagine di codici, i più ingegnosi raffronti di sparse testimonianze hanno fatto straordinariamente progredire le nostre cognizioni sugli autori antichi; ma si osserva altresì che alcuni di loro riponendo soverchia fiducia nei trovati del proprio ingegno hanno rimaneggiato, rifatto i testi lasciatici nei manoscritti senza aver molte volte pesato a sufficienza l'opportunità di quelle innovazioni nè giustificato con approvabili ragioni le proposte congetture. Ciò fu osservato per molti degli autori greci e più pei latini; ma non si vuol con questo disconoscere, che la più efficace spinta agli studi critici ed esegetici fu data ai dì nostri dai dotti di Allemagna. La necessità di porre un limite ad una critica congetturale troppo ardita è sentita dallo stesso Schanz, il quale nella pubblicazione annunciata si guardò bene dall'ammettere nel testo varianti troppo ipotetiche e poco probabili. Onde rimane ch'egli sia più giusto con quegli Italiani che pur non dissentendo da lui, s'ingegnano di contribuire per quel poco che possono al progresso del sapere comune.

Palermo, giugno 1881.   FELICE RAMORINO.

Alcune osservazioni sul nuovo Vocabolario della lingua classica latina compilato per uso delle scuole dal Prof. G. RIGUTINI, Firenze. G. Barbera, ediz. 1880.

Nella prefazione a questo suo lavoro, l'A. parlando dei vocabolari latini, che furono sin qui in uso nelle nostre scuole, così si esprime: « Nei vocabolari latini per uso delle nostre scuole si vede fatta confusione di tutto, e ripetuti, come per tradizione, gli svarioni dei precedenti: di vere e proprie definizioni e dichiarazioni, nulla o quasi, ma uso ed abuso di corrispondenti italiani, e spesso di quali corrispondenti, e di che lingua! di modo che io non dubito di mettere, per lunga esperienza che ho avuto della scuola, cosiffatti libri tra i principali impedimenti all'apprendimento della vera e buona lingua italiana nelle scuole di latino ». Quantunque un tal giudizio, verissimo per certi vocabolari, ci sembri un po' esagerato per quelli di data più recente, tuttavia tanti e così gravi sono i difetti che anche a questi ultimi si possono apporre, che non senza grande soddisfazione abbiam veduto essersi in Italia trovato chi si sobbarcasse all'ardua ed ingrata fatica di dotare i nostri studi latini d'un buon vocabolario scolastico. E non ci parve tempo nè fatica gittata l'esaminar seriamente, nè sarà forse discaro ai nostri colleghi il conoscere, se e come l'egregio A. sia riuscito in questa sua commendevolissima intenzione.

Anzitutto osserveremo che i limiti, entro cui fu fatta la scelta del materiale, non ci sembrano i più opportuni. Un vocabolario compilato per uso delle scuole — cioè delle scuole classiche secondarie — non dovrebbe, o ben poco, uscire dalla cerchia di quegli scrittori che si leggono in esse scuole. Così ha fatto lo Schenkl pel suo vocabolario greco-italiano, in cui, limitata opportunamente la scelta dei vocaboli, ha potuto largheggiare nelle frasi con grande vantaggio degli studiosi: e non altrimenti si governarono l'Heinichen e l'Ingerslew nei loro vocabolari latini. Per contrario il prof. Rigutini ha voluto abbracciare tutta la letteratura da Nevio a Svetonio, cioè quasi dalle origini sino al così detto periodo di ferro (138 d. C.) comprendendo nel suo lavoro una serie di scrittori arcaici (Nevio, Ennio, Catone Censorio, Lucilio, Pacuvio) e del periodo d'argento (Columella, i due Seneca, Persio, Lucano, Silio Italico, i due Plinii, Stazio, Giovenale, Marziale, Svetonio) che al nostro insegnamento mezzano sono totalmente estranei. Che se il prof. Rigutini ci obbiettasse non essere il suo lavoro destinato solamente alle scuole secondarie, ma a tutte quante le scuole di latino, allora non sappiamo comprendere l'esclusione degli autori posteriori al 138 d. C., massime di Gellio e Giustino. Anzi circa quest'ultimo si può dire che avrebbe dovuto trovar luogo anche in un Vocabolario scolastico propriamente detto, essendo noto che da molti insegnanti questo scrittore è stimato acconcio alle prime classi del Ginnasio, e che non pochi sogliono cavarne temi pei compiti domestici di versione dal latino in italiano. Ciò non ostante, atteso che, se bene il materiale del Vocabolario riesca soverchio per gli alunni delle scuole secondarie, tuttavia questa maggiore ampiezza del libro fa che si possa utilmente consultarlo in molti altri casi, noi ci sentiremmo disposti a non farne carico al

compilatore, se non avessimo con nostra grande meraviglia verificato
che nel suo lavoro si desiderano moltissimi vocaboli usati da quegli
scrittori appunto che egli ci ha designati come fonti del suo lessico. E
tra gli infiniti esempi che ci sarebbe facile arrecare, vogliamo, per
non abusare dello spazio e della pazienza di chi legge, restringerci a
quelli che seguono. *Anacoenetus* (Giovenale), *abnocto* (Seneca), *abnodo*
(Columella), *abolla* (Giovenale e Marziale), *abrotonites* (Columella),
absinthites (id.), *conseptus*, *us* (Q. Curzio), *concuro* (Plauto), *concu-
bium*, sost. (id.), *diffulmino* (Silio Italico), *eluacrus* (Catone Censorio),
elutrio (Plinio il vecchio), *elumbis* (Tacito), *emacio* (Columella), *ema-
cresco* (Celso), *emaneo* (Stazio), *edento* (Plauto), *edentulus* (id.), *edicto*
(id.), *interplico* (Stazio), *interpolatio* (Plinio), *interpolis* o *interpolus*
(Plauto), *interrasilis* (Plinio), *interrado* (Plinio e Columella), *inter-
neco* (Plauto), *internidifico* (Plinio), *internigro* (Stazio), *praefloreo*
(Plinio), *praefulguro* (Val. Flacco), *praefrigidus* (Celso), *praefurnium*
(Catone), *praefuro* (Stazio), *praelargus* (Persio), *praepedimentum*
(Plauto), *profatus*, *us* (Seneca), *proflatus*, *us* (Stazio), *riscus* (Terenzio),
risio (Plauto), *robiginosus* (Plauto e Marziale), *rubricosus* (Catone,
Columella e Plinio), *ructatrix* (Marziale), *rudicula* (Cat. Col. e Plinio),
sortio, verbo (Plauto, Ennio), *sospitalis* (Plauto), *soteria* (Marziale).
Così essendo le cose, e non avendo l'A. esposto in alcun luogo della
sua Prefazione, con qual criterio sia proceduto in queste esclusioni
di vocaboli, il suo lavoro ci appare una cosa ibrida ed inclassifi-
cabile, come quello che troppe cose contiene ·per le scuole e troppo
poche per chi volesse colla sua scorta leggere *tutti* gli scrittori latini
da Nevio alla fine del periodo d'argento. E poco sarebbe ancora il
male, se queste omissioni risguardassero soltanto scrittori di minor
conto, come sarebbero Catone, Columella, Marziale, ma pur troppo
tante sono le voci di Plauto e di Plinio il vecchio che non si rinvengono nel Vocabolario Rigutini, che chi volesse leggere; loro
scritti col solo suo sussidio, darebbe opera all'impossibile. Questo per
ciò che riguarda la scelta del materiale. Quanto alla parte etimologica, richiesta, come dice l'A., dalla nuova qualità degli studi lessicografici, egli si è governato con lodevole prudenza, non soggiungendo
— son sue parole — l'etimologia d'un vocabolo se non quando essa
è certa, o almeno assai probabile. In questa categoria noi non avremmo
però messo l'etimologia di *Quiris, itis*, dato come derivante da *Cures*,
città Sabina, etimologia, che, come è noto, risale a Varrone, ma la
cui autenticità è ben lungi dall'esser fuor d'ogni dubbio, tanto che,

come dice il Corssen (*Aussprache, Vocalismus und Betonung der la-teinischen Sprache*, II Band, Seite 357), la tradizione, sulla quale essa riposa, non è più attendibile di qualsivoglia altro fatto dell'anti-chissima storia Romana. E Pott, Becker e Lange vorrebbero derivare questo vocabolo da *curia*, ed altri dotti gli assegnano origine diversa; e insomma la questione non è peranco risoluta. Ancor più dubbiosa di questa è la genesi del vocabolo *abdomen*, di cui il Rigutini dice: Sembra una sincope di *adipomen*, da *adeps*. Così pareva veramente ad alcuni filologi, tra i quali al Klotz (*Handwörterbuch der latei-nischen Sprache*, Braunschweig, 1866, s. v. *abdomen*), ma questa con-gettura, che ripugna alle leggi fonetiche, è stata dai più moderni ab-bandonata affatto, e il Georges nel suo *Ausführliches Lat. — Deutsch. Handwörterbuch* non accenna ad etimologia alcuna, e il Vanicek nel suo *Etymologisches Wörterbuch der lat. Sprache* (Leipzig, 1874) la comprende nell'elenco di quelle voci, di cui non fu ancora trovata una derivazione sicura. Cosi, contro il suo stesso proposito, l'A. esita tra le due etimologie di *abdo*, scrivendo: Tema *do*, sebbene altri lo de-rivi dal greco θε, onde τίθημι. Lasciamo, che oramai nessuno più du-bita che *ab-do*, insieme con *condo*, *credo*, *perdo* e forse con *obdo* e *subdo*, si debba riferire alla radice *dha*, onde naturalmente anche τίθημι, θέμα ecc. (cfr. VANICEK, op. cit., pag. 76, e MEYER, *Lessico delle radici indo-italico-greche*, trad. da Pezzi, pag. 20); mai non doveva l'A. confondere le menti dei giovanetti lasciando lor credere che il vocabolo latino *derivi* dal greco, mentre fra l'uno e l'altro non corre che un legame di affinità, o, se la parola è lecita, di fraternità. Così si riesce unicamente a perpetuare il vieto pregiudizio che la lingua latina derivi dalla greca, opinione alla quale non crediamo che il prof. Rigutini consentirebbe a sottoscrivere. Nè meno incerta di questa ci sembra la derivazione di *alces* dal greco ἀλκή — come vorrebbe l'A. — mentre dai più così fatta voce vien riferita alla radice *ark* o *vark* e messo insieme con λύκος, con *ulcus*, *ulcisci* ecc. Disforme poi dalle buone discipline linguistiche ci pare che sia stato l'avere supposto — seguendo, se non andiamo errati, il Georges — un tema *temum*, e postolo a base di *abstemius, temetum, temulentus* e simil. E peggio fece l'A. aggiungendo di suo che *temum* si è voce antiquata, significante *vino*, cosa che non ci ricordiamo d'aver veduta nè udita mai, ma solo che *temetum* vuol dire *bevanda inebriante* e che con *abstemius, temulentus* ecc. ripete la sua origine dalla radice *tam* (oscu-rare) donde *tenebrae* (pel tramite di *tam-e-brae*, mediante dissimilazione), e *temere* e forse *timeo*. Nè son queste le sole etimologie, su cui potrebbesi trovare a ridire: chi, per esempio, vorrebbe ora accettare che l'avverbio *alibi* discende da *alius* e *ubi*? Sarebbe come ammettere che *ibi* derivi da *is* e *ubi*, mentre è notissimo che amendue risultano dai temi di *alius* e di *is* più il suffisso locativo *bi*, appunto come *ubi* proviene alla sua volta dal tema del pronome relativo e dal predetto suffisso (*ubi* per *cubi*, e questo per *quobi*, come *uter* per *cuter*, e questo per *quoterus*). Altre imperfezioni etimologiche abbiamo qua e colà osservato: *nullus*, anzichè da *ne* e *ullus*, è fatto derivare da *non* e *ullus*; *disciplina*, al dir dell'A., deriva immediatamente da *disco*, anzichè da *discipulus* (sincope di *discipulina*); *disjicio* da *dis* e *icio*, nel che vorremmo credere che avesse più che altro colpa un errore di stampa, e fosse cioè stato impresso *icio* per *iacio*, se l'ortografia adottata dall'A. non lo rendesse inverosimile. Alcune derivazioni sono superflue, p. e. *nobiscum* da *nobis* e *cum*; anzi in questo proposito aggiungeremo che non sappiamo intendere come mai l'A. abbia creduto di dover citare fra le voci latine questa che non è un vocabolo a sè, ma una composizione enclitica, la cui spiegazione appartiene propriamente alla grammatica. E circa tutta questa parte dell'Etimologia siam forzati a concludere, che l'egregio A. ha troppo scarsamente profittato delle nuove ricerche, e che quella parte di esse di cui s'è giovato, non l'ha per avventura riprodotta colla desiderabile esattezza. L'aver testè nominato l'ortografia, discorrendo del verbo *disjicio*, ci provoca a far passaggio a quest'altro importantissimo punto. Uno dei vizi più giustamente lamentati nei vocabolari latini sin qui in uso nelle nostre scuole si era appunto che in essi non rinvenivano gli alunni alcuna di quelle forme ortografiche che la moderna critica ha fatto introdurre nelle più recenti edizioni. Da questo disaccordo dei testi coi lessici nascono inestimabili inconvenienti, come a dire perdita grandissima di tempo, impossibilità per gli alunni che incominciano lo studio di raccapezzarcisi da sè medesimi, e in tutti confusione somma nelle idee ortografiche e quindi incertezza perpetua nel modo di scrivere. Non arriviamo certo fino a sostenere che un nuovo lessico debba dare il bando a tutte le forme dell'ortografia antica; troppe sono ancora le edizioni vecchie o cattive che si tollerano nelle nostre scuole perchè ciò possa farsi senza gravi inconvenienti; diciamo soltanto che se v'era una via da far peggio di così, questa è appunto quella nella quale s'è messo l'A. accogliendo tutte, o quasi, le forme vecchie, e omettendo pressochè tutte le moderne. Noi non pretendiamo dimostrargli che le investigazioni dei tedeschi sono arrivate a risultamenti così irrefragabili da render necessaria la completa abolizione di alcune forme; solo diciamo che, poichè la maggior parte delle edizioni che ora s' adoperano nelle nostre scuole le han seguitate, il non trascurarle era debito di chi compilava un vocabolario scolastico. Invece, sin dalla prima pagina del Vocabolario si scorgono lacune, mancandovi *a* interiezione (in luogo di *ah*), come più innanzi non è registrato *em* per *hem*. La forma *neglego*, certificata dal noto passo di FESTO (II, 285, Ed. Bip.), non solo non è, come dovrebbe, preferita all'altra *negligo*, ma è data, contrariamente al vero, come un arcaismo. Non si fa neppure cenno dell'ortografia *oboedio*, che ha per sè non solamente l'etimologia, ma anche l'uso, e si conserva *obedio*, scrittura oramai abbandonata. I composti di *iacio* sono registrati con *i* consonante (*j*) e *i* vocale (*abjicio* ecc.), mentre nella massima parte delle moderne stampe, secondo l'uso, che nelle questioni ortografiche deve prevalere alle ragioni etimologiche, si trovano tutti con *i* semplice. Anche nelle forme dei perfetti, l' A. o non si pronunzia (come in *absum*) tra le diverse scritture, o (come in *abeo*) ne riporta una sola, e non la migliore. Noteremo in ultimo che nel Vocabolario non c'è traccia alcuna della distinzione oramai universalmente ammessa tra le forme *derigo* e *dirigo*, *designo* e *dissigno*, *describo* e *discribo*, e che le regole ortografiche date circa i mutamenti, a cui vanno soggette le preposizioni nei composti verbali, non sempre sono esattamente esposte, come lo prova ciò che si legge di *ab*, dove manifestamente l'A. è caduto in equivoco, avvegnachè le regole ivi proposte risguardino propriamente l'incontro della preposizione *ab* con altra parola, e non la sua intima composizione con un tema verbale.

Quanto ai significati italiani, come non ci dispiace il metodo storico seguito dall' A. nell' ordinarli, così dobbiam dire che essi sono in generale accuratamente scelti e di buona lega italiana, talchè per questa parte il Vocabolario, di cui discorriamo, segna un reale e notevole progresso. Ma non possiamo dire invece troppo bene del metodo seguito nel citare le autorità e nello arrecare i costrutti, e spiegar le frasi. Talvolta (ma questo inconveniente si limitò, come avverte l'A. stesso nella prefazione, a poche pagine) le parole sono arrecate senza autorità alcuna, anche quando non s'incontrano che presso i poeti (p. e. *abnormis*); tal altra le autorità sono tali da far dubitare che il vocàbolo sia particolarmente ed esclusivamente adoperato da

certi scrittori, p. e. in *nimirum*, che è dato per voce di Nipote e Terenzio, mentre è comune a moltissimi altri e usitatissimo anche da
Cicerone. Nei costrutti, massime verbali, l'A. non segue un sistema
costante nè esatto molto; talora è incompleto, come in *abalieno*, dove
dovevasi dire che l'*ab* (almeno nella buona prosa) non si può sottintendere se si parla di persona, e come in *abdo*, dove da quel che
arreca l'A. è impossibile farsi un'idea esatta e sicura della costruzione. Alcune volte sono introdotte frasi (come *abducere* in senso
osceno) che in un dizionario scolastico potevano omettersi senza inconvenienti; altre fiate ne mancano di quelle che vi starebbero assai
bene, come sotto *abeo* non vediam citata la frase assoluta e molto
frequente *ne longius abeam*, nè quella di Nipote: *res a consilio ad
vires abierunt*. Leggendo l'articolo *abhorreo* parrebbe che questo
verbo potesse stare anche coll'accusativo, mentre ciò non è vero che
allorquando si tratta di persona; e il participio *abhorrens*, di cui si
dice che non regge il caso dativo se non presso gli scrittori posteriori ad Augusto, trovasi così costrutto anche in Livio (Ab. u. c. II,
14, 1). Della costruzione di *abiudico*, verbo non molto frequente, si
dice per avventura più del necessario; non si parla punto invece di
abicio, che è pure vocabolo di uso tanto comune. Parlando delle frasi
impersonali, a cui dà luogo il verbo *abesse*, l'A. è caduto, non sappiamo comprender come, in una deplorevole svista, scrivendo: « Co-
struito con *ut*, e preceduto da *tantum*, forma una maniera impersonale,
corrispondente ai modi nostri: *Tanto è lontano... che, Tanto manca...
che* e sim. *Id tantum abest ab officio, ut nihil magis* ecc. (Cic.) ».
Or chi non vede che questa frase, avendo per soggetto il pronome
id, è tutt'altro che impersonale, anzi potrebbe proporsi per esempio
dell'uso personale di *tantum abest*, nel qual caso *tantum abest* non si
costruisce con due *ut*, ma in luogo del primo *ut* deve usarsi (come
nell'esempio citato) un sostantivo. Esempio vero di costruzione impersonale sarebbe: *tantum abest, ut eum reprehendam, ut alii setiam
praeferam*, e cangiato in personale: *tantum absum ab eius reprehen-
sione, ut* ecc. Nè più felice è stato l'A. soggiungendo poco dopo che
la frase impersonale formata col doppio *ut* può anche avere per soggetto una persona, citando a sostegno della sua asserzione l'esempio:
Milites tantum abfuerunt, ut perturbarentur, ut incensi potius ecc., e
attribuendo questo passo a Livio, mentre per lo contrario si legge
nell'*Auct. Belli Alex.*, cap. 22, e nessun grammatico gli dà peso, come
ad esempio unico di uno scrittore per nulla autorevole. E per non

uscire da questo verbo, noi, senza pretendere di pronunziare un giudizio assoluto, siam forte inclinati a credere che la costruzione di *abesse* colla preposizione *de* non abbia per sè alcun buono esempio; almeno avremmo desiderato vederla confortata da qualche autorità, come cosa appresso i grammatici inaudita. In *abripio* mancano i compimenti di provenienza, e la frase Ciceroniana: *a similitudine parentis aliquem abripere* non ci sembra resa molto felicemente colle parole: Rimuovere alcuno da, ecc., che, a parer nostro, ricalcano il latino troppo servilmente, sì che la frase italiana non riesce molto chiara. In *aborior* il significato di *nascere avanti il tempo, abortire,* è posto innanzi agli altri, quasi fosse il primitivo, e il vero senso fondamentale di *venir meno, perire* è detto invece poetico e figurato, e a sostegno di questa erronea asserzione è citato l'esempio: *ubi omnia oriuntur, ubi aboriuntur* che viene attribuito a Lucrezio, mentre si legge in Varrone, *de Lingua Latina,* 5, 27, ma in altra forma: *ubi omnia ut oriuntur, ita aboriuntur.* Anche in *abuti* il senso fondamentale e primitivo (usar completamente) non ci sembra indovinato; in *abusus* poi dovevasi avvertire che questa voce è termine tecnico di giurisprudenza (Cfr. Cic., *Top.,* 3, 17). In *abundo* dell'uso assoluto non si cita che un esempio di Lucrezio, mentre lo troviamo adoperato da Quintiliano (lib. VII, proem., *quare abundabant et praemia et opera vitae*) e in Cic. (*De Div.,* 1, 29, 61). Di *absumo* dovevasi dire che in prosa non s'adopera se non in senso cattivo; di *abrupte* non si può asserire che in Quintiliano voglia dire: all'improvviso, senza preparazione, riferendosi al parlare, perchè parlare all'improvviso, o senza preparazione vale comunemente: improvvisare un discorso, mentre *abrupte incipere* o *cadere in narrationem*, significa: (troppo) bruscamente, cioè senza opportuno preambolo o introduzione. Questo forse avrà voluto dire anche l'A., ma scelse una frase che troppo facilmente può essere intesa in altro modo. In *absolute* ci pare che tra i varii significati avrebbe potuto aver luogo anche quello di: *senz'altro* (Plinio); in *absque* non avremmo omesso di notare che il senso primitivo è locale, e che nel periodo d'argento questa voce si usò spesso anche nel senso di *praeter*, mentre nell'età classica ricorre solo rarissime volte. Volendo uscire dalle prime sei pagine noi potremmo moltiplicare gli esempi di queste inesattezze; ma per non abusare della pazienza di chi legge, noteremo solo che *periculum* non è *sentenza*, ma *protocollo del processo*, e che l'esempio di Nipote addotto è assai incerto; e che in *praescriptio* non è registrato il senso di *au-*

ctoritates praescriptae che ha in Cic., *Leg. Agr.*, II, 9, 22. Non crediamo infine di poter tacere, che alle volte le frasi citate, o sono arrecate in un modo che ne altera il vero carattere, o son tradotte in maniera affatto erronea. Così, per esempio, la frase di Orazio citata sotto *abnego*: *nec comitem abnegat* (*Odi*, lib. I, 35, 22) non contiene il riflessivo *se* del testo. Ammettiamo che ciò possa essere dipeso da errore tipografico (e la versione della frase lo indicherebbe); è certo nondimeno che una siffatta svista altera profondamente l'originale e facilmente può confonder la mente dello studioso. Sotto *abjuro*, la frase Virgiliana *abjurataeque rapinae* (*Eneide*, 8, 263) è tradotta per: *rapine commesse contro ogni diritto*, mentre da tutti i moderni interpreti si conviene che debbasi tradurre: e quella preda (i buoi), della quale (Caco) aveva con giuramento affermato ad Ercole di nulla sapere. Sotto *aboleo* in senso di *purificare* è citata l'altra frase Virgiliana: *nec viscera quisquam Aut undis abolere potest, aut* ecc. (*Georg.*, 3, 559), e qui la citazione ci pare incompleta e la spiegazione insufficiente, perchè così a prima vista l'allievo può credere che *abolere* (in senso di purificare) abbia per oggetto *viscera*, mentre da quel che precede nel testo si vede che bisogna interpretare: *nec viscera abolere a coriis*, cioè purgare affatto le pelli dalla carne. Questo, senza uscire dalle prime sei pagine del libro; pel resto noteremo solo che la dicitura: *in beneficiis ad aerarium deferri*, non significa punto: scrivere in appositi registri per cagion d'onore, ma: esser dato in nota alla tesoreria fra quelli a cui si deve pagare una gratificazione; che della frase *referre cum aliquo* = confabulare, data come frase di Cicerone abbiamo inutilmente cercato esempio negli scrittori latini; che finalmente non sappiamo comprendere come mai si possa suffragare l'uso di *uti* coll'accusativo mediante l'esempio di Cicerone (*Ep. ad Att.*, XII, 22): *Ne Silius quidem quidquam utitur*, traducendolo: *Neppur Silio si servì* (sic) *d'alcuna cosa*, mentre basta un'occhiata alla lettera in discorso per convincersi che *quidquam* è accusativo di estensione e che l'oggetto di cosa è sottinteso all'ablativo (*hortis suis*), rimanendo la costruzione di *utor* coll'accusativo di cosa limitata al periodo anteclassico ed alla lingua popolare, tranne il caso del gerundivo che si trova coll'acc. anche negli autori del periodo aureo.

Bergamo, giugno 1881.

CARLO FUMAGALLI.

PIETRO USSELLO, *gerente responsabile.*

D'UNA ISCRIZIONE LATINA ANTICHISSIMA

L'anno passato in Roma, tra il Quirinale e il Viminale, furono scoperte parecchie stoviglie, unite ad oggetti votivi; e, probabilmente nello stesso punto, fu trovato un vasellino di terracotta a tre recipienti, con una duplice iscrizione graffita. Il ch. signor ENRICO DRESSEL con la solita diligenza ed abilità s'interessò di codeste scoperte, e pubblicò la iscrizione con ottime illustrazioni e con bei facsimili (1). Ci si conceda di riassumere la bella memoria del Dressel, e di farvi qualche osservazione e qualche giunta.

La duplice iscrizione consta di 128 lettere, graffite intorno al vaso c a p o v o l t o. L'una iscrizione, più lunga, cinge il margine de' tre recipienti, presso agli orifizi, e compie tutto il giro, anzi lo oltrepassa, poichè le ultime lettere salgono e s'arrampicano sopra al principio della iscrizione. L'altra, più breve, graffita più in mezzo, sulla pancia del vaso, non compie che mezzo giro. Alcune poi delle lettere di questa iscrizione più breve si prolungano troppo in giù,

---

(1) Negli *Annali dell' Istituto di corrispondenza archeologica*, anno 1880, p. 158-195.

Rivista di filologia ecc., X.

sino ad intersecare la sommità delle lettere della iscrizione più lunga (bisogna ricordarsi che si scrisse sul vaso capovolto); e siccome sull'argilla molle si vede chiaro qual è il frego che si è sovrapposto all'altro, così si scorge qui benissimo che l'iscrizione più breve e più centrale fu scritta dopo dell'altra. Di che si ha anche un altro indizio. Dopo la prima parola della iscrizione più lunga c'è un segno di interpunzione (1), il quale non c'è poi più nel resto della detta iscrizione e manca affatto in tutta la iscrizione più breve. Evidentemente, lo scrittore cominciò col voler ben dividere le parole l'una dall'altra, ma dopo se ne pentì subito; ed altrettanto evidentemente, quindi, la prima parola ch'egli scrisse su tutto il vaso fu quella seguita dall'interpunzione, cioè la prima della iscrizione più lunga (2).

La doppia epigrafe è scritta d a   d e s t r a   a   s i n i s t r a. È il primo caso che ce ne presenti l'epigrafia latina (3); ed è perciò indizio di grande arcaismo.

La scrittura non è quadrata: è ad angoli acuti e a linee regolarmente oblique, come di solito nelle arcaiche greche ed italiche, e come finora s'era trovato appena in pochis-

---

(1) È una linea verticale. Cfr. CORSSEN, *Die Sprache der Etrusker*, I, 43.

(2) Dicendo che l'iscrizione più lunga è stata scritta p r i m a, il Dressel intende certamente parlare di una priorità affatto grafica e momentanea; non vuol certo dire che la prima sia più a r c a i c a dell'altra. Che anzi, se qui fosse il caso di far questione di più o meno arcaismo, l'assoluta indivisione delle parole nella iscrizione più breve, sarebbe un cert'indizio di maggior arcaismo per quest'ultima (cfr. CORSSEN, *Op. cit.*, I, 42, e RITSCHL, *Prisc. Lat. Mon. Ep.*, 119). E appunto l'indivisione quasi assoluta delle parole su tutto il vaso è uno degli indizi, sebbene il più lieve, dell'arcaismo della duplice epigrafe.

(3) V. CORSSEN, *Aussprache* ecc., I², 5, e DRESSEL in questo scritto, a p. 190, sebbene a p. 175 abbia un'espressione poco felice che può essere fraintesa.

simi monumenti latini antichissimi. Ma rappresenta lo stadio immediatamente anteriore a quello in cui prevalse la scrittura quadrata, ad angoli retti e a linee orizzontali. Chè già la scrittura quadrata albeggia in questo vaso. L' S vi si trova bensì angoloso (simile a una nostra zeta), ma vi si trova pure serpeggiante, e vi si trova ancor più in una forma intermedia; il D e l' O vi occorrono più in forma curva che nell'angolosa; il C è sempre curvo. Solo il P è sempre angoloso; forse per non confondersi con R. Il quale qui non è il solito R romano, ma ha la forma P del ρ greco; il che importa che il latino è passato anch'esso per la fase degli altri alfabeti italici e devono cadere tutte le argomentazioni che si fecero sul presupposto che non ci fosse passato.

L' O e il C son qui più piccoli delle lettere attigue; che è un altro indizio di arcaismo.

Dapprima l'alfabeto latino dovè essere del tutto conforme al greco nell'usare il C o ⟨ (= greco Γ) per indicare la gutturale media (g) e il K per la tenue (c). Di poi il K a poco a poco andò quasi totalmente in disuso, ed il C con l'ufficio originario di rappresentare la media cumulò anche quello di rappresentare la tenue, ossia di sostituire il K. Ma questo cumulo apparve poi, com'è naturale, penoso; e dal C fu cavato, mercè una lieve appendice, un altro segno un po' diverso (G); e a questo fu affidato l'ufficio che era originario nel C, l'indicare cioè la gutturale media, rimanendo il C per la sola tenue, quindi come del tutto pari al K. L'innovazione, che fu già attribuita ad altri, ora si crede che fosse opera di Appio Claudio Ceco (cons. il 447 ed il 458 ab U. C.). Orbene, nel nostro vaso il C vale ancora come c e come g (in virco = virgo); e il K non è interamente disusato, ma due volte v'è scritto e poi corretto, pare, in C.

Si trova qui il *q*, nella forma del dorico coppa, Ọ ; ed
è questo il quarto esempio che n' abbiamo nel campo latino. Vale esso solo per *qu*, come anche si trova poi in
epoca assai posteriore, quando alcuni scrissero *qis* per *quis*
e simili. — Ci si trova pure l' M a cinque aste al modo italico, e con le forme varie di tale M (1). — Il Dressel vi troverebbe pure la vecchia Z italica, su che tra poco torneremo.

Dal lato paleografico insomma, che il Dressel ha studiato
da par suo, si può dire che questo monumento latino sia
il più arcaico di quanti finora ne vennero a luce, e dà piena
ragione a coloro i quali credono che l' alfabeto latino sia
stato in origine molto più simile agli alfabeti italici e greci
di quello che altri vorrebber desumere dalle condizioni in
cui ce lo mostran ridotto i più antichi monumenti latini (2).

---

(1) Dell' *M* a cinque aste non s'aveva finora esempio nel latino,
salvochè un'eco n'appariva nel *M'*, iniziale ed abbreviazione del pre-
nome *Manius* (nelle abbreviature dei prenomi si trovano facilmente
tracce d'arcaismo grafico: *C.* = *Gaius* ecc.). E v'era chi negava che
in latino vi fosse dovuta mai essere.

(2) E tra coloro ai quali questa bella pubblicazione del Dressel
riuscirà gradita conferma dell'opinione loro deve essere ricordato un
erudito russo, il prof. MODESTOW, autore di un libro egregio, rimasto
forse ignoto al Dressel, intitolato *Der Gebrauch der Schrift unter den
römischen Königen* (Berlino, Calvary, 1871). Egli si oppone con molta
giustezza alla tendenza troppo scettica di alcuni eruditi tedeschi, che
vollero portare l'origine dell'alfabeto romano ed i primordi del latino
scritto ad epoca troppo recente; e passa in rassegna tutte le antiche
testimonianze circa l'esistenza e il contenuto dei più antichi testi latini (*leges regiae*, *foedera regum*, *libri pontificum* ecc.) e riferisce
quelli che son giunti fino a noi (carme degli Arvali, carme saliare)
con le interpretazioni più plausibili. Non diciamo che nella scelta di
queste sia stato sempre felicissimo, nè che manchino in tutto il libro
affermazioni poco accettabili, e dati poco esatti. Delle prime, p. es.,
ci pare essere quella che è a p. 17, che l' *i* pingue osco (ㅏ) sonasse
come il greco υ. Come un'inesattezza di fatto è certamente quella di.

Per l'interpretazione, il Dressel s'è rivolto al prof. Bücheler. Ed ecco in breve quel che quest'ultimo gli ha co-
municato.

La prima iscrizione, che suona: I o v e S a t d e i v o s
q o i m e d m i t a t, n e i t e d e n d o c o s m i s v i r c o
s i e d a s t e d, n o i s i O p e T o i t e s i a i p a c a r i
v o i s; dovrebbe equivalere a questo: *Iovi Sat(urno) divis
qui me mittat, ne te indu comes virgo sit, astet; nisi Opi
Tutesiae pacari vis;* cioè il vaso istesso direbbe: « Agli
dei Giove e Saturno chi mi offrirà, nè ti sia compagna là
entro (nel sacro recinto) una vergine nè sia presente; se
non quando vuoi si sacrifichi ad Ope Tutesia ». Dove,
oltre il costrutto libero *te comes sit* per *tibi c. s.* o *te co-
mitetur*, s'avrebbe anche un grave anacoluto fondamentale:
a rigore dovrebbe dire o « a te che m'offrirai non sia compagna ecc. », o « chi mi offrirà non prenda a compagna ecc.»
e via via. Il Dressel ricorda un anacoluto alquanto consimile dell'*Iliade* (XVII, 248 segg.), e dal canto mio io mi
permetterò di ricordare un altro anacoluto di una iscrizione
osca pompejana, la quale tuttavia costituisce il più bello
forse ed il più tondo periodo osco giunto sino a noi: V.
A a d i r a n s V. e ì t i u v a m p a a m v e r e i i a ì Pom-
p a i i a n a ì t r ì s t a m e n t u d d e d e d, e ì s a k e ì-
t i u v a d V. V i ì n i k i ì s Mr. k v a ì s s t u r P o m-
p a i i a n s t r ì ì b o m e k a k k o m b e n n i e ì s t a n g i-
n u d o p s a n n a m d e d e d, ì s ì d u m p r o f a t t e d =

---

p. 16, che nelle tavole eugubine s'incontri s p e s s o il θ col valore di τ, quando questo non accade in verità che due volte sole.
Con tutti però gli appunti, speciali o generici, che io, o altri di me
più esperti, possa trovar da fare al libro del Modestow, esso è di
certo giudizioso ed utile; e soprattutto la pag. 22 non potevo non
ricordarla ora, a proposito di questa bella scoperta del Dressel che
pienamente la conferma.

Vibius Adiranus Vibii filius *pecuniam quam* civitati Pompejanae testamento dedit, *ea pecunia Vibius Vinicius* Marae filius quaestor Pompeianus aedificium hîc, conventus scito, operandum dedit; idem probavit.

Soffermiamoci a considerare un momento quanto di nuovo, rispetto alla lingua, ci offra la nostra iscrizione latina. Le forme di dativo in *-e* di *Jove, Ope*; le forme pronominali *med, ted*; l'*ei* di *nei* e di *deivos*; il *-d* per *-t* nelle forme *sied, asted*; la forma *sied* (= εἴη) con l'*e* ancora ben conservato; la consonante doppia scritta come scempia in *mitat*; son tutte cose già note come più o meno usuali nel latino arcaico (1). Nuova per contrario è la forma *deivos* di dativo plur., parallela alla forma già nota della 1ª declinazione *devas* (2), e la forma *quoi* di nominativo singolare, la quale vien dunque a dare piena ragione al Corssen, che già l'aveva teoricamente ricostruita come fase anteriore di *quei, quī* (3). Nome nuovo è *Toitesia* di cui è evidente la relazione col verbo *tutari*; e una piccola novità è pure l'uso avverbiale di *endo*, la quale voce sinora s'era trovata solo come preposizione, al più in tmesi (4). Nuova e alquanto sorprendente è la forma *noisi* per **neisi, nisi*. Perfino l'osco, più arcaico nei suoi dittonghi, ha già

---

(1) Si può intanto vedere Corssen, *Aussprache²*, I, 727 seg., 201 ecc., 785, 381, 195; II, 351 ecc.

(2) Il Corssen (I², 764-5, nota) si serviva della mancanza d'ogni forma di dativo pl. in *-os* di 2ª decl. q u a s i come un argomento contro il Bücheler, che sosteneva l'*-as* di 1ª decl. dover rappresentare la fase originaria donde sarebbe poi derivato l'**-ais, -eis, -is*, mediante l'inserzione di un *-i-* congiuntivo. Oggi il Corssen non si potrebbe più servire di quel quasi argomento; il che però non vuol dire che egli non avesse ragione contro il Bücheler.

(3) I², 784 ecc.

(4) Vedi Klotz, *Handwörterbuch der lateinischen Sprache*, sotto *in*, e Corssen, II², 397.

neisuae. C'è bensì l'umbro *nosve* a cui il Dressel (p. 180) rimanda, ma che è esso stesso alquanto singolare (1). Lo spiegano come ‑*non-sve* pur riconoscendo che del resto l'umbro non ci mostra punto un *non* fuori composizione ; ma e per questo e per altro è una spiegazione non del tutto soddisfacente. Mentre d'altro lato, se nel *no* di *nosve* s'ha a riconoscere un *no(i)* = lat. *nei* = *ne, ni*, resta sempre più singolare che il dittongo più arcaico si mantenesse tanto vivo giusto nell'umbro, che quanto a sostituzione di *ei* e ad *oi* o, è più inoltrato dello stesso latino (cfr. dativo : umbro *Ikuvine*, lat. *Romano*, osco *Abellanoì*). Sennonchè, per quanto ciò sia vero in massima, egli è pur da considerare che l'umbro ha *poei, poe, poi* di rincontro al latino *qui*, che è *quoi* solo nella nostra iscrizione Dresseliana ; e a questo casi pare possa andare perfettamente parallelo l'altro dell'umbro *no(i)sve* rispondente al latino *nisi* che è *noisi* solo nella iscrizione medesima. Insomma questa forma latina arcaica, che ora esce a luce, ci conduce a mettere *noisi* come fase prisca del *nisi* latino, e ci consiglia una dichiarazione tale dell'umbrico *nosve* che non implichi esserne *non* il primo elemento, bensì un *noi* con l' *i* eliso. Infine, se è da accettare l'equazione *cosmis* = *comes* proposta dal Bücheler, che ricorda la glossa di Festo : « antiqui... dicebant *cosmittere* pro *committere* », si verrebbe così a stabilire che la preposizione *cum* sonasse nella

---

(1) Occorre una sola volta nella tavola VI b, il che vuol dire che non abbiam per esso quel beneficio che per altre voci abbiamo, cioè o di vedere la stessa forma ripetuta più volte tal quale, cosi da non potersene materialmente dubitare, o di vederla riprodotta con piccole differenze in modo da arguirne più facilmente, mediante il confronto, la forma originaria. Intanto, si noti curiosa vicenda : il Bugge, attirato dalla forma latina e osca, voleva correggere *nosve* in *nesve* ; e ora il Dressel, o il Bücheler che sia, spiega questo inatteso *noisi* latino col *nosve* umbro, che cosi torna in onore !

sua fase anteriore *cosm*. Finchè si stava col solo *cosmit-tere* era facile supporre che s'avesse a dividere *co-smittere* e che l's spettasse alla radice verbale; e così difatti suppose il Miklosich (1). Ma *cosmis* non potrebb'essere che *cosm-is*. Ora io, considerando che ξύν è ritenuto da più di un etimologo come derivato da uno *σκυν, per effetto di quello stesso invertimento tra la sibilante e la gutturale che è nel greco comune ξίφος rispetto alla forma rappresentata dall'eolico σκίφος, e nel gr. ἰξός rispetto al latino *viscum -us* ecc., e considerando che il prototipo a cui lo ξύν e il *com*, *cum*, mettano capo è ritenuto essere uno *scom* (2), sono troppo naturalmente tentato a vedere nel *cosm* della nostra iscrizione la fase intermedia attraverso la quale *scom si sarebbe ridotto a *com*, *cum*. Da *cŏsm*, forma metatetica di *scŏm*, si sarebbe assai semplicemente passato a *cŏm*, come da *Căsmena* ecc. si passò a *Cămena* ecc. Certo, parrebbe più ovvio passare da *scom a *com* con la diretta soppressione della sibilante iniziale, poichè d'esempi di *sc* iniziale ridotto a *c* ve n'ha parecchi e in latino (3) e in greco (4). Giova però avvertire che son quasi tutti esempi comuni al greco e al latino insieme, e alcuni anche alle altre o a quasi tutte le altre lingue indoeuropee; mentre lo (s)*com* latino non avrebbe riscontro che nel ciprioto κίν, essendosi l's del resto ben conservato nel greco comune ξύν, σύν. Si potrebbe anche dire che uno *sc-* iniziale era troppo ovvio e gradito al latino (*scabere*, *sculpere*, *scire* ecc. ecc. ecc.), perchè questo dovesse sentir voglia di sciogliere

---

(1) Vedi VANIČEK, *Griechisch-lateinisches etymologisches Wörterbuch*, p. 692.
(2) Vedi id., ibid., p. 981, 984.
(3) CORSSEN, *Aussprache* ecc. I², 277, 809.
(4) CURTIUS, *Grundzüge*⁵, 429.

il gruppo mediante la metatesi. Ma anche in greco, si può replicare, lo σκ- è ovvio e gradito (σκέπτομαι, σκαιός ecc. ecc. ecc.), eppur questo non toglie che alcuni σκ- vi s' invertano in ξ (1). Certo che questo *cosmis*, se per un qualunque rispetto non è illusoria la sua equazione con *comes*, non può non esser preso in considerazione nella storia della preposizione greco-latina; e difficilmente potrebbe, mi pare, essere inteso altrimenti da quel ch'io propongo.—Finalmente, dell' altra voce nuova della nostra iscrizione, *vois* (per *vis* vuoi), dice il Dressel che vi si ha « la variazione più diretta da *volis* ». Ma l'equazione *vois* = *volis*, che par così semplice, urta contro una difficoltà assai grave; poichè essa importerebbe una caduta di -*l*- tra vocali, di cui il latino classico, non che l'arcaico, non dà mai esempio. Gli esempi addotti dal Corssen per la caduta di *l* (I², 228) si riferiscono, già, a tutt'altra epoca; eppoi, presentano condizioni speciali (tipo *filia*, cioè *filja*, p. es.; tipo *dulcis* ecc.). Nè gioverebbe il ricorrere al paragone dell'ital. *vuoi* = *vuoli*; poichè il nostro *vuoi*, e con esso *puoi*=*puoti, hai* = habes, *vai* = vadis, *sai* = sapis non sono che forme apocopate (cfr. *vo'* = *voglio*, *può* = *puote*, *ha* = habet, *va* = vadit, *sa* = sapit) con aggiuntovi quell' -*i* che dall' analogia degli altri verbi (*dai, stai* ecc.) risulta come esponente della seconda persona singolare: chè certo a nessun romanista verrebbe in mente di ammettere che *vuoi, puoi* ecc., importino una caduta di solo -*l*- o di solo -*t*- ecc., in italiano! Tutt'al più la caduta di -*l*- si sarebbe potuta concedere allo Schweizer-Sidler, che poneva *vis* = *vilis, = *volis, poichè il trovarsi così l' *l*, tra due vocali tutt' e due *i*, ne

---

(1) Curtius, *Op. cit.*, p. 522 e 699 (non 688, secondo l'erroneo rimando che il Curtius stesso fa nella p. 522).

rendeva possibile la caduta p e r s e m p l i c e a b b r e -
v i a z i o n e (cfr. *sis* = sivis, che si tirò appresso il *sultis*
= si vultis; che però son sempre casi un po' diversi, non
solo perchè il -*v*- cade davvero facilmente, ma perchè son
formule fisse di complimento, di conversazione, più soggette perciò ad una abbreviazione volontaria che non una
forma grammaticale vivente ricorrente in casi svariatissimi).
Insomma, in questo *vois*, se si può subito riconoscere volentieri il padre di *vis* (1), essendovi altri casi di *oi* = *i* (2),
e due anzi essendoci offerti da questa stessa iscrizione
(*quoi*, *noisi*), non vi si può però con altrettanta spensie-
ratezza riconoscere il figlio di *'volis*.

Passiamo all'altra iscrizione più breve, che dice: D v e n o s
m e d f e c e d e n m a n o m , e i n o m d (z) e n o i n e
m e d m a (n) o s t a t o d. Ossia: *Dvenus me fecit in*
mortuum, et die nono me mortuo sistito. Cioè: «Dveno»
(il figolo, oppure l'oblatore) « mi fece per il defunto, e nel
nono giorno al defunto ponimi ».

Quel che qui si trova di nuovo per la lingua (chè del
resto pure l' e n era già noto: CORSSEN, II², 268) è *mănus*,
buono, usato eufemisticamente per ' mortuus ' (cfr. *Mănes*),
il verbo *stare* (s t a t o d) usato in senso transitivo (3),
l' e i n o m (*enim*) nel senso di 'et' come in umbro (*enom*)
e in osco (*inìm*) (4); e più di tutto quel d (z) e n o i n e.

<hr>

(1) Ne anderebbero così in soqquadro tanto la spiegazione surrife-
rita dello Schweizer-Sidler, quanto quella del Corssen: *vis* = *'ves* =
'vels (CORSSEN, II², 246-7, in nota).

(2) CORSSEN, I², 710, 711.

(3) Se pur non è già, come il Dressel ricorda, nel carme degli Ar-
vali, dove *sta berber* è inteso dal Bücheler come « siste flagellum ».
Altre interpretazioni di codesta frase si possono vedere anche in
MODESTOW, op. cit., p. 121.

(4) Sarebbe il secondo esempio, nella latinità, di questo uso puramente paratattico dell'*enim*, se fosse certamente romana l'iscrizione

Il quale par certo che risponda al *die noni,* locativo arcaico
citato da Gellio oltre *die quinti* o *quinte, die quarte, die
crastini, proximi, pristini* (1); quadrando anche benissimo
per il senso, giacchè, come dice il Dressel, « dopo eseguite
« le cerimonie richieste per la sepoltura dell'estinto, i membri
« superstiti della famiglia osservavano il lutto durante nove
« giorni: questo periodo di tristezza e di rimpianto chia-
« masi *novendiale* e terminava con solenne sacrifizio offerto
« ai mani,.. con una cena e talvolta anche con ludi funebri
« e gladiatorii ». — Sennonchè, v'è qualche difficoltà quanto
alle forme fonetiche. In primo luogo l' *oi* di n o i n e riesce
nuovo, se non strano. Certo, d' *oi* che finisca ad *o,* almeno
un altro esempio l' abbiamo, in *nōn* = *noenum* = *ne-oinom*
cioè 'ne unum' (2). Ma che un *oi* potesse aver luogo nella
fase anteriore di *nōnus,* nessuno, ch' io sappia, ci aveva
pensato finora. Nè so se ora questa forma epigrafica venga
ad accrescere o a scemare le difficoltà che si trovano nella
dichiarazione di questo numerale ordinativo. — Quanto poi
al d z e, a me pare che presenti gravi difficoltà. Chi
tracciò il graffito sembra scrivesse dapprima d e, e poi ci
inserisse tra mezzo un'altra lettera; la quale il Dressel,
con un ragionamento correttissimo dal lato paleografico,
dimostrerebbe essere uno Z: non quello Z posteriore che
il latino riprese dal greco, assieme all'Y, per trascrivere le
parole greche, e collocò alla fine dell' alfabeto, bensì lo Z
antichissimo italico, che aveva il settimo posto nell'alfabeto,
dopo l' F, e che poi cadde in disuso, lasciando libero un

---

riferita dal Mommsen (*Unt. Dial.,* 364 segg.) contenente un *inom* =
'et'. Ma il Dressel conviene anch'egli che la romanità di quell'iscrizione non è certa.

(1) Cfr. *postri-die* ecc., e vedi Corssen, I², 775; II², 855.

(2) Curiosa che il Corssen, che pure accetta questa etimologia
(II, 594), non dia poi, trattando dell' *oi,* nessun caso di *oi* in *o.*

posto nell'alfabeto, che fu occupato dalla nuova lettera G. Così questa iscrizione, presentandoci in un monumento romano lo Z italico, di cui finora non s'aveano che due incertissimi esempi nel latino provinciale, mostrerebbe ancora un altro carattere d'arcaismo. E dal lato paleografico, lo ripeto, la cosa si potrebbe ritenere come perfettamente dimostrata. Però, quando il Dressel vien poi a dire che lo d z e = *die,* ch'egli ha così ottenuto, sia una forma giustissima e preziosa anche sotto il rispetto fonologico, io credo ch'egli s'immagini di trovare un nuovo appoggio là dove invece dovrebbe riconoscere il più grave degli ostacoli. Rimanda egli al Corssen, I², 215 e segg.; ma questi non gli dà che esempi d e l l a l a t i n i t à a s s a i t a r-d i v a, di cui poi nessuno presenta mai la grafia $d\chi$ per *di* + voc., bensì o χi o χ. Quanto al *χicolom* = *dieculum,* dell'osco, non so se sia un mero caso che esso e gli altri certi esempi di assibilazione osca si trovino solamente sulla tavola di Bantia, cioè nell'osco più meridionale e più tardivo. Un *χicolom,* per es., sul bronzo d'Agnone proverebbe un po' di più a favore dell'assibilazione nel latino arcaico È vero che alcune forme latine pajono supporre l'assibilazione della dentale sin da epoca antichissima nel latino, ma si tratta di *t,* e non di *d.* Come nell'umbro si tratta di *k* e non d'altro. Piuttosto nell'etrusco v'è esempio d'assibilazioni d'ogni genere. Ma rimandando ad altro luogo la trattazione di questo argomento, qui concludiamo che d'assibilazione di *dj* (1) il latino classico, non che l'arcaico, non dà alcun esempio; e che inoltre la compiacenza con cui il Dressel vede nello *dχe* la conferma che « la fase di passaggio fra

---

(1) Dico così, perchè in una formola come *dienone* il *die* veniva ad essere pronunziato come atono, e quindi può ben considerarsi, volendo, come un *djenóne.*

dj e *ʒ* è appunto *dʒ* » è una compiacenza tutt' altro che legittima, dappoichè quella trafila di *dj, dʒ, ʒ,* che da molti si vuole, non è punto vera, e la vera è invece (quando ha luogo) *dj, ʒj, ʒ.* Il Dressel potrebbe chiedere se io pretenda dunque che si debba leggere *die* nel suo graffito. Io me ne rimetto a lui, perchè giudichi se, nonostante in questa duplice iscrizione l' I sia sempre una semplice linea, si possa pur ammettere che in questo caso lo scrittore ci apponesse in cima e al piede qualche trasversale (1), tanto più che codesto scrittore si mostra pur un po' sbadato , chi consideri le parecchie cancellature ch'ei dovè fare e la indecifrabile terza lettera di m a n o. Ma comunque si sia, io non assevero altro se non che la fonologia, lungi dall'appoggiare la forma *dʒe*, la contrasta, per le ragioni suddette.

La duplice iscrizione viene insomma a dire nel complesso: « questo vaso (triplice forse, giustamente sospetta il Dressel, perchè da offrire a triplice divinità) fu fatto per un defunto, a cui sarà posto vicino nel nono giorno ; nell'offrirlo a Giove e Saturno non ci sia presente una vergine, nell' offrirlo a Ope ci sia per contrario una vergine appunto ». E il nostro autore opportunamente ricorda che il culto di Ope si facea dalle sole vergini vestali (oltre il *sacerdos publicus*), e che pure dal culto della *Bona Dea,* spesso identificata con Ope, erano esclusi gli uomini. Inoltre, che Saturno e Ope appajano qui come divinità dei morti non gli fa punto specie, essendo esse deità rurali, e quindi anche ipoctonie, dappoichè la terra « accoglie nel suo seno materno, non solo le semenze dei frutti, ma anche i morti » (quindi, pare, il

---

(1) Di altri I con trasversali (com'è in sostanza pure nell'alfabeto maiuscolo dei tempi nostri) si possono vedere nelle tre tavole del Corssen nel libro sull'etrusco, e nell'*Aussprache* ecc., 1², p. 5.

nome di *Tutesia* dato a Ope); ed infatti già da tempi antichissimi a piè del Campidoglio esisteva il tempio in cui
erano venerati Saturno e Ope, ed « accanto all'altare di
Saturno trovavasi un'edicola consacrata a *Dis Pater*, il
principe dell'inferno ». Gli fa invece specie che assieme a
Saturno ed Ope trovisi Giove, divinità luminosa per eccellenza e tutt'altro che ipoctonia; e cerca di rendersene ragione col considerare che, quando l'influenza greca si fece
sentire sulla religione romana, e Saturno ed Ope furono
identificati con Kronos e Rea, fu naturalmente attribuita
alla prima coppia Giove per figlio, com'era certo figlio della
seconda. Così può trovarsi qui Giove come il figlio accanto
ai suoi genitori, e naturalmente preposto ad essi, come
iddio massimo ch'egli era.

Dalle qualità estremamente arcaiche, sia paleografiche sia
linguistiche, del nostro graffito, delle quali non occorre più
parlare, argomenta il Dressel che esso sia non solo il più
vetusto monumento latino, ma ancora molto più antico di
tutti i più antichi monumenti fin qui conosciuti. Egli lo farebbe risalire alla fine del IV o al principio del V secolo
di Roma; e credo gli si possa pienamente concedere questa
data, anche se uno degli argomenti su cui la si appoggia,
la presenza dello Z italico nel graffito, dovesse, come s'è più
sopra detto, esser messo in questione.

Siccome però fra i tanti caratteri d'arcaismo, alcune forme
pajono stonare per il loro aspetto piuttosto moderno, come
il S a t (u r n o), il p a c a r i, anzichè *Saeturno* e *pacasi*
o *pacasier*, e siccome vi son due K corretti in C ed altre
tre correzioni, così il Dressel penserebbe che il nostro graffito sia una copia di più antica iscrizione preesistente. Di
questa supposizione io non vedo la necessità, come d'altro
canto riconosco ch'essa non ha nulla d'inverosimile. Errori se ne trovano facilmente, nessuno lo sa meglio del

Dressel, in molte iscrizioni anche senza che sieno copiate, nè la correzione di essi fatta dall'antico scrittore del graffito ci rende sicuri d'altro se non della sua postuma diligenza. Nè la mescolanza di forme linguistiche più moderne con le arcaiche deve sempre necessariamente dipendere dal sovrapporsi alla lingua dell'autore la lingua del copista: n e i l i m i t i c h e h a q u i u n a t a l m e s c o l a n z a può ben provenire dal fatto generico che nell'uso glottico d'ogni epoca, d'ogni paese, d'ogni individuo, v'è sempre, accanto alle forme antiche e sempre vegete, qualche forma arcaica ch'è in via di sparire, qualche forma nuova ch'è in via di stabilirsi.

Se poi lo scrittore del graffito scrisse prima *Set(urno)*, correggendolo dopo in *Sat(urno)*, è affatto arbitraria la spiegazione che di tutto ciò dà il Dressel, che cioè nel preteso originale fosse scritto *Saet(urno)*, che il voluto copista lo pronunziasse *Set(urno)*, che perciò lo scrivesse così e dopo lo correggesse in *Sat(urno)* come si diceva ai suoi tempi. Che in epoca così arcaica l' *ae* fosse pronunziato *e*, non è cosa così naturale come il Dressel mostrerebbe di tenerla, e se il Corssen pare gli serva d'appoggio (I², 325, 417), in realtà il Corssen stesso più avanti (a p. 687-693, soprattutto nella nota a p. 690) ritira poi ogni supposizione arrischiata, e si mostra convinto che nell'antico latino l' *ae* non sonasse punto *e*. Può essere dunque che l' *e* per *a* fosse uno sbaglio semplicemente casuale. Ma volendo tentar di spiegarlo, terrei per non men verosimile questo: che ai tempi dello scrittore del graffito si oscillasse nell'uso tra *Saeturno* e *Sāturno*, e che egli volendo scrivere nel primo modo scrivesse dapprima *Set* dimenticando l' *a*, e dopo, poichè per ficcare un *a* tra *S* ed *e* non aveva spazio, e d'altronde la forma *Sat(urno)* era pure nell'uso, se la cavasse correggendo *Set* in *Sat*.

Finalmente, il Bücheler trova che l'iscrizione nostra è ritmica; e fa tre saturnj della iscrizione più lunga, uno della più breve, sottraendo però da questa la prima parola *Dvenos* che resterebbe fuori del metro. Il Dressel non ci dice come tripartisce il Bücheler la iscrizione lunga; ma mostra, ad ogni modo, pienissima fede in questa ritmicità saturnia del graffito; a segno che avendo dapprima inteso *dvenos* come *bonus* (cfr. *duonus*, *bene* ecc.) quasi dicesse « un devoto », s'è persuaso di poi che debba essere un nome proprio, del figolo o dell'oblatore, perchè solo un tal nome poteva restar fuori del ritmo rituale. Io, nell'incerta varietà degli schemi che i dotti propongono e caldeggiano per « quell'orrido numero saturnio », non ho coraggio di riconoscere dei saturnj in questa o in quella sentenza o frase, che potrebb'anch'essere prosa bell'e buona; come da altro lato non intendo di affermare che i saturnj non ci siano. Per far tanto a confidenza col saturnio ci vuol molta fede: *sola fides sufficit*. Ed a me, come al Corssen (II², 962-3, nota), manca la fede.

Napoli, maggio 1881.

FRANCESCO D' OVIDIO.

P. S. — Mi capitano in questo momento (per cortesia del prof. A. Sogliano) alcune osservazioncelle di JORDAN nel *Bullettino dell'Istituto* ecc. del maggio 1881 (p. 84-85), intorno al graffito di cui abbiamo qui trattato. Si riducono a poche cose. — Piuttosto che *chi mi offrirà* vorrebbe intendere *chiunque sia che mi voglia offrire* ecc. — Nell'a s t e d , per evitare l'asyndeton che importerebbe l'interpretazione *ne comes sit* (*neve*) *adstet*, il Jordan vedrebbe una congiunzione *ast* da unirsi al *nisi* ecc. che segue e da intendersi come un *però*. A lui par naturale che *ast* fosse anticamente *astid asted,* come *post* fu *postid posted* (non ricordo esempi di *posted*, ma circa l'alternanza tra *-id* e *-ed* vedi CORSSEN, I², 734). E se fosse da accogliere codesto a s t e d = *ast* vi si potrebbe, credo, vedere una conferma dell'etimologia del CORSSEN (II², 604, 851) di *ast* da *at sed*: solo che invece del processo fonetico escogitato dal Corssen (ʻ*ats'd,* ʻ*assd,* ʻ*asst*), bisognerebbe supporre un invertimento di *ts* in *st,* seguito poi da apocope dell' *-ed*. Ma io dubito, e di tutti codesti processi fonetici, e dell'etimologia del Corssen, e della equazione del Jordan a s t e d = *ast*. Trovo sempre più plausibile l'intenderlo come verbo , nè l'asyndeton mi pare tanto duro quanto pare al Jordan; e duro invece mi pare l'*ast nisi* ecc. — Intenderebbe m a n u m per *sacrum* — E l'e i n o m per *ideo* — E la scrittura sinistrorsa gli pare indizio che l'iscrizione sia di origine esterna anzichè urbana.

Alle osservazioni del Jordan seguono ivi stesso (p. 85-6) due del Gamurrini. — Questi intende q o i non còme un *quoi*, ma come una vera fase anteriore di *qui*, con l' o non ancora diventato *u*; e l' o avrebbe chiamato il coppa alla dorica. Sennonchè il Gamurrini non troverà un sol glottologo, il quale gli voglia menar buono che l' *u* di *qui* sia originariamente un *o!* — Inoltre fa di T o i t e s i a i una fase anteriore di *Tutoriae*, con l' *oi* = *u*, l' *-s-* = *-r-* (fin qui nulla di male), e con *e* = *o* che è secondo lui « raro sì, ma non nuovo », ma che secondo noi è più che nuovo, trattandosi di un *o* lungo tra vocali (cfr. CORSSEN, II², 214).

Perchè il chiaro archeologo non cita quegli esempi che dice di conoscere di $e = o$?

P. S. bis. — Nell'atto che correggiamo le bozze, arriva il *Rheinisches Museum* (fasc. 2° del 1881) con un articolo di Bücheler (p. 235-44) dove sono svolte un po' più largamente le note da lui comunicate al Dressel. Ecco quello che ci troviamo di più importante. — Conviene anch' egli che d z e è una grafia « senza esempio », e solo ricorda *Martses* del bronzo del Fucino, come forma intermedia tra *Martjes* e *Marses.* Gli farebbe meno specie *de ,* come forma popolare collaterale al *dje* de' comici, e che starebbe a *di* come la prima parte di *dudum* a *diu*; e ricorda che *de quarte, de quinte* si trova negli Hermeneutica di Montpellier. — Crede che n o i n e supponga una base *'novine.* — A T u t e s i a confronta *Ocresia, Mimesia.* — Crede che l' u. *nosve* sia *'noisve ,* e vede nel *noi* di questo e del latino n o i s i una forma locativale — Fa v o i s = *'vols ,* ma conviene che la riduzione di *l* complicato in *i ,* al modo neolatino, è cosa « senza esempio » in latino. Solo s'attenta a ricordare l'umbro *Voisiener* confrontandolo al latino *Volsienus.* Crede che a determinare un v o i s abbia potuto contribuire l'analogia di *edis* accanto a *es,* di *legis* ecc. — All' e i n o m dice poter convenire il valore d' un ' itaque '. — Per lo 'stare' transitivo ricorda *praestato ,* e l'umbro *restatu,* e il perf. di 'sisto' *stiti,* variante di *steti,* e *status* (*dies*). — Per 'pacare' nel senso sacrificale ricorda il *futu pacer,* sii propizio, delle tav. eug., ed esempi latini, tra cui bello questo plautino (*Poen.,* I, 2, 43) « quae ad deum pacem oportet adesse » = l'occorrente per il sacrificio. — A proposito di ' te comes sit ' ricorda il *venerabundus aliquem* ecc. [Cfr. il plaut. *tactio istunc, hanc*]. — La forma c o s m i s lo induce a convincersi che *comes* non sia

da *cum* + *ire*, come s'era sempre creduto, ma da *cosmit-
tere* = *committere*. Questa nuova etimologia non mi par
punto felice. E il trovarsi nel graffito cosmis come in
rapporto con mitat non ha quel valore, mi pare, che il
chiaro filologo gli attribuisce. Egli non ha badato che,
stando ivi *mittere* nel senso di 'offrire', non ci può essere
nessuna congruenza tra il senso del verbo in mitat e
quello che avrebbe la radice *smit* in cosmis *comes* (che
del resto non si śa bene qual sarebbe, ma certo non quello
d'offrire). — Finalmente, egli qui ci dà quella tal divisione
in saturnj; e sarebbero cinque in tutto, non quattro come
sembrava dalle parole del Dressel, cioe:

« Iové Sá(e)túrno — deívos qoí med mítat
« nei téd éndo cósmis — vírco síed ásted,
« noisi Ópe Toitésiái — pácari vois.
« Retús Gabíniús] med — féced én mánom,
« einóm dzé noíne — méd máno státod ».

Al posto di D v e n o s, che guasta il metro, ci vorrebbero e ci devono essere state in origine sei sillabe: questo
crede il B., e solo questo ha voluto indicare mettendo quel
Retús Gabíniús per comparsa. Infelice mortale però questi,
se per caso aveva comune col Dio di Moisè la ripugnanza
ad esser nominato in vano !

F. d'O.

ARISTOFANE

I.

Della fama di Aristofane presso gli Antichi.

1. Investigare fra le testimonianze, sincrone e posteriori, la fama di uno scrittore, vale quanto studiare i criterii con cui contemporanei e posteri sentenziarono del valore delle sue opere, e porgere i veri elementi per un retto giudizio di esso. E questo studio dei criterii, meglio che qualunque altro, giova a svelarci l'indole e il carattere speciale della cultura di un popolo, ad addentrarci, per così dire, nelle sue intime ed essenziali ragioni. Noi ci proponiamo di fare siffatte ricerche per riguardo ad Aristofane. Fin qui la critica tedesca, tanto benemerita degli studi aristofaneschi, non si è occupata dell'argomento: e solo il Roetscher ed il Ranke ne' loro lavori giovanili, già antiquati, toccarono brevemente o incidentemente dei giudizi degli antichi sul Comico ateniese (1).

---

(1) ROETSCHER, *Iudicia veterum et recentiorum de Aristoph. breviter in conspectu posita*, Bromb., 1841. Id., *Disquisitio de Aristoph. ingenii principio*, Berol., 1825. RANKE, *De Aristoph. vita Commentatio*, Lipsiae, 1830.

Eppure lo studio non è privo di speciali attrattive: porgendo altresì occasione ad esamina di questioni varie e controverse, nonchè alla determinazione più esatta del concetto che sin qui si è avuto sulle vicende del nome aristofanesco. Questo grande comico ateniese, che ha tanta parte nella vita politica e letteraria del suo tempo; che si pone in una recisa e consapevole opposizione col suo secolo stesso; e che della sua arte fa potente strumento contro i mali che minacciano di turbare o dissolvere l'antico ordine di cose e di idee; che nella difesa del suo patriottico ideale mette tutta la fierezza e la potenza della sua invettiva: — questo uomo, che non teme di cimentarsi co' temuti demagoghi, e porre in ridicolo personalità, come Socrate ed Euripide, doveva certo provare nell'estimazione dei posteri tutti i capricci e le stranezze degli umani giudizi. A ciò conduce anche la qualità stessa della sua comedia, colle aperte ed equivoche allusioni, coll'arditezza degli scherzi, co' varii intenti, politici, religiosi, letterari, che propugna e combatte. Si aggiunga infine l'instabilità delle norme con cui un popolo talora giudica o sente: regolate da predominio di gusto, di tradizioni, di tendenze. Noi vedremo Aristofane or applaudito ed or disconosciuto dai contemporanei; motteggiato dai rivali, ammirato dal sommo Platone, calunniato dai retori e dai sofisti, mal inteso e giudicato da Plutarco, e quasi negletto dalla letteratura latina. E noi dagli accenni dedotti dalle sue comedie; dalle vaghe tradizioni riferiteci dai biografi; dalle testimonianze sparse; dai giudizi e raffronti; dai commenti e dalle imitazioni; dalle rappresentazioni dell'arte figurata tenteremo di determinare la varia considerazione in cui l'antichità lo tenne. E insieme alla fortuna della rinomanza, noi vogliamo vedere quali sieno le sorti della sua comedia, quale l'eredità che ne viene alla cultura successiva, e quale ne sia il va-

lore nella storia dello spirito umano. Noi accompagneremo
questa grandiosa figura dal punto stesso in cui viva osa al-
zarsi sdegnosa contro i potenti demagoghi dello stato, o i
funesti corruttori dell'arte e della sapienza, sino al pallido
tramonto dell'antica civiltà : quando, decaduto ogni ordine
sociale e civile, col sopraggiungere dei barbari e coll'inno-
varsi delle idee politiche e religiose, il mondo antico rovina per dar luogo ad un nuovo periodo della storia. Nè
ci verrà taccia di abusare dell'argomento, se alla compiuta
trattazione di esso faremo seguire un breve epilogo in cui
si ragguagli della fama di Aristofane nel medio evo e nei
tempi moderni.

2. L'acquistarsi buona rinomanza di poeta comico in
Atene nei tempi in cui Aristofane viveva, in mezzo a quella
feconda e singolare produzione di opere letterarie e al ri-
goglioso svolgimento delle nuove idee e delle nuove dottrine,
non era certo facile cosa : nè ci volea di meno dell'ingegno
e dell'attività del nostro poeta, per affermarvisi e distin-
guersi. Pare sua speciale preoccupazione, questa di levar
grido e di procacciarsi la lode dei contemporanei : tanto è
l'amore che egli pone nel perfezionamento dell'arte sua, e
la fermezza di proposito con cui vi si esercita. Aristofane,
senza essere un pensatore molto elevato nè un critico molto
profondo, sentì i nuovi bisogni dell'arte comica; ebbe coscienza delle sue grandi difficoltà, e dovette convincersi del
poco valore intrinseco, che aveva la maggior parte di quelle
produzioni contemporanee. Le condizioni speciali della politica d'allora e di quella società e di quella cultura acui-
scono e sviluppano le natie qualità del poeta ; il quale esercita così la finezza e l'acutezza dell'osservazione, e raccoglie
le forze per combattere. Con queste ottime prerogative egli
riesce infatti ad ottenere sin dalle prime il favore dei concittadini. Però anche nel periodo contemporaneo, che è il

più splendido per il suo nome, Aristofane non godette una fama piena ed incontrastata. Noi lo vediamo costretto a muovere acerbi rimbrotti agli Ateniesi (1), a palesare i suoi meriti e servigi (2), e talora a chiedere il favore degli spettatori (3). Forse questi suoi lamenti ed irrequietezze procedono più da una piena consapevolezza della propria valentia, che da una ritrosa disposizione in altri a riconoscerla. S'egli proclama i suoi diritti alla riconoscenza (4); se osa affermare la peregrina originalità de' suoi concetti (5); e può gloriarsi dinanzi agli spettatori d'aver fatto torreggiare l'arte drammatica (6); se non teme di schiudere l'animo al lusinghiero presentimento dell'immortalità (7), bisogna credere che l'ammirazione pubblica non gli mancasse, ma che egli dovesse bensì assicurarsela dagli attacchi degli invidi e dei detrattori. E le rivalità e le persecuzioni non gli mancano, a cominciare da quel tremendo Cleone, che lo trasse in giudizio, e lo calunniò e lo sputacchiò di menzogne (8); per venir sino a quel poderoso suo competitore, ad Eupoli, che lo accusa di ambiziose peregrinazioni nelle palestre dopo la vittoria (9). Ma c'è un passo importante nella parabasi delle *Vespe,* in cui il poeta si dice « innalzato grandemente quanto niun altro in mezzo ai *suoi* concittadini (10) ».

---

(1) *Acarn.,* v. 632. *Cav.,* v. 518, 519.

(2) *Acarn.,* v. 633.

(3) *Cav.,* v. 545, 546. *Nubi,* v. 561, 562. *Pace,* v. 768.

(4) *Acarn.,* v. 633. *Nubi*, v. 512-517; 525, 537. *Vespe*, v. 1017, 1018; 1037; 1043. *Pace,* v. 738; 759-761; 764; 773.

(5) *Nubi,* v. 546-548; 561. *Vespe,* v. 1022; 1044; 1046; 1047; 1054.

(6) *Pace,* v. 749.

(7) *Vespe,* v. 1051-1059.

(8) *Acarn.,* v. 378-382.

(9) *Vespe,* scol. 1025.

(10) *Vespe,* v. 1023 :

Ἀρθεὶς δὲ μέγας καὶ τιμηθεὶς ὡς οὐδεὶς πώποτ' ἐν ὑμῖν.

Noi non dimentichiamo certo che abbiamo da fare con un poeta comico, il quale si vale naturalmente della libertà o della licenza, che alla scena è concessa; e non prendiamo alla lettera le sue orgogliose attestazioni. Per ridurre le quali ad un giusto valore approssimativo ci conviene confrontarle o controllarle colle altre testimonianze contemporanee più attendibili. I frammenti dei comici e le notizie didascaliche servono. egregiamente all'uopo. Nel primo caso le stesse invide allusioni dei rivali contro il nostro comico, sono un omaggio alla gloria di lui. Eupoli s'indispettisce del favore che gli Ateniesi concedono a poeti stranieri: e, continuando l'allusione ad Aristofane, si meraviglia, che sia da loro tenuto in concetto di uomo sapiente (1). Questa è preziosa testimonianza alla riputazione contemporanea del nostro poeta, ed è tanto più sicura, in quanto la dobbiamo ad un emulo. Cratino lo deride, come un arguto, un cavillosetto, uno sputasenno (2). Ambedue, Cratino ed Eupoli, lo accusano di plagio (3). Platone, insieme a quest'ultimo, lo burla per avere nella *Pace* innalzato dinanzi agli spettatori la colossale imagine della dea (4). I cattivi poeti del tempo imitano le graziose creazioni del nostro comico, però malamente trattandole e riproducendole (5). Colla prima edizione delle *Nubi* egli è rigettato nella gara tentata con Cratino ed Amipsia (6); nella rappresentazione dei *Babilonesi* il corego Antimaco lo esclude dal banchetto che lo Stato somministra ai poeti vincitori, e lo licenza a corpo vuoto (7).

---

(1) Kock, *Com. Attic. fragm.*, Lipsiae, 1880, I (Eupolis), fr. 357.
(2) Id., I (Cratinus), fr. 307.
(3) Id., I (Eupolis), fr. 78.
(4) Id., I (Platon), fr. 81. (Eupolis), fr. 54.
(5) *Nubi*, v. 559.
(6) *Nubi*, v. 525.
(7) *Acarn.*, v. 1150-1155.

Queste traversie sono poca cosa dinanzi all' entusiastica ammirazione, che attira ad Atene gli alleati, desiderosi di vedere il preclarissimo poeta (τὸν ποιητὴν τὸν ἄριστον (1)). In generale, nella comedia aristofanesca c'è un sentimento della propria serietà ed importanza: c'è come un tono di superiorità, che ce la fa collocare in alto, sopra le altre produzioni contemporanee dello stesso genere. E la superiorità di Aristofane acquista maggior valore, se si pensa da quali valenti competitori nel poetico agone gli è contesa ed invidiata. Antiche testimonianze, fra le quali gli stessi scherzi aristofaneschi, ci fanno fede dell'ingegno fecondissimo e felicissimo di Cratino, che il Meineke, citando un passo antico, dice *quasi antesignano* dei comici (2). Eupoli sappiamo che fu ingegnosissimo nell'invenzione e trattazione della favola: e ambedue contesero qualche volta la palma ad Aristofane. Amipsia lo vinse due volte, ci dicono le didascalie. Di Platone si loda in special modo l'eleganza ed il candore della dizione. Perdute le loro opere, noi non possiamo giudicarli, e tanto meno istituirne un confronto con Aristofane, dal quale verrebbe meglio determinato il valore e l'importanza di lui fra i comici del suo tempo. Certo non si deve attribuire al solo caso il fatto della conservazione di una parte de' suoi drammi attraverso all'immensa perdita delle opere antiche. Di essi c'è dato di constatare il favore con che furono accolti dal pubblico. Le antiche didascalie ci dicono coll'eloquente brevità delle loro notizie, che Aristofane non riportò mai il terzo premio; che un solo insuccesso turbò la serie regolare delle sue vittorie, nelle quali ebbe un egual numero di primi e di se-

---

(1) *Acarn.*, v. 643-645.
(2) Meinecke, *Hist. Critica*, p. 560. *Prolegg. de Comoed.*, IXb, 69. Kock, *Op. cit.*, (Cratinus), 186.

condi onori ; che infine sortì l'onore di una seconda rappresentazione delle *Rane*. Anche quel che sappiamo della attività letteraria degli antichi comici ci porterebbe alla stessa determinazione favorevole ad Aristofane , il quale avrebbe quasi emulato la produttività dei poeti tragici. Nel vario e periglioso avvicendarsi degli eventi della guerra peloponnesiaca Atene perde Sofocle, Euripide, Cratino, Eupoli.....: Aristofane sopravvive, e per molti anni ancora offre ai concittadini i geniali prodotti della sua ricca fantasia. Otto comedie scrisse Cratete, 21 Cratino, Ferecrate 13, Teleclide 5, Eupoli 15 , Frinico 10, Platone 28, Amipsia 9 (1); Aristofane ne compose certo 44 (2). Si è potuto così tracciare quasi una storia della sua attività letteraria, di cui i capi, pei drammi giunti sino a noi, sono gli *Acarnesi* ed il *Pluto*. Quanta via si è percorso in questo breve intervallo! La virtuosità del poeta si è svolta, ha toccato l'apice, e si è già quasi esaurita, seguendo in ciò le sorti della potenza di Atene. A leggere il *Pluto*, bene osserva il Deschanel, non si può difendere da una specie di tristezza: si sente , che Atene è umiliata, rovinata : non più libertà, non più ricchezza, non più gioia nelle feste di Bacco! (3).

Fu sventura per lui il sopravvivere ai destini miserevoli della sua patria. Non solo era svanito l'ideale della Grecia florida e pacifica ; non era soltanto perduta la speranza del ritorno del buon tempo antico, al quale il poeta era pur sempre rimasto ligio ; ma si doveva assistere alla grande innovazione che il nuovo spirito del tempo andava intro-

---

(1) Cfr. MEINECKE. *Hist. Crit.*, p. 64 sgg.

(2) Vedi il catalogo recentemente scoperto da F. NOVATI in un codice ambrosiano (L, 39 sup.) e da lui pubblicato nell'*Hermes*, 1879, p. 461.

(3) Vedi *Études sur Aristophane*, Paris, 1867, p. 222.

ducendo in tutte le istituzioni della vita ateniese. Le pubbliche sventure, lo sparire delle illusioni dovettero amareggiare gli ultimi anni del misero poeta. Politica, letteratura, arte, tutto prende altra via: fin la comedia, autore inconscio Aristofane stesso, segue già un nuovo indirizzo. Cosichè, ben osservava il Ranke, la comedia aristofanesca, prettamente greca, è quasi l'ultimo sprazzo di luce nella storia dell'arte poetica: — « *lux fuit fere ultima, qua Graecia orbem terrarum ornavit* (1).

3. Alla morte di Aristofane si rende tributo di omaggio con un noto epigramma, il quale sotto l'allegoria delle Grazie vaganti in cerca di un tempio immortale, magnifica la graziosa leggiadria come prerogativa delle creazioni aristofanesche. È per noi un'importante documento, sia che se ne voglia ascrivere la paternità al Platone comico, o al filosofo omonimo (2).

Αἱ Χάριτες τέμενός τι λαβεῖν, ὅπερ οὐχὶ πεσεῖται
Ζητοῦσαι, ψυχὴν εὗρον Ἀριστοφάνους.

Pochi anni dopo, la memoria ne è celebrata da Platone, che lo introduce interlocutore nel *Simposio*. Si può dire, che questo è il suo monumento, splendido davvero e per arte e per concetto. C'è il ritratto vivo del nostro poeta, in tutta la sua lepida e giaconda natura: non idealizzato, ma coi tratti che a noi sembra lo caratterizzino. La sua

---

(1) RANKE, *De vita Aristophanis Comm.*, § 13 (ediz. del MEINEKE).
(2) Primo ad opporsi alla tradizione comune, che il noto epigramma attribuisce al filosofo Platone fu lo ZIMMERMANN (*De Aristoph. et Platonis amicitia aut simultate*, Marburg, 1834). Ma egli rimase senza seguaci: se si eccettua appena il Bernhardy, che pone la cosa in dubbio. Del resto i suoi argomenti non dimostrano nulla, e possono essere facilmente confutati.

indole gioviale e l'abito intemperante è in modo reali-
stico significato da quel comico incidente del singhiozzo,
per cui gli vien tolta la facoltà di ragionare alla sua volta:
quando poi si fa a parlare, ogni parola sembra avvivata
da quello spirito faceto e fantastico che anima la sua
comedia. Che v'ha di più grazioso e buffonesco di quella
storia immaginaria dell'origine della specie umana, colla
quale egli vuol spiegare la natura dell'amore? Dopochè
Fedro ha dimostrato per mezzo delle antiche tradizioni poetiche e mitologiche, che l'amore è il più antico ed il migliore degli dei; dopo che Pausania ne ha distinto le specie,
in volgare e celeste; dopo che Erisimaco medico ne ha dichiarato la potenza con argomenti tratti dall'arte sua, è
curioso il sentire Aristofane parlare di una primitiva razza
umana, dotata di un corpo fornito di più membra; casti-
gata per la sua empietà colla scissione di esso in due, e
costretta a generare al modo delle cicale. Così ogni metà
desiderava l'altra metà, ma non potevano congiungersi, e la
razza umana deperiva. Allora Giove, compassionando, provvide perchè l'amore potesse meglio soddisfare le sue tendenze sessuali.

Si è voluto cercare la ragione dell'introduzione di Aristofane nel Simposio platonico. Certo non è ammissibile l'opinione dello Zimmermann, che ciò Platone facesse, giudi-
cando poter Aristofane meglio di tutti tener tal discorso,
quale richiedeva la natura ed il disegno della sua opera (1);
nè ben s'appose, a nostro giudizio, lo Schnitzer, quando
volle vedere un ordine progressivo nella serie dei varii discorsi sull'*Eros*, e credette, che a comprendere il significato
dell'Aristofane platonico, convenisse riscontrarlo con So-

---

(1) *Op. cit.*, cap. I.

crate (1). Non bisogna dimenticare, ehe Platone rappresenta anch'esso un' opposizione nel mondo greco d'Atene. Ha un ideale anch'esso, e in molti punti le sue idee collimano con quelle del grande comico (2). Egli, che poeta nella giovinezza, rimase pur sempre artista : che pure sognava un nuovo ideale di repubblica, e che da essa cacciava i poeti come corruttori : egli che venerava in Socrate il suo sommo maestro : poteva avere ed ebbe simpatie per Aristofane, che non faceva buon viso alle nuove dottrine della sofistica e della speculazione ; che portava sulla scena le scurrili ed oscene tresche delle Lisistrate, e irrideva alle passioni umane degli dei, e versava il ridicolo sul più grande savio della Grecia (3). Anzi volle celebrarne la memoria, e lo addusse nell'allegra comitiva, degno di trovarsi in mezzo a quelle grandi figure, a rappresentare con esse la varia indole e pieghevolezza del genio greco.

I tempi che seguono alla morte del poeta sono assai disastrosi per la sua fama. Le sorti della comedia, come quelle della politica ateniese, sono violentemente decise dalle mutate condizioni sociali. Una grande rinomanza consacra le opere dei tre grandi tragici ateniesi, ai quali con publico decreto vengono dedicate statue onorifiche. Lo Stato stesso provvede, perchè i loro drammi siano rappresentati, e perchè rimangano immuni dalle interpolazioni o variazioni

---

(1) Schnitzer, *Ueber die Person des Aristoph. in Plato's Symposium*, Nürnberg, 1838.

(2) Vedi Zimmermann, *Op. cit.*, cap. II, ove si esamina la relazione fra le *Ecclesiazuse* e il lib. V della *Politica*. Marxsen, *Ueber die Verwandtschaft des platon. Symposiums mit d. Thesmoph. de Aristophanes*, Rendsburg, 1853. Teuffel, *Studien und Characteristiken*, p. 133 sgg.

(3) Olimpiodoro, *Vita Platonis*: « ...ἔχαιρε δὲ πάνυ καὶ Ἀριστοφάνει τῷ κωμικῷ ».

che l'arbitrio degli attori potesse in quelli introdurre col
tempo (1). Ma della comedia antica nessuna menzione nella
tradizione posteriore. Del resto si capisce bene, come quello
stesso genere comico portasse in sè il destino di una breve
durata. Mancate le lotte, dalle quali la comedia politica
attingeva il suo vital nutrimento; svaniti gli ideali di cui
essa si era fatta magnanima propugnatrice: essa, che aveva
sì fervorosamente schiamazzato nel turbinio degl'interessi e
nei disordini della democrazia, perde tosto ogni attualità,
ogni ragion d'essere, e illanguidisce. Aristofane era stato
l'ultimo poeta di quella forte generazione che s'era travagliata e logorata nella conquista delle glorie politiche e cittadine. Dal momento che egli lascia la scena, non sappiamo
più nulla di lui, neppure quando morisse. Il suo nome legato alla comedia antica, ne segue fedelmente le sorti. Vengono ora in campo la comedia mezzana e la nuova, tanto
dissimili da quella. È questa la nuova forma drammatica,
che i tempi richieggono e producono, e che il gusto dominante predilige. Menandro sorge a rendere sempre più sfavorevoli le condizioni della fama aristofanesca. Egli pare
prescelto da natura a ricevere tutti gli omaggi, che la posterità avrebbe consacrato al poeta, che avesse saputo scru-
tare nel più profondo dell'umana natura, e indi trarre i
motivi della creazione artistica. Si disse, che le api stesse,
le quali si pascono nei floridi giardini delle muse, avevano
versato sulle labbra di lui il loro miele (2). Egli sarà detto
il più grande dei poeti e quasi un oracolo (3); egli, ingegno
senza rivale, dalla natura formato a tutte le delicatezze delle

---

(1) Vedi il passo di PLUTARCO, X, *Orat. vit.* (LYCURGUS, 10, 11) e
la dotta illustrazione del SOMMERBRODT, *Rhein. Mus.*, XIX, p. 130 sgg.
(2) *Anth. Pal.*, IX, 187.
(3) SENECA, *De brevit. vitae*, Dial. X, c. 9.

lettere (1) ; egli, scrittore perfetto (2). I padri della Chiesa nelle loro fanatiche persecuzioni risparmieranno lui ed i suoi ammiratori (3). La sua grande rinomanza oscura quella dei comici precedenti : i quali tanto più rimangono dimenticati, quanto è più viva l'ammirazione che si prodiga alla nuova arte. La quale, rotta l'angusta cerchia del dramma politico, mitologico o letterario, si è messa per la grande via delle passioni umane a rappresentarne le caratteristiche essenziali e costanti : base l'uomo nelle sue più varie e tipiche manifestazioni. Per questo fu giustamente osservato, che l'arte di Menandro vive ancora nell'arte moderna : e mentre Aristofane ed Antifane ci fanno mutar paese, riconducendoci ad un mondo lontano e diverso dal nostro, Menandro ci sembra un poeta del giorno, e in lui l'anima umana riconosce e sente la perenne identità della sua natura.

4. Se vogliamo oltre indagare la sorte della fama aristofanesca, ci conviene seguire le vicissitudini della letteratura greca, e trasportarci con essa ad Alessandria ed a Pergamo, divenute sedi del nuovo moto intellettuale favorito dalla liberale protezione dei Tolomei e degli Attali. Dobbiamo ricercare con quale interesse e con qual metodo le opere di Aristofane sono studiate e illustrate in questo periodo dell'erudizione. Questi studi sono il testimonio più bello ed efficace alla fama del poeta : provvedono alle migliori sorti di essa nei tempi che seguono. Ciò facendo, in mezzo alla congerie confusa dei commenti, ci verrà forse dato di rintracciare qualche testimonianza diretta, che ci

---

(1) Plinio, H. N., XXX, 1.
(2) Quintil., *Inst. Orat.*, X, 1.
(3) Vedi Guizot, *Menandre* (Étude historique et littéraire sur la comédie et la société grecques), Paris, 1855.

chiarisca della riputazione di lui anche in questo nuovo periodo della storia.

Se all'inaugurarsi delle ricerche erudite le menti dei dotti si. sentono potentemente attratte dalla memoria del divino poeta, che primo aveva cantato le eroiche tradizioni della Grecia: quando si rivolge l'attenzione anche alle altre produzioni dell'ingegno greco, e si ricercano le opere drammatiche, possiamo dire col Bernhardy, che l'interesse dei grammatici pe' comici trova in Aristofane il suo centro (1). Già Aristotile nelle sue grandi ricerche dell'antichità, s'era occupato anche della letteratura comica, raccogliendo i testi dei monumenti didascalici e illustrandone le storiche memorie (2). Dopochè Licofrone Calcidense alla corte di Ptolomeo Filadelfo ebbe raccolto e rivisto le opere comiche (3), un buon numero di quei grammatici attende in special modo all'illustrazione delle comedie d'Aristofane. Callimaco pel primo ne determina la cronologia. Non pare però, che scrivesse un commento speciale ai drammi. Due scolii ci attestano i suoi studi sulle didascalie (4); nelle altre citazioni le note s'hanno a ritenere tratte dalle stesse sue opere (5). Di Eratostene si menziona in uno scolio il suo terzo libro: περὶ κωμῳδιῶν (6). Egli cerca di chiarire i luoghi

---

(1) Vedi *Grundriss d. griech. Litterat.*, II, p. 669.

(2) La grande perdita delle opere aristoteliche ci toglie di conoscere quale speciale concetto egli avesse del comico ateniese. Lo cita una sola volta nella *Poetica* (c. III) parlando dell'imitazione; nella *Rettorica* (c. III) si ricordano i *Babilonesi*; e l'Aristofane Platonico è menzionato nella *Politica*, II, 4. Cfr. *Prolegg. de Comoed.*, IX a p. XIX, 49.

(3) *Prolegg. de Comoed.*, X a, 4.

(4) *Nubi*, scol. 552. *Ucc.*, scol. 1242.

(5) Ad es., le illustrazioni degli scolii a parecchi versi degli *Uccelli* possono esser derivate dal suo libro περὶ ὀρνέων.

(6) *Ran.*, scol., 1028.

oscuri delle comedie aristofanesche, e in parecchi scolii si ricordano le sue cure critiche ed esegetiche (1). Ad Aristofane da Bisanzio si ascrivono gli argomenti in versi preposti ai drammi: più, una recensione di essi (2). Inoltre, negli scolii si hanno tracce delle sue fatiche critiche e prosodiache (3). Nè minori cure prodigò al nostro comico il grande Aristarco: intento a dichiarare versi o frasi difficili (4) o il significato di espressioni proverbiali (5) o il valore di parole comiche (6): nonchè ad assegnare giustamente i versi ai varii interlocutori del dialogo (7), o a fare note critiche, storiche e prosodiache (8). Si può credere, che si occupasse più particolarmente delle *Rane*, intorno alle quali abbiamo di lui un maggior numero di scolii. In essi non troviamo soltanto illustrazioni storiche ed esegetiche, ma congetture critiche sul testo (9), dichiarazioni delle parodie (10) e note metriche (11). Callistrato, che in uno scolio è detto l'ἐξηγούμενος (12), fa commenti varii ad Aristofane. Negli scolii troviamo di lui note dichiarative (13), illustra-

---

1) *Plut.*, scol. 797, 1194. Vedi *Argum. Pacis*; e *Pac.*, scol. 48, 70, 199, 702, 755. *Nubi*, scol., 552, 967. *Rane*, scol. 1263. *Cav.*, scol. 963. *Vespe*, scol. 239, 502, 1032. *Ucc.*, scol. 11, 122. *Tesmof.*, scol. 516.

(2) Cfr. FRITZSCHE, *Comm. ad Thesmof. secundas*, Rostock, 1831, p. 52.

(3) *Nub.*, scol. 1007, 1150. *Ran.*, scol. 153, 1142, 1541.

(4) *Ran.*, scol. 990, 1144. *Pac.*, scol. 1159. *Ucc.*, scol. 76.

(5) *Ran.*, scol. 970. *Cav.*, scol. 1279.

(6) *Vesp.*, scol. 220. *Ran.*, scol. 357. *Nub.*, scol. 109.

(7) *Ran.*, scol. 1149, 308.

(8) *Plut.*, scol., 3. *Ucc.*, scol. 76. *Ran.*, scol. 191, 320, 1422. *Tesmof.*, scol. 31. *Cav.*, scol. 487, 318.

(9) *Ran.*, scol. 191, 1400, 1413, 1437.

(10) *Ran.*, scol. 1206, 1270.

(11) *Ran.*, scol. 354, 372, 1124. Ved. O. GERHARD, *De Aristarco Aristophanis interprete*, Bonnae, 1850.

(12) *Vesp.*, scol. 772.

(13) *Acarn.*, scol. 654. *Plut.*, scol. 718, 1110. *Ran.*, scol. 92, 223,

zioni grammaticali (1), letterarie (2), storiche e geografiche (3). Anche Eufronio fu valente interprete di Aristofane; e mentre segue il metodo d'Aristarco nella esegesi di cose grammaticali (4), letterarie (5) e prosodiache (6), lo supera in molte illustrazioni storiche od antiquarie (7). Più innanzi troviamo Didimo, che fa pregevoli commenti ad Aristofane, e più specialmente agli *Uccelli* ed alle *Rane*. Anch'esso dichiara frasi e luoghi oscuri (8), tratta cose letterarie con riscontri di versi o spiegazione di parodie (9); nè tralascia le questioni grammaticali e metriche (10). Tanta copiosa messe di illustrazioni e di commenti doveva far sentire il bisogno di una raccolta: e si vuole che Simmaco intendesse a questo lavoro, compilando un esteso commentario ai drammi d'Aristofane (11). Egli ne pare piuttosto critico letterario: discute, qualche volta corregge le inter-

---

790, 826. *Vesp.*, scol., 772, 804, 604, 675. *Pac.*, scol. 344, 1165. *Ucc.*, scol. 436, 440, 933, 1378.

(1) *Ran.*, scol. 270, 567, 694. *Vesp.*, scol. 213. *Ucc.*, scol. 530.

(2) *Plut.*, scol. 385. *Pac.*, scol. 1060. *Ucc.*, scol. 1337.

(3) *Ran.*, scol. 588, 791, 1422. *Vesp.*, scol. 157. *Ucc.*, scol. 997. *Pac.*, scol. 1126.

(4) *Vesp.*, scol. 604, 674, 675, 696, 1005, 1144, 1150. *Plut.*, scol. 904. *Nub.*, scol. 1264. *Ran.*, scol. 1093. *Ucc.*, scol. 266, 299, 358, 765, 798, 933, 1378, 1745.

(5) *Plut.*, scol. 385. *Vesp.*, scol. 606. *Ucc.*, scol. 1536, 1563.

(6) *Vesp.*, scol. 1086.

(7) *Vesp.*, scol. 675. *Ucc.*, scol. 873, 997, 1379.

(8) *Plut.*, scol. 1011, 1129. *Ran.*, scol. 55, 104, 186, 223, 230, 775, 965, 970, 990, 1305. *Acarn.*, scol. 1076, 1101. *Vesp.*, scol. 1038, 1178, 1309, 1388. *Pac.*, scol. 758, 831, 932, 1254. *Ucc.* (frequentissime citazioni); *Tesmof.*, scol. 162. *Lis.*, scol. 313.

(9) *Ran.*, scol. 13, 704. *Vesp.*, scol. 1063.

(10) *Ran.*, scol. 41, *Vesp.* scol. 772. *Ucc.*, scol. 58. *Ran.*, scol. 1028. *Pac.*, scol. 932.

(11) Lo SCHNEIDER nel suo pregiato lavoro *De veterum in Aristoph. scoliorum fontibus*, Sundiae, 1838) dimostra che quello fu la principal fonte dei nostri scolii.

pretazioni dei commentatori che lo precedettero. Senza tralasciàre di chiarire il senso di parole o frasi (1), con qualche riguardo anche alle osservazioni grammaticali e prosodiache (2), egli intende particolarmente ad illustrare cose letterarie, con richiami e riscontri di versi (3). Chi infine si occupò dell'illustrazione metrica delle comedie aristofanesche, fu Eliodoro; il quale, sebbene citato due sole volte negli scolii (4), pure devesi credere autore degli anonimi commenti metrici alle parti corali (5). Commentatori minori di Aristofane, o meno diretti o dei quali meno sappiamo, sono: Apollonio Discolo, Asclepiade, Dicearco, Demetrio, Cratete da Mallo, Feno (6). Nè devesi qui omettere di accennare l'esistenza di commentarii anonimi (ὑπομνήματα), di cui si fa menzione più d'una volta negli scolii (7). Aristofane poi doveva essere illustrato e giudicato nelle molte opere letterarie generali, che gli Alessandrini e gli eruditi posteriori scrissero sulla drammatica greca.

Ci siamo alquanto trattenuti su questo proposito, perchè lo studio accurato e diligente delle opere del nostro comico

---

(1) *Plut.*, scol. 683. *Nub.*, scol. 864. *Ran.*, scol. 1227. *Cav.*, scol. 755, 979, 1126, 1256. *Vesp.*, scol. 2. *Pac.*, scol. 916. *Ucc.*, scol. 17, 303, 704, 877, 994, 1001, 1121, 1273, 1283, 1681. *Tesmof.*, scol. 393, 710.

(2) *Ran.*, scol. 745. *Ucc.* scol. 58, 1363. *Nub.*, scol. 817.

(3) *Plut.*, scol. 1011. *Cav.*, scol. 84, 963. *Acarn.*, scol. 472, 877, 1128. *Vesp.*, scol. 1302. *Ucc.*, scol. 168, 440, 988, 1294, 1297, 1379, 1705.

(4) *Vesp.*, scol. 1282. *Pac.*, scol. 1353.

(5) Ved. scolii *passim*.

(6) Cfr. J. STOECKER, *De Sophoclis et Aristophanis interpretibus graecis*, Ammonae, 1826.

(7) *Plut.*, scol., 1038: ἐν δὲ τῷ ὑπομνήματι. *Pac.*, scol., 757: οὕτως εὗρον ἐν ὑπομνήματι. Ved. la fine degli scolii agli *Uccelli* (Adn. in sch.), alle *Nubi* ed alla *Pace*. *Vesp.*, scol. 542, 962. *Ucc.*, scol. 283, 557, 1242.

nella tradizione letteraria ci prova indirettamente il concetto
in cui esse erano tenute presso i critici e gli eruditi, in
tempi difficili per le tradizioni greche. Le sue comedie, ancora superstiti, sono lette, commentate, trascritte. E i commentatori delle altre opere della greca letteratura ricorrono
spesso al testo aristofanesco per trovare la conferma di un
fatto, e più spesso per attestare l'atticismo di qualche espressione. È singolare per noi l'espressione antonomastica colla
quale esso è sovente citato dagli antichi commentatori. L'ὁ
κωμικός ci dice, che egli era considerato come il comico
per eccellenza, noto a tutti, l'antesignano degli antichi co-
mediografi (1). Di lui si cerca ricomporre la biografia, il catalogo dei drammi, e determinare la caratteristica della sua
poetica. Naturalmente questo studio riesce più difficile e
meno sicuro, quanto più ci allontaniamo dai tempi che diedero la comedia antica; e mano mano che si perdono le
opere dei primi commentatori. Si giunge così ad un periodo,
in cui, e per mancanza delle fonti autentiche e per difetto
di buon metodo, la comedia aristofanesca è male intesa, e
falsamente illustrata. Tutto riesce oscuro: allusioni, ricordi
storici, tradizioni: l'interpretazione che si tenta è incerta,
insulsa o erronea. Così si formarono le inette compilazioni
sulla comedia attica e sulla vita di Aristofane; così ebbero
origine alcune leggende sul comico ateniese, che noi esamineremo in appresso.

---

(1) Ved. AESCH., *Promet.*, scol. 365: παρὰ τῷ κωμικῷ; SOPH., *Aiax*,
scol. 103, idem. EURIPID., *Orest.*, scol. 167, id. *Ion.*, scol. 550: ...οὗ
μέμνηται καὶ ὁ κωμικός. Aristofane è citato inoltre negli scolii ai dialoghi di Platone, alle orazioni dei retori, ai poemi di Omero, alle
opere di Luciano, Teocrito, Apollonio Rodio, ecc. Merita qui di
essere menzionato il commentario omerico di Eustazio, ove in più
di 600 passi si ricorda Aristofane coll'espressione ὁ κωμικός, oppure:
παρὰ τῷ κωμικῷ. Cfr. BERNHARDY, *Grundriss* ecc., II, p. 624.

È nullameno necessario pel nostro assunto l'esaminare brevemente questi anonimi documenti e rintracciarvi indizi a determinare la riputazione di Aristofane nella tradizione letteraria. Nè saranno semplici indizi. Vi ritroveremo testimonianze dirette, e formali giudizi, espressioni non dubbie sul valore e sulla fama del grande comico.

L'espressione di ἄριστος τεχνίτης, che spesso incontriamo negli anonimi compilatori delle notizie intorno alla comedia, ci attesta l'alto concetto in cui egli è comunemente tenuto (1); come le frasi ἐνέλαμψεν e ἐν ἅπασιν ἐπίσημος ci affermano la sua superiorità fra gli altri comici contemporanei (2). In un articolo di Andronico περὶ τάξεως ποιητῶν Aristofane è evidentemente preposto a Cratino ed a Eupoli nell'enumerazione che si fa dei poeti ἐπίσημοι della comedia antica (3). La grazia ed urbanità negli scherzi (ἡ χάρις (ἐν) τοῖς σκώμμασι) è rilevata come il carattere speciale della sua arte (4), e serve a chiarire il rapporto in che egli sta cogli altri comici, Cratino ed Eupoli : « .....ὁ δὲ 'Αριστοφάνης τὸν μέσον ἐλήλακε τῶν ἀνδρῶν χαρακτῆρα· οὔτε γὰρ πικρὸς λίαν ἐστὶν ὥσπερ ὁ Κρατῖνος, οὔτε χαρίεις ὥσπερ ὁ Εὔπολις..... » (5). I suoi biografi ammirano in lui l'urbano ed ingegnoso poeta (εὐφυής) (6), che alla comedia vagante in una forma incerta dà l'impronta di un carattere severo e maestoso (7). Lo chiamano μακρολογώτατος 'Αθηναίων καὶ εὐφυΐᾳ πάντας ὑπεραίρων (8); e gli danno merito di avere

---

(1) *Prolegg. de Comoed.*, IV, 20 ; IXa, 51.
(2) *Prolegg. de Comoed.*, V, 26.
(3) Ìd. id., X, 5.
(4) Id. id., II, 4.
(5) Id. id., II, 19.
(6) Vedi Βίος 'Αριστοφ., IV, edid. MEINEKE.
(7) Id. d.
(8) *Ex anonymo* περὶ κωμῳδίας, I, ed. MEINEKE. Io ho letto secondo

pel primo mostrato nel *Cocalo* la forma della nuova comedia, da cui prenderanno le mosse Menandro e Filemone (1). Fra le comedie aristofanesche le *Nubi* sono giudicate le più belle ed artistiche (τὸ δὲ δρᾶμα τῆς ὅλης ποι-
ήσεως κάλλιστόν φασι καὶ τεχνικώτατον); vengono quindi
gli *Uccelli* (τὸ δρᾶμα τοῦτο τῶν ἄγαν δυνατῶς πεποιημένων),
i *Cavalieri* (τὸ δὲ δρᾶμα τῶν ἄγαν καλῶς πεποιημένων) e gli
Acarnesi (τὸ δὲ δρᾶμα τῶν εὖ σφόδρα πεποιημένων). Nel giudizio delle *Rane*, pure favorevolissimo, si indica più specialmente il carattere del dramma (τὸ δὲ δρᾶμα τῶν εὖ πάνυ
καὶ φιλολόγως πεποιημένων), e si nota come esso fosse
tanto ammirato per la sua parabasi, da meritare l'onore di
una seconda rappresentazione (2). La proporzione in cui
gli antichi scolii ci sono tramandati dimostra però come le
comedie politiche, le quali dovevano sempre più riuscire
difficili ed oscure, sieno meno studiate delle altre: e come
invece il *Pluto*, le *Nubi* e le *Rane* fossero le più lette ed
ammirate da tutta l'antichità (3). Anche l'ordine in cui le
comedie sono tramandate nella tradizione manoscritta, essendo fondato, come osserva il Nicolai, su un principio
pedagogico-estetico, ci può chiarire del concetto relativo
che di esse ebbero gli antichi commentatori, ed è per noi
indizio del loro particolar modo di giudicare. Essi ponevano il *Pluto* all'apice dell'arte aristofanesca, e vicino ad
esso le *Nubi* e le *Rane*, ordinando le altre nel seguente
modo: *Cavalieri, Acarnesi, Vespe, Pace, Uccelli, Tesmofo-
riaζuse, Ecclesiaζuse, Lisistrata*. Gli Ateniesi contemporanei

la correzione, che il Bentley ha giustamente fatto alla lezione dei manoscritti: μακρῷ λογιώτατος.
(1) Ved. Βίος cit., IV.
(2) Vedi gli argomenti alle comedie.
(3) Nello stesso rapporto stanno i manoscritti delle comedie. Cfr.
Bamberg, *De ravenn. et venet. Aristoph. codd.*, Bonn, 1865.

non avevano portato egual giudizio circa il valore relativo
dei drammi del loro comico, e neppure noi moderni abbiamo potuto accettare la regola stabilita dai commentatori
alessandrini. Per noi la comedia degli *Uccelli* è il parto
più felice della mente aristofanesca; e di essa giustamente
sentenziava il Meinecke: « Perfecti autem poetae divinitas
« in nulla alia comoedia tam clare enitet, quam in *Avibus*,
« in qua quidem comoedia nescio an omnis omnino ars
« comicorum sit consumata » (1).

Resta ora di determinare, dopo avere dimostrata la superiorità del Comico ateniese fra i comici dell'antica comedia, in quale rapporto la critica antica lo ponesse fra i
poeti in genere. A giudizio del Ranke, Aristofane avrebbe
uguagliata la gloria dei grandi poeti, e sarebbe stato posposto soltanto al sommo Omero (2). Siffatta affermazione
è assolutamente smentita da tutte le antiche testimonianze;
le quali, affermata l'incontrastata superiorità del divino
Cieco, sono mirabilmente concordi a concedere a Menandro
la palma fra i comici, e a far seguire ad esso, dei poeti
drammatici, Euripide. Aristofane da Bisanzio, che studiò
con tanto amore il poeta omonimo, rivela palesemente la
sua preferenza per Menandro, pel quale ha un entusiasmo
che sembra follia; sicchè non teme di collocarlo a fianco
di Omero, il divino poeta dell'antichità (3). E pensando a
lui, arrivava a dire: ὦ Μένανδρε καὶ βίε, πότερος ἄρ' ὑμῶν
πότερον ἐμιμήσατο; (4). Il poeta dell'antica comedia avrà potuto essere l'interprete delle aspirazioni e dei bisogni del
suo tempo, il descrittore geniale della società fra cui visse;

---

(1) Ved. *Comic. graec. fragm.*, II, p. 897.
(2) Ved. *De Aristoph. vita comm,*, p. LIII.
(3) Ved. *Ant. Pal.* (Append.), 286.
(4) Ved. Nauck, *Aristophanis Byzantii gramm. alex. fragm.* Halis,
1848, p. 249.

ma Menandro appariva il grande rivelatore degli istinti e dei caratteri invariabili dell'umana natura. E poi: già lo dicemmo; era destino, che la fama d'Aristofane non potesse accrescersi o acquistar splendore nella posterità. Checchè affermi il Ranke, opponendosi in ciò al Roetscher, il quale meglio di lui indagò la fortuna della fama aristofanesca, la comedia del nostro poeta si disconosce sempre più, quanto più s'allontana dai tempi che la produssero; talchè verrà tempo, che se ne fraintenderanno gli intenti e la natura, nè si capiranno più neppure gli scherzi, le facete invenzioni, per tacere delle allusioni politiche o dei fatti storici; e si ammirerà di essa, quello che era soltanto possibile, la forma, l'atticismo (1). Ciò verrà anche meglio in chiaro col seguito della trattazione; nel tentare la quale noi fummo ben lontani, indotti da un falso amore dell'argomento, dal proporci di dimostrare più di quello che i fatti, le testimonianze stesse ci avrebbero constatato.

5. È questo il luogo di trattare di alcune tradizioni leggendarie, le quali hanno stretta attinenza colla fama aristofanesca, sia che riescano a magnificarla o a denigrarla. Dopo ciò che fin qui abbiamo esposto, giova appena notare, come essa non abbia mai avuto, nè potuto avere leggende vere e proprie. Le nostre tradizioni favolose nascono e si formano nella cerchia ristretta dei commentatori, i quali o fraintendono il testo, o non avvertono chiara la ragione di certi fatti, o sono indotti facilmente dalla magra ed incompiuta tradizione letteraria ad ampliarla ed abbellirla. I documenti stessi, che ce le tramandano, sono incerti e vaghi nella loro forma (φασὶ δὲ.....), e giustificano i sospetti sulla veridicità del racconto.

---

(1) RANKE, *Op. cit.*, p. LIV. Del pari inesatta è la sentenza del BÄHR, *Aristophanes* (nella *Enciclopedia* del *Pauly*).

Noi sappiamo, per esempio, che la comedia delle *Rane* piacque tanto agli Ateniesi, da meritare l'onore di una seconda rappresentazione. La notizia era data da Dicearco, e il grammatico che prepose l'argomento alla comedia, ne cita la fonte. Aristofane avrebbe dovuto questo felice successo al fatto d'aver posto l'arte sua a servigio dello Stato, cercando per essa di riuscir utile alla città col consigliarle il buono ed il decoroso. Nei biografi c'è una naturale tendenza ad amplificare, specialmente quando si tratta di dar lode e di abbellire così il proprio soggetto; l'onore di una seconda rappresentazione non parve bastevole: si accettò quindi ben volentieri la voce che diceva, esser egli stato incoronato di un ramo d'olivo. Nel testo primitivo della biografia anonima d'Aristofane si diceva soltanto, che per questi servigi patriottici egli aveva raccolto molta lode (μάλιστα δὲ ἐπῃνέθη). L'ἠγαπήθη che segue colla oziosa dichiarazione dei motivi e la più che inetta ripetizione del τούτου χάριν ἐπῃνέθη mostrano chiaro il carattere della interpolazione, e come tale il Bergk la escluse dal testo. Ma in essa e nel σφόδρα aggiunta in un altro codice si tradisce già la tendenza all'amplificazione. La notizia dell'incoronazione poi (ἐστεφανώθη θαλλῷ τῆς ἱερᾶς ἐλαίας) ha una curiosa apposizione, della cui inopportunità e ridicolezza occorre appena far menzione (...ὅς νενόμισται ἰσότιμος χρυσῷ στεφάνῳ); nè in modo meno grottesco si dà ragione del fatto, ascrivendolo ad alcune parole pronunziate dal poeta nella parabasi (εἰπὼν ἐκεῖνα.....). Quello che con maggior certezza sappiamo del favore degli Ateniesi pel nostro comico non combina colle entusiastiche simpatie, di cui egli, secondo questo racconto, sarebbe stato fatto segno. Essi non riconobbero sempre i generosi fini del poeta, quando appunto propugnava, secondo il suo modo di vedere, la salute e la prosperità della patria. Del resto, non può non sembrar strano, che il commentatore, il quale volle conservata la notizia della seconda rappresentazione delle *Rane*, non avesse anche ricordato l'altra tradizione (se vi era da aggiustar fede) più lusinghiera ed importante, quella dell'incoronazione.

Alle stesse fonti molto incerte dobbiamo un'altra leggenda, la quale mostra più palesi le tracce dell'invenzione, e meglio permette d'investigarne la genesi. La lepida fantasia del poeta aveva finto, parlando di sè agli Ateniesi, che la sua fama fosse giunta sino al re di Persia, il quale avrebbe chiesto agli ambasciatori spartani notizia di lui magnificando l'efficacia politica de' suoi consigli (*Acarn.*, v. 646-651). Questa finzione dinanzi al pubblico ateniese non potea far nascere equivoco, nè poteva illudere i commentatori più antichi, i quali perciò non hanno bisogno di notare che il fatto è pura invenzione comica. Quando l'equivoco può nascere, uno scoliasta avverte l'inganno e lo scopre: τοῦτο δὲ χαριεντεζόμενος ψευδῶς λέγει (*Acarn.*, scol. 649). Ma come vengon tempi, che non si vede più chiaro nelle allusioni della comedia aristofanesca, il lavoro fantastico del poeta è accettato come un fatto vero. Allora conviene spogliare il racconto di ciò che in esso appariva meno verosimile. Come poteva il re di Persia, senza conoscere se il poeta fosse spartano od ateniese, e contro qual parte rivolgesse i suoi sarcasmi, dire, che quella parte nella guerra avrebbe vinto, che avesse avuto un tal consigliere? Così la leggenda, accomodata, riporterà soltanto il fatto, che la fama di lui penetrò in Persia, ove il re avrebbe chiesto di qual parte egli fosse (1).

Più confusa ed incerta si è la tradizione che troviamo

---

(1) È curioso, che un filologo moderno, lo Stoecker (*Op. cit.*), abbia potuto prendere sul serio la storiella, e trarne argomento della diffusione della fama contemporanea di Aristofane anche all'estero.

nella stessa vita d'anonimo, e che riguarda le relazioni della politica ateniese col governo tirannico della Sicilia. Essa narra, che Platone a Dionisio re di Siracusa, desideroso di conoscere lo stato d'Atene, mandò le opere di Aristofane. Questa è una prima versione. Un'altra dice, che mandò le *Nubi*, le quali hanno l'accusa contro Socrate. Non si vede chiaro l'intento che deve aver dato occasione alla leggenda, nè lo spirito che la anima. Volle Platone con quest'atto dar valore o riprovare l'operato del comico ateniese? Ma poi: perchè mandò proprio le *Nubi*? Potevano esse giovare agli studi di Dionisio? Potevano ciò le altre comedie? Osserva giustamente lo Zimmermann: esse giovano assai a noi, tardi nepoti e lontani da quei tempi; ma allora, a che avrebbero servito? S'aggiunga, che il grande filosofo, pur ammirando l'ingegno del poeta, disapprovò l'animosità di lui contro Socrate, il suo venerato maestro (1). Nella forma in cui ci è giunta, questa tradizione giustifica tutti i nostri dubbi e sospetti. Il testo primitivo dovea soltanto riferire il fatto della richiesta di Dionisio e dell'invio per parte di Platone dei drammi (τὴν ποίησιν) d'Aristofane. L'interpolazione posteriore, τὴν κατὰ Σωκράτους ἐν Νεφέλαις κατηγορίαν, avendo inteso in senso ristretto il termine generico di ποίησις, rese quindi necessaria l'altra aggiunta, che ristaura il significato generale del vocabolo, riuscendo però prolissa ed oziosa nel suo contenuto: καὶ συμβουλεῦσαι τὰ δράματα αὐτοῦ ἀσκηθέντα μαθεῖν αὐτῶν τὴν πολιτείαν. Può non parer strano, che della leggenda non si faccia menzione nelle vite platoniche di Olimpiodoro e di Diogene Laerzio? Essa ha forse il suo fondamento nella qualità e nel carattere dei drammi aristofaneschi, e può avere il significato

---

(1) Ved. *Apolog. di Socrate*, c. III.

di designarli come il più vivo e fedele ritratto della politica del loro tempo.

In Olimpiodoro troviamo l'altra tradizione, che alla morte di Platone furono trovate sul suo letto le opere di Aristofane. Il motivo leggendario di designare così l'ammirazione che taluno ha sentito per uno scrittore è assai comune. Ma quello che giova notare, si è che le più antiche testimonianze, riferentisi a Platone, ricordano soltanto il suo amore per i mimi di Sofrone (1). Il nome di Aristofane appare per la prima volta in Olimpiodoro, ove è aggiunto arbitrariamente, ed ha unico fondamento di fatto il favorevole giudizio del filosofo verso il nostro comico, e il particolare d'averlo introdotto interlocutore nel *Simposio*.

Ci restano ancora da esaminare due tradizioni, forse più recenti delle surrecate, ma delle quali sostanzialmente differiscono pel loro effetto di porre il poeta in una luce ingrata e sfavorevole. Partono anch'esse da qualche dato reale, o da accenni non espliciti, e la fantasia vi lavora sopra.

Riferisce Ateneo, che Aristofane scrisse ebbro i suoi drammi. Ciò si diceva di Eschilo ed anche di Alceo. Probabilmente simili leggende si formano su di uno stesso tipo, ripetendolo, e muovono primieramente dall'idea di magnificare il soggetto. Si vuol spiegare l'eccellenza di quelle opere poetiche, coll'assegnarne l'ispirazione ad uno stato di eccitazione e di insolita esaltazione dello spirito. Possono anche derivare da una ristretta e materiale interpretazione di una frase alquanto equivoca, come pare sia il caso nostro. Aristofane avevo detto di sè: νὴ τὸν Διόνυσον τὸν ἐκθρέψαντά με (*Nubi*, v. 519), volendo accennare alla sua giovinezza interamente consacrata alla musa comica, agli agoni

---

(1) Ved. QUINTIL., I. 10, 17. VAL. MASS., VIII, 7. ATENEO, XI, 15. Cfr. anche ESICHIO. *Vit. Sophr.*, e SUIDA, Σώφρων.

poetici, ai quali presiedeva il dio Dioniso. Ma il senso
grossolano dei commentatori prende la frase nella sua significazione materiale, deteriorata e ne forma una falsa tradizione. Se si pensa poi, che Platone nel *Simposio* lo aveva
piacevolmente ritratto sotto un carattere di gioviale smode-
ratezza o intemperanza, e gli aveva fatto dire, che anch'egli
era stato di quelli che il giorno avanti avevano solennemente cioncato; e aveva accennato, per bocca di Socrate,
alle sue occupazioni tutte dedite a Dioniso e ad Afrodite
(...ῷ περὶ Διόνυσον καὶ Ἀφροδίτην ἡ διατριβή), si avranno
tutti gli elementi per giudicare della genesi e della esplica-
zione della leggenda.

Non era sempre facile anche agli antichi stessi il comprendere e l'apprezzare rettamente gli intenti, che il poeta
comico aveva nascosto sotto il velo allegorico o fantastico
delle sue invenzioni. Persino co' suoi contemporanei egli
aveva dovuto spesso fare dichiarazioni insieme a lagnanze.
In seguito la cosa riesce più comune e quasi naturale. Ad
esempio, quasi tutta l'antichità restò colpita dall'irreverente
persecuzione di cui Aristofane aveva fatto segno Socrate
nelle *Nubi*. Quella comedia pregiudicò tanto la fama di
lui nella posterità! Non gli si seppe perdonare d'aver deriso il più grande savio della Grecia. Nè, quando i tempi
si fanno più lontani ed oscuri, riesce facile il riconoscere o
il credere che il Comico ateniese avesse perseguitato in Socrate i sofisti, e che la sua guerra ardita indetta contro di
lui, non meno che contro Euripide, tendesse soltanto a
scongiurare la rovina imminente di Atene. Si vuol cercare
un motivo materiale che dia ragione del fatto. Aristofane
doveva esser stato corrotto dall'oro dei nemici di Socrate.
Eliano, grande ammiratore della filosofia socratica, non si
perita di fare un omaggio al suo maestro, coll'accettare e
divulgare la calunnia contro Aristofane. Gli par naturale

che egli ricevesse una ricompensa per l'opera sua: Εἰκὸς δὲ καὶ χρηματίσασθαι ὑπὲρ τούτων Ἀριστοφάνην. Ma bisognava anche rivendicare l'onore del grande filosofo, e la leggenda è sempre proclive a queste rivincite. Essa vuol quasi ristaurare la moralità dei fatti, compiendo in nome della rettitudine, quello che la realtà e la storia non adempirono. Si disse, che Socrate andò alla rappresentazione delle *Nubi,* pur sapendo di esservi fatto oggetto di ridicolo, e sedette in luogo cospicuo. Il pubblico si divertiva; gli stranieri, quasi meravigliando, chiedevano chi fosse quel Socrate che essi vedevano cosi deriso sulla scena. Allora egli, a togliere ogni dubbio o sospetto, si levò in piedi, e durante la rappresentazione ἑστὼς ἐβλέπετο. Come è bella la leggenda! In questo sguardo austero e dignitoso c'è tutta una condanna dei poeti e di Atene (1).

La leggenda ama pure di collegare i fatti, di connettere cause ed effetti. Non importa, se fra le une e gli altri vi sono grandi lacune; essa le colma. Così essa divulgò, che la condanna del filosofo era stata conseguenza della comedia delle *Nubi.* Aristofane avrebbe dovuto avere questo grande rimorso d'avere sacrificato a' suoi scherzi una vittima sì cara. Uno scolio molto importante ci dice come fosse opinione divulgata, che nessun odio personale avesse mosso Aristofane a scrivere la sua comedia (2); e la storia ci mostra, che un intervallo di 23 anni corse fra la rappresentazione e la condanna. Che questi fatti non fossero un ostacolo alla formazione della leggenda, non v'è chi possa maravigliarsene. Fa piuttosto meraviglia il vedere critici moderni accettare e dar peso alla favola, non altrimenti che

(1) ELIANO, *Var. Hist.,* II, 13.
(2) *Nubi,* scol. 96.

fosse un fatto accertato (1). Il racconto di Eliano, così
ricco di particolari tendenti a dargli un colorito omogeneo
e naturale; ispirato da tanta manifesta animosità contro il
nostro comico, di più in opposizione colle antiche testimonianze, non dovrebbe poter illudere alcuno.

Tutte queste tradizioni riflettono per così dire la storia
della varia fortuna della fama aristofanesca. Dall' apoteosi
essa scende giù giù sino all'infamazione. Aristofane è dapprima il generoso cittadino, che provvede al bene della città,
la quale riconoscente lo fregia di quell'alloro, di che onora
i grandi liberatori dello Stato; poscia è il vile mercenario,
che l'oro di due abietti accusatori induce a diffamare un
nome, che è gloria della patria stessa.

6. Giova continuare le ricerche, seguendo il corso storico della tradizione letteraria. La Grecia è decaduta, è
vero, ma la ricca eredità della sua cultura non si smarrisce
o si sperde; passa bensì dall'oriente all'occidente, senza che
s'interrompa il filo della continuità. Le due correnti, greca
e romana, si mescono, si confondono, e proseguono così il
loro cammino nel più vasto corso della civiltà. Studiamo
attraverso ad esse le vicende del nome aristofanesco.

Senonchè a prima vista, sembra che pel caso nostro speciale si sia rotto e perduto ogni filo di tradizione. Le lettere latine al loro apparire ci si mostrano bensì adorne del
coturno e del socco. Ma sulla scena romana troviamo Euripide e Menandro, non già Sofocle ed Aristofane. E in
seguito, anche fuori del teatro, nel recesso tranquillo dei
cultori delle muse, Menandro è quello che ne occupa le
menti. È Menandro, che Orazio si prosciegle a compagno
del viaggio, quando chiede all' ameno soggiorno della sua

---

(1) Ved., ad es., DESCHANEL, *Études sur Aristophane*, p. 152, 154 sgg.

villetta di Tivoli il riposo e lo svago dalle clamorose brighe della città (1); a Menandro si rivolge Properzio, per averne refrigerio all'ardente passione, che l'ingratitudine di Cinzia rende infelice (2). Lo stesso Orazio, quando vuol pungere i depravati costumi del suo tempo, e pensa ai poeti castigatori dell'antica comedia attica, non alla musa aristofanesca, ma all'eupolidea chiede l'invettiva per la sua satira (3). Menandro ha una folla di successori nel teatro latino: Nevio, Cecilio, Plauto, Terenzio, Trabea, Afranio; Svetonio ci dice, che Augusto si dilettava molto del teatro, anche della comedia antica, che egli spesso offrì ai pubblici spettacoli (4). Ma bisogna credere col Welcker, che probabilmente colla denominazione di *comoedia vetus* sia designata la comedia antica greca, specialmente di Menandro, in contrapposto alla comedia romana posteriore (5). Nello stesso senso va intesa la denominazione di ἀρχαία κωμῳδία di cui era attore l'ateniese Aristomene, che, a quanto riferisce Ateneo, Adriano teneva sempre presso di sè, chiamandolo *pernice attica* (Ἀττικοπέρδιξ) (6). Anche più tardi, i drammi che generalmente si leggono, sono quelli imitati o tradotti dalla nuova od anche dalla mezzana comedia. Gellio parla chiaro in proposito: « Comoedias lectitamus « nostrorum poetarum sumptas ac versas de Graecis, Me- « nandro aut Posidippo aut Apollodoro aut Alexide et qui- « busdam item aliis comicis (7) ». Si può dire in generale,

---

(1) *Sat.*, II, 3, v. 11.
(2) *Eleg.*, III, 21, v. 26-28.
(3) *Sat.*, II, 3, v. 12.
(4) SVET., c. 43 e 89.
(5) WELCKER, *Die Griechisch. Tragödien*, Bonn, 1839-1841, III, p. 1409.
(6) ATEN., III, c. 78. Cfr. WELCKER, *Op. cit.*
(7) GELL., *Noct. Att.*, II, 23.

che i Romani hanno poco interesse per la grande letteratura greca del buon tempo, fatta una sola eccezione per
Euripide. La comedia antica poi è rimasta un fossile del
vecchio strato terroso, in cui l'ha collocata la storia. Legata al tempo che la produsse, non poteva infatti trasmet-
tersi od essere imitata. La sua sorte è dunque fatale, indipendente dal suo valore intrinseco e reale. È con questo
criterio, che va giudicata la sfavorevole condizione della
fama aristofanesca nella posterità. Qualche po' dell'eredità
dell' antica comedia si può appena dire trasmessa ai satirici romani; a Lucilio (1), ad Orazio (2), Persio, Giovenale..... Le nostre ricerche ci dimostrano, che in tutto il
periodo romano Aristofane è poco letto, poco studiato, nè
sempre inteso. Si ricorda un *Aristophanes*, che fu *poeta
veteris comoediae;* ma da queste stesse denominazioni dichiarative, dalle scarse e magre citazioni si vede, che poco
lo si conosce. Nelle opere di Cicerone troviamo appena
cinque luoghi in cui o si cita Aristofane o si allude alla
sua comedia. Orazio lo nomina una sola volta insieme agli
altri poeti, *quorum comoedia prisca... est.* Dionigi d'Alicarnasso cita più d'una volta il tetrametro anapestico ari-
stofaneo, poi riporta un vocabolo aristofanico, e lo giudica
brevemente, citandolo insieme a Cratino e ad Eupoli. Una
sola volta è citato da Diodoro Siculo, da Vitruvio, da Vel-
lejo Patercolo, da Persio. Seneca fa parlare Socrate, il
quale dice di avere una volta offerto materia di scherzo ad
Aristofane, e di essere stato mordacemente assalito da tutti
i comici di quel tempo. Asserisce altrove Seneca, che il filosofo prese quelle facezie in buona parte e ne rise. Plinio
nella sua *Storia Naturale,* a proposito del *baccar,* radice

---

(1) HORAT., *Sat.*, I, 4, 6.
(2) *Sat.*, I, 10, 16-17.

da cui si traeva unguento, cita la testimonianza di Aristofane, *priscae comoediae poeta* ; e a proposito dello *scandix*
ricorda lo scherzo aristofanesco contro Euripide, quale figlio
di un' ortolana, che non vendette mai un buon cavolo. La
sola volta che Valerio Massimo lo menziona, lo fa inesat-
tamente, attribuendo a Pericle una sentenza, che è invece
pronunziata da Eschilo nelle *Rane*. Quintiliano si vale due
volte della testimonianza di Aristofane, e lo giudica nelle
sue *Istituzioni*. Plinio Cecilio allude indirettamente in una
sua lettera alla qualità della comedia attica antica con speciale riguardo ad Aristofane; e in un' altra, citati alcuni
versi di Eupoli, riporta il noto verso degli *Acarnesi* che si
riferisce a Pericle. Copiose menzioni d' Aristofane e citazioni di versi delle sue comedie troviamo in Plutarco, il
quale inoltre scrisse un confronto fra i due rappresentanti
dell'antica e della nuova comedia, che considereremo a suo
luogo. Nè sempre quelle citazioni sono accompagnate dal
nome del comico o del dramma da cui sono tratte, ma per
lo più fatte in generale e colla denominazione generica :
ὡς οἱ κωμικοὶ λέγουσι, oppure: κατά γε τοὺς τῆς ἀρχαίας κωμῳδίας ποιητάς. Due citazioni riscontriamo in Dione Crisostomo, in una delle quali si dà un sommario giudizio dei
comici dell' antica comedia. Elio Aristide menziona due
sentenze aristofanesche, una riguardante Pericle, l' altra la
garrulità dei poeti contemporanei del nostro comico. Zenobio
ci conserva tre proverbii tratti dalle comedie. Appiano riporta la sentenza, che prima bisogna saper trattare il remo,
e poi reggere il timone. Aulo Gellio cita le Ὁλκάδες, e in
quattro luoghi riporta versi delle *Rane,* e delle *Tesmoforia-
zuse*. Galeno ha tre citazioni aristofanee; assai più se ne trovano in Erodiano. Pausania una sola volta ricorda Aristofane, come autorità. Luciano in più passi allude a lui ed ai
comici del tempo; in un viaggio aereo ricorda *Nubicuculia*,

e altrove riporta versi degli *Uccelli*. In quattro capitoli della *Storia degli animali* di Eliano, a proposito delle varie specie di uccelli, si ricorre all'autorità o alla menzione aristofanesca nel dramma che da essi s'intitola. Nella *Varia Istoria* invece si cita Aristofane per le sue rappresentazioni di tresche muliebri, e si parla a lungo della persecuzione contro Socrate e della comedia delle *Nubi*. Ateneo ha quasi duecento citazioni di Aristofane, con versi dei varii drammi; ricorda l'Aristofane platonico, e dà al nostro poeta l'appellativo di ἥδιστος. Nella copiosa messe epigrammatica dell'*Antologia* abbiamo, tolto il platonico, due soli epigrammi dedicati ad Aristofane: l'uno di Diodoro, l'altro di Antipatro di Tessalonica. Diogene Laerzio accetta la tradizione di Anito istigatore di Aristofane contro Socrate, e in due luoghi cita versi delle comedie. In Sesto Empirico è citato una volta sola. Clemente Alessandrino di tre citazioni ne ha una preziosissima, la quale ci conserva un lungo frammento delle *seconde Tesmoforiazuse*. Longino ascrive il nostro comico nel numero di quei poeti, che non disposti da natura ad elevarsi nella creazione sino al sublime, riescono nullameno non di rado a raggiungerlo. Giuliano imperatore ricorda i tipi degli schiavi e dei vecchi taccagni, introdotti sulla scena dalla comedia antica, e parodia il primo verso degli *Acarnesi* nel seguente modo:

« δάκνομαι δὲ καὶ δέδηγμαι τὴν ἐμαυτοῦ καρδίαν ».

Anche Libanio sofista menziona nelle sue epistole le maldicenze aristofanesche contro Socrate, e più volte allude celatamente agli scherzi del nostro poeta, senza riportare versi delle comedie. S. Girolamo nel *Chronicon* determina il periodo dell'attività del nostro comico sulla scena. Eunapio s'accorda anch'esso con Eliano per ciò che riguarda

la persecuzione di Socrate. Per questioni metriche due volte
lo citano Marco Vittorino e Attilio Fortunaziano; mentre
Terenziano Mauro celebra in tre versi latini la fecondità e
varietà dei metri, pei quali Aristofane parve emulare la
musa archilochea :

> « Aristophanis ingens emicat sollertia,
> Qui saepe metris multiformibus novus
> Archilochon arcte est aemulatus musica ».

Achille Tazio commemora le salse arguzie aristofanesche,
introducendo un sacerdote, che egli ne dice felice imitatore.
E Olimpiodoro, scrivendo la vita di Platone, ne fa un assiduo lettore di Aristofane, le cui opere si sarebbero trovate sul letto del filosofo alla sua morte. Nel suo *Flori-
legio* Stobeo accoglie un discreto numero di luoghi delle
comedie, sebbene assai più abbondante sia la parte fatta a
Menandro e ad Euripide. Infine, Aristofane è messo a profitto dai grammatici e dai lessicografi; da Polluce, Erodiano, Esichio, Macrobio, Arpocrazione e Prisciano.

Aristofane dunque vive in tutta la lunga tradizione greco-
romana. Il periodo, in cui la sua memoria è più viva, è
quello dei retori e dei sofisti. Comunemente lo si ricorda,
come quegli che fu l'accusatore di Socrate, e il persecutore
di Euripide e delle donne. Le *Nubi* e le *Rane* sono quindi
le comedie di lui più spesso menzionate; il *Pluto* è la più
facile e la più intesa. Il contenuto dei drammi per lo più
resta oscuro; la forma invece è costantemente ammirata e
celebrata; grazia e purezza d'atticismo, varietà di forme
ritmiche e metriche. Uno dei tratti che resta famoso e che
si cita spesso è quello in cui il poeta ha rappresentato Pericle l'*olimpico*, che della sua eloquenza folgora, rintuona,
sommove tutta l'Ellade (*Acarn.*, v. 531):

ἤστραπτ', ἐβρόντα, ξυνεκύκα τὴν Ἑλλάδα.

Di imitazioni aristofanesche, nel senso ampio e speciale in cui va presa questa espressione, possiamo citare due soli esempi: la comedia di Vergilio Romano, di cui ci ha serbato memoria Plinio il Giovane, e il *Timone* di Luciano, esemplato sul *Pluto*. Nelle altre opere di questo scrittore si possono trovare molti riscontri colle comedie aristofanesche; imitazioni di parole o locuzioni, di invenzioni e di pensieri. Anche Luciano deride gli dei forestieri, e introduce barbari e peregrini che parlano nel loro gergo, e descrive nell'orco una gara fra Alessandro ed Annibale per il trono da assegnarsi al più forte (1). Infine Cicerone parla di una lettera di suo fratello Quinto: «*Aristophaneo modo valde mehercule et suavem et gravem* (*Epist*. III, 1, 6).

Esaminata la tradizione, dobbiamo ora occuparci particolarmente dei giudizi, che sono per noi la parte più importante. Chiediamo ai critici dell'antichità la determinazione del concetto e del valore poetico di Aristofane; ci dicano essi qual grande poeta sia stato Aristofane fra i comici greci.

7. Cicerone (*De Leg.*, II, 15) cita Aristofane e lo chiama *facetissimus poeta veteris comoediae*. Egli lo leggeva e lo preferiva ad Eupoli (*Ad Att.*, XII, 4). Un altro suo giudizio possiamo riconoscere nelle parole sopra citate, con cui qualifica la lettera scrittagli dal fratello Quinto: *Aristophaneo modo valde mehercule et suavem et gravem*. Senza citare Aristofane, egli determina altrove (*De Off.*, I, 29) assai esplicitamente il carattere dell'antica comedia,

---

(1) Ved. ZIEGELER, *De Luciano poetarum iudice et imitatore*, Gottingae, 1872.

quando dice che quel *genus iocandi* è *elegans*, *urbanum,* *ingeniosum*, *facetum.*

Un epigramma di Diodoro assegna al poeta il titolo di divino, e lo celebra come il maggiore rappresentante della antica comedia (1):

Θεῖος Ἀριστοφάνευς ὑπ' ἐμοὶ νέκυς· εἰ τίνα πεύθῃ
κωμικὸν, ἀρχαίης μνᾶμα χοροστασίης.

Naturalmente, se un epigramma non si può prendere per un formale giudizio, possiamo però riconoscervi l'espressione d'un determinato concetto.

Dionigi d'Alicarnasso, parlando della comedia antica (*Ars Ret.*, XI) cita insieme ad Aristofane Cratino ed Eupoli, e ne riconosce sotto la forma comica e faceta, la serietà e l'efficacia: «ἡ δὲ κωμῳδία ὅτι πολιτεύεται ἐν τοῖς δράμασι καὶ φιλοσοφεῖ, ἡ περὶ τὸν Κρατῖνον καὶ Ἀριστοφάνην καὶ Εὔπολιν, τί δεῖ καὶ λέγειν; ἡ γάρ τοι κωμῳδία αὐτὴ, τὸ γελοῖον προστησαμένη, φιλοσοφεῖ». Nella *Censura veterum scriptorum*, là ove giudica dei tragici, di Eschilo, di Sofocle e di Euripide, si può dire, che sfrutta la critica aristofanesca delle *Rane*: sebbene già vi si riveli il nuovo indirizzo dei tempi, e il predominio del gusto, che preferiva Euripide fra i tragici, e Menandro fra i comici (2). Ivi parla pure dei comici in generale, ma con molta determinatezza di espressione: « .....εἰσί γε καὶ τοῖς νοήμασι καθαροὶ καὶ σαφεῖς καὶ βραχεῖς καὶ μεγαλοπρεπεῖς καὶ δεινοὶ καὶ ἠθικοί ».

Antipatro di Tessalonica, come Diodoro, celebra in un epigramma, ma con maggior enfasi, l'opera aristofanesca, che esso pure chiama divina (θεῖος πόνος): e nella cui lettura

---

(1) *Anth. Pal.*, VII, 38.
(2) Ved. l'op. cit. sotto questi nomi: Aeschylus, Sophocles et Euripides.

gli par di sentire ancor viva la voce fiera del poeta, abbellita dalle grazie (1):

Βίβλοι 'Αριστοφάνευς, θεῖος πόνος, αἷσιν 'Αχαρνεύς
κισσὸς ἐπὶ χλοερὴν πουλὺς ἔσεισε κόμην.
ἠνίδ' ὅσον Διόνυσον ἔχει σελὶς, οἷα δὲ μῦθοι
ἠχεῦσιν, φοβερῶν πληθόμενοι χαρίτων.
ὧ καὶ θυμὸν ἄριστε, καὶ ἤθεσιν 'Ελλάδος ἶσα
κωμικὲ, καὶ στύξας ἄξια καὶ γελάσας.

Notevole l'allusione delle grazie, di cui l'epigramma platonico rappresentava l'imagine personificata, e che è la qualità caratteristica avvertita concordemente dagli ammiratori del nostro comico.

Due versi di Persio, nei quali egli ricorda i poeti antesignani dell'antica comedia, possono dimostrarci che anche il satirico romano avvertiva la profonda serietà dell'opera di Aristofane, il cui nome accompagna della qualifica di *praegrandis* distinguendolo così a preferenza dell'*audace* Cratino e dello *sdegnoso* Eupoli (2).

« . . . . . Audaci quicumque afflate Cratino,
Iratum Eupolidem praegrandi cùm sene palles ».

Delle tre menzioni che riscontriamo in Quintiliano, una sola ci dà un esplicito giudizio della comedia aristofanesca, sebbene subordinato al criterio con cui nel decimo libro delle *Instituzioni* giudica delle opere antiche: considerandole cioè sotto il rapporto della maggiore o minore loro opportunità a formare il vero oratore. Ad ogni modo, quello

---

(1) *Anth. Pal.*, IX, 186.
(2) *Sat.*, 1.

che egli dice della comedia antica, è giusto, e concorda col
sentimento di Cicerone: « Antiqua comoedia cum sinceram
« illam sermonis Attici gratiam prope sola retinet, tum fa-
« cundissimae libertatis, etsi est insectandis vitiis praecipua,
« plurimum tamen virium etiam in ceteris partibus habet.
« Nam et grandis et elegans et venusta, et nescio an ulla...
« aut similior sit oratoribus aut ad oratores faciendos aptior.
« Plures eius auctores; Aristophanes tamen et Eupolis Cra-
« tinusque praecipui (1) ».

Altrimenti dell'opera aristofanesca ebbe a sentenziare
Plutarco, il quale del resto dimostra di conoscere diffusamente le produzioni della comedia antica. In generale, egli
non vede di buon occhio questi poeti, appunto perchè non
si sa far ragione del carattere e della natura di essi (2). Egli
ci può esser testimonio del come a quel tempo già si fra-
intendessero o mal si apprezzassero le tradizioni greche,
delle quali sfugge il vero senso. Egli giudica Aristofane da
un falso punto di vista; non tien conto delle ragioni storiche, e lo raffronta con Menandro, che dall'età sua era tenuto per il più gran poeta comico. Posto in tal modo, il
confronto non reggeva, e il risultato non poteva essere che
erroneo ed ingiusto. Ma alla lor volta questi attacchi Plu-
tarchiani ci attestano vieppiù la rinomanza di Aristofane,
il quale si poteva dunque in certo modo creder degno di
esser paragonato a Menandro. La critica di Plutarco ci è
conservata soltanto in un'epitome, ma pure giova esami-
minarla brevemente (3). Essa riguarda quattro capi prin-

---

(1) *Inst. Orat.*, X, 1, 65.

(2) Tracce dell'animosità di PLUTARCO contro i comici si possono
vedere: *Vit. Pericl.*, c. 13; *Themist.*, c. 19; *De Herod. malign.*,
c. 6; *De Gloria Ath.*, c. 6.

(3) *De Comparatione Aristoph. et Menandri epitome* (Opere morali,
II, 1039).

cipali. Primo, l'espressione di Aristofane è inetta (φορτική), scurrile (θυμελική) e rustica (βάναυσος); piena di antitesi e di omoioteleuti e di epiteti; priva di un carattere peculiare (I, 2-3). Secondo: il suo dialogo è sconveniente, e non accomodato ai singoli caratteri, che il poeta vuol rappresentare (I, 6). Terzo: in ragione di questi difetti il poeta non potè piacere nè al popolo, nè essere tollerato dai saggi. Giacchè la sua poesia, a mo' d'un'etéra invecchiata e senza vigore, che poi vuol far da matrona, non riesce per la sua insolenza accetta ai più, ed è abbominata dagli uomini gravi per la sua impudicizia e malizia (III, 3). Infine: mentre i sali comici di Menandro sono vivaci e graziosi e quasi nati dallo stesso mare, da cui sorse Venere; quelli di Aristofane sono amari ed aspri, acri, mordenti, esulceranti (IV, 2). Poichè l'astuzia ei non la ritrae urbana, ma maliziosa (τὸ... πανοῦργον, οὐ πολιτικὸν, ἀλλὰ κακόηθες); la rustichezza, non semplice, ma stolta (τὸ ἄγροικον, οὐκ ἀφελὲς, ἀλλὰ ἠλίθιον); gli scherzi non suscitano il riso, ma son degni di essere derisi (τὸ γελοῖον, οὐ παιγνιῶδες, ἀλλὰ καταγέλαστον); infine, la passione amorosa non è dipinta nella sua gaia ilarità, ma nella sua libidinosa intemperanza (τὸ ἐρωτικὸν, οὐχ ἱλαρὸν, ἀλλ' ἀκόλαστον). Talchè conclude: οὐδενὶ... ὁ ἄνθρωπος ἔοικε μετρίῳ τὴν ποίησιν γεγραφέναι, ἀλλὰ τὰ μὲν αἰσχρὰ καὶ ἀσελγῆ τοῖς ἀκολάστοις, τὰ βλάσφημα δὲ καὶ πικρὰ τοῖς βασκάνοις καὶ κακοήθεσιν (IV, 4).

È curiosa la difesa che del giudizio plutarchiano fece nel secolo XVI Nicodemo Frischlino (1). Egli ne ribatte capo per capo le accuse, con mòlta indipendenza di giudizio e con un tono giocondo e quasi scherzoso. Riconosce, che nel linguaggio aristofanesco c'è l'elemento scur-

---

(1) *Defensio Aristophanis contra Plutarchi criminationes* (nell'ediz. di ARISTOFANE, Francf. ad M., 1586).

rile ed osceno; ma lo trova opportuno e conveniente al
carattere del personaggio che il poeta vuol rappresentare.
E s'adatta del pari all'indole dell'antica comedia, la quale
tende a destare ilarità e piacevolezza. Di più osserva, che
quello stesso Menandro tanto glorificato dal suo ammiratore, non va esente dalla taccia di poeta scurrile, come lo
prova la sentenza di Plinio, che lo chiama *omnis lu-*
xuriae interpretem. Plutarco avrebbe notato che la dizione aristofanesca è insieme tragica, comica, fastosa, pe-
destre, oscura, volgare, verbosa ed inetta. Il Frischlino non
si spaventa di questa atroce conclusione (*atrocem in illum*
clausulam), nè la confuta seriamente, ma soggiunge: *Bona*
verba, Plutarche; nam talem esse dictionem Aristophanis
nunquam probabis. Plutarco aveva rinfacciato ad Aristofane la sconvenienza dei caratteri da lui attribuiti ai varii
personaggi; notando, doversi il re rappresentare fastoso e
superbo; l'oratore facondo; la donna, semplice; l'uomo volgare, umile; il mercante, protervo ed insolente. Ma il Frischlino confuta l'assolutezza eccessiva della sentenza con
queste parole: *Primum pro Aristophane respondeo, non*
omnibus regibus affingendum in comoedia fastum, cum
multi sunt mansueti, clementes; sed illis tantum qui tales
sunt...... Deinde simplicitatem in mulierum orationibus
recte neglexit Aristophanes, cum foeminae sua natura non
sint simplices, sed duplices, callidae et versutissimae. Poi
gli contende, che Aristofane non godesse favore al suo
tempo. Anche il figurare carattere volgari era l'intento del
poeta stesso, il quale li ritraeva secondo la realtà che avea
dinanzi. *Aristophanes veras, non fictas (sicut Menander)*
personas in scenam producebat.

Una migliore confutazione della critica di Plutarco si potrebbe facilmente fare coi veri argomenti tratti dalla diversità di tempi, di tradizioni, di criterii. Ma non mette conto

l'intrattenervisi maggiormente. Notiamo piuttosto, come di qui incominci a formarsi nella tradizione un sinistro concetto sulla natura e sull' operato del nostro poeta. Dione Crisostomo già non vede in questi comici antichi, che vili adulatori del popolo, costretti a nascondere i loro detti mordaci sotto forme ridicole; a quel modo, che le balie aspergono di miele la tazza, per far tranguggiare l'amara bevanda ai fanciulli (1). Di tal guisa essi riescono a recare più danno che utile alla città : τοιγαροῦν ἔβλαπτον οὐχ ἧττον ἤπερ ὠφέλουν, ἀγερωχίας καὶ σκωμμάτων καὶ βωμο-λοχίας ἀναπιμπλάντες τὴν πόλιν (2). Anch'egli ha delle simpatie per Menandro, la cui grazia e la cui pittura universale dei costumi dice assai più degna della terribilità dei comici antichi (3). Eliano riuscirà ad infamare il nome di Aristofane, divulgando l'opinione, che egli sia stato un prezzolato di Anito e di Melito (4). Lo chiama βωμολόχον ἄνδρα καὶ γελοῖον ὄντα καὶ εἶναι σπεύδοντα: e si persuade, che ricevesse una mercede per l'empia accusa, αὐτὸν δὲ πένητα ἅμα καὶ κατάρατον ὄντα.

Presso gli scrittori latini prevale un miglior concetto. Plinio il giovane ci dà notizia d'un poeta, amico suo, Vergilio Romano, imitatore dell'antica comedia attica : e indirettamente ci mostra come egli ne apprezzasse la forza, la grandezza, il lepore. « Atque adeo nuper audivi Vergilium « Romanum paucis legentem comoediam ad exemplar ve- « teris comoediae scriptam tam bene, ut esset quandoque « possit exemplar..... Non illi vis, non granditas, non su- « blimitas, non amaritudo, non dulcedo, non lepos defuit » (*Ep.* VI, 21).

---

(1) *Orat..* XXXIII, 9.
(2) Loc. cit.
(3) *Orat.*, XVIII, 35.
(4) *Var. Hist.*, II, 13.

Aulo Gellio s'accorda pienamente con Cicerone, e in due passi segnala la vena faceta del comico ateniese, chiamandolo *facetissimus poeta* (I, 15), e *facetissimus comicorum* (XIII, 25).

Fin in Luciano, ammiratore non dubbio della poesia aristofanesca, si trova traccia di quella tradizione che aveva messo in mala luce l'operato di lui, là ove chiama Eupoli ed Aristofane δεινοὺς ἄνδρας ἐπικερτομῆσαι τὰ σεμνὰ καὶ χλευάσαι τὰ ὀρθῶς ἔχοντα (1). Ma ne differisce essenzialmente nel giudicare il valore intrinseco di quelle comedie, le cui fantasie dovevano così favorevolmente acconciarsi alla sua indole vivace ed immaginosa. In quel fantastico viaggio attraverso ad ignote regioni esso si trova un giorno trasportato vicino alle nubi: dove egli ed i suoi compagni si meravigliano di vedere la città di Nubicuculia. A quella vista si ricorda di Aristofane, poeta saggio e veritiero, di cui temerariamente si disconoscono le veraci parole: .....ἀνδρὸς σοφοῦ καὶ ἀληθοῦς καὶ μάτην ἐφ᾽ οἷς ἔγραψεν ἀπιστουμένου (2). Veramente egli qui non parla in sua persona, nè quelle parole sono scevre da un senso faceto, il quale peraltro non ci pare infirmi la sostanza del concetto. Nè l'avere il poeta deriso Socrate è argomento che presso lui valga a metterlo in mala parte; chè anzi ne lo scusa, notando aver esso fatto ciò nelle feste dionisiache, quando lo scherzo era lecito, e lo stesso dio della comedia si compiaceva di ridicole rappresentazioni (3). Gli *Uccelli* ed il *Pluto* sono le comedie che egli mostra di prediligere; e altrove vedemmo come ne traesse materia d'imitazione.

Se si richiamano qui i fuggevoli giudizi che altrove ac-

---

(1) *Bis Acc..* 33. Cfr. *Verae Hist..* 1, 29.
(2) *Ver. hist.*, 1, 29.
(3) *Pisc.*, 25.

cennammo, di Ateneo, di Longino e di Terenziano Mauro, nonchè le vaghe espressioni dei grammatici, che encomiano nell'opera aristofanesca la grazia attica e la purezza della locuzione, avremo dinanzi tutti i giudizi che la critica antica in diversi tempi e per diversi scrittori e sotto forme diverse portò sul comico ateniese. A dir vero, non abbiamo una messe ricca, nè in tutto buona. Quei giudizi sono superficiali, parziali, contradditori. Ci dicono, che Aristofane fu poeta grave, facetissimo, che ebbe rette intenzioni, o fu terribile derisore d'ogni cosa sacra; che fece male a perseguitare Socrate ed Euripide. Sono giudizi regolati da vari criteri, che non sempre penetrano le intime ragioni dell'antica comedia, nè sempre fanno ragione dei tempi, o si sottraggono all'influenza del gusto dominante. Quintiliano considera Aristofane sotto un rapporto troppo speciale e ristretto; Plutarco lo giudica in un raffronto che di per sè non regge; Eliano si rivela animato da sentimenti personali in suo disfavore. Chi lo comprese meglio fu Luciano; e i giudizi più equi sono forse quelli di Cicerone e di Plinio.

VIII. Esaurita la ricerca delle fonti letterarie, resta a vedere ciò che nel campo dei monumenti dell'arte possiamo raccogliere per la fama di Aristofane. Tanto le opere plastiche che a lui fossero dedicate, quanto quelle che da lui avessero tratto ispirazione o motivo della creazione artistica, formano materia che riguarda da vicino il nostro argomento.

Se non che anche qui la scarsità dei nuovi documenti ci dimostra, concorde in ciò colla tradizione letteraria, la sfavorevole condizione della rinomanza del nostro comico. Nè vale il dire, che cotesti sono argomenti negativi; poichè, come già bene avvertiva il Leopardi, sebbene essi « siano per lo più di scarso peso, ove si tratti di rinomanza non è così ». Mentre sappiamo, che ai tre grandi tragici ed ai rappresentanti della nuova comedia furono con decreto pubblico dedicate statue nel teatro ateniese; mentre ancora ammiriamo, salvate dalle rovine del tempo e degli uomini, le grandiose effigie di Sofocle e di Euripide, di Menandro e di Posidippo; di Aristofane nè abbiamo notizia di monumenti a lui consacrati, nè fino a questi ultimi anni si conosceva di lui ritratto alcuno. Chè non vale la pena di ricordare la gemma raffigurante un uomo calvo incoronato d'edera e con ape in bocca, nella quale arbitrariamente si volle riconoscere l'imagine del nostro comico (1). Invece con qualche fondamento si credette di avere l'effigie di lui nell'erma medicea, che nel plinto ha scolpita in tre righe l'iscrizione :

ΑΡΙΣΤΟΦΑΝΗΣ

ΦΙΔΙΠΠΙΔΟΥ

ΑΘΗΝΑΙΟΣ

Senonchè, nè l'epigrafe parve autentica, e la testa senza dubbio non apparteneva all'erma, essendovi evidentemente sovrapposta. Fu quindi respinta dal Winckelmann; e tuttochè il Welcker abbia poscia voluto riconoscerla per buona, conviene annoverarla fra le erme ancora dubbie. Il DÜT-SCHE (*Ant. Marmorbildw.*, III, n° 420) la chiama *Erme des sogennanten Aristophanes*, senza punto accennare alla probabilità di quella denominazione. Anche nel museo Capitolino (n° 30) trovasi un busto, che è falsamente attribuito ad Aristofane. Lo stesso devesi dire dell'erma di Villa Albani (n° 85), nella quale il Welcker, pur riconoscendo la poca

---

(1) Cfr. WINCKELMANN, *Alte Denkm. d. Kunst.*, II, p. 114, tav. 191.

espressione del ritratto, volle trovare una rassomiglianza
generale ad Aristofane (1). Ma il Welcker stesso fu poi il
felice scopritore di un'erma bicipite proveniente dal Tusculo, la quale ci presenta le effigie di Aristofane e di Menandro, congiunti assieme, quali maggiori rappresentanti di
due diversi generi di poesia comica. Egli stesso la pubblicò
e la illustrò negli *Annali dell' Instituto archeologico di
Roma* (a. 1853, p. 250-265, mon. V, tav. 55), e nelle *Alte
Denkmäler* (V, p. 40-55). Trovasi nel museo di Bonna,
ed è così descritta dal KEKULÉ nel relativo catalogo (*Das
Akad. Kunstmus. ẓu Bonn*, Bonn, 1872) sotto il n° 688:
« Erma di Aristofane e Menandro. Dono di Fr. G. Wel-
« cker, marmo greco, alto 0,26 m., trovato a Tusculo.
« Restaurati sono ambedue i nasi e parte dell'erma ».

Alla determinazione welckeriana dell'erma si oppose lo
Starck, il quale prendendo argomento dall'avere l'artista
male ritratta la calvizie di Aristofane, e citando alcuni passi
antichi riferibili a Cratino, volle vedere l'effigie di quest'ultimo nel busto contrapposto a Menandro (2). Ma all'obbiezione dello Starck si rispose facilmente, dimostrando,
come l'epiteto di φαλακρός, che Aristofane, scherzando, dà
a sè stesso, non dovesse prendersi in un significato assoluto
e proprio, ma nel senso d'uno, che ha pochi capelli sulla
fronte, e che già incomincia a diventar calvo (ἀναφάλαν-
τος (3). Se poi si osserva, che l'artista non si occupò molto
di riprodurre accuratamente i capelli di quelle due teste, e
forse nell'una volle anzi coprire il difetto naturale, si vedrà
quanto ancor più scemi il peso dell'obbiezione di quell'ar-

---

(1) Ved. MORCELLI-FEA-VISCONTI, *La Villa Albani descritta*, Roma,
1869, n° 85 (incognito).

(2) *Archäol. Zeitung*, 1859, p. 87.

(3) Ved. la risposta stessa del WELCKER, *Archäol. Zeitung*, 1860,
p. 10 sgg.; *Alt. Denkm.*, V, p. 55 sgg.

cheologo. Ma poi si domanda il Friedrichs : con chi meglio poteva Menandro, principe della nuova comedia, esser congiunto che col rappresentante della comedia antica ? (1). Le ricerche che noi abbiamo tentato nella tradizione letteraria, ci hanno chiaramente dimostrato che fu Aristofane quello che l'antichità concorde denominò l'ὁ κωμικός per eccellenza.

L'espressione del nostro busto ben si addice all'aristocratico oppositore della politica ateniese. C'è una certa fierezza temperata, addolcita; ci si rivela l'ingegno grande, l'osservatore serio e profondo, e in tutta la fisonomia, come notava già il Welcker, domina un tratto di dolore morale, pieno di presentimenti. Non dobbiamo già credere d'avere dinanzi a noi i lineamenti reali del comico ateniese, sibbene una concezione ideale, quale si formò l'artista nella lettura e nello studio delle sue opere. La piccola tenia che ha sul capo non s'ha a ritenere distintivo di superiorità, come vogliono i più, ma, come dichiarava il Friederichs, un semplice ornamento. Quel concetto infatti non avrebbe fondamento di verità ; i due poeti appartengono a diversi generi di poesia, non potevano essere oggetto di raffronto, nè, qualora lo fossero stato, si sarebbe aggiudicata ad Aristofane la preminenza.

Dopo la scoperta dei Welcker, il Braun credè di vedere un altro ritratto di Asistofane in un'erma bicipite del Museo di Napoli, nella quale, secondo lui, è meglio significato il carattere aristocratico e sdegnoso del sommo poeta. Era già pubblicato nel *Museo Borbonico* (vol. VI, tav. 43); ed il Finati che la descrisse, la dichiarò incognita, nè avventurò congettura alcuna. Notava però che le teste erano addossate,

---

(1) *Berlins antike Bildwerke*, I, n° 509.

essendo sensibilissima la connessura. È singolare, che il Braun, dopo la scoperta welckeriana, abbia potuto riconoscere in questi busti i ritratti di Aristofane e di Menandro, e come tali pubblicarli negli *Annali dell'Instituto* (a. 1854, con tavola). Trova che l'effigie aristofanesca è oltre ogni dire nobile e grandiosa, e l'espressione davvero imponente. Ma, per noi, manca ogni tratto di somiglianza coi ritratti che ora conosciamo dei due poeti, e nella pretesa imagine aristofanesca è facile riconoscervi una riproduzione delle belle teste tucididee (1). È dunque questo monumento da porsi nel novero di quelli che sono falsamente ascritti al comico ateniese.

Dopo la trattazione dell'iconografia, noi passiamo ad esaminare quei monumenti che si possono credere ispirati dai drammi di Aristofane. La difficoltà di determinare con precisione il riscontro fra una rappresentazione figurata ed una data scena di comedia, può spiegare lo scarso risultato che in questo campo di ricerche abbiamo potuto ottenere. Noi possediamo vasi e terrecotte con comiche rappresentazioni; ma l'ascriverne il motivo ad un poeta più che ad un altro, o il riferirle ad una determinata scena della comedia antica, nell'immensa perdita di quelle opere, è impresa non meno arrischiata che pericolosa. Abbiamo, ad esempio, nel Museo di Berlino (Armadio XIX, n° 1950) un cratere ruvese, nel cui dipinto il Panofka vide una scena della *Putine* di Cratino; mentre al Wieseler fa venire in mente la scena di Filocleone e la venditrice di pane nelle *Vespe* di Aristofane, o quella dell'ostessa nelle *Rane* (2). Lo stesso

---

(1) Ved. MICHAELIS, *Die Bild. d. Thukydides,* Strassburg, 1877.
(2) PANOFKA, *Gherard's Denkm. u. Forsch.,* 1849, p. 34, tav. IV, 1. WIESELER, *Mon. Scenici* (*Ann. dell'Inst.,* 1859, p. 38, tav. d'agg. A-B, n° 5).

Panofka riscontra una terracotta dello stesso museo (Armadio XVII, B, 323) e proveniente da Vulci, col Cleone dei *Cavalieri* (riproducendo quella maschera un κυνοκέφαλος); — mentre per noi altro non è che un attore, nel suo costume comico (1). In un altro vaso, di Parigi, è raffigurato un attore in atto di studiare la parte d'Ercole dinanzi ad una statua di quel Dio. Porta l'iscrizione osca ΑΙΤΗΑꝶ (Santia) e il Müller lo crede senz'altro appartenere alle *Rane* aristofanesche (2). Ma il solo monumento che con qualche certezza si possa qui allegare, è il vaso berlinese, a figure gialle su fondo nero (Armadio XIX, n° 1949) in cui si vede riprodotta la prima scena delle *Rane*. Vi è Dioniso, seguito dal servo Zantia a cavallo di un asino, nudo e portante in spalla le σκεύη (*Ran.*, v. 13). Il dio è in atto di bussare κενταυρικῶς alla porta della casa d'Ercole, da cui desidera informazioni sul modo di scendere all'Averno in cerca d'Euripide. Pare che stia gridando:

παιδίον, παῖ, ἠμί, παῖ (v. 37).

intanto che la pelle leonina (λεοντῆ) per l'impeto del battere gli è caduta di dosso. Il vaso proviene dalla Magna Grecia, ed è assai importante. Lo illustrò da prima il Panofka (3), poi il Wieseler (4). Che nel rovescio di esso sia rappresentato Filonide ed Aristofane, come crede il Panofka, o che vi si abbia a vedere un'altra scena delle *Rane*, le figure cioè di Pluto e di Eschilo nella casa infernale, come opinerebbe il Wieseler, noi non osiamo di asserire. E nem-

---

(1) PANOFKA, *Arch. Zeit.*, 1854, p. 249, tav. LXIX, 3, 4 (Komiker und Komödienscenen).

(2) MÜLLER, *Götting. Anzeig.*, 1835, n° 176.

(3) PANOFKA, *Gherard's Denkm. u. Forsch.*, 1849, p. 18, tav. III, 1.

(4) WIESELER, *Denkm. d. Bühnenw.*, p. 110 sgg., tav. A, 25.

meno consentiamo col Welcker nel significato che egli pare vorrebbe annettere al fatto della rappresentazione di una scena di Aristofane su un vaso, di provenienza non greca, ma italica. E ·davvero; non gli può non parer strano il fatto, che n'indurrebbe: che cioè in un dato periodo le comedie del nostro comico fossero così lette e diffuse in Italia da offrire argomenti alle artistiche creazioni dei pittori o vasellai. L'esempio è unico ed isolato, e per noi ci mostra soltanto, come un artista da una riminiscenza della lettura dei drammi aristofaneschi traesse motivo di una rappresentazione· vascolare. Veggasi, come riprodusse alquanto liberamente l'originale, e quanto poco carattere comico seppe dare alle sue figure.

Lo studio di questi monumenti figurati non ci conduce a conclusioni diverse da quelle ottenute nell'esame delle testimonianze storiche e letterarie. Si può anzi dire che conferma le deduzioni a cui ci condussero quelle ricerche, attestandoci anch'esso e la preminenza di Aristofane su gli altri comici della comedia antica e la poca diffusione della sua fama nella posterità.

IX. Tale, quale tentammo descriverla, è la varia fortuna del nome di Aristofane durante il lungo periodo della storia antica. Il supremo grado della rinomanza fu ·raggiunto nell'età contemporanea, vivo ancora il poeta, quando ad ammirarlo e ad applaudirlo sulla scena accorrevano insieme agli Ateniesi i forestieri delle altre parti della Grecia. Legata intimamente a quel tempo, la sua memoria si trasmette bensì nella tradizione letteraria, ma senza diffondersi o svolgersi, senza abbellirsi dei vivaci colori della leggenda popolare. Egli rimane là sul limite che divide la grande letteratura del periodo florido della Grecia; ultimo grande poeta, perfezionatore del genere comico antico, mentre già

schiude la via alla forma nuova del dramma. Raffigurato
dalla satira contemporanea come un cavillosetto ed un pe-
dante, è da Platone ritratto nella sua indole vivace e gioviale; mentre l'età successiva se lo immagina per lo più
come un burbero e licenzioso partigiano, o come un buffone scurrile. Al suo nome però e alle sue opere resta legata la rinomanza e l'esempio dell'antica comedia. La natura e il carattere peculiare della quale non gli permette di
rivivere sotto le forme dell'imitazione, e di ricomparire così
sul teatro latino. Retori e grammatici, che della sua attica
e pura espressione ne faccian tesoro, ne trova in ogni tempo
e in ogni paese. Caduto il mondo pagano, la sua opera
subisce i danni del tempo e degli uomini. Va perduto il
maggior numero delle sue comedie: delle poche salvate, le
politiche non si leggono molto, e intorno a tre si ristringe
e si raccoglie l'ammirazione concorde della tarda posterità.
Il periodo medioevale è disastroso per lui, come in generale
per le tradizioni dell'antica civiltà. È singolare però il favore, che egli incontra già presso i padri della Chiesa. Una
leggenda gli dà per assiduo lettore S. Giovanni Crisostomo,
il quale di notte avrebbe avuto sotto il capezzale le opere
aristofanesche, dal cui studio gli sarebbe venuto l'eleganza
attica della parola, e l'invettiva acre e fiera contro il sesso
muliebre. I grammatici bizantini raccolgono le sparse e varie
notizie sulla biografia del poeta, insieme alle reliquie degli
studî che l'età erudita alessandrina gli aveva consacrato;
noti, e appena degni d'essere menzionati, Giovanni Tzetze,
Toma Magistro, e Demetrio Triclinio. Quando col Rinascimento si ridesta negli umanisti l'amore e la ricerca delle
opere antiche, le salvate comedic di Aristofane sono studiate
e trascritte. Il numero e l'estensione dei manoscritti è in
rapporto dell'interesse che si trova in quella lettura; abbiamo
molti codici con alcune comedie, pochi che le comprendano

tutte. Sono fra le prime opere che l'invenzione della stampa divulga; e poichè sono molto difficili a intendersi, sono la prima opera greca pubblicata con un ampio corredo di note. Le *Tesmoforiazuse* e la *Lisistrata* non compariscono in quelle prime edizioni; e sono stampate, a parte, per la prima volta nel 1515 da Bernardo Giunta. Anche nel secolo che segue egli è male studiato e male inteso; si applica a quei drammi la divisione in atti e scene, propria del teatro latino, lo si purga dalle oscenità, e lo si interpreta coll'imitazione di Plauto e di Terenzio. La tradizione letteraria antica ammirava più particolarmente i pregi della forma aristofanesca; i moderni invece hanno utilizzato la *vis comica*, le fantasie, la satira viva e mordace. Imitazioni e reminiscenze della comedia o dell'arte di Aristofane riscontriamo nei satirici francesi, in Rabelais, La Bruyère, Balzac, poi in Erckmann-Chatrian, in Goethe..... Alla critica moderna si deve il retto apprezzàmento del poeta e della sua opera; studiato e giudicato coi criterî speciali che si richieggono per le produzioni di quella civiltà e di quel tempo. Molto si deve all'Hegel per ciò che riguarda il metodo di questa ricerca storica. È notevole, che anche nella critica moderna si abbia traccia di quella discrepanza di giudizi che trovammo nella tradizione antica. Bisogna dire, che nessun poeta antico è così difficile a giudicarsi, non tanto per ciò che riguarda il suo valore poetico, quanto per la sua importanza storica e sociale. Il Voltaire è, fra i critici dissidenti e sfavorevoli ad Aristofane, il più severo; egli ne disconosce siffattamente ogni merito artistico, da sentenziare non esser egli nè poeta nè comico. Il giudizio del Grote è più moderato, restringendosi a notare nell'opera aristofanesca la mancanza di ogni serio e verace proposito. In questa critica negativa l'Hartung ha toccato il limite estremo; non contento di aver biasimato il poeta, ha calunniato l'uomo

ed il cittadino; taciandolo di adulatore e di mentitore, e
chiamandolo *omnibus sui saeculi vitiis inquinatissimus.*
In generale però la critica tedesca, come quella che di Aristofane ha fatto uno studio più ampio, profondo ed accurato,
è riuscita a darne un giudizio equo e sicuro. Lo ha quali-
ficato grande poeta, osservatore acuto e geniale, sebbene
privo di elevatezza e di senso filosofico. Essa ha ammirato
quella comedia come la più viva e fedele imagine del suo
tempo; ed era giusto, che questa lode, la quale ha in sè
la ragione della condizione sfavorevole di Aristofane nella
tradizione letteraria, fosse poi adoperata dai filologi moderni
per far giustizia al suo nome e per attestare i suoi meriti
presso la civiltà successiva.

Berlino, 19 marzo 1881.

GIOVANNI SETTI.

BIBLIOGRAFIA

GIACOMO DE FRANCESCHI, *Lo Stato degli Ateniesi*, studio e versione.
Verona 1881.

Nella Cronaca liceale dell'anno scolastico 1879-80 il prof. De Franceschi pubblicò questo lavoretto che, come dice il titolo, si divide in
due parti, cioè a dire uno studio, a modo di prefazione, in cui si
discutono varie questioni toccanti il libretto dello *Stato degli Ateniesi*,
che va sotto il nome di Senofonte, e la versione del libretto stesso.
Lo studio o prefazione si divide in quattro capitoli. Condizione
attuale del libro. Tempo della sua composizione. — Della sua autenticità. — Della sua forma primitiva.

L'opuscolo senofonteo abbraccia tre capitoli : il primo ed il secondo si suddividono in venti paragrafi ciascuno, e in tredici il terzo.
Se non che questa, nella condizione in cui il libro è a noi pervenuto,
non è che una divisione materiale, poichè in fatto non vi si riscontra
nessun ordine ; si passa da un argomento all'altro a caso, e senza
alcun filo che colleghi le diverse parti tra loro ; vi sono interruzioni
brusche, e poi ritorni impreveduti. Insomma si ha da fare con un
compendio malamente abborracciato. L'A. cerca di ordinare i brani
staccati, e di dar loro una ragionevole, o almeno una men repu-
gnante disposizione. Se non che l'argomento è difficile, e la cosa,
per sua natura, resta sempre incerta (p. 11 ed *Errata-Corrige*, dove
si propone qualche modificazione nuova).

Per quel che spetta al tempo della composizione di questo libretto,
l'A. dopo accennate le opinioni di parecchi valenti critici, come il
Fuchs, il Sauppe, il Bake, il Werske, il Roscher, ecc., s'attiene al
Kirchhoff, secondo il quale sarebbe dimostrato che questo scritto fu
composto tra l'autunno dell'ol. 88, 4 e l'estate dell'ol. 89, 1 ; in altri
termini nella prima metà del 424 av. Cr.

Chi è l'autore dell'opuscolo in questione ? Tre soli degli antichi lo
ricordano, Polluce, Diogene Laerzio e Stobeo, e tutti e tre lo ascrivono a Senofonte. È importantissimo per altro il fatto che Diogene
Laerzio ricorda che Demetrio Magnete, contemporaneo di Cicerone,
non ammetteva che fosse di Senofonte. Tra i critici moderni alcuni
lo vollero rivendicare a Senofonte, ma la massima parte tengono
contraria sentenza. Il De Franceschi fa osservare che l'epoca stessa
in cui il Kirchhoff ha dimostrato essere stato scritto l'opuscolo, esclude
che Senofonte ne sia l'autore, poichè Senofonte, nato circa nel 445
av. Cr., ha cominciato a pubblicare i suoi lavori molto più tardi del ·
424. Ma anche senza questo abbondano, secondo il nostro A., le
prove per cui si deve ritenere che questo libretto, nemmeno nella
sua forma primitiva, non può essere stato scritto da Senofonte. Così,
p. e., Senofonte, al quale era certamente nota la felice marcia di
Brasida, Senofonte, che guidò i diecimila dal centro dell'impero persiano fino al Mar Nero, Senofonte, che accompagnò Agesilao nella
sua marcia gloriosa dall'Asia Minore a Coronea non avrebbe scritto
il § 5 del capo II, dove è detto che « ai signori del mare è dato di
navigar lontano dal proprio territorio per un tratto di via lungo
quanto tu vuoi, mentre quelli di terra non possono allontanarsi dal loro

paese per un cammino di molti giorni ». Se l'opuscolo non è di Senofonte, di chi è dunque? De' moderni critici, chi l'attribuisce ad
Alcibiade, chi a Crizia, chi ad altri; ma le sono tutte ipotesi cam-
pate in aria. Forse, dice il De Franceschi, per cessare le noie che gli
potevano venire dai suoi concittadini, l'A. stimò bene di conservare
l'anonimo; come dunque pretendere noi di scoprirlo?

Qual era la forma primitiva del libro? Non è facile la risposta:
certo, se la si volesse prendere per una scrittura continuata si troverebbe grave difficoltà in una perpetua contradizione, per cui lo
Stato ateniese viene a vicenda, sotto i medesimi aspetti, biasimato
insieme e lodato. Il Cobet venne nella felice idea che in origine
questo scritto fosse un *dialogo* in cui i due interlocutori, com'è naturale, opponevano ragioni a ragioni. Il Cobet trovò anche nel testo
molti innegabili vestigi della forma dialogica primitiva. Il Pankow
ed il Wachsmuth s'accordarono col Cobet, e quest'ultimo credette di
poter ripartire il testo tra l'avversario, l'apologista e il compilatore.
A vero dire questa ipotesi del dialogo, come osserva il De Franceschi,
non iscioglie a pieno tutte le difficoltà, che presenta il testo: ciò non
pertanto sembra la sola ammissibile perchè essa: « ha il merito incontestabile di svelarci il perchè del disordine radicale del libro, di
mostrarci il vero valore di certe congiunzioni, che altrimenti o non
hanno senso, o avendolo. recano imbarazzo; di spiegarci il fenomeno
delle tracce dialogiche, insolubile (almeno pienamente) per altra via;
di renderci soprattutto ragione di quella, dirò così, duplicità d'intento che spicca nel corso di tutto l'opuscolo, e che, seguendo ogni
altra congettura, è fonte perpetua d'ambiguità e di contradizioni ».

Venendo alla versione, il De Franceschi merita un elogio speciale,
perchè le difficoltà del testo sono ben gravi. Per amore di chiarezza
egli distingue con carattere corsivo le obiezioni, con carattere tondo
le risposte, e con carattere normando le parole introdotte dal compilatore. Nell'assegnare le dette parti, egli segue quasi costantemente
il Wachsmuth.

Mi permetto qualche osservazione:

I, 2. Sono ommesse per inavvertenza le parole καὶ οἱ πένητες.

Ivi. οἱ γενναῖοι καὶ οἱ χρηστοί. Trad. « i nobili e gli egregi cittadini ». Pare che l'epiteto *egregi* non sia il vero, perchè sembra troppo
accennare a qualità morale, piuttosto che a condizione di casta.

I, 5. Non ci sembra giustificato l'emendamento dello Zeune. seguito dal De Franceschi, il quale ad ἐνίοις τῶν ἀνθρώπων sostituisce ἔνι τοῖς πολλοῖς.

I, 7. Il κακόνοια del testo, che sta in opposizione del precedente εὔνοια non ci piace parafrasato in *avversione verso il partito popolare*. Si perde l'antitesi e l'energia.

I, 8. « Il popolo non desidera di servire in una città bene costituita ». Qui s'è perduta la chiarezza e l'energia insieme del testo: ὁ γὰρ δῆμος οὐ βούλεται εὐνομουμένης τῆς πόλεος αὐτὸς δουλεύειν, dove spicca l'antitesi ironica tra la *città bene costituita* e la *servitù*, antitesi che aquista spicco dall'αὐτὸς in opposizione alla *città*.

I, 10. « Se l'uso comportasse che lo schiavo fosse battuto dal libero o l'inquilino o il liberto *dal cittadino* (ὑπὸ τοῦ ἀστοῦ), spesso alcuno percoterebbe l'ateniese scambiandolo per inquilino o per schiavo (ἢ δοῦλον), giacchè, ecc. ».

Le parole ὑπὸ τοῦ ἀστοῦ e ἢ δοῦλον sono aggiunte dal Wachsmuth al testo del Dindorf e accettate dal Trad., ma parmi senza motivo plausibile; diffatti, nel primo luogo basta lo ὑπὸ τοῦ ἐλευθέρου, e nel secondo luogo, se per il parallelismo ·si vuol introdurre il δοῦλος, bisogna introdurvi anche l'ἀπελεύθερος; or chi non vede che queste sono pedanterie?

I, 14. Il De Franceschi s'attenne allo Schröder, che invece di μισοῦσι legge μειοῦσι, e traduce : « La moltitudine calunnia e abbassa i buoni ». Io, per me, non vedo nessun bisogno di questo mutamento, anzi il μισοῦσι lo credo assicurato dal seguente μισεῖσθαι.

II, 12. Il Trad.: « Oltre di ciò ai nostri avversari non permetteremo d'esportar altrove questi materiali (legname, ferro, rame, ecc.), o vieteremo loro l'uso del mare ». Questa versione è condotta sulla lezione del Wachsmuth, che cambia lo ἐάσουσιν in ἐάσομεν. Non trovo necessaria questa emendazione. Infatti qui si parla di legname, ferro, rame e altri materiali, che i Barbari non potevano smerciare, se non si tenevano amici i padroni del mare; epperò, dice, gli Ateniesi erano quelli che godevano di questo commercio. Facevano però gli Ateniesi che i loro stessi rivali, o si contentassero di non permettere che le dette merci venissero condotte altrove, che ad Atene, ovvero minacciavano di toglier loro l'uso del mare. Intendendo il testo così, mi pare che il dilemma riesca piano, mentre nella versione del De-Franceschi non lo si afferra.

I, 14. Il Trad.: « Se gli Ateniesi abitassero un'isola e avessero

il primato del mare ». Qui si sono fatte due proposizioni, mentre il
testo ne ha una, e così mi sembra perduta l'evidenza del senso, che
è questo: se gli Ateniesi fossero padroni del mare, abitando un'isola,
ecc.

Ivi. Il brano: « Ora poi gli agricoltori..... davanti a loro si
piega » che qui è scritto in corsivo, mi sembra che deva scriversi in
carattere rotondo , essendo parole di chi difende la democrazia. —
Avendone fatto cenno al ch. traduttore, egli non sarebbe lontano dal
consentir meco.

II, 17. La traduzione di questo paragrafo, chi bene la medita, è
esatta : tuttavia non è chiara.

II, 19. « E al contrario alcuni che appartengono veramente al
popolo, non sono popolari di natura ». Queste righe sono scritte in
carattere rotondo. A me pare che possano essere scritte in corsivo,
come quelle che precedono e quelle che seguono immediatamente.
Oltracciò quel *di natura*, τὴν φύσιν va riferito a ciò che precede , e
non al seguente δημοτικοί, nel che ho meco consenziente il ch. trad.
Del resto questo è un luogo molto oscuro.

III, 4. Nel novero delle feste ateniesi, per inavvertenza si om-
misero le *Promethee*, Προμήθεια.

III, 5. Legge il Dindorf: οὐκ οἴεσθε χρῆναι διαδικάζειν ἅπαντα, Il
Wachsmuth congettura: οὐκ οἴεσθαι χρὴ χρῆναι δικάζειν. Il nostro traduttore segue questa congettura, ma, a dir vero, non posso adat-
tarmi ad un greco così cattivo. Nè mi fa difficoltà lo οἴεσθε che è un
plurale oratorio.

III, 7. L'obiettante dice: « I giudizi si devono tenere per tutte
le cause, ma sarebbe desiderabile che i Giudici fossero in minor numero ». A cui l'altro risponde: « quando i tribunali fossero molti,
pochi sarebbero in ciascuno i giudici; gli affari si sbrigherebbero
più presto, ma ne perderebbe la giustizia ». Ora il Kirchhoff vede
qui una lacuna, e raffazona il testo di suo capo così: ἀνάγκη τοίνυν,
ἐὰν μὲν ὀλίγα ποιῶνται δικαστήρια μὴ ἐπαρκεῖν, ἐὰν δὲ πολλὰ ποιῶνται
δικαστήρια, ὀλίγοι ecc. Questa correzione non ha senso, perchè nega
che i tribunali possano essere molti, ma nega anche che possano essere pochi. Ci pare quindi che il nostro traduttore non abbia fatto
bene ad attenersi al Kirchhoff.

III, 12, 13. Questi due paragrafi sono molto difficili. La versione, chi ben la consideri, è esatta ; tuttavia convien confessare che
si desidererebbe maggior chiarezza.

Con questo ho terminata la mia rivista. Ho notato semplicemente ogni cosa che mi parve meno esatta; e, a dir vero, le sono minuzie, e forse forse pedanterie. Del resto è una buona versione, massime, per noi Italiani, che, si può dire, non ne avevamo nessuna. Si abbia l'egregio A. le nostre congratulazioni, e ci regali spesso di questi interessanti lavori.

Verona, luglio 1881.

FRANCESCO CIPOLLA.

Commento metrico a XIX odi di Orazio Flacco
pel Dott. ETTORE STAMPINI. — Torino, E. Loescher, 1881.

La triade delle arti musicali, a cui appartiene la metrica, forma, giusta la teoria dei Greci, è un gruppo in perfetta contraddizione a quello delle arti imitative. Di queste caratteristica è la quiete; di quelle in vece il moto. I rapporti delle prime sono temporali; delle altre locali: e la legge, seguendo la quale le arti della musica possono esser regolate e corrispondere all'idea del bello, è il *ritmo*, analogo alla *simmetria* delle arti imitative. Senza il ritmo la metrica non è comprensibile. Chi volesse limitar il ritmo al solo apparato terminologico ed a schemi sillabici, vuoti d'anima e di senso, mostrerebbe d'ignorare in tutto il concetto della metrica. Nella storia di questa troviamo in fatti un'epoca, in cui quel concetto si smarrisce totalmente. La disciplina quindi si riduce a una meccanica di segni e di nomi; talchè a ripristinare in essa il senso della ritmica, a rifarla a scienza, ci volle non poco. I fortunati tedeschi quasi da un secolo si trovano nella buona via grazie a G. Hermann, ingegno che non senza ragione il Lehrs ed il Westphal portano alle stelle. Noi troppo alteri, o forse troppo negligenti, ci siamo sin qui acconciati con gli empirici e scolastici trattatelli dei padri Barnabiti. Qual meraviglia quindi se in fatto di metrica restammo tanto indietro? E saremmo ancora, se la comparsa dei nuovi metri nella poesia nostra non ci avesse destati. Il movente fu questo, lo sanno tutti; ma a che avrebbe giovato se la cosa non si fosse presa sul serio? De' metri classici chi avrebbe conoscenza, se non ci fossimo messi nella via che altri avevano già percorsa? Gran merito, anzi il principal merito di ciò è dovuto al dottor Stampini per la pubblicazione di tre lavori metrici, e peculiarmente del sopra annunziato.

Non sono però con l'egregio autore quando ci vorrebbe inetti alla metrica anche se al pari dei Tedeschi avessimo dei buoni trattati. O che in Germania soltanto si nasce col bernoccolo della metrica? Non credo. Il Müller (1), che è tedesco, mi dice che in Germania si è nelle stesse condizioni che in Italia e in tutto il mondo; che ci vuole perseveranza di studio e fermezza nel sostenere le prime noie : che scopo delle scuole anche là è di sviluppare gl'ingegni, infondere amore ed intelligenza dell'antichità classica e non far unicamente dei filologi o specialisti di metrica. La metrica s'impara seriamente perchè giova alle lettere; e se è vergogna per un colto tedesco, come vuole lo Stampini, non averne almeno un'infarinatura; vergogna è, state pur certi, anche per noi — specie pei nuovi metri italiani.

Ma la proposizione dello Stampini non è senza un fine. Conveniva dar ragione del nuovo metodo da lui usato ; ed eccola : Noi non saremmo in grado di trarre utile da un completo trattato di metrica; onde, per ora almeno, lasciamo la regola, contentiamoci dell'esempio. — Lo scopo di agevolare cosi i principî d'uno studio, che si ritenne quasi paradossale, non può esser altrimenti che commendevole. Ma la scienza metrica richiede molto e ben ordinato studio ; essa è un edificio nella costruzione del quale la seconda pietra non sta, se non hai ben fermata la prima — e l'esempio non basta. Me lo dice lo Stampini stesso col premettere al *Commento* alcune nozioni di metrica in generale; senza di che non so quanto avrebbero giovato ai principianti tutte le buone notizie sparse nei diciannove commenti. Nelle prenozioni il nostro autore, seguendo i risultati ultimi nella disciplina, ci dà in succinto tutte le regole elementari di essa. Ma sarei stato meno succinto, meno avaro in questa parte. Chi per schiarimenti delle note ricorre alle regole, non sempre n'esce soddisfatto. Con poca fatica di più, l'egregio autore ci avrebbe dato quel trattatello di elementi metrici, che ancora si desidera nelle nostre scuole.

Il *ritmo* e il *metro*, si sa, sono parti integranti della metrica , e

(1) V. *Metrik der Griechen u. Römer*, Leipzig, 1880, p.V.

come tali vogliono essere spiegati bene; vogliono essere intesi. La definizione che l'autore dà del ritmo — *un'ordinata continuità di tempi* — è ottima; ma non mi dice niente della durata, ed in questa, dello scambio, della varietà dei tempuscoli, onde veramente il ritmo — se pure a ciò non intende nella seconda definizione. Ma non è chiaro. Il ritmo non si trova naturalmente improntato nella materia linguistica, nè in quella della musica. Esso è ideale, spirituale; lo dice pure lo Stampini e qui e nelle *Odi barbare di G. Carducci*. Il poeta, o in generale il ῥυθμοποιός, lo crea nella sua mente prima ancora di aver la materia, nella quale introdurlo. Ora, come questo ritmo diventi percettibile, in qual maniera entri, e come debba entrare nell'orazione sciolta per dare il ῥυθμιζόμενον, ecco le domande principali, a cui deve rispondere la metrica. Di conseguenza allora trarrei il concetto del *metro* « discorso ritmicamente informato -λέξις ῥυθμιζομένη ». E questo bisognava far capire a fine di dare una volta per sempre una giusta idea del ritmo, del ritmizomeno e del metro.

Della *intentio* degli accenti, dell'*ictus* e della chiusa di verso, l'ἀπό-θεσις τοῦ μέτρου, come l'addimandano gli antichi, in tutto il libro non se ne fa motto. E pure sono cose importantissime. Anche sui rapporti delle diverse battute metriche, e sul *tempo* nei versi, l'ἀγωγή, la diversità ne' momenti temporali un breve cenno non sarebbe stato inopportuno. Anzi a proposito di quest'ἀγωγὴ mi piacerebbe che ad essa soltanto fosse serbato il termine *tempus* che l'autore e parecchi altri danno al χρόνος πρῶτος.

Dei versi logaedici il prof. Stampini dice pochissimo nella introduzione; qualche cosa qua e là nel commento. Pure trattando di metri oraziani, stante la natura, in gran parte di essi logaedica, una più ampia trattazione, ed in principio sarebbe stata opportunissima. L'apparente irregolarità ed arritmia di questi versi può di leggieri tirare il principiante in errore. Conveniva dunque spiegargliela; accennare agli elementi che compongono tali versi, e dire alcunchè dei πόδες ἄλογοι, delle *battute irrazionali* (coréo irraz.), i rapporti delle quali, sendo semplici, non si possono definire per l'unità, ma è mestieri ricorrere ad una frazione del χρόνος πρῶτος; onde a distinguerli lo Schmidt trovò bene introdurre un altro segno >. Ed il dattilo trisemo ciclico (–◡ ◡), e la sincope trocaica, per cui la sillaba lunga accresciuta d'un tempuscolo tien luogo d'un intera battuta (⌐ = – ◡), ed altri fenomeni ancora del logaedo sono indispensabili a conoscere per avere di lui un'idea più giusta.

Per μέτρα ἀσυνάρθητα intende lo Stampini con Efestione i versi che constano di due ordini ritmici. L'Hermann che procedette così libero riguardo a tradizione di antichi da cambiar affatto i loro termini, ed a parecchi dar arbitrariamente un significato in tutto nuovo, dice in vece *asinarteto* quel verso, nel cui mezzo stia sillaba ancipite o iato. Ora, si sa che l'influenza di G. Hermann fu tanta nella disciplina da lui risuscitata, che la sua terminologia prese il sopravvento, ed è quella, a cui per evitar confusione dobbiamo attenerci. Quanto ad *asinarteti* trovo infatti che i più dei trattatisti sono coll'Hermann.

Nel *Commento* il nostro autore distingue composizioni *monostiche*, *distiche*, *tristiche* e *tetrastiche*. Egli vede nel sistema *monocolo* sempre la composizione *monostica*. Pure ricordo nei carmi oraziani essersi stabilito da autorità competenti il sistema tetrastico. Perchè non accettare questa maniera? Il periodo di quattro versi è una preferenza, un istinto, direi quasi, di canzonieri antichi e moderni. Nei carmi d'Orazio poi è tanto caratteristico e distinguibile spesso a prima vista dall'interpunzione, che la critica, coll'aiuto dei ritrovati sulle interpolazioni oraziane, volle il riordinamento in quartine anche là dove la tradizione del testo s'opponeva. Ma lo Stampini afferma questo « errore gravissimo di una metrica preconcetta » (1). Non saprei perchè. La sua distinzione anzi in un libro, dove tutto tende a snodare l'intelligenza del principiante, e a non confonderlo colla farraggine dei termini, mi pare superflua. Coll'accettare il sistema anzidetto sarebbe stata permessa la riunione di metri d'eguale natura e d'egual nome, con che, pel sinottico confronto il principiante meglio li avrebbe distinti e ritenuti loro schemi.

Nel commento del *saffico minore*, giusta il Trezza, *saffico* (a), mi occorse più che altrove notare il difetto d'una migliore trattazione degli accenti, opportuna tanto anche per la nuova metrica italiana. Nello schema di questi versi vedrà il lettore segnati cinque accenti, dove gli conviene alzare la voce. Ma chi gli dice poi che tre sono i principali; che la *intentio* maggiore deve posare sul quinto, e però dell'indifferenza di quella *cesura maschile*, da Orazio stesso di frequente trascurata per amore dell'accento? La qual cosa quanto giova

---

(1) *Le Odi barbare di G. Carducci e la Metrica latina*, II edizione, p. 6, nota 3.

avvertire, dimostra il tentativo del metrico saffico in italiano del Cavallotti (1), che per avere più facile la cesura, dopo l'arsi del dattilo conservò costantemente l'accento primario sulla quarta. Vedasi infatti la versione della prima strofe dell'ode seconda di Saffo:

> Pari agli Idii ‖ sembrami l'uom che a fronte
> Siedati, e 'l guar ‖ do entro lo sguardo fiso
> Dolce parlar ‖ t'oda vicin, soave-
> > mente ridendo.

Ho notati, naturalmente, quelli che parvero a me difetti nell'opera dello Stampini e nel suo metodo. I pregi, il merito di lui e la riconoscenza somma che gli dobbiamo per aver iniziato fra noi uno studio, a cui gli stranieri ci credevano inetti, mi pare debba riconoscersi anche dai profani nelle discipline metriche. Del resto il suo libro potrà essere adottato assai utilmente nei licei dove si devono impartire agli studiosi i principii della metrica oraziana.

Le odi barbare di G. Carducci e la metrica latina. Studio comparativo del Dott. ETTORE STAMPINI, seconda edizione. Torino, E. Loescher, 1881.

Il Cavallotti, scherzando sui nuovi metri, disse che a comporli la ricetta era semplicissima, nè c'era da rompersi il capo sulla *Regia Parnassi*. Poi, a provare che le *odi barbare* non sono alla latina, dettò — « esercizio di pazienza » — come ei dice, quei sette saggi di metri all'antica (2). Ma ciò fece, se non m'inganno, senza pensare ai diversi caratteri, che la metrica ha nelle diverse lingue ; talchè un medesimo sistema mentre a questa ripugna, all'altra è naturale.

Solo ne' popoli dell'Asia troviamo una metrica originariamente quantitativa. In Europa, fin ne' primi monumenti di poesie germaniche, tutto il ritmo si basa sull'accento : la metrica è accentuativa.

---

(1) V. *Anticaglie*, Roma, 1879, a p. 216, 226 e 269.
(2) V. *Anticaglie*, Roma, 1879, p. 73 e 74.

E prima che Ennio introducesse l'esametro greco, anche nel Lazio era in uso un verso nazionale accentuativo (1), ed un altro, il *saturnio*, sul carattere del quale sarebbe ancora da discutere (2). Anche i Greci, prima di una poesia artistica quantitativa avevano dei versi popolari ad accenti. Ne sia prova il verso così detto *politico*, l'*ipponatteo* antico ed il *coliambo* di Babrio, che segna il punto di passaggio da un sistema all'altro.

Il sistema quantitativo sì nella poesia dei Greci che in quella dei Romani, non è originale; e se, introdotto, potè attecchire, fu per il senso finissimo che quei popoli ebbero della *quantità*. Ma, domando: sarebbe possibile a noi, come a' rapsodi greci, declamare o recitare quei versi in modo, che accenti ritmici e grammaticali vengan fuori a un tempo? No certo. Noi abbiamo tutt'altra idea dell'accento; nè possiamo badare alla *quantità* delle sillabe. Perciò nella poesia italiana introdurre un sistema quantitativo riescirebbe difficile, e per la natura dei vocaboli, e per la struttura del periodo; senza dire, che per noi sarebbe opera inutile ed insulsa. Di fatto, ricordiamo quei ben noti distici dell'Alberti:

« *Quĕstă pĕr ĕstrēmă* || *mĭsĕrábĭle ĕpĭstŏlă măndŏ*
ă tē chĕ sprēgĭ || *mĭsĕrămēntĕ nŏĭ* ».

Ebbe ragione davvero l'autore delle *Anticaglie* (p. 233) di chiamarli distici ostrogoti.

La metrica italiana, come in genere tutte le moderne europee, è, e deve essere accentuativa. Ma non di meno l'indole de' nuovi metri resta sempre latina. E a comprova di questo fatto viene opportuno lo studio comparativo su *le odi barbare di G. Carducci e la metrica latina* del Dott. Ettore Stampini. — È il ritmo, è quella musica ideale, da sè esistente, che dà il verso, che dà l'armonia. E come cosa tutta spirituale, possiamo benissimo far nostro ciò, che era proprio de' Latini, de' Greci, degli Indiani e, se volete, de' Turani ancora. Sarà un'altra orchestra, per dirla collo Stampini, che eseguirà

---

(1) WESTPHAL, *Metr.*, II, 2, p. 36.

(2) WESTPHAL, *O. c.*, 41; CHRIST., *Metr. d. Gr. u. Röm.*, Leipzig, 1874, p. 396; E. STAMPINI, *Prolusione*, Torino, 1881, p. 14.

il loro pezzo musicale; ma ciò non dice, che debba mutarsi la sua armonia. — Ad esprimere il ritmo de' loro versi, i Latini ed i Greci ebbero la *quantità*. Noi di *quantità* non ne vogliamo sapere; abbiamo l'accentuazione, che ce la riproduce egualmente. Se non che qui conviene osservare: i rapporti d'accentuazione nel verso latino sono tali, che spesso gli *ictus* ritmici concordano con gli accenti; sicchè è facile esprimere in una entrambi. Ed anche a leggere il verso latino a soli accenti grammaticali sentiamo armonia. Il Carducci, profittando di questa circostanza, informò i suoi versi al semplice ritmo, che si ha dai soli accenti linguistici. Ma quel ritmo è accidentale. Di fatto, che versi sarebbero usciti, se l'illustre poeta, invece di prendere a modello i Latini, con egual sistema, avesse imitato i Greci? E pure la difficoltà, seguendo la vera ritmica del verso romano, sarebbe stata presso che uguale. Lo Stampini, con una semplice proposizione, ci dà il bandolo della matassa. Ei dice (p. XV): « Le sillabe accentuate si facciano corrispondere alle arsi dei metri classici, le non accentuate alle tesi. In questa maniera il verso italiano riprodurrà l'armonia del metro classico letto ad arsi, e non la *barbara* armonia di quello letto ad accenti ».

Anche il Cavallotti vide dove conveniva modificare i versi carducciani per poterli dire fatti alla latina; se non che, sconoscendo la riproduzione d'una relativa immagine del modello, stimò assolutamente necessario ristabilire ciò, che il carattere dell'italiana favella non poteva comportare. Però giudica i nuovi metri, come fossero un accozzo di versi comuni italiani, e rimprovera una novità meno novità. Lo Stampini, che prima di lui s'occupò in quest'argomento, vide diversamente, e gli sembra anzi gratissimo quel verso, che risulti dalla combinazione di più versi de' nostri (p. XV). Lascio giudicare dalle cose anzi esposte, se il nostro A. abbia ragione. Dice il Cavallotti (*l. c.*, 74): « Volete un endecasillabo saffico? Subito fatto! *Recipe*: pausa sulla 5ª, accento sulla 4ª, e se volete essere scrupolosi, anche sull'8ª ». Per lo Stampini in vece la cosa non è tanto spiccia (p. 7, 8, 9). Egli ci mostra del saffico carducciano quattro diverse maniere circa l'accentuazione, tutte col loro corrispondente latino, e delle quali nessuna si contenta del solo accento sulla 4ª, come vuole il Cavallotti. Peraltro, sostiene il nostro A., che soltanto il saffico catulliano si può riprodurre giusta l'*ictus* ritmico: quello d'Orazio, a ridurlo diversamente da come fece il Carducci, non darebbe una bella

armonia. Questo non mi va. O, perchè la bella cadenza de' versi oraziani non può continuare anche nella veste italiana? Come, dunque,
s'ha a intendere il *semplicissimo processo* accennato a pagina XV?

Nella proposta dello Stampini su la rima ne' nuovi sistemi (p. XV),
checchè ne dica l' Hegel, non vedo niente di paradossale. Gl' Indiani,
benchè possessori d'una metrica quantitativa armoniosissima, fin dal
medio evo introdussero col pracrito la rima, e l'usano tuttora. La
rima, senza dubbio, non diminuisce l'armonia; e giova da altra
parte a tener in certo modo uniti i varii periodi d'una strofe. Superflua riuscirebbe ne' nuovi metri unicamente per la ragione, che
con essa perderebbero la perfetta somiglianza co' metri latini.

Circa la tetrastichia ne' carmi d'Orazio, e l'avversione, che lo Stampini mostra per essa, tanto da negarla subito nella *seconda saffica*,
non dirò altro dopo l'accenno fatto nella rassegna del suo *Commento
metrico a XIX odi di Orazio*. Perchè poi egli l'approvi, anzi la consigli ne' sistemi carducciani, anche quando questi, per loro natura
epodica, sono distici come l'*elegiaco*, non so darmi ragione.

Nella *alcaica*, degli schemi, che ci presenta l'A. per l'endecasillabo
(p. 16), sceglie il terzo, senza *anacrusi*, formato da *dipod. giamb.
ipercat. + dattilo + dipod. troc. cat.*, mentre adottato dai più, e dai
migliori trattatisti vedo il primo, che più esattamente segnerei così :

dipod. troc. (di cui il secondo *trocheo* spesso irrazionale) + *dattilo
trisemo + dipod. troc. cat.*, premessa al tutto una battuta in levare.

Lo stesso dell'enneasillabo alcaico (pag. 19) dirò col Grysar (1) :
« Alii autem rectius fortasse hunc versum dicunt esse ditrochaeum,
praeposita anacrusi » (2). Il quale riprodotto in italiano, darebbe la
composizione di un quinario piano, accentato regolarmente sulla 2ª
e 4ª, con un quadrisillabo pure piano cogli accenti sulla 1ª e 3ª.

---

(1) *De metr. hor.* nella sua ediz. di Orazio, Vienna, 1879, p. XLII.
(2) Sulla necessità di ordinare le battute in modo, che la tesi segua
sempre l'arsi, dunque di giovarsi delle ' battute in levare ', v. SCHMIDT,
Die ant. Compositionslehre, Lpzg., 1869, § 2.

Essendo l' *alcaica* una strofe delle più belle, delle più armoniose, delle più espressive che la poesia classica ci abbia lasciato, avrei voluto dal nostro A. più severità nello stabilire, dirò col Cavallotti, il *recipe* per la riproduzione in italiano. Perchè il suo carattere fosse al possibile conservato, bisognerebbe seguire senz'altro l'accentuazione ritmica, e tenersi ad uno schema quale è questo:

$$\text{(◡) | ‖ ◡ | ‖ ≳ ‖ ‖◡ ◡ | ‖ ◡ | ‖ ∧ |}$$
$$\text{(◡) | ‖ ◡ | ‖ ≳ ‖ ‖◡ ◡ | ‖ ◡ | ‖ ∧ |}$$
$$\text{(◡) | ‖ ◡ | ‖ ≳ ‖ ‖◡ ◡ | ‖ ◡ |}$$
$$\text{‖◡ ◡ | ‖ ◡ ◡ | ‖ ◡ | ‖ ◡]]}$$

corrispondente a

1) *quinario* piano, accentato sulla 2ª e 4ª | pausa | *settenario* tronco, acc. 1ª, 4ª e 6ª.

2) »   »   »

3) *quinario* piano, acc. sulla 2ª e 4ª | pausa | *quadrisillabo* piano, acc. 1ª e 3ª.

4) [un verso di dieci sillabe cogli accenti sulla 1ª, 4ª, 7ª e 9ª].

« *Insígne moéstis* ‖ *praésidiúm reís*
Et cónsulénti ‖ *Póllio cúriaé*
Cui laúrus aéter ‖ *nós honóres*
Dálmaticó peperít triúmpho ». (Or., c. II, 1).

Se noi di fatto confrontiamo nel Carducci e in altri nostri poeti gli *alcaici* modellati su questo ritmo con quelli, in cui si segue la semplice armonia linguistica del latino, sarà facile avvederci di quanto differenziano tra loro nell' espressione. Il guaio, seguendo l'arsi, sarebbe nel quarto verso della strofe. Per questo converrebbe adottare un nuovo decasillabo, accentuato sulla 1ª, 4ª, 7ª e 9ª; verso, che non abbiamo nella poesia italiana. Ma che c'impedisce di farlo? Sarà una creazione, e non brutta davvero. Ne sia prova il seguente verso del Chiarini:

« *Cándidi, lúcidi a mé fantásmi* ».

Un decasillabo nuovo, non esistente nella poesia nostra, lo avremmo anche modellandolo sugli accenti grammaticali dell'*alcaico* latino. Perchè non preferire il più giusto e, senza dubbio, il più bello?

L'A., a ragione, disapprova il Carducci nell'uso, ch'ei fa del decasillabo comune italiano nell'*alcaica*, alterando così tutto il carattere di quella strofe. Il qual carattere, a parer mio, meglio si sarebbe conservato, se il poeta si fosse servito più tosto della composizione di due semplici *adonii*. — Non v'ha dubbio, accordare negli *alcaici*, come in ogni altro verso l'arsi coll'accento « segnerebbe, come dice lo Stampini, la perfezione d'ogni metro moderno composto sul metro antico ». Ai tedeschi è riuscita, è vero, questa maniera, e al Carducci pure in alcuni esametri come questo:

« *Surge nel chiaro inverno la fosca, turrita Bologna* »

ma seguirla poi sempre, non mi pare possibile co' nostri mezzi linguistici.

A lungo, e con sennato studio si trattiene il nostro A. sull'*esametro*, come il più notevole, e il più popolar verso, che l'antichità classica ci abbia tramandato, e come quello, che portato in italiano nella varietà de' suoi accidenti può arricchire di molti e bellissimi versi la nostra poesia. È certo però, che tornerebbe meglio assai considerare ed istudiare il vario stile di questo verso, e le sue molteplici costruzioni ne' poeti greci anzi che nei soli romani. Onde, penso, avrebbero giovato forse non poco al nostro A. le notevoli opere dell'Hermann (*De aetate scriptoris argonauticôn*) e di Arturo Ludwig (*De hexam. spond.*). Nè affatto inopportuno per uno studio di comparazione sarebbe stato tener dietro alla storia di questo verso, e alle varie congetture degli antichi e dei moderni circa la formazione del medesimo.

Gli ultimi metri di cui parla l'A. sono i due epodici di Archiloco: il *sistema giambico*, ed il quadruplice *sistema archilochio*. Il Carducci riproducendo il *giambico*, lo ordina a quartine; ed è qui, che non so perchè l'A. meni buono tal cambiamento. Io trovo che metrici antichi e moderni concordano sulla distichia degli epodi; e una leggera discrepanza c'è solo riguardo all'*archilochio secondo*, che alcuni vorrebbero tristico:

$$\overset{\_}{\cup}\overset{\smile\smile}{}\mid\overset{\_}{\cup}\overset{\smile\smile}{}\mid\overset{\_}{\cup}\parallel\overset{\smile\smile}{}\mid\overset{\_}{\cup}\parallel\overset{\smile\smile}{}\mid\overset{\_}{\cup}(\overset{\smile\smile}{})\mid\overset{\_}{\cup}\_\mid$$

$$\overset{\_}{\cup}\mid\overset{\_}{\cup}\cup\mid\overset{\_}{\cup}(\overset{\smile}{})\mid\overset{\_}{\cup}\cup\mid\overset{\_}{\cup}\wedge\mid$$

$$\overset{\_}{\cup}\cup\cup\mid\overset{\_}{\cup}\cup\cup\mid\_\overset{\wedge}{}\ ]]$$

dividendo il *giambelego* in una *tetrapd. giamb.* e in un *dimet. datt.*, come nella traduzione dell'epodo XII d'Orazio di G. E. Voss (1):

« *Schaudriges Ungewitter umschlosz den Himmel; herab steigt
In Regengusz und Flocken Zeus;
Meer nun. und Waldungen nun* » —

Di questa seconda edizione parte importantissima sono le svariate note. In esse ci si rivela lo studio vasto e paziente del giovane autore, e una profonda conoscenza del campo che percorre. L'accennare, come ei fa, con fine discernimento, una quantità di ottime fonti antiche e moderne, non può non riescire utilissimo agli studiosi. Mi permetta nondimeno l'egregio A., ch'io gli osservi (per quel che a me sembra) una certa predilezione per le dottrine degli antichi grammatici. La qual cosa non posso giudicar sempre opportuna in fatto di scienze metriche.

Frosolone, 8 settembre 1881.

ARTURO PASDERA.

---

(1) *Des Horaz sämtl. Werke*, übers. v. I. H. V., III Th., Wien Triest, 1819.

Le parole greche usate in italiano. — Memoria del prof. Francesco Zambaldi, inserita nella Cronaca del Liceo Ennio Quirino Visconti di Roma, anno 1881.

È un bel contributo alla lessicografia delle tre lingue, greca, latina e italiana, ricco di notizie e di riscontri esatti, importanti anche per la storia letteraria, e per l'etnografia e dialettologia italica.

I vocaboli, che o direttamente, o indirettamente con l'intermediario del latino, passarono nella nostra lingua dal greco, formano ormai una suppellettile così ampia e svariata di materiale linguistico, che valeva bene la pena che uno studioso così attento e coscienzioso come lo Zambaldi vi richiamasse sopra l'attenzione de' lessicografi e dei grammatici, fissando con qualche sicura norma le vicende storiche, e le leggi morfologiche e prosodiche, che regolano questa parte importante del nostro lessico.

La Memoria contiene due parti, nella prima delle quali si espongono a larghi tratti la fonologia e la morfologia delle parole greche nell'uso italiano (pagg. 1-18); nella seconda si riassumono gli studi e le ricerche fatte dall'egregio autore sull'accentuazione greco-latina, e delle conseguenti norme seguite dall'uso italiano (pagg. 19-36). La natura delle alterazioni fonetiche e storiche è studiata al cap. II del lavoro (pagg. 10 segg.).

Nel § I della Memoria, che serve come d'introduzione, l'A. distingue quattro grandi periodi, nei quali si può repartire la storia del diverso modo, in cui le parole greche furono trattate in Italia da più di venticinque secoli.

Il I° periodo incomincia dai più antichi contatti dei Greci Italioti coi popoli italici e principalmente coi Latini.

Il II° comincia con Azzio, e fu il periodo, nel quale la coltura greca andò diffondendosi fra i Romani e con essa un rispetto maggiore della forma.

Il III° è il periodo dell'influenza del Cristianesimo e della Chiesa orientale; ed è notevole in esso il progredire dello *iotacismo*.

Il IV° è il periodo degli Umanisti, nel quale sono da distinguere due età, l'una popolare e l'altra erudita.

L'A. insiste su questa repartizione, perchè egli crede essere ufficio del filologo il rispondere al quesito: *Data una parola con determinate alterazioni, in qual tempo entrò essa nell'uso latino o italiano?* E, invertendo i termini della domanda: *In un dato secolo qual forma doveva prendere una parola greca entrando in Italia?*

Questo studio del prof. Zambaldi non è che l'abbozzo di studi più ampi e profondi, che dall'egregio collega vorremmo vedere svolti e classificati sistematicamente, con evidente utilità della lessicografia italiana.

Firenze, ottobre 1881.

GAETANO OLIVA.

Historische Syntax der lateinischen Sprache von F. A. DRAEGER; zweite Auflage, Leipzig, 1878; 1881.

La « Sintassi storica della lingua latina » del Dräger fu cominciata a pubblicare nel 1877 a Lipsia, e già nel 1878 usciva la seconda edizione del primo volume; la seconda edizione del secondo volume è comparsa quest'anno.

Non voglio nemmeno ammettere il dubbio che questo importantissimo libro non sia conosciuto e studiato come merita anche in Italia; ad ogni modo non credo che se ne possa parlare mai abbastanza, anche per attestare, non foss'altro, la nostra riconoscenza all'autore, il quale ha avuto il coraggio di condurre a felice compimento una tale opera, che a concepirla solo ci vuole ingegno non comune. E che il coraggio non gli sia mancato, lo dimostrano i venticinque anni di assiduo ed eroico lavoro ch'egli vi ha spesi intorno. Ma quando venticinque anni sono stati tanto fecondamente spesi si riesce a fare un di quei libri che collocano un professore fra i più grandi filologi odierni.

Era la metà del presente secolo, quando il Dräger si accorse che non era troppo a fidarsi delle sintassi che comunemente si trovavano tra mano, e concepì fin da allora il disegno di preparare i materiali per una nuova sintassi, con un metodo diverso dagli usati, facendo cioè lo spoglio uno per uno degli autori latini maggiormente letti nelle scuole, e di ognuno raccogliendo la sintassi in brevi ma esatte monografie. E cominciò col raccogliere la sintassi di Tito Livio; ma per poter comprendere in che rapporto stava la sintassi di Livio con quella degli scrittori che lo precedettero bisognava far lo spoglio anche di Cesare e Sallustio, e questo fece il Dräger; indi intraprese lo studio di Cicerone e si accorse che aveva avuto pur troppo ragione l'Orelli di dire che la sintassi ciceroniana non 'era stata che appena tentata da qualche guastamestieri. Poi esaminò Cornificio, che va sotto il nome di *auctor ad Herennium*, e in questo modo aveva compita la sintassi dei prosatori classici e di Livio. Da Livio allora estese le sue ricerche al periodo d'argento, e studiata l'influenza che ebbero i poeti classici sugli autori dell'età d'argento, fece lo spoglio di Velleio, Valerio Massimo, Curzio e Seneca il giovane, e così arrivò a Tacito. Intorno a Tacito raccolse i due Plinii, Svetonio e Quintiliano. Si volse quindi ad Apuleio e a Gellio e compì questo periodo cogli scrittori minori, come Nepote, Floro, Giustino, Eutropio, Sesto Rufo, Aurelio Vittore, i sei scrittori dell'istoria augusta e alcuni santi Padri, Lattanzio, Tertulliano e Agostino. Era per tal guisa compita la sintassi di tre periodi: del periodo aureo, del periodo d'argento e del periodo di ferro; mancava l'arcaïco, e a questo studio il Dräger pose per base la *Syntaxis priscorum scriptorum latinorum* di F. HOLTZE (1861-1862). — Il libro, che raccoglie in una grande e compatta unità tutti questi lavori preparatori, si intitola pertanto, a buon diritto, sintassi storica della lingua latina, e in quell'appellativo di *storica* consiste appunto la novità dell'opera; e veramente oggidì che si è condotta a buon punto la storia delle forme delle lingue classiche era da aspettarsi anche una storia della sintassi. Chi crede ancora all'immobilità di una lingua inarcherà le ciglia a quell'appellativo di *storica*; ma chi sappia come oggidì tutto va trattato col metodo storico, nel che è riposta la novità degli studî moderni, darà il benvenuto a questa sintassi. Non è però a dire che il Dräger solo si sia messo a un simile lavoro; contemporaneamente a lui molti altri filologi hanno ricercata la sintassi dei singoli autori latini, e su questo argomento furono pubblicate in Germania numerose e lodate monografie; il libro del Dräger poi ha dato maggior impulso ancora a questo genere di studî, e una delle bellissime monografie, che potrebbe servire come esemplare, è quella del RINGE, *Zum Sprachgebrauch des Caesar*, 1880, in cui esamina l'uso delle congiunzioni copulative (*et*, *que*, *atque*, *ac*) in Cesare.

Il latino fu lingua viva e letteraria per otto secoli circa, dal 250

av. Cristo al 5oo dopo Cristo ; in questo tempo l'organismo grammaticale del latino ha subito poche mutazioni, se si eccettuino alcune terminazioni nei nomi e nei verbi, che erano usate nel periodo
arcaico e che scomparvero nel periodo classico, e alcune modificazioni nella fonologia, le quali non riuscirono però mai a una vera e
compiuta trasformazione. Altrimenti si deve dire del vocabolario,
giacchè in ogni tempo della letteratura latina, e specialmente nel periodo postclassico, si scorge lo sforzo continuo di arricchire il tesoro
dei vocaboli.

I primi tentativi di prosa letteraria vanno attribuiti al celebre Appio
Claudio Cieco, la cui attività politica arrivò fino al 280 av. Cristo.
Però ne' due secoli che corrono dalla fondazione della repubblica fino
ad Appio Claudio, tanto le forme della lingua latina quanto la sintassi si devono essere nella loro sostanza fissate, e un gran progresso
deve aver avuto luogo nel secolo terzo, se già Catone nella prima
metà del secolo secondo seppe dar sì splendidi saggi nell'arte oratoria, come risulta dai frammenti dei suoi discorsi. Grande fu poi la
influenza dei poeti, e già il materiale linguistico di Ennio non differisce che per poche forme da quello del periodo classico ; quanto
a Plauto, mostrò egli coi suoi arditi neologismi, massimamente nei
composti, come potesse esser feconda la lingua latina, la quale però
fu impedita di svilupparsi liberamente dall'influenza greca. Molto
tornito ed elegante, ad eccezione di pochi costrutti e forme antiche,
è già Terenzio, l'ultimo rappresentante del periodo antico.

Ma il suo apice toccò la prosa latina nel primo secolo per opera
di Cicerone, il quale però non potè arricchirla quanto da lui s'aspettava, perchè la trovò già stabilmente costituita ; ad ogni modo dobbiamo a lui un buon numero di nomi verbali e astratti e molti di-
minutivi ; e aggettivi e avverbi rinforzati con la preposizione *per*.
Con Cicerone, con Cesare, Cornificio e Sallustio si fissa il vero classicismo latino ; la latinità da allora in poi si viene corrompendo e
v'ha una gran parte di poeti, i quali introducono molti grecismi
nella sintassi latina, e il primo prosatore a risentirne la azione ma-
lefica fu Livio, su cui influì grandissimamente Vergilio. La latinità
d'argento da allora in poi piegò verso i costrutti greci ; parchi sono
in questo Velleio, Valerio Massimo e i due Seneca, più ancora Quintiliano, ma per nulla parco Tacito ; parco tuttavia in confronto di
Apuleio, il quale creò una strana sintassi, che fortunatamente non

ebbe serie conseguenze, giacchè finì, si può dire, con lui la maniera grecizzante. Negli scrittori più tardivi la sintassi va sempre più scostandosi dal classicismo e accostandosi all'uso volgare, e già nel quinto secolo cominciano ad entrarvi grossolani errori. — Ci fu dunque un periodo di preparazione, un periodo di perfezione, uno di corruzione e finalmente di dissoluzione; e questa è storia.

Per maggior chiarezza recherò tre esempi. Il primo riguarda le proposizioni interrogative indirette e l'uso del *cum*. Le proposizioni nel periodo arcaico tendono più alla forma coordinata che alla subordinata, e così avviene delle interrogative indirette, le quali in Plauto, a mo' d'esempio, quantunque si trovino pure al congiuntivo, pure vengono usate solitamente all'indicativo; e chi voglia vedere quanto lo stile di Plauto abbia influito sullo stile dei nostri umanisti del quattrocento, deve esaminare la frequenza in loro delle interrogative indirette all'indicativo. Nel periodo classico di Roma invece le interrogative indirette vengono adoperate sempre e assolutamente al congiuntivo, eccettuato col *nescio qui* e qualche altro caso più speciale. La stessa differenza è press'a poco nell'uso del *cum* temporale. In Plauto esso *cum* si trova 229 volte all'indicativo, e 9 volte al congiuntivo; in Terenzio 72 volte all'indicativo e 5 volte al congiuntivo; in Cesare invece 383 volte al congiuntivo e 35 all'indicativo; in Livio 2864 al congiuntivo e 272 all'indicativo. E questo basti per dimostrare qual differenza corra tra la sintassi arcaica e la classica.

Il secondo esempio si riferisce all'uso dell'infinito cogli aggettivi, come *indoctus, docilis, patiens, potens, cautus, laetus, bonus* e via via, il quale è raro assai presso gli arcaici, ma frequentissimo nei poeti classici e posteriori, sotto l'influenza, naturalmente, della sintassi greca, e quest'uso passò nei prosatori del periodo argenteo e posteriori.

Il terzo esempio vale per le proposizioni sostantive, rispetto alle quali va notato che da Vergilio e Orazio in poi, sempre per l'influenza greca, molti verbi indicanti un atto della volontà si costruiscono coll'infinito, i quali fino allora erano stati costruiti con l'*ut* e un verbo finito. Parimenti dopo i verbi *dicendi et sentiendi* prevalse nel secondo secolo dell'era volgare la costruzione col *quod*, anzichè con l'infinito, come fino a quel tempo si era adoperato; e anche qui chi voglia vedere quanto abbiano influito gli scrittori posteriori di Roma, anzichè i classici, sui nostri umanisti del quattrocento non

ha che a por mente alla frequenza in loro della costruzione col *quod*.
— E anche questa, se non m'inganno, è storia.

Prendo un altro fatto d'ordine diverso. Nessuno ignora che una delle differenze fondamentali tra la lingua latina e l'italiana e tra le moderne in genere è nei nomi astratti. I nomi astratti della lingua latina sono in tutti 3814; ora se altri vuol levarsi la curiosità di percorrere con l'occhio la lettera *a'* di un vocabolario italiano anche piccolo, vi trova senza difficoltà un migliaio di nomi astratti. Questa gran discrepanza forma una delle difficoltà dell'insegnamento della lingua latina, nella quale bisogna saper accortamente trovare quei nomi concreti e quelle forme di aggettivi, participi e pronomi, che corrispondano all'astratto italiano, come speriamo verrà lodevolmente fatto dal dottor Cima, il quale sta pubblicando per le stampe un libro di *stilistica latina*, che sarebbe il primo di tal genere stampato in Italia. Tornando agli astratti latini, dei 3814 soli 1348 si trovano usati nel singolare e plurale e vanno distribuiti in modo che di quelli 188 appartengono esclusivamente al periodo arcaico e per la massima parte a Plauto; altri 520 sono del periodo classico e per la massima parte di Cicerone; gli altri 640 sono usati esclusivamente dai poeti classici e posteriori e dai prosatori postclassici, compreso Livio. Risulta da queste cifre il bisogno che sentivano i Romani di accrescere il loro patrimonio di nomi astratti, e come in questa parte i più fecondi siano stati Plauto e Cicerone. — E questa pure è storia. Ma lascio di seguitare con gli esempi, se no dovrei citare tutta l'opera del Dräger.

So bene quel che fu obiettato, e si obietterà contro questo metodo. Si disse che una tale statistica manca di base, perchè non tutti gli scrittori antichi ci son pervenuti, ed è probabile che quella parola, che noi troviamo per la prima volta usata nel secolo argenteo, fosse in uso anche presso uno scrittore aureo, ma perduto. Si può rispondere che la stessa probabilità vale anche per il caso contrario, mancandoci ogni documento. Si può rispondere che ritenendo valida e seria l'obiezione, non ci è dato di far la storia dell'arte, perchè solo una piccolissima parte, e nemmeno la migliore dei monumenti antichi ci è rimasta. Eppure noi facciamo egualmente la storia dell'arte, pronti domani a modificare il nostro giudizio, se un nuovo monumento verrà in luce. Così la lingua latina in tanto ha per noi valore, in tanto esiste per noi, in quanto la troviamo nei

libri e nei monumenti che il tempo ci ha risparmiati e a quelle leggi
che dal loro esame risultano dobbiamo attenerci, sia che di essa
lingua vogliamo narrare la storia, sia che la scriviamo e la insegniamo nella scuola. E quanto alla storia chi ci impedisce di ten-
tarla, solo perchè ci manca la facoltà di indovinare quello che non
possediamo? quantunque però le leggi storiche della sintassi latina
sono tutt'altro che parto di mera fantasia; e io vorrei supporre che si
scoprisse una intera letteratura perduta del periodo romano, ma quelle
leggi verrebbero luminosamente confermate; se se ne scapiterebbe,
sarebbe forse qualche caso particolare. Quanto poi allo scriverla e
insegnarla questa lingua latina, il libro del Dräger porge, indirettamente, preziosi ammaestramenti, e primo di tutti, che il classicismo
vero latino comprende soli Cicerone, Cesare, Sallustio e Cornificio
(parlo della prosa) e che è indiscutibilmente dimostrato che in
Livio abbiamo i principî della decadenza della sintassi latina e
che Cornelio Nepote appartiene alla decadenza, il quale perciò deve
credersi sia presentemente non inculcato, ma tollerato nelle scuole;
chi sa che non venga il giorno in cui la scuola possa far senza di
esso! ce lo auguriamo. E della decadenza, molto inoltrata, sono parimenti Floro e Giustino; i quali due nomi non a caso ho qui
ricordati, ma per uno scopo ben altro che biasimevole, come io almeno credo. Molti professori e più d'uno scolaro sapranno benissimo
che ci è un corso di temi di versione dall'italiano in latino cavati
dalla storia antica da Saverio Baldini, per uso· della quarta e quinta
ginnasiale. Fin qui non c'è nulla di male, anzi tutto bene; il male
incomincia quando si aggiunga che di questi temi lo stesso Baldini
ha pubblicato la traduzione « per comodo degli insegnanti ». Poveri
insegnanti, che vengono abbassati al livello dei loro scolari, i quali,
naturalmente, cercano, in nome dell'eguaglianza, di elevarsi all'altezza
dei professori e comperano anch'essi per altra mano la traduzione
« fuori di commercio ». Ma qui alla fin fine si tratterebbe di moralità
e di dignità: cose di cui si può anche non tener conto! Il più brutto
si è che quella traduzione è cavata da Floro e da Giustino e che
questi autori vi son chiamati *classici*. Io confesso schiettamente che
non so più allora come chiamar Cicerone e Sallustio; bisognerà
perciò insegnare agli alunni di quarta non più la sintassi e la lingua
di Cesare e di Cicerone, ma quella di Floro e Giustino. Il Baldini
non ha soggiunto che di quando in quando delle spruzzate di Cor-

nelio Nepote, o, per non affibbiare a questo grande scrittore ciò che non gli appartiene, del così detto Cornelio Nepote.

La sintassi storica del Dräger è compresa in due volumi, ognuno dei quali abbraccia due parti; perciò la sua sintassi consta di quattro parti. Nella prima esamina le parti del discorso, facendo la storia non della loro forma, ma del loro uso sintattico; e questa si può considerare l'introduzione dell'opera. La seconda parte tratta della proposizione semplice, in cui si esamina l'uso del soggetto, del predicato in tutte le sue forme e dell'attributo. La terza parte tratta della coordinazione, la quarta della subordinazione, dove le proposizioni subordinate vengono divise in tre categorie: sostantive, attributive e avverbiali. D'ogni fatto sintattico che viene esaminato vi si trova la storia, seguendo i periodi della letteratura e gli scrittori che a ciascuno di quelli appartengono.

Il libro del Dräger non è elementare, ma presuppone in chi lo usa la sicura conoscenza di una sintassi latina, che sia informata ai nuovi studî, come io potrei citare quella del Vanicek e quella di un nostro italiano, il Baroni. Però anche per chi conosca profondamente la sintassi latina, per chi abbia digerito, ammettiamo anche, tutta la sintassi del Madvig, il libro del Dräger serba delle stupende sorprese; anzi di quando in quando rettifica quello che fu asserito dal Madvig; non parliamo poi di altre sintassi, che pure vanno per le mani degli studiosi. Nè vi ha dubbio che chi voglia oggi scrivere una sintassi latina, per quel rispetto che si deve alla lingua e alla scienza, abbia da far capo al libro del Dräger. Il quale è in piena regola con la critica dei testi, e lo sa il Klotz, il cui vocabolario latino, reputato il migliore o fra i migliori che si abbiano in Germania. è tante volte dal Dräger colto in fallo.

Non è a dire che nulla si desideri nel libro del Dräger; vi si desidera una più ampia e sistematica trattazione dei poeti classici, ma non gli se ne può far rimprovero, perchè è questa una conseguenza del piano di studî propostosi dall'autore. E quindi non è da meravigliare se nel toccar, secondo l'occasione, della sintassi di essi poeti, fa qualche asserzione non corrispondente al vero, come qualche volta io potrei constatare per Vergilio. — Al § 25, dove si trova una serie di sostantivi che si possono sottintendere a certi aggettivi adoperati sostantivamente, avrei voluto che si fosse notato anche il nome *mensis*.

Ventimiglia, 18 giugno 1881. REMIGIO SABBADINI.

Antonio Cima. *Principii della stilistica latina*. Milano, D. Briola e C., 1881.

Il giovane prof. Cima, già conosciuto favorevolmente ai lettori di questa *Rivista*, ha avuto l'ottimo divisamento di esporre agli Italiani i principii della stilistica latina, servendosi a quest'uopo delle recenti pubblicazioni tedesche e in particolare delle lodate opere del Nägelsbach e del Klotz. Diciamo subito ch'egli non poteva far cosa più utile e più savia; perchè niente giova meglio a conoscere nella sua vera essenza la lingua latina, e insieme ad approfondire lo studio della nostra, che il paragonarle indagandone le analogie e le differenze; paragone tanto più proficuo ai dì nostri, quanto che, essendo quasi del tutto caduta in discredito l'abitudine dello scrivere latino, si vanno perdendo quei vantaggi incontestabili che da tale abitudine derivavano. Le osservazioni che fa il Cima nella Prefazione per dimostrare l'utilità di uno studio diligente e profondo della lingua latina sono veramente giudiziose, e otterranno, credo, l'approvazione dei ben pensanti. Nè egli si scosta dal vero quando afferma che ad una notizia precisa del latino, una serie di proposizioni, le quali mettano in rilievo l'indole sua peculiare, non è meno utile e meno necessaria che la pratica conoscenza degli scrittori.

Venendo alla trattazione della materia, l'A. comincia a far notare tra lo stile latino e l'italiano tre specie di differenze: *materiali*, *logiche* e *logico-materiali*; le fa vedere mettendo a riscontro un periodo di Cicerone e la sua traduzione in istile moderno. Poi in cinque capitoli tratta delle differenze logiche consistenti: a) nella sostituzione di concetti specifici o individuali a concetti generici o specifici, e viceversa; b) nella sostituzione di espressioni astratte o concrete; c) nello scambio di concetti subiettivi e obiettivi, attivi e passivi; d) nell'uso della circoscrizione o lessicale o logica o retorica. Il 7° capitolo è dedicato alla proposizione ed all'analisi delle sue parti; l'8° all'analisi del periodo; il 9° allo studio dell'interno organismo della proposizione e del periodo. Per ultimo discorre degli arcaismi, dei grecismi, dei neologismi, i quali guastando la purità e proprietà della lingua lasciano traccia anche nello stile.

Come si vede da questo breve sunto, e come dice l'A. medesimo (pag. XIX-XX della prefaz.), egli si scosta nel determinare l'ambito della sua materia dalle vedute del Klotz, e s'accosta di preferenza al Nägelsbach; esclude infatti dalla trattazione della stilistica le teorie della *purità*, della *chiarezza*, della *varietà* del discorso, e dell'altre onde il Klotz parla nel suo manuale, stimandole oggetto della retorica anzichè della stilistica, e questa volendo limitata a mettere in rilievo la special maniera di concepir le cose ed esprimersi dei Latini. Ma alla sua volta si allontana dal Nägelsbach nella distribuzione della materia; e cioè in vece di dividerla secondo le parti del discorso, divisione ch'egli stima più da grammatica che da stilistica, ei s'ingegna di raggruppare le principali differenze fra le due lingue sotto certe classi caratterizzate da quelle particolarità nell'atteggiamento del pensiero, per es., la classe dei *concetti generici* e *specifici*, quella dei *concetti astratti* e *concreti* ecc., discorrendo poi in ciascuno di quei nomi, aggettivi, verbi, in cui tale differente atteggiamento del pensiero si manifesta. In questo, pare a me, il Cima ha adoperato giudiziosamente, e la materia riesce così più logicamente ordinata, in guisa da far capire subito al lettore l'intima natura dello stile latino ed italiano.

Dubito se si possa dire altrettanto per avere escluso dalla stilistica ogni considerazione relativa alla chiarezza, alla varietà, all'armonia del discorso latino; perchè sebbene questa trattazione sembri cadere nel dominio della retorica, pure tali qualità danno anch'esse uno stampo particolare al latino e lo caratterizzano non meno delle sue specialità logiche. Per es., niuno negherà che il rotondamento del periodo e il *numerus* richiesto da Cicerone anche nella prosa sia un carattere divenuto costante nella latinità, sebbene con molta varietà di forme. Considerazioni di questo genere non vanno ommesse sicuramente, chi voglia, oltre a dei principii teoretici, dare pratici precetti per tradurre o scrivere in buon latino; e questo era anche uno degli scopi che il Cima s'era proposto col suo libro. Ma anche prescindendo dall'utilità pratica, se per *istile* si deve intendere la maniera speciale di concepire le cose e conseguentemente d'esprimerle, una teoria dello stile mi sembra dovrebbe abbracciare tutto quello che a tale atteggiamento del pensiero e della parola presso un popolo si riferisce, anche la parte ornamentale, dato che questa non sia una manifestazione sporadica, ma proprio una forma costante e però intima del pensiero di quel popolo ; come un libro d'architettura trattando della maniera di far le case o gli altri edifizi non è ragionevole che escluda i principî dell'ornamentazione che il buon gusto comune esige omai in qualsiasi costruzione architettonica.

Ma lasciando stare tutto ciò, e limitandoci a quello che il Cima ci ha dato nel suo libro, si può dire in generale che le teorie vi sono esposte con chiarezza e corredate di buon numero d'esempi che servono a spiegarle e imprimerle meglio nella memoria di chi legge. In una nuova edizione l'A. avrà forse da migliorare qua e là qualche espressione; per es., il § 1, ove si parla dello stile, nella sua forma presente è un po' oscuro, e un giovane lettore difficilmente ne può trarre un concetto preciso. Sarà poi poco meno che indispensabile corredar l'opera con un *index rerum et verborum* che agevoli la ricerca delle singole cose.

Conchiudendo, noi ci rallegriamo di cuore col prof. Cima della sua pubblicazione, la quale stimiamo che potrà divenire e un eccellente manuale per gli studenti delle scuole secondarie, e una buona guida per gli insegnanti.

Palermo, giugno 1881.

FELICE RAMORINO.

ERSILIA CAETANI LOVATELLI. *Di una testa marmorea di fanciullo auriga*, Roma, 1880. — *Di una antica base marmorea con rappresentanze del Nilo*, Roma, 1880. — *Di un antico musaico a colori rappresentante le quattro fazioni del circo*. Roma, 1881.

Allo scritto sul cratere dell'Esquilino con la rappresentazione delle nozze di Elena e Paride, del quale ho dato ragguaglio ai lettori della *Rivista* (1), la contessa Lovatelli ha fatto seguire in poco tempo tre altri lavori, di cui due uscirono come il precedente ed altri della

---

(1) Anno IX, p 147-151.

egregia autrice, nel *Bullettino della commissione archeologica comu-
nale di Roma*, e il terzo fa parte delle *Memorie* dell' Accademia de'
Lincei.

Nel primo di questi lavori è descritta una testa marmorea scoperta
nel marzo 1880 sull' Esquilino, nell' antica vigna del monastero di
Sant'Antonio. La testa è di un fanciullo sui quattordici anni con un
elmetto, da cui escono capelli ricciuti ed originariamente dorati secondo un uso noto della plastica antica. La forma dell' elmetto induce a ravvisare in questa testa l'imagine di un agitatore circense,
per il quale non è sconveniente l'età fanciullesca; giacchè si conoscono altri esempii di agitatori, che in teneri anni incominciarono la
vita del circo. Rarissime sono le figure iconiche di agitatori; onde
singolare pregio possiede questa testa finamente e maestrevolmente
lavorata, nella quale è notevole la verità dell'espressione. La contessa
Lovatelli reputa sì fatta scultura non posteriore al secondo secolo
dell' êra volgare, nel qual tempo appunto i giuochi del circo erano
in grande voga, e destavano una vera smania, per la quale agitatori
e cavalli vincitori con imagini ed iscrizioni erano onorati.

Una base cilindrica di marmo pario, trovata nell'ottobre dell'anno
scorso negli scavi per le fondamenta del nuovo palazzo dell' Esposizione di Belle Arti è il soggetto del secondo scritto. Su questa base,
dell'altezza di m. 0,37 e del diametro di m. 0,33, sono scolpiti all'in-
giro bassirilievi, i quali, sebbene assai consumati, mostrano però di
essere stati poco accuratamente lavorati, ed accennano, col loro stile,
alla fine del secondo secolo dell' êra volgare. Vi è effigiato il Nilo
barbuto, semigiacente, col cornucopia ed appoggiato alla Sfinge, quale
si trova rappresentato in altri antichi monumenti. A tale proposito
è degna di osservazione la congettura della contessa Lovatelli che
l'ignoto oggetto di forma piramidale, che tra fiori e frutti s'inalza
nel cornucopia del Nilo in questo rilievo e in quello di altre divinità
in altri monumenti, e che talora è anche figurato rappresentante offerte
votive, sia il vomere significante che l'agricoltura debbe venire in
aiuto alla ricchezza ed alla fertilità, simboleggiate dal corno dell'abbondanza. Quattro dei genietti soliti ad accompagnare le figure del
Nilo stanno intorno alla imagine descritta, la quale, come altre
rappresentazioni del fiume egizio, tra cui la colossale del museo Pio
Clementino, sono, senza dubbio, riprodotte da un qualche bello ed
ammirato simulacro, probabilmente da quello, che Plinio descrive

esistente a' suoi giorni a Roma nel tempio della Pace (1). Alla sinistra del Nilo stanno in diverso atteggiamento due giovanette, di cui l'una è pressochè ignuda e l'altra appena da sottili vesti coperta. Esse sono due ninfe nilotiche, e, come suppone la illustratrice, probabilmente Menfide e Anchirroe, figliuole del fiume. Alla destra del Nilo poi un barcaiuolo nudo, salvo il *ventrale* a' fianchi e la *causia* sul capo, l'uno e l'altra indumenti proprii de' barcaiuoli, marinai e pescatori. se ne sta seduto entro una barchetta con timone munito del manico (*ansa*) e della manovella (*clavus*). Con la sinistra egli si appoggia alla barchetta, e con la destra tiene una canna per la pesca (*arundo*).

L' intiera scena sembra imitata da qualche opera anteriore di più valente artefice, forse da qualche pittura. La base poi pare fosse destinata a sostenere un candelabro; ed è probabilissima la supposizione della contessa Lovatelli che questo avesse appartenuto a qualche tempio, dove si celebravano le misteriose cerimonie del culto egizio, così in fiore a Roma, specialmente nell'età degli Antonini.

Come il primo dei lavori accennati e come due altri scritti della egregia contessa (2), la terza ed ultima delle illustrazioni da lei ora date in luce concerne un soggetto circense. Fra le rovine di una villa, edificata sul principio del terzo secolo, al decimosettimo miglio della via Cassia non distante dalla stazione di *Baccanas* (Baccano), fra altri musaici se ne rinvenne, alcuni anni addietro, uno diviso in quattro quadretti, in ciascuno de' quali è rappresentato un auriga in piedi tenente per il freno un cavallo sauro. Questi aurighi hanno il solito abito circense, la tunica *quadrigaria* (χιτὼν ἡνιοχικός) stretta al torace da striscie di cuoio. In capo hanno un elmetto con un piccolo pennacchio ad un lato; le braccia sono coperte da lunghe maniche e le gambe da brache e cnemidi. Il colore della tunica è diverso in ciascuno degli aurighi: bianco, verde, azzurro e rosso. Sono quindi rappresentate le quattro fazioni del circo, *albata*, *prasina*, *veneta* e *russata*, le quali, sul finire del secolo terzo, si ridussero a due soltanto, fondendosi l'*albata* con la *prasina* e la *russata* con la *veneta*, e tali si mantennero a Roma e poi nella nuova capitale, Costantinopoli, finchè furono celebrati i ludi del circo. Il musaico, ora illustrato, è certamente contemporaneo alla edificazione della villa; ri-

---

(1) *Nat. Hist.*, XXXVI, 11.
(2) Vedi *Rivista*, anno VII, p. 399-400; VIII, p. 295.

sale cioè al tempo, in cui fiorenti erano gli spettacoli circensi, e a celebrare i loro campioni si destinavano monumenti d'ogni maniera. Occorre però osservare con la contessa Lovatelli come dall'assenza de' nomi presso gli aurighi e i cavalli (evidentemente i sinistri *funales* di ogni quadriga, cioè quelli meglio addestrati epperò più stimati e ai quali si attribuiva in gran parte la vittoria) si deve dedurre che nel musaico non si vollero effigiare figure iconiche, ma soltanto rappresentare le quattro fazioni contendentisi la palma ne' ludi. Le quattro figure del musaico, confrontate tra di loro e con altri monumenti, in cui sono rappresentati agitatori, mostrano ancora qualche leggera differenza nel modo di vestire; perciò si può conchiudere che se uno solo era il modo di vestire circense, i particolari però potevano essere modificati.

In principio del suo nuovo lavoro l'egregia autrice ci manifesta aver ella « spesse volte vagheggiato l'idea di raccogliere un giorno « insieme ed illustrare ogni sorta di monumenti che ai giuochi del « circo si riferissero, ed offrire così ai cultori delle archeologiche « discipline una compiuta e generale monografia circense ». Tale lavoro, fatto da chi dimostrò, come la ch. contessa, di conoscere così bene l'archeologia circense, sarebbe un graditissimo dono agli studiosi, che per sì fatto argomento non posseggono una compiuta monografia oltre a quella antica di Onofrio Panvinio (1). Se non che la egregia autrice lasciandoci indovinare il suo animo da gravi cure amareggiato, mestamente soggiunge: « Se tale mio desiderio verrà « mai recato ad effetto, lo ignoro, imperocchè pur troppo :

Vitae summa brevis spem nos vetat inchoare longam » .

Ma noi soggiungeremo con lo stesso Venosino e in più nobile senso interpretando le sue parole :

---

(1) *De ludis circensibus libri II*, Venetiis, 1600, ristampati *cum notis Joannis Argoli et additamento Nicolai Pinelli* nel volume IX del *Thesaurus antiquitatum Romanarum* del GREVIO, p. 1-576, nel quale volume si legge pure dopo questa la dissertazione di GIULIO CESARE BULENGER, *De circo Romano, ludisque circensibus*, etc.

Una trattazione di questo soggetto, breve, quale la richiedeva l'economia dell'opera, e in relazione col disegno dell'intero lavoro, si ha nel volume III della *Römische Staatsverwaltung* del MARQUARDT, pag. 484 e segg.

Quid sit futurum cras, fuge quaerere, et
Quem Fors dierum cunque dabit, lucro
Appone.

E non v'ha, crediamo, per gli uomini di studio, mezzo migliore
di adoperare utilmente il tempo quando il cuore sanguina per profonde ferite che dedicare tutto sè stesso ad un lavoro di lunga lena,
il quale, trasportandoci nelle serene regioni della scienza, ci sollevi
dai nostri dolori, ce li faccia per un poco obliare. Tali lavori di
lunga durata diventano amici e compagni per alcuni anni della vita,
sono fonte di consolazione, in cui l'animo affranto si ritempra; e,
quando si ha la ventura di possedere l'ingegno della contessa Lovatelli, sono quasi un obbligo verso la scienza e i suoi cultori, i quali
hanno diritto di attendere da colui, che può darli, maturi e con-
siderevoli frutti del suo sapere.

Torino, 16 luglio 1881.

ERMANNO FERRERO.

Victoris episcopi Vitensis historia persecutionis Africanae provinciae
recensuit MICHAEL PETSCHENIG. Vindobonae, 1881.

Questa nuova edizione della storia, scritta da Vittore vescovo di
Vita, della persecuzione contro i cattolici d'Africa fatta nel secolo
quinto dai re vandali Genserico e Unerico, costituisce il volume settimo del *Corpus scriptorum ecclesiasticorum Latinorum* pubblicato per
cura dell'Accademia delle Scienze di Vienna (1). Stampata per la
prima volta a Colonia da Beato Renano nel 1537, la storia del vescovo di Vita fu ripubblicata più volte, e fra le antiche edizioni si
citano quella del Lorichs e quella di D. Ruinart (Parigi, 1694).
Recentemente uscì per cura dell'Halm ne' *Monumenta Germaniae*

---

(1) Il volume primo del detto *Corpus* comprende Sulpicio Severo secondo
la recensione di Carlo Halm, che curò pure il volume secondo contenente
Minucio Felice e Giulio Firmico Materno. Nel volume terzo si hanno
le opere di San Cipriano (comprese le spurie) edite da Guglielmo Hartel,
e nel quarto Arnobio, secondo la recensione di A. Reifferscheid. I volumi
quinto e sesto sono sotto i torchi.

historica (1). Il prof. Michele Petschenig, che attese all'ultima edizione nel *Corpus* menzionato, aveva già ragionato dei manoscritti della storia di Vittore in un accurato lavoro inserito negli Atti dell'Accademia viennese (2). Per compiere questa sua recensione egli si giovò di nove manoscritti, de' quali il più antico e migliore è un codice della biblioteca di Bamberga del secolo IX. De' rimanenti codici parte deriva dall'archetipo, con cui si connette il bambergense, parte da un'altra fonte men buona. Alla storia della persecuzione segue la *Passio septem monachorum*, che soffrirono il martirio sotto Unerico, attribuita a Vittore, a cui però non appartiene, e la così detta *Notitia provinciarum et civitatum Africae*, la quale contiene i nomi de' vescovi *qui Carthagine ex praecepto regali venerunt pro reddenda ratione fidei die Kl. Februarias anno sexto regis Hunerici*, e che furono coinvolti nella persecuzione.

Torino, 11 settembre 1881.

Ermanno Ferrero.

Institutes de Gaius — 6e édition (1re française) d'après l'*apographum* de Studemund par Ernest Dubois. Paris, 1881.

È noto come nel 1816 il Niebuhr, venuto per visitare l'Italia, allorchè meditava di scrivere la sua storia romana, abbia tosto avuto la singolare fortuna di scoprire in un palinsesto della biblioteca capitolare di Verona il testo delle perdute *Istituzioni* di Gaio. Il codice, secondochè lo stesso Niebuhr ed altri poscia affermarono, non potè essere scritto dopo Giustiniano; ma si deve aggiungere che non pare scritto molto tempo innanzi, laonde conviene assegnarlo fra il quinto secolo ed il sesto. Più tardi, sembra verso l'ottavo secolo, sul testo primitivo se ne scrisse un altro, quello delle lettere di San Girolamo; anzi un quarto circa delle pagine dell'intero codice porta tre diverse scritture. Se la grafia del codice, come quella in generale

---

(1) *Auctorum antiquissimorum* t. III, pars prior, Berolini, 1878.

(2) *Die handschriftliche Ueberlieferung des Victor von Vita* (*Sitzungsber. der phil.-hist. Classe*, XCVI Band, 1880, p. 637 e segg.).

del tempo, a cui appartiene non presenta grande difficoltà di lettura, al contrario, la sovrapposizione di altra scrittura con la necessaria cancellazione o sbiadimento della prima rende ardua la trascrizione esattissima delle *Istituzioni*, interrotte altresì da lacune, più o meno lunghe; onde non pochi i luoghi dubbii, che aprono quindi il campo alle congetture ed alle differenti interpretazioni degli eruditi.

La prima edizione di Gaio comparve nell'anno seguente alla scoperta del Niebuhr, e fu opera del Goeschen, del Bekker e del Bethmann-Hollweg, da cui fu copiato il codice. La trascrizione del Goeschen fu riveduta dal Bluhme, e, giusta questa revisione, uscì nel 1824 la seconda edizione dello stesso Goeschen, alla quale tennero dietro parecchie altre, tra cui la terza del Goeschen pubblicata dal Lachmann nel 1842, le cinque del Boecking dal 1837 al 1866, le due prime dell'Huschke ecc. Il Bluhme, servendosi di più energici mezzi chimici, lesse, è vero, non pochi luoghi, che il Goeschen non aveva potuto leggere, ma la lettura di quello non è sempre esatta, più di una volta essa è arbitraria. Si deve poi inoltre lamentare che i mezzi chimici dal Bluhme adoperati abbiano in qualche luogo gravemente danneggiato il manoscritto.

Ma l'inesattezza della trascrizione del Bluhme non poteva essere conosciuta se altri non avesse assunto la grave fatica di una nuova e compiuta revisione dell'intero palintesto. Alcuni tentativi erano stati fatti dopo il Bluhme; ma la loro inutilità faceva giudicare disperata impresa quella, a cui nel 1866 si accingeva un giovane filologo tedesco, Guglielmo Studemund. Se non che questi, non lasciandosi perdere di coraggio dall'affermazione del Bethmann-Hollweg che niuna utilità avrebbe avuto questa revisione, la proseguì con coraggio ed alacrità, ottenendo importanti risultamenti. Piccole lacune furono colmate, lezioni dubbie furono confermate, altre respinte; in una parola, si potè avere un testo di Gaio non solo esatto, ma meno manchevole di quelli dati dalle trascrizioni del Goeschen e del Bluhme.

Abbiam detto un testo meno manchevole, poichè pur troppo di quell'insigne monumento della romana giurisprudenza, che si è il libro di Gaio, noi non abbiamo che il solo palinsesto veronese, il quale, oltre a piccole lacune, ha circa trenta pagine o interamente o in massima parte illeggibili, ed è privo di sei pagine. Tuttavia la trascrizione studemundiana ha procurato il modo di rettificare alcuni punti notevolissimi non solo per la restituzione del testo di Gaio, ma per la conoscenza del diritto romano. Alla comunicazione, fatta nel 1869 al congresso de' filologi tedeschi a Wurzburg, lo Studemund fece seguire nel 1874 la pubblicazione del suo apografo (1), e nel 1877 col sussidio del Krüger una nuova edizione dell'opera del giureconsulto romano. Già un dotto olandese, il Polenaar, l'aveva preceduto, pubblicando a Leida, secondo il nuovo apografo, un'edizione di Gaio. Seguirono poi nel 1878 l'edizione dell'Huschke a Lipsia, nel 1880 quella pure lipsiense dello Gneist e la edimburghese del Muirhead e in principio di quest'anno la parigina del sig. Ernesto Dubois, professore nella facoltà di diritto di Nancy, noto per altri lodevoli lavori di diritto romano e moderno (2).

Questa nuova edizione è superiore alle precedenti, perchè riproduce esattamente l'apografo studemundiano e in pari tempo adempie all'ufficio di una buona edizione critica con la correzione cioè e i supplementi, ma lasciando interamente separato ciò che è riproduzione del codice da quanto è restituzione o congettura. Nelle edizioni antecedenti i supplementi erano bensì segnati in diversa maniera; ma non erano sempre indicate le soppressioni e le correzioni in modo da far tosto spiccare ciò che era scrittura del codice da ciò che era congettura del moderno editore.

Provvide pertanto il prof. Dubois a tor di mezzo questo inconveniente, dando una riproduzione dell'apografo dello Studemund e riunendo nelle note, a piè di pagina, le restituzioni, che furono proposte a cominciare dal tempo del Niebuhr sino agli ultimi lavori, aggiungendovi ancora, ma parcamente, proprie congetture. Così lo studioso ad ogni luogo guasto ha la serie cronologica delle emendazioni fatte dai diversi editori ed anche da altri dotti, come dal Savigny, Rudorff, Mommsen, ecc.

La riproduzione dello apografo è fatta coi caratteri di stampa consueti; ma l'editore ebbe sempre cura d'indicare dove finiscono le linee e le pagine nel codice (indicando in nota lo stato attuale delle pagine, sotto l'aspetto della facilità o difficoltà della lettura), segnando i tratti bianchi nel codice, sottolineando con punti le parole ancor dubbie secondo lo Studemund, e, giusta il medesimo trascrittore, in-

---

(1) *Gaii Institutionum commentarii quatuor* codicis Veronensis denuo collati apographum confecit et iussu Academiae regiae scientiarum Berolinensis edidit GUILELMUS STUDEMUND, Lipsiae, 1874.

(2) Tra i primi: *Le Sénatus-consulte Velléien en droit romain et l'incapacité de la femme mariée en droit français*, Paris, 1880; *La table de Clés, édit. de Claude de l'an 46*, Paris, 1872; *La saisine héreditaire en droit romain*, Paris, 1880.

dicando con lettere più piccole sulle ordinarie quelle, che in luoghi di dubbia lettura si possono forse porre in luogo di queste.

Il prof. Dubois ha voluto pertanto riprodurre fedelissimamente la trascrizione dello Studemund, introducendovi soltanto la punteggiatura necessaria per la lettura; sciogliendo le sigle e le note, ma indicando però in corsivo le lettere aggiunte per lo scioglimento. Sopra un punto ci pare di non poter consentire con l'egregio editore; cioè sulle restituzioni, ch'egli chiama antiche e che da lui sono inserite nel testo, e sulla correzione di errori di copisti. Quanto alle prime, fondate o sui frammenti di Gaio conservati nelle *Pandette*, o sui passi delle Istituzioni di Giustiniano, riprodotti senza dubbio da quelle di Gaio, o sull'*Epitome di* Gaio, o sulla *Mosaicarum et Romanarum legum collatio*, o sulla parafrasi di Teofilo, sebbene indicate tra parentesi (1), tuttavia ci sembrano che più acconcio luogo avrebbero potuto avere in nota. È vero che sono passi di Gaio; ma qualche lieve alterazione non può essere stata dai copisti introdotta?

Nelle correzioni poi di errori di lingua è difficilissimo stabilire un limite esatto. Non conveniva meglio lasciare il testo qual era, anche con le sue scorrezioni, le quali poi non sono sì gravi da impedire di comprenderne il senso? (2).

Questo punto, su cui noi dissentiamo dall'editore, è picciolissima cosa rispetto alla intera opera. A noi è grato unirci a coloro, che accolsero con lode questa diligente e dotta edizione del grande giureconsulto.

Torino, 9 novembre 1881.

ERMANNO FERRERO.

(1) Semplici per i passi del *Digesto*, doppie per le Istituzioni giustinianee, triple per le altre opere.

(2) È scambiata, per esempio, sovente la *v* in *b*, come *serbus* per *servus*, *sibe* per *sive*; ma questo scambio che la latinità ammise (veggansi le iscrizioni, specialmente le cristiane) non si può davvero considerare siccome un errore.

———   ———

PIETRO USSELLO, *gerente responsabile.*

DALLA BATTAGLIA DELLA TREBBIA
A QUELLA DEL TRASIMENO

—

QUESTIONI DI STORIA ROMANA (1).

—

CAPITOLO SECONDO

Sulla partenza di C. Flaminio console
designato per l'anno 537/217.

Livio racconta che C. Flaminio, designato console per
l'anno 537/217, invece di rimanere a Roma almeno fino
alle Idi di marzo che era il giorno in cui i nuovi consoli
entravano in carica, se ne andò quasi di nascosto a Rimini
e assunse l'ufficio colà. Cagione di questa più fuga che partenza del console romano per la sua provincia era, secondo
lo stesso Livio, la seguente: Tutta la carriera politica di
Flaminio era stata una lotta continua col Senato e colla
fazione aristocratica, quindi temendo che i suoi avversari
meditassero vendicarsi di lui trattenendolo in Roma e
cercando di spogliarlo del consolato, egli pensò bene di allontanarsi il più presto possibile. Nè i legati del Senato
andati per farlo ritornare a Roma a compiervi i doveri religiosi e civili che incombevano ai nuovi consoli, riuscirono

(1) Vedi *Rivista di Filologia*, anno IX, fasc. 10-12, p. 481-512.

Rivista di filologia ecc., X.

a persuaderlo. « Consulum designatorum alter Flaminius,
« cui eae legiones, quae Placentiae hibernabant, sorte eve-
« nerant, edictum et litteras ad consulem misit, ut is exer-
« citus Idibus Martiis Arimini adesset in castris. Hic in
« provincia consulatum inire consilium erat memori vete-
« rum certaminum cum patribus, quae tribunus plebis et
« quae postea consul prius de consulatu qui abrogabatur,
« dein de triumpho habuerat, invisus etiam patribus ob
« novam legem, quam Q. Claudius tribunus plebis adversus
« senatum atque uno patrum adiuvante C. Flaminio tu-
« lerat, ne quis senator cuive senator pater fuisset mariti-
« mam navem, quae plus quam trecentarum amphorarum
« esset, haberet. Id satis habitum ad fructus ex agris vec-
« tandos; quaestus omnis patribus indecorus visus. Res per
« summam contentionem acta invidia apud nobilitatem sua-
« sori legis Flaminio, favorem apud plebem alterumque inde
« consulatum peperit. Ob haec ratus auspiciis ementiendis
« Latinarumque feriarum mora et consularibus aliis impedi-
« mentis retenturos se in urbe, simulato itinere privatus clam
« in provinciam abiit. Ea res ubi palam facta est, novam in-
« super iram infestis iam ante patribus movit: non cum se-
« natu modo sed iam cum diis immortalibus C. Flami-
« nium bellum gerere. Consulem ante inauspicato factum
« revocantibus ex ipsa acie diis atque hominibus non pa-
« ruisse; nunc conscientia spretorum et Capitolium et sol-
« lemnem votorum nuncupationem fugisse, ne die initi
« magistratus Iovis optimi maximi templum adiret; ne
« senatum invisus ipse et sibi unum invisum videret con-
« suleretque; ne Latinas indiceret Iovique Latiari sol-
« lemne sacrum in monte faceret; ne auspicato profe-
« ctus in Capitolium ad vota nuncupanda, paludatus inde
« cum lictoribus in provinciam iret. Lixae modo sine in-
« signibus, sine lictoribus profectum clam, furtim, haud

« aliter quam si exilii causa solum vertisset. Magis pro ma-
« iestate videlicet imperii Arimini quam Romae magistra-
« tum initurum, et in deversorio hospitali quam apud pe-
« nates suos praetextam sumpturum. Revocandum universi
« retrahendumque censuerunt et cogendum omnibus prius
« praesentem in deos hominesque fungi officiis, quam ad
« exercitum et in provinciam iret. In eam legationem (le-
« gatos enim mitti placuit) Q. Terentius et M. Antistius
« profecti nihilo magis eum moverunt, quam priore consu-
« latu litterae moverant ab senatu missae. Paucos post dies
« magistratum iniit, inmolantique ei vitulus iam ictus e ma-
« nibus sacrificantium se se cum proripuisset, multos cir-
« cumstantes cruore respersit; fuga procul etiam maior
« apud ignaros, quid trepidaretur, et concursatio fuit. Id a
« plerisque in omen magni terroris acceptum. Legionibus
« inde duabus a Sempronio prioris anni consule, duabus a
« C. Atilio praetore acceptis, in Etruriam per Appennini
« tramites exercitus duci est coeptus » (1).

---

(1) Livio, 21. 63.
Occorre che facciamo tre osservazioni a proposito di questo passo
di Livio. 1ª Nelle parole di Livio *de consulatu qui abrogabatur* il
verbo è usato in senso lato, non in senso rigoroso, perchè *abrogare*
voleva dire togliere un ufficio mediante una legge (*rogatio*); ma nel
531/223 Flaminio e il suo collega nel consolato non vennero privati
dell'ufficio direttamente nei comizi del popolo per mezzo d'una ro-
gazione, essi furono soltanto invitati a deporlo, coll'annunziar loro
ufficialmente che essi erano stati *vitio creati*, cioè che la loro elezione
era viziosa e imperfetta. Questo sia detto a scanso d'equivoci. —
2ª Le parole di Livio *ratus..... retenturus se in urbe* secondo me non
possono significare, se non che Flaminio credeva che lo avrebbero
spogliato del consolato, se egli fosse rimasto a Roma. Intendiamoci
bene, dico che questa è l'idea di Livio, non che questa ragione addotta da Livio per spiegare la partenza prematura di Flaminio sia la
vera; cf. § 4° di questo capitolo. Ma che Livio scrivendo come scrisse,
credesse come io spiego, non c'è dubbio: chè un *retinere in urbe* così
temuto dal nuovo console da indurlo a fuggire da Roma di nascosto

Tale è il fatto che imprendiamo ad esaminare, e tale è il modo con cui Livio lo narra.

L'esame della quistione relativa alle Fonti superstiti di esso, lo faremo, naturalmente, nel corso del capitolo, non però in principio, contrariamente alla consuetudine generale di aprire le investigazioni storiche colla disamina delle testimonianze; tali disamine infatti, mirando a sceverare dal vero delle notizie ogni aggiunta arbitraria frammischiatasi in processo di tempo alla verità, stanno bene in principio, generalmente parlando; ma il nostro caso è eccezionale; la moltitudine delle cose da dire e la fisonomia speciale che la questione, come vedremo, viene questa volta ad assumere, richiedono un ordine diverso dal solito; diverso nei mezzi, non nel fine che è sempre la chiarezza del disegno e della disposizione delle parti. Ma veniamo senz'altro alla cosa.

Qual è il motivo per cui vogliamo esaminare la partenza prematura di Flaminio? Il motivo l'abbiam detto nell'introduzione notando che cotesta partenza è un fatto pieno d'interesse dal punto di vista del diritto pubblico dei Romani, essendo quella la prima volta, a quanto sappiamo, che un console lasciava Roma, mentre era semplice console designato, senza aspettare d'essere entrato effettivamente in carica, per recarsi nella propria provincia. Due sono poi le parti del nostro còmpito in questo proposito: nella prima fa mestieri discutere la verità storica del fatto, per metterla in sodo, o viceversa per metterla in dubbio; nella seconda, che natu-

---

doveva essere evidentemente non soltanto un farne indugiare la partenza, ma un impedirgliela del tutto, cioè dunque una spogliazione dell'ufficio. — 3° Dissi che tutta la carriera politica di Flaminio era stata una lotta col Senato; si eccettui però la sua censura; cf. più innanzi.

ralmente può aver luogo soltanto nel caso che la verità del
fatto sia stata riconosciuta incontestabile, occorre meditare
sul fatto stesso nell'intento di indagare meglio e quasi svi-
scerare lo stato interno della Repubblica in quel mòmento.
Un esame così largamente concepito del fatto manca tuttora;
però non mancano alcune ricerche parziali; ma esse sono
inadeguate nell'estensione e nel metodo, e paionmi errate
nella conchiusione a cui pervengono (negando la verità della
partenza anticipata di Flaminio), come si vedrà a suo luogo,
quando passeremo in rassegna ciò che in sostanza esse contengono. Le molte cose che dobbiamo dire sull'argomento
di questo capitolo si possono acconciamente dividere in
quattro parti che formeranno dunque quattro paragrafi:
nel primo ricercheremo, se in tesi generale l'assenza da Roma
di uno dei nuovi consoli, nel giorno in cui questi assumevano l'ufficio e nei giorni seguenti, fosse una cosa possibile
o impossibile nell'età della seconda guerra punica; e troveremo che era possibile. (Son queste le considerazioni che
devono essere la base di tutta la trattazione; eppure esse
mancano totalmente nelle ricerche parziali alle quali accennavo ora). Nel secondo paragrafo indagheremo, se la cosa,
possibile in genere, paia probabile e vera nel caso concreto
di Flaminio; e molte considerazioni di più sorta, non fatte
da coloro che la negano, ci porteranno a credere di sì.
Così accertata la verità del fatto, passeremo in rassegna, nel
terzo paragrafo, le obbiezioni sollevàte contro di esso. In
fine, nel quarto paragrafo, ci serviremo del fatto per spingere lo sguardo un po' addentro nella storia interna di
Roma in que' giorni calamitosi.

§ I. *Se, e per mezzo di quali spedienti, fosse possibile
permettere l'assenza da Roma ad uno dei nuovi consoli
nel giorno in cui questi ultimi assumevano l'ufficio e nei*

giorni susseguenti. Badiamo bene che parliamo dell'assenza di un solo dei due consoli, e non dell'assenza di ambedue.

La quistione che qui sollevo è importante, e nondimeno intentata finora (1). Certo l'avranno trattata quegli antichi scrittori romani che discorsero del loro diritto pubblico, quali furono, ad esempio, C. Sempronio Tuditano (2), M. Giunio Gracchano (3), e Cincio (4); ma le loro opere son perdute; nè i critici moderni istituirono indagini di sorta su questo argomento (5). Ora è chiaro che la risposta alla

---

(1) Il Mommsen (*Staatsrecht*, 1, 594, seconda edizione) dice soltanto che l'entrare in carica fuori di Roma era bensì procedimento irregolare, ma tuttavia possibile; ma egli del tempo della Repubblica non cita che l'esempio di C. Flaminio, esempio di cui egli altrove (*Römische Forschungen*, 2, 99) contesta la verità storica. Il Lange poi parlando della cosa (*Römische Alterthümer*, 1, 622 segg., seconda edizione) non nota nemmeno se l'ufficio si dovesse assumere in Roma o si potesse assumere anche altrove. A questo proposito aggiungerò che il Lange, discorrendo delle formalità incombenti ai nuovi consoli, dice troppo recisamente che il trascurarle era illegale e tuttavia non cagionava la perdita dell'ufficio. Vogliono essere sempre evitate tali asserzioni generiche, quando esse non sono la conclusione di un'analisi; l'autore poi enumerando le formalità dimenticò il giuramento delle leggi, formalità tanto essenziale che trascurandola si perdeva l'ufficio; l'autore, inoltre, badò poco bene alla legge curiata, senza la quale il console non poteva comandare gli eserciti come ci mostrano le testimonianze degli scrittori e le questioni di diritto sorte in proposito di essa; anche il dire ch'egli fa (*Röm. Alterthüm.*, 1, 351, 596, seconda edizione), che nei tempi posteriori la legge curiata non avea più importanza è troppo.

(2) Nell'opera intitolata *Libri magistratum.*

(3) Nell'opera *De potestatibus.*

(4) Nell'opera *De consulum potestate.*

(5) In prova di consolati assunti lungi da Roma i critici citano gli esempi di C. Giulio Cesare (Dione Cassio, 41, 39; Appiano, *Bell. civ.*, 2, 48; cf. Drumann, *Geschichte Roms*, vol. 3, 475; Seeck, *Hermes*, 8, 164), di Cesare Augusto (Suetonio Aug., 26; cf. Mommsen, *Staatsrecht*, 1, 594 seconda edizione) e dell'imperatore Pertinace (*Vita Pertinacis*, 3; cf. Mommsen, ivi). Ma questi esempi, desunti da epoche siffatte, non provano nulla per quanto concerne la buona età della Repubblica.

questione, se c'è, si deve trovare nelle istituzioni dei Romani e nei fatti storici. Certo le consuetudini romane presupponevano la presenza dei due nuovi consoli in Roma, dovendo essi, prima di partire per la guerra, compiere molte cerimonie e spedire molti affari che non soffrivano dilazione; ma d'altra parte è naturale che, occorrendo, si lasciasse partire un console designato, e che in certe contingenze speciali si permettesse che chi era stato eletto console mentre era lontano da Roma, non vi facesse ritorno pel giorno in cui diventava console effettivo. Sembrandomi anzi impossibile che, in tanti secoli e per serie sì lunga di guerre, a Roma non sia mai accaduto, fino al tempo di Giulio Cesare, un fatto eccezionale di questo genere, e persuaso di trovare esempi molto più antichi, ho percorso le storie di Livio, e la mia supposizione ebbe piena conferma. Proprio durante la seconda guerra punica, a distanza di qualche anno appena dal secondo consolato di C. Flaminio, ho rinvenuto tre esempi; questi esempi riguardano uno dei consoli designati degli anni 540/214, 544/210, 546/208, e sono i seguenti:

α) Sul finire del 539/215 i comizi centuriati elessero consoli pel 540/214 M. Claudio Marcello e Q. Fabio Massimo. Ma Marcello, eletto mentre era assente (1), non venne poi nemmeno a Roma, perchè parlando degli arruolamenti che incombevano ad *ambedue* i consoli, Livio menziona Fabio Massimo e non menziona Marcello (2), e perchè narrando al solito la partenza dei consoli per la guerra,

---

(1) LIVIO, 24, 9, 9: « Absens Marcellus consul creatus quum ad exercitum esset, praesenti Fabio atque ipso comitia habente consulatus continuatus ».

(2) LIVIO, 24, 11, 6: « Dilectu habito et centum navibus novis deductis, Q. Fabius comitia censoribus creandis habuit ».

parla bensì di Fabio, ma tace di Marcello (1). La cosa mi pare chiarissima, sebbene i critici, anche più illustri, siano stati tratti in errore (2).

β) M. Valerio Levino fu creato console pel 544/210 mentre era lontano da Roma, dove egli non era ancor giunto il 15 marzo, nel qual giorno nondimeno assunse l'ufficio di console. (LIVIO, 26, 26, 5): « M. Marcellus quum Idibus Martiis consulatum inisset, senatum eo die moris modo causa habuit, professus nihil se absente collega neque de re publica neque de provinciis acturum ». Dunque entrò in carica non in Roma ma fuori di Roma.

γ) Lo stesso Marcello, dopo essere stato designato al suo quinto consolato per l'anno 546/208, venne spedito in Etruria dove erano scoppiati moti di ribellione (3). Livio dice che bastò il solo ordine dato a Marcello perchè gli Etruschi posassero, donde parrebbe inferirsene che Marcello ritornò subito a Roma. Ma Plutarco scrive che Marcello sedò i moti percorrendo il paese (ἐν Τυρρηνία μέγα κίνημα πρὸς ἀπόστασιν ἔπαυσε καὶ κατεπράϋνεν ἐπελθὼν τὰς πόλεις, MARCELLO, c. 28): quindi è difficile credere che egli siasi potuto trovare a Roma pel 15 marzo a prendervi il

---

(1) LIVIO, 24, 12, 5: « Fabius Maximus, postquam Hannibalem Arpis profectum et regredi in Campaniam allatum est, nec die nec nocte intermisso itinere ad exercitum redit ».

(2) Alludo al Rubino e al Mommsen, dei quali il primo asserisce che in principio del 540/214 *ambedue* i nuovi consoli trovavansi a Roma, e il secondo che trovavansi *ambedue* lontani da Roma. Ma di ciò diremo fra poco.

(3) LIVIO, 27, 21, 6: « Comitiorum ipsorum diebus sollicita civitas de Etruriae defectione fuit. Principium eius rei ab Arretinis fieri C. Calpurnius scripserat, qui eam provinciam pro praetore obtinebat. Itaque confestim eo missus Marcellus consul designatus, qui rem inspiceret ac, si digna videretur, exercitu accito bellum ex Apulia in Etruriam transferret. Eo metu compressi Etrusci quieverunt ». Cf. PLUTARCO, *Marcell.*, 27.

consolato. Ad ogni modo però, col mandarlo in Etruria nella qualità di console designato (1), il Senato consentiva implicitamente a lasciargli assumere l'ufficio fuori di Roma, non potendosi sapere se la ribellione degli Etruschi sarebbe stata condotta tanto prontamente a fine, che Marcello potesse essere di ritorno pel 15 marzo.

Dunque, nell'età della seconda guerra punica al più tardi, si cominciò a permettere l'assenza in questione di un console designato. La cosa mi par certa e molto importante. Ora procediamo innanzi e vediamo gli spedienti che in tali congiunture si dovettero adottare per dar luogo a questo fatto eccezionale. In Roma, prima di partire e mettersi alla testa degli eserciti, i nuovi consoli avevano più sorta di faccende da spedire e più sorta di cerimonie religiose e non religiose da compiere; importa quindi investigare come può e deve essere avvenuta la dispensa da siffatte faccende e da siffatte cerimonie, accordata, nei tre casi ora enumerati e in tutti i casi simili a questi, a quel nuovo console che non

---

(1) L'invio di Marcello in Etruria sullo scorcio del 545/209 nella qualità di console designato non venne mai rilevato; quindi non fu nemmeno sollevata una questione che necessariamente ne scaturisce, ed è la seguente. Al suo partire per l'Etruria Marcello non possedeva ancora l'imperio consolare, perchè era semplicemente console designato; d'altra parte però egli non possedeva più l'imperio proconsolare di cui era stato investito per l'anno 545/209, perchè gl'imperii fondati sopra semplice proroga cessavano al varcar del pomerio per rientrare in Roma. Con che imperio andò dunque Marcello in Etruria? È poco probabile che gli fosse restituito l'imperio proconsolare perduto rientrando in Roma, perchè al *promagistrato* non era lecito ripetere gli auspici di guerra, e senza tali auspici non si prendeva il comando d'un esercito. Più probabile è che gli sia stato consentito in anticipazione, come console designato, l'esercizio dell'imperio consolare. Se questa mia ipotesi è vera, siccome il console designato possedeva ed esercitava più sorta di diritti (dei quali discorre Mommsen, *Staatsrecht*, 1, 571, seconda edizione), a questi diritti sarebbe da aggiungere questo ch'io dissi.

si sarebbe trovato a Roma in principio dell'anno. Questa investigazione non solo è utile, ma è altresì necessaria perchè in essa ritroveremo confermato che l'eccezione della quale parliamo non è una semplice ipotesi. Per ciò che concerne adunque le faccende da spedire mi pare che nulla dovesse tornar più facile che lo stabilire che il console presente in Roma vi attendesse da solo a nome proprio e a nome del collega nello stesso tempo : stabilire ciò nella metà del sesto secolo era nient'altro che ripristinare provvisoriamente una istituzione antica, durata molto tempo e poi cessata. Nei primi secoli della Repubblica non furono soliti i consoli esercitare per turno il loro potere, comandando un mese ciascuno? (1). Per tacere che accadendo che un con-

---

(1) Ci vollero più secoli prima che i Romani, avvezzi, all'uscire dalla forma monarchica di governo, a vedere un solo uomo al comando, si penetrassero appieno della natura del governo consolare, secondo la quale, in teoria almeno, ogni cosa doveva esser fatta da ambedue i consoli fungenti insieme in forma di collegio. In tutto quel frattempo i consoli preferirono avere il potere alternatamente un mese per uno (parlo naturalmente del principio dell'anno, durante il loro soggiorno in Roma prima di partire per la guerra, parlo cioè della sfera d'azione circoscritta in Roma, *domi*). Il console a cui, secondo il turno, toccava il comando, era quello che avea i fasci che erano il simbolo e l'insegna dell'autorità, ed era probabilmente quello che chiamavasi perciò *console maggiore* (Festo ed. Müller, 161 : « *maiorem consulem* L. Caesar putat dici vel *eum penes quem fasces sint*, vel eum qui prior factus sit »; cf. Becker, *Antiquitäten*, 2, 2, 113; Lange, *Röm. Alterthüm.*, 2, 617, seconda edizione; Mommsen, *Staatsrecht*, 1, 38, seconda edizione). Del resto non per ogni funzione troviamo ricordato negli antichi l'esercizio alterno del potere fra i due consoli, anzi lo troviamo ricordato soltanto, oltre che nell'amministrazione della giustizia, nella convocazione e presidenza del Senato durante i secoli quarto e quinto di Roma (Dionigi, 6, 57; 10, 57; Livio, 9, 8, 1).

Quando sia caduto in disuso cotesto turno non è noto; certo era cessato nel secolo sesto. Una, ma non la sola, delle cagioni che fecero cessare il turno e fecero nascere l'operare collegialmente dei consoli fu evidentemente il sentimento dell'indole medesima dell'uf-

sole fosse morto in principio dell'anno sarebbe toccato al collega superstite il fungere da solo fino alla nomina d'un altro console che prendesse il luogo del console morto (1),

---

ficio: due erano i consoli, e di pari potere, e dovevano quindi operare insieme. Il MOMMSEN (*Staatsrecht*, 1, 42, seconda edizione), vede poi un'altra cagione, anzi la precipua, nel bisogno che ogni console avea di evitare l'opposizione del collega, perchè, com'è noto, anche al console privo di fasci e di potere competeva però il potere negativo, cioè il diritto del veto; secondo quest'ipotesi ebbe fine il sistema del turno quando i consoli dissero: operiamo in comune affinchè non accada che uno di noi impedisca quello che l'altro voleva fare. Io non so se il Mommsen abbia ragione qui: il diritto del veto e quindi l'inconveniente dell'opposizione è antico quanto il consolato, e perciò se questo inconveniente fosse dispiaciuto a segno da far abbandonare il sistema del turno, cotesto turno non sarebbe durato quanto è durato. Quindi la cagione precipua per cui cessò il turno nell'esercizio del potere consolare fu un'altra; e fra le varie che riflettendo sulla cosa mi vennero in mente, la più probabile parmi la seguente, che forse è la vera. È noto che i Romani mandavano ogni anno gli eserciti in campo; queste campagne, comandate naturalmente dai consoli, per alcuni secoli furono circoscritte ai popoli abitanti a breve distanza da Roma; per tutto questo tempo adunque esse furono di breve durata, tanto che i consoli potevano sempre passare più mesi in Roma prima di incominciarle, e, ritornatine, di nuovo passare altri mesi prima che l'anno del loro ufficio fosse finito; in tale condizione di cose tornava *possibile* ai consoli comandare un mese per uno, il loro soggiorno a Roma essendo di più mesi tanto in principio quanto alla fine dell'anno. Ma il teatro delle guerre andò sempre più allontanandosi da Roma, la partenza dei consoli si andò sempre maggiormente anticipando, e viceversa differendo il ritorno loro; troppo spesso il loro soggiorno a Roma non si protraeva nemmeno a due mesi nè in principio nè in fine dell'anno; così stando le cose era *impossibile* continuare nel sistema dell'imperare per turno, perchè se l'uno dei consoli risicava di non finire il suo mese di comando, il collega risicava di non poterlo neppure principiare.

(1) Moralmente il console superstite era tenuto, morendogli il collega, a convocare incontanente i comizi centuriati per dare un successore al morto (*subrogare, sufficere collegam*); ma, naturalmente, egli indugiava come gli piaceva. — Un'osservazione: se stiamo a Livio, dobbiamo credere che la nomina del console da sostituire al console morto appartenesse, appunto come la nomina ordinaria dei consoli, al popolo raccolto nei comizi; ed invero non c'è ragione di

e che in caso di infermità, finchè durasse la malattia dell'uno, conveniva che l'altro fosse incaricato di far tutto da solo. Ma anche per ciò che riguarda buona parte delle cerimonie doveva esser cosa molto naturale, in caso d'assenza di uno dei nuovi consoli, l'affidarne il compimento all'altro, perchè le cerimonie in questione si riducono essenzialmente a sette (1), e di queste, tre mi sembrano tali da potere

---

non prestar fede al racconto dello storico. Tuttavia il MOMMSEN (*Röm. Staatsrecht*, 1, 209, seconda edizione), partendo dal fatto che quando nelle elezioni ordinarie accadeva che un solo dei candidati al consolato ottenesse tanti voti da esser eletto a primo scrutinio toccava al nuovo eletto il convocare i comizi per la nomina dell'altro console, sospetta che in antico il console superstite non facesse nominare il collega dal popolo, anzi lo nominasse egli stesso. Ma tra il diritto di convocare il popolo per la nomina d'un console, e il diritto di nominarlo escludendo il popolo, c'è un abisso, pare a me: come concludere, dal diritto di convocare il popolo, al diritto di escludere il popolo nella suffezione del collega? In questa cosa il momento essenziale è l'elemento eleggente; ma l'elemento eleggente è il popolo anche nel fatto da cui parte l'autore.

(1) Nelle opere d'antichità romane manca pur sempre un prospetto razionale di coteste formalità. Le sette cui accenno sono le seguenti:

1ª Gli auspici che venivano presi da ciascun console, il mattino del giorno medesimo in cui entravano in carica. Questi auspicî erano, come a dire, quella sanzione divina della nomina all'ufficio, la quale ritenevasi sempre necessaria (DIONIGI, 2, 5-6). Fra i moderni discorse ultimamente di questi auspicî il MOMMSEN (*Röm. Staatsrecht*, 1, 78, 588, seconda edizione).

2ª Lo scioglimento, medesimamente nel primo giorno d'ufficio, dei voti che i consoli dell'anno prima avevano fatti per la salute dello Stato a Giove sul Capitolio, e rinnovamento, per parte dei nuovi consoli, dei medesimi voti. Ciò dicevasi *vota nuncupare*. La cerimonia è ricordata spesso negli scrittori antichi (OVIDIO, *Fast.*, 1, 79 segg. Lo stesso *Ex Ponto*, 4, 4, 25 segg.; LIVIO, 21, 63, 7; CICERONE, *De leg. agr.*, 2, 34, 93). Fra i moderni cf. MOMMSEN, *Röm. Staatsrecht*, 1, 594, seconda edizione.

3ª Il giuramento delle leggi (*iurare in leges*). Quando sia sorta la consuetudine di deferire ai magistrati romani un giuramento delle leggi nol sappiamo; certo essa vigeva già, come si ricava da un particolare di storia interna ricordatoci da LIVIO (31, 50, 7) nell'anno 554/200. Sul giuramento deferito ai magistrati e ai senatori vedi, fra

venir paragonate, in un certo senso, alle faccende delle quali adesso parlavamo. Infatti mi pare che tanto i voti fatti dai consoli, per la salute della Repubblica, sul Capitolio nel

---

i moderni, specialmente MOMMSEN, *Staatsrecht*, 1, pag. 598, seconda edizione.

4ª La celebrazione della festa Latina sul monte Albano. Questa solennità è cosi nota che non occorrono altre parole.

5ª Il sacrifizio, in Lavinio, fatto ai Penati e a Vesta. Cf. MACROBIO, *Sat.*, 3, 4, 11 ; SERVIO ad *Aen.*, 2, 296; SCHOL. VERON. a VIRG. 1, 259; MOMMSEN, *Staatsreçht*, 1, 597, seconda edizione.

6ª La presentazione della legge curiata per conseguire l'*imperium*, cioè per conseguire il comando degli eserciti. Cf. LIVIO, 5, 52, 15 : « Comitia curiata quae rem militarem continent ». CICERONE, *De Leg. agr.*, 2, 12, 30 : « Consuli, si legem curiatam non habet, attingere rem militarem non licet ». Della legge curiata avremo fra poco l'occasione di discorrere diffusamente.

7ª Gli auspici che prendevano e i voti che facevano a Giove sul Capitolino i due consoli, il mattino del giorno medesimo in cui essi lasciavano Roma per mettersi a capo degli eserciti. Sugli auspici cf. FESTO ed. MÜLLER, pag. 241; LIVIO, 21, 63, 9; 22, 1, e fra i moderni MOMMSEN, *Staatsrecht*, 1, 61, 64, 96, seconda edizione. Anche questi voti chiamavansi *vota nuncupata*.

Il passo liviano che esaminiamo, e che biasimando la partenza prematura di Flaminio ricorda i doveri trascurati da lui, non annovera tutte queste formalità, sia perchè esse erano note, sia perchè, come spiegherò in appresso, la fonte seguita in questo proposito dallo storico fu probabilmente una fonte di genere oratorio e non di genere storico. Le cerimonie accennate nel passo liviano sono queste : gli auspici e i voti del primo giorno dell' anno (ne die initi Magistratus Jovis optimi maximi templum adiret); la convoca del Senato (ne senatum in visus ipse et sibi uni invisum videret consuleretque); le ferie Latine (ne Latinas indiceret Iovique Latiari sollemne sacrum in monte faceret); gli auspici e i voti del giorno della partenza (ne auspicato profectus in Capitolium ad vota nuncupanda, paludatus inde cum lictoribus in provinciam iret). Come si vede, son toccate quasi esclusivamente le formalità religiose.

Ora io vorrei dividere coteste sette formalità in due classi. La seconda, quarta e quinta erano, propriamente parlando, esercizio dell'ufficio di consoli, dunque funzioni del consolato. Ma la prima, terza, sesta e settima, più che esercizio d'ufficio, erano, se non isbaglio, compimento dell'elezione al consolato stesso, ossia formalità che rendevano piena la nomina all'ufficio, e senza delle quali essa nomina rimaneva più o meno imperfetta.

primo giorno dell'anno, quanto le ferie Latine sul monte
Albano, quanto infine il sacrifizio in Lavinio, fossero altrettante attribuzioni dei consoli, altrettante funzioni del consolato, e quindi che anche per queste come per tutte le altre
faccende di pertinenza dei consoli, si potesse agevolmente
ordinare che il console presente in Roma le compiesse da
sè solo, ben inteso a nome di ambedue i colleghi (1), anche
qui colla finzione giuridica necessariamente applicata agli
affari civili, cioè che le cose fatte dal console fungente si
considerassero legalmente come opera del collegio dei supremi magistrati. Insomma, nell'assenza di uno dei due
consoli nuovi, parmi cosa che venisse da sè che l'altro console e facesse i voti pel bene della Repubblica, e celebrasse
le Latine e compiesse il sacrificio a Lavinio a nome dei
Magistrati supremi di Roma, allo stesso modo ch'egli doveva convocare il Senato, fare gli arruolamenti, espiare i
prodigi, ecc. ecc. da sè solo bensì, ma senza dubbio come
rappresentante del collegio dei consoli. — Solo per ciò che
concerne le quattro rimanenti cerimonie la cosa correva

---

(1) Una bella e saldissima prova della mia ipotesi sulla rappresentanza del collegio dei consoli conferita a quel console che fosse rimasto solo a Roma in principio dell'anno, me l'offrono i frammenti
dei fasti delle ferie Latine scoperti negli ultimi tempi, e precisamente
quelli riguardanti l'anno 540/214, Dei due consoli di quell'anno abbiam visto (e torneremo a vedere) che Marcello fu creato mentre era
lontano da Roma dove non tornò nemmeno quando ebbe intesa la
sua elezione, perchè sarebbe stata follia abbandonare in quel momento
il campo; e nondimeno questi fasti portano all'anno 540/214 il nome
di ambedue i consoli, come se ambedue i consoli fossero stati presenti alla festa Latina in Albano (*Corpus Inscript. Latin.*, vol. 6,
pag. 456, n. 2012); il che significa che il console Fabio rappresentò
anche il collega a quella solennità. — Di qui traggo pure la conseguenza legittima che errerebbe chi come il MOMMSEN (*Römische Forschungen*, 2, 99 segg.) inclinasse a credere che il trovarsi nei fasti
suddetti il nome di ambedue i consoli indichi che ambedue i consoli
parteciparono in persona alla solennità.

altrimenti. Qui non era naturale che il console che trovavasi in Roma rappresentasse senz'altro, nel compierle, anche
il collega assente: esse non erano doveri o funzioni del
Collegio dei consoli, erano anzi doveri personali di ciascheduno dei consoli, erano propriamente il compimento e la
sanzione della nomina al consolato e quindi incombevano
ad ognuno di essi: infatti gli auspici del primo giorno del-
l'anno essendo la domanda rivolta dal nuovo magistrato a
Giove nell'intento di sapere se come magistrato egli fosse
gradito alla Divinità, e potendo darsi che dei due consoli
l'uno fosse accetto al Dio e l'altro no, occorreva che tanto
questo quanto quel console facesse la sua domanda a parte dal
collega, e ottenesse similmente una risposta a parte. Medesimamente, quanto al giuramento delle leggi, poichè in via normale chi giura obbliga se stesso, è evidente che se ciascuno
dei consoli doveva obbligarsi, avevano da giurare ambedue
in persona. In terzo luogo la legge curiata equivaleva, in
origine, ad una conferma dell'elezione (1): quindi, come il
candidato, generalmente parlando, aveva chiesto in persona
i suffragi del popolo nei comizi centuriati per essere eletto,
così doveva poi chiedere in persona l'*imperium* nei comizi
curiati. Infine cogli auspici presi dal console, nel giorno in
cui lasciava Roma per assumere il comando delle legioni,
egli impetrava l'assenso degli Dei alla *sua* elezione a duce
degli eserciti romani, e coi voti fatti nello stesso giorno egli

---

(1) Cicerone (*De leg. agr.*, 2, 11, 26): « Maiores de singulis magistratibus *bis vos sententiam ferre voluerunt*: nam quum centuriata
lex censoribus ferebatur, quum curiata ceteris patriciis magistratibus,
tum *iterum de eisdem iudicabatur*. Secondo l'autore, il conferimento
dell'imperio per mezzo della legge centuriata ai censori e per mezzo
della legge curiata agli altri magistrati patrizi equivaleva ad una seconda elezione. Il che naturalmente va inteso dell'istituzione nella
sua origine.

prometteva, quando il Dio gli avesse concesso di vincere,
di riportar a lui la palma della vittoria — tutte formalità
eminentemente personali. È chiaro che per decretare l'assenza di uno dei nuovi consoli era necessario dispensarlo
da queste quattro ultime cerimonie religiose e civili, prov-
vedendo ad un tempo affinchè esse non fossero neglette.
Ma anche qui, così come rispetto al disbrigo degli affari e
al compimento delle tre formalità accennate prima, si sarà
ricorso allo spediente di demandare la rappresentanza del
collegio consolare al console presente; colla sola differenza
che qui lo spediente era più nuovo e l'innovazione più importante. Faccio soltanto un' eccezione per gli auspici del
primo giorno dell'anno, i quali potevano forse essere presi
anche fuori di Roma (1) e quindi dal nuovo console assente, senza che per lui li prendesse il collega rimasto a
Roma; ma non esito ad affermare che per le altre tre formalità il Senato e il popolo (2) avranno fatta facoltà espressa,
a quel console che rimaneva in patria, di dar compimento
ad esse non solamente per suo conto ma altresì a nome
del collega, rappresentando in tal modo il collegio. A questa
affermazione m'induce, per quanto riguarda il giuramento
delle leggi, quello che Livio narra a proposito di C. Valerio
Flacco, creato edile curule per l'anno 555/199, mentre era

---

(1) Gli auspici in questione pare fossero presi dal magistrato nella
sua abitazione privata: così abbiam visto che Livio (21, 63, 10) parlando di Flaminio scrive: « Magis pro maiestate videlicet imperii
Arimini quam Romae magistratum initurum, et in deversorio hospitali quam *apud penates suos* praetextam sumpturum ». Quindi potevano forse esser presi in una città qualunque e non esclusivamente in
Roma.

(2) Popolo e Senato erano i poteri competenti per la dispensa dalle
leggi (Asconio *in Cornel.*, ORELLI, pag. 57; KIESSLING et SCHÖLL, p. 51;
cf. Livio, 31, 50, 7 e nota seguente). Più tardi, nell'onnipotenza sua,
il Senato mise da banda il popolo (ASCONIO, ivi).

Flamine Diale (1): come Flamine di Giove non poteva giurare, ma non giurando le leggi, dopo cinque giorni avrebbe perduto l'ufficio; perciò chiese di venir dispensato dal giuramento, e infatti avendo giurato in suo luogo il fratello di lui che era pretore designato, il Senato e il popolo gli accordarono la dispensa ch'egli avea sollecitata. Quindi, dato che nel 540/214 vigesse già l'uso di deferire ai nuovi consoli il giuramento delle leggi, a che spediente crediamo noi che sia ricorso il Senato, se non a quello di ordinare che il console Q. Fabio Massimo le giurasse nello stesso tempo per sè e pel collega M. Claudio Marcello, il quale era lontano da Roma, dove il giuramento avea luogo? E ciò che diciamo del giuramento delle leggi va detto a maggior ragione della presentazione della legge curiata, malgrado il contrario parere dei dotti (2). In principio del 540/214 cercavasi il modo di fare che i comizi curiati confermassero l'*imperium* a Marcello, che fronteggiava Annibale in Campania, senza tuttavia costringerlo a venire a Roma per questa formalità della legge curiata. Ebbene, io ho esaminato la storia di questa formalità, ed ho trovato che la presentazione di essa per parte della persona interessata aveva sofferto e soffriva molte eccezioni: in primo luogo, anticamente i re di Roma(3), e, cacciati i re, i consoli (4), solevano presentare la legge curiata pei questori; in secondo luogo sulla fine del settimo secolo trattossi una volta di demandare ad un pretore la

---

(1) Livio, 31, 50, 6 segg.

(2) Per esempio del Mommsen, *Röm. Staatsrecht*, 1, 590, seconda edizione.

(3) Tacito (*Annal.*, 11, 22): « Quaestores, regibus etiam tum imperantibus, instituti sunt, quod lex curiata ostendit ab L. Bruto repetita ». Cf. Rubino, *Untersuchungen über römische Verfassung und Geschichte*, 1, 393 segg.; Mommsen, *Staatsrecht*, 1, 589, seconda edizione.

(4) Vedi la nota precedente.

presentazione della legge curiata a nome di altri magistrati (1); in terzo luogo è probabile che al tempo di Cicerone vigesse la consuetudine di far presentare una sola
legge curiata complessiva per tutti i magistrati dell'anno ad
un tempo (2). Di qui conchiudo che l'unico provvedimento
naturale a prendersi in principio del 540/214 era quello di
incaricare Fabio Massimo che presentasse la legge curiata
relativa al comando degli eserciti, non soltanto per sè, ma
nello stesso tempo per sè e per il collega che era assente
in servigio dello stato. Anzi c'è perfino un molto contestato
frammento di Festo, relativo, evidentemente, ad una riforma
introdotta l'anno 540/214 nella procedura della presentazione della legge curiata per parte dei consoli, che forse e
senza forse si riferisce a questo provvedimento ch'io dico
per l'appunto. Il frammento è il seguente (3):

hominis gratia nunc redintegrari . . . . .
. . . . . . ex curiata fertur quo Hanni —
. . . . . . Romae cum esset nec ex praesidi
. . . . . Q. Fabius Maximus Verru —
. . . . . . rcellus cos. facere in —
. . — . . vit Aelius in XII sig — .
. . . . . risulcum fulgur fu — .

È noto che M. Verrio Flacco, di condizione liberto, e
vissuto sotto Augusto e Tiberio, scrisse un'opera intitolata
De verborum significatu, nella quale per ordine alfabetico
eran citati e dichiarati dei vocaboli. L'opera fu più tardi
compendiata da Sesto Pompeo Festo ; e il compendio di

(1) Alludo ai decemviri della legge agraria proposta dal tribuno
Servilio Rullo. Cicerone. *De Leg. agr.*, 2, 11, 28.
(2) Dione Cassio, 39, 11 ; Mommsen. *Staatsrecht.* 1, 589, seconda
edizione.
(3) Festo, ed. Müller. pag. 351-352.

Pompeo Festo·fu poi compendiato dal sacerdote Paolo; fino a noi pervennero tanto il compendio quanto il compendio del compendio (1); non però l'opera principale. Or bene, nel nostro frammento è cosa notissima e fuori di questione che la parola, la quale veniva dopo la parola *redintegrari*, era appunto un vocabolo da spiegare, e che tal vocabolo principiava colla lettera T (2). Noi ci troviamo dunque innanzi ad un articolo o glossa in cui ignoriamo due cose: 1° la prima parola, la quale veniva dichiarata dalle parole che seguivano; 2° gran parte delle parole che la dichiaravano. Quanto al dove finisca l'articolo, i più credono che finisca nell'ultima linea e che (*t*)*risulcum* sia il principio di un nuovo articolo; recentemente lo Schöll (3) opinò che finisca nella sesta linea colla parola *in(stituerunt*), e il Mommsen (4) aderisce in ciò allo Schöll. Pel nostro scopo la questione dove finisca l'articolo è al tutto indifferente. Ciò posto vengo alle restituzioni del frammento proposte sinora dai dotti, e poi darò la mia. La restituzione dell'Ursino, già confutata dal RUBINO (5) è la seguente:

(Tribuni —)
(cia rogatione l)ex curiata fertur, quo Hanni —
(bal anno in conspectu) Romae cum esset nec ex praesidi —
(is discedere liceret), Q. Fabius Maximus Verru —
(cosus id per tr. pl. et Ma)rcellus cos. facere in —
(stituerunt, ut no)tavit Aelius in XII sig(ni)
(ficationum verborum).

---

(1) Del nostro frammento nulla passò nel compendio di Paolo.

(2) La seconda lettera della parola non è nota. Cf. MÜLLER, praef., p. XXVIII.

(3) SCHÖLL, XII tab., p. 28.

(4) MOMMSEN, *Röm. Forsch.*, 2, 411.

(5) *Untersuchungen über röm. Verfassung und Geschichte*, 1, 381 e segg.

È superfluo perder tempo a confutare questa restituzione: basti il dire che il fatto menzionato nel frammento è dell'anno 540/214 (cosa certissima, perchè Fabio e Marcello non furono consoli insieme se non una sola volta, e precisamente in quest'anno), mentre l'assalto di Annibale contro Roma (che l'Ursino suppose esser ricordato nel frammento), è del 543/211. Confutato l'Ursino, il Rubino stesso restituì il frammento come segue (1):

---

(1) Ma allo stesso Rubino scappò detto, nel confutare l'Ursino e il Dacier suo seguace, un grave errore, che non fu avvertito nemmeno dal Mommsen, il quale a sua volta confutò, come stiam per vedere, l'ipotesi tutta quanta del Rubino. Quest'ultimo adunque, combattendo l'Ursino e il Dacier, dice che non occorreva far presentare la legge curiata dai tribuni della plebe perchè la potevano presentare i consoli stessi, i quali *non trovavansi già al campo*, *ma bensì in Roma*, *sul principio del* 540/214: traduco le sue stesse parole. Ma quest'asserzione è erronea: Fabio era bensì in Roma, ma Marcello no, perchè abbiam visto sopra 1° che al tempo dei comizi consolari Fabio trovavasi a Roma e Marcello all'esercito (Livio, 24, 9, 9), 2° che gli arruolamenti furon fatti dal console Fabio soltanto, senza che vi prendesse parte Marcello (Livio, 24, 11, 6), 3° infine, che è bensì narrata da Livio la partenza di Fabio da Roma, ma non quella di Marcello (Livio, 24, 12, 5). Per trovarsi a Roma Marcello doveva ritornarvi, cosa che Livio non dice; se vi fosse tornato avrebbe arruolato gli eserciti insieme con Fabio, cosa che Livio, registrando in proposito soltanto il nome di Fabio, esclude addirittura; infine raccontando la partenza di Fabio, Livio, il quale suole per l'appunto riferire accuratamente la partenza dei magistrati per le loro provincie, non poteva non raccontare anche quella di Marcello, se questi fosse ritornato un po' prima a Roma. So bene che il plurale *consules* è usato due volte da Livio a questo proposito, 24, 10, 1: « Quo die magistratum inierunt consules, senatus in Capitolio est habitus, decretumque omnium primum, ut *consules* sortirentur compararentve inter se, uter censoribus creandis comitia haberet », e 24, 11, 1: « Perpetratis quae ad pacem deum pertinebant, de re publica belloque gerendo et quantum copiarum et ubi quaeque essent, *consules* ad senatum rettulerunt »), ma che vale questa figura del plurale usato invece del singolare, di fronte ai fatti or ora notati? Tanto più che quando il Senato era convocato da un solo console, quest'ultimo parlava naturalmente a nome proprio e a nome del collega nello stesso tempo, e *consules*, figura rettorica,

(Tri —)
(ginta lictoribus l)ex curiata fertur, quo(d) Hanni —
(bal in propinquitate) Romae cum esset nec ex praesidi —
(is discedere liceret) Q. Fabius Maximus Verru —
(cosus egit per tr. pl. et Ma)rcellus cos. facere in —
(stituit, ut nota)vit Aelius in XII sig(ni)
(ficationum verborum).

Questa restituzione piacque specialmente colla leggiera modificazione apportatavi da O. Müller; ma fu poi confutata, e, credo, a buon diritto, dal Mommsen. Vediamo perchè essa si raccomandasse all'universale e poi fosse confutata. La sola cosa che in essa non incontrava approvazione era il supplemento della quinta linea *egit pr. tr. pl. et,* supplemento troppo lungo, e poi infelice per altri rispetti ancora; onde O. Müller soppresse addirittura queste parole e poi accolse così modificata la restituzione del Rubino nella sua edizione di Festo. Il pregio di cotesta restituzione consiste specialmente in ciò, che in essa sarebbe scoperta l'origine di una consuetudine notissima dei tempi di Cicerone; è noto infatti che nell'età di Cicerone i cittadini non solevano più intervenire ai comizi curiati, e che i trenta littori delle Curie rappresentavano queste ultime (1). Ora ecco il concetto dal quale partì il Rubino: Fabio Massimo dopo la battaglia di Canne avrebbe previsto un assalto di Roma per parte d'Annibale, e avrebbe in conseguenza

era più esatto, dal punto di vista del diritto in astratto, che non sarebbe stata l'espressione propria *consul*. È la stessa figura che trovammo nei fasti delle ferie Latine rispetto ai consoli medesimi.

(1) CICERONE (*De leg. agr.*, 2, 12, 31): « illis... comitiis curiatis... ad speciem atque usurpationem vetustatis per XXX lictores auspiciorum causa adumbratis ».

provvisto alla difesa facendo che i cittadini si tenessero pronti per accorrere alle mura; Fabio avrebbe inoltre previsto che cadrebbero in battaglia dei generali e si dovrebbe nominarne in tutta fretta degli altri, e avrebbe in conseguenza abbreviato le formalità del conferimento dell'*imperium*; quindi ecco ogni curia delegare il proprio littore a rappresentarla nei comizi convocati pel conferimento dell'imperio, con che si conseguiva un altro duplice scopo: 1° dispensati i cittadini dall'intervenire ai comizi curiati, non sarebbe accaduta quella confusione, che altrimenti l'araldo chiamando i cittadini ai comizi curiati poteva far nascere; 2° i cittadini non avrebbero abbandonata la difesa delle mura per accorrere ai comizi. Il MOMMSEN (1) confutò il Rubino osservando 1° che i comizi curiati non eran convocati dall'araldo intorno alle mura, ma dal littore delle curie (*lictor curiatus*, LAELIO FELICE presso GELLIO, 15, 27); 2° che non è probabile che al sorgere della consuetudine della rappresentanza, per mezzo dei rispettivi littori, delle Curie, sia cessata la convocazione dei comizi curiati addirittura; 3° che non c'era ragione di abolire la convocazione dei comizi curiati pel solo scopo di non allontanare i cittadini dalle mura, giacchè i cittadini non erano obbligati ad intervenire ai detti comizi; 4° che non sappiamo se le trenta Curie avessero facoltà di spogliarsi dei proprî diritti per attribuirli ai loro rispettivi littori; 5° che il fatto del non intervenire più i cittadini, ai comizi curiati, e del rappresentare i trenta littori le trenta curie, non può essere stato ordinato con una legge, ma accadde a poco a poco di per sè, quando divenendo sempre minore il concorso dei cittadini a cotesti comizi convocati per mere for-

---

(1) *Rhein. Mus.*, 13, 565 seg.; *Staatsrecht*, 1, 592, seconda edizione; *Röm. Forschungen*, 2, 407 segg.

malità, il magistrato per far votare la sua legge videsi costretto a .servirsi dei littori; nè dee far maraviglia cotesto
poco zelo dei cittadini nell'intervenire a comizi d'importanza
puramente formale, accadendo perfino che intervenissero
pochi individui agli stessi comizi tributi (1). Vediamo ora
come il Mommsen stesso supplisce il frammento (2): la
legge curiata, così ragiona il Mommsen, richiedeva la
presenza del magistrato che voleva l'imperio; ma in principio del 540/214 i nuovi consoli Fabio e Marcello trovavansi in campo contro Annibale e sarebbe stato pericoloso e
irragionevole farli venire a Roma per quella formalità: perciò
cércossi il modo di non richiamarli, e il modo fu questo:
siccome Fabio era stato console nel 539/215 e Marcello proconsole nello stesso anno e quindi ambedue erano già in possesso dell'imperio, si stabilì che non cessasse il loro imperio
dell'anno innanzi, ma continuasse e trapassasse nell'anno
540/214; in questo modo, l'imperio che Fabio e Marcello
aveano avuto nel 539/215 lo ·ebbero anche nel 540/214
senza che fosse stato conferito loro di nuovo nei comizi curiati; e in questo modo si praticò per l'avvenire in tutti i
casi simili, ed è cotale consuetudine del far di meno, nel
conferimento dell'imperio, della legge curiata, che menzio-
nasi nel frammento di Festo, il quale adunque, continua il
Mommsen, vuol essere supplito nel seguente modo, senza
pretendere però di restituire *testualmente* la prima parola.

(Transit)
(ipso iure imperium nec l)ex curiata fertur: quo(d), Hanni —
(bal in locis vicinis) Romae cum esset nec ex praesidi —

---

(1) CICERONE *pro Sest.*, 51, 109.
(2) Vedi i luoghi citati nella nota penultima.

(is tuto decedere possent,) Q. Fabius Maximus Verru —
(cossus et M. Claudius Ma)rcellus cos. facere in .—
(stituerunt).

Finora nessuno trovò da ridire in questa interpretazione
e restituzione, ma essa non mi persuade. Tutta l'ipotesi del
Mommsen si fonda sulla supposizione che in principio del
540/214 i nuovi consoli Fabio e Marcello si fossero trovati
ambedue lontani da Roma; ma qui il Mommsen cadde
nella svista opposta a quella in cui era caduto il Rubino.
Se Marcello era lontano, Fabio però trovavasi in Roma,
come abbiamo sopra ricavato dai tre luoghi liviani: 24, 9,
9; 24, 11, 6; 24, 12, 5, ai quali ora aggiungo 24, 7, 11,
ove è detto che Fabio sul finire del 539/215 *venne a Roma*
a presiedere i comizi elettorali (1). Mancando così all'ipotesi il suo fondamento essa cade naturalmente senz'altro ;
ma giova notare che anche considerandola in se stessa, indipendentemente dalla base su cui è stata costrutta, essa
non solo non è conforme alle consuetudini romane, le quali,
come spiegammo sopra, nel caso d'assenza di uno dei nuovi
consoli, piuttosto che suggerire l'ommissione della legge
curiata avrebbero consigliato lo spediente della rappresentanza in modo che uno degli altri magistrati (e di preferenza il collega medesimo del console assente) la presentasse
alle Curie in nome del magistrato che era lontano da Roma,
ma è in contraddizione col noto svolgimento delle Magistrature romane, perchè fondandosi sopra il conferimento
di più imperî ordinarî dati ad una medesima persona in
più anni successivi senza interruzione, come se ciò fosse
cosa regolare ed ordinaria, essa presuppone la frequenza

---

(1) « Romam comitiorum causa veniens , in eum quem primum
diem comitialem habuit comitia edixit.

di un fatto che al tempo di cui parliamo era già stato vietato dalle leggi (1). Nè l'autore mi persuade quando egli si

---

(1) Fin dal principio del secolo quinto era stato prescritto che nessuno potesse concorrere ad un medesimo ufficio una seconda volta, finchè non fossero trascorsi dieci anni dalla prima volta che l'ufficio era stato da alcuno esercitato. Livio (7, 42, 2: « aliis plebiscitis cautum ne quis eundem magistratum intra decem annos caperet »); e se quindi innanzi non si lasciarono passare sempre dieci anni giusti fra la presa e ripresa del medesimo ufficio, si vede però dai fasti che un intervallo di più anni almeno non mancò mai di osservarsi. Di queste cose discorse ultimamente il Mommsen, *Röm. Staatsrecht*, 1, 500 segg., seconda edizione. Ivi son raccolti gli esempi che per amor di brevità io ommetto). Più tardi, forse un secolo dopo, prendendo in considerazione l'ordine successivo dei diversi uffici allo stesso modo che in principio del secolo quinto lo era stata la presa ripetuta di un medesimo ufficio, si andò più oltre e si vietò il passare immediatamente senza l'intervallo di almeno un anno dall'edilità curule alla pretura, dall'edilità curule al consolato, infine dalla pretura al consolato. Questo divieto non lo leggiamo in Livio, ma lo deduciamo dai fasti che si ricavano dalle storie di lui; infatti, gli esempi mostrano costantemente cotesto intervallo a cominciare dal 554/200 (cf. Mommsen, *Staatsrecht*, 1, 508 dove essi sono raccolti). Prima di lui avea discorso delle *leges annales* della repubblica romana il Nipperdey, *Die leges annales der römischen Republik*, Leipzig, 1865; tale divieto però non si creda sia stato emanato nel 554 di Roma; esso fu emanato molto prima del 554/200; secondo me fu emanato nello spazio di tempo che corse tra l'anno 462/292 e l'anno 535/219, che è lo spazio di tempo stato descritto nella seconda decade di Livio ora perduta; infatti, è impossibile credere che Livio non abbia toccato a suo luogo di cotesto divieto; per il che, se non lo troviamo ricordato nelle sue storie, ciò significa che era stato narrato nella decade seconda che più non ci rimane. Adunque, come sul cominciare del secolo quinto era stato proibito il chiedere due volte lo stesso ufficio salvo a patto che tra la prima e seconda volta fossero corsi dieci anni, così prima del 536/218 fu proibito il chiedere in due anni di seguito due uffici curuli; così tornava omai impossibile che una persona diventasse magistrato curule due anni di seguito; due anni di seguito non si poteva più concorrere nè ad un medesimo ufficio, nè a due diversi uffici curuli; quindi, se rispettavansi le leggi annali (*annales* chiamavansi le leggi che determinavano le norme da osservarsi nel chiedere gli uffici, e stabilivano sia il *minimum* dell'età voluta, sia l'ordine in cui essi dovevano conferirsi, sia la durata dell'intervallo fra l'uno e l'altro di essi; per dirla di passaggio, celebre fu

avvisa di scorgere una conferma indiretta della sua ipotesi
sia in quei casi abbastanza frequenti, che troviamo prima

---

la *lex Villia annalis* del 574/180 che fissava « *quot annos nati quemque
magistratum caperent* », Livio, 40, 44) non poteva più accadere che
una persona si trovasse nel caso di aver bisogno della legge curiata per
due anni di seguito; notisi bene: non dico che era finito il tempo in
cui una persona potesse avere imperio due anni di seguito, cosa sempre
possibile in virtù dell'istituto di proroga dell'imperio, nulla, ad
esempio, essendo più facile che diventar *pretore*, poi successivamente,
senza intervallo, *propretore* mediante la proroga dell'imperio, poi
console; dico bensì che oramai, coll'aver tolto il modo di essere pretore e console in due anni successivi, era tolto anche il bisogno della
legge curiata in due anni successivi, e ciò perchè tutti i dotti sono
d'accordo nel credere che erano soltanto gl'imperi ordinarî (cioè
quelli che emanavano dall'elezione popolare nei comizi) che volevano
essere conferiti o sanzionati mediante la legge curiata (dico a bella
posta *conferiti* o *sanzionati* per evitare la questione relativa al valore
della legge curiata stessa, la quale, secondo alcuni conferiva veramente al magistrato de' nuovi diritti, secondo altri era cosa di pura
forma e non dava nessun diritto nuovo), non già gl'imperî prorogati.
E così l'ipotesi del Mommsen, della quale l'autore nella sua opera
sul diritto pubblico dei Romani parla non già come di un'ipotesi
probabile, ma come di cosa indubitata, pare invece a me altamente
improbabile, non solo perchè fabbricata sopra base mal sicura (sulla
supposta, ma non vera assenza di ambedue i consoli del 540), ma
anche perchè l'attuazione di essa suppone che fosse cosa abbastanza
frequente il diventare console o pretore due anni di seguito, o pretore un anno e console l'altro anno, mentre invece queste cose non
succedevano più se non per eccezione, nel tempo al quale si riferisce
il provvedimento ricordato nel frammento di Festo; or come può
credersi che si fondasse un'istituzione permanente partendo da fatti
meramente ed esclusivamente eccezionali? So bene che questi fatti
eccezionali non mancarono nei momenti gravi in cui si ebbe bisogno
di lasciar al comando gli uomini provati. (Così durante le guerre
Sannitiche L. Papirio Cursore fu console nel 434 e 435 di Roma, e
Q. Fabio Massimo Rulliano lo fu nel 444 e nel 445. Nella guerra di
Pirro M'. Curio Dentato fu console nel 479 e nel 480. Nella seconda
guerra punica Q. Fabio Massimo Verrucoso fu console nel 539, e
nel 540. M. Pomponio Matho fu pretore nel 537 e nel 538. Q. Fulvio
Flacco fu pretore nel 539 e nel 540. Taccio dei tempi rivoluzionari
del secolo settimo quando le leggi non eran più leggi e la violenza
avea preso il luogo delle leggi). Ma queste erano eccezioni, ed erano
talmente considerate come eccezioni, che ci vollero altre leggi, le

del 540/214, di persone che alternavano con una certa regolarità la vita pubblica colla vita privata coll'essere magistrati un anno e ritornar privati l'anno dopo, e diventar
di nuovo magistrati l'anno seguente, e così via (1), sia nei
casi di continuazione d'ufficio, congiunta però col ritorno
del magistrato a Roma sulla fine dell'anno (2).

---

quali sospendessero, in que' momenti gravi, l'applicazione degli ordinamenti sulle magistrature. E anche di una di queste leggi, fatte
per dispensare provvisoriamente dall'osservanza di siffatto ordinamento, è giunta memoria insino a noi; Livio infatti tocca, sebbene
non a tempo e luogo, ma per mera incidenza, del plebiscito fatto nel
537/217 dopo la battaglia del Trasimeno, col quale veniva sospeso,
durante la seconda guerra punica, l'effetto dei plebisciti portati in
principio del quinto secolo sulla ripresa di un medesimo ufficio. (Livio,
27, 6, 7: « Cn. Servilio consule, cum C. Flaminius alter consul ad
Trasumennum cecidisset, ex auctoritate patrum ad plebem latum, ple-
bemque scivisse, ut, quoad bellum in Italia esset, ex iis, qui consules
fuissent, quos et quotiens vellet reficiendi consules populo ius esset ».
Son parole dette dal dittatore Q. Fulvio, presidente dei comizi raccolti per creare i consoli del 545/209). Anzi eran cosi odiose siffatte
eccezioni, che malgrado che cotesto plebiscito del 537/217 dovesse
aver valore per tutto il tempo che sarebbe durata la seconda guerra
punica, tuttavia i tribuni della plebe s'eran provati ad impedire che
fossero dichiarati consoli, pel 545/209, Fabio Massimo e·Fulvio Flacco,
perchè il primo era stato console l'ultima volta appena quattro anni
innanzi nel 540/214, e il secondo era stato console l'ultima volta appena due anni innanzi nel 542/212 (Livio, 27, 6). Ci furono adunque
le eccezioni, è vero; ma le eccezioni non servirono mai più che nel
nostro caso a confermare la regola; e, lo ripeto, non può darsi che
si fondasse un'istituzione sopra fatti eccezionali, rari e odiosi, perchè
le istituzioni, anzi, sogliono piuttosto fondarsi su ciò che è regolare
e succede ogni giorno in via normale.

(1) L'autore suppone che chi fosse stato magistrato due anni di seguito, quasi non avrebbe avuto tempo di ritornare a Roma. Tale
supposizione ha poco fondamento, perchè in quell'età le spedizioni
militari duravano poco, e quindi non si vede come il console, o il
tribuno militare con potestà consolare non avrebbero potuto ritornare
a Roma indipendentemente dal bisogno di rinnovare l'imperio per
mezzo della legge curiata. Del resto è noto che le cagioni dell'intervallo tra due magistrature sono ben altre.

(2) Il ritorno a Roma di queste persone, se servisse a provare l'ipo-

Quindi non recherà maraviglia che il Mommsen stesso non trovi un solo esempio che conforti la sua ipotesi, per tacere poi che essa non giova a spiegare come si procedette negli altri casi d'assenza di uno dei consoli nuovi. — Tali sono le interpretazioni e le restituzioni del frammento tentate fino ad oggi, e tutte poco probabili. Invece è probabile che la riforma introdotta in principio del 540/214 riguardo al modo di presentare la legge curiata, e ricordata nel frammento, consistesse in nient'altro che in quel provvedimento che appunto·, vista la storia della legge curiata, ci parve testè che dovesse naturalmente esser preso, se non si voleva, come non si voleva infatti, che la formalità della legge curiata del console Marcello venisse addirittura trascurata (1); cioè consistesse nello stabilire che quind' innanzi uno qualunque dei consoli bastasse a presentare la legge curiata per sè e pel collega nello stesso tempo; ed è dunque probabile che il luogo di Festo, a parte la prima parola, che non saprei indovinare io, come nessuno presunse di indovinarla, dicesse così :

(*ab altero consule* (2) l)ex curiata fertur quo(d) Hanni —

---

tesi del Mommsen servirebbe egualmente a provare la nostra, quindi questa considerazione è di poco momento pel nostro caso.

(1) L'importanza della legge curiata durava ancora al tempo di Cicerone, quando le altre formalità l'aveano perduta, e ne sono prova le questioni di diritto insorte in questo campo a proposito di Appio Claudio console nel 700/54 (*Cicerone ad fam.*, 1, 9, 25; *Ad Quint. fratr.*, 3, 2, 3 ; *Ad Att.*, 4, 16, 2), a proposito del trionfo di C. Pomptinio nello stesso anno (*Cicerone ad Att.*, 4, 16, 2), e a proposito delle elezioni per l'anno 706/48 meditate dagli aderenti di Pompeo (DIONE CASSIO, 41, 43 ; cf. CESARE, *De bello civ.*, 1, 6, 6 ; cf. RUBINO, *Untersuchungen über röm. Verfassung und Geschichte*, 1, 370).

(2) Ho cercato in Livio se si dicesse meglio *alter consul* oppure *consul alter* ed ho trovato che *alter consul* era da preferirsi. Nel nono libro sopra otto volte l'autore adopera sei volte quest'ultima forma,

(bal in locis vicinis) Romae cum esset nec ex praesidi —
(is alter consul discedere posset) Q. Fabius Maximus Verru —
(cossus et M. Claudius Ma)rcellus cos. facere in —
(stituerunt.)

Questa mia interpretazione e restituzione si fonda sulle
consuetudini antiche dei Romani e serve a spiegare non
solo come si può e si deve esser proceduti in principio del
540/214, ma come si procedette anche in tutti gli altri casi,
che non mancarono per certo e in cui avvenne che dei consoli nuovi uno fosse assente e dovesse così ottenère l' imperio per mezzo della legge curiata senza tuttavia ritornare
per questa ragione a Roma.

Così siamo giunti alla fine del primo paragrafo, giacchè
degli auspici e dei voti, che i consoli prendevano e face-
cevano nel giorno in cui essi partivano per la guerra, non
occorre dir altro se non che, stante l'affinità di questa formalità con quella della legge curiata, si sarà proceduto per
quelli come per quella (1). Ora riepiloghiamo brevemente

---

cioè: 9, 13, 10; 9, 29, 3; 9, 32, 2; 9, 38, 11; 9, 41, 5; 9, 43, 7, e
due volte sole *consul alter* (9, 16, 2; 9, 38, 1). Nel libro decimo,
sopra sette volte l'autore adopera sei volte la forma *alter consul*: 10,
9, 8; 10, 14, 9; 10, 15, 4; 10, 24, 12; 10, 31, 1; 10, 43, 1; e una
volta sola la forma *consul alter*: 10, 37, 1.

(1) La relazione tra le due formalità è accennata da CICERONE (*De
leg. agr.*, 2, 11) dicendo che i comizi curiati *tantum auspiciorum
causa remanserunt* (cf. MOMMSEN, *Staatsrecht*, dove parla della legge
curiata, nel luogo già citato). I critici affermano che il console poteva trasandare questa formalità (BECKER, *Handbuch der röm. Ant.*,
2, 2, 60; LANGE, *Röm. Alterthüm.*, 1, 622, seconda edizione; MOMMSEN,
Staatsrecht, 1, 65, seconda edizione; WEISSENBORN a LIVIO, 41, 10, 7),
e si fondano sull'esempio del console C. Claudio (LIVIO, 41, 10). Partito senza aver preso gli auspizi e fatti i voti, Claudio non venne riconosciuto nella sua qualità dai Generali suoi predecessori e dai suoi
soldati e subalterni, prima di essere ritornato a Roma a compiere
la formalità trasgredita. A me pare che questo esempio provi tutto

questo primo paragrafo: ricavammo da Livio che uno dei consoli del 540/214 non trovossi in Roma in principio del suo ufficio; che non vi si trovò nemmeno uno dei consoli del 544/210; infine che uno dei consoli del 546/208 fu spedito alla guerra mentre era semplice console designato (proprio come leggiamo che fece Flaminio): poi abbiamo giudicato che in questi e simili casi gli affari e le cerimonie incombenti ai nuovi consoli si affidassero in generale a quel console che rimaneva in Roma, uno spediente del quale, per quanto riguarda la legge curiata, resta aperta testimonianza, forse, nel frammento di Festo esaminato.

Ora dopo di avere dimostrato, in tesi generale, che nell'età della seconda guerra punica gli ordini romani non escludevano punto in modo assoluto la lontananza da Roma per parte di uno dei nuovi consoli in sul bel principio dell'anno, passiamo a considerare nel secondo paragrafo il caso particolare di C. Flaminio e della sua partenza avvenuta, secondo il testimonio di Livio, mentre egli era designato console per la seconda volta.

§ II. *Se la partenza da Roma di C. Flaminio, mentre era console designato pel* 537/217, *sembri vera o no.* Se la nostra ipotesi sul frammento di Festo cogliesse nel segno, ne potremmo senz'altro inferire che già prima del 540/214 l'assenza da Roma di uno dei nuovi consoli in principio dell'anno non era cosa al tutto nuova, altrimenti non si

---

il contrario: prima di tutto Claudio dovette ritornare a compiere la cerimonia, e ciò prova la necessità di essa; in secondo luogo, invece di dire che egli partì sapendo di poter trasgredire la formalità, io direi che partì sperando di venirne dispensato, ma siccome la sua precipitosa partenza proveniva da ambizione personale e non da bisogno dello Stato, la dispensa non fu accordata, donde il suo ritorno a Roma.

spiegherebbe come essa sia stata prevista e come si sia provveduto ad essa. Ad ogni modo però, l'assenza di Marcello in principio del 540/214, quella di M. Valerio Levino in principio del 544/210, ed infine la partenza di Marcello console designato per l'anno 546/208, que' tre fatti che noi siamo stati i primi ad osservare, faran forse cangiar d'avviso chi riguardava la partenza di C. Flaminio come inverosimile per la sua novità. Ora procediamo innanzi per vedere se ci sia ragione di credere che cotesta partenza sia un'invenzione di qualche scrittore. Io farò brevemente le tre considerazioni, che meditando sull'argomento mi parvero necessarie a farsi per trattarlo colla larghezza dovuta, e che rispondono ai tre dubbi che in questo proposito possono sorgere in mente. Cotesta partenza è fatto straordinario a tal segno da doversene naturalmente dubitare? In secondo luogo: è probabile una falsificazione storica di questo genere? In terzo luogo: la natura delle antiche fonti superstiti favorisce forse l'ipotesi d'una falsificazione? Rispondiamo partitamente ai tre quesiti.

α) Al primo quesito si può dire che fu già risposto nel paragrafo precedente; infatti gli esempi dei consoli M. Claudio Marcello nel 540/214, di M. Valerio Levino nel 544/210, e infine quello di M. Claudio Marcello console designato pel 546/208, tolgono alla partenza di Flaminio il carattere di straordinaria che essa sembra avere agli occhi di alcuni critici. Forse da questo apparente carattere straordinario del fatto c'è chi derivò appunto i sospetti che lo mossero a cercare le circostanze storiche e cronologiche che parevano porne in dubbio la verità; noi non solo ripetiamo che tali sospetti, visti i tre esempi suddetti, non hanno ombra di fondamento, ma stimiamo di dover notare, inoltre, che certi fatti della storia antica di Roma non si hanno da riguardare subito con diffidenza a cagione di qualche ille-

galità che essi sembrano supporre. Le illegalità sono sempre
state più o meno possibili dovunque. A Roma poi l'abuso
di potere era cosa molto più facile che non nei tempi moderni, perchè (non faccia velo il nome di Repubblica) i
consoli avevano tanta autorità e tanto prestigio, che, se ca-
pitava che fossero nature arbitrarie, tornava quasi impossibile, nella pratica, tenerli a segno. L'inconveniente avea poi,
ben inteso, il suo correttivo, che consisteva nella facoltà,
e, aggiungiamo pure, nella facilità, colla quale i tribuni della
plebe potevano intentare un processo politico al magistrato
appena fosse scaduto d'ufficio. Quindi nessuno pensò mai
a metter in dubbio, a cagion d'esempio, gli atti tirannici
di Appio Claudio Cieco (1), o di altri che non mancano
nella storia romana.

La maggiore o minore incostituzionalità della partenza in
quistione non prova nulla contro la medesima, sebbene,
come vedremo poi, essa non sia incostituzionale alla guisa
e nel senso che si crede.

β) Or vediamo se in se stesso sia probabile che gli
scrittori antichi abbiano inventata la partenza di Flaminio. Nella storia romana sono forse meno rare che nella
storia di qualunque altro popolo le falsificazioni: parecchi
secoli di dominio esclusivo esercitato da un certo numero
di famiglie patrizie, la lunghezza di vita che ebbe lo Stato
di Roma, e le vicende intestine che lo agitarono, ecco sufficienti cagioni di falsificazioni storiche: dalla prima cagione
ebbero origine quelle che avevano la loro ragion d'essere
nell'ambizione delle famiglie antiche di voler figurare nei

---

(1) Specialmente la sua censura fu feconda di risultati. Egli fu ri-
belle al Senato e a tutte le istituzioni vigenti. Preziosi cenni ci ser-
barono gli antichi (DIODORO, 20, 36; LIVIO, 9, 29, 7 segg.; 9, 30; 9,
33, 4 segg.; 9, 46 segg.). I moderni scrissero molto su di lui; cf. fra
gli altri MOMMSEN, Röm. Forsch., 1, 301 segg.

fasti consolari e nelle memorie dei tempi andati più spesso
e con più lustro del vero; dalle altre cagioni ebbero origine
quelle che dipendevano dalle convinzioni e dagli intenti politici speciali degli scrittori. Quindi nella storia romana più
che in qualunque altra affilò le sue armi quella critica
che si chiama moderna, e che in realtà incomincia da Lo-
renzo Valla; e ad affilarle per estirpare il falso continuò
sempre e continua essa più che mai, ed a ragione; ma se
in tutto ci vuol metodo, qui ce ne vuole moltissimo, ed uno
dei principî più ovvii non può non esser il seguente; che
chi, senza argomenti di rigore e di certezza matematica (e
quanto son rari in queste discipline siffatti argomenti!), intende provare agli altri che c'è una determinata falsificazione,
ne deve prima di tutto far vedere il *perchè* e il *come*.
Ora in proposito del *perchè* io non posso consentire col
SEECK (1) nel credere che Livio abbia inventata la partenza
di Flaminio per poterla biasimare, e così poter biasimare
tacitamente e indirettamente anche Giulio Cesare, che, fatto
console la seconda volta per l'anno 706/48, se ne andò da
Roma prima d'esser console effettivo, e si trovò in Brindisi
il primo gennaio, che in quel tempo era il giorno in cui i
consoli entravano in carica. Osservo che prima di tutto non
si potrebbe senza gravi precedenti, e così alla leggiera,
versar sopra Livio il peso di questa calunnia (2); poi l'ir-

---

(1) Dissertazione citata, HERMES, 8, 166.
(2) È questione di metodo, che nelle ricerche ha somma importanza, anche indipendentemente dalle conclusioni più o meno felici
e certe di esse. Qualche volta succede che il risultato loro sia errato,
e che nondimeno alcune parti siano svolte con metodo sano e commendevole. Così, ad esempio, il Seeck poteva ritenere per falso il racconto di Livio, senza tuttavia dare a questo storico la taccia di partigiano
menzognero; il che il critico poteva fare colla supposizione bensì di uno
scritto calunnioso, ma non facendone autore il nostro storico, anzi
immaginando piuttosto che quest'ultimo fosse stato vittima di una mi-

regolarità in cui Cesare era incorso non era tanto grave
(si ricordino gli esempi dei consoli M. Claudio Marcello e
M. Valerio Levino nella metà del secolo sesto di Roma)

---

stificazione, servendosi ingenuamente del medesimo scritto; questa
ipotesi non sarebbe stata giusta secondo me, ma almeno sarebbe stata
possibile. Ma che Livio, scientemente, abbia alterata la storia, obbe-
dendo ad istinti o ad istigazioni di parte, mi pare, fra le ipotesi, la
meno probabile. — A proposito di mistificazioni letterarie il MOMMSEN
(*Die Scipionenprocesse*, Hermes, 1, 212 segg.; *Röm. Forsch.*, 2, 5o2
segg.) non crede che davvero, durante il celebre processo intentato
dai tribuni della plebe ai due fratelli Scipione l'Africano e Scipione
l'Asiatico, il tribuno Tiberio Gracco (padre dei famosi Gracchi) abbia
tenuto il noto discorso in favore degli accusati e specialmente in favore
dell'Africano, anzi crede che il tenore di quel discorso(LIV., 38, 52-53)
sia piuttosto il sunto di un libello pubblicato allo scoppiare della guerra
civile, e precisamente nella primavera del 7o5/49; in quel tempo,
com'è noto, Cesare fece violenza alla potestà sacrosanta del tribuno che
non voleva permettere che egli aprisse l'erario; allora un tale, secondo
il Mommsen, avrebbe scritto un libello per protestare contro tale violenza; questo tale però sarebbe stato un aderente di Cesare, e sarebbe
stato mosso non da ira di parte, ma soltanto dall'amore alla giustizia
e alle istituzioni; quindi la protesta fatta in forma allegorica col
ricordare una scena del celebre processo, in modo che le cose dette
da Tiberio Gracco all'Africano dovessero intendersi come dette, dal-
l'autore del libello, a Cesare, per ammonir quest'ultimo del rispetto
dovuto alle leggi; e Livio poi, secondo il Mommsen, avrebbe letto
il libello e non si sarebbe accorto dell'allegoria. Dirò di questa idea
del Mommsen, che, se non mi par vera, almeno non cade nell'inconveniente in cui è caduto il Seeck colla sua, perchè siffatte gherminelle
letterarie, che non ingannano nessuno dei contemporanei, essendo allora la commedia un secreto pubblico, diventano facilmente fonte di
errore pei posteri, uno dei quali era Livio, che nel 7o5 era fanciullo
di dieci anni e quindi ignaro degli affari pubblici. — L'idea però del
Mommsen non mi par tuttavia vera; in primo luogo non mi sembra
che nel 7o5/49 si potesse pensare a dittature perpetue e a consolati a
vita presagendoli all'eroe investito dall'oratore. In secondo luogo il
colore misto di Cesariano e di repubblicano, che il libello avrebbe
avuto, sarebbe un fenomeno poco rispondente alla realtà delle cose,
essendo chiaro che l'autore non poteva essere che o Cesariano, nel
qual caso avrebbe lasciato correre la violenza di Cesare senza far
motto; o contrario ai disegni di Cesare, nel qual caso egli non sarebbe stato profeta di onori a quest'ultimo. In terzo luogo, siccome

da porgere giusta occasione di biasimo, anzi sarebbe stato puerile pretendere che nei momenti decisivi della triste e gigantesca lotta che allora combattevasi fra Pompeo e Cesare, questi avesse aspettato che fosse venuto il primo di gennaio prima di muoversi da Roma, invece di correre prontamente contro il rivale; infine badisi che la somiglianza fra la partenza di Flaminio e quella di Cesare è soltanto apparente, perchè Cesare non commise le colpe che si rimproverano a Flaminio (che sono specialmente l'ommissione delle ferie Latine e quella delle sedute del Senato), avendo egli celebrato le Latine (1) e nominato i governatori delle provincie (2): come avrebbe quindi potuto il nostro storico mordere Cesare parlando di Flaminio? L'allusione sarebbe stata oscura; l'allusione dunque non c'è. E non solo mi pare errata la congettura del Seeck sullo scopo della pretesa falsificazione di Livio, ma a me non riesce nemmeno di imaginarmene un altro qualunque un po' un po' verosimile, ossia d'indovinare una cagione che potesse aver indotto Livio o altro storico più antico ad inventare il fatto in questione. Una cagione politica o di parte? ma io non vedo nè a che pro uno storico democratico, celebrando l'eroe della sua fazione, avrebbe intruso questo particolare non vero (come suppongono que' tali critici) nella storia dei partiti, nè viceversa a qual fine uno scrittore di istinti aristocratici avrebbe aggiunto, alla serie degli affronti veri inflitti da Flaminio al Senato, un affronto meramente immaginario. Oppure la partenza in discorso, e quindi anche le mancanze

---

Livio stesso sospettò che l'orazione di T. Gracco non sia genuina (Livio, 38, 56, 5), è chiaro ch'egli si sarà occupato un momento della cosa; per il che, se l'orazione fosse stata un libello del 705, egli se ne sarebbe accorto.

(1) Cesare, *De bello civ.*, 3, 2, 1.

(2) Appiano, *Bell. civ.*, 2, 48.

di Flaminio verso gli Dei (trascuranza delle ferie Latine e di altre cerimonie religiose), vennero inventate semplicemente per dare ad intendere al mondo che la sconfitta toccata dai Romani sul Trasimeno non era se non in apparenza l'opera degli uomini, mentre in realtà essa era la meritata ed inevitabile punizione divina di quelle mancanze, e che quindi ne rimaneva salvo l'onore delle armi romane? Neppur questa ipotesi ha valore di sorta nel nostro caso (per quanto essa sia tale da raccomandarsi altrui, quando fosse certo il fatto che si tratterebbe di dimostrare, cioè la falsificazione); e valga il vero: se così fosse, lo storico autore della falsificazione avrebbe messo espressamente in evidenza il nesso fra la cagione e l'effetto, avrebbe detto che la rotta di Flaminio fu la conseguenza necessaria e legittima della costui partenza anticipata, e l'asserzione sarebbe poi stata via via ripetuta dagli scrittori venuti dopo; ma in quella vece, non c'è autore antico che dica questo, che anzi tutti gli antichi, al contrario, convengono nell'asserire che Flaminio perì per non aver tenuto conto dei sinistri prodigi apparsigli in Etruria (1).

Non meno difficile sarebbe trovare un *come* della falsificazione. I critici che concepirono l'idea della falsificazione non si diedero la pena di cercarlo, ed io confesso d'averlo

---

(1) CICER., *De divinat.*, 1, 35, 77; 2, 8, 21; 2, 31, 67. Lo stesso, *De natur. deor.*, 2, 3, 7-8; VALERIO MASSIMO, 1, 6, 6; OVIDIO, *Fast.*, 6, 755. Tanto consenso fra i classici è molto osservabile; quindi è che parmi si diparta molto dal vero il LANGE quando afferma (*Röm. Alterthüm.*, 2, 155, seconda edizione) che gli antichi immaginando quella partenza (secondo l'autore quella partenza è finta) intesero a far manifeste le cagioni secrete della rotta del Trasimeno. Meno esatto parmi pure il medesimo critico, citando a questo proposito PLUTARCO, *Fabio*, c. 2; questo storico menziona certi prodigi trascurati da Flaminio, ma non li mette in relazione alcuna colla sconfitta del Trasimeno.

cercato invano. Distinguo due specie di falsificazioni storiche. C'è l'alterare i fatti sopprimendo particolari veri e
aggiungendone di non veri, che è sempre possibile. C'è l'inventare dei fatti (come si suppone nel nostro caso) che non
è sempre facile, massime trattandosi di tempi in cui fiori-
scono le lettere (1). Or badisi che la partenza irregolare di
Flaminio (irregolare, come vedremo, solo perchè non de-
cretata dal Senato, e non per altro) sarebbe una di quelle
invenzioni che non vengono in mente che ai contemporanei
a sfogo improvviso di sdegni di parte; or come sarebbe
essa stata possibile? C'erano allora scrittori contemporanei
delle cose di Roma, così fra i Romani come fra gli stranieri, quindi come avrebbero osato e potuto, gli storici,
affibbiare ad un uomo celebre come Flaminio, un'azione di
quella sorte, che pur si era dovuta compiere alla luce del
giorno? avrebbero osato e avrebbero potuto dar colpa di una
azione scandalosa ad un uomo morto pur dianzi, mentre
tutti ricordavano benissimo quello che egli avea e quello
ch'egli non avea fatto, se non si fossero fondati sul vero?
Mi par di no. Questo sia detto degli storici contemporanei.
Quanto poi agli storici posteriori, io notava or ora che essi
non potevano avere interesse alcuno ad inventare e propa-

---

(1) Questo è un criterio che non tanto si esprime a parole, quanto
si applica nella pratica. Infatti i critici scoprono per lo più le falsificazioni nella storia dei tempi anteriori allo sviluppo delle lettere,
scritta dai posteri ma non dai contemporanei, e quindi capace di essere alterata. Così, ad esempio, sarebbe stata travisata l'immagine di
Sp. Cassio e di M. Manlio (Mommsen, *Hermes*, 5, 228 segg.; *Röm.
Forsch.*, 2, 153 segg.), sarebbe un'invenzione la storia di Sp. Maelio
aspirante alla monarchia (lo stesso, ivi), sarebbe un'invenzione quella
di Coriolano (Mommsen, *Hermes*, 4, 1 segg.; *Röm. Forsch.*, 2, 113
segg. Ma il Bonghi, *Nuova Antologia*, vol. 16, p. 393 segg., risguarda
la leggenda di Coriolano come un'amplificazione poetica, archeologica e letteraria ad un tempo, di un fatto vero).

gare una menzogna di questo genere, ed aggiungerò adesso che C. Flaminio sarà stato certissimamente ritratto dai contemporanei in guisa così precisa, che oramai doveva parere assunto vano e di esecuzione difficile, l'imprendere ad alterare il quadro che dipingeva quell'uomo alle prese col Senato.

γ) Esaminando finalmente il modo in cui ci pervenne la notizia della cosa, non trovai ragioni che valgano a farla negare, sebbene a primo aspetto tutto paia concorrere a metterla per l'appunto in dubbio. Al vedere infatti che Livio è il solo storico che la racconta di proposito (1), e Valerio Massimo il solo scrittore che ne tocchi una volta per incidenza (2), mentre Polibio, narrando per disteso la storia romana di quel tempo, la passa sotto silenzio, e mentre Cicerone non fa mai allusione ad essa nelle dieci volte che egli parla o di Flaminio o almeno della catastrofe del Trasimeno (3), saremmo inclinati a credere che la cosa non si

_____

(1) Naturalmente Livio è poi coerente a se stesso, e tutta la storia interna del principio del 537/217, che leggesi sul principio del libro XXII, conferma il racconto anteriore. Infatti come sulla fine del XXI narra la partenza del *console designato* C. Flaminio, così sul principio del XXII narra che Servilio fu *il solo dei due consoli* che sia entrato in carica a Roma e abbia convocato il Senato (*Cn. Servilius consul* Romae Idibus Martiis magistratum iniit. Ibi quum de re publica retulisset, etc.), e abbia espiato i prodigi (*consul* de religione patres consuluit), e narra che fu *il solo Servilio* che arruolò le truppe (Dum *consul* placandis Romae dis habendoque dilecta dat operam, etc.).

(2) VAL. MASSIMO, 4, 6, 6 : « C. autem Flaminius *inauspicato consul creatus*, cum apud lacum Trasymennum cum Hannibale conflicturus convelli signa iussisset, etc. ». Osservo di passaggio che fonte di Valerio Massimo, in questo luogo, paionmi essere state le parole Liviane riferite in principio del capitolo: « *consulem ante inauspicato factum* etc. » (21, 63, 7). E se cosi è notisi il *qui pro quo*; le parole di Livio si riferiscono al primo consolato di Flaminio nel 531/223, ma Valerio Massimo le applica al secondo consolato!

(3) CICERONE parla dieci volte di Flaminio, cioè: *Ad Brut.*, 14, 57; 19, 77. *Acad. pr.*, 2, 15, 13. *De invent.*, 2, 17, 52. *De senect.*,

leggesse negli autori conosciuti a Polibio e a Cicerone, e che
essa fosse stata inventata più tardi da Livio o almeno al
tempo di Livio. Ma questa conclusione sarebbe precipitata.
La cosa si riguardò come un aneddoto, e quindi, passata
sotto silenzio da qualche storico dei più antichi, essa ebbe
la stessa sorte anche negli storici posteriori. E oltre a questa
ragione generale ci sono ragioni speciali che spiegano il silenzio di ciascheduno scrittore in particolare. Polibio infatti ommise molte cose anche più importanti (1), le quali

---

4, 11. *De divinat.*, 1, 35, 77; 2, 8, 21 ; 2, 31, 67. *De nat. deor.*, 2,
3, 7 e 8. *De legg.*, 3, 9, 20, quando ricordandone l'eloquenza che la
fama diceva non comune, quando menzionando la legge agraria di
lui, quando narrando i portenti apparsigli in Etruria, e quasi ad
ogni volta rammentando la catastrofe del Trasimeno.

(1) Ho esaminato il libro terzo di Polibio (in esso vengono esposte
le cose seguite dal principio della seconda guerra punica fino alla
·battaglia di Canne), che è parte integrante dell'opera (viceversa sono
semplicemente un'introduzione a tutta l'opera i due primi libri, cf.
Polibio, 1, 3 e 3, 1) e che ci rimane intero, e l'ho confrontato col
libro XXI di Livio; il risultato di tale esame fu appunto questo, che
gli autori romani o non romani più antichi, i quali descrissero la
seconda guerra punica, furono bensì studiati tutti quanti da Polibio, ma senza che egli abbia mai pensato a non ommetter nulla,
nelle sue storie, di quanto lesse nei loro scritti; in effetto, per
tacere che i fatti avvenuti in Ispagna nei due primi anni della guerra
trovansi esposti più diffusamente presso Livio che non presso Polibio
(del che discorre Böttcher, *Fleckeisen's Jahrbücher Supplementband,*
5, 427, e Wölfflin, *Hermes*, 1875, pag. 122 segg.), ci son molte cose,
la cui verità sarebbe ridicolo voler contestare, e la cui importanza
non potrebbe essere maggiore, che vennero per la prima volta narrate
dagli autori contemporanei (altrimenti non ne sarebbe giunta fino a
noi la notizia), e che oggi leggonsi in Livio, le quali tuttavia mancano
in Polibio; tali sono le cose riferite da Livio 21, 31, 9, dove leggiamo
che Annibale, per andare dal paese degli Allobrogi alle Alpi, passò
per le regioni dei Tricastini, dei Vocontii e dei Tricorii; tali sono
quelle riferite da lui, 21, 49 segg., e che sono la somma degli avvenimenti seguìti in Sicilia nel primo anno della guerra; tali sono sopratutto quelle riferite da lui, 21, 19, 6 segg., dove è fatta menzione
di un avvenimento dei più caratteristici, ossia dell'infelice tentativo
che i legati dei Romani fecero, al rompersi della guerra, percorrendo

venivano però riferite necessariamente dagli autori ch' egli consultò (se non le avessero riferite noi non ne avremmo più contezza alcuna); perchè non crederemo ch'egli ommettesse anche la partenza di Flaminio o a bella posta, oppure per dimenticanza? Noterò ancora che Polibio è lo storico che evita per principio gli aneddoti; non avea egli prima d'allora passato sotto silenzio l' insubordinazione dimostrata da Flaminio al Senato nel 531/223, quando era console la prima volta? (1). — Per quanto concerne poi

le Spagne e le Gallie in cerca di alleanze contro i Cartaginesi; tali sono infine molte imprese militari di poca importanza, come quelle narrate da Livio, 21, 57-59, ed esaminate nel capitolo precedente, ed altre che vedremo nel quarto capitolo; per tacere della storia interna di Roma, e non solo della storia interna consueta, ma di qualche fatto straordinario, quale sarebbe, ad esempio, la primavera sacra votata dai Romani dopo la battaglia del Trasimeno. Dopo ciò chi potrà più dire che sia lecito dubitare della verità di una cosa, solamente perchè c'è Livio solo a narrarla e la tace Polibio? Anche nel capitolo precedente abbiamo avuto l' occasione di sollevare questa quistione.

(1) Polibio potè aver passato sotto silenzio la partenza di Flaminio per una di quelle ragioni per le quali passò sotto silenzio le cose che ricordai nella nota precedente, oppure perchè egli la poneva fra gli aneddoti, dei quali non volle mai curarsi. A proposito del suo studio nello scansare gli aneddoti, ecco alcune cose raccolte scorrendo l'opera sua. Durante la prima guerra punica, e precisamente nel 5o5 di Roma, ebbe luogo l' infelice battaglia di Trapani (Drepana), descritta minutamente da Polibio (1, 49 segg.); ma per l'aneddoto dei sacri polli, che non volendo mangiare furono dal console P. Claudio Pulcro gettati in mare a bere, Polibio non ha nemmeno una parola, e noi l'ignoreremmo, se altri scrittori antichi non lo avessero ricordato. Nel 531/223 era console per la prima volta il nostro Flaminio, che partì col collega contro gli Insubri, e che alle lettere del Senato che li richiamava, i consoli, a Roma, rispose col dar battaglia al nemico; ebbene Polibio, che oltre al descrivere a lungo la battaglia si diffonde perfino a criticare un pericolosissimo errore strategico di Flaminio (Polibio, 2, 32 segg.), non fa parola nè delle lettere del Senato nè della disobbedienza di Flaminio (Zonaras, 8, 20; Plutarco Fabio, c. 2; Orosio, 4, 13). Così Polibio ommise la menzione dei prodigi annunziati a Roma dopo la battaglia della Trebbia (dei quali abbiamo discorso nel capitolo primo), e quella dei sinistri pro-

Cicerone, a me non fa maraviglia che questo autore, parlando di Flaminio e del sanguinoso dramma consumato al
lago Trasimeno, non accenni mai alla famosa partenza;
egli non ebbe l'occasione di farlo, almeno nelle opere che
ci rimangono di lui; difatti non trovo che egli sia venuto
per incidenza a discorrere dei principii e delle consuetudini,
che Flaminio avea violato partendo prima del 15 marzo, e
quindi capisco benissimo che l'oratore non parli nemmeno
della partenza, nè vedo dunque come sia lecito inferirne che
nessuno degli scrittori letti da lui ne avesse parlato. Ed una
conferma di ciò che dico, spiegando il silenzio di Polibio e
di Cicerone, l'abbiamo nel silenzio stesso di Plutarco, di cui
ho aspettato finora a bella posta a far menzione (1). Plutarco, a proposito dell'elezione di Flaminio al secondo consolato del 537/217, ricorda gli aneddoti relativi al primo
consolato di lui, e nondimeno non parla della famosa partenza, che era l'aneddoto relativo al secondo (2); si dirà

nostici apparsi a Flaminio in Etruria quando questi stava per cimentarsi con Annibale sul Trasimeno. Altre cose si troverebbero di
certo cercando più minutamente, ma coteste pel nostro scopo possono bastare.

(1) Poca importanza ha poi il silenzio degli storici latini minori,
dipendenti immediatamente o mediatamente da Livio; il loro silenzio dipese semplicemente dalla loro volontà, avendo essi trovato
in Livio, loro fonte, il racconto della cosa. Poca ne ha parimente
quello di Appiano e di Zonaras essendo essi scrittori compendiosi
anzi che no.

(2) PLUTARCO (*Fabio*, c. 2) ricorda che nel 531/223 Flaminio e il suo
collega ricevettero lettere dal Senato che li invitavano a deporre il
consolato, essendo incorso un vizio nella loro elezione; l'invito fu
vano. Questo aneddoto è narrato da Plutarco ricordando la vittoria
riportata da Flaminio sugli Insubri nel 531/223, e questa vittoria, a
sua volta, spiega, secondo Plutarco, la baldanza dimostrata più tardi
da Flaminio, il quale, fatto console di nuovo pel 537/217, non si
lasciò commuovere dai prodigi naturali che vennero annunziati a
Roma dopo la battaglia della Trebbia. Si dirà perciò che il silenzio

perciò che gli scrittori letti da Plutarco non la narrarono? No, perchè, ad esempio, è cosa certa che Plutarco lesse Livio. Ciò vuol dire che Plutarco, del pari che Cicerone, non venne a parlare della cosa o per semplice caso, o piuttosto per disattenzione nel compilare l'opera sua, come vedremo subito.

Adunque non prova proprio nulla il silenzio degli scrittori, che a primo aspetto parrebbe dimostrare che gli storici antichi non ebbero notizia della partenza di Flaminio, e quindi parrebbe dimostrare che essa è un'invenzione di Livio o di altro scrittore poco anteriore a Livio. Che se ci volgiamo all'analisi del racconto liviano riconosceremo forse che esso deriva, nella sua sostanza, da uno scritto di un contemporaneo di Flaminio, essendo impossibile che uno storico novelliere dei tempi posteriori riuscisse a dare al suo racconto quel colore di realtà che traspare ancora dalla pagina di Livio e traspariva naturalmente anche meglio dallo scritto usato da Livio in questo proposito. Ecco le osservazioni che feci a questo riguardo. Nel racconto liviano viene tessuta per intero, quasi, la vita politica di Flaminio, meno la censura (1): ora l'ommissione di quell'ufficio altissimo che era la censura, era bensì necessaria, trattandosi di mettere sott'occhio i momenti in cui Flaminio contese col Senato, cosa che egli non pare aver fatto quando fu censore; ma in ciò io scorgo il fare di un contemporaneo, perchè un falsario posteriore non avrebbe forse avuto l'avvertenza di distinguere i momenti in cui Flaminio non contese col Se-

---

sulla partenza di Flaminio signifìchi che non la narravano nemmeno gli autori antichi compilati da Plutarco? No, tant'è vero, che Livio, letto molto da lui, è appunto quello che la narra; è dunque per negligenza o per proposito che Plutarco non lo narrò.

(1) Come avvertii fin dal principio del capitolo. — Fu censore nel 534/220; cf. Livio, epit. 20, e Livio, 23, 22-23; 24, 11, 7.

nato, dagli altri momenti. In secondo luogo quando io leggo che Flaminio andò debitore del secondo consolato all'aver egli difeso il plebiscito Claudio (cosa che gli rese favorevole il popolo), io sento l'affermazione di un avversario politico di Flaminio (1), che è quanto dire l'asserzione di un contemporaneo. In terzo luogo, siccome la provincia di Flaminio fu l'Etruria mentre quella di Servilio fu la Gallia (capoluogo Rimini) (2), crediamo noi, se la partenza di Flaminio fosse mera invenzione, che l'autore dell'invenzione avrebbe scritto che egli andò a Rimini (3), che era il capoluogo della provincia di Servilio? L'autore avrebbe detto che Flaminio andò in Etruria. Infine nel racconto liviano è fatta menzione della legge o del plebiscito Claudio, e dei due legati spediti dal Senato a richiamare Flaminio; or quanto a questa legge non c'è altro autore antico, per quanto so vedere, che ne faccia memoria esplicita (4), il che ad ogni modo prova che negli stessi scritti del settimo secolo, ora

---

(1) Con ciò non voglio dire che l'asserzione sia giusta. È vero che i moderni van ripetendo semplicemente quel che Livio scrive, che cioè Flaminio fu innalzato ai fasci per la seconda volta in compenso d'avere, unico fra tutti i senatori (*uno patrum adiuvante C. Flaminio,* son le parole di Livio, 21, 63, 3). perorata la causa della proposta fatta da un tribuno Q. Claudio (cosi Mommsen, *Röm. Gesch.,* 1, 819, 829 della seconda edizione; Lance, *Röm. Alterthüm.,* 2, 151, seconda edizione, e tutti gli altri critici), ma l'asserzione è evidentemente partigiana, come è partigiano tutto lo scritto donde deriva l'intero luogo di Livio.

(2) Delle provincie consolari parleremo presto.

(3) Naturalmente, oggi che s'è cominciato a negar che sia vera la partenza di Flaminio, si nega altresì, nello stesso tempo, l'andata di lui a Rimini; così la negano, oltre il Seeck nella dissertazione più volte citata, parecchi altri venuti dopo, e ultimamente Gottlob Egelhaaf, *Jahrbücher für class. Phil. und Pädag. Supplementband,* 10, 506. Rispondo però a tutti osservando che lo scrittore che avesse *inventata* la partenza di Flaminio, avrebbe detto che egli andò in Etruria, perchè fu questa la sua provincia.

(4) Dico menzione *esplicita.*

periti, non era punto frequente il ricordo di essa; quindi io starei quasi per dire che questo significa che il racconto liviano proviene, qui, da una fonte molto antica, e non da una falsificazione recente, perchè chi avesse più tardi inventata la cosa, come taluni ora pretendono, non si sarebbe forse risovvenuto di cotesta legge oggimai vecchia e poco nota; e quanto ai legati non esito ad asserire che il numero di due di cui è fatta parola nella narrazione di Livio accenna a tradizione genuina, perchè un annalista del settimo secolo, che avesse cavato dalla sua fantasia la partenza straordinaria di Flaminio, e avesse dovuto inventare, necessariamente, anche l'ambasceria del Senato al console, avrebbe certamente pensato ad un numero maggiore di ambasciatori (1). — Tutto, tutto accenna, nel racconto rimastoci in Livio, ad una fonte contemporanea, della quale val ben la pena di occuparsi un momento, almeno in una nota (2).

---

(1) Nei tempi antichi i legati del Senato solevano essere in numero di due; nei secoli posteriori in numero maggiore; cf. MOMMSEN, *Staatsrecht*, 2, 665, seconda edizione; lo stesso, *Röm. Forsch.*, 2, 304.

(2) La quistione è interessante e nuova, ed ecco quello che a me pare. Livio narra la partenza di Flaminio, poi la biasima acremente, in un'invettiva di amarezza che non ha riscontro presso questo Romano generoso, mite e gentile. Or cotesta invettiva guasta un po', a mio credere, l'economia della storia, sia perchè di molta lunghezza, sia perchè posta in fine del libro 21, nel luogo che al solito è destinato a compendiare i fatti principali della storia interna, come a dire comizi, ludi, morte di sacerdoti, e simili; e badisi che viceversa queste notizie di fatti interni mancano al tutto questa volta. L'invettiva guasta ancora l'armonia dell'opera, perchè è messa violentemente fra due semplici e brevi notizie, vale a dire fra quella dell'andata di Flaminio da Roma a Rimini, e quella dell'andata di lui da Rimini ad Arezzo. Dall'altra parte poi, guardando all'intrinseco, le parole dello storico sono ancora più osservabili; sono un'invettiva, invece di essere una serie di gravi e pacate considerazioni quali si addicono alla storia; non espongono le cagioni vere, ma soltanto le

Poniamo adunque fine a questo secondo paragrafo conchiudendo in favore della verità storica della partenza di
Flaminio nei termini in cui lo storico latino ce la racconta,
e passiamo a dare nel seguente paragrafo uno sguardo a
tutte le obbiezioni mosse dai critici contro la verità storica
del racconto di Livio.

§ III. *Le obbiezioni*. È utile vederle nel loro insieme,
tanto quelle a cui fu già risposto, quanto le altre a cui dovremo rispondere. 1ª Il Seeck, dopo di avere ripudiata
la notizia data da Livio circa il tempo in cui furono tenuti
i comizi per l'elezione dei consoli del 537/217, accogliendo
invece quella di Polibio, continua dicendo, che la partenza

---

cagioni apparenti della partenza di Flaminio, come io farò vedere
fra breve; il giudizio, severo e tranquillo, del fatto, manca interamente; infine vi leggiamo uno schizzo della vita politica di quell-
l'uomo, con molto gusto si, ma senza poterci trattenere dal soggiungere che lo troviamo dove meno ce lo aspettavamo. L'estrinseco e
l'intrinseco del racconto liviano sono dunque molto notevoli, sebbene
nessuno l'abbia mai detto. Ora è evidente che tutto ciò dipende dalla
natura dello scritto, dal quale proviene, immediatamente o mediatamente che sia, il racconto medesimo. Secondo me, il modo di capir
bene tutte queste singolarità è un solo, quello cioè di supporre che
noi abbiamo qui il sunto di un discorso tenuto prima nel Senato
romano da un avversario politico di Flaminio nell'occasione della
partenza di questo, e poscia diffuso per iscritto. In tal caso si capirebbe la lunghezza e la violenza dell'invettiva, si spiegherebbe la
mancanza delle vere cagioni del fatto (il libello non ha bisogno di
dire le cagioni, fatto com'è pei contemporanei ai quali esse sono
note; la storia, che guarda ai posteri, sì), e si vedrebbe il perchè
della biografia di Flaminio, la quale, come sempre in simili casi, è
poi il novero di quelle che all'occhio malato dell'uomo di parte paiono colpe. Poco importa poi che sia difficile cogliere nel segno
quando si tratti di dire il nome dell'oratore; del resto non andrebbe
forse lungi dal vero chi pensasse a Q. Fabio Massimo antesignano
dei nobili e quindi antagonista di Flaminio, e che, come sappiamo
da CICERONE (*Cato Maior*, 4, 12) e da PLUTARCO (*Fabio*, 1), era altresì oratore.

di C. Flaminio mentre era semplice console designato, cioè prima del 15 marzo, era cronologicamente impossibile. Questa asserzione l'abbiamo già confutata nel capitolo precedente, dimostrando che que' comizi consolari ebbero luogo *dopo* la battaglia della Trebbia, non già *prima*, e qualche tempo *innanzi* al 15 di marzo. — 2ª Continua il Seeck asserendo che, secondo PLUTARCO (*Fabio Mass.*, c. 3), la partenza di Flaminio avvenne nel modo consueto, come sempre erano partiti i consoli, senza incidenti straordinarî. Invece a me pare che Plutarco non tocchi per nulla la partenza del console, e che le parole di lui τὸν μὲν στρατὸν ἐξάγειν ἐκέλευσε τοὺς χιλιάρχους, che sogliono riferirsi alla partenza *da Roma*, s'abbiano a intendere diversamente, che cioè Flaminio, *mentre era già in Etruria*, diede ordine di muovere il campo, non già che abbia ordinato di *partire da Roma* per l'Etruria. Veggasi infatti che a queste parole tengono dietro quelle altre (1) circa l'impennarsi del cavallo di Flaminio e il cader rovescione di quest'ultimo, fatto che parve ai prudenti un prodigio di sinistro augurio, tale da dover rimuovere il console dalla risoluzione di combattere, del quale però egli non fece nessunissimo conto; ma il prodigio avvenne in Etruria, come dicono tutti gli antichi (2). Dunque le parole citate esprimono il mover del campo in Etruria, non l'uscire di Roma (3). — 3ª Con-

---

(1) αὐτὸς δ'ἐπὶ τὸν ἵππον ἁλλόμενος ἐξ οὐδενὸς αἰτίου προδήλου παραλόγως ἐντρόμου τοῦ ἵππου γενομένου καὶ πτυρέντος ἐξέπεσε καὶ κατενεχθεὶς ἐπὶ κεφαλὴν ὅμως οὐδὲν ἔτρεψε τῆς γνώμης, ἀλλ' ὡς ὥρμησεν ἐξ ἀρχῆς ἀπαντῆσαι τῷ 'Αννίβᾳ, περὶ τὴν καλουμένην Θρασυνίαν λίμνην τῆς Τυρρηνίας παρετάξατο.

(2) LIVIO, 22, 3; CELIO ANTIPATRO presso CICERONE, *De Divinat.*, 1, 35.

(3) Così, e non altrimenti, vuol essere inteso il principio del capo terzo della vita di Fabio Massimo, che qui esamineremo per intero per mostrar dove sta la cagione dell'essere esso stato frainteso. Nel

tinua il Seeck asserendo che Zonaras (8, 25) narra essere
i consoli Flaminio e Servilio partiti *insieme*. Veramente
l'appellarsi a cotesto scrittore greco, vissuto così tardi, per

---

secondo capo, Plutarco, racconta che i fenomeni straordinari annunziati a Roma dopo la battaglia della Trebbia (di essi trattammo nel
capitolo precedente) non fecero alcuna impressione sull'animo di Flaminio, ma commossero grandemente Fabio Massimo, il quale, in conseguenza, diede il consiglio di star sulle difese evitando ogni battaglia
campale, e lasciando che il tempo logorasse le forze nemiche, che
erano poche. Or viene il capo terzo : « Tuttavia non persuase Fla-
« minio, ma dicendo — Flaminio — di non voler aspettare che la
« guerra giungesse alle porte di Roma, nè di aver da combattere
« nella città per difendere la città come aveva fatto Camillo antica-
« mente, ordinò ai tribuni di menar fuori l'esercito » ecc. Sarebbe
facile credere, come si crede, che Flaminio mentre così parlava, si
trovasse in Roma, perchè pare che egli rispondesse a Fabio nel Senato ; ma se c'è cosa certa è questa per l'appunto, che queste parole
sono state dette da Flaminio mentre stava già in Etruria, e che quella
che sembra essere una risposta di Flaminio a Fabio, non è in realtà
che una risposta di Flaminio alle osservazioni di quelli fra il suo
seguito che la pensavano come Fabio, e che esortavano Flaminio a
non venire alle mani con Annibale ; infatti, tutti sanno che Annibale
voleva combattere, e aizzava Flaminio mettendo l'Etruria a ferro e
fuoco, donde in Flaminio la voglia di venir alle mani, al quale però
resistevano i più prudenti fra i suoi consiglieri (Polibio, 3, 82; Livio,
22, 3). A questi rispose Flaminio adunque esortandoli a *considerare*
che cosa direbbesi a Roma vedendo devastate le terre quasi fino a
Roma, e loro star accampati in Etruria di dietro ai nemici; così
scrive Polibio, 3, 82, 6 ; secondo Livio, 22, 3, 10, Flaminio rispondeva ironicamente a que' prudenti consiglieri : « *Hannibal emissus e*
« *manibus perpopuletur Italiam, vastandoque et urendo omnia ad Ro-*
« *mana moenia perveniat, nec ante nos hinc moverimus quam, sicut*
« *olim Camillus ab Veiis, C. Flaminium ab Arretio patres accive-*
« *rint* ». È evidente che anche in Plutarco la risposta di Flaminio
succede in Etruria come presso Polibio e presso Livio ; anzi che
cosa sono le parole di Plutarco se non la ripetizione di quelle di
Livio? Mi par certo che Plutarco attingesse, qui, a Livio, e che l'uno
e l'altro attingesse ad un medesimo storico più antico. Ad ogni modo
resta doppiamente confermato quello che abbiamo esposto nel testo.
che cioè l'ordine di menar fuori l'esercito dato da Flaminio ai tribuni, è l'ordine di muovere il campo mentre l'esercito si trovava in
Etruria, e non l'ordine di partire da Roma. — Ed ora un' osserva-

ciò che concerne le particolarità della cronaca di Roma, non si potrebbe gran fatto raccomandare; ma s'aggiunge che Zonaras non narra per nulla la *partenza da Roma* in questione; ecco infatti le sue parole: « Οἱ δὲ ἐν τῇ Ῥώμῃ τὸν Φλαμίνιον καὶ τὸν Γέμινον ὑπάτους αὖθις εἵλοντο. Ἀννίβας δ' ἄρτι τοῦ ἔαρος ἐπιστάντος ὡς ἔγνω τὸν Φλαμίνιον μετὰ Σερουιλίου Γεμίνου χειρὶ πολλῇ ἐπ' αὐτὸν ἰόντα, κτλ. Dal dire che i due consoli marciavano *uniti* contro Annibale, al dire che i consoli partirono *insieme* da Roma, ci corre molto; per tacere che Zonaras non è storico che in cotesti particolari possa far testo. — 4ª Il Seeck osserva che se Flaminio fosse andato a Rimini prima del 15 marzo, il Senato avrebbe poi mandato l'altro console Servilio in Etruria, invece di mandarlo a Rimini e di obbligare così Flaminio a ritornare in Etruria sua provincia. Rispondo che Flaminio andò a Rimini soltanto per prendervi il suo esercito, come racconta LIVIO (1), e che questa sua mossa

─────────

zione. È chiaro che nel racconto di Plutarco manca la partenza dei consoli da Roma. Dal Senato romano, dove sulla fine del capo secondo della vita di Fabio Massimo ci troviamo per l'appunto ad udire i consigli di Fabio, noi siamo trasportati di botto, nel terzo capo, in Etruria. Questo fatto è molto istruttivo per capire il modo tenuto da Plutarco nel compilare, perchè noi tocchiamo con mano, in questo caso, che l'autore servendosi contemporaneamente di più fonti, finì per lasciar nella sua narrazione una lacuna.

(1) 21, 63, 15: « Legionibus inde duabus a Sempronio prioris anni consule, duabus a C. Atilio praetore acceptis, in Etruriam per Appennini tramites exercitus duci est coeptus ». Pare che al partire di Flaminio le nuove legioni non fossero ancora arruolate; quindi Flaminio prese il comando delle vecchie, che allora si trovavano a Piacenza. Come fare per farle venire? Flaminio diede loro la posta a Rimini. A chi dicesse che ciò non è probabile, e che Flaminio avrebbe loro data la posta ad Arezzo, risponderei ricordando, che, anche poco innanzi, Rimini era stato destinato a luogo di convegno delle legioni; infatti, quando il Senato richiamò dalla Sicilia il console Sempronio, affinchè si congiungesse col collega Scipione sulla Trebbia incontro ad Annibale, Sempronio al suo partire dall'isola

adunque non pregiudicava per nulla la questione circa la divisione delle provincie consolari. — 5ª Il Seeck osserva ancora che, vista la brevità del tempo, non è credibile che le legioni, le quali avean combattuto sulla Trebbia, andassero da Piacenza a Rimini, poi da Rimini ad Arezzo. Alla prima parte di questa obbiezione fu già risposto implicitamente nel primo capitolo; quelle legioni si trovarono a Rimini il 15 marzo, e noi abbiamo visto quanto tempo sia corso dalla battaglia della Trebbia al 15 marzo. Quanto poi alla marcia da Rimini ad Arezzo, l'obbiezione non regge, perchè noi non sappiamo quando le legioni siano giunte in quest'ultimo luogo. — 6ª Finisce il Seeck citando le parole di Polibio, secondo le quali Flaminio e Servilio avrebbero arruolate in comune le legioni, quasi ciò implichi la presenza di Flaminio in Roma dopo il 15 marzo. Potrei contrapporre, al testimonio di Polibio, il testimonio di Livio, citato sopra, secondo il quale il console Servilio arruolò da solo le legioni, ma non lo farò per le ragioni dette nel capitolo precedente, tanto meno lo farò inquanto l' obbiezione non è formidabile se non in apparenza. Le parole di Polibio son queste: « Gn. Servilio e *C. Flaminio*, allora « appunto fatti consoli, raccoglievano le truppe alleate e « arruolavano le legioni (1) ». Ebbene, o il nome di C.

_____

diede a' suoi soldati la posta a Rimini per condurli poi di là a Piacenza (Polibio, 3, 68, 4; Livio, 21, 51, 7), che geometricamente parlando non era certo il cammino più breve. Questo indica che la via tra Rimini e Piacenza era comoda, e che quindi i Romani ne approfittavano sempre; e questa via fu per l'appunto una parte della *via Aemilia* costrutta più tardi. È altresì da notare che Rimini era colonia dei Romani, ed anche piazza forte. Anche queste considerazioni servano insieme con quanto fu detto altrove, a confutare coloro che negano l'andata di Flaminio a Rimini.

(1) 3, 75, 5: Γνάϊος δὲ Σερουΐλιος καὶ Γάϊος Φλαμίνιος, οἵπερ ἔτυχον ὕπατοι καθεσταμένοι, συνῆγον τοὺς συμμάχους, καὶ κατέγραφον τὰ παρ' αὐτοῖς στρατόπεδα.

Flaminio è messo per mera svista di Polibio, oppure, se
è messo a ragione, io dico che la raccolta dei soci e l'arruolamento dei legionari, a cui avesse preso parte anche
Flaminio, è avvenuto prima del 15 marzo, nel frattempo
corso dall'elezione dei consoli alla partenza di Flaminio.
Ecco come può essere stato messo il nome di Flaminio,
per una svista; in sè era cosa possibilissima l'arruolamento
delle truppe per opera di uno solo dei consoli; in Livio ne
ricordo tre altri esempi (1); ora siccome gli affari d'ufficio
spediti da un console, formalmente riguardavansi come spediti da tutti e due, ne venne la figura rettorica del plurale
consules adoperato dagli scrittori, anche quando in realtà la
cosa era stata fatta da un solo console; anche di questa figura abbiamo trovato più sopra due esempi in Livio(2); or si
supponga che uno storico usato da Polibio avesse detto, allo
stesso modo, che i *consoli* del 537/217 facevano gli arruolamenti, e si supponga che Polibio, cogliendo l'occasione di far
conoscere il nome dei consoli nuovi (cosa necessaria, essendo
essi gli eponimi), sostituisse al nome comune *consoli* il nome
proprio *Servilio* e *Flaminio,* e si avrà la spiegazione probabile della svista di Polibio. Se poi le parole di Polibio van
prese alla lettera e anche Flaminio ebbe veramente parte nel
far gli arruolamenti, io dirò che ciò può benissimo riferirsi
al tempo anteriore al 15 marzo, prima che Flaminio par-
tisse (3); infatti io mi ricordo che, dieci anni più tardi, gli
apparecchi fatti alla venuta di Asdrubale in Italia furono
fatti appunto in gran parte prima del 15 marzo, e mentre
i nuovi consoli erano semplicemente designati (4), e che la

---

(1) LIVIO, 10, 39; 32, 1; 44, 21.
(2) LIVIO, 24, 10, 1; 24, 11, 1.
(3) In questo caso il καθεσταμένοι di Polibio si riferirebbe ai
consoli *designati.*
(4) LIVIO, 27, 35.

stessa cosa si ripetè più tardi nel fare gli apparecchi della campagna del 586/168 contro Perseo (1); e nel nostro caso, se è vero che trascorse quasi un mese dalla battaglia della Trebbia al 15 marzo, era naturale che non si aspettasse il 15 marzo per incominciare ad arruolare le truppe. — Rimane l'ottava ed ultima obbiezione del LANGE (2). Quanto al peso che questo autore dà al silenzio di Polibio e di Appiano sulla partenza di Flaminio, mi basti rimandare a quel che discorsi in proposito a suo luogo. Ma oltre a ciò, questo critico, appellandosi alla legge (*Fla*)*minia minus solvendi* ricordata da Festo (3), osserva che se Flaminio fece fare questa legge, ciò vuol dire che egli trovavasi ancora in Roma dopo il 15 marzo, le leggi essendo fatte dai consoli effettivi e non dai designati. Io non so se questo ragionamento sia rigoroso : se un console poteva convocare il Senato a nome anche del collega assente, perchè non avrà potuto proporre una legge ? Ma c'è di peggio : il Lange suppone che il Flaminio, dal quale questa legge ebbe il nome, sia il console del 537/217 ; ora questa è un'ipotesi che si ritiene indubitata, ma che a me pare senza fondamento addirittura. La questione sta nei seguenti termini : i dotti si sono accordati nel dire che la legge Flaminia mentovata tanto da Festo colle seguenti parole (quelle fra uncini sono un supplemento): « Idem auctor] est numerum aeris perduct[um esse ad XVI in denario lege Fla]minia minus solvendi, cu[m Hannibalis bello premere]tur populus Romanus », quanto da Plinio colle parole : « Postea Hannibale urguente Q. Fabio Maximo dictatore asses unciales facti placuitque denarium sedecim assibus permutari, qui-

---

(1) Livio, 44, 17 ; cf. 44, 21.
(2) LANGE, *Röm. Alterthümer*, 2, 155, seconda edizione.
(3) FESTO, ed. MÜLLER, pag. 347.

narium octonis, sestertium quaternis, etc. » (1) è una legge·
dei consoli del 537/217, denominata da Flaminio l'un di
essi. Io osservo che le leggi consolari paiono essere state
denominate dal nome di ambedue i consoli (2); e che non
è probabile che una legge fatta dopo la battaglia del Trasimeno sotto la dittatura di Fabio, quando Flaminio era
già morto, si chiamasse dal nome di quest'ultimo. È
strano che a nessuno sia venuto in mente che questa legge
deve essere senza dubbio una legge tribunizia, cioè un plebiscito, denominata dal nome di un tribuno di quell'anno,
ignoto a noi come ci sono ignoti tutti gli altri tribuni meno·
due, e chiamata dal nome di un solo, come appunto era.
la consuetudine vigente (3).

§ IV. *Perchè mai uno dei consoli partì prima del
15 marzo, ed anzi partì a dispetto del Senato?* — La
partenza di Flaminio prima del 15 marzo è avvenimento
del quale non è lecito dubitare. È questa la conclusione di
quanto siamo andati discorrendo finora in questo capitolo.

---

(1) PLINIO, *Nat. Hist.*, 33, 3, 45.

(2) Questo è un fatto già avvertito dai dotti; cf. MOMMSEN, *Staatsrecht*, 1, 43, seconda edizione. Nè si può dire che in Festo la legge
fosse stata chiamata *Servilia Flaminia*, e che la parola *Servilia* sia
perita come la prima sillaba della parola *Flaminia*, perchè non si
vede che ci sia stato spazio sufficente per ambedue le parole.

(3) I plebisciti nomavansi, com'è noto, dal nome di uno dei
tribuni. È noto similmente che, nella metà del secolo sesto, anche i
plebisciti aveano omai il nome di *leges*. È pure noto che, essendo·
la gente Flaminia plebea, i suoi membri aveano adito al tribunato
della plebe. Ora, dei dieci tribuni del 537/217 ne conosciamo due, cioè
M. Metello (LIVIO, 22, 25; cf. PLUTARCO, *Fabio*, 7) e Q. Baebio He-
rennio (LIVIO, 22, 34), e nulla c'impedisce di credere che fra i rimanenti ci fosse un Flaminio, e che questo Flaminio abbia dato il nome
alla legge *minus solvendi*, che è stata fatta evidentemente in quel-
l'anno, mentre Fabio Massimo copriva l'ufficio di dittatore.

Rimane che interroghiamo quel fatto, affinchè ci riveli le
circostanze, in mezzo alle quali esso si svolse e compì.

Prima di tutto quel fatto ne suppone un altro, di cui non
c'è parola nel racconto di Livio: suppone *una contesa tra
Flaminio e il Senato,* che finì violentemente nella partenza
in questione, e la cui ultima fase fu la protesta del Senato
e la deliberazione di richiamare Flaminio col mezzo di due
ambasciatori. E intendiamoci bene: dal vedere che la serie
dei conflitti tra Flaminio e il Senato, esposta nel racconto,
si riferisce interamente agli anni antecedenti, parrebbe che
si dovesse concludere che quella volta non ce ne fu alcuno;
ma così non è; dirò anzi che senza questo conflitto, che
allora, a mio giudizio, ebbe luogo, noi non avremmo presso
Livio il racconto nella sua forma presente, e non saremmo
nemmeno informati dei conflitti dei tempi anteriori, perchè
cotesti conflitti vecchi, se ben si guarda, sono ricordati soltanto a proposito dell'ultimo, il quale viceversa, noto come
esso era a tutti nel tempo in cui fu steso il libello che probabilmente (come spiegai altrove) servì di fonte ai narratori
di questo fatto, non venne nemmeno menzionato. Così la
famosa partenza non è che l'espressione o manifestazione
esterna di un altro fatto più rilevante, di un conflitto di
diritto; quindi, investigare le cagioni di quella, è, propriamente parlando, un investigare le cagioni di questo; e così
è delineato quello che ci resta a fare per finire questo capitolo.

Ma, prima di investigare queste cagioni, c'è da eliminare
quello che ne dice Livio, e forse ne avéano detto altri storici prima di lui, e che altrimenti pregiudicherebbe la nostra
ricerca. Livio narra, e noi moderni andiamo ripetendo che
Flaminio scappò da Roma per timore che i nobili, susci-
tando difficoltà contro la sua elezione, gli facessero perdere l'ufficio, o almeno gli togliessero l'opportunità, col

trattenerlo , di misurarsi con Annibale. Fu questa la vera
cagione di quella partenza ? No, perchè le cagioni di essa,
in fondo, sono le cagioni stesse che produssero il conflitto,
che da Livio non è nemmeno accennato; no , perchè sei
anni innanzi gli avversari di Flaminio erano riusciti, mentre
egli era già partito, a far dichiarare viziosa la sua elezione
al primo consolato, e quindi se egli avesse realmente temuto
un secondo tiro di quella sorte , sarebbe anzi rimasto in
Roma più a lungo, sapendo per esperienza che i suoi nemici avrebbero avuto buon giuoco, una volta ch' egli fosse
stato lontano (1).

Eliminato quanto poteva pregiudicare l'investigazione, veniamo a questa.

È nota la lotta che ardeva in que' tempi fra l'aristocrazia
e la democrazia. È noto altresì in generale che, come fino
allora, così anche in quel momento, Flaminio e il Senato
stavansi di fronte con disposizioni poco benevoli; ma quale
fu precisamente la questione che li mise di nuovo alle prese,
malgrado la guerra esterna, che avrebbe dovuto acquetare
ogni interna discordia? La risposta scaturirà di per sè.
Giunta a Roma la notizia della battaglia infelice avvenuta
sulla Trebbia, la fazione democratica, nei prossimi comizi
consolari, diede al suo capo Flaminio, che nel primo consolato si era acquistata fama di abile generale vincendo gli

---

(1) La nostra ipotesi di un libello relativo alla partenza di Flaminio,
serve anche a spiegare la leggerezza delle cagioni che lo storico latino vorrebbe far credere essere state quelle della partenza. L'autore
del libello credette utile pel suo scopo il richiamare alla memoria le
gare anteriori tra Flaminio e il Senato; ma l'ultima, che gli avea
fornito l'occasione del libello, era troppo conosciuta per poter pensare ad accennarla; e lo stesso dicasi delle cagioni di essa. Più tardi,
gli storici, non trovando in quel libello motivata la partenza di Flaminio, immaginarono essi quelle cagioni che parevano loro probabili,
e che noi non riconosciamo per vere.

Insubri, il posto di console plebeo (1), con ciò esprimendo il desiderio e la speranza di veder presto finita la guerra. Per aprire la campagna imminente, i Romani avean bisogno di ritrovare tutta la loro energia, e la trovarono (2). Certo avranno posto mano immediatamente agli arruolamenti delle truppe e alla discussione del piano di guerra, senza aspettare che fosse venuto il 15 marzo (anche in altre gravi contingenze, come abbiamo fatto vedere altrove, si erano in tal modo allontanati dalla loro consuetudine); e infatti, per testimonianza espressa di Livio, già prima che Flaminio fosse partito, prima cioè delle Idi di marzo, erano state divise fra i Generali le truppe o parte delle truppe (3). Quanto al piano di guerra, le questioni capitali erano tre (4): conveniva, o non conveniva, discendere un'altra volta ad una battaglia campale? era meglio che i due eserciti consolari operassero separati o uniti contro Annibale? quante legioni occorrevano in tutto? che siffatte questioni essenziali si agitassero in Senato, è cosa talmente naturale, che non c'è bisogno, per crederlo, di aver testimonianze antiche; tuttavia non mancano neanche queste, nel capo secondo della Vita di Fabio Massimo lasciataci da Plutarco trovandosi

_____

(1) In virtù delle leggi Licinie uno dei due consoli doveva essere plebeo, com'è noto. Questa disposizione, delusa spesso dal 388 al 411 di Roma, fu poi applicata regolarmente senza eccezione a cominciare dal 412/342. Ma ben presto i plebei aspirarono ad aver ambedue i consolati; non riuscirono nel 539/215, ma riuscirono nel 582/172. Su questo veggasi, fra i moderni, specialmente Mommsen, Staatsrecht, 2, 76, seconda edizione; Röm. Forsch., 1, 94.

(2) Ritratta egregiamente da Polibio, 3, 75, 4 segg.

(3) 21, 63, 1: « Consulum designatorum alter Flaminius, cui eae legiones, quae Placentiae hibernabant, sorte evenerant » ecc.

(4) Che in principio di ogni anno si discutesse in Senato il piano di guerra è cosa che s'indovina senz'altro, e della quale non si poteva far di meno. Ma non mancano nemmeno le autorità antiche. Polibio ci ha tramandato un'immagine della discussione tenuta in principio del 538/216 (Polibio, 3, 106-108; cf. Livio, 22, 38, 6 segg.).

appunto, come abbiamo già avuto l'occasione di vedere, il parere di quell'uomo di Stato circa la prima questione. Di quelle tre questioni, principalissima era la prima, risolta la quale il resto veniva da sè; infatti ammessa l'opportunità di condurre la guerra attivamente e di discendere a nuova battaglia, ne seguitava la necessità di allestire molte forze e di adoperarle tutte nello stesso tempo contro il nemico, precisamente come alcuni avean consigliato di fare al rompersi della guerra (1), e come s'era fatto testè sulla Trebbia, e come si fece l'anno dopo a Canne. Noi scopriremo nei fatti stessi la risoluzione della prima non solo, ma anche quella della terza questione. La battaglia del Trasimeno dimostra che, malgrado l'opposizione della parte aristocratica condotta da Fabio Massimo, il Senato decise che si venisse ad una nuova battaglia (2), e il grande numero di legioni allestite per l'anno, 537/217 dimostra che esso decise che la guerra fosse condotta energicamente (3). Ed eccoci ora al

---

(1) LIVIO, 21, 6, 6. Fra gli ordini del giorno presentati, uno portava l'istituzione di una sola provincia consolare (*alii totum in Hispaniam atque Africam Hannibalemque intenderant bellum*); ma fu adottato quello che ne istituiva due (*alii provincias consulibus Hispaniam atque Africam decernentes terra marique rem gerendam censebant*. Vedi il primo capitolo della mia Memoria sui luoghi liviani relativi alle provincie e agli eserciti romani, negli *Atti dell'Accademia dei Lincei*, 1881, serie 3ª, vol. VI). Però appena s'intese che Annibale avea varcato le Alpi, fu ordinata la concentrazione dei due eserciti consolari in Italia, com'è noto.

(2) L'elezione di Flaminio al secondo consolato significava già di per sè, per quanto stava nella parte democratica, guerra attiva e sfida al nemico. Ed ora vedesi che anche in Senato la maggioranza la pensava in tal modo. Fabio Massimo (PLUTARCO, *Fabio Mass.*, c. 2) avea invece consigliato (ed egli parlava naturalmente a nome dei conservatori in generale), che si evitassero le battaglie finchè il tempo non avesse sciupato le poche forze dei nemici.

(3) L'opinione corrente è che la campagna del 537/217 sia stata aperta colle quattro legioni consolari dell'anno 336/218 rifornite di nuovo. Ma vedremo presto che questo è un grave errore.

nodo della cosa. Secondo questo nostro ragionamento ci saremmo aspettati di vedere i Romani ordinare l'azione congiunta dei due eserciti consolari, ossia, per adoperare il linguaggio scientifico, l'istituzione di una sola *provincia* (1)

---

(1) Significava *cómpito, ministerio, ufficio*, la parola. Parlandosi poi di Generali significava la parte della condotta della guerra che affidavasi a ciascuno di essi. Essendo i consoli i generali supremi, le provincie consolari erano i teatri precipui di guerra. Per esempio, quando il Senato deliberò la seconda guerra punica, esso decise di aprirla contemporaneamente in Ispagna e in Africa, mandando un console in Ispagna e l'altro in Africa; questo esprimevasi dicendo che le provincie consolari istituite furono due, la Spagna e l'Africa. Qualche volta c'era un solo teatro di guerra, e allora i consoli combattevano insieme; ciò esprimevasi dicendo che c'era una sola provincia consolare (così fecesi, ad esempio, in principio del 538).

Manca finora una monografia sul potere competente nell'istituire le provincie consolari, ed io colmerò questa lacuna, cercando di accennare in breve quello che la ristrettezza dello spazio e la natura di una nota non mi permettono di svolgere adeguatamente.

Ci fu un tempo antico in cui la facoltà in questione era interamente dei consoli; ma nel 631/123 una legge la diede al Senato. Però invece di distinguere due periodi di tempo, io credo se ne debbano distinguere tre; fra il periodo antico e il nuovo ce ne fu un altro, durante il quale il Senato era andato man mano tirando a sè tale facoltà, finchè la legge del 631/123 sanzionò quanto in pratica era già un fatto compiuto.

I° Periodo. Questo primo periodo di tempo comincia naturalmente coll'istituzione del consolato; ma dire dove precisamente finisca non si può, perchè l'autorità del Senato sorse a poco a poco. Siccome però la potenza del Senato è un prodotto del plebiscito Ovinio, che, come vedremo fra poco, pare essere della prima metà del secolo quinto, è difficile che il Senato abbia avuto molta influenza prima della fine del secolo quinto. E con questa ipotesi s'accorda l'unica testimonianza di valore che ci resti in questo proposito; infatti c'è un luogo di Livio relativo alle provincie consolari del 457/297, dal quale scorgiamo che la facoltà di istituirle stava nei consoli. Ecco le parole che leggonsi, 10, 14: « *Consules novi Q. Fabius Maximus quartum et P. Decius Mus tertium, quum inter se agitarent, uti alter Samnites hostes, alter Etruscos deligeret, quantaeque in hanc aut in illam provinciam copiae satis, et uter ad utrum bellum dux idoneus magis esset* » etc. In queste parole è narrata tanto l'istituzione delle provincie consolari, cioè la decisione sui teatri di guerra che convenisse creare (furono due:

consolare; come va adunque che un esercito consolare,
quello di Flaminio, operò, invece, in Etruria, e quello di
Servilio operò altrove, nel paese che avea per capoluogo

Etruria e Sannio), quanto la divisione delle medesime fra i due consoli. Altro non c'è da dire per ciò che concerne questo primo periodo, perchè, tutte le altre volte che Livio e Dionigi parlano delle
provincie consolari, dicono bensì quali esse erano e come i consoli se
le divisero insieme, ma non dicono mai chiaramente chi avesse avuto
autorità nel fare che esse fossero queste piuttosto che quelle; nè si
creda che la questione fosse così semplice, e che le provincie consolari fossero sempre indicate di per se stesse; perchè, ad esempio,
quando Roma trovavasi in guerra con tre popoli vicini mentre i consoli erano due soli, e pretori non ce n'erano ancora, bisognava, fra
i tre nemici, sceglierne due da combattere, come appunto avvenne
negli anni di Roma 283 e segg., essendo Roma in guerra coi Volsci,
cogli Aequi e coi Sabini. Nel 283 furono provincie consolari il paese
dei Volsci e quello degli Aequi (Livio, 2, 58, 4); nel 284 lo furono i
Sabini e gli Aequi (Livio, 2, 62); nel 285 lo furono i Volsci e gli
Aequi (Livio, 2, 63, 5), mentre i Sabini, lasciati in pace, presero
essi stessi l'offensiva e corsero fin sotto le mura di Roma (Livio, 2,
64, 7).

Del resto darò qui l'elenco dei luoghi di Dionigi e della prima
decade di Livio relativi alle provincie consolari.

Dionigi menziona le provincie consolari e la loro divisione: 8, 68;
8, 82; 8, 88; 9, 43; 9, 55; 9, 57; 9, 59; 9, 62; 10, 20-21; 10, 22.
Accenna poi vagamente al Senato come al potere competente nel-
l'istituirle: 9, 16; 9, 30; 9, 61; 9, 62; 10, 43; ma son cenni desti-
tuiti di ogni benchè minimo valore.

Livio accenna alle provincie consolari senza dir nulla sul potere
competente nell'istituirle: 2, 33, 3; 2, 53, 5; 2, 54, 1; 2, 62; 2, 63, 3;
3, 4, 7; 3, 22, 2; 3, 31, 3; 4, 37, 6; 5, 32; 7, 6, 8; 7, 12, 6; 7, 16;
7, 22, 1; 7, 32, 2; 8, 1; 8, 22, 9; 9, 12, 9; 9, 31, 1; 9, 43. 9, 44, 5.

II° Periodo. Il plebiscito Ovinio prescrisse altri criteri per la
nomina dei senatori; quind'innanzi furono senatori non le persone
che piacevano ai consoli, ma gli ex magistrati e altre persone insigni,
gente cioè che era stata onorata dal popolo nei comizi, o che risplen-
deva per meriti conosciuti; inoltre i senatori furono eletti, quind'innanzi, a vita. Tutto ciò sarà detto meglio in una delle prossime note;
qui basti ricordare i risultati immensi di quel plebiscito, fatto nella
prima metà del secolo quinto.

Risultando adunque, dopo d'allora, composto di persone di grande
dignità, il Senato crebbe naturalmente di potere, in tutte le parti del
reggimento. Fermiamoci alle provincie consolari. È certo che, se ci

Ariminum ? (Queste furono infatti le due provincie consolari del 537/217, come stiamo per vedere).

---

rimanesse la seconda decade di Livio, noi vi vedremmo il Senato
acquistare man mano influenza nell'istituzione delle medesime. Quindi
sul bel principio della terza ne scorgiamo le traccie più evidenti ;
discutere e proporre vuol dire aver voce in capitolo; ebbene noi sappiamo che i senatori discussero ampiamente se la seconda guerra
punica si dovesse aprire soltanto in Ispagna dove trovavasi Annibale,
o in Ispagna e in Africa contemporaneamente, proponendo appunto
gli uni una sola provincia consolare, gli altri due (LIVIO, 21, 6, 5 ;
DIONE CASSIO, *Fragm.*, 55, 1-8; ZONARAS, 8, 22. Cito senza riferire
testualmente perchè scrivo una nota, ma chi vuol capir bene legga
questi e gli altri passi che citerò, perchè sono tutti di grande interesse). — Poscia, per tutto il secolo sesto, c'è una serie di conflitti
di poteri fra il Senato e i consoli circa l'istituzione delle provincie
consolari, prova manifestissima della crescente autorità del Senato in
questo proposito. Nel 549/205 il Senato voleva che le provincie consolari fossero *Bruttii et Sicilia*; il console Scipione voleva l'Africa ;
la contesa finì con un compromesso, in virtù del quale furono provincie consolari i *Bruttii et Sicilia*, ma Scipione, al quale toccò Sicilia, ebbe facoltà di sbarcare in Africa (LIVIO, 28, 38, 12; 28, 45, 8).
Il compromesso salvava l'autorità antica del consolato, ma ricono-
sceva il potere del Senato. — Nel 552/202 riuscì ai consoli di far
dichiarare provincie consolari l'Italia e l'Africa, ma riuscì al Senato
l'ottenere che il popolo decretasse che insieme con uno dei consoli
rimanesse però anche il proconsole P. Scipione a condur la guerra
in Africa (LIVIO, 30, 27). Il potere del Senato e quello dei consoli
si contrappesano. — In principio del 553/201 i consoli volevano che
una delle provincie consolari fosse l'Africa. C'era in vista la conclusione della pace con Cartagine, fatto glorioso per quel console che
avrebbe stretto il trattato. Ebbene, il Senato, spalleggiato dai tribuni,
si fece attribuire dal popolo la facoltà di decidere in proposito, e
poscia deliberò che rimanesse in Africa il proconsole Scipione. A
sua volta però il Senato dovette acconsentire, in omaggio al consolato,
che mentre Scipione conservava in Africa l'imperio per terra, uno dei
consoli lo avesse per mare (LIVIO, 30, 40). — In principio del 557/197
contesa fra i consoli e i tribuni; dietro i tribuni stava naturalmente il Senato ; e di bel nuovo, su proposta dei tribuni, il popolo conferì al Senato facoltà piena (LIV., 32, 28); cf. POL., 18, 11-12). I consoli avean
voluto la guerra di Macedonia, ma il Senato decretò che continuasse
a rimanere in Macedonia T. Quinzio Flaminino. — In principio del
560/194 i consoli volevano Italia e·Macedonia; ma il Senato diede
loro soltanto l'Italia (LIVIO, 34, 43, 2). Non troviamo nemmeno che

Ognuno vede, che, poichè sarebbe stata naturale e necessaria l'istituzione di una sola provincia consolare, e tut-

---

siasi appellato al popolo. — In principio del 567/177 riuscì al Senato di istituire unica provincia consolare la Liguria. Sebbene ci fossero altre e ben maggiori guerre in Grecia ed in Asia, tuttavia riuscì al Senato di prolungare il comando in quelle regioni a M. Fulvio e a Cn. Manlio, malgrado che questi due duci l'avessero, quel comando, fin dal 565/179. Neanche questa volta ci fu appello al popolo, s'intendeva già di per sè che la volontà del Senato bastava (Livio, 38, 42, 8). — D'altro genere fu il conflitto nel 582/172, ma esso mostra appuntino il potere di fatto al quale era omai salito il Senato (Livio, 42, 10). — Infine, sul principio del 587/167, il Senato prorogò a Paolo Emilio il comando della guerra di Macedonia, senza che i consoli fiatassero (Livio, 45, 16).

È manifesto adanque che a cominciare dal 560/194 all'incirca, il Senato diede sempre la condotta della guerra a chi voleva. Fin verso la metà del secolo sesto era stato dogma che ogni guerra fosse anzitutto affidata ai consoli, cioè che ogni guerra fosse, se non ce n'erano più di due, una *provincia consularis*; ora la guerra diventava provincia dei consoli, oppure dei proconsoli, secondo piaceva al Senato. Anche le espressioni usate da Livio parlando dell'istituzione delle provincie consolari ritraggono perfettamente il mutamento avvenuto. Nella prima decade Livio dice soltanto che la tal provincia toccò (*evenit*) al tal console, oppure che il tal console si recò (*profectus est*) nella tale provincia e l'altro nella tale altra, oppure che i consoli si divisero fra di loro le tali o tal'altre provincie (*consules partiti sunt provincias*), come si può verificare cercando i luoghi che abbiamo citato esaminando la questione delle provincie consolari nel suo primo periodo. Ma mentre adunque nella prima decade non viene rilevato il potere competente nell'istituirle, noi leggiamo invece, nella decade terza e nelle seguenti, *senatus decrevit* etc., *patres censuerunt* etc., *provinciae decretae sunt*, *provinciae nominatae sunt*, *placuit provincias esse* etc. (Cf. Livio, 21, 6; 21, 17; 25, 3; 26, 28; 27, 7; 22, 22; 27, 35; 28, 10; 28, 38; 29, 13; 33, 43; 35, 20; 37, 50; 43, 12).

Si domanda ora che via sia stata tenuta dal Senato per tirare a sè questa facoltà. La via fu la proroga degli imperii. Prorogando il comando, cosa in sè utilissima (cf. Livio, 32, 28), a Capitani come l'Africano Maggiore, Tito Quinzio Flaminino, Paolo Emilio, ecc., i consoli vennero ad essere privati della condotta delle guerre, che in origine era stato il loro còmpito essenzialissimo. Strumento del Senato furono in ciò i tribuni; questi spiegarono al popolo il danno del cangiare ogni anno i generali delle guerre lontane (Livio, 32, 28), e il popolo diede pieni poteri al Senato (Già nel secolo innanzi era stato

tavia ne furono fatte due, è ragionevole il sospettare che
ciò non sia avvenuto senza conflitto fra i due poteri, com-

---

il *tribuno* Ovinio che avea creato la potenza futura del Senato, e nel
secolo seguente fu il *tribuno* Sempronio Graccho che per legge fece
conferire al Senato la facoltà di determinare anno per anno le provincie consolari). E qui abbiamo una conferma della nostra asserzione
precedente; i dotti ebbero già a notare che il diritto di prorogare i
comandi, esercitato dal Senato soltanto, senza il concorso del popolo,
è un fatto che comincia ad incontrarsi nel 550 di Roma (Livio, 29,
13; Mommsen, *Staatsrecht*, 1, 620, seconda edizione; male il Lange,
Röm. Alterthümer, 2, 404, seconda edizione, che non distingue fra
età ed età); noi dicevamo che le proroghe offrirono al Senato il
destro di disporre delle provincie consolari; dunque anche da ciò si
vede che abbiamo ragione di dire che a disporre di queste il Senato
principiò verso il 560/190.

Per quanto so, il Mommsen (*Staatsrecht*, 1, 53, seconda edizione),
finora è il solo che abbia cercato perchè e come il Senato acquistasse
nel sesto secolo questa facoltà. La spiegazione sua però non mi contenta, e la mia mi pare preferibile. È vero che coll'istituzione delle
provincie pretorie o governi (come Sicilia, Sardegna, Spagna, ecc.),
rette annualmente da pretori o da propretori, i consoli perdettero
naturalmente il diritto di comandarvi gli eserciti, a meno che al Senato la guerra non paresse tanto grande da non bastare il governatore della provincia, nel qual caso esso vi mandava un console; ma
si può tirare di qui la conseguenza che, in forza di questo precedente
appunto, i consoli non potessero più comandare nessuna guerra transmarina, se al Senato non piaceva? Che ha da fare una regione transmarina qualunque, con una regione transmarina costituita a provincia
romana? Aggiungo anche dei fatti: se quella conseguenza fosse giusta,
il Senato avrebbe ottenuto a un colpo il potere incontestato di determinare le provincie consolari, come aveva senza dubbio il potere incontestato di decidere quando fosse il caso di mandare un console in
una provincia pretoria o governo. Ma così non fu. I compromessi
del 552 e del 553 dimostrano che dapprincipio esso ebbe a lottare
assai. — Dalla prima, l'autore viene condotto inevitabilmente ad una
seconda idea, non meno inesatta, cioè che l'autorità del Senato valesse nel determinare non tutte le provincie consolari in generale,
ma quelle sole che erano fuori d'Italia. Questa restrizione di un principio generale non mi pare fondata. In principio del 557 non ci sarebbe stato conflitto, se i consoli, invece di aspirare al comando della
guerra contro Filippo di Macedonia. si fossero contentati delle mi-
serabili guerre contro i Galli e i Liguri, che allora erano le sole in
Italia; questo è vero, ma questo è un caso, e nulla più; siccome le

petenti, di fatto almeno, nella materia. Il sospetto assume
poi forma precisa, considerando, da un lato, che gli storici

---

guerre e i comandi importanti erano omai quelli della Grecia e del-
l'Asia, si capisce che il Senato mirasse a mandarvi certi generali
piuttosto che certi altri, ma non ne segue che, volendolo, esso non
avesse potuto far sentire altrettanto la sua voce nel conferimento dei
comandi d'Italia (Del resto le parole di Livio relativamente alla discussione del 557 (Livio, 32, 28) non provano, come l'autore vuole,
che i consoli procedessero alla divisione·delle provincie senza aver
prima interrogato il Senato; gli è che le provincie dell'anno innanzi
erano state Italia e Macedonia, ed ora trattavasi di mantenere lo
status quo semplicemente). Infine non so se contro la distinzione fra
provincie consolari in Italia e provincie consolari fuorid'Italia, non
stia anche il disposto della legge del 631/123, la quale non fece questa
distinzione.

III° Periodo. Quando nel 631/123 C. Gracco tribuno della plebe
fece passare una legge che attribuiva al Senato la facoltà di istituire
anno per anno le provincie consolari, venne posto semplicemente il
suggello definitivo ad una consuetudine che vigeva da più di sessanta
anni. Così compì la sua evoluzione questa questione, e a noi basta
quindi essere arrivati sin qui, senza che abbiamo da percorrere anche
questo terzo periodo. Una cosa sola va detta. Gli errori che vigevano
e vigono tuttora circa la questione sono due specialmente, l'uno figlio
dell'altro, ed ho aspettato a dirli sulla fine, affinchè, dopo quanto
s'è detto, l'enunciarli equivalesse al confutarli. Si crede adunque che
il Senato abbia avuto in ogni tempo la facoltà di stabilire le provincie
consolari insieme con tutto quanto concerneva il piano di guerra
(Becker, *Handbuch der röm. Antiquit.*, 2, 2, 120; Walter, *Geschichte
des röm. Rechts*, 1, 282; cf. 1, 183; Marquardt, *Römische Staatsverwaltung*, 1, 381), e quindi si domandò: che cosa ordinò la legge
tribunizia del 631/123? Scambiando una semplice conseguenza della
legge, col disposto della medesima, si disse che nel 631 non si fece
altro che decretare che quind'innanzi la determinazione delle provincie consolari avesse luogo sempre *prima de' comizi consolari*. Errore è il credere che il Senato abbia sempre avuto, anche prima della
metà del sesto secolo, la facoltà di fissare le provincie consolari.
Errore è il credere che la legge del 631 prescrivesse che la determinazione delle medesime avvenisse prima dei comizi consolari, cosa
che fu una clausola soltanto della legge o forse una semplice conseguenza di essa.

La legge del 631 è ricordata da Cicerone, *Pro domo*, 9. Esempi
di provincie consolari deliberate prima dei comizi consolari leggonsi
presso Cicerone, *De prov. consul.*, 7, 17, e presso Sallustio, *Iug.*, 27.

antichi attribuiscono espressamente a Flaminio la risoluzione
di combattere col solo suo esercito, senza il collega, contro
Annibale (1), e dall'altro lato che i consiglieri di Flaminio
fecero di tutto, sebbene senza pro, per indurlo ad aspettare
che giungesse l'altro esercito consolare prima di accettare
una battaglia (2). Di qui, se non mi sbaglio, si deve inferire che tutti, meno Flaminio, stimavano necessaria l'azione
congiunta dei due corpi consolari, e che nondimeno nessuno
era riuscito a persuadere questo console di voler sacrificare
al bene comune l'ambizione di vincere i nemici da sè solo,
com'egli sperava.

Noi abbiamo così scoperto il soggetto della contesa tra
Flaminio e il Senato, e non resta più che ad indagarne il
carattere probabile : se questo s'accorda coll'esito di essa,
avremo certezza sempre maggiore di non aver fabbricato
un'ipotesi senza fondamento. Ogni console un po' un po'
ambizioso non poteva, dei due sistemi in vigore nell'istituire i comandi degli eserciti, che preferire quello secondo
il quale, ad ogni console, insieme coll'esercito, era affidata
una determinata località o cerchia d'azione, e un determinato nemico, in modo da condurre la guerra al tutto indipendentemente dal collega; una libertà e indipendenza siffatta nel comando di un corpo d'esercito, una propria *provincia*, come dicevasi allora, era la cosa più desiderata, sia
per l'inclinazione naturale al comandare incondizionato, sia,
inoltre, per l'onore che ognuno si riprometteva dalle vittorie,
perchè se un console vinceva il nemico, egli otteneva il
trionfo, ma se i due consoli aveano vinto cogli eserciti riu-
niti, il trionfo toccava ad un solo console, a quello che nel
giorno della battaglia avea avuto gli auspici e il comando

---

(1) Polibio, 3, 80, 4; Zonaras, 8, 25.
(2) Polibio, 3, 82, 4; Livio, 22, 3, 8.

in capo dei due corpi consolari. (Imperciocchè è noto che, quando i due corpi d'esercito dei consoli operavano congiunti, il comando in capo alternava giorno per giorno fra i due colleghi) (1). Per queste ragioni molti consoli odiavano naturalmente l'istituzione di un'unica provincia consolare, e desideravano l'istituzione di due. Non è a dire, se Flaminio fosse nel numero di questi; egli uomo dei più ambiziosi e vani, egli che sapeva d'essere stato eletto dalla sua fazione per annientare Annibale! e infatti andava dicendo di voler combattere da solo senza il collega. Il disparere fra il Senato e Flaminio in proposito delle provincie consolari non era di quelli ai quali l'interpretazione d'una legge veniva a metter fine. A chi spettava l'ultima parola nell'istituire le provincie consolari? al Senato o ai consoli? Nella nostra nota sul potere competente nel determinarle si troveranno ragioni sufficienti per capire che il disparere poteva facilmente degenerare in conflitto. Determinare le provincie consolari era stato affare dei consoli in antico; ma il Senato, che in virtù del celebre plebiscito Ovinio (2) com-

---

(1) Se questo sistema fosse buono o cattivo è un'altra questione. Le discordie tra i due consoli che trovavansi insieme erano spesso inevitabili, e la storia delle battaglie combattute sulla Trebbia e a Canne sono di grande ammaestramento in questo proposito.

(2) Fu scritto molto su questo plebiscito. Plebisciti chiamavansi le leggi deliberate nei comizi dei plebei sulla proposta dei magistrati della plebe, che erano i tribuni; col tempo però anch'essi chiamaronsi *leges*, come abbiamo già avuto occasione di notare. L'ordinamento fatto fare dal tribuno *Ovinio* (del resto, il tribuno ci è al tutto ignoto) aboliva i criteri tenuti fino allora nella nomina dei Senatori, e ne determinava dei nuovi. Se concernesse altre questioni ancora, non lo sappiamo. Sul tempo e sui particolari di questo ordinamento si può dire che i dotti son d'accordo, salvo qualche parte in cui non solo sono discordi, ma secondo me sono in errore. L'ordinamento è ricordato da Festo (p. 246) colle parole: « Praeteriti senatores quondam in opprobrio non erant, quod, ut reges sibi legebant sublegebantque quos in consilio publico haberent, ita post

ponevasi essenzialmente di ex-magistrati, i quali aveano il
seggio a vita, andò rapidamente acquistando molta autorità

---

exactos eos, consules quoque et tribuni militum consulari potestate
coniunctissimos sibi quosque patriciorum et deinde plebeiorum legebant, donec Ovinia tribunicia intervenit, qua sanctum est, ut censores
ex omni ordine optimum quemque curiati (curiatim? iurati?) in senatum legerent: quo factum est, ut qui praeteriti essent et loco moti,
haberentur ignominiosi ». — Il *consilium publicum* è il Senato.
Quanto al tempo, si ritiene che l'ordinamento sia della prima metà
del secolo quinto (cf. Hofmann, *Der römische Senat*, pag. 12 segg.;
Mommsen, *Staatsrecht*, 2, 413, seconda edizione). L'ordinamento abro-
gava la procedura fin là seguita nella nomina dei senatori, che dai
re, dai consoli e dai tribuni, con autorità consolare, erano sempre
stati eletti ad arbitrio, e deferiva la nomina ai censori imponendo di
scegliere *optimum quemque ex omni ordine*. Si tratta di sapere che
cosa significa *ordo*. Fu affermato che *ordo* in questo luogo significa
ciascuna delle due classi dei patrizi e dei plebei, fu affermato che significa ciascuno dei due ordini, senatorio ed equestre, ma a torto.
Con maggior ragione oggi si crede che *ordo* esprima le classi di *ex-
magistrati*. Ma anche questo non va inteso in modo assoluto; il
Lange, *Röm. Alterthümer*, 2, 335, seconda edizione, crede s'intendano
gli ex-magistrati curuli (quelli che erano stati consoli o pretori o
edili curuli), il Willems, *Le Sénat de la République Romaine*, 1, 153
segg., tutti gli ex-magistrati dai questori in su. Io credo che *ordo* significhi, qui, quello che significa presso Livio (23, 23), dove questo
storico descrive il procedimento seguito nelle nomine dei senatori
fatte l'anno 538/216; mi pare che se la parola avea un significato
speciale nel luogo di Festo, lo debba avere necessariamente anche nel
luogo di Livio, un'analogia che è così evidente che fa maraviglia
che non si sia ancora avvertita, o non le sia stato dato tutto il peso
che merita. M. Fabio Buteone adunque, creato dittatore per colmare
in via straordinaria le lacune del Senato, dichiarò che procederebbe
in modo *ut ordo ordini, non homo homini praelatus videretur*. Poi in
luogo dei senatori morti nominò 1° gli ex-magistrati curuli che ancora non fossero stati eletti senatori; 2° coloro che erano stati edili,
tribuni o questori; 3° coloro che senza essere stati magistrati si erano
segnalati in guerra; le parole di Livio rispetto a questo ultimo
punto devono essere state: « qui magistratus *non* cepissent » come
pensa anche il Mommsen, *Staatsrecht*, 1, 56, nota 2, prima edizione,
e non « magistratus *minores* cepissent » come vogliono leggere altri
(infatti, se dopo i magistrati curuli e gli edili tribuni e questori, fossero venuti in considerazione altri magistrati ancora, questi altri magistrati sarebbero stati messi nella seconda classe insieme cogli edili,

in tutte le faccende, e anche in questa; per di più, questa volta il Senato era dalla parte della ragione. Con un uomo

---

tribuni e questori; parmi che nella terza classe siano stati messi appunto quelli che non erano stati magistrati, e che eransi soltanto segnalati nelle battaglie. Questa terza classe non sarebbe stata fatta se non fossero state ammesse in Senato un certo numero di persone che non aveano avuto uffici di sorta). Tornando al nostro proposito gli *ordines* accennati nel luogo di Festo sono certamente gli *ordines* che occorrono presso Livio, 23, 23, cioè 1° la classe degli ex-magistrati curuli; 2° la classe di quelli che erano stati edili, tribuni o questori; 3° Una classe di gente che non avea avuto uffici, ma splendeva per meriti personali acquistati combattendo.

Fu il noto luogo di Gellio sui senatori pedarii, che diede origine al credere che *ordines* fossero le classi degli ex-magistrati curuli. Infatti il Lange (ivi), vedendo che nelle parole di Gellio, 3, 18, vien dato il *ius sententiae* in Senato agli ex-magistrati curuli, e immaginando che l'istituto dell'*ius sententiae* sia un portato del plebiscito Ovinio, ne tirò la sua conclusione. Ma io credo che questo istituto, che consisteva nel dare agli ex magistrati curuli il diritto di venire in Senato a dirvi il loro parere prima ancora che essi fossero senatori, sia stata una restrizione del disposto del plebiscito Ovinio, e quindi sia sorto molto più tardi. La restrizione la vedo in ciò: poichè il plebiscito Ovinio prescriveva la nomina degli *optimi*, poteva avvenire facilmente che i censori non facessero senatore una persona appartenente al primo di quei tre ordini, perchè non era ottima, e invece di essa prendessero una persona ottima del secondo ordine; ma una volta che fu concesso agli ex-magistrati curuli di entrare in Senato, prima ancora di essere senatori, coll'*ius sententiae dicendae*, è chiaro che i censori ebbero più difficoltà a non far Senatore uno che aveva già esercitato questo *ius* (che in fondo era precipuo fra i diritti dei senatori) per alcuni anni. Secondo me adunque l'istituto in discorso fu una restrizione in senso oligarchico del plebiscito Ovinio, e quindi di data posteriore a questo. Chi voglia persuadersi di codesto privilegio in senso oligarchico, legga le notizie liviane sulle nomine dei senatori, dove troverà che non avvenne quasi mai che un ex-magistrato curule ricevesse dai censori uno sfregio.

Nomine del 545/209, Livio, 27, 11: «inde alius lectus senatus octo praeteritis, inter quos L. Caecilius Metellus».

Nomine del 550/204, Livio, 29, 37: «notati septem, *nemo tamen qui sella curuli sedisset*».

Nomine del 555/199, Livio, 37, 7: «magna inter se concordia senatum sine ullius nota legerunt».

della tempra di Flaminio era facile ad indovinarsi la piega
che il conflitto avrebbe presa; forte degli antichi diritti del

---

Nomine del 560/194, LIVIO, 34, 44: « tres omnino senatores, *ne-minem curuli honore usum*, praeterierunt ».

Nomine del 565/189, LIVIO, 38, 28: « Quatuor soli praeteriti, *nemo curuli usus honore* ».

Nomine del 570/184, LIVIO, 39, 42: « septem moverunt senatu, ex quibus unum insignem nobilitate et honoribus, L. Quinctium Fla-mininum consularem ». Ma è la censura di Catone.

Nomine del 575/179, LIVIO, 40, 51: « censores fideli concordia senatum legerunt....... tres eiecti de senatu ».

Nomine del 580/174, LIVIO, 41, 27: « de senatu novem eiecerunt. Insignes notae fuerunt M. Cornelii Maluginensis, qui biennio ante praetor in Hispania fuerat, et L. Cornelii Scipionis praetor is..... et L. Fulvi ».

Nomine del 585/169, LIVIO, 43, 16: « septem e senatu eiecti sunt ».

Due volte, nel 570 e nel 580, i censori furono inesorabili anche cogli ex magistrati curuli; ma furono due casi eccezionali, perchè nel 570 era censore Catone, il nemico giurato della nobiltà, insieme col suo amico L. Valerio Flacco; la censura del 580 poi passava per una censura molto severa (LIVIO, 41, 26: « Moribus regendis diligens et severa censura fuit »). Noi vediamo che le espulsioni dal Senato inflitte agli ex magistrati curuli vennero .segnalate dagli storici, e e vediamo nello stesso tempo che ciò avvenne di rado.

A torto adunque il Lange asserisce che l'istituto dell'*ius sententiae in Senatu dicendae* data dal plebiscito Ovinio. Peggio fa il WILLEMS, opera citata, pag. 225 e pag. 50, asserendo che l'istituto esistette sempre, e confortando la sua asserzione col fatto che leggesi presso LIVIO, 27, 8, dove è narrato che Valerio Flacco, Flamine di Giove, accampò il diritto di entrare in Senato in forza delle consuetudini antiche; l'autore confonde l'essere in ufficio, coll'essere usciti d'uf-ficio; a p. 225 parla di magistrati *sortis de charge*, ma l'esempio ci-tato a p. 50, dove egli rinvia, risguarda quelli che *siégeaient sur la chaise curule*.

Noterò a questo proposito che i dotti non pensarono ancora a cer-care l'origine della singolarissima consuetudine del venire gli ex-ma-gistrati curuli in Senato a dire il proprio parere, prima ancora di essere senatori. Accennerò quindi ad una mia ipotesi. Ho avuto oc-casione, nel corso di questo capitolo, di accennare agli ordini relativi all'intervallo legale che doveva trascorrere fra il coprire due uffici curuli. Secondo me adunqne, nello stesso tempo in cui fu stabilito che la persona che copriva un ufficio curule dovesse rimanere almeno un anno senza ufficio prima di chiedere un altro ufficio curule, fu

consolato egli non cedette, e, per sottrarsi alla spiacevole
posizione in cui si trovava, se ne andò da Roma, ben risoluto a non dividere col collega nè i pericoli della guerra,
nè gli onori della sperata vittoria (1).

Come tanti altri, anche questo conflitto di diritti fu tron-
cato violentemente col fatto, all'altra parte interessata essendo piaciuto deporre le armi; e la ragione dell'arrendevolezza del Senato fu questa per fermo, che col nemico alle
porte e colla fazione democratica strapotente in casa, non
parve quello il tempo opportuno di contendere di diritti. Non
avendo Flaminio ottemperato all'invito di ritornare, fattogli
dai due ambasciatori mandati espressamente dal Senato,
questo lasciò correre, senza appigliarsi a nessuno degli altri
mezzi atti a procacciare ossequio ai proprî voleri, sia ne-
gandogli la dispensa dalle formalità incombenti ai nuovi

---

stabilito altresì che cotesta persona, finchè non potesse chiedere e ottenere il secondo ufficio, avesse il diritto di venire in Senato a dirvi
il proprio avviso, e di essere presa in considerazione nelle prossime
nomine senatorie. Fu dato il *ius sententiae*, come un compenso al-
l'interruzione che le leggi sull'intervallo cagionavano nella carriera
degli uffici.

(1) H. NISSEN (*Rhein. Mus.*, 22, 565-586; *Die Schlacht am Trasi-
menus*) opina, a pag. 578 segg., che i consoli, d'accordo, mirassero a
dar battaglia uniti al nemico, per rinnovare i fatti di otto anni innanzi, quando i Galli, presi in mezzo dai due eserciti consolari, toccarono quella rotta che diede tanto nome a Telamone. IHNE (*Röm.
Gesch.*, 2, 173 segg.) è dello stesso parere. Io ho spiegato finora che
il solo savio partito era quello di congiungere i due eserciti consolari,
e consento che il console Servilio aderisse di buon grado a tale idea,
ma nego che Flaminio vi aderisse. Gli scrittori dicono che Flaminio,
consigliato ad aspettare il collega, non si arrese a questi consigli. Si
dice che queste sono calunnie degli storici, un'asserzione che, parmi,
vorrebbe essere dimostrata, da chi la pronuncia, un po' meglio. Ma
i fatti non dànno forse ragione agli storici? Perchè i due consoli
non partirono insieme subito dapprincipio? O se dapprima conveniva che l'uno spiasse le mosse nemiche in Etruria e l'altro nella
Gallia, perchè Flaminio non aspettò poi il collega, prima di azzuf-
farsi con Annibale?

consoli, cosa che avrebbe messo Flaminio nel rischio di non venir riconosciuto dalle legioni per generale legittimo, e quindi nella necessità di ritornare (1), sia aggiungendo ai due ambasciatori qualche tribuno della plebe che lo riconducesse a forza (2), sia facendone annullare l'elezione (3), sia facendone proporre nei comizi la deposizione (4). Nulla di tutto questo; il Senato cedette (5), sebbene fosse destino che a breve andare esso avesse a mettere i consoli interamente sotto di sè.

Partito da Roma Flaminio si recò a Rimini a prendere, d'intesa col collega, il comando delle legioni che già prima, per le ragioni dette in una delle note anteriori, aveano avuto l'ordine di raccogliersi colà. Erano le quattro legioni decimate sulla Trebbia ed ora, naturalmente, rifornite d'uomini. Così avvenne che nel giorno in cui entrò in carica (15 marzo) egli trovossi a Rimini, non già che, come narra Livio, egli avesse voluto preferire Rimini ad ogni altro luogo. Poi, appena intese che il nemico aveva preso la strada dell'Etruria, andò a quella volta. Intanto a Roma fu deciso che il console Servilio, con altre legioni (quattro,

---

(1) Così accadde a C. Claudio uno dei consoli del 577/177; cf. Livio, 41, 10. Abbiamo già discorso di ciò in una nota anteriore.

(2) Il Senato era proceduto cosi, quasi un secolo innanzi, contro il console Q. Fabio; cf. Livio, 9, 36, 14, e fu li lì per ripetere l'esempio nel 549/205 contro il console P. Scipione; cf. Livio, 29, 20.

(3) Come era avvenuto al nostro Flaminio e al collega di lui nel 531/223, cosa che abbiamo già ricordato altrove.

(4) In quell'anno stesso 537/217 i tribuni macchinarono di proporre al popolo che destituisse dall'ufficio il dittatore Fabio Massimo, accusandolo di tirar in lungo a bella posta la guerra (Livio, 22, 25, 10). E più tardi ci fu chi pensò a far così contro il grande Scipione nel suo consolato del 549/205 (Livio, 29, 19, 6).

(5) Quindi non mi pare esatto il dire del Mommsen (Staatsrecht, 1, 590, seconda edizione) che in quell'occasione il Senato non fosse disposto a transigere.

come vedremo), si recasse a tenere in soggezione il paese
dei Galli Senoni.

Quando gli storici antichi scrivono che a Flaminio toccò
l'Etruria, e a Servilio la Gallia che avea per capoluogo
Rimini (1), essi espongono soltanto lo scioglimento definitivo della questione sulle provincie consolari, senza tener
conto delle peripezie per le quali essa era passata, e dalle
quali si deve ripetere il procedere violento di Flaminio (2).

Ed ora che abbiam detto a sufficienza di ciò, ritorniamo
indietro un momento, al piano di guerra, per vedere come
sia stata risolta la terza di quelle questioni capitali, quella
che concerneva il numero delle legioni da allestire, consa-
crando ad essa il capitolo seguente.

---

(1) POLIBIO, 3, 77, 1; 3, 88, 8; cf. APPIANO, *Hann.*, 8; LIVIO, 22,
9, 6. Prima di partire Servilio eseguì, a nome, ben inteso, del
collegio consolare, quanto ai consoli spettava di fare prima di lasciar
Roma : egli convocò da solo il Senato, fece una parte almeno
degli arruolamenti, espiò i prodigi, ecc. (LIVIO, 22, 1-2). A proposito dell'espiazione dei prodigi compiuta da Servilio non posso passare sotto silenzio quello che testè ebbe a scrivere un critico tedesco,
il prof. GOTTLOB EGELHAAF (*Jahrbücher für Phil. und Päd.*, Supplementband, 10, 506), il quale asserisce che gli storici gliela attribui-
rono soltanto per mettere in evidenza maggiore, rilevando la pietà
di lui, l'empietà di Flaminio. Tale asserzione può appena passare
per uno scherzo, perchè sappiam bene che i consoli espiando i prodigi non attestavano un loro sentimento religioso personale, ma
adempivano una delle loro attribuzioni.

(2) Dalle cose dette emerge un giudizio preciso e nuovo sull'operato di Flaminio. Il partire prima del 15 marzo, in sè, non era nè
colpa nè merito, era procedimento eccezionale che in altre circostanze
sarebbe stato, non soltanto approvato, ma deliberato addirittura.
Colpa di Flaminio fu l'aver fatto un passo eccezionale, senza che i
poteri competenti per le misure eccezionali lo avessero ordinato.

CAPITOLO TERZO

Sulle legioni allestite per aprire la campagna del 537/217 (1).

Essendo prevalso il partito di accettare una battaglia de-
cisiva, ci volevano molte forze, tanto più che Flaminio era
risoluto di darla col solo proprio esercito, e che quattro
legioni riunite non erano bastate sulla Trebbia a far fronte
al nemico; questo serva di risposta agli storici moderni, i
quali credettero che quella campagna sia stata incominciata
con quattro sole legioni (2).

<hr>

(1) Ne diedi un cenno negli *Atti dell'Accademia dei Lincei* (serie 3ª,
vol. V, pag. 231 segg.). Adesso aggiungerò quello che allora non ho
detto.

(2) Il NIEBUHR (nella decima lezione di storia romana) non parla
di apparecchi straordinari e quindi suppone le quattro solite legioni
consolari. Peggio il DURUY (*Histoires des Romains*, 1, 562 segg.) che
non si occupa punto delle legioni consolari. ATTO VANNUCCI le crede
quattro (*Storia dell'Italia antica*, 2, 341 segg.), e così pure il MOMM-
SEN (*Röm. Gesch.*, 1, 588, terza edizione), il quale asserisce espressamente che non eran necessari apparecchi straordinari (Für den Feldzug
des Jahres 537 wurden in Rom keine ausserordentlichen Anstren-
gungen gemacht; der Senat betrachtete, und nicht mit Unrecht, trotz
der verlorenen Schlacht die Lage noch keineswegs als ernstlich ge-
fahrvoll) e che i due consoli non ebbero nuove truppe se non per rifornire le quattro legioni vecchie. L'IHNE (*Röm. Geschichte*, 2, 171)
fece un passo innanzi tenendo conto del luogo di Appiano di cui
diremo, ma nell'interpretarlo egli non procedette colla serietà dovuta, e giunse a conclusioni erronee. Il SEECK (*Hermes*, 8, 164) sebbene abbia discorso della cosa dopo l'Ihne, non tenne conto delle
notizie di Appiano.

Le fonti antiche non furono esaminate a dovere; Polibio accenna soltanto in termini generali a quegli apparecchi (1), e Livio, tutto intento a narrare la partenza di Flaminio, dimentica di riferire i provvedimenti presi sulle legioni e sulle provincie ; ma c'è un luogo di Appiano che ha un valore inestimabile e che ancora non venne ben capito. Ecco questo luogo :

« I Romani....... raccolsero altre truppe di cittadini in
« modo da fare, con quelle che trovavansi sul Po, tredici
« legioni, e ne intimarono due volte tanto agli alleati.......
« E di esse parte spedirono in Ispagna, parte in Sar-
« degna....... parte in Sicilia. Ma la più parte condus-
« sero contro Annibale Cn. Servilio e C. Flaminio suc-
« cessori di Scipione e di Sempronio nel consolato.......
« Flaminio difese l'Italia posta al di qua dei monti Appen-
« nini con trenta mila uomini a piedi e tre mila a cavallo (2)...
« Servilio con quaranta mila uomini affrettavasi alla volta
« dell'Etruria, etc. » (3).

Se i ragguagli di Appiano han qualche valore, la somma totale delle legioni allestite in principio del 537/217 fu di *tredici,* e ciascuno dei consoli ne comandò quattro (4). L'essenziale sarebbe trovato, e il poco che manca non sarebbe difficile a scoprirsi.

Ora il valore di cotesti ragguagli mi pare indubitato, per le seguenti considerazioni :

———

(1) POLIBIO, 3, 75, 4 segg.
(2) APPIANO, Hann., 8.
(3) APPIANO, Hann., 10.
(4) Il numero di 35 o 40 mila uomini arguisce quattro legioni; cf. la mia dissertazione, *Tentativo di critica sui luoghi liviani* ecc. negli *Atti dell'Accademia dei Lincei,* serie 3ª, classe di scienze morali, ecc., vol. VI, nell'ultima nota del primo capitolo. Forse le quattro legioni di Flaminio non furono rifornite abbastanza d'uomini, per le ragioni che vedremo ; quindi ebbe solo 33 mila uomini.

1ᵃ Pare che Appiano abbia desunto questi ragguagli dalla migliore delle fonti, da Fabio Pittore, romano e contemporaneo di que' fatti. Di fatto, Appiano , narrando la guerra d'Annibale, lo cita chiamandolo τὸν συγγραφέα τῶνδε τῶν ἔργων (1). Or questa citazione, e l'aver Fabio scritto in greco, sono sempre stati considerati come due indizi (2) comprovanti che Appiano attingesse il racconto di quella guerra a questo che la vide e che è il più antico storico dei Romani. C'è un'altra circostanza: i particolari sulle legioni, e in generale sugli apparecchi militari dei Romani , interessavano naturalmente gli annalisti romani ma non gli stranieri che scrissero di Roma, il che significa che lo scrittore che fornì ad Appiano le notizie circonstanziate sugli eserciti del 537/217 fu romano, dunque Fabio, che oltre di essere l'unico autore nominato dallo storico alessandrino in questa parte della sua opera, è altresì un romano. C'è un'ultima circostanza in favore di Fabio, il quale, infatti, pare che sia stato spesso, per quanto concerne gli apparecchi militari, la fonte a cui attinsero gli storici venuti dopo (3).

2ᵃ La fonte prima di tutti i particolari sulla somma e sulla divisione delle truppe e delle provincie fu una sola,

---

(1) Hann., 27.

(2) Dal Niebuhr nella nona delle lezioni sulle *fonti* della storia romana, e, dopo di lui, da tutti gli altri in generale.

(3) Certo le notizie relative agli armamenti immensi del 529/225, contro i Galli, pervenutici presso sei scrittori (POLIBIO, 2, 24; DIODORO, 25, 13; LIVIO, epit. 20; PLINIO, *Nat. hist.*, 3, 20, 138; EUTROPIO, 3, 5; OROSIO, 4, 13), provengono appunto da Fabio. Ne provengono, perchè Eutropio ed Orosio lo citano; e la loro citazione prova che lo avea citato Livio, al quale essi attinsero la citazione e le notizie in questione. Ne provengono, inoltre, perchè questi sei scrittori che ce le dànno son concordi tutti egregiamente l'uno coll'altro (cf. MOMMSEN, *Hermes*, 11, 49 segg. e *Röm. Forsch.*, 2, 382 segg. Anche in Livio la cifra totale degli armati è di DCCC non di CCC).

furono i decreti del Senato (1). Quindi, qualunque sia lo storico usato da Appiano, cotesti ragguagli provengono ad ogni modo dai decreti del Senato, e se prestiamo loro intera fede quando li leggiamo presso Livio (2), non c'è ragione di non far altrettanto questa volta che per caso se ne trova anche presso Appiano.

3ª Confrontando il luogo sopra riferito di Appiano, colla descrizione polibiana degli apparecchi fatti dai Romani dopo la battaglia della Trebbia, si scopre che l'uno e l'altro di questi due storici seguirono il medesimo autore, qui :

« I Romani..... raccolsero altre « truppe cittadine in modo da « formare, con quelle che trova- « vansi sul Po, tredici legioni, e « ne intimarono due volte tanto « agli alleati..... e di esse parte « spedirono in Ispagna, parte in « Sardegna..... parte in Sicilia. « Ma la più parte la condussero « contro Annibale Cn. Servilio e « C. Flaminio successori di Sci- « pione e di Sempronio nel con- « solato ».   (App., Hann., 8).

« I Romani..... energicamente « si diedero ad apparecchiarsi e « a munire i luoghi esposti man- « dando legioni in Sardegna e in « Sicilia, e presidii a Taranto e « dovunque occorresse... Gn. Ser- « vilio e C. Flaminio, allora fatti « consoli, raccoglievano gli alleati « e arruolavano le legioni ».

(Pol., 3, 75. 4).

Polibio, conforme all'economia delle sue storie, indugiò a narrare l'invio delle truppe in Ispagna, per inserire questa no-

---

(1) Cf. l'introduzione alla mia memoria *Tentativo di critica sui luoghi liviani* ecc.

(2) A cominciare dal 536/218 (solo un paio di volte nella prima decade: 2, 30, 7; 7, 25, 8) Livio espone· regolarmente, meno qualche eccezione, il prospetto delle provincie e delle legioni di ogni anno, e ciò prima di dar principio al racconto dei fatti. L'anno 537/217 è appunto una di queste eccezioni, quindi le notizie di Appiano vengono in taglio per colmare questa lacuna di Livio.

tizia là dove egli espone le vicende seguite in quel paese (1).
Nel resto la concordanza dei due storici è evidente (2). Orbene, Appiano non può aver desunto queste notizie da Polibio, perchè egli ne ha qualcheduna di più; dunque tale.
concordanza dimostra che l'uno e l'altro storico attinse ad
una medesima fonte. Quindi Appiano in questo luogo merita la stessa fede che diamo a Polibio.

4ª Finalmente, se si fa un esame accurato di tutte le
forze sparse in Italia e fuori sul principio del 537/217, e
si tien conto soltanto delle legioni, si troverà che queste
furono appunto tredici in tutto. Facciamo questo esame.
Occorre perciò che c'informiamo precisamente dei consoli e
proconsoli, pretori e propretori d'allora, e delle loro truppe.

Vengono prima di tutti i due consoli, e poi i governatori
delle due provincie possedute a quel tempo da Roma, che
erano la Sicilia e la Sardegna; questi quattro erano i duci
ordinarî degli eserciti di quell'anno. Duci straordinari non
ce n'erano, all'infuori che in Ispagna, dove nel 536/218.
erasi recato Cn. Scipione in qualità di luogotenente del console Publio suo fratello (che avea sortito la Spagna per
combattervi Annibale, ma era ritornato in Italia, quando,
strada facendo, s'incontrò col nemico che stava per valicare

---

(1) POLIBIO, 3, 97, 1.

(2) Appiano e Polibio attinsero qui ad una medesima fonte, ma
ciascuno a modo suo. Oltre all'avere trasferito altrove il ragguaglio
sulle forze mandate in Ispagna, Polibio lasciò fuori i particolari minuti sulla somma delle legioni e sulla divisione di esse fra i varî
duci, perchè queste cose non avevano interesse alcuno pei Greci, pei
quali egli scriveva. Appiano invece non lasciò fuori tutto a bella
posta, ma, compendiando secondo la sua consuetudine, tacque il numero delle legioni mandate in Sicilia ed in Sardegna, tacque l'invio
del presidio mandato a Taranto, e, parlando delle truppe consolari,.
ne disse, non le legioni. ma le migliaia per comprendere insieme i
legionari e i socii. La fonte comune dei due storici deve essere Fabio
Pittore.

le Alpi), e poco dopo, nel corso del 537/217, vi si recò lo stesso Publio con autorità di proconsole.

α) *Legioni del console Flaminio*. Per incidenza Livio gli attribuisce quattro legioni (1), e a quattro legioni corrispondono per l'appunto, come notammo, i 33 mila uomini che Appiano nel luogo riferito gli attribuisce. Si aggiunga che anche le cifre delle perdite romane al Trasimeno suppongono un esercito dai 30 ai 35 mila uomini (2). Non c'è bisogno di più per persuadersi che Flaminio comandò quattro legioni, sebbene un po' scarse, e quasi in-

---

(1) 21, 63, « legionibus inde *duabus* a Sempronio prioris anni consule, *duabus* a C. Atilio praetore acceptis, in Etruriam per Appennini tramites exercitus duci est coeptus ».

(2) Secondo Fabio Pittore perirono, in quella battaglia, 15 mila uomini (Livio, 22, 7), se ne ridussero in salvo 10 mila (Livio, ivi), e ne furono presi prigioni 6 mila (Livio, 22, 6, 8. Evidentemente Livio attinge qui a Fabio Pittore nominato poco dopo; in tutto 31 mila. Secondo Polibio perirono nel passo angusto dove seguì la battaglia (κατὰ τὸν αὐλῶνα, Pol., 3, 84, 7) 15 mila uomini; prigioni più che altrettanti (3, 85, 1); s'aggiungano quelli che, non essendo ancor giunti, quando cominciò la battaglia, in quel passo, vennero spinti nel lago stesso a morirvi ancor più miseramente (3, 84, 8: οἱ δὲ κατὰ πορείαν μεταξὺ τῆς λίμνης καὶ τῆς παρωρείας), e si va a forse 34 mila uomini. Secondo Appiano (*Hann.*, 10) perirono 20 mila uomini e ne furono presi prigioni 10 mila; queste sono naturalmente cifre rotonde. Valerio Massimo, Plutarco, Eutropio ed Orosio ripetono più o meno fedelmente le cifre di Fabio Pittore e di Livio. Valerio Massimo (1, 6, 6) scrive che furono uccisi 15 mila uomini, 6 mila presi prigioni, e 10 mila fugati, che sono le cifre di Livio tali e quali. Plutarco (*Fab. Mass.*, 3) dice che ne perirono 15 mila e ne furon presi prigioni altrettanti, che sono le cifre di Polibio; Eutropio che ne perirono 15 mila (3, 9) che è la cifra di Fabio e di Livio; infine Orosio (4, 15) che ne perirono 25 mila (che è la somma delle due prime cifre di Fabio Pittore) e ne caddero prigioni 6 mila (che è la terza cifra di Fabio Pittore). — Questi dati sulle perdite fatte dai Romani lasciano arguire un esercito dai 33 ai 35 mila uomini (non di 40 mila come dice il Seeck, *Hermes*, 8, 164), ossia quattro legioni, sebbene un po' scarse, e ciò per la fretta che Flaminio ebbe di partire.

teramente composte di soldati novizi (1). Anche il Seeck gli dà quattro legioni; l'Ihne non è chiaro (2).

β) *Legioni del console Servilio.* Nel passo surriferito Appiano gli attribuisce 40 mila uomini, dunque, quattro forti legioni, cosa che si sarebbe potuta indovinare senza altro, perchè le legioni consolari dividevansi in parti *uguali* fra i due consoli. Ma i due critici ora citati s'accordano nel dire che quel console ne ebbe due sole; il Seeck dice anche il perchè; poichè Fabio Massimo, quando fu creato dittatore dopo la battaglia del Trasimeno, disse che avrebbe preso l'esercito di Servilio ed aggiunto ad esso due nuove legioni (LIVIO, 22, 11), e l'esercito di Fabio fu poscia di quattro legioni (LIVIO, 22, 27, 10; cf. PLUTARCO, *Fabio Massimo,* 10), quelle di Servilio, conchiude il Seeck, erano state due legioni.

Questo ragionamento è più specioso che altro. Voler dedurre il numero delle legioni di Servilio dai dati molto posteriori riferentisi a quelle di Fabio, e ciò trattandosi di tempi straordinari in cui ogni istante si fecero, inevitabilmente, notevoli movimenti nei corpi d'esercito, sia arruolando nuove truppe, sia mandandone altre da questo a quel luogo, mi pare per lo meno un metodo pericoloso, e ne do subito la prova. POLIBIO (3, 88, 7-8) narra, in contraddizione con

---

(1) Il nucleo delle quattro legioni che avean combattuto sulla Trebbia, e che, rifornite d'uomini, furono poi comandate da Flaminio, era stata trucidato in quella battaglia; la più parte di quelli che ora le componevano erano dunque reclute; quindi si spiega perchè Polibio faccia dire a Paolo Emilio in principio del 538/216 che una delle cagioni delle sconfitte precedenti era stata questa, che le truppe romane erano state reclute non abbastanza addestrate (POLIBIO, 3, 108, 6).

(2) L'Ihne attribuisce a Flaminio le reliquie delle 4 legioni decimate alla Trebbia, più due legioni; dunque o sei o due legioni. Questa opinione la discuteremo fra poco.

Livio (22, 11), che quando Fabio venne creato dittatore, partì da Roma con quattro legioni arruolate allora allora; supponiamo che il Seeck fosse partito da questa notizia confrontandola con quella di Livio sull'esercito di Fabio; egli avrebbe conchiuso non più che le legioni di Servilio erano state due, ma che Servilio non avea avuto legioni di sorta, e sarebbe così caduto nell'assurdo. Ciò mostra il pericolo del giovarsi, in coteste cose, di ragguagli del tempo posteriore.

Il partito più savio è dunque evidentemente questo: non lasciarsi confondere dalle notizie indirette contraddicenti l'una all'altra, e stare alla sola notizia diretta, che è quella di Appiano; e così facciamo, computando a quattro le legioni di Servilio, e passando innanzi, e ponendo in nota alcune considerazioni che varranno forse a portar luce nella questione toccata ora (1).

---

(1) Bisogna considerare non solo le truppe del 537/217, ma anche quelle del 538/216. Ecco i ragguagli che abbiamo negli storici antichi:

α) Livio, 22, 11, 2-3, narra che il dittatore arruolò due legioni da aggiungere all'esercito di Servilio.

β) Poco dopo lo stesso Livio, 22, 11, 7-9, narra che si arruolarono molti uomini, perfino libertini; chi aveva meno di 35 anni fu messo a servire sulla flotta, gli altri rimasero di presidio a Roma.

γ) Polibio, 3, 88, 7-8, narra che il dittatore Fabio si arruolò quattro nuove legioni, e prese inoltre le truppe di Servilio.

δ) Livio, 22, 36, narra che in principio del 538/216 vennero arruolate nuove truppe, benchè le fonti antiche discordassero sul numero di esse; secondo alcuni si fecero 4 nuove legioni.

ε) Appiano, Hann., 17, narra che furono allestite quattro nuove legioni; quando? Parrebbe verso la fine del 537, perchè l'autore passa poi subito a narrare l'elezione dei consoli per l'anno 538. .

ς) Polibio, 3, 106, 4, accenna a nuove legioni allestite in principio del 538/216; cf. Polibio, 3, 107, 9. — Dal tutto si vede: 1° che dopo la battaglia del Trasimeno arruolaronsi molte truppe; 2° che ci fu un momento in cui partirono da Roma 4 legioni; del resto le 6 notizie sono inconciliabili fra di loro. Se è lecito presumere di

γ) *Legioni di Sicilia*. Che in Sicilia siano state mandate, dopo la battaglia della Trebbia, alcune truppe, ce lo
dicono APPIANO (*Hann.*, 8) e POLIBIO (3, 75, 4) nei luoghi
già esaminati. E vedesi poi da calcoli indiretti che quelle

---

voler ordinare ragguagli cosi disordinati, io direi che il ragguaglio α
è una mera ipotesi degli annalisti, i quali, sapendo che l'esercito del
dittatore Fabio era forte di quattro legioni (LIVIO, 22, 27, 10) e
credendo che Servilio avesse comandato due legioni (per solito l'esercito di un console consisteva di due legioni), era naturale che opi-
nassero che Fabio si fosse arruolato due nuove legioni da aggiungere
all'esercito di Servilio. — Vero sarebbe invece il ragguaglio β, e le
truppe rimaste di presidio a Roma saranno state due legioni; infatti
le legioni *urbane* o di presidio erano per solito in numero di due.
— Le quattro legioni di cui parla Polibio (ragguaglio γ) sarebbero
le 4 legioni di Servilio, non legioni nuove. — Le quattro legioni di
cui parla Appiano (ragguaglio ε) e una delle fonti di Livio (ragguaglio δ), sarebbero le truppe arruolate pel 538, delle quali parla
Polibio (ragguaglio ς).

In tal modo Servilio, e, dopo di lui, Fabio Massimo, avrebbe
avuto 4 legioni. Due legioni si sarebbero bensì arruolate dopo la
battaglia del Trasimeno, ma tenendole a Roma di riserva e di presidio nello stesso tempo, per farle partire pel campo, al solito, in principio del 538/216, insieme con altre quattro arruolate allora. Si capisce, in tal modo, perchè in principio del 538/216 si trovassero in
campo (parliamo dell'Italia, non delle provincie) dieci legioni, cioè
8 contro Annibale (POLIBIO, 3, 107, 9), e due contro i Galli (LIVIO,
23, 24, 6 segg.; cf. POLIBIO, 3, 106, 6).

Un'osservazione. Quando POLIBIO, 3, 107, 9, accenna ad otto legioni del 538/216, come a cosa fin là senza esempio, egli intende
parlare delle otto legioni *raccolte in un solo corpo d'esercito* sotto i
due consoli, non alla *somma totale delle legioni* che fu molto maggiore in principio del 538/216, e che era stata molto maggiore anche
nel 537/217, e che talora avea raggiunto per lo meno quella cifra anche
in antico (LIVIO, 2, 30, 7; LIVIO, 7, 25, 8; cf. EUTROPIO, 2, 3; OROSIO
3, 6), per tacere del 529/225. Perciò questo luogo di Polibio (forse
frantesò generalmente come se lo storico dicesse che quella era la
prima volta che i Romani avevano messo in piedi otto legioni) non
impedisce che crediamo che Flaminio e Servilio ebbero ciascuno
quattro legioni; essi ebbero otto legioni fra tutti e due, ma i loro
eserciti non formavano un sol corpo e quindi restava sempre vero
che le otto legioni consolari congiunte insieme nel 538/216 erano un
fatto senza precedenti.

truppe ammontavano probabilmente a due legioni. Infatti
in tutto il resto del 537/217 e in tutto il 538/216 non occorre menzione di altre truppe mandate in quell'isola, e
nondimeno in principio del 539/215 vi erano attendate due
legioni (Livio, 23, 25, 7); dunque queste due legioni si
trovavano colà fin dal principio del 537/217.

b) *Legioni di Sardegna*. Anche in Sardegna vennero
spedite alcune forze, come in Sicilia (Appiano e Polibio, ivi).
Or siccome nei due anni seguenti l'isola non ricevette nuove
truppe salvochè una legione nel 539/215 (Livio, 23, 24,
13), e tuttavia in principio del 540/214 la guarnigione di
quella provincia ammontava a due legioni (Livio, 24, 11,
2), ne inferisco che in principio del 537/217 il presidio di
essa constava di una sola legione.

Non mancano più che due legioni per andare a tredici.
Eranvi forse due legioni in Ispagna? In apparenza sì, in
realtà no, perchè le truppe che vi andarono nel 536, nè
erano, nè consideravansi come legioni, ma come semplici
corpi qualunque, come io dimostrai altrove (1); e le truppe
che vi andarono nel 537/217 erano poche e specialmente
di mare (2).

Le consuetudini romane mi fanno supporre che le due
legioni in questione siano state tenute a Roma di riserva
e di presidio ad un tempo (3), e la storia della campagna

----

(1) Nel secondo capitolo della mia Memoria *Tentativo di critica
sui luoghi liviani* ecc. negli *Atti della R. Accad. dei Lincei*, 1881.

(2) Come deduco da Polibio, 3, 97, 1; cf. Livio, 22, 22, 1; cf. il
secondo capitolo della Memoria citata nella nota precedente.

(3) Tenere in pronto, nelle guerre difficili, per ogni evento, alcune
legioni, era una necessità; e Livio ne è la miglior prova. Tali legioni infatti, che chiamavansi *urbanae*, furono allestite dopo la battaglia del Trasimeno (Livio, 22, 11, 7), senza dubbio perchè le urbane allestite in principio del 537/217, e che sono quelle che ora
supponiamo, erano state esse pure vinte e distrutte, come vedremo

seguente conferma appieno questa supposizione, come vedremo nel prossimo ed ultimo capitolo.

In conclusione, il console Flaminio comandò 4 legioni, il console Servilio altrettante, il governatore di Sicilia due, il governatore di Sardegna una, e due furono legioni urbane. Tredici in tutto furono le legioni del 537/217. Anche di qui apparisce la credibilità delle notizie di Appiano, dalle quali siamo partiti appunto per cavarne informazioni precise sugli apparecchi fatti dai Romani dopo la battaglia della Trebbia.

Terminiamo adunque questo capitolo col notare che quegli apparecchi furono grandissimi, conformi cioè alla risoluzione presa di discendere nuovamente ad una battaglia campale con Annibale, e che gli storici moderni errano credendo che i consoli abbiano deciso, malgrado la lezione terribile ricevuta sulla Trebbia, di affrontare il nemico con due sole legioni ciascuno. Perfino i termini generali di Polibio su

---

nel capitolo seguente. Trovasi poi cenno di quelle del 538 (Livio, 23, 14, 2), di quelle del 539 (Livio, 23, 31), di quelle del 540 (Livio, 24, 11, 3), di quelle del 541 (Livio, 24, 44, 6), di quelle del 542 (Livio, 25, 3, 7), di quelle del 543 (Livio, 26, 28, 4), di quelle del 544 (Livio, 26, 28), di quelle del 545 (Livio, 27, 8, 11), di quelle del 546 (Livio, 27, 22, 10), di quelle del 547 (Livio, 27, 36, 13), ecc. per parlare solo della terza decade di Livio.

Delle legioni urbane non si occuparono mai i critici; pochi mesi fa però ne discorse TH. STEINWENDER (*Philologus*, vol. 39, p. 527 e segg.). Nell'elenco ch'egli ne dà mancano quelle del 404/350 (Livio, 7, 23, 3), e quelle del 405/349 (Livio, 7, 25, 12), e quelle del 459/295 (Livio, 10, 26, 14. Sono evidentemente legioni urbane anche queste), e quelle allestite dopo la battaglia del Trasimeno, alle quali accennavo or ora. Tanto meno pensò l'autore a quelle del principio del 537/217, che io sono certo essere comprese nelle tredici di Appiano, ma delle quali non occorre menzione espressa.

Anche gli uomini tenuti di riserva a Roma nella guerra del 529/225, necessariamente costituiti in forma di legioni, erano dunque legioni urbane; e ammontando a 21500 cittadini romani e 32 mila soci (Polibio, 2, 24, 9) formavano di certo 4 legioni urbane. Per solito le legioni urbane erano due.

quegli apparecchi avrebbero dovuto farli supporre straordinari anche per quanto concerneva l'Italia; c'è senso comune, infatti, nel credere che i Romani abbiano mandato
truppe nelle provincie, e non abbiano voluto aumentare il
numero delle legioni consolari, che pure eran quelle che
dovevano venir alle mani con Annibale? Ma ora il valore
di quei termini generali di Polibio è determinato in tutta
la sua precisione per mezzo dei dati di Appiano (1), che

---

(1) L'IHNE è il solo che abbia preso ad esame i dati di Appiano
(*Römische Geschichte*, 2, 171, nota 84). Ma egli distribuisce le tredici legioni, ricordate da questo storico, a capriccio, senza dare la
ragione di quello che fa. Egli immagina che nella Sicilia ci sia stata
una legione, che è falso; dicesse almeno perchè, secondo lui, vi doveva essere una sola legione! — Egli pone due legioni in Ispagna;
qui l'errore è compatibile, perchè senza una ricerca *ad hoc* era difficile scoprire che constavano di semplici soci i due corpi, che mili-
tavano colà, e che, come tali, non figuravano fra le legioni. — Egli
opina che il presidio di Taranto insieme con quelli di altri luoghi
d'Italia formasse una legione, il che non può essere; forse ciascuno
di questi presidii era una porzioncella di qualche legione, ma certamente non si sbocconcellava interamente una legione per farne molte
piccole parti. — Flaminio avrebbe comandato, secondo lui, quel che
rimaneva delle quattro legioni consolari decimate sulla Trebbia, più
due nuove legioni; questo è assurdo; le legioni che avevano subìto
grandi perdite i Romani le rifornivano d'uomini, o in caso diverso
le disfacevano addirittura; quindi se l'ipotesi dell'Ihne fosse vera,
Flaminio avrebbe avuto sei legioni, mentre egli ebbe soltanto 33 mila
uomini, che corrispondevano a quattro scarse legioni. — Servilio,
l'altro console, avrebbe comandato due legioni; e qui non potrei ma-
ravigliarmi abbastanza vedendo come il Seeck e l'Ihne attribuiscano
il primo quattro e il secondo sei legioni a Flaminio per amore dei
35 mila uomini all'incirca che egli avrebbe comandato, e poi com-
putino a *due legioni* i 40 *mila uomini* di Servilio. Quanta fatica per
arrivare a questi 40 mila fa l'Ihne! Servilio avrebbe comandato, oltre
alle due legioni rincalzate colle solite truppe dei soci, che erano, al
più, 18 mila uomini, altri 20 mila soci, non addetti, contro al solito, a legioni di sorta! Eppure era così facile pensare a 4 legioni.
— In conclusione, di tutta la combinazione dell'Ihne non c'è che un
punto solo che sia indovinato, cioè che una legione si trovava in
Sardegna; dico *indovinato*, perchè ragioni non ne dà l'autore, nè egli
ci ha merito se non ha sbagliato anche qui.

sono quelli di Fabio Pittore, storico vissuto in quei tempi, versato negli affari pubblici, e quindi degno di fede (1).

Finito così di esaminare il piano di guerra del 537/217, veniamo ad un' ultima questione relativa alla breve campagna d'Italia (dico d'Italia per escludere quella di Spagna, che era un episodio della medesima guerra punica), durata dal principio dell'anno fino all'assunzione di Q. Fabio Massimo alla potestà dittatoria.

---

(1) Degno di fede, ben inteso, nei dati e nelle cifre. Altra cosa sono le opinioni politiche (cf. POLIBIO, 1, 14).

CAPITOLO QUARTO.

Le legioni urbane del principio del 537/217.

Quello che stiamo per dire non è meno importante di quello che abbiamo detto sin qui. Nei tre capitoli precedenti abbiamo voluto correggere le opinioni dei dotti sulla data della battaglia della Trebbia, sul piano di guerra del 537/217, e sulla partenza di Flaminio; in questo confronteremo quello, che si crede relativamente alla campagna suddetta, colle fonti antiche, e trarremo così in luce alcuni fatti male tramandati e caduti in dimenticanza.

Tutta la storia di quella campagna, così come ce la narrano Polibio e Livio, e come ce la ripetono gli storici moderni, comprende i movimenti dei due eserciti consolari, e termina colla catastrofe del Trasimeno, dove l'uno di essi accettò la sfida del nemico e venne distrutto, senza che l'altro fosse giunto a tempo per unirsegli. Ma forse e senza forse questi fatti, che sono i principalissimi, non furono però i soli.

Ho notato, nel capitolo precedente, il pregio della narrazione di Appiano; per essere coerenti ne dobbiamo dunque fare quel conto che essa merita. Or bene, presso Appiano vediamo svolgersi, allato di que' fatti principalissimi, alcuni altri fatti non privi d'importanza. Dopo aver narrato l'invio delle truppe romane nelle provincie e la partenza dei consoli incontro ad Annibale, Appiano soggiunge un'altra cosa: che cioè entrato Annibale in Etruria e

marciando alla volta di Roma, i Romani, spaventati, mandarono gli ultimi otto mila uomini, che rimanevano in
Roma, al lago Plestino nell'Umbria, coll'ordine di intercet-
targli la strada occupando qualche passo stretto e di difficile
accesso; e che il comando di quell'esercito venne conferito
ad un certo Centenio, che era uomo allora privato, ma
nondimeno illustre (1). Poscia, dopo aver narrato la battaglia del Trasimeno, Appiano racconta che, nel tempo in
cui essa accadde, da una parte il console Servilio cammi-
nava a grandi giornate verso l'Etruria (per congiungersi,
ben inteso, col collega), dall'altra parte Centenio, occupato
un passo forte e oppostosi al nemico, fu vinto e disfatto
totalmente (2).

Ora a me pare che le notizie di Appiano sull'esercito di
Centenio e sulle costui gesta, rivelino un frammento di
storia, desunto, per opera di Appiano, da Fabio Pittore,
ma dimenticato così da Polibio, come da Livio, che qui
attinse a Polibio; e poscia, perchè dimenticato da Polibio
e da Livio, trascurato anche dai moderni. Non che i critici non avvertissero le notizie di Appiano; ma, colla cattiva applicazione di un principio buono, chiusero a sè
stessi la via buona; imperciocchè leggendo in POLIBIO (3,
86, 8 segg.) e in LIVIO (22, 8, 1) che il console Servilio
mandò al collega Flaminio un aiuto di 4 mila uomini a
cavallo sotto gli ordini di un certo Centenio, il quale non
giunse a tempo e fu vinto da Maarbale, si persuasero
troppo facilmente che il racconto di Appiano non fosse
altro che una versione più guasta del racconto polibiano-
liviano, e ambedue i racconti concernessero un medesimo
fatto. Il vero è che i due racconti non hanno nulla di co-

---

(1) *Hann.*, 9.
(2) *Hann.*, 10-11.

mune all'infuori del nome di *Centenio*, e che il fatto ricordato nell'uno non ha che fare con quello che è ricordato nell'altro. Il console Servilio mandava a Flaminio parte del proprio esercito, destinato a combattere insieme coll'esercito di Flaminio contro Annibale, mentre lo scopo degli 8 mila uomini di cui parla Appiano era quello di proteggere la capitale della Repubblica. In secondo luogo i due eserciti erano diversi l'uno dall'altro nella provenienza, nel numero e nel genere dell'arma a cui appartenevano. In terzo luogo le circostanze della battaglia, nella quale perì l'uno, sono diverse per più capi da quelle della battaglia nella quale perì l'altro. Poi c'è la condizione diversa dei due comandanti (1).

L'esame dei due racconti fa dunque manifesto che quello di Appiano contiene una serie di fatti minori svoltisi allato dei principali, ma ommessi da Polibio (2). Quest'è la con-

---

(1) Di tutte le differenze che passano fra i due racconti, ai critici diede nell'occhio una sola ; ma anche da questa difficoltà essi seppero sciogliersi con molta, con troppa disinvoltura. Era il numero delle truppe 8 mila presso Appiano, 4 mila presso Polibio, che si opponeva più evidentemente all'identità supposta e voluta dei due racconti. Ma il Drakenborch uscì a dire, nel suo commento liviano (vol. 7, 59), Appiano aver confuso l'esercito di Centenio coll'esercito di un secondo Centenio che s'incontra cinque anni più tardi nella storia romana (Livio, 25, 19, 9) e che in effetto comandò otto mila uomini. — Dopo questa trovata nessuno più fiatò, e oggi ancora la si mette innanzi nei migliori commenti di Livio (cf. Weissenborn a Livio, 25, 19, 9). Non c'è bisogno di dire che quella trovata non prova proprio nulla, perchè divergenze fra i due racconti ce ne sono altre ancora; anzi non spiega nemmeno questa, perchè Appiano non fa mai menzione di quel secondo Centenio, nè poteva dunque scambiarlo col primo.

(2) Ho detto, nell'ultima nota del primo capitolo, che Polibio fu solito volgere la sua attenzione ai grandi fatti militari apportatori di notevoli conseguenze, sorvolando invece sui minori; e citai un'asserzione dello storico, il quale scrive di aver voluto passar sotto silenzio i fatti d'armi avvenuti fra l'esercito romano e l'esercito cartaginese

clusione alla quale i critici non seppero ma avrebbero dovuto venire, per cavar qualche costrutto dalle notizie di
Appiano; ogni altro tentativo fu e doveva essere vano (1).

---

in principio del 538/216 (mentre il primo di questi eserciti era comandato dagli ex consoli Atilio e Servilio in attesa dell'arrivo dei
consoli Paolo Emilio e Terenzio Varrone), appunto per questa ragione. E trovai un'applicazione di questa stessa massima nel silenzio
di Polibio sui fatti che tennero dietro alla battaglia della Trebbia
durante il resto dell'inverno. Ora aggiungo due altri esempi. La
battaglia del Trasimeno fu descritta a lungo da Polibio; dopo di
essa accaddero senza dubbio molti fatti nell'Etruria e nell'Umbria
(ad esempio le ostilità di Annibale contro Spoleto (Livio, 22, 9) e le
gesta del Centenio di Appiano. Questi due fatti vengono riguardati
come un solo dall'Ihne, Röm. Gesch., 2, 179, a torto come vedremo,
ma egli non li narrò, e osservò soltanto che Annibale, non risòlven-
dosi a marciare su Roma, attraversò in dieci giorni l'Umbria e il
Piceno per giungere all'Adriatico (Pol., 3, 86, 8 segg.). — Di nuovo,
Polibio narrò a lungo il combattimento di Canne, ma tacque i fatti
accaduti nel resto di quell'anno 538/216 (quali erano, ad esempio, le
gesta di Marcello e la distruzione dell'esercito del pretore L. Postumio avvenuta nella Gallia. È vero che quest'ultimo fatto venne
toccato da Polibio, 3, 118, 6, ma senza che lo descrivesse; e lo toccò
soltanto allo scopo di dare un'idea compiuta della gravità delle circostanze in cui Roma allora si trovò; descritto invece fu da Livio, 23,
24, 6 segg.), che chiuse subito il libro terzo col ritrarre gli effetti di
tanto avvenimento. Di Centenio parla Polibio solamente in quanto
questo ufficiale era destinato a congiungersi con Flaminio, la sua
storia essendo così parte della storia di Flaminio e della battaglia del
Trasimeno.

(1) Volgiamoci un momento a considerare lo stato della critica in
questo proposito. Ho già detto che i moderni che scrissero la storia
prammatica di Roma non videro altro, nel racconto di Appiano,
fuorchè una versione guasta del racconto polibiano-liviano, malgrado
le differenze essenzialissime che corrono fra i due racconti. Anche
nei lavori speciali la critica fece poco, ma tuttavia qualche cosa; fino
agli ultimi anni questo qualche cosa si riduceva ai dubbi del Klüver
sul lago Plestino e alla confutazione di tali dubbi per opera dell'abate
Giovanni Mengozzi; ma ora il racconto stesso di Appiano nel suo
insieme, fu sottoposto ad esame. Vediamo partitamente questi due
passi successivi della critica.

La questione sul lago Plestino abbraccia naturalmente solo una
circostanza locale della narrazione di Appiano, e fu suscitata dal

Alla stessa conclusione conducono più altre ragioni, e tali, che ciascuna di esse basterebbe, non che a confermarla, a provocarla. — 1° Il titolo di *praetor* (1), o, più rettamente, di *propraetor* (2) che troviamo dato, ma non però da Polibio, a Centenio, prova che la persona di questo nome fornita di siffatto titolo non ha che fare colla persona di questo nome priva del titolo medesimo; il Cen-

---

KLÜVER (*Italia Antiqua*, pag. 586 segg.), che, non credendo all'esistenza di un lago di tal nome, opinò che Appiano propriamente avesse scritto non Πλειστίνην ma bensì Περυσίνην, e avesse chiamato *Perugino*, perchè vicin di Perugia, il lago Trasimeno. Ma sulla fine del secolo scorso il MENGOZZI (*De' Plestini Umbri, del loro lago e della battaglia appresso di questo seguita tra i Romani e i Cartaginesi* nel vol. XI delle *Antichità Picene* di GIUSEPPE COLUCCI, pag. 3 segg.) confutò il Klüver; egli in primo luogo dimostrò coi documenti che un *lacus Pistiae* nell'Umbria tra Foligno e Camerino esisteva ancora nei secoli XIV e XV dell'êra volgare; e dimostrò in secondo luogo che, oltre al lago di tal nome, esistette anche una città di tal nome (PLINIO, *Hist. Nat.*, 3, 14, 114, ricorda fra i popoli umbri i *Pelestini*; una iscrizione antica riferita dal Mengozzi, pag. 29, ed ora anche da altri, per es. dal Wilmanns, n. 2104, ricorda la *res publica Plestinorum*; *Plesteas* occorre negli *Acta Sanctorum*. 2, 582; *Plistia* occorre in un documento di Ottone III riportato dal Mengozzi, pag. 107; infine sorge tuttora colà la chiesa della *Madonna di Pistia*). In tal modo il Mengozzi fece vedere che anticamente una città e un lago dei Plestini esistettero realmente nell'Umbria, e per questa parte speciale adunque mise in chiaro la bontà delle notizie di Appiano.

Ma fu solo negli ultimi tempi che i critici presero in considerazione il racconto intero di Appiano, sebbene senza frutto. Il NISSEN (*Rhein. Mus.*, 20, 227 segg.) si provò, sempre partendo dalla falsa supposizione che il Centenio di cui si parla nel racconto polibiano-liviano sia il medesimo di cui si parla nel racconto di Appiano, a conciliare i due racconti. Lo stesso fa l'IHNE, *Röm. Geschichte*, 2, 174 segg.; 179. La conciliazione non si trovò e non poteva trovarsi, perchè i due racconti non hanno di comune che il nome di Centenio.

(1) CORNELIO NEPOTE, *Hann.*, 4, 3. L'uso di *praetor* e di *consul* invece di *propraetor* e di *proconsul* era abuso frequente nel tempo in cui Cornelio Nepote scriveva, quindi il *praetor* di Cornelio Nepote e il *propraetor* di Livio (vedi nota seguente), sono, nel nostro caso, la stessa cosa.

(2) LIVIO, 22, 8, 1.

tenio di cui si parla nel racconto polibiano-liviano fu un
semplice ufficiale incaricato di condurre quattro mila uomini da un luogo all'altro, non ebbe dunque quel grado di
imperio chiamato *propretura* (1), ed ecco perchè Polibio
non gli dà titolo veruno. Ma il Centenio di cui parla Appiano era comandante di un esercito, era un propretore,
ed è di questa persona che fa parola anche Cornelio Nepote, ed alla quale propriamente si riferirebbe il *propraetor*
di Livio (2). — 2ª Verso la fine del capitolo precedente
abbiamo messo in chiaro che in principio del 537/217 due
delle legioni vennero destinate a rimanere a Roma come
truppe di riserva e di presidio nello stesso tempo ; così
pure abbiamo messo in chiaro che, dopo la battaglia del
Trasimeno, occorse fare nuovi arruolamenti, per avere
delle truppe da presidiare la città. Ciò significa che quelle
due legioni (*legiones urbanae*), nel frattempo erano state

---

(1) *Propraetor* era un propretore ordinario, cioè un ex pretore al
quale era stato prorogato il comando ; oppure era, talora, un luogotenente del generale; oppure era un privato al quale, si era conferito,
in via straordinaria, per bisogno improvviso, l'imperio di propretore.
L'uomo di cui parla Polibio non era nè l'una, nè l'altra cosa. Tutt'al
più quell'uomo avrebbe potuto venir chiamato *legatus* (cf. Livio, 23,
31, 6: « Ad veterem exercitum accipiendum deducendumque inde in
Siciliam Ti. Maecilius Croto *legatus* ab Appio Claudio est missus,
27, 8, 12, Urbanum veterem exercitum Fulvius consul *legato*..... in
Etruriam dedit ducendum »).

(2) Livio non fa che riassumere il racconto di Polibio ; però chiamando *propraetor* Centenio, egli fa vedere di aver avuto contezza
anche del Centenio di Appiano è di Cornelio Nepote, e di aver confuso l'uno coll'altro. C'è ancora un'altra traccia che conferma questa
asserzione : Livio narra che Centenio fu rotto da Annibale (secondo
Polibio fu rotto da Maarbale). Ce n'è una terza : Livio narra che
Centenio, inteso l'esito del combattimento sul Trasimeno, entrò nel-
l'Umbria, una circostanza mancante in Polibio e che si trova in Appiano. Ripeto adunque che il racconto di Livio nel punto essenziale
è quello stesso di Polibio, contiene però elementi secondari di quello
di Appiano.

mobilizzate, e che gli otto mila uomini spediti, secondo Appiano, a sbarrar la via ad Annibale in caso che si fosse voltato contro Roma, erano per l'appunto coteste legioni stesse, e non hanno che fare coi quattro mila uomini a cavallo mentovati nel racconto polibiano-liviano. — 3ª Infine c'è il ragguaglio breve ma importantissimo di Appiano sulla condizione di Centenio; secondo il racconto di Appiano questi era persona privata quando ebbe il comando di otto mila uomini. Questo ragguaglio dimostra prima di tutto che il Centenio di Polibio è diverso da quello di Appiano. Esso prova altresì che gli otto mila uomini eran davvero le due legioni urbane; infatti se le legioni urbane, destinate a rimanere a Roma, nel corso dell'anno si mandavano in campo, ciò avveniva per bisogno improvviso, e la conseguenza ne era che conveniva affidare il comando, essendo già occupati altrimenti i magistrati e promagistrati ordinari, a persone private, innalzandole alla dignità di comandanti straordinari (1).

Così sono separati i due racconti l'uno dall'altro. Quello di Appiano, calunniato (2) quasi fosse una cattiva versione di quello di Polibio, e invano voluto conciliare con questo, è invece un racconto a sè, che contiene un nuovo brano di storia romana. Resta ora che mettiamo nella debita luce cotesto brano di storia.

I due eserciti consolari erano già arrivati a Rimini e ad

---

(1) Due volte Livio ricorda espressamente la mobilizzazione delle legioni urbane, e tutte e due le volte il comando venne conferito ad un privato, cioè a L. Manlio Acidino nel 547 di Roma (Livio, 27, 43, 8; cf. 27, 50, 6) e a M. Valerio Levino nel 549 (Liv., 28, 46, 13).

(2) Il prof. Gottlob Egelhaaf (*Jahrbücher für Phil. und Päd. Supplementband*, 10, 473) vede, nella discordanza del racconto di Appiano da quello di Polibio, la prova più manifesta del nessuno valore storico di Appiano!

Arezzo nelle regioni loro assegnate, quando le mosse di Annibale, che pareva volesse correre difilato sopra Roma, indussero i Romani a mandargli incontro le legioni urbane, dandone il comando ad un privato di nome Centenio (1) (investito a quest'uopo del grado di propretore straordinario (2)), senza servirsi nè del pretore urbano, nè del pretore peregrino (3). Dove collocaronsi le due legioni

---

(1) Chi trovasse poco naturale l'omonimia del capitano in questione coll'ufficiale del quale Servilio si servì per mandare i quattro mila uomini a Flaminio, può credere che il nome di Centenio fosse quello di una sola persona e venisse poi esteso per errore a tutte e due le persone. Ma viceversa non si potrà mai fare la seguente supposizione: Centenio fu un solo, dunque tanto il racconto polibiano-liviano, quanto quello di Appiano concernono un medesimo fatto.

(2) Questo era il grado solito del comandante le legioni urbane. Propretori furono appunto, nel 547 di Roma, L. Manlio Acidino, e, nel 549, M. Valerio Levino. S'aggiungano, nel 459, i propretori Cn. Fulvio e L. Postumio Megello (Livio, 10, 26, 14) messi a capo di eserciti di riserva, dunque di legioni urbane. — Noto, a questo proposito, che Cn. Fulvio e Postumio Megello erano perciò persone private innalzate alla propretura; il Mommsen discorre, Staatsrecht, 2, 633, seconda edizione, degli imperii conferiti ai privati, ma questi due esempî gli sfuggirono.

(3) Qualche volta, anche il pretore urbano e il pretore peregrino, benchè destinati ad amministrare la giurisdizione in Roma, ebbero tuttavia il comando di un esercito. C'è qualche cosa che a questo proposito non fu ancora osservato bene. Cominciamo dal pretore urbano.
Finchè il pretore urbano fu il solo pretore, egli ebbe spesso il comando di un esercito. Quattro sono gli esempi raccolti dal Mommsen (Staatsrecht, 2, 186, seconda edizione): il primo dell'anno di Roma 404 (Livio, 7, 23), il secondo del 405 (Livio, 7, 25), il terzo del 469 (Livio, Epit., 12; Orosio, 3, 22; Agostino, De civit. d., 3, 17, 3; Polibio, 2, 19; Appiano, Gall., 1), il quarto del 512) Zonaras, 8, 12). Io ne trovai un quinto del 459 (Livio, 10, 31, 3, App. Claudius praetor cum exercitu Deciano missus). — Quando fu istituita la pretura peregrina, si preferì, trattandosi di imprese militari a molta distanza da Roma, servirsi del pretore peregrino. Ma questa fu consuetudine generale, non però, come l'intende il Mommsen (ivi, p. 187), una regola così assoluta, che noi dobbiamo dubitare della verità dell'incarico dato al pretore urbano P. Lentulo (che fu console nel 592

urbane per sbarrare il cammino ad Annibale, e che cosa
fecero, e che sorte ebbero ? Sulle mosse e sulle gesta loro
abbiamo presso gli antichi parecchi cenni, che forse sono

---

di Roma), e attestato dagli scrittori (Liciniano, pag. 15, Bonn; cf.
Cicero, *De leg. agr.*, 2, 30, 82), come l'autore fa. Non solo non vedo
ragione di non credere che P. Lentulo sia stato mandato, mentre
era pretore urbano, in Campania, ma io credo che fatti simili siano
accaduti spesso, specialmente durante la seconda guerra punica. Ciò
che m'induce ad asserire questo è la storia del 538/216, coll'esame
della quale credo poter dimostrare che il pretore urbano di questo
anno, chiamato P. Furio Filone, fu spedito, dopo la battaglia di
Canne, in Sicilia ed in Africa a capo di una flotta; e lo dimostro
nel modo seguente.

Livio, 22, 56, 6, narra che il governatore di Sicilia fece sapere al
Senato essere il regno di Siracusa molestato da una flotta cartaginese,
sè non poterlo proteggere dovendo tenere in rispetto un'altra flotta
nemica, la quale altrimenti avrebbe assalito Lilibeo, essere adunque
necessario che il Senato mandasse un'altra flotta romana nelle acque
della Sicilia. Lo stesso Livio narra poco dopo (22, 57, 8) che Marcello, pretore e comandante di una flotta ancorata ad Ostia, con-
segnò al pretore urbano Furio Filone questa flotta. Lo stesso Livio
narra poi (23, 21, 2), che il governatore di Sicilia scrisse al Senato
essere Furio Filone ritornato dall'Africa a Lilibeo. Che cosa dicono
questi ragguagli ? Dicono, in primo luogo, che a richiesta del governatore di Sicilia il Senato mandò il pretore urbano Furio Filone con
una flotta in Sicilia. Dicono un'altra cosa ancora: siccome in principio
dell'anno il Senato avea fatta facoltà a T. Otacilio, che comandava la
flotta di Sicilia, di fare uno sbarco in Africa (Livio, 22, 37, 13); ma T.
Otacilio ebbe che fare in Sicilia perchè la flotta cartaginese minacciava
Lilibeo; di qui si pare che lo sbarco in Sicilia fu effettuato dal pretore urbano. Se nè Livio nè i moderni scoprirono che il nesso dei
detti ragguagli è questo che io dico, la colpa non è mia. Una conferma della mia asserzione c'è in Appiano; questo storico narra
(*Hann.*, 27) che Marcello diede parte della sua flotta al collega P.
Furio Filone mandandolo in Sicilia. La cosa non potrebbe esser più
chiara; e nondimeno il Weissenborn commentando Livio non ha
capito nulla di tutti questi ragguagli di Livio e di Appiano (veggasi
il commento del Weissenborn ai luoghi liviani ora citati; il poco
spazio non mi permette di ripetere gli errori suoi e di confutarli, ma
dopo quello che abbiamo detto, ognuno li vedrà di per sè). Anche
al Mommsen sfuggì quel nesso; egli crede (*Staatsrecht*, 2, 224, nota 1*)
che P. Furio Filone succedesse semplicemente a Marcello nel co-

sufficienti al nostro scopo. Appiano, come abbiamo detto, narra che le legioni urbane vennero mandate al lago Plestino in Umbria; d'altra parte però c'è ZONARAS (8, 25)

---

mando della flotta stazionante ad Ostia; non vede che Filone partì per la Sicilia, e quindi novera questo fra gli esempi di un pretore urbano adoperato a poca distanza da Roma.

Finisco di parlare del pretore urbano notando che ora abbiamo avuto una nuova prova del valore delle notizie di Appiano (del che abbiamo parlato nel capitolo precedente), e che se Livio non si accorse del nesso dei fatti da lui esposti, ciò significa che egli si servì, in questo luogo, di più fonti contemporaneamente, trascurando poscia di ridurre ad unità il suo racconto.

Passiamo al pretore peregrino. Il MOMMSEN (Staatsrecht, 2, 201, seconda edizione), a proposito del comando di eserciti conferito di preferenza, come osservammo or ora, al pretore peregrino invece che al pretore urbano, nota che il primo esempio di un tale fatto è del 539/215 (LIVIO, 23, 32, 15). Quest'osservazione ha bisogno, se non mi sbaglio, di una correzione. Io credo che nel 538/216, dopo la battaglia di Canne, e prima ancora che il pretore urbano P. Furio Filone fosse mandato in Sicilia, il pretore peregrino Pomponio sia stato messo a capo di un esercito; credo perfino di poter dire dove fu mandato, cioè nella Gallia che avea per capoluogo Rimini. È noto che pochi giorni dopo la battaglia di Canne l'esercito che si trovava nella Gallia ed era comandato dal pretore Postumio fu distrutto insieme col suo capitano (POLIBIO, 3, 118, 6; LIVIO, 23, 24, 6 segg.). Or bene tutto mostra che nella Gallia fu subito mandato un altro esercito, e che il pretore peregrino Pomponio fu assente da Roma, cioè fu il comandante di quell'esercito. L'invio di un nuovo esercito nella Gallia, in luogo dell'esercito peritovi, non era cosa da trascurare; se il Senato pensò a proteggere Siracusa, come or ora vedemmo, tanto più avrà pensato a tener a segno i Galli inviando delle truppe a Rimini. Ma c'è anche un indizio positivo: il dittatore M. Giunio Pera, elevato alla dignità dittatoria dopo la battaglia di Canne, arruolò quattro nuove legioni (LIVIO, 22, 57, 9), lasciandole però a Roma, e prendendo seco, all'uscirne, le due legioni urbane state arruolate fin dal principio dell'anno (LIVIO, 23, 14). Che cosa succede di quelle quattro nuove legioni? Se noi esaminiamo la divisione delle legioni fattasi in principio dell'anno seguente, cioè del 539/215, noi non ne troviamo memoria; solo nelle due legioni urbane del 539 possiamo e dobbiamo riscontrare due di esse; ma le altre due? erano dunque state mandate nella Gallia. La divisione delle legioni pel 539 è esposta presso LIVIO, 23, 25, 6 segg.; 23, 31, che scrive che Centenio fu rotto a *Narni*. Bisogna decidere prima di tutto se il luogo occupato da quelle legioni, per sbarrare il cammino al nemico, sia stato sul lago Plestino o

---

3 segg.; 23, 32, 1 segg.; 23, 32, 13 segg. Il console Sempronio ebbe un esercito composto di volontari e di soci. Il console Q. Fabio Massimo le legioni del dittatore Giunio Pera, quelle due colle quali il dittatore era uscito di Roma. Il pretore M. Valerio Levino certe legioni richiamate dalla Sicilia e altre truppe trovantisi in Apulia. Il pretore di Sicilia ebbe le reliquie degli eserciti romani stati trucidati a Canne. Il pretore di Sardegna non ricevette nessun nuovo esercito, come non ne ricevette il proconsole Terenzio Varrone. Il proconsole Marcello ebbe *due legioni urbane*, cioè quelle due, fra le quattro legioni nuove, che erano state dapprima destinate a rimanere di presidio e di riserva a Roma, e che poi si mobilizzarono dandole a Marcello; di quelle quattro nuove le altre due, come asserivo, erano senza dubbio state mandate nella Gallia molto prima. — Cerchiamo adesso gl'indizi che dimostrano l'assenza da Roma del pretore peregrino nella seconda metà del 538. Dopo d'aver istituita la pretura peregrina, i Romani preferirono servirsi, fuori di Roma, del pretore peregrino, e non dell'urbano; perchè dunque il pretore urbano Furio Filone venne mandato in Sicilia e in Africa con una flotta? Io dico perchè il pretore peregrino Pomponio avea già ricevuto un'altra incombenza. Secondo indizio: il Senato romano fu convocato, in quel tempo, da T. Sempronio che era *magister equitum* del dittatore Giunio Pera (Livio, 23, 25, 2; 22, 57, 9); ma ciò, se non erro, significa che a Roma non c'era più nessun pretore, altrimenti questo affare sarebbe stato di competenza dei pretori, che in grado erano superiori ai maestri di cavalleria. Che i pretori fossero superiori ai maestri di cavalleria si deduce da quei luoghi dove è fatta l'enumerazione degli uffici in ordine gerarchico. Su ciò vedi, fra i moderni, specialmente Mommsen, *Staatsrecht*, 1, 542, seconda edizione. Che poi il convocare il Senato non competesse ai maestri di cavalleria, se non quando non si poteva fare di meno, si deduce dalla discordia che c'era fra i dotti a Roma, in proposito di questo principio di diritto pubblico; infatti mentre Cicerone, *De legibus*, 3, 3, 6, crede che la convocazione del Senato fosse anche un diritto dei maestri di cavalleria, Varrone citato da Gellio, 14, 7, credeva di no. Mi pare dunque cosa indubitata, che, distrutto l'esercito di Postumio nella Gallia, vi siano state mandate due altre legioni sotto Pomponio pretore peregrino. E c'è anche un'ultima prova di valore assoluto: quando Livio espone i provvedimenti sulle provincie, presi in principio del 540/214, egli

sia stato Narni. E qui, siccome le circostanze locali non si possono facilmente inventare, io credo che ambedue i cenni di Appiano e di Zonaras siano storici, e che si tratti soltanto di conciliarli in modo probabile. La conciliazione poi si trova nella posizione strategica di Narni e in un'analogia storica. Narni, forte per natura (LIVIO, 10, 9, 8), conquistata, per la stessa cagione, a tradimento quasi un secolo innanzi dai Romani, fatta subito colonia ed eretta così a baluardo contro gli Umbri (LIVIO, 10, 10, 5), divento poscia un punto strategico di grande importanza, quando nel 534/220 fu costrutta la via Flaminia che la toccava. D'allora in poi un esercito romano che avesse voluto proteggere Roma contro un nemico veniente dall'Umbria e dall'Etruria, non avrebbe trovato luogo più acconcio di Narni; e lo dimostra la storia; nel 547/207 scese in Italia Asdrubale per congiùngersi col fratello Annibale, e Roma, messa in grande spavento, fece provvedimenti straordinari mobilizzando le legioni urbane, e mandando così in campo un nuovo esercito, oltre ai due che erano accampati in Etruria (LIVIO, 27, 35, 2) e nella Gallia (LIVIO, 27, 35, 10); e a Narni appunto accamparonsi allora coteste legioni urbane(1). La storia

narra fra l'altre cose che a M. Pomponio fu prorogato l'imperio nella Gallia (LIVIO, 24, 10); dunque Pomponio avea comandato nella Gallia, nel 359/215 : ma nella storia del 539 ciò non è detto; dunque l'invio di Pomponio, dimenticato da Livio e più tardi da lui presupposto, risale al 538/216. So bene che una delle deliberazioni prese dopo la distruzione dell'esercito di Postumio era stata di non presidiare la Gallia (LIVIO, 23, 25, 6); ma la deliberazione non sarà stata posta ad effetto, come non lo furono più altre deliberazioni (le deliberazioni per l'anno 539 furono prese in più volte e cangiate più volte; cf. LIVIO, 32, 25, 6 segg.; 23, 31-32).

(1) LIVIO, 27, 43, 8 : « Literis Hasdrubalis Romam ad Senatum missis, simul et ipse patres conscriptos, quid pararet, edocet, ut, cum in Umbria se occursurum Hasdrubal fratri scribat, legionem a Capua Romam arcessant, dilectum Romae habeant, exercitum urbanum ad Narniam hosti opponant ». Cf. 27, 50, 6.

del 547 rischiari ora questa del 537 che ci occupa; anche
nel 537 il nemico veniva da quella parte stessa, anche nel
537 l'Etruria era presidiata da un esercito e la Gallia da un
altro; dunque anche nel 537 le legioni urbane si accamparono a Narni, come del resto ci fa intendere Zonaras. Il
motivo, perchè poi Appiano abbia scritto che le legioni urbane furono mandate al lago Plestino, troveremo adesso in-
vestigando le gesta di esse. — Anche sulle gesta loro i cenni
lasciatici dagli antichi, quando siano interpretati bene, sono
atti a farci sapere qualche cosa fin qui ignorata. Secondo
Appiano (citato sopra) Centenio venne rotto al lago Plestino, secondo ZONARAS (1) a Narni. Diremo adunque, sempre
per la ragioni che le circostanze locali non sogliono così
facilmente inventarsi, che e a Narni e al lago Plestino accaddero fatti d'arme. Resta solo a scoprire un motivo plausibile dell'esser diventato anche quest'ultimo luogo un teatro
di operazioni. Gettando l'occhio sopra una carta geografica
si vede immediatamente che il lago Plestino giaceva, posto
com'era tra Foligno e Camerino, ad uguale distanza da
Rimini e da Arezzo, dove erano accampati i due eserciti
consolari; inoltre il lago toccava, come la toccava Narni,
la via Flaminia; di qui io argomento che le legioni urbane, giunte a Narni, in attesa di quel che gli eserciti consolari avrebbero fatto, si dividessero in due parti, rimanendo
l'una a Narni e l'altra procedendo innanzi sulla via Fla-

---

(1) Luogo citato. Ecco le parole testuali: « Annibale, dopo aver
vinto e ucciso Flaminio al lago Trasimeno, ἐπὶ τὴν Ῥώμην ἠπείγετο,
καὶ μέχρι μέν Ναρνίας τήν τε γῆν τέμνων..... προῆλθε, Γάιόν τε ἐνταῦθα
Κεντήνιον στρατηγὸν ἐνεδρεύοντα περισχὼν ἔφθειρεν. L'ἐνταῦθα si
deve riferire non a Spoleto come si fa (IHNE, Röm. Gesch., 2, 179,
nota 198), ma a Narni. Si è incominciato a dire che Narni è soltanto
il punto estremo a cui giunse l'avanguardia nemica, e si continua a
ripeterlo (IHNE, ivi; DURUY, Histoires des Romains, 1, 564, ecc.),
ma ciò è inesatto.

minia sino al detto lago, per potere, all'occorrenza, dare una mano all'uno dei consoli. Così avvenne la rotta di una parte delle legioni urbane anche al detto lago (donde Appiano poco precisamente scrisse poi addirittura che esse erano state spedite colà). Ma per intendere bene le mosse di Annibale dopo la battaglia del Trasimeno bisogna ricordare anche l'assalto ch'egli diede a Spoleto (1). Anche Spoleto toccava la via Flaminia. Di qui appare adunque, che il Cartaginese, vinto e ucciso Flaminio al Trasimeno, si volse al Nord-Est, e prese la via Flaminia, coll'intenzione di correre a Roma o almeno fin presso a Roma (2). Per via egli compì i tre fatti accennati (oltre a quelli dei quali non ci è pervenuta notizia alcuna), cioè ruppe parte delle legioni urbane al lago Plestino, assalì invano Spoleto, e fece a pezzi il resto delle legioni urbane a Narni, giungendo così per lo meno fin là, e non soltanto fino a Spoleto (3).

Roma, settembre, 1881.

ALESSANDRO TARTARA.

---

(1) LIVIO, 22, 9 : « Hannibal recto itinere per Umbriam usque ad Spoletium venit. Inde cum perpopulato agro urbem oppugnare adortus esset, cum magna caede suorum repulsus » ecc. ZONARAS, 8, 25 : ὡς δὲ τῷ Σπωλητίῳ προσβαλὼν ἀπεκρούσθη.

(2) POLIBIO, 3, 86, 8, dice che Annibale mise da banda l'idea di assalire Roma. Ma probabilmente non la mise da banda prima di esser giunto fino a Narni.

(3) Come parrebbe doversi inferire da Livio che continua, dopo le parole citate nella nota precedente : « coniectans ex unius coloniae haud prospere temptatae viribus, quanta moles Romanae urbis esset, in agrum Picenum avertit iter ».

Notiamo ora una cosa. Di questi fatti minori svoltisi allato dei principali e da noi spiegati, rimangono traccie, adunque, oltre che in Appiano, anche in Zonaras, in Cornelio Nepote (che chiama *praetor* Centenio), e perfino, come avvertimmo testè, nello stesso Livio, il quale compendiò essenzialmente il racconto di Polibio, ma lesse anche quello donde provenne il racconto di Appiano derivandone anzi nella sua narrazione più d'un tratto.

D'UN RECENTE LIBRO DI DELBRÜCK

E DELLA TRADUZIONE ITALIANA DEL MERLO

E DI DUE NUOVE DISSERTAZIONI DEL WHITNEY

———————

I. *Einleitung in das Sprachstudium, ein Beitrag zur Geschichte und Methodik der vergleichenden Sprachforschung*, von B. DELBRÜCK; Leipzig, Breitkopf u. Härtel, 1880 (pp. VIII-142, in-8°).

II. *Introduzione allo studio della scienza del linguaggio: Contributo alla storia e alla metodica della glottologia comparativa di B. Delbrück*, traduzione del dott. PIETRO MERLO; Torino, Loescher, 1881 (pp. XII-158, in-8°).

III. *On inconsistency in views of language* (pp. 21, in-8°); *Logica consistency in views of language* (pp. 17, in-8°): *by* W. D. WHITNEY.

Gran bel libro questo di Delbrück: degno frutto di un ingegno quanto ardito nell'analisi altrettanto prudente nella sintesi, e come ricco di concetti suoi proprî così espertissimo degli studj altrui. Vi si trova esposta, con grande equanimità e con la solita lucidità elegante, la storia della glottologia indoeuropea da Bopp a Schleicher; e vi son poi indicate e giudicate le varie correnti nuove, venute dopo prevalendo nella scienza, in modo arrendevole verso le novità e i novatori e insieme riverente e giusto verso i vecchi maestri. Che se qua e là puoi discordare in qualche modo da lui, e desiderare maggior fede in certi antichi postulati della nostra scienza, in complesso però devi convenire che maggior rettitudine di mente e d'animo, e un più giusto temperamento di fede e di scetticismo, nessuno avrebbe potuto portare nella trattazione d'un soggetto quanto attraente altrettanto spinoso.

Noi vogliamo qui riassumere in breve questo bel libro, aggiungendo qua e là parecchie nostre osservazioni.

Si comincia dunque col Bopp. — L'affinità della lingua greca e della latina, e d'altre lingue indoeuropee, con la sanscrita, era stata già vista da Federico Schlegel, e prima, e più correttamente, dal Jones. Il merito di Bopp fu il dimostrarla, ch'ei fece, con una comparazione sistematica, che dal verbo si estese via via a tutta la lingua, e che aveva uno scopo ulteriore: spiegare come le forme grammaticali protoariane fossero nate. Per ispiegarle, dapprima mantenne la idea di esso Schlegel, che la flessione fosse uno sviluppo o r g a n i c o della radice, cioè nascesse da variazioni i n t e r n e di questa; e solo v'aggiunse di suo il concetto che i tempi formati con un *s*, come l'aoristo, fossero risultati da una composizione della radice col verbo 'essere' (rad. *as-*); il che gli dovè parere tanto più verosimile, in quanto che allora correva una dottrina sulle parti del discorso, secondo la quale 'essere' era il verbo per eccellenza, e in ogni altro verbo l' 'essere' c'era incluso, se non altro ellitticamente. Ma già nel rifacimento del suo primo libro (il *Conjugationssystem*, 1816) in lingua inglese (*Analytical comparison*, 1819), Bopp avea abbandonata l'idea di Schlegel e spiegava quasi tutte le forme come nate da composizione. Fu soprattutto il concetto dell'originario monosillabismo delle radici, che già da Adelung in poi s'era fissato, quel che servì a staccare Bopp da Schlegel. Perchè, se, p. es., la radice della forma δοθησόμεθα non è che δο, come mai credere che tutta la enorme appendice -θησομεθα nascesse da uno svolgimento interno di δο? E d'altro lato, la somiglianza di molte terminazioni personali del verbo coi pronomi personali (p. es. quella di *mi* terminaz. di 1ª pers. sing. col pronome *me*, ἐμέ ecc.) faceva nascere troppo imperiosamente il concetto che le persone del verbo fossero una composizione della radice con un pronome (*ai-mi* andare-io); e un tal concetto era altresì troppo naturalmente raccomandato dall'esempio (già invocato da Lennep e da altri) della grammatica semitica, in cui l'equazione tra gli afformativi e preformativi dei verbi ed i pronomi è addirittura palpabile (1). Modulazioni interne della radice credea il Bopp doverne ancora vedere solo in poche forme, p. es. nel raddoppiamento, e nell'-ai del medio, che allora gli pareva un semplice g u ṇ a dell' -i dell'attivo. Ma negli ulteriori scritti, e infine nella *Grammatica Comparata*, l'-ai stesso gli comincia a parere anch'esso una composizione (-mai = *-mami = 'io-me'), l' -s del nominativo gli pare il pronome *sa* affisso, il -t dell'ablativo e del neutro il pronome *ta* ecc. ecc. Insomma allarga sempre più il campo della composizione ; e sempre più raramente trova ancora in qualche forma la rappresentazione s i m b o l i c a del concetto formale. Nello -nti della 3ᵃ plur. egli vede, p. es., il -ti del singolare col *t* ingrossato mercè un inserimento nasale, il quale sarebbe per la consonante quel che è l'allungamento per la vocale: l'ingrossamento di *ti* in *nti* simboleggerebbe materialmente l'accrescimento ideale che c'è dal singolare al plurale. — Del resto, i suoi progressi teorici Bopp non li segnala con lunghi ragionamenti generali: quanto v'è in lui di teorico (cosi le più volte avviene nel vero scienziato) è incarnato nelle concrete spiegazioni dei particolari, o sprizza solo qua e là a proposito di qualche particolare nel quale meglio riluce l'idea generale. Le stesse frequenti comparazioni prese dalle scienze naturali non han nulla di rigoroso : sono pure immagini; le quali facilmente gli si presentano perchè egli considera ormai scientificamente la parola, considerata fin allora quasi solo letterariamente. Forse un più diretto influsso delle scienze fisiche si può riconoscere nella scoperta ch'ei credette fare d'una legge m e c - c a n i c a d'equilibrio, per cui la radice pesante sia voluta da una terminazione leggiera, e la radice leggiera dalle terminazioni pesanti, come si vede confrontando il sanscrito *émi* io vado (gr. εἶμι) col sscr. *imás* noi andiamo (gr. ἴμεν); la quale oscillazione però oggi si spiega come effetto dell'oscillazione dell'accento, cioè si tiene che la radice s'alleggerisca quando perde l'accento (il gr. ἴμεν è un'accentuazione posteriore turbata). Nel modo invece come Bopp considerò le leggi fonetiche, raramente cioè come leggi assolute quali oggi s'inclina a tenerle, e il più delle volte come semplici tendenze sog-

---

(1) Per es. in ebraico 'noi' al nominativo è 'ănăchnŭ ecc. e all'accusativo è *nŭ*; e dalla rad. *qătăl* uccidere abbiamo *qătăl-nŭ* uccidiamo e *nĭ-qtŏl* uccidevamo, e così via.

gette a quante eccezioni si vogliano, ci si vede l'influsso della tradizione grammaticale d'allora, la quale ammetteva eccezioni in qualsivoglia numero alle regole, e quasi non ammetteva vi potess' esser regola senza eccezioni. Del rimanente, in Bopp, preoccupato com'era dello spiegar la genesi delle forme, e del dimostrar l'affinità tra le varie lingue ariane con l'addurne i termini corrispondenti cui anche la sola intuizione gli facesse scoprire, il lavoro fonologico, che è insomma un lavoro ulteriore di sistemazione· di quelle corrispondenze raccolte e accumulate, era necessariamente incipiente ed immaturo. Se anche l'ingegno del Bopp fosse stato più inclinato alla fonologia che al resto, non era però quello il momento di fermarsi a far ricami fonologici, poichè si trattava piuttosto di scoprire e di riconoscere il terreno; e il suo grande ingegno lo doveva fare avvertito di attendere a quello che era allora più urgente e più opportuno. Giacchè una delle cose che caratterizzano il grande ingegno è, mi pare, il senso dell'opportunità, nella scienza non·men che nella politica. Il Delbrück ha fatto quindi assai bene a rilevare i mancamenti e le contradizioni fonologiche di Bopp senza scandalizzarsene. Come pur bene ha fatto ad osservare che, se in Bopp il sapere filologico e letterario era in seconda linea, perchè di qualche lingua, per la cui classificazione egli ha meriti immortali (celtico, slavo), avea egli una cognizione filologica scarsa, e della stessa buona latinità non si mostrava mai curante nei suoi scritti latini, ciò è però spiegabilissimo in chi era tanto assorbito dalla considerazione dello s t a t o n a t u - r a l e delle lingue. E quando conclude che il grand'uomo si segnalò più per l'ingegno scopritore e per l'intuizione acuta e geniale che per il metodo rigoroso, avrebbe forse potuto aggiungere, cosa del resto facile a sottintendere, che il simile si può dire di chiunque sia stato primo fondatore di una scienza.

Il bel giudizio di Delbrück sul Bopp, sebbene elaborato con uno studio diretto ed originale delle fonti, coincide però in grandissima parte con quello datone dall'Ascoli nel primo dei suoi *Studj Critici* (vol. II); e se di questa coincidenza il Delbrück non fa motto, egli è perchè il suo libro vuol essere svelto e rapido, e deve correr disimpacciato il più possibile da citazioni.

Bopp ebbe molta gratitudine e entusiasmo per Guglielmo di Humboldt, come l'ebbero di poi anche Pott, Schleicher, Curtius. Eppure, nota il Delbrück, un preciso influsso di Humboldt su di loro non si può additare in nulla, e l'entusiasmo ch'egli ispirava si spiega con le grandi qualità morali di lui, con la sua coltura universale, con la larghezza e perfezione del suo spirito, sempre inteso alla sintesi ma sempre nutrito dell'analisi. Del resto, sempre il benefico influsso di uomini, come l'H., larghi di mente e di cuore, è difficile. credo, concretarlo in modo spicciolo, perchè consiste soprattutto in quel loro dar altrui coraggio e impulso, con l'aver l'animo sempre pronto e lo spirito sempre adatto a finamente intendere e a calorosamente lodare ogni ricerca nuova, ogni acuta analisi, ogni ardita sintesi, ogni alto pensiero; sicchè ognuno è sicuro di trovar sempre in loro corrispondenza, ajuto, difesa, incoraggiamento, anche in momenti che tutti gli altri uomini fossero duri e chiusi. Dall'Ascoli poi, che è un altro dei grandi ammiratori dell'Humboldt, ho più volte sentita un'osservazione assai piena di verità: che l'H. è venuto troppo presto, poichè all'opera sintetica, a cui niuno è stato mai-più adatto di lui, non erano ancor maturi i tempi in che egli visse.

Anche con Augusto Guglielmo di Schlegel era il Bopp assai legato dapprima, ma dopo, per l'umor battagliero dello Schlegel, si guastarono, e si scambiarono parecchi frizzi. Lo Schlegel fu il fondatore della filologia sanscritica ed è quindi « dovuta a lui una gran parte di quella gratitudine che la grammatica comparata deve alla filologia sanscritica ». Ma dal Bopp, che in mezzo ai suoi grandi lavori comparativi trovava pure il tempo di far buoni libri per lo studio filologico del sanscrito, lo Schlegel pretendeva troppo, quando lo biasimava pel poco studio diretto che Bopp facesse dei grammatici indigeni dell'India; studio per il quale nè c'erano allora tutti gli ajuti necessarî, nè il Bopp avea tutta la debita propensione o il tempo disponibile. D'altro lato, anche col Bopp in quanto comparatore credette doversela prendere A. G. Schlegel quasi per obbligo di famiglia, posciachè il Bopp sempre più s'allontanava da Federico Schlegel nel modo di considerar la genesi delle forme grammaticali. Minacciò egli, Augusto Guglielmo, una grand'opera, un *Etymologicum novum* delle lingue ariane, ma non ne fu nulla. Bensì lo schlegeliano Lassen attaccò con molta ironia, in una recensione, fredda benchè equa, dei lavori grammaticali del Bopp, la dottrina di questi intorno alla detta genesi: un attacco però semplicemente negativo, che in ultimo non sortì alcun effetto.

Mentre Bopp fondava la grammatica c o m p a r a t i v a , contemporaneamente Jacopo Grimm dava un primo e stupendo esempio di grammatica s t o r i c a nella sua *Grammatica tedesca* ; ove abbracciò, giusta l'espressione dell'Ascoli « con gigantesco amplesso », tutte le fasi idiomatiche della parola tedesca dal gotico fino ai dialetti moderni; sicchè da lui più che dal Bopp derivano, come nota lo stesso Ascoli, il Diez (gramm. neolatina), il Zeuss (gr. celtica), il Miklosich (gr. slava), ed anche, come ricorda il Delbrück, l'Ahrens (dialettologia greca). E siccome il Grimm non doveva scovrire e riconoscere, come Bopp, il terreno, essendo l'affinità del gotico, del tedesco, dell'olandese. dell'islandese, dell'inglese, ecc., un fatto d'evidenza intuitiva e da nessuno mai disconosciuto, così egli potè rivolgere tutta la sua attenzione alle leggi fonetiche secondo cui la parola tedesca s'era alterata e divariata nel tempo e nello spazio, e soprattutto a quella gran legge della rotazione dei suoni (Lautverschiebung) che era stata già suppergiù affermata dal danese Rask, e che diventò la bussola della grammatica tedesca in sè stessa e nelle sue attinenze. Il Grimm « non divenne mai un glottologo alla maniera del Bopp, nè dall'opra di questo trasse tutti quegli ammaestramenti che avrebbe potuto »; ma da lui e da Bopp insieme deriva certo l'indirizzo s t o r i c o insieme e c o m p a r a t i v o che lo studio della favella ha definitivamente assunto, nonostante le resistenze che per un pezzo opposero i vecchi maestri di lingue classiche (tra cui primeggiò per dottrina e per ostinazione il Buttmann).

Sommo fra i seguaci di Bopp è Augusto Federico Pott, che nelle sue *Ricerche Etimologiche*, disciplinando sempre più rigorosamente la fonologia, dette il più sicuro fondamento alla etimologia, e gettò le basi del lessico comparativo. Più vicino a lui il Delbrück pone Teodoro Benfey, riconoscendo però che in quanto a fonologia questi non segnò alcun progresso, e che alcune sue teorie son troppo arrischiate, e che il maggior merito suo fu nella filologia indiana, specialmente per l'avere ei primo offerto ai glottologi materiali sicuri del dialetto vèdico. Altri con lui (Rosen, Roth, Westergaard, Max Müller, Kuhn, Aufrecht...) contribuirono all'accertamento dei materiali indiani, levando così di mezzo una causa potente d'errore pei comparatori, che non aveano usata sufficiente diffidenza verso i così detti indici di radici sanscrite ; finchè si venne al gran monumento del dizionario sanscrito petropolitano di Böhtling e Roth, che fa epoca per la glottologia non meno che per la filologia indiana. E intanto anche pel lituslavo e pel celtico gli studî progredivano.

Ma oltre l'allargamento delle cognizioni da servire di fondamento alla comparazione, questo periodo della nostra scienza, del quale ora si parla, fu contrassegnato da una più rigorosa determinazione dei caratteri i n d i v i d u a l i proprî de' singoli rami della famiglia indoeuropea. Nel suo studio complessivo di tutta questa famiglia Bopp non badò sempre a riconoscere e rispettare quei caratteri; ed è naturale, poich'egli era tutto inteso alle c o n f o r m i t à tra le lingue sorelle. Egli era capace di confortare un trapasso fonetico, da lui voluto per il latino, con un parallelo armeno; e di ridurre, p. es., τέτυφα, e simili perfetti aspirati, a perfetti in -κα come tutti gli altri, facendoli risalire a un *τετυπ-κα e simili, di cui il κ si fosse ridotto a *h* (τετυπ-ha, τέτυφα) al modo germanico (cfr. ted. e ingl. *horn* = lat. *cornu*, gr. κέρας). Or fu il Curtius che dette nel campo greco il più bell'esempio di reazione a quel non infrequente sincretismo boppiano, soprattutto con la sua classica opera sui *Fondamenti della etimologia greca* (1). E il Corssen farebbe bene il pajo con lui, come principe

---

(1) Sul Curtius il Delbrück avrà occasione di ritornar più volte nel corso del libro, sia per considerare la soluzione dal Curtius tentata del problema, come via via si formasse il sistema grammaticale dell' idioma protoariano, sia per lodare o discutere alcuni criterî metodici da esso raccomandati per le ricerche glottologiche in genere. Noi intanto non possiamo qui tenerci dal ricordare quanto la *Grammatica Greca* del Curtius abbia giovato in Italia, sì a ravvivare e raddrizzare gli studî greci, e sì a suscitare e diffondere, insieme alle belle *Letture* di Max Müller, l'amore per gli studî comparativi. E quando dalla grammatica son risaliti agli *Schiarimenti alla grammatica*, ai *Fondamenti di etim. gr.*, e agli altri scritti del Curtius, gli studiosi italiani hanno trovato in esso un geniale manoduttore, e quasi un seduttore, agli studî linguistici: in grazia soprattutto dello stile suo limpido, tranquillo, lontano insieme dalla esuberanza e dalla soverchia densità, e non privo di tratti vivaci ed arguti (e sugl'Italiani le qualità dello stile hanno di solito molta efficacia, sia attraente, sia repellente); ed in grazia anche di quella sua serenità e rettitudine d'animo, di quella mitezza senza fiacchezza, di quella dignità senza orgoglio, che traspajon sempre da ogni pagina dei suoi libri e per poco non ho detto perfin dai paradigmi delle sue grammatiche, e che fan lui amato non men che ammirato da tanti a lui sconosciuti, sì che qualcosa di simile a quel che si disse dello Schiller, che cioè se anche non era il più grande era il più simpatico tra i poeti tedeschi, si potrebbe dire di lui tra i tedeschi glottologi.

nel campo italico, se insieme a grandi pregi non fossero stati in lui gravi difetti, dimostrati soprattutto dall'Ascoli, e s'egli non avesse avuto il torto di spingere quella reazione ad una esagerazione grandissima.

Il terzo capitolo è consacrato ad AUGUSTO SCHLEICHER, così immaturamentè rapito alla scienza! Mostra il Delbrück assai giustamente, ma con più insistenza forse che non bisognasse, che sullo Schleicher l'influenza dell'Hegelismo negli anni giovanili, e delle scienze naturali (in cui era più che un dilettante) nell'età più provetta, fu molto estrinseca e superficiale, e si fe' risentire piuttosto nella terminologia e nelle comparazioni e nelle immagini, che nel pensiero scientifico vero e proprio. Se nella classificazione ternaria delle lingue, in i s o-l a n t i, a g g l u t i n a n t i e f l e s s i v e, lo Schleicher fu lieto di ritrovare i tre momenti hegeliani, quella classificazione però gli era risultata per via dell'osservazione, e sulla traccia già data da Federico Schlegel e da Guglielmo di Humboldt; e in sostanza poi aveva la sua vera base nel concetto boppianò che la flessione sia in fondo composizione. Anche nel considerare tutte le favelle ariane, sin le più antiche e superbe, come aventi già compiuto il terzo momento e come entrate nel periodo della decadenza e della dissoluzione, Schleicher seguiva Bopp; e tutt'al più hegelizzava nell'affermare che le fasi ascensive del linguaggio siano state percorse tutte nell'epoca preistorica, e che nell'epoca storica sia già cominciata la tendenza discensiva (1).

Dal naturalismo dello Schleicher deriva invece la sua persuasione che la lingua sia un organismo naturale, vivente come tale, e che la linguistica sia una scienza naturale, e da trattarsi col metodo naturalistico. Tre sentenze inesatte, perchè nè la lingua è un vero o r-g a n i s m o: se mai, è una f u n z i o n e; nè può essere una scienza naturale quella che studia un fatto umano, sociale, storico, qual è il linguaggio; nè infine esiste propriamente un metodo che sia comune a t u t t e le scienze naturali.

---

(1) Bisognava forse meglio specificare perchè in questo concetto vi sia dell'Hegelismo. Perchè quanto al concetto del preistorico, non pare in verità ch'esso giuochi troppo nel sistema dell'Hegel. Piuttosto, siccome per Hegel ciò che risulta dalla triplice evoluzione dà luogo poi a una nuova triplice evoluzione, così può parere hegeliano il concetto che la lingua, dopo i due stadî anteriori divenuta flessiva (terzo stadio), entri poi in un nuovo svolgimento discensivo.

Oltre i suoi lavori d'indole più speculativa, lo Schleicher coltivò il campo slavo, con grandissimo successo; e infine diede col suo celebrato *Compendio* un quadro di tutta la famiglia ariana, in forma rigida e concisa, dando il debito risalto a ciascuna favella nei suoi tratti individuali, e sviluppando largamente la fonologia. Molto diverso così dal Bopp per la forma, giacchè Bopp avea scritto la *Grammatica* nel calore della scoperta, sotto forma d'indagine, e Schleicher scriveva colla tranquilla precisione di chi espone una dottrina già da un pezzo acquisita. Rimase però boppiano nelle dottrine e nelle opinioni; pur ritoccandole qua e là o accettando i ritocchi di Pott e di altri. Il suo ingegno, più metodico che intuitivo, lo portava a guardare con poca simpatia le ricerche etimologiche e a dare alle leggi fonetiche già acquisite un valore troppo definitivo: dimenticava un poco che le scoperte etimologiche son sempre la vera fonte dell'ampliamento della grammatica comparata e possono dar luogo a nuove leggi fonetiche, più larghe o più strettamente condizionate di prima (nella qual via etimologica è stato poi tanto benemerito il Fick). Trattando poi la materia in modo teorematico anzichè problematico, cioè applicando la forma deduttiva a dottrine trovate dal Bopp e da altri per la via induttiva, naturalmente lo Schleicher venne a dare maggiore importanza alla ricostruzione del termine protoariano, che gli dovea servire di punto di partenza per la trattazione del termine indiano, iranico, greco, latino, germanico, ecc. E così nella cura, che mise nella ricostruzione ipotetica del linguaggio indoeuropeo ancora indiviso, consiste la maggior parte della sua originalità. Certo, talora eccedette ricostruendo una forma più integra e perfetta di quel che la comparazione delle varie lingue additerebbe: p. es., come prototipo de' nominativi *māter*, μήτηρ, sscr. *mātā*, ant. alto ted. *muoter* ecc., stabili *mātars*, dove invece bastava *mātār*, che è l'immediato progenitore del termine latino, greco, sanscritico, ecc., anche se in una fase più antica sia stato *mātars*. Inoltre, egli partecipava alla tendenza di parecchi altri linguisti, nel supporre che l'idioma originario avesse un numero più ristretto di suoni, che poi nelle singole lingue venisse più o meno aumentando; dimodochè lo stato del vocalismo protoariano fosse rappresentato dal sanscrito, e quel del consonantismo dal greco. Ora invece prevale fra molti linguisti una sentenza opposta; la quale, ascrivendo un più gran numero di suoni alla favella originaria, di cui alcuni si sarebbero poi in alcune lingue nuovamente sperduti, vuole che il vario e ricco vocalismo greco rappresenti suppergiù il vocalismo ariano originario, e per converso il consonantismo originario sia suppergiù conservato dal sanscrito. Una volta si diceva : — la lingua originaria avea solo *a* , *i* ed *u*, poichè a questo stato è rimasto il sanscrito, e in un certo senso lo zendo, e l'*e*, che le lingue europee mostrano in molti vocaboli comuni, s'è sviluppata in esse dopo la loro separazione del ramo asiatico. E quanto alle consonanti, la lingua ariana originaria avea solo il *k* gutturale, come è in greco, in latino (non neolatino) ecc.; il *c'* palatale e la sibilante *ç*, che sottentrano talora al *k* in sanscrito e in zendo, si sono sviluppati nel ramo asiatico quando questo era già staccato dall'europeo. E il lituslavo, che solo tra gl'idiomi europei ha la sibilante là dove l'ha il ramo asiatico, l'ha svolta per conto suo, o la ha per aver convissuto un po' di più col ramo asiatico. — Ora invece si dice: il *k* era già i n t a c c a t o in alcune parole nel linguaggio indoeuropeo ancora indiviso, e questo intacco è che ha dato quei risultati comuni al lituslavo e all'indoirano, ma nelle altre lingue europee l'intacco è sparito, ed il suono gutturale s'è r i s a n a t o. E l' *e*, siccome non è estranea interamente all'Asia, perchè c'è nell'armeno, così la dev'esserci stata nella lingua fondamentale, e solo nell'India e nell'Irania in epoca più o meno antica essersi poi fatta o rifatta *a*. Tanto più che s'è osservato come bene spesso in Asia il suono palatale sorga dal suono gutturale per influsso di un *i* seguente, come p. es. nel sscr. *ōǵîjān* comparativo di *ugrás* ; ovvero per influsso di un'*a*, ma di quella sola *a* cui corrisponde nelle lingue europee un'*e*, come p. es. nel sscr. *c'akāra* perfètto di *kar-* fare, cui si confronti κέκαυκα perfetto di καυ- bruciare; il che dunque vuol dire che quell'*a* fu *e*. Il *ka-* di raddoppiamento, insomma, prima che il linguaggio indoeuropeo si scindesse sarebbesi fatto *ke*, e poi *c'e* o almeno *k'e*, donde da un lato il sanscrito posteriore *c'a-* con la vocale risanata, dall'altro il greco κε-(*ke*) con risanata la consonante. E anche l'*o* doveva essere già nato nell'idioma ariano, soprattutto nelle terminazioni.

L'autor primo e vero della dottrina concernente la gutturale ariana è stato l'Ascoli, appresso al quale sono andati il Fick, l'Havet, e altri glottologi stranieri. Ed io, come italiano, non posso pensare senza un certo orgoglio che l'Italia, ultima venuta negli studî linguistici, sia stata già in grado, grazie all'Ascoli, di fare una così cospicua e s p o r t a z i o n e di nuove dottrine in paesi stranieri, anche in quelli dove

la glottologia è nata e divenuta adulta. Nè posso senza vivo compiacimento legger parole come quelle che il Curtius scrive nella quinta
ed ultima edizione del suo capolavoro: « erst Ascoli's mit ebenso
staunenswerther Gelehrsamkeit, wie bewundernswürdigem Scharfsinn
auf klare Ziele gerichtete Untersuchungen brachen hier neue Bahnen » (1).
E l'Ascoli è pure l'autore indiretto, l'αἴτιος se non l'autore, dell'altra
dottrina concernente l' e protoariana, con tanto acume e tanta copia
d'indagini proposta e propugnata da dotti tedeschi e da qualche francese. E le due dottrine sono strettamente connesse, infatti, oltrechè da
contatti reali, anche da congruenza metodica; sicchè non si può
senza maraviglia vedere come il Curtius, che tanto buon viso fa alla
dottrina del duplice k, guardi ancora con tanto sospetto e malavoglia
la dottrina dell' e (2). Il disgusto ch'egli mostra per la complicazione
che nasce dalle notazioni a^1, a^2 (3) — disgusto inverità che si può
ammettere dal punto di vista didattico, ma dal punto di vista scientifico non si sa capire — si potrebbe e dovrebbe con altrettanta ragione, o meglio con altrettanto torto, mostrare anche verso i k_1, k_2
e simili notazioni, contro i quali il Curtius non è insorto! E un altro
po' di contradizione noi la troviamo in ciò, che egli ai fautori dell' e
protoariana oppone che la gran mobilità che è propria delle vocali
renda molto difficile il fissare qual ne sia il suono più antico (op.
cit., p. 93), mentre questo scrupolo non ha mai impedito a lui di
fissare che il suono della vocale ariana fosse solo a (e non e, o)!
Senza dire poi che simili massime scettiche colpirebbero di sterilità
prestabilita tutti i più nobili e ingegnosi conati dei ricercatori. Ancora vorrei dire che l'osservazione, in sè giustissima, ch'egli fa, come,
essendo l'alfabeto sanscrito tanto ricco e minuto e preciso nella distinta
rappresentazione dei suoni, debba parere strano che giusto esso si
rassegnasse a confondere nel segno a tre suoni diversi (a, e, o), perde una
parte del suo valore se si consideri che almeno l'a breve non è espressa

---

(1) « Prime ad aprir qui nuove vie furon le ricerche dell'Ascoli, in-
dirizzate da lui ad una meta precisa, con una erudizione che reca stupore e con un acume maraviglioso »: *Grundzüge*[5], p. 83.

(2) Vedi *Grundzüge*, 83-94.

(3) Con a^1 indicano alcuni dei novatori l'a ariana che suonava, secondo essi, già quasi e (altri scrivono a^e); con a^2 l'a che a parer loro
inclinava al suono o (a^o).

direttamente dall'alfabeto sanscrito se non quando fa sillaba da sè, chè del resto ogni consonante o gruppo di consonanti porta con sè sottintesa, come tutti sanno, la sua *a* breve, se altra vocale non è espressamente notata ; il che potrebbe indicare, o almeno ammettere, l'oscillazione nel timbro di questa vocale, che, considerata come semplice appoggio della consonante, non si scriveva neppure. Molto più valore ha invece l'altra objezione del Curtius, che cioè la storia dell' *a* in altre favelle, p. es. nelle romanze, nelle germaniche, dimostri come sia infinitamente più facile che l' *a* s'annebbî e si restringa in *e* e in altre vocali, anzichè le altre vocali assurgano ad *a*, il che non si verifica se non in linea affatto eccezionale. Apparisce dunque un po' strano che nell'indo-perso avvenisse un così pieno ritorno al suono chiaro dell'*a*, quando questo fosse già stato in date parole abbandonato. Nè questo ritorno si può evitare dai fautori dell'*e* protoariana, poichè, come fu già da altri osservato, checchè si pensi del sanscrito, certo le favelle dell'India moderna hanno chiaramente l' *a*.

Ma una consimile argomentazione può, mi sembra , applicarsi in un certo senso anche contro la dottrina del duplice *k* indoeuropeo ; e mi si consenta d'insistere qui un poco su questo punto. Veramente, molte ragioni, tra cui principalissima la molta esitazione ch'io debbo avere a metter bocca in così ardue questioni , mi vorrebbero distogliere dall'aggiunger più parole intorno ad esse. Ma io non intendo qui formulare se non dei dubbi, nella speranza che essi mi sien tosto risoluti da qualcuno dei molti che ne san più di me o dei pochi che ne san più di tutti ; e pur questi meri dubbî mi parrebbe arroganza il presentarli in altro scritto che non fosse, come questo, un discorso bibliografico molto alla buona.

In primo luogo, senza affermare recisamente con il Bréal che in fonologia non si abbia esempio « di un suono che, dopo essersi alterato, abbia fatto ritorno alla sua primiera purezza » (1), perchè di tali esempî invece ve n'è ormai parecchi, ei non si può però disconvenire che il caso di un *c* più o meno palatale o palato-dentale che si rifaccia *k* limpidamente gutturale, se occorre in questo o quel dialetto (2), non si può però dire un fatto fonetico di natura generale e

---

(1) Citato dal sig. prof. Pezzi nella *Glottologia aria recentissima*, p. 8-9.

(2) Per es., nel sardo logudorese *dulche* (dulke) e sim. abbiamo il la-

normale, bensì ha tutto l'aspetto d'un'affezione sporadica e quasi morbosa (morbosa, benchè si tratti d'un risanamento) che incolga in via
affatto eccezionale qualche singolo linguaggio. Di regola, una gutturale, una volta fatta più o men palatale, non ritorna allo stato primiero gutturale. Mentre qui si tratterebbe di un ritorno che sarebbe
successo su larghissima scala, nientemeno che in quasi tutte le favelle europee di origine ariana!

Ma, in secondo luogo, anche si trattasse di un fenomeno semplicissimo, usuale, come può essere, p. es., la degenerazione delle aspirate in
spiranti; anche se il ripristinamento della gutturale più o meno palatalizzata non fosse un fatto di carattere anormale ed insolito; resterebbe
sempre questo da dire: poichè codésto risanamento sarebbe c o m u n e
al greco, all'italico, al celtico, al germanico, dovrebb' essere stato fatto

---

tino *dulce-* (dulke-) che fattosi prima *dulc'e-* in tutto il romano volgare
s'è poi rifatto *dulke* nel Logudoro (*Arch. Glott.*, II, 143); e qualcosa di
simile si ha nel dialetto dell'isola di Veglia nel Quarnero (*Arch. Gl.*, I,
437 n.). Anche nel *h* piccardo e normanno a fronte del *ch* (che fu *c′* e
poi *sh*) francese-comune in *cheval* e simili, vede l'Ascoli un semplice
r i c o r s o (in questa *Rivista*, X, p. 34 n.). — Pel rumeno invece son da
vedere le osservazioni del Diez nella *Grammatica*; e vedile anche per le
forme come l'it. *rádica*, il napol. *júreche* ecc., per le quali confrontisi
pure *Arch.*, II, 435; e pel preteso or ritorno or rinforzo di palatale in
gutturale nelle forme verbali italiane come *fuggo, salgo, rimango* ecc.
si può vedere la mia *Grammatica Portoghese*, p. 38 n.; e mera illusione, come avrò occasione d'insistere altrove, sono i *gh* (*g*) notigiani di
Sicilia per *ġ* = *g* (*e, i*) latino, il valor dei quali fu già stremato dall'Ascoli, *Arch.*. II, 457. — Notevole pure, sebben di natura alquanto
diversa dal fatto del sardo e del veglioto, è quello del napoletano *rashco*
e del leccese *rascu*, io raschio, e simili, di fronte all'abruzzese *rashchjo*
e simili (con *chj* s'intende rappresentato un unico suono palatino che si
avvicina al *c″* ladino, e non è un bel *k* + *j* come quello del toscano *raschio*); e forse anche quello del valacco *chemá* chiamare, *ghem* glomus,
e simili. — Ma ciò che soprattutto importa qui notare si è, che codesti fenomeni di gutturale ricorrente sono, come si vede, fatti locali, speciali
di singole favelle neolatine, le quali in ciò stuonano non solo dalla intera famiglia romanza ma anche dal particolare ramo di questa a cui
ciascuna di esse appartiene. Ed appunto perchè si tratta di vezzi locali,
rarissimi, isolati in mezzo all'uso, generale nel campo romanzo, delle
palatali e lor succedanei, è parso in fine strano il più ravvisarvi la conservazione arcaica e diretta dell'antica gutturale latina; la quale non si
capirebbe come, alteratasi in tutto l'ambiente neolatino, si preservasse
solo in due, o tre punti o piccole strisce idiomatiche.

in comune da tutti codesti idiomi, vale a dire in un'epoca in cui vivessero ancora di identica vita, e costituissero ancora un unico idioma. È stato sempre un postulato concordemente ammesso nella nostra disciplina, anzi è il postulato su cui essa addirittura si fonda, questo: che un'alterazione fonetica, una forma grammaticale, un dato vocabolo, che sia comune a tutte o quasi tutte le lingue di una data famiglia, debba essere stato proprio anche della rispettiva lingua madre, prima che si scindesse nelle singole lingue. E questo postulato, soggetto certamente ad alcune riserve (vedi p. es. Ascoli, *Studj Crit.*, II, p. 83 segg.), non pare sia per perder credito, chè pur jeri l'Ascoli nella sua bellissima *Lettera Glottologica* pubblicata in questa stessa *Rivista*, lo applicava all'*uo* romano volgare da ŏ latino. Nè può poi dirsi che non sia da applicare a questo caso nostro, in cui si vedrebbero greco, italico, germanico, celto, accordarsi così perfettamente in un fatto fonetico così cospicuo, quale il risanamento della gutturale già intaccata nella fase ariana. Bisognerebbe dunque supporre che un tal risanamento avvenisse in quella che il Lottner, il Curtius, il Fick e gli altri, han chiamata l i n g u a e u r o p e a f o n-d a m e n t a l e. Ma allora, è il caso di dire, perchè il lituslavo non vi partecipa? Ed ecco che quella stonatura che faceva il lituslavo tra le lingue europee per aver sol esso fatti in comune coll'indoirano una serie d'intacchi del *k*, si viene a riprodurre, sotto un opposto punto di vista, se ammettiamo che quegl'intacchi fossero stati già comuni a tutte le lingue europee e che tutte si accordassero a risanarli eccetto il lituslavo (1). Sempre il lituslavo fa parte per se stesso, e, quale sfinge, getta in faccia ai glottologi il suo enigma.

L'esempio del sardo logudorese che l'Ascoli ha ricordato (2), — con tanto più di diritto in quanto è stato lui a mostrare che nel

---

(1) Questa piccola argomentazione non l'ho tolta a nessuno, essendomi sorta in mente fin da quando uscirono i *Corsi di Glottologia*. Ma vedo che essa traspare anche da alcune concise parole del Bréal riferite dal Pezzi, *op. cit.,* p. 9 : « l'ipotesi non vale che a spostare il problema, perocchè, s'ella ci mostra per qual causa l'alterazione esista nelle medesime parole in slavo ed in sanscrito, non ci fa comprendere la cagione per cui la guarigione ebbe luogo uniformemente in latino, in greco, in gotico, in celtico ».

(2) *Studj Critici,* II, p. 28.

sardo *dulche* e simili non s'avesse più a vedere la continuazione diretta del suono latino come volea il Diez (1), — l'esempio, dico, del sardo, e gli altri esempî che poco fa ho io ricordati in nota, se quadran benissimo per dimostrare la p o s s i b i l i t à del ritorno della palatale a gutturale, non son certo adeguati, limitati come sono a singoli subdialetti neolatini, a dimostrare la p r o b a b i l i t à del fenomeno stesso in una così vasta estensione geografica e idiomatica, qual sarebbe quella che risulta dal greco, latino, celtico, germanico, sommati insieme. Perfino il risanamento del *kv* in *k* si mostra soltanto a strisce qua e là, cioè nel lituslavo, nel neojonico (κῶς; κότε; ecc.), e nell'ibernio tra i dialetti celtici (2); eppure, esso è ben più facile intrinsecamente che non sia quello di *c'* o *kʲ* in *k*! Nè giova troppo il dire che fosse un *k* molto leggermente intaccato, e quindi assai facile a ricondursi 'in pristinum' quel *kʲ* da cui sarebbesi svolta indipendentemente la sibilante indoirana da un lato e la sibilante lituslava dall'altro. Senza dire che un cosiffatto sviluppo conforme e indipendente della sibilante dalla palatale in due diversi rami idiomatici presenterebbe non poca difficoltà anche se al momento di separarsi essi avessero avuto un vero *c'* palatale, e che tanto più cresce questa difficoltà quanto più il *k* intaccato si suppone ancora lontano dall'esser giunto sino a un vero *c'* palatale (3); ei c'è inoltre questo da avvertire, che in tutti i modi quell'intacco, tostochè sarebbe stato capace di condurre o avviare, in quei due rami diversi, ad una degenerazione così profonda qual è quella in sibilante, non potrebbe mai essere stato così misera cosa, da dileguarsi poi con tanta facilità nelle altre lingue europee. In altri termini, o quest'intacco è quasi niente e poco si capisce come abbia avute così gravi conseguenze in due separati rami della famiglia ariana, ovvero « pensando l'alto effetto ch'uscir dovea di lui » noi ce lo rappresentiamo come qualcosa di cospicuo, e allora non si capisce come esso si sia così ben dileguato

---

(1) E come avea ripetuto pur allora il JORET nel suo libro *Du C dans les langues romanes.*

(2) Cf. ASCOLI, *Corsi* ecc., p. 76, 89-90. — Qui naturalmente prescindiamo dal *k = qu* nelle fasi moderne della parola latina (ital. *chi*, sp. *quien* [= kien], *calidad* ecc.), di che vedi l'Ascoli stesso in questa *Rivista*, X, 14 segg.

(3) L'Havet lo fa vero *c'*.

in tutti gli altri rami. Insomma, a non preoccuparsi di conseguenze ulteriori che possan venire dalla storia delle gutturali, a guardare ai soli fatti che avvertiti da Bopp son poi stati ridotti a così splendida evidenza dall'Ascoli, la cosa più verisimile sarebbe, che da un lato l'indoirano e il lituslavo abbiano condotto in comune, prima di separarsi, la gutturale fino a suonar s i b i l a n t e, e dall'altro le altre favelle europee abbiano s e r b a t a la gutturale primitiva senza averla mai, neanche transitoriamente, alterata o intaccata (1). Sennonchè, è egli poi necessario il dedurre da questo, come faceva il Bopp, che il lituslavo fosse rimasto in Asia più a lungo di tutte le altre lingue europee? O quel dualismo che è tra il *k* europeo e la sibilante arioslava non potrebbe farsi risalire alla stessa lingua madre indoeuropea, ammettendo che questa fosse già suddivisa in dialetti, un gruppo dei quali tenacemente conservasse il prisco *k*, e un altro l'avesse già alterato? — Io ben vedo che, sdrucciolando cosi dai miei dubbî negativi in un'altra serie di dubbî che si potrebbero dir positivi, io vengo a meritare sempre più la taccia d'indiscreto; ma è proprio vero quel che disse Cicerone (fam. 5, 22, 9), che « qui semel verecundiae fines transierit, eum bene et naviter oportet esse impudentem ! ».

Che la lingua madre indoeuropea dovesse essere già suddivisa in parecchi dialetti, sembra doversi affermare a priori. Noi non cono-

---

(1) Qui parliamo dell'una serie di *k*. Quanto a quell'altra serie che suol esser rappresentata da *kv* europeo, noi non abbiamo bisogno d'occuparcene. Stando a una dottrina esposta da GIOVANNI SCHMIDT (*Kuhn's Ztschft*, XXV, 135 segg.), e che infine mette capo anche ad alcune confessioni dello stesso CURTIUS (*Grundz.*, ¹444, ⁵486), il doppio esito greco, cioè l'esito labiale in una classe di parole (πότερος, ecc.) e dentale in un'altra (τίς; ecc.) proverrebbe dal trovarsi nella prima classe il *k* avanti a vocale aspra, e nella seconda avanti a vocale dolce (*e*, *i*) e a *j*. Cioè che avanti *e*, *i*, *j*, si sarebbe avuto un *c'* palatale ario-greco, che poi in greco si sarebbe fatto τ. Anche avanti a *j* s'è detto, giacchè per lo Schmidt la forma πέσσω, p. es., riverrebbe non già a *πεπ-jω, bensì a un *πετ-jω, che starebbe, p. es., a πεπτός, πέπων ecc. come τίς a πότερος; e di cui il τ corrisponderebbe al *c'* del sanscrito *pac'játē*, come il τ di τε risponde al *c'* di *c'a*. Se questa dottrina, sulla quale non son in grado di portare alcun giudizio, com'è attraente in molti punti, così potesse dirsi sicura, noi avremmo che anche il greco avrebbe avuto ab origine le sue palatali; ma beninteso in quell'altra serie di *k*, che non è quella che finisce a sibilante ario-slava.

sciamo in questo mondo alcuna favella che non presenti suddivisioni dialettali ; e sebbene in massima queste mettano capo principalmente a incrociamenti etnologici, come ha con molta energia insistito l'Ascoli in questa stessa *Rivista* (X, p. 1 segg.), i quali incrociamenti possono non aver avuto luogo nel popolo indoeuropeo ancora indiviso, tuttavia esse dipendono insieme da altre cause concomitanti, che assolutamente devono aver avuto luogo anche per quel popolo. È generalmente ammesso che parecchi secoli dovettero correre perchè il tipo linguistico indoeuropeo si formasse e fermasse quale era al momento che la lingua madre si scisse nelle varie lingue indoeuropee. Ed è pure necessario ammettere che fosse già considerevolmente numerosa la popolazione indoeuropea in tal momento, perchè potesse andarsi spargendo su tanta parte d'Asia e d'Europa, e assorbire anche in sè le popolazioni indigene che per avventura incontrava nelle sue immigrazioni, senza smarrire, se non in parte, il suo carattere etnico e idiomatico (1). Ora, ei non è concepibile che una popolazione abbastanza numerosa elaborasse via via per molti secoli la comune favella, senza venire a quelle divergenze dialettali che anche il semplice scorrer del tempo e la semplice mancanza del contatto quotidiano vien s e m p r e a determinare fra i parlanti una medesima lingua, tanto più quando manca una letteratura vera e propria che allarghi e moltiplichi i contatti e faccia argine alle forze alterative. Le divergenze dialettali protoariane potranno esser concèpite come lievi e scarse, quando si creda che il sangue ariano nel periodo unitario si sia conservato purissimo e scevro da ogni mescolanza straniera, e quando si pensi che quella stirpe geniale , destinata ad essere sovrana nel mondo , dovea fin d'allora avere una vivacità grandissima, e rifondersi e riaffratellarsi di continuo per via dei commerci, del culto religioso, delle tradizioni mitologiche ed eroiche, e serbare così viva ed accesa la coscienza della sua unità. Ma, per quanto minime , quelle divergenze ci dovettero pur essere ; e ormai

---

(1) Vedi su ciò l'Ascoli nell'articolo *Lingue e Nazioni*, nel *Politecnico* (XXI, 77-100); soprattutto a pag. 77 segg. e a pag. 90. Quivi veramente insiste più sulla scarsità degli Aborigeni europei, che sulla abbondanza degli Arii immigranti; ma nel complesso egli vuole una immigrazione aria relativamente copiosa. Adesso poi egli dà anche maggior valore a quegli Aborigeni (*Lett. Glott.*).

non si trova, credo, nessun glottologo che intenda negarle, e se ne trova più d'uno (non dico molti) che mostra di ricordarsene (1). Se non che, mentre le ammettono in teoria, difficilmente poi, quando si viene al concreto, i glottologi s'inducono ad attribuire ad esse divergenze la causa prima di qualsivoglia anche minimo fatto fonetico o grammaticale o lessicale individualmente proprio di qualche singola lingua o gruppo di lingue indoeuropee, e si sforzano sempre di trovare una causa più recente, e insomma fanno sempre come se il linguaggio indoeuropeo indiviso fosse stato perfettissimamente eguale in tutta la sua estensione geografica e demotica. Somigliano un po' l'avaro, che dopo avere, a parole, messa tutta la sua casa a disposizione altrui, nega poi risolutamente a una a una tutte le cose, per quanto insignificanti, che altri si facesse a domandargli! Ma questa cosiffatta avarizia dei glottologi è, come criterio metodico, molto giusta e naturale; chi ben consideri; poichè l'arrendevolezza ch'essi mostrassero verso quelle spiegazioni di fenomeni che s'appellassero alle suddistinzioni dialettali protoariane, cioè dire verso ipotesi che non ammettono alcuna verificazione estrinseca o controllo indiretto, comincerebbe davvero a compromettere la severità dei metodi e la serietà della scienza. Gl'inesperti ricorrerebbero troppo facilmente a tali ipotesi, perchè riuscirebbe loro molto comodo il rimandare tutte le difficoltà a quel periodo oscuro; il quale diventerebbe per le pigre audacie dei glottologi quel che i f o n d i s e g r e t i posson diventare per gli arbitrî dei governi. Tutto questo sta bene (2); ma insomma un criterio m e t o d i c o non è mai un criterio r e a l e; e il voler per forza prescindere da quella articolazione dialettale della lingua madre, che pure in teoria si ammette, potrebbe condurre a voler talvolta l'impossibile o almen l'improbabile. Una bella prova delle attraenti applicazioni a cui si può prestare, in mani ben esperte, la ipotesi delle, chiamiamle cosi, dialettalità proetniche della parola ariana, ce l'ha data l'Ascoli stesso in un luogo del citato scritto *Lingue e Nazioni*. Ivi (p. 86), rifiutata l'infelice opinione di Grimm

---

(1) Vedi Ascoli, *Lingue e Naz.*, p. 83; e Bréal nel *Journal des savants*, 1876, p. 633-4.

(2) Un caso di troppo pronto appello alle varietà dialettali protoariane, e in persona di un dotto assai rispettabile, lo ricorda e discute l'Ascoli negli *St. Crit.*, II, 396.

secondo cui la 'Lautverschiebung' sarebbe avvenuta tra i Germani nella seconda metà del primo secolo dell'èra volgare per un ingagliardimento delle consonanti mute corrispondente all'afforzamento allora avutosi della coscienza nazionale, l'Ascoli ricordava come degli spostamenti delle mute conformi a quelle che presenta il gotico ne offra anche l'osseto (*fid* = pater, come il gotico *fadar*), e perfino in dati incontri lo zendo (*fra* = πρό, come il germ. *fru-*, *for*), ed argomentava che la evoluzione germanica fosse un carattere dialettale « di una qualche sezione della gran patria comune » ariana, nell'epoca anteriore al distacco degl'Italo-greci dall'Asia. Or non si potrebbe, ripeto, argomentare allo stesso modo circa la sibilante arioslava?

Sui rapporti che si debbano supporre tra le singole lingue indoeuropee e la così detta lingua madre le opinioni dei glottologi hanno molto variato da Bopp in poi. Il Delbrück ne discorre nel settimo ed ultimo capitolo del suo libro (1), ma noi ne anticipiamo qui i cenni, condóttivi dal nostro discorso. Il Bopp stesso, dopo varî ondeggiamenti, venne da ultimo nel concetto, che dalla lingua madre primi si distaccassero il celtico, il germanico, il greco e il latino, più tardi il lituslavo; e più tardi il residuo asiatico di essa si scindesse in indiano e medopersiano. Lo Schleicher poi, considerando (a torto) casuali le coincidenze tra il lituslavo e l'indoirano, e stabilendo invece certe coincidenze tra slavo e tedesco, opinò che dalla lingua madre prima si distaccasse lo slavo-tedesco, più tardi il greco-italo-celtico, lasciando come residuo asiatico l'indoirano. I quali gruppi si sarebbero poi suddivisi col tempo alla lor volta, il primo in slavo e tedesco, il secondo in greco-albanese e italo-celtico, il terzo in indiano e iranico. Così ci venne a rappresentarsi tutta questa successiva divisione e suddivisione colla immagine di un a l b e r o, da cui spuntino tre rami, qual più vicino al suolo, qual più alto, che poi si ramifichino di nuovo. Vennero poi il Lottner e il Curtius, i quali, notati certi caratteri comuni a tutte le lingue europee (2), stabilirono

---

(1) Anche il prof. Pezzi ne fa una esposizione piuttosto larga nell'ultimo capo della sua opera citata.

2) Il primo notò specialmente l'*l* spesso europeo-comune di fronte all'*r* asiatica (per es. πολύς, *plus*, got. *filu*, [ted. *viel*] ecc. contro al sscr. *purús*, ant. pers. *parus* molto); l'altro notò l'*e* che molte voci europee contrappongono all'*a* delle corrispondenti asiatiche (p. es. φέρω,

che la madre lingua si scindesse prima in europea ed asiatica, e di
poi la lingua europea fondamentale, dopo un periodo di vita unica,
si scindesse in settentrionale e meridionale, suddividendosi poi nuovamente la settentrionale in slava e tedesca, la meridionale in greca,
italica, celtica. — Ma tutte e tre codeste opinioni, da Bopp a Curtius,
hanno, oltre le congruenze minori, questa base comune : suppongono
che sempre la determinazione d'una singola lingua importi il distacco
di un popolo dal popolo complessivo. Indiani e Slavi parlano la
stessissima lingua finchè convivono in Asia ; anzi non ci sono final-
lora, a propriamente parlare, nè Indiani nè Slavi, ma Ariani ; il
giorno che un gruppo di Ariani lascia l'Asia e viene in Europa, ei co-
mincian a essere un popolo e una lingua a sè, e diventano gli Slavi
coloro, se il distacco è avvenuto in un certo momento, a un certo
modo, e se si sono andati a stabilire in un dato luogo d'Europa ; e
così via. — All'ipotesi dei distacchi si oppose Giovanni Schmidt ;
il quale, notato come tra le lingue europee meridionali la più orientale, cioè la greca, sia pure la più affine alle lingue dell'Asia, e come
anche tra le europee settentrionali la più orientale, la lituslava, sia
del pari la più conforme alle asiatiche ; e come il lituslavo abbia
dall'altro lato conformità speciali col tedesco in modo da parere
quasi un passaggio dal tipo asiatico al tipo tedesco ; e il greco abbia
conformità con l'italico, sicchè anch'esso paja un colore intermedio
tra italico e asiatico ; e il celto si mostri da un lato affine al tedesco,
dall'altro all'italico ; si risolse a credere, che tutti questi linguaggi
formino una serie continua, e abbiano un rapporto graduale intrinseco corrispondente al rapporto geografico, sicchè il celtico per es.
sia, come il più lontano dall'Asia, così il più dissimile dall'idioma
asiatico, e il più sbiadito nella sua arianità ; allo stesso modo che,
quando il tonfo d'un corpo in uno stagno genera l'onda che via
via si allarga in cerchi concentrici, questi come più s'allargano più
s'attenuano. Meglio ancora la dottrina dello Schmidt si può rappresentare coll'immagine (usata da Ebel, e da Schmidt accolta oltre la

---

fero, got. *baira* ecc. contro a *bhárámi* sscr.). Questo secondo carattere
europeo si dileguerebbe, in parte almeno, se son vere le dottrine, oggi
in voga, sul vocalismo ariano e paleoasiatico, sulle quali più avanti ritorneremo.

sua « onda ») di una c a t e n a che muove dall'Asia e all'Asia ritorna, e di cui gli anelli sono: indoirano, (armeno), lituslavo, germanico, celtico, italico, greco, e daccapo indoirano. Se non che, questa bella dottrina che si fonda sui fatti molto più che non paja al Delbrück, sempre troppo scettico nel riconoscere affinità speciali tra lingue e lingue (tra greco e latino, ecc.), incontra pure un'objezione: se le varie lingue indoeuropee non sono che sfumature dialettali successive, digradanti via via l'una nell'altra, come mai sul confine tra l'un dialetto e l'altro, tra slavo, p. es., e germanico, non vi sono dei subdialetti intermedî dei quali si resti incerti se ascriverli allo slavo o al germanico? come mai tra questo e quello v'è un taglio così netto e preciso? non è chiaro che ognuna delle lingue indoeuropee ha una individuazione determinatissima e propria? — Orbene, una dottrina conciliativa potrebb'essere questa. Quella catena di dialetti supponiamola esistente nella stessa madre patria ariana, supponiamo che un dialetto ariano progenitore del futuro idioma slavo si sia in essa trovato geograficamente e linguisticamente intermedio tra un dialetto proavo dell'indiano e un altro proavo del germanico; e così via. Son poi cominciate le emigrazioni; e queste saran successe in quell'ordine che la posizione stessa geografica delle tribù e dei dialetti indicava. E ad ogni data emigrazione avran partecipato naturalmente quelli cui già un vincolo comune collegava, cioè tutti i parlanti uno stesso dialetto, o, aggruppati, i parlanti di più dialetti affini e contermini. Da molti, in passsato, le emigrazioni àrie sembra s'immaginassero così, che di quella materia perfettamente omogenea, che era, secondo loro, la stirpe ariana, oggi se ne staccasse una certa quantità e andasse in nuove sedi, domani un'altra quantità, e così via. Ma in realtà i coemigranti di oggi doveano avere legami omoglottici ecc., perchè coemigrassero, e così quei di domani. Non si tratta dunque, sia lecito . anche a noi di ricorrere a un paragone, di una cannella d'acqua della stessa fonte che ogni tanto s'apra e butti un tanto d'acqua che in nulla si differenzî dall'acqua del butto antecedente, bensì si tratta di grappoli diversamente grandi e diversamente maturi, che via via si distacchino da una vite. Questi dialetti protoariani, poi, incontravano, emigrando, linguaggi diversi di genti non ariane, già stanziate nelle regioni d'Europa e d'Asia, e così, per la reazione di quelli, subivano alterazioni per cui si rendeano, assai più che prima non fossero, divergenti dai dialetti ariani ab antiquo loro contermini (1); aumentandosi poi sempre la divergenza per effetto degli anni, dei climi, delle vicende storiche, ecc. Volendo dunque rappresentare quest'ordine d'idee con una formola, si direbbe: posto che G sia il g r e c o, quale noi lo conosciamo; noi rappresentiamo con g quel dialetto protoariano che parlavano quegli Arii che vennero a occupare la Grecia, con mg il miscuglio eteroglottico che ad essi potè toccar di subire, con a tutte le altre cause che soglion produrre la divergenza di un linguaggio da un altro originariamente affine o identico, e avremo la formola

$$G = g\,(mg + a).$$

Cosi il celtico darebbe:

$$C = c\,(mc + a).$$

Se non che, poi, questa omologia tra le varie formule, venendo al concreto, nasconde una gran differenza di condizioni reali e di risultati, giacchè quel coefficiente che rappresentiamo con mc per il celtico avrà un valore numerico altissimo, mentre per il greco l' mg sarà invece molto vicino allo zero. — Secondo questa ipotesi, in cui si concilierebbe la vecchia teoria dei distacchi con la teoria schmidtiana della serie continua, e che trovo accennata pure da un dotto autorevolissimo, il Leskien (2), noi avremmo che due linguaggi indoeuropei possano aver comune tra loro soli un fenomeno fonetico o una forma o un vocabolo, non solo per speciali mutui contatti nel loro progresso emigrativo o nella loro situazione definitiva, ma anche per conformità dialettali protoariane. Noi oggi abbiamo (per prendere un esempio dal campo neolatino) che il toscano pronunzia come spirante gutturale (h) il k di poco e simili, e come sibilante linguale (quasi sh) il c' di pace e sim.; invece il napoletano pronunzia esattamente, senz'alcuna degenerazione, tanto la gutturale di poco quanto la palatale di pace; e infine il romano tramezza come geograficamente così foneticamente, fra il dialetto che gli è al nord e il dialetto del sud, e

---

(1) Su questo punto, degl'incrociamenti etnologici, vedi l'Ascoli in questa *Rivista*, anno X, fascicolo 1.

(2) Citato da DELBRÜCK, pag 135 (145 nella traduz. del MERLO, e un po' più largamente da CURTIUS, *Grundz.*, ⁵86. Non so come il Leskien sviluppi l'ipotesi, non avendo ancor potuto vedere il suo libro.

pronunzia *poco* come il napoletano, e *pace* come il toscano. Or non potremmo immaginare una situazione pressappoco consimile nel protoariano, cioè che quella varietà dialettale *ls*, che poi divenne dopo l'emigrazione l' *LS* (il lituslavo), avesse comune colla varietà *ii*, progenitrice di *II* (indoirano), l'alterazione di *k* in sibilante nelle voci ' dieci ' ' cento ' ecc., avendo d'altro lato comune con *t* (futuro tedesco) con *g* (futuro greco) altre proprietà; le quali poi si poterono anche aumentare in seguito, quando, emigrando più o meno in comune *ls* diveniva *LS*, e *g G*, e *t T*?

E qui è finita la mia parentesi sull'ultimo significato storico che si possa attribuire alle congruenze arioslave della sibilante, e son finiti i miei dubbî: meri dubbî, ripeto. Sarebbero cioè finiti, se non mi rimanesse quest'altro ancora: non era meglio che io sorvolassi sopra una cosi ardua questione ?

Quanto alle nuove dottrine intorno al vocalismo protoariano e paleoasiatico io non mi sento in grado di formulare neanche dei dubbî. Esse hanno avuta l'ultima espressione in un lavoro, ispido in verità, ma dotto assai e ingegnoso, di Giovanni Schmidt (*Kuhn's Z.*, XXV. 1-179); pure han bisogno di ulteriori discussioni e complementi. Certo che la dottrina dell' *a* suonante *e* in molte voci e forme asiatiche ha il vantaggio di dare alla genesi delle palatali asiatiche una ragione fisiologica assai sufficiente, e pienamente conforme a quella che risulta d'una evidenza indiscutibile nelle lingue romanze (il *ǵanas* sscr., p. es., avrebbe il *ǵ* perchè la prima *a* avrebbe un tempo anche in Asia sonato *e* come negli europei γένος e *genus*, cioè per la stessa ragione ond'è sorto il *ǵ* dell'italiano *ǵenere*, e così via). È vero che, anche quando si teneva che in *ǵanas* e simili la prima *a* sonasse puramente *a*, si poteva ricorrere, come faceva l' Ascoli (*Corsi*, p. 45), all'esempio della palatale francese che si sviluppa avanti *a* in *char* carro, in *jambe* gamba, e simili; ma restava sempre che mentre in ischietto francese è questo un fatto fisiologico costante, nell'indoirano invece appariva come fatto sporadico, limitato, non si sa perchè, ad alcuni vocaboli o serie di vocaboli solamente (1). Sennonchè, anche

---

(1) Fiuchè si trattasse di raddoppiamenti soltanto, come *c'akāra* fecit, per *kakāra, si poteva forse ancora tentar di spiegar la cosa com'effetto di dissimilazione intersillabica, consimile a quella che è

con la dottrina dell' *e* bisogna poi ammettere perturbazioni a n a l o-
g i c h e della legge fisiologica in un così gran numero, che non ha
riscontro nelle lingue ‘romanze. Nelle quali i casi di gutturale analogica, come in *fuggo* per **fuggio* (fugio), *salgo*, *vengo* ecc. (1); in
grechi, *fichi* per *greci*, **fici*; in *esco* per **escio* (exeo) (2) — dove veramente si tratta di *sk* da uno *sc'* già ridotto a *sh* —; o viceversa di
palatale analogica, o di sibilante in tutto o in parte succedanea sua,
come nei veneziani *strenʒo*, *cresso* per *stringo*, *cresco*, e piemontesi
finissu finissa, e francesi *je finis*, *que je finisse* per *finisco*, *finisca*
ecc. (3), non sono frequentissimi. Tuttavia, nulla infine vieta di ammettere per le antiche lingue asiatiche, che anche per altri rispetti
presentano alterazioni più profonde che non sian quelle delle moderne
lingue europee, quel numero piu esorbitante di perturbazioni analogiche che si richiede per istabilire la legge che la palatale asiatica
sia dovuta ad *e*, *i*, *j* seguenti. Quel che invece resta sempre duro ad
ammettere si è, come notavamo più sopra riferendo le osservazioni
del Curtius, che l' *e* ivi ritornasse poi *a* su tutta la linea. Con tutto
ciò la fede nell' *a* ab origine rimasta intatta del periodo unitario e
delle lingue d'Asia è per lo meno non poco scossa dalle recenti dottrine.

Neppure mi sembra potersi pronunziare ancora un sicuro giudizio
intorno alle « scoperte » o meglio congetture d'una *r* s o n a n t e indoeuropea al modo indiano, la quale si rifletterebbe per αρ e ρα nel
greco (ἔτραπον p. es. sarebbe da un anteriore **etrpon*), e d'una nasale
sonante, formante sillaba da sè nel protoariano (il sscr. *bharantam* e
il gr. φέροντα metterebbero capo a un **bheronṃ*).

Ma ritorniamo oramai a riepilogare il libro di Delbrück. Il quale
segnala a una a una tutte le altre principali tendenze che dalle nuove
dottrine risultano. Una è quella di considerare con un certo scetticismo le spiegazioni, che da Bopp in poi si danno, o che ancora si

---

in τίθημι, *dadhāmi* ecc. per ** θιθημι*, **dhadhāmi* ecc. Lo stesso poteva
anche sospettarsi per *c'akrás* κύκλος, κίρκος. Ma non si tratta, ognuno
lo sa, di soli raddoppiamenti.

(1) Vedi la mia *Gramm. Portogh.*, p. 38.

(2) Vedi Ascoli, *Arch.*, III, 447 n.

(3) Nei meridionali e romaneschi *diceno*, *fingeno* ecc. la palatale è a-
nalogica. L' *e* che vien dopo non ci ha avuta nessuna parte.

vanno escogitando, della genesi delle singole forme grammaticali. Ben resta in piedi la dottrina complessiva di Bopp, secondo cui le forme devono essere risultate da una composizione di radici con elementi ascitizii ; resta, nonostante le teorie contrappostele da Westphal e da Alfredo Ludwig (1). Ma nelle applicazioni a singole forme le incertezze son venute sempre crescendo, oppure le vecchie dottrine sono state capovolte. La stessa natura delle radici non è esente da disputazioni. Ecco alcuni cenni.

I. Le radici nelle lingue ariane, e nella stessa madre lingua nel suo ultimo stadio, non esistono più allo stato di purezza, come direbbe un mineralogo: sono estrazioni che fa il grammatico, sono p r e p a r a t i scientifici come quelli del botanico e dell'anatomico. Certo, in origine esse furon parole, esistettero per se stesse; sebbene non solo alcuni dotti balzani, ma lo stesso Pott, salvo qualche rara resipiscenza, abbia concepita la radice come nata a un parto colle terminazioni. Ma, oramai, sono semplici estrazioni del grammatico, e il modo di formulare, di p o s t u l a r e la radice, può riuscir vario a seconda del concetto che noi ci facciamo del vocalismo ariano e del suo movimento, e d'altre cose. Prima, p. es., si diceva, sulla scorta anche dei grammatici indigeni dell'India, che la radice pura si trovasse in *i-más* andiamo (ῐ-μεν) e che in *ê-mi* vado (cioè *ai-mi*, gr. εῖμι) la radice fosse rafforzata e ampliata. Ora invece si suppone che la forma ampia sia la forma fondamentale (εῖ-, λειπ-, φευγ- ecc.) e che la forma più leggiera (ῐ-, λιπ-, φυγ- ecc.) sia un posteriore assottigliamento. — Senza voler contrastare questo criterio, sul quale non intendo portar giudizio, voglio però avvertire che non mi par giusto il ragionamento di Begemann, accettato da Delbrück,

---

(1) Il Delbrück espone e confuta codeste teorie con una cura e una larghezza, che può parer soverchia, visto che son mere stravaganze. Anche il Curtius confuta Westphal, nel primo volume del *Verbo Greco*, troppo largamente. Sennonchè, in primo luogo codeste esposizioni e confutazioni fanno l'ufficio delle ombre nel quadro, e dan meglio risalto alle dottrine sane; e dipoi, in Germania sono usi a discutere tutto, senza troppe impazienze; tanto più che anche le stravaganze lì soglion esser presentate col debito corredo della molta dottrina, e non è come da noi dove la bizzarria è quasi sempre accompagnata dall'ignoranza.

che cioè se da *eimi *imás* si ricavasse *i-* come radice, si dovrebbe conseguentemente da *ásmi* io sono, *smás* siamo, ricavare una radice *s-*, cioè una radice impronunziabile. Bisogna, credo, considerare che, se al sanscrito *imás* risponde in greco ἴμεν, a *smás* invece non corrisponde uno *σμέν, bensì ἐσμέν, il che vuol dire che nello *smás* e in tutto il plurale e duale sanscritico la radice *as-* può aver subíta una aferesi per un procedimento tutto individuale di quella lingua, come è quello che ha dato *sum*, *sumus* ecc. al latino. Cosi il sanscrito ha *dadmás*, *dadhmás* ecc. di fronte a *dádāmi*, *dádhāmi* (do, pongo), mentre il greco ha, certo più etimologicamente, δίδομεν, τίθεμεν, di fronte a δίδωμι, τίθημι.

II. La distinzione tra radici verbali e pronominali è difesa da Delbrück per ciò che non trova soddisfacente nessuna ragione teorica addotta in contrario, nè plausibile alcuna delle derivazioni escogitate di singole radici pronominali da radici verbali (*ma-* io da *mā* pensare, ecc.). Piuttosto, egli dice, forse queste due categorie non bastano: perchè i numerali son poco chiari, e così molte delle preposizioni; e certe particelle infine, come ad es. μή, potrebbero avere un carattere più interiettivo che pronominale.

III. Del monosillabismo delle radici adduce la ragione filosofica messa innanzi da Adelung, Humboldt, Curtius, che cioè l'uomo primitivo dovesse naturalmente esprimere con una sola sillaba l'impressione sintetica che gli faceva nell'animo il lampo d'un concetto; ed adduce la prova sperimentale che molte radici, tolti gli elementi formali, restano monosillabiche. Sennonchè, dice, qualche volta si può non saper di sicuro dove gli elementi formali propriamente comincino, e taluno potrebbe dire che *gamati*, egli va, piuttosto che *gam--a-ti* sia da divider *gama-ti*. E qui passa ad esporre la teoria del Fick e dell'Ascoli, riconoscendo la priorità del nostro Italiano, intorno alla natura degli elementi, come li chiamano, d e t e r m i n a t i v i, da cui le radici originarie più semplici sono spesso ampliate (p. es. *ga* andare = βα, è poi anche *gam-*, e cosi via) (1); la qual teoria im-

---

1) Circa il senso troppo generico che vengono ad assumere le radici fondamentali, specie sottratti i determinativi, si possono vedere alcune buone osservazioni anche in BRÉAL, scritto cit., p 635-6, 648.

porta che quei determinativi sieno in origine intere sillabe (p. es.
ma), che, se in certe voci verbali perdon la vocale, in altre la ser-
bano, come in *ga-ma-ti*. Il Delbrück biasima però giustamente il
Fick, perchè questi anche a proposito delle radici *av-, as-, an-, am-,*
mette in campo, non volendo saperne dell'esistenza del suffisso *-a*,
le dissezioni *a-va-ti* ecc., le quali condurrebbero a mettere tante diverse radici, suonanti tutte una semplice *a*. Avrebbe dovuto quindi
lodare la cautela dell'Ascoli, il quale, pur ammettendo, e prima del
Fick, la dissezione *ga-ma-ti* ecc., tien però ferma l'esistenza d'un
suffisso *-a* per i verbi come *av-a-ti* ecc., e anzi trova quel suffisso
amalgamato in *dā* dare, *mā* misurare ecc., facendo *dā* = *dă* rad. + *ă*
suff., *mā* = *mă* + *ă* ecc., appellandosi anche alla pronunzia bisillabica
richiesta spesso in simili radici dalla metrica del VEDA (*Studj Crit.*,
II, 54) (1). — Resta pur sempre possibile, crede il Delbrück, che
da *gama* si passasse a *gam*, e quindi questo ripigliasse l'*a* come suffisso, onde s'avesse pur *gam-a-ti* come *av-a-ti*. Possibile, è, non lo
nego; ma probabile no.

IV. Il Bopp divideva senza scrupolo δο-θη-σό-μεθα, e simili, come
se fosse possibile che sul suolo greco si venissero per la prima volta
ad aggregare tali elementi primordiali. Prima che il linguaggio ario
si scindesse avea già le sue flessioni bell'e stabilite, constava già di
parole non più radicali, ma coniugate, declinate, ecc.; quindi eran
bensì possibili in greco nuove aggregazioni e nuove forme, ma solo
fatte analogicamente. — Aggiungo qualche spiegazione. La radice δο,
p. es., risultava, traluceva, da δίδομεν, da δοτός ecc.; esisteva dall'altro
lato θήσομαι ecc.: così s'è fatto l'aggregato nuovo δοθήσομαι. Parimente, nelle lingue romanze si è bensì coniato un futuro novello
sentirò ecc. (sentire - habeo), ma da un infinito e dal presente di
'avere' cioè da parole esistenti; e i condizionali son probabilmente

---

(1) Non vi sarà, spero, nessuno che voglia trovare strana la fusione di
una vocale-suffisso, cioè avente un proprio significato, con la vocale
della radice. Non avviene la fusione istessa tra la vocale che costituisce
l'a u m e n t o dei tempi passati e la vocale iniziale della radice, nel così
detto a u m e n t o t e m p o r a l e del greco e del sanscrito, in ἦγον, in
ásam ecc.? Dove si tratta, come ognun sa, di *a-aga-m ecc., cioè 'al-
lora-conducente-egli' ecc.?

venuti dopo : *sentir-ei* (sentire - habui), *sentir-ia* (sentire - habebam), sull'analogia di *sentirò*. Chi dividesse *sentiremo* in *senti-re-habe-*
-mus, mettendo tutte queste molecole foniche (*senti*, *re* ecc.) a uno stesso livello cronologico, commetterebbe appunto quella inesattezza che si vede nelle dissezioni δο-θη-σό-μεθα e simili.

V. Secondo la dottrina definitiva del Bopp la maggior parte dei suffissi formatori dei temi nominali avrebbe origine pronominale, e sol una parte deriverebbe da radice predicativa. Schleicher e Curtius cercarono derivarli tutti da radici personali : p. es. il *tar* dei nomina·
agentis (*dâtâr-*, δοτηρ-, *dătōr-* e sim.) che Bopp derivava dalla rad. verbale *tar-* (sscr. *tarāmi* oltrepasso, τέρμα, *termo*, *trans*), 'oltrepassare', applicata a significare 'compiere' l'azione (sicchè *da·tor* sarebbe 'quel che compie il dare'), lo Schleicher lo deriva invece dall'abbinamento dei suffissi *ta* e *ra*. Ma il Delbrück, d'accordo in ciò con Scherer (ed anche col CORSSEN, *Ausspr.*, I², 567-8 n.), preferisce in massima le derivazioni da radici predicative, impressionato soprattutto dalla derivazione certamente predicativa di certi suffissi tedeschi, *-bar*, *-heit*, *-thum* (come il nostro *-mente*). Deve però convenire egli stesso che la coincidenza materiale di molti suffissi con radici pronominali è innegabile; benchè gli faccia nodo questo, che tanti diversi pronomi occorrano in diversi suffissi di significato identico o quasi identico, e che nulla questi mostrino dal senso speciale dei pronomi (1). —
Accenna, ma naturalmente rifiutandola, l'ipotesi del Benfey, secondo cui tutti i suffissi sarebbero rifrazioni diverse e molteplici dell'unico *-ant* che è suffisso del participio (*bharant-* φεροντ-, *ferent-*) e che alla sua volta sarebbe estratto dalla terza plurale dei verbi (*bharanti*, φέ-
ροντι onde φέρουσι, *ferunt*): ipotesi bisbetica e contraria ad ogni criterio fonologico. Rigetta pure l'ipotesi di Scherer, secondo cui il suffisso tematico *-a* sarebbe un suffisso locativo, onde *bhara-* direbbe 'chi è nel portare', quindi 'portante'; la rigetta, perchè un suffisso locativo *-a* non è provato; e perchè tanto meno è provato che la declinazione de' nomi abbia preceduto la tematizzazione di essi; e perchè

---

1) Per es. tra il suffisso che è in ὀδυρ-μός e il *-ma* del pronome di prima persona è innegabile l'identità fonica; e tuttavia che rapporto ideologico apparisce tra essi?

ad ogni modo *bhara-* direbbe tutt'al più 'nel portare' (quindi un 'portamento' piuttosto) e non includerebbe punto il 'chi è'!

VI. Circa il valore primo e l'origine degli esponenti dei Casi. regna la maggior incertezza. L'esempio delle lingue agglutinanti porterebbe a supporre che un segno ci dovess'essere per ogni singolo Caso indipendentemente dal Numero, e che il Plurale s'indicasse con un segno unico che s'aggiungesse all'occorrenza a qualsivoglia Caso (1). Lo Schleicher s'è sforzato di provare che codesto segno della pluralità nell'indoeuropeo fosse *s* (2), ma invano. Si pensi a ποδός, ποδῶν, *padás padâm*; e alla stessa varietà dei suffissi d'un Caso anche nello stesso Numero, p. es. ποδός e ἵπποιο ἵππου, *padás* e *áçvasja*! Che il numero dei Casi fosse maggiore in origine, e quindi in uno stesso Caso ora s'abbiano i ruderi di diversi Casi livellatisi nella funzione? (3).

Nelle spiegazioni che si tentano di un Caso, si oscilla più o meno tra due ipotesi: o si vede nel suffisso del Caso un significato preposizionale o pronominale, o vi si vede un suffisso tematico divenuto suffisso casuale (4). Ma la difficoltà, più che nella teoria, è nelle singole spiegazioni concrete; delle quali nessuna soddisfa davvero.

VII. I temi temporali pure dan luogo a dispute, sebben meno sostanziali. Il tema del presente, p. es., coincide spessissimo con un

---

(1) Per es. in turco *ev* è 'casa', *ev-ler* 'case', *ev-den* 'da casa' (οἶκοθεν), *ev-ler-den* 'dalle case'. Cfr. WHITNEY, *The life and groth of language*, p. 232; della mia traduzione, 282·

(2) Che è vero nell'accusativo plurale: λόγους = *λογον-ς.

(3) Anche il BRÉAL nel citato artic. del *Journ. d. s.*, p. 638 segg. insiste sul concetto che i casi indoeuropei debban raccogliere in sè l'eredità di una ben più lussureggiante declinazione originaria; e ne deduce l'impossibilità che riescano a bene i tentativi di Delbrück e di altri, di trovare la originaria e fondamentale funzione di un dato caso, mentre si sa che ogni caso cumula su di sè la funzione anche di altri casi morti [cfr. il dativo greco].

(4) In questo secondo modo, per es., alcuni spiegarono il *sja* del genitivo, pareggiando, mettiamo, il genitivo all'omerica ὁμοίου col tema dell'aggettivo ὁμόσιος: e richiamando perciò alcuni confronti della declinazione pronominale, per es., lat. *nostrum*, ted. *unser* = di noi. — Ma perchè allora il -σ- sarebbe rimasto nell'aggettivo mentr'è sparito nel genitivo? Il vero è che il genitivo è in sscr. *-sja* e il suffisso dell'aggettivo v'è *-tja-*, cioè son due cose distinte!

tema nominale (1): cfr. p. es. ἄγο-μεν e ἀγός. Ora da questo fatto lo
Schleicher dedusse che cotali temi in origine non sieno nè nominali nè verbali, ma indifferenti, come le radici; il Fick ne ha piuttosto dedotto che essi temi sieno primamente verbali, volti poi a uso
nominale; l'Ascoli per contrario, che sien primamente nominali, e
propriamente « nomina agentis », ed estende la cosa al punto, che
in fondo al verbo vede sempre il nome. La dottrina dell'Ascoli a-
vrebbe dovuto essere più largamente riferita dal Delbrück, nelle cui
parole è appena adombrata.

Accenna alle congetture sui temi dell'aoristo e del futuro, cioè sul-
l'origine dell'elemento sigmatico di essi, e preferisce ancora l'ipotesi
di Bopp, che deriva questo dalla rad. *as-*, a quella dell'Ascoli che vi
trova un suffisso nominale *-sa*. Rileva, ad ogni modo, il carattere
sommamente ipotetico di tali speculazioni tutte.

Non so perchè il Delbrück non abbia fatta alcuna menzione del *k*
del perfetto greco e dei tre aoristi, sul quale v'è un accordo ben
maggiore. Forse non ne trattò perchè è cosa esclusiva del greco (i
perfetti con *k* che il Corssen credette vedere in alcune voci etrusche,
come *turce* ecc., sono ben lungi dall'esser provati o probabili!); ma
al lettore, sgomento da tante incertezze su questa specie di questioni,
avrebbe egli portato qualche conforto col fargli sapere o richiamargli,
che Ascoli e Curtius s'accordano nel considerare il *-ka* di λέλυκα ecc.
come un suffisso tematico nominale (2).

VII. Tocca rapidissimamente delle speculazioni fatte sull'origine

---

(1) La coincidenza veramente appar minore adesso che non paresse
prima quando si credeva che nell'indoeuropeo ancora indiviso non vi
fosse altra vocale che *a*. Ora che si ritiene anteellenica la differenza
della vocale radicale che è tra φέρω e φορός, evidentemente una differenza tra φερο- e φορο- la c'è. Se non che, io domando, anche se l'indoeuropeo ancora indiviso avea già *e* ed *o*, non può esso avere avuto in
una fase più antica — quella in cui il suo verbo si formò — la sola *a*
(*bhara*)?

(2) Fu il primo l'Ascoli ad accennarlo negli *Studj Ario-semitici*; e
dipoi il Curtius, senza ricordarsi dell'Ascoli (com'egli avverte nei *Grundzüge*, ⁵61 n.), rimise in campo la cosa, e la lumeggiò largamente nel suo
Verbo Greco (v. a p. 203 segg. del 1º vol., prima ediz.), mentre per il
s dei tempi sigmatici séguita ad insistere sulla composizione con la rad.
as- (v. la stessa opera: II¹, p. 245 segg.).

dei Modi congiuntivo e ottativo [i Modi obliqui, come li chiama felicemente il Curtius, *Griech. Verb.*, II¹]. Tocca qualcuna delle difficoltà che stanno contro la tradizionale spiegazione boppiana del *iā* od *ī* dell'ottativo dalla radice *jā-* andare; e rimettendo ad altro scritto la questione, riconosce intanto la possibilità che l'ottativo fosse in origine un semplice futuro, e che il senso soggettivo del desiderio ecc. vi si aggiungesse dopo (1). — Quanto al congiuntivo, il

---

(1) Che è la tesi già da un pezzo sostenuta dal prof. MERLO in questa *Rivista*. Il Merlo v'aggiunse anche una nuova interpretazione e specificazione della dottrina (troppo concisa epperò facilmente frantesa) dello Schleicher, cioè che il *jā* sia in fondo quella radice pronominale da cui derivò il pronome relativo, aggregata al tema verbale nel senso avverbiale di 'là, un giorno, *olim*', accennante a tempo futuro. Allo stesso modo l' *a* del congiuntivo sarebbe per il Merlo un'altra radice pronominale in funzione avverbiale, nel senso di 'qui, fra poco'; e così il congiuntivo sarebbe un futuro più prossimo dell'ottativo, anche al qual futuro si sarebbe aggiunto poi il valore soggettivo di deliberazione ecc. Insomma il congiuntivo ἄγω (= *aga-a-mi* = conducente — frappoco — io) e l'ottativo ἄγοιμι (= *aga-jā-mi* = conducente — un giorno — io), avrebbero significato dapprima semplicemente 'condurrò ora' e 'condurrò poi', e quindi: 'fia ch'io conduca; ch'io conduca' e 'fosse ch'io conducessi; condurrei'. — Codesto genere di speculazioni e di congetture sopra, quasi direi, le prime cellule della grammatica ariana, lasciano sempre il lettore molto perplesso; ma non è che le proposte e i raziocinî del prof. Merlo abbiano nulla di particolarmente arrischiato o di più arrischiato che molte altre congetture, le quali si vanno tuttora ripetendo in simil soggetto, e metton capo ai più venerati maestri della nostra scienza. Ma nocque ai lavori del Merlo, ai quali io accenno, l'andatura troppo concitata e farraginosa, la esuberanza delle citazioni, e qua o là un po' di prolissità: la mancanza insomma di quella misurata sobrietà, la quale, buona e bella sempre, era qui più che mai necessaria, trattandosi di superare con un eccesso di virtù nella esposizione le molte diffidenze che naturalmente suscitavano e il soggetto trascendentale e la gioventù dello scrittore. Chè del resto sarebbe ingiustizia disconoscere che anche in quei primi lavori non apparisse già chiaramente molta e sicura coltura generale, copiosa e precisa dottrina speciale al soggetto, ingegno acuto e svelto, animo gentile e modesto. — E così del Merlo si potesse ancora dire: *tenet nunc Parthenope!* Purtroppo *Ticinenses rapuere*, con molto loro vantaggio, e con altrettanto rammarico di noi partenopei; i quali sopportiamo questo ratto con una rassegnazione che rassomiglia a quella di Brabanzio, allorchè diceva al moro: *I here do give thee that with all my heart, Which, but thou hast already, with all my heart I would keep from thee* (*Oth.*, I, 3).

Delbrück inclina sempre, benchè con minor risolutezza che non facesse nelle sue *Ricerche Sintattiche*, all'opinione del Curtius, che esso sia originariamente un semplice indicativo, cioè tra due forme d'un indicativo la forma p i ù p i e n a (1), venuta perciò ad assumere un senso p i ù d u r a t i v o, dal quale il senso di congiuntivo sarebbe derivato.

IX. Quanto alle terminazioni personali, egli riconosce che la loro connessione coi pronomi, se è abbastanza chiara per il singolare e per la prima e seconda plurale, non lo è del pari per la terza plurale e per il duale. Anche, del resto, l'equazione $si = tva$-, che non è punto impossibile, importa però tal mutazione fonetica, di cui si vorrebbe avere altri esempî nella lingua madre per ismettere ogni perplessità intorno ad essa. Quanto poi allo *nti* della 3ª plurale (*bháranti*, φέροντι, φέρουσι ecc.) non è soddisfacente nè la spiegazione simbolica, già citata, del Bopp, nè quella compositiva del Pott (*nti = na + ta* radici pronom.); e d'altronde, poichè la 3ª plur. ha col participio presente una somiglianza che colpisce, non si può non guardar di buon occhio l'ipotesi di Ascoli e Brugman, secondo cui bisognerebbe dividere *bharant-i*, cioè: tema del participio, più un *i* desinenziale verbale ricavato dall'analogia del singolare (*bharati* ecc.).

E delle desinenze mediali non si può dir nulla di sicuro, se non che somigliano e son certamente coordinate alle attive. Ma se μαι, σαι ecc. siano μα-μι, σα-σι ecc., o siano un 'guṇa' di μι, σι ecc., non è punto chiaro.

Nulla dice il nostro autore della controversia che v'è intorno alle terminazioni -ω, lat. -o, dei più dei verbi greci e latini. Corse prima il concetto che φέρω fosse tronco da un *φέρωμι pari al sscr. *bharāmi*; poi, ritenuto specificamente asiatico l'allungamento della vocale tematica, si pensò che φέρω e *fero* siano un *bhară-mi* originario ridotto a *bharam, *bharav, *bhàrau (cfr. ὀκτώ = *ashṭāu* ssc.) più o meno europeo (ASCOLI, *St. Cr.*, II, Di un gruppo di desinenze ecc.); ed ora finalmente vien prevalendo l'opinione dello Scherer, secondo cui *bharā (φέρω) ecc. sarebbe la forma prima e vera della prima per-

---

(1) Per es. ἴομεν è congiuntivo rispetto a ἴμεν, come φέρωμεν rispetto a φέρομεν.

sona singolare dei verbi del tema in -a, la quale avrebbe s o l o p o-
s t e r i o r m e n t e assunto in sanscrito e zendo il -mi per influsso
analogico dei verbi in -mi come ásmi, dádāmi ecc. (1).

X. Regnando tanta incertezza nelle singole ipotesi che si fanno
per spiegare le singole forme, non possono sottrarsi ad altrettanta
incertezza le ipotesi più complesse e generiche circa l'ordine onde le
varie forme della flessione sian nate, circa i varî strati di formazione
della lingua madre indoeuropea. Il Delbrück resta perplesso avanti
al bel lavoro del Curtius su codesto argomento, e alle ipotesi dello
Scherer, e alle connessioni acutamente rintracciate dall'Ascoli tra
l'ario e il semitico. Conclude che tutta questa parte più sublime
della scienza nè si può sopprimere del tutto come vorrebbero i p o-
s i t i v i s t i della linguistica, nè può ridursi a una certezza apodit-
tica che dissipi ogni dubbiezza.

Nel sesto capitolo — che è assai bello, nonostante quel troppo lasciare e ripigliare certi argomenti che in esso s'avverte anche più che
negli altri –- il nostro autore ritorna sul soggetto già toccato nel
capo quarto, cioè sulla rigidità che si debba attribuire alle leggi fonetiche, sulle cagioni onde le alterazioni fonetiche muovano, sulla
forza che si possa ascrivere agl'influssi analogici nel perturbare le
dette leggi, insomma su tutte quelle questioni m e t o d i c h e a cui
si riferiscono le sentenze che oggi con molto sussiego si vanno ban-
dendo dai così detti n e o g r a m m a t i c i. Per questi il Delbrück
ha un'evidente propensione; la quale però non gli turba la piena li-
bertà·del giudizio, nè lo distoglie dall'esser giusto verso i cosi detti
grammatici vecchi. Difatti egl'incomincia dal difendere il Curtius
dagli assalti dei giovani, mostrando come l'onorando professore di
Lipsia sia stato dei primissimi a voler rendere più rigorosa la fonologia e a riconoscere l'efficacia dell'analogia. Discute poscia il principio propugnato dal Curtius e dal Whitney, che le mutazioni fonetiche siano logorii e facilitazioni di pronuncia derivanti dalla pigrizia
umana che spinge a cercare la maggior comodità, la maggior economia
di forza nell'atto dell'articolazione. Che se il Curtius intende questo
principio in un senso troppo esclusivo, quasi che la comodità pro-

---

(1) Vedi SCHMIDT, art. cit., p. 7; BRÉAL, art. cit., p. 643 seg.

vochi sempre suoni più deboli e più dolci (1), nel qual senso il principio non è vero, e riuscirebbe subito insufficiente a spiegare tutti i
fatti fonetici; ci si può invece, intendendolo in più lato senso, spin-
gerlo, mi pare, fino ad estremi limiti, e farlo bastare a spiegar quasi
tutti que' fatti; perchè si può dire: — se un suono più debole si muta
in uno più forte per via di adattamento ai suoni vicini, questo rinforzo essendo effetto d'assimilazione è perciò effetto di studio di comodità; e la maggior forza può essere in dati casi più comoda del
rilassamento; e l'armonia stessa è comodità; — la comodità è cosa
relativa: per un popolo il suono A più forte è men comodo, ed esso
quindi l'indebolisce nel suono B; per un altro popolo il suono più
debole B è più incomodo epperò lo rinforza in A. — Eppure e' si
arriva in ultimo a tali mutazioni fonetiche che col principio della comodità non si spiegano. La 'Lautverschiebung' per esempio! Applico
ad essa il principio della comodità, per mostrare a che assurdi si
riesce per tal via.

Il *d* greco-latino, p. es., diventa *t* in inglese (*duo: two*) perchè
pegl'Inglesi il *d* è m e n c o m o d o del *t*, ma il *t* stesso però è
pegl' Inglesi men comodo del *th* perchè essi mutano il *t* classico in
th (*tu: thou*), e il *th* finalmente alla sua volta è per loro men comodo
del *d* perchè mutano il *th* classico in *d* (θε-: *do*); che è come dire
che il *d* è più comodo del *th*, che è più comodo del *t*, che è più co-

---

(1) Il Delbrück adduce alcune applicazioni del Curtius (che forse nella
quinta edizione dei *Grundzüge* questi ha smesse, poichè non riesco a
ritrovarcele): che cioè il suono che si profferisce nella parte più interna
della bocca si cambi volentieri in un suono più innanzi, ma non viceversa, sicchè *p* sorga da *k*, ma *p* non si farebbe *k*. Ma invece si fa,
all'occorrenza; come p. es. nel napol. *chiù = più*; e come il *t* si fa facilmente *k* nei gruppi *tl*, *cr*, fin da epoca romana, nel latino e nelle favelle che ne derivano (*craindre* = tremĕre, ecc.). Nè si regge l'altra applicazione che le esplosive si mutino in fricative ma non viceversa: basta
solo ricordare, nel campo neolatino, gl'it. *crebbi*, *conobbi* = crevi, co-
gnovi, gli abruzzesi e sannitici *'mpaccia* in faccia, *'mponne* infondere
(per 'bagnare'), e l'it. *zampogna* = symphónia, e gli spagnuoli *diptongo*,
cuébano = cophinus, e gl'it. *nerbo*, *corbo*, e le serie *già*, *giovane* ecc.,
da jam, juvenis, ecc., e il tipo *gabbia* = cavea, e *rado* = raro, *armadio* = armarium, il friulano *roda* = rosa, ecc. E il Curtius stesso ha accettata la mutazione di σσ in ττ voluta dall'Ascoli. Cfr. anche *Studj
Crit.*, II, p. 517, Indice, s. 'Affievolimenti progressivi'.

modo del *d*; o insomma il *d* è pegl'Inglesi (cioè pei loro progenitori germanici) il più comodo e il più incomodo dei suoni! Veramente, questo circolo vizioso si può forse rompere. L'Ascoli inclina a credere che l'evoluzione della aspirata classica in media inglese o gotica si debba intendere diversamente da quel che si suol fare: invece di prendere a termine di confronto l'aspirata sorda greca, si prenda l'aspirata sonora indiana e protoariana: si confronti l'inglese *do* non con θε(τίθημι) ma con *dhā* (*dádhāmi*); e allora la detta evoluzione si ridurrà a semplice perdita dell'elemento aspirante, del *h*, quale ha luogo non solo in germanico, ma anche in lituslavo, in celtico, ecc. (*Lingue e Nazioni*, p. 86; *Corsi*, p. 154-5 n.). Di veramente germanico, dunque, non rimarrebbe che questo: *t* da *d*, *th* da *t*; le quali due evoluzioni rappresenterebbero un egual grado di rinforzo, d' « incrassimento »; ossia tanto più forte è *th* rispetto a *t*, quanto è *t* rispetto a *d*; sicchè dal gotico *tunthus* al sscr. *dantas* ci sarebbe « equidistanza » in quanto alle mute (*Lingue e Nazioni*, p. 86). — Sennonchè, se noi dal primo stadio della rotazione delle mute, cioè dallo stadio gotico, inglese, bassotedesco, passiamo allo stadio altodesco, il circolo vizioso ci si ripresenta. Difatti in questo secondo stadio, *d* gotico-inglese (*do* fare) diventa *t* in tedesco (*tun*, o con l'abusiva ortografia che corre: *thun*), e il *th* (ingl. *thou, three*...) diventa *d* (*du, drei*), e *t* (ingl. *two*, gotico masch. *tvai*) diventa *th* e per esso *z* (ted. *zwei*). Or, se noi poniamo che *t* sia sostituito anche qui, come nel primo stadio, a *d*, perchè più forte o crasso di esso *d*, e che *th* (*z*) sia anche qui come nel primo stadio sostituito a *t* perchè più forte o crasso di esso *t*, ci resta poi che *d* sarebbe sostituito a *th* come più forte o crasso di *th*; ossia che *d* sarebbe da un lato più crasso di quel *th*, che pure è più crasso di *t*, e dall'altro sarebbe men crasso di *t* (1). La contradizione è ancora più evidente nella 'Lautverschiebung' armena, dove, p. es., in *Dikran* rispetto a *Tigranes* la tenue si fa media e la media si fa tenue; sicchè si dovrebbe dire che la tenue è più comoda della media

---

(1) Si può rappresentare la cosa con queste tre ' ineguaglianze ', che nessun algebrista accetterebbe:

$$d > th$$
$$th > t$$
$$t > d.$$

e viceversa! Che se credessimo di risolver la questione, dicendo che si tratta di una comodità relativa perchè l'organo vocale di quel popolo trova più comoda la tenue là dove dovrebbe profferire la media, e viceversa, dovremmo poi convenire che appunto questo quasi 'spirito di contradizione' della glottide è quello che non intendiamo, e che ci ricorda il 'natura abhorret a vacuo' degli scolastici. La legge di Grimm objettivamente è chiara, bella, simmetrica, è un t r a s p o r t o musicale « che non turba l'a r m o n i a » come ha detto l'Ascoli (in questa *Rivista*, X, 51-2 n.); ma una ragion sufficiente subiettiva, psicologica o fisiologica, non se ne trova. E la ragione della comodità qui più che mai è insufficiente.

Non so se queste mie osservazioni parranno acconce. Quelle di Delbrück mi son parse qui, contro il solito, languide e indecise.

Così pure egli mi pare che ondeggi troppo tra l'ammettere che le alterazioni della pronuncia comincino da un individuo o da pochi, e da questi si estendano agli altri, ed il riconoscere che l'efficacia dell'individuo non può esser molta, in ispecie trattandosi di pronunzia e non di vocaboli. Assai meglio lo Schuchardt, con quella sua arguzia piena di senno, scrisse nel 'Vokalismus' che le mutazioni fonetiche son come le rivoluzioni politiche : cominciano quasi contemporaneamente in varî punti qua e là, finchè dopo un poco tutto il paese è in fiamme; ben inteso se la rivoluzione è matura e non è una bizzarria locale o personale. Ricordo intanto le osservazioni giustamente ironiche dell'Ascoli intorno alle ipotesi delle 'spinte individuali' (in questa *Rivista*, X, 45-6).

Rileva il Delbrück come nella pronunzia essendoci molto d'inconsapevole, ci debba quindi essere una specie di forza irresistibile nell'alterazione dei suoni. E perciò la legge fonetica non debba a rigor di termini patire eccezioni. E se queste appajono, devano essere effetto di certe speciali correnti che perturbino l'azione della legge, o di cause affatto particolari alla singola parola. Dalla coscrizione, se il paragone mi è concesso, delle leggi fonetiche, vi posson esser parole esenti per legittimi motivi, non refrattarie per renitenza capricciosa. Certo che come più la fonologia progredisce, più il campo delle eccezioni inesplicabili si restringe, sempre più si vengono a rintracciare le ragioni perchè una voce o una serie di voci si sottragga alla legge ; donde nasce la presunzione che anche sotto alle eccezioni apparentemente capricciose siavi una ragion sufficiente, quantunque nascosta, forse per sempre, agli occhi nostri. Soprattutto la fonologia romanza, — perchè tratta lingue viventi, nelle quali è ancora in parte vivo il sentimento delle ragioni che ne determinano i fatti singoli, e dove si scerne meglio ciò che è indigeno da ciò che è importato, e le correnti dotte perturbatrici dalle correnti schiettamente naturali; lingue che partono da una lingua madre ben nota, qual è la latina, non già ricostruita per sforzo d'induzione come la protoariana o la protogermanica, e insomma si sono svolte suppergiù sotto gli occhi della storia, — ha fatto un continuo progredire nella dichiarazione delle leggi e dei casi eccezionali; e qui da noi l'Ascoli, e tra i giovani il Canello, hanno lavorato da più anni in questo senso, senza averne presa l'imbeccata da nessun neogrammatico.

Quanto alle cause perturbatrici delle leggi fonetiche, il Curtius ne rilevò soprattutto due. L'una è che i suoni e le sillabe portatrici di un dato significato formale son più restìe a sparire e resistono quindi alla tendenza fisiologica che le vorrebbe soppresse; così, dice il Curtius, il ι tra vocali spariva in greco (pel tramite di *j*), come si vede nei verbi in -αω ecc. e ne' genit. in -οο -ου (= οιο), ma resistè in δοίην, in λέγοιεν e simili, poichè ivi il significato d'ottativo punta giusto sul ι. No, dice Delbrück, tali voci han serbato il ι per semplice simmetria con δοῖμεν, δοῖτε ecc., dove il ι è avanti consonante e non poteva sparire. Ma tra il concetto suo e quel del Curtius c'è meno differenza, mi pare, di quello egli vorrebbe: c'è un punto ulteriore ove i due concetti coincidono, ed è che insomma se δοίην ecc. non perde il ι, gli è perchè non è una parola isolata bensì una forma grammaticale che fa sistema con altre. Del resto, io non direi col Delbrück che nella coscienza dei parlanti non vi sia più il riconoscimento di ciò che un suono o una sillaba importi per una data forma. Non vi sarà il ricordo del valore originario di quel suono o sillaba, e del come sia venuto a significare quel tempo o modo o caso ecc.; ma la coscienza del suo valore attuale c'è: altrimenti la flessione non esisterebbe. In *avrei* l'italiano non riconosce più che l' -ei è *ebbi*, ma sente che su quest' -ei poggia la condizionalità, per così dire, di quella voce verbale; e così in *cresca* egli sente che il congiuntivo è tutto affidato all' *a*. Del pari il greco non ricordava più che in δο-ίη-ν vi fosse un *jā* radice verbale o pronominale o che altro si sia, ma sapeva che quell' -ιη- caratterizzava l'ottativo, come il -θη- caratterizzava l'aoristo passivo. — L'altra causa perturbatrice è l'analogia, e il Delbrück ne tratta a lungo e giudiziosamente, ammettendo che bisogni riconoscerla più largamente che non si solesse fare in passato, ma insiem rilevando, come s'è già detto, che i vecchi linguisti le avean già fatta ampia parte, e così riprovando implicitamente le esagerazioni dei grammatici giovani (cui ora tengon dietro i 'giovanissimi'; e, chi sa, tra poco anche i puerili). Alle quali io non vorrò consacrar troppe parole, specialmente dopo le efficaci quanto temperate osservazioni dell'Ascoli in questa stessa *Rivista* (X). Ho sempre, εἴ τις καὶ ἄλλος, creduto che « la scienza non progredisce solamente per vere e proprie scoperte, ma anche per il rilievo nuovo che un nuovo ricercatore dia ad un punto riconosciuto ab antiquo, e per la luce abbondante che egli getti sopra un lato rimasto prima come in penombra » (1); e quindi non posso voler negare ai neogrammatici quella lode che loro spetta per aver mostrato più di prospetto una faccia della scienza che finora si vedeva più di profilo. E ho pur sempre creduto che il movimento della scienza sia. rappresentabile da un 'parallelogramma delle forze' dove a far procedere la scienza nel senso della r i s u l t a n t e contribuisca non solo l'opra dei dotti temperati che la tirano più o meno in quel senso appunto, ma altresi quella degli eccessivi che si sforzano di tirarla nel senso delle c o m p o n e n t i (2). È legge di natura codesta. Sennonchè è anche legge di natura che l'arroganza provochi un disgusto che non si può del tutto dissimulare. Tra quelli che aderiscono più o meno alla nuova scuola vi sono ricercatori esimî; e, p. es., il Leskien e Gustavo Meyer avranno ammiratori più competenti assai ch'io non sia, ma più caldi certamente no. Sennonchè non mancan tra loro quei che ci parlano quasi di una « instauratio ab imis fundamentis » che sia da fare dell'edifizio innalzato dai vecchi linguisti, e si danno l'aria d'aver inventata la polvere, mentre essi tutt'al più tirano verso un punto bersagliato finora un po' meno del dovere, con un fucile che i vecchi han messo loro in mano, e col quale più volte essi giovani falliscono il colpo scottandosi le dita! Una, p. es., delle grandi massime loro è, che le condizioni naturali del linguaggio umano si verifichino

---

(1) Da un mio volume di *Saggi Critici*, a p. 518.
(2) Si veda, o meglio non si veda, un mio proemietto alla traduzione del citato libro di Whitney.

meglio studiando un dialetto vivente che un vecchio idioma letterario giunto a noi in monumenti scritti. Ma, lasciando da parte il Grimm ecc., si potrebbe domandare a quei fieri dialettofili (non so se anche dialettologi) se, p. es., credono che quella massima debba essere inculcata anche all'Ascoli, uno dei vecchi grammatici, il quale interrompeva i *Corsi di Glottologia* per i *Saggi Ladini* e per tutto « quel che è poi aggiunto ». I neogrammatici dovrebbero specchiarsi in un esempio moralmente buono, nel modo cioè che tengono i cultori della glottologia romanza, i quali, intesi tutti a correggere, ad aumentare le dottrine di Federico Diez loro maestro, son però sempre ben lontani dall' atteggiarsi a riformatori davanti a lui. Nè ne mancherebbero i pretesti. Lasciando i molti errori di fatto e di criterio che tutti oramai notiamo nella Grammatica e nel Vocabolario del grand'uomo, ci sarebbe anche, volendo, da ingrossar la voce per certe parti del suo metodo in genere. Il Diez si fermò sulle lingue letterarie, e sui dialetti diè magri cenni; e non solo non si prese la briga di girare un po' i paesi neolatini per erudirsi sopra luogo delle parlate neolatine, ma neanche spogliò tanti scritti in dialetto che sarebbero bastati per cavarne altrettante grammatiche dialettali; sicchè, p. es., di certi fatti fonici o morfici o lessicali, che son subito avvertiti da chiunque dimori qualche giorno a Napoli, o legga un brano della copiosissima non dico ricca) letteratura napoletana, il Diez alle volte non ne sa se non quel pochissimo che se ne può cavare da una poesia ducentistica di scuola meridionale. Eppure, mentre c'ingegniamo *pro viribus* di fare quel ch' ei non fece, tutti, dai più gagliardi ai più umili, riconosciamo che egli non potea fare altrimenti nè di più; che abbracciando un campo più vasto lo sguardo e la lena non gli potean bastare ; che era naturale cominciasse dalle grandi lingue letterarie che più premeva dichiarare. Ma forse questa riverente discrezione verso « il grandissimo dei romanisti » proviene da ciò, che c'è ancora molto da fare nel campo romanzo, e non c'è quindi bisogno di far rodomontate per chiamar l'attenzione sopra di sè; mentre il campo indoeuropeo, coltivato da tanti robusti cultori, e in tutti i sensi, non facilmente dà luogo a esuberante messe di vere novità.

Ma lasciamo gli analogisti e torniamo all'analogia (1). Sulle tracce

---

(1) Dice il Delbrück che non si sa bene se anche la parte tematica d'una parola possa subire qualche modificazione fonetica per influsso ana-

del Misteli il Delbrück enumera le varie categorie di analogie possibili, e manifesta un temperato desiderio che sia fatta una classificazione e un'esemplificazione più compiuta dei fenomeni analogici, perchè serva di norma ai ricercatori. Il mio desiderio, lo confesso, è anche più temperato del suo; poichè cosiffatte collezioni non sono molto di più che belle curiosità scientifiche, piacevoli a leggersi e onorevoli per chi le fa bene, ma di poco effetto sul criterio metodico dello scienziato; il quale più che altro ha bisogno di naturale senso del·probabile e del possibile per decidere volta per volta, quando si imbatte in certi casi, se sien determinati da analogia e come.

Una specie particolare di eccezioni fonetiche sono i così detti doppioni o forme allotropiche. Alcune di esse si spiegano con ciò che una forma è popolare, l'altra è letteraria, come, p. es., *padrone* e *patrono*; o una indigena, l'altra importata, come *graticola* e il francesismo *griglia* (entrambi da *craticula*); le quali spiegazioni, che risultano facilmente evidenti nelle lingue moderne, son difficili ad applicare alle antiche. Altre volte la spiegazione è invece in questo, che una voce, tenuta in riga dalle voci della stessa stirpe in quanto la si usa come voce libera (*grato*, influito da *gratitudine* ecc.), si abbandona meglio all'alterazione quando è incastonata rigidamente in una frase fissa, dove perde il suo vero e vivo significato (*grado* in 'saper grado', 'malgrado'). O accade il rovescio, come si vede nei latini *quaeso* e *quaero*. Ma altre volte i doppioni sono solamente apparenti. Il Curtius, p. es., spiegava il doppio accusativo μείζονα, μείζω (1), così: che la forma madre *μείζονσ-α (cfr. sscr. *mahîjâns-am*) si sarebbe sdoppiata, facendosi, colla soppressione del σ, μείζονα (cfr. gen. μηνός = mensis, χηνός = anseris), e colla soppressione del ν,

logico di una parola correlativa. In fondo al volume, poi, fa una specie di rettificazione, ricordando che la Michaëlis ha osservato come l'italiano *greve* (e *grieve*) debba il suo *e* per *a* all'attrazione del suo antitetico *lieve*. Ma questa osservazione è già fatta dal Diez fin dalla seconda edizione almeno della *Grammatica* (1856, vol. 1, Vocali latine, A); non so se fin dalla prima. Io poi ci ho aggiunto *melo* (mălum) fatto su *pero* (*Arch. Gl.*, IV, 147). E l'Ascoli da un pezzo ha notato che in molte parlate più o meno italiane i riflessi di *pējus* mostrano una vocale tonica che supporrebbe un' *e* breve (compreso l'ital. *peggio* con *e* aperta), per influsso di *mĕlius*. E altro ancora si potrebbe aggiungere.

(1) Perchè il Delbrück ragiona sui genitivi μείζονος μείζους? Dov'è questo genitivo in -ους?! — Cfr. G. MEYER, *Gr. Gr.*, p. 269.

*μειζοσα *μειζοα μείζω. Il Delbrück respinge questa biforcazione per una questione di principio; chè la nuova scuola giustamente ripugna ad ammettere che una forma si biforchi cosi nello stesso linguaggio, applicando due leggi fonetiche diverse. La forma μείζω, dice il Delbrück, è la vera continuatrice della forma originaria (*μειζο[ν]σα); e μείζονα sarà una forma analogica plasmata sul nominativo μείζων. Così respinge pure che una legge fonetica si possa verificare in una serie di parole, lasciandone immune un'altra, senza ragioni speciali.

E tocca un'altra questione. Quando un suono si muta in un altro, si muta dappertutto di punto in bianco, o si oscilla per un certo tratto di tempo tra il vecchio e il nuovo? L'oscillazione ci dev'essere di certo, massime se si noti che in ogni comunanza, per quanto piccola, v'è sempre un certo numero di 'conservatori' più tenaci in quanto a pronunzia, i quali cedono a poco a poco, e spesso non cedono se non perchè se ne vanno da questo mondo.

In conclusione, han ragione i novatori quando gridano che le leggi fonetiche non patiscono eccezioni? Lasciando da parte le pronunzie antiquate, le forme fonetiche di non indigene penetrate da un dialetto in un altro, e le forme letterarie, e restringendosi a quelle forme che sono veramente e attualmente proprie e native d'una data parlata, e tra queste stesse eliminate quelle eccezioni che son determinate da influssi analogici, o da condizioni particolarissime della parola (spinta assimilativa, dissimilativa, ecc.), e tanto più eliminate quelle eccezioni che costituiscono una intera serie, cioè una sub-legge fonetica; — in tutto quello che resta si ha la legge fonetica a verificare in un modo assoluto, come dicono, infallibile? Certamente che sì. Ma intendiamoci bene; a rischio di cadere in qualche ripetizione. Questo può essere un postulato; il quale ora noi poniamo, da un lato perchè l'esperienza particolare della fonologia ci ha mostrato che come più essa acuisce lo sguardo più le eccezioni capricciose si dileguano e scemano, e dall'altro perchè un'esperienza più generale della stessa natura umana ci ha condotti a negare chè le azioni degli uomini procedano veramente da 'libero arbitrio'. La legge fonetica non è inesorabile e fatale come una legge fisica, poichè il linguaggio è opera della volontà; ma appunto la volontà non opera se non d e-t e r m i n a t a d a m o t i v i (1). Ciò è vero della volontà individuale

_____

(1) Sarebbe un lavoro curioso da fare questo: raccogliere tutti i passi

non meno che della volontà sociale, collettiva; ma i motivi che muovon quest'ultima devono in massima esser più forti, più logici, più facili a scoprire, a rintracciare. Ora il linguaggio è giusto opera della volontà collettiva, e consta quindi di atti di cui in parte si vedono, in parte s'intravvedono, in parte si vorrebber vedere i motivi. E il fonologo adesso è determinista; egli è persuaso che, quando in certe parole la volontà non cede al solito motivo fisiologico da cui nelle altre parole essa è tratta a modificare un dato suono in un dato modo, deve ella a una tal ribellione essere indotta da un altro motivo, o pur esso fisiologico, o psicologico; e la fonologia progredisce sempre in quanto riesce e a capire il motivo della legge, e a indovinare i motivi delle eccezioni. Il non potere adunque la legge fonetica subire eccezioni capricciose, può essere, dicevo, un postulato ragionevole; e il riuscire a spiegare, a motivare tutte le eccezioni, anche le apparentemente capricciose, può e deve essere il nostro ideale scientifico. Ma che poi questo ideale sia già raggiunto, o sia pur raggiungibile, è un tutt'altro conto. Che la ineccezionalità assoluta delle leggi fonetiche sia un teorema pienamente dimostrato, un fatto positivamente liquidato, da proclamarlo trionfalmente, è una presunzione peggio che ingenua; e le applicazioni che taluno n'ha

---

di scrittori sommi o insigni, i proverbî e le sentenze popolari ecc., in cui si trovi inconsciamente professato e attestato il determinismo, che pure a molti fa ancora paura. Io ne noto qui due. L'uno è il primo terzetto del canto quarto del *Paradiso* di DANTE:

« Intra duo cibi, distanti e *moventi*
D'un modo, prima si morria di fame,
Che *liber* uom l'un si recasse ai denti ».

Non è un'ironia quel 'libero' attribuito ad un uomo che obbedisce talmente al motivo, da non risolversi più ad operare quando i motivi diversi sien due, e così eguali che nessuno preponderi? L'altro luogo è nel Romanzo del MANZONI, là dove Agnese, lamentatasi di don Abbondio presso il Cardinale, a questo che promette di rimproverare il curato, risponde: « No signore, no signore; non ho parlato per questo: non lo gridi, perchè già quel che è stato è stato; e poi non serve a nulla: *è un uomo fatto così: tornando il caso farebbe lo stesso* » (cap. XXIV). Qui il motivo determinante è un motivo costante, è il temperamento.

fatte sono un bel saggio di precipitazione (1). Quella proclamazione cosiffatta mi ricorda un poco quella che noi Italiani facemmo il 1861 di Roma capitale, sicchè perfino nei nostri manuali di geografia per le scuole si trovava scritto molto tranquillamente: Italia, capitale Roma! Dove però occorre una differenza notevole, e tutta a danno dei neogrammatici; cioè che l'unione di Roma all'Italia era finalmente un fatto possibile, sebbene non ancora avvenuto; tanto possibile che dopo nove anni divenne una realtà; laddove, che la scienza riesca mai a sgroppare tutti i nodi che le si presentano, è cosa praticamente impossibile. La sistemazione piena e precisa di tutti i fenomeni che noi studiamo è solo il limite, direbbe un matematico, a cui noi ci avviciniamo indefinitamente senza raggiungerlo mai!

Il Delbrück in questo stesso capitolo sesto, sul quale abbiam troppo e troppo male ricamato per conto nostro, tratta pure della questione, se il clima influisca nel determinare le caratteristiche fonetiche dei singoli linguaggi. Prima, a questo influsso si credeva molto, poi venne lo scetticismo; ma ora tra i più zelanti novatori v'è chi riparla del clima. Il D. resta perplesso, poichè, dice, mentre da un lato « un influsso del clima sugli organi vocali, come su tutto il corpo, non può mancare, dall'altro si dovrà pur concedere che i fisiologi non hanno osservato tale diversità degli organi vocali che possa chiarire le differenze di pronunzia dei singoli suoni ». Ma può stare, io direi, che il clima non influisca al punto da modificare la costituzione anatomica della laringe ecc., bensì faccia risentire i suoi effetti sulla f u n z i o n e, sul modo di operare degli organi vocali. Certo è, che per quanto i nostri vecchi eccedessero con quel loro ritornello della mollezza delle lingue meridionali e della durezza delle nordiche, e per quanto la scienza nostra abbia verificato che anche il nord può presentare affievolimenti di suoni, e il sud può darci degl'indurimenti di essi, e per quanto gl'influssi del clima possano essere neutralizzati od oltrepassati da una forza ben più potente, qual è la tradizione idiomatica della razza; tuttavia qualcosa di vagamente vero l'abbiam da riconoscere anche noi oggi. O il vocalismo, p. es.,

---

(1) Una di esse è esaminata dall'Ascoli in questa *Rivista* (X, 12 segg.); e un'altra da Schmidt nel citato lavoro (*KZ.*, XXV, 3 segg.), precorso in ciò dall'Ascoli (*St. Crit.*, II, 254-5).

pieno e limpido dell'italiano, dello spagnuolo, del greco, rispetto al vocalismo ridotto, scarno, e spesso turbato, della Gallia, dell'Anglia, della Germania, s'avrà a dire indipendente dalla ragion dei climi? Sennonchè i fenomeni di origine presumibilmente climatica sono talmente intrecciati con quelli di provenienza etnologica, che è un'impresa poco men che disperata il volere nella trama d'un linguaggio distinguere i primi fili dai secondi, e peggio il voler fondare sopra il fatto del clima le divisioni delle lingue.

Dell'ultimo capitolo del nostro autore s'è già fatto cenno più sopra. Non mi resta se non da confessare il mio stupore per lo scetticismo che egli mostra avanti alla affinità speciale tra il greco e il latino. Le prove per questa si riducono, secondo lui, al comune possesso di nomi femminili di 2ª declinazione (*pinus*, ὁδός), e alla comune limitazione dell'accento alle tre ultime sillabe della parola; e anche queste due dopo le revoca in dubbio e le fa sfumare! Mentre si tratta di tante conformità specifiche tra greco e latino, e d'una comune aria di famiglia di un'evidenza intuitiva e immediata! Lavoro utilissimo e non molto agevole farebbe chi raccogliesse metodicamente e vagliasse tutte le conformità e disformità che sono tra le due grammatiche e i due lessici dei due grandi popoli dell'antichità. Ma, anche prima che un tal lavoro sia fatto, non si possono chiudere gli occhi alla luce del vero (1).

Le troppe parole spese su questo bel libro mi costringono a dirne poche sulla traduzione, — buona, com'era da aspettarsi, sott'ogni rispetto, — che ce n'ha fornita il prof. Merlo. Che se l'opra di questi è stata non poco agevolata dalla limpidezza dello stile dell'originale tedesco, d'altro lato essa è stata resa più difficile da ciò, che il Merlo ha dovuto, per ragioni che non importa dire, sbrigarsi della traduzione in pochissime settimane, e per di più non ne ha potuto neanche rivedere le prove di stampa. Se però egli avesse avuto più agio, ne

(1) Vedi su ciò l'Ascoli in questa *Rivista* (X, 52).

avrebbe fatte sparire alcune poche scabrosità e parecchie sviste che
ora qua e là la macchiano. Anche così com'è, può riuscire utilissima
agli studiosi; ed è una nuova prova della perizia del Merlo nel tedesco e nell'italiano e nella scienza glottologica. Ma è pur vero che
questa traduzione è paragonabile ad un bello e onesto viso, che avea
bisogno semplicemente d'esser lavato.

Farò alcune osservazioni sulle prime dieci pagine. — A p. 1 dice:
« Jones, che fu il primo presidente di una società per le ricerche
« asiatiche, sorta a Calcutta fin dal 1786, si esprimeva a questo pro-
« posito nel modo seguente »; mentre son le parole di Jones che risalgono al 1786: la società asiatica fu fondata il 1774, se mal non
ricordo; difatti il testo dice. « ...hatte... der erste Präsident einer
« in Calcutta zur Erforschung Asiens gestifteten Gesellschaft, sich
« über diesen Punkt schon 1786 folgendermassen geäussert ». O
forse tutto si riduce allo spostamento d'una virgola? — Ibid.
Non è felice la dicitura nel periodo: « Con esse la stringe..... una
« parentela così stretta, che non si può farla dipendere dal caso, e
« che è tanto certa da imporre ad ogni filologo... la convinzione ecc.».
Era meglio dire, p. es.: « Con esse la unisce..... una parentela così
« stretta, che non si può farla dipender dal caso, e tanto certa, da
« imporre, ecc. »; come non è felice l'espressione: « che abbiano
avuto col sanscrito la stessa origine », dovendosi dire o: « la stessa
origine del sanscrito » o: « col sanscrito un'origine comune ». — A
p. 2, e passim: « giovani lingue » « forme giovani » ecc. a tutto
pasto, ha l'aria d'un tedeschismo: per noi è più proprio « recenti »,
in tali casi. — Ibid. Dove dice: « innanzi al giudizio del tempo futuro, dovrà far epoca senz'alcun dubbio l'opera dovuta all'ingegno di
Bopp », oltre alcune altre lievissime imperfezioni, mi par ambiguo
quell' « opera » che potrebbe parere un determinato libro, mentre
qui vuol dire l'indirizzo, l'attività. Difatti il tedesco dice: « die epo-
chemachende Leistung des Bopp'schen Genius » cioè « l'opra, che fa
epoca, del *genio* di Bopp ». Anche quel « futuro », e qui e altrove,
e anche senza la compagnia di « tempo », per dir l' « avvenire » (die
Zukunft) non è troppo opportuno, massime in un lavoro grammaticale. Nè poco più giù è molto acconcio quel « notizia » per « no-
zione » (Erkenntniss), nè « la cognizione » per « lo scandaglio, il
penetrare » e che so io (Einsicht). — Ibid. « Che fu introdotta dal
Klaproth (?) » si legge nella nota, dove il tedesco ha « (von Klaproth

aufgebrachte?) ». Il testo esprime il dubbio se K. sia stato l'intro-
duttore; invece la traduzione, dando ciò per certo, domanderebbe
invece chi sia codesto Klaproth. — A p. 3, il testo direbbe: *Basti*
ricordare il giudizio di W. (e qui lo riporta), *e* citar poi l'affermazione di B. (e la riporta); e il traduttore, forse per spezzare il lungo
periodo, scrive: « *Basta* ricordare, ecc. *Ma* si aggiunga, ecc. ». In
altri modi, anche con espedienti tipografici, si potea provvedere alla
chiarezza, senza commetter questa piccola infedeltà. Nè mi piace di
più quella spezzatura che il traduttore ha messa nel periodo largo e
simmetrico del Benfey. Questi dice: « scopo di quest'opera (la *Gr.
Comp.* di Bopp) direi che fosse l'intelligenza della origine delle forme
grammaticali delle lingue indoeuropee, la comparazione di queste
lingue come mezzo per intender quella origine, la ricerca delle leggi
fonetiche come mezzo per quella comparazione. Il Merlo ha rotto il
legame coordinativo tra queste tre cose, sostituendovi la subordinazione della seconda alla prima, e la separazione della terza da tutte
e due. — A p. 4. « Ogni vento a caso e di leggieri può, ecc. »; sarebbe meglio propriamente: « il vento del caso facilmente può ecc. ».
— A p. 5. Non mi par bello « visibilmente, ...lo Schlegel, ecc. »
per « evidentemente... lo S., ecc. »; nè « si avea formato la convinzione » per « s'era persuaso »; nè quel « s'immagina » per « s'im-
maginava » (sich dachte), perchè toglie il colorito narrativo. — A
p. 5-6, abbiamo un periodo non molto felice: « Che Schlegel chia-
« masse poi, ecc., *questo avveniva pienamente secondo* lo spirito del
« filosofo romantico, *i cui* pensieri e le formole erano a lui tanto
« famigliari ». Qui, fra l'altre cose, pare che il filosofo romantico,
i cui pensieri eran familiari a Schlegel fosse una persona diversa da
Schlegel. Avrei preferito, p. es.: « Che Schlegel chiamasse, ecc., era
cosa pienamente conforme allo spirito del filosofo romantico, del
quale egli aveva tutto il modo di pensare e d'esprimersi ». — A p. 8
si legge: « Sotto il nome di Verbo (*parola del tempo*) è da intendere, ecc. ». Or questa parentesi riesce priva assolutamente di senso
per il lettore italiano, salvochè egli non sia pratico di tedesco e cosi
s'immagini subito che il testo debba avere, come difatti ha: « Unter
Zeitwort oder Verbum... ». — A p. 9, dove dice che il verbo essere si
nasconde « *intellettualmente* in ogni verbo », era meglio dire *men-
talmente*, o *idealmente* (begrifflich). Poco più giù il testo dice che
il Bopp in un certo suo periodo si rimette al lettore per la soluzione

d'una questione che sarebbe toccato a lui di risolvere, e propriamente: « ...dem Leser die Lösung einer Schwierigkeit *ʒugeschoben*
wird, die, ecc. »; e il Merlo traduce che « viene *riferita* al lettore la
soluzione, ecc. », e poi nell'errata emenda: « *attribuita* al lettore ».
Doveva, io credo, scrivere: « *deferita* al lettore ». — E qui io mi
fermo. Il resto lo dirò in privato al Merlo s'egli lo vuol sapere; e
non val poi la pena ch'egli voglia, poichè si tratta o di piccoli nèi
di stile, o di sviste (poche delle quali capaci di tirar in errore il lettore) tutte dovute alla fretta; e il Merlo le avvertirà da sè, se rivedrà
con pace il suo lavoro. Il quale, tutto sommato, è eccellente.

In lingua turca sono espresse dentro il verbo istesso, mediante sillabe formali, certe idee accessorie che in altre lingue si esprimereb-
bero con apposite parole. E il cumulo di queste idee accessorie può
arrivare a tal punto, ossia in una sola voce verbale se ne possono
concentrar talora tante, da aversi, p. es., dalla radice *sev*, amare,
una forma così: *sevishdirilememek*, la quale significa 'non esser capaci di essere resi amici reciprocamente'. Questa voce, aggiungeva
taluno, si applicherebbe, per esempio, benissimo allo·Czar e al Sul-
tano, che non c'è verso di far stare in pace tra loro. Ma essa, che è
riferita tanto da MAX MÜLLER nelle sue *Letture*, quanto dal WHITNEY
nel suo libro sulla *Vita del linguaggio*, si applicherebbe pur troppo
non meno bene anche agli stessi Müller e Whitney, che non possono
stare senza pungersi ogni tanto l'un l'altro! Non abbiam qui debito
nè potere nè voglia d'andar rivangando il diritto e il torto di questo
o di quello. Il certo è che tutti deploriamo assai questo malumore
interminabile tra due valentuomini, degnissimi entrambi dell'estimazione e della riconoscenza dei dotti. Lo deploriamo, nonostante che
di quando in quando esso ci frutti qualche cosa di bello e di buono,
cioè le critiche aggiustate, stringenti, argute, del Whitney, contro a
qualcuna delle dottrine linguistiche troppo vaporose ed avventate del
Müller. Il Whitney ha un ingegno logico, dialettico, coerente, scevro
di fantasticherie, ed un buon senso veramente americano; e quindi
ha facilmente buon gioco contro il Müller, uomo dotto, certamente,
e ingegnosissimo, ma facile, per la sua natura d'artista, a lasciarsi

sedurre da concetti e da dottrine più speciose che vere, e spesso contraddicenti ad altri concetti e dottrine da lui stesso accolte.

Una nuova prova di tutto ciò l'abbiamo nella bella dissertazione del Whitney '« sull'incoerenza nelle teoriche intorno al linguaggio ». La quale intanto s'apre con alcuni colpi, bene assestati, contro il Renan. Sostiene questi (in quel suo mediocre libro sull'origine del linguaggio) come i dialetti affini non sieno divariazioni posteriori di un unico linguaggio primordiale, ma ogni linguaggio sia ab origine franto in varietà dialettali; e di ciò adduce un esempio nei linguaggi polinesiaci, che sono estremamente varî. Risponde il Whitney che non sa perchè questi debbano servire come esempî di un linguaggio primordiale, quasi fossero nati or ora; e osserva che col criterio del Renan anche dei dialetti romanzi si dovrebbe dire che non risalgano a una lingua unica, e se dal Renan non si dice, gli è solo perchè su questo soggetto egli è raffrenato dall'esplicita testimonianza contraria della storia. E quando il Renan dice che ogni dato tipo linguistico (p. es. l'indoeuropeo) non s'è formato lentamente, ma è surto intero, tutto d'un colpo, con tutta la struttura che gli è propria, « come Minerva dal cervello di Giove », il Whitney risponde con ragionevole ironia che egli trova giustissimo questo paragone, poichè davvero tanto è buona linguistica l'ammetter quel cosiffatto nascere dei linguaggi, quanto è buona ostetricia il ritener possibile quel cotal parto di Giove! Anche Max Müller sostien la tesi renaniana della dialettalità originale, per rispetto alle lingue germaniche, non ammettendo egli vi sia mai stato un idioma protogermanico comune, e neppure un idioma altotedesco e un bassotedesco, mentre pure conviene che i dialetti tedeschi, quanto più si risale indietro nei secoli, più si trovan rassomiglianti e c o n v e r g e n t i. E il Whitney risponde ch'egli ha sempre saputo che le linee convergenti s'i n c o n t r a n o, non importa poi se il punto d'incontro sia, all'occorrenza, fuori della nostra visuale; e che del resto l'appuntarsi di molte favelle, convergenti, in un'unica favella originaria, s'è più volte trovato dentro la nostra visuale storica (lingue romanze, ecc.). E infine, dove il Müller, come nuovo argomento contro l'esistenza di un idioma protogermanico, aggiunge il fatto che i varî popoli germanici quando invasero l'impero romano avean già i loro proprj dialetti, il Whitney risponde, che quest'è un argomentare simile a quel che farebbe un Inglese che dall'essere Max Müller emigrato in Inghilterra già uomo fatto ne deducesse ch'egli non sia mai stato bambino. — Tutta l'erronea dottrina nasce, dice il Whitney, dall'immaginarsi, che fa il Müller, una Germania e una Scandinavia semibarbare, fin dal principio popolatissime e formicolanti di tante tribù affini ma ostili; mentre di certo quei paesi furono dapprima occupati dalla immigrazione di una piccola comunità, di lingua e costumi omogenea, la quale poi moltiplicandosi, e sparpagliandosi, e forse assorbendo in sè popolazioni indigene anteriori, venne da ultimo a scindersi in tante tribù serbanti solo in parte la primiera omogeneità. Ma il più bello è, dice il Whitney, che il Müller nega l'unità originaria dei dialetti germanici mentre crede pienamente alla unità originaria del germanico col celtico, col latino, col greco, ecc.! Nega l'unità minore e il principio su cui essa si fonda, e consente che su questo stesso principio si fondi una unità ben più cospicua qual è l'unità protoariana! Ecco le contradizioni, le inconseguenze, la 'inconsistency'.

Nè il Müller, continua il suo avversario, ha un'idea precisa di ciò che significhi una 'famiglia' di lingue, là dove arriva a dire che non è maraviglia che le famiglie sien tre sole, perchè già sisa che esse non possono esser la regola, ma solo un'eccezione! Perchè delle lingue costituiscano insieme una famiglia non occorre ch'esse sien molte nè che vi sia, in esse tutte od in alcune, splendore di lettere, antichità di monumenti, ecc.: questo ci vorrà perchè sia una 'famiglia nobile'! Ma una famiglia insomma si ha subito appena vi sia un qualche numero di dialetti affini, cioè risalenti a un unico linguaggio originario; sien poi selvaggi o poco numerosi quanto si voglia. E se un linguaggio apparisce isolato, ci può essere ultimo avanzo d'una famiglia distrutta, o aver troppo perdute le tracce della sua fratellanza con altri idiomi; e quindi o fa o sembra fare famiglia da sè. Ma lungi dall'essere le famiglie un'eccezione, sono la regola; e quel che appunto si sforzan di fare i linguisti è di ridurre più famiglie ad una famiglia sola, per non averne un numero esorbitante (1). Per il Müller

---

(1) Dice il W. che la famiglia turanica del Müller è una specie di 'olla podrida', di intruglio di lingue diverse che il M. non sapeva dove mettere. Egli dice veramente: « a sort of *omnium gatherum*, or refuse-heap », dove è notevole quel motto di 'latino maccheronico' all'inglese, che s'intende solo pensando al verbo inglese *gather*, raccogliere ecc.

invece si ha nel mondo un' immensa massa galleggiante, fluttuante, di linguaggi selvatici, effimeri, bastevoli ai bisogni mentali d'una sola generazione; e solo si formarono tre oasi linguistiche (ariano, semitico, turanico), perchè tre razze sentirono spontaneamente la necessità di consolidare, di render permanente e tradizionale, di petrificare, di concentrare il linguaggio, e farlo, di naturale che era, storico. Tutte idee vaghe e inesatte, dice il Whitney, dappoichè ogni linguaggio è tradizionale, anche se è selvaggio, e nessun linguaggio è petrificato, neanche se è coltissimo.

Intanto mostra il Whitney il cattivo influsso delle idee vaghe del Müller sopra altri, p. es. sul Sayce (Introduzione alla scienza del linguaggio, in due vol.); che, mentre usa di continuo la voce famiglia nel senso che tutti i linguisti le danno, ed enumera 76 famiglie, salta poi tutt'a un tratto a dire che le famiglie sono eccezioni. E mentre parla sempre di ' lingua-madre', di 'primeva comunità ariana', in cui Lituani e Indiani fossero ancora un popolo solo ecc. ecc., a un bel momento scappa a dire che una tal lingua-madre è una c o-s t r u z i o n e a f f a t t o i p o t e t i c a. E già, dice il Whitney; quando lambendo le coste di un paese ignoto noi vediamo sboccare un fiume e crediamo subito che esso scenda da quei monti che all'orizzonte si mostrano ai nostri sguardi, noi allora facciamo una ipotesi, perchè la sorgente non la vediamo; potremmo anche farneticare che si trattasse di una coalescenza d'atomi d'ossigeno e d'idrogeno prodotta da speciali condizioni magnetiche! Eppure.....

Il Sayce dice: più barbara e più antica è una società, più è frazionato il suo linguaggio; più indietro andiamo, e più numerosi, infiniti, sono i dialetti. Il Whitney qui ricorda quel dotto francese, il quale, considerando che ognun di noi ha due genitori, quattro nonni, otto bisnonni, argomentò che più si risale indietro e più numerosi fossero gli uomini sulla terra; e il W. dice al Sayce: ecco, quel Francese, v'ha giusto preparato quei tanti uomini necessarj per parlare i vostri infiniti dialetti! — In altri termini, e fuor d'ironia, è vero che è la civiltà che accomuna uno stesso linguaggio a società diverse, e che nella barbarie ogni società ha la sua propria favella, sicchè se noi risalghiamo ad un tempo di minor civiltà che non sia la presente, ma di egual popolazione, noi troviamo più frazionamento di loquela che non adesso; ma se noi poi risalghiamo sù sù, a tal epoca in cui la popolazione era ben minore, non ancora troppo moltiplicatasi e propagatasi, noi troveremo assai minor numero di linguaggi che non ora; perchè ogni società parlava, è vero, il suo, ma le società appunto eran poche!

Insomma il Whitney non vuol che si prenda subito per stato originario uno stato tanto o quanto anteriore al nostro. Non bisogna parlar d'origini vere, se non si oltrepassino tutte le origini più o men prossime, tutti gli stadj intermedî, per antichi che sieno. Risalire per dieci scalini, mentre per arrivare alla cima ve ne sono quindici, e proclamare che dalla cima si veda solo quel che si vede dal decimo scalino, è un solenne errore. Il Whitney si sa bene collocare in tutte le diverse situazioni dei diversi momenti storici e preistorici del linguaggio, e perciò non casca, come altri, in teoriche unilaterali, paradossali, insufficienti. Ogni nuovo fatto, e ogni ipotesi giusta, trova subito modo d'allogarsi nel suo sistema ragionevolmente largo ed elastico. E perciò tutto il ragionamento suo contro la dialettalità originaria dei linguaggi non mi è parso punto smentire quello che io ho fatto più sopra sulla dialettalità già sviluppata nel protoariano ancora indiviso. È questione puramente cronologica. Certo c'è stata una fase primordiale in cui l'idioma ariano non era suddiviso in dialetti; ma ciò non vuol dire che la suddivisione in dialetti non sia successa prima del distacco delle varie lingue indoeuropee dalla lingua madre.

Sull'altra memoria del nostro autore, « Coerenza logica nelle teoriche sul linguaggio », non mi fermerò a lungo, poichè essa non è che un riassunto limpido, preciso, conciso, delle teoriche già esposte da lui nel suo bel libro da me tradotto. Gioverebbe tradurre anche questo riassunto, ma io non ho tempo, e qui non ho neppure luogo. Spigolerò alcuni periodi qua e là, che mi pajon più degni di nota.

Circa il principio dell'economia e della comodità come ragion sufficiente di tutte le mutazioni fonetiche egli qui fa più riserve che non ne facesse nel libro, epperò concorda con quel che noi abbiamo detto più sopra sullo stesso soggetto: « nearly everything in phonetic change is to be ascrived to the working of the tendency to economy; but the details of this working are sometimes very intricate, and, in our present imperfect comprehension of the physical

processes of utterance, not a little obscure ». Circa la teoria boppiana
della genesi delle forme mediante l'agglutinazione, egli dice che se
in sole poche forme si vede chiaro quali fossero gli elementi agglu-
tinati, ciò non infirma il principio boppiano, allo stesso modo che
l'esserci molte persone che non hanno attestato un fatto non distrugge
la testimonianza di poche che l'assicurano; ed osserva che è troppo
naturale che la etimologia delle forme sia spesso oscura come lo è
spesso la etimologia delle parole. — Circa il trilittero semitico, « il
più arduo problema, forse, nella storia del linguaggio », egli consente che esso dev'essere uno sviluppo secondario e peculiare, anche
se non si riuscisse « a rintracciare con soddisfacente chiarezza i passi
di questo sviluppo ». Le quali parole implicano, se non un'adesione
concreta, almeno un r i c o n o s c i m e n t o d i p r i n c i p i o delle
ricerche ario-semitiche dell'Ascoli. — Ammette che nessun esempio
si dia di un linguaggio che diventi agglutinante o flessionale sotto
gli occhi nostri; ma ciò contrasta con le affermazioni del Böhtling
sulle lingue turaniche riferite da Delbrück nel libro di cui abbiam qui
discorso (p. 71 seg., della traduz. 76 seg.).

Nonostante le divergenze che ogni scienza naturale o storica non
può non avere, la glottologia è ad ogni modo una di quelle in cui
maggiore è la concordia sostanziale tra i varj coltivatori; e checchè
possa parerne, in certe ore di sgomento, ad alcuni fra i più autorevoli suoi maestri, come Delbrück e Whitney, essa batte ancora, fidente e sicura, quella via regia che le aperse a principio di questo
secolo il genio sovrano di Francesco Bopp.

Napoli, ottobre 1881.

F. d'Ovidio.

D. S. — A p. 322, a metà, nella parentesi che finisce con « Fick »
aggiungi: « e nel campo neolatino il Flechia ». — E a p. 347, dove in
nota ho toccato dell'opinione del Curtius circa la gutturale che non possa
mutarsi in altra consonante più avanzata verso le labbra, devo avvertire
che il Curtius v'ha ora fatto notevoli e giusti ritocchi (*Grundz.*[5], 446-7).

F. d'O.

BIBLIOGRAFIA

Studî di Filologia Greca pubblicati da E. Piccolomini. Vol. I, fascicolo I, pp. vii-106. Torino (Loescher) 1882.

Con questo fascicolo inizia il prof. Piccolomini la pubblicazione di lavori di filologia greca, così suoi come dei suoi scolari, e ci dà per ora: 1° Osservazioni sopra alcuni luoghi delle *Rane* di Aristofane (E. Piccolomini). 2° Alcune favole dello Στεφανίτης καὶ Ἰχνηλάτης, secondo una redazione inedita di Prete Giovanni Ἐσκαμματισμένος (Vittorio Puntoni). 3° Saggio sulle glosse Aristofanesche del Lessico d'Esichio (Francesco Novati). Ai tre lavori è premesso un 'preambolo' del Piccolomini, in cui si dà ragione della pubblicazione e si esprime la speranza, naturalmente anche in noi vivissima, che non manchino collaboratori bravi e volenterosi pei futuri volumi.

Io credo che il Piccolomini abbia avuto un'ottima idea, e non avrei riputato necessario che la giustificasse nel preambolo. Ho deplorato anche io altrove che l'attività dei nostri giovani filologi vada per lo più spesa in lavori di poco men che pura compilazione, e non posso quindi che applaudire ad un tentativo diretto a far diventare abitudine generale della gioventù filologica italiana quella che sventuratamente è stata finora aspirazione di pochissimi, e tradotta in atto ha meritato persino disdegni orgogliosi e insolenti sarcasmi. Si ha un bel parlare di diversità di razze, di diversità d'inclinazioni, di diversità d'ingegni: il metodo scientifico non è che uno, e non vi ha scienza che possa e voglia annoverare fra i suoi cultori chi parassiticamente intenda coglierne i fiori senza aver contribuito nè punto nè poco a farli germogliare. O sarebbe forse la filologia classica più facile ed arrendevole delle sue altere sorelle ? Se dunque fosse proprio vero che noi non si avesse attitudine alla critica verbale e alla interpretazione metodica e, in generale, alle ricerche minute e noiose, se fosse proprio vero che noi non si sapesse far cosa che richiegga non solo acutezza di ingegno, ma anche pertinacia di volontà, abnegazione e conoscenza non *dilettantesca* della base di ogni filologia, della lingua, ci sarebbe senza dubbio un consiglio da dare ai nostri concittadini, ma non sarebbe già quello di far della filologia a buon mercato, a spese di chi ha lavorato per noi, bensì quello di rinunziarvi addirittura ! Fortunatamente queste non sono che comode ipotesi di inerti e boriosi personaggi, e le smentiscono a pieno i lavori di chi, senza scuola, con le sole risorse dell'ingegno e della passione per gli studî classici, seppe indovinare il metodo filologico e da quella stessa cattedra, onde oggi così degnamente insegna il Piccolomini, infervorarci efficacemente per questa vecchia scienza che non promette nè agi nè onori e che in Italia, a preferenza di qualsivoglia altro paese, esige dai suoi adoratori non meno disinteressato che caldo amore.

Dalle *Osservazioni* del Piccolomini sopra le *Rane* di Aristofane, anche se noi non dicessimo verbo, si aspetterebbero senza dubbio molto quelli dei lettori che conoscono i suoi studî critici sulle *Nubi* e sugli *Uccelli*. Evidente mi è sembrata la prima osservazione riguardante l'interpretazione delle parole (v. 67) καὶ ταῦτα τοῦ τεθνηκότος; e del noto scolio su questo luogo. Se finora proprio nessuno dei moderni interpreti si è accorto che con quelle parole si distingue l'Euripide morto dall'altro Euripide figlio o nipote del morto, vuol dire che ciò sarà avvenuto per influenza delle parole καὶ ταῦτα, le quali portano abbastanza facilmente alla falsa interpretazione : ' senti (amoroso) desiderio di lui *quantunque* morto ? '.

Non senza interesse sono anche le osservazioni sui vv. 167 sgg., quantunque il P. stesso non è sicuro di aver trovato il vero. Certo nessuno vorrà più sostenere l'atetesi dell' Hamaker, anche non essendo contenti delle congetture ὅστις αὐτόσ' ἔρχεται ovvero ὅστις ἐπὶ ταῦτ' ἔρχεται. A me sembra che il precedente ἐκφερομένων basti per sè solo ad indicare la via dell'Hades : si potrebbe allora pensare, poniamo, ad ὅστις ἐπιτάξ ἔρχεται o a qualche cosa di simile. Per ἐπιτάξ si vegga NAUCK, *Trag. Gr. Fragm.*, p. 355 (EUR., *Fr.*, 294, 2).

Sotto ogni rispetto soddisfacenti mi sembrano invece la emendazione (vv. 100 sg.):

ΔΙΟ.   τοῦθ' ἔθ' ἧττον θατέρου.
ἴθ' ἧπερ ἔρχει.   ΞΑΝ. δεῦρο δεῦρ', ὦ δέσποτα —

in luogo di:

ΞΑΝ.   ἴθ' ἧπερ ἔρχει. δεῦρο δεῦρ', ὦ δέσποτα —,

e la interpunzione (v. 655):

OIK.   ἐπεὶ προτιμᾷς γ' οὐδέν — ΔΙΟ. οὐδέν μοι μέλει.
OIK.   βαδιστέον τἄρ' ἐστὶν κτλ.

Per contrario lascia incerti così noi come il P. stesso la congettura, ottima del resto quanto a senso, μὴ καιρῷ τῷδε πρέπουσιν
(v. 358), e forse anche la diversa distribuzione dei personaggi nel
v. 749. In questo luogo anzi crederei che con la distribuzione

ΞΑΝ.   τί δὲ πολλὰ πράττων; OIK. ὡς μὰ Δί' οὐδέν. ΞΑΝ. οἶδ' ἐγώ,
ὁμόγνιε Ζεῦ κτλ.

la parafrasi che ci dà il P. τοῦτο ποιῶν οὕτως ἥδομαι, ὡς μὰ Δί' οὐδέν
ποιῶν ἥδομαι non significherebbe già, come P. vuole, 'ci prendo tanto
gusto quanto in niun'altra cosa', ma forse piuttosto 'ci prendo tanto
gusto quanto a non far nulla'.

E neppure pel *locus conclamatus* (v. 790) il P. mi toglie ogni
dubbio. Si tratterebbe, a suo credere, di una antichissima interpolazione; ma questo antico interpolatore, che doveva pur sapere mediocremente il suo greco, avrebbe scritto senza scrupolo κἀκεῖνος ed
ὑπεχώρησεν? E a che scopo avrebbe interpolato? Ero piuttosto propenso a credere che sotto κἀκεῖνος si celasse il nome di un poeta; ma mi
avvedo ora che così si andrebbe incontro a difficoltà anche maggiori.

Finalmente pel v. 1124 il dubbio del P. mi sembra giustificato;
non può non farci una certa impressione che con τὸν ἐξ Ὀρεστείας si
indichi *uno* dei *tre* prologhi dell' *Orestea*. Ma non vorrei neppure io
mutare τὸν in τιν' (mutazione proposta, del resto, già dal Wieseler),
e opterei col P. per la ripetizione del v. 1126 innanzi al v. 1125.

Alle *Osservazioni* tien dietro una collazione del codice Cremonese

12229, L. 6, 28, fatta dal Novati sulla edizione del Meineke; e una tavola delle discrepanze fra la collazione del cod. Ambros. L. 39 *sup.* pubblicata dal Velsen nella sua recente edizione delle *Rane* e quella eseguita non ha molto dallo stesso Novati. Ma dell'importanza di queste collazioni potrà dare giudizio soltanto chi si sia occupato sul serio di critica Aristofanea.

Nel lavoro del Puntoni abbiamo trovato molta accuratezza e dottrina, e saremmo troppo fortunati se molti giovani facessero con lavori di egual merito la loro prima apparizione nella così detta repubblica letteraria. In una non breve introduzione il Puntoni determina il valore della redazione da lui pubblicata rispetto alle altre redazioni conosciute, che egli ha tutte accuratamente studiate, e accenna senza esagerazioni alla importanza che essa in singoli casi potrebbe avere per la recensione dello Στεφανίτης καὶ Ἰχνηλάτης di Simeon Maestro, donde appunto Prete Giovanni ha tratto le sue 21 favole, per lo più frettolosamente epitomando, sempre aggiungendo di suo ἐπιμύθια spessissimo insulsi. E con opportuni raffronti stabilisce infine che la redazione di Prete Giovanni deriva da un codice assai diverso dall'Amburghese, su cui si fonda la recensione Starkiana dello Stephanites, e molto più vicino ai codici Vaticano, Laurenziano e Barberiniano, dei quali il Puntoni possiede collazioni in parte proprie e in parte favoritegli dai professori E. Teza ed I. Guidi.

Ho letto non affatto disattentamente queste favole, e per quanto mi manchi tutto il corredo di cognizioni necessario [1] per giudicare di un testo di tal natura, oso nonostante assicurare che dal punto di vista filologico l'editore ha fatto il suo dovere. Ma non vorrei con ciò garentire che proprio tutte le sgrammaticature che il Puntoni, con prudenza lodevolissima, il più delle volte non ha voluto neppur tentare di correggere, sieno davvero imputabili a Prete Giovanni piuttosto che ai copisti. Non ho gran stima di lui, ma stento, per esempio, a credere che, pur conoscendo e adoperando talvolta, secondo grammatica, il così detto genitivo assoluto, e' si permetta altre volte, in senso analogo, un nominativo che è troppo assoluto per non essere spropositato. Valga ad esempio δακοῦσα (X, 3). E in quella stessa favola (X, 8 sg.) dovremo proprio tollerare παρ' ἡμῖν φερομένη per παρ' ἡμῶν φερομένη? Ma naturalmente io temo

---

(1) Cfr. E. Teza nel *Giornale Napoletano*, 3 (1881), vol. VI, p. 161-171.

di citare i moltissimi altri luoghi che a me, come ad ogni profano
di quella specie di greco, sembrano corrotti; esorto anzi ad avere
molto maggior fiducia nel Puntoni che in me, che giudico soltanto
da quello che egli ha pubblicato. Così nella nota favola della scimia
(πίθηκος) spaccalegna, di cui si dice (III, 5) che ἐν ὅσῳ ἦν ἀσχολού-
μενος τῇ σχίσει τοῦ ξύλου συνέβη, τῶν ῥηγμάτων τούτου ἀποβληθέντων
τῶν πάλων, κ ρ α τ η θ ῆ ν α ι τοὺς ὄρχεις αὐτοῦ, io avrei avuto la tentazione
di correggere κατερχθῆναι o καθερχθῆναι : e probabilmente avrei avuto
torto, perchè lo stesso verbo κρατεῖσθαι ricompare insistentemente in
altre favole in significato identico o affine, e forse sarà già nell' originale donde epitomava il nostro buon Prete. Nonostante non so del
tutto resistere al ' demone della congettura ' (sempre preferibile, del
resto, all'*angelo* della pigrizia intellettuale), e nell'ἐπιμύθιον della favola II : ὁ μῦθος δηλοῖ ὅτι πολλάκις τῷ αἰφνιδίῳ τοῦ πράγματος δουλοῦνται τὸ φρόνημα ⟨οἱ ἰσχυροί?⟩ κτλ., al δουλοῦνται per me quasi
inintelligibile propongo di sostituire δηλοῦνται (o anche θολοῦνται (1)),
e chiedo scusa se, a proposito di Prete Giovanni, richiamo alla
memoria di qualcuno il φρενοδαλής Eschileo.

Il nome del Novati non è nuovo agli studiosi di Aristofane, i quali
ebbero già da lui, oltre gli studi sul codice Cremonese, la grata sorpresa di un indice di commedie Aristofanee scoperto in un codice
notissimo e da molti studiato, fra i quali dall' Elmsley! Il Novati è
una vera speranza per gli studi non solo di filologia classica ma
anche di filologia italiana, anzi è da un pezzo ben più che speranza ;
ed io che non ho avuto sinora occasione di occuparmi seriamente
nè degli Scolii ad Aristofane nè del Lessico Esichiano, non ho davvero il coraggio di servirmi di quello che ho imparato dal suo scritto
per muovergli volgari obbiezioncelle, le quali potrebbero provocare
il sorriso delle persone competenti. Invece nessuno sperabilmente
troverà da sorridere o deridere, se dirò che il lavoretto del N. è dei
più interessanti che si potessero fare sull'argomento, e che alcuni dei
suoi resultati hanno tali caratteri di evidenza da imporsi egualmente

---

(1) V. i Lessici s. v. θολοῦν ed ἐπιθολοῦν e DION. CASS., 38, 2: τὰ
μὲν γὰρ ὑπὲρ τῶν ἀλλοτρίων λεγόμενα, ἀπὸ ὀρθῆς καὶ ἀδιαφθόρου τῆς
γνώμης προϊόντα, καιρὸν ἐς τὰ μάλιστα λαμβάνει · ὅταν δὲ δὴ πάθημά τι
τὴν ψυχὴν καταλάβῃ, θολοῦται καὶ σκοτοῦται καὶ οὐδὲν δύναται
καίριον ἐννοῆσαι.

a profani e ad iniziati. Fra questi resultati evidenti metterei anzi anche quello che il N. pare consideri soltanto molto verosimile, la ricostituzione di un articolo πολεμιστήρια tratta da Esichio, da Fozio e dai nostri Scolii (p. 86). Degna di ogni lode e scritta molto lucidamente è la introduzione storica sul Lessico di Esichio, e in generale tutta la dissertazione si raccomanda per chiarezza di forma e di concetti. Che se in un annunzio bibliografico è proprio indispensabile dichiararsi meno contento di qualche cosa, ho anche io una inezia da notare. A p. 83 il N. parla del χελιδόνων μουσεῖα come espressione di Euripide parodiata da Aristofane, in quanto questi la avrebbe volta ad altro significato: io per conto mio non ho potuto mai dubitare che la parodia consistè nel sostituire χελιδόνων alla parola ἀηδόνων adoperata da Euripide, e ad Euripide (Fr. 89, 2) restituita per felice divinazione del Meineke.

In conclusione noi ci auguriamo che i futuri fascicoli degli 'Studi di Filologia Greca' valgano sempre quanto il primo, e crediamo cosi di non avere espresso tiepidi auguri per l'avvenire dell'Ellenismo in Italia.

Firenze, gennaio 1882.

G. Vitelli.

La Pitia X di Pindaro. Saggio di G. Fraccaroli. Verona, 1881.

È questa una versione ed un comento del primo lavoro, che si conosca, di Pindaro. L'A. prende le mosse indagando quale potesse essere l'età del poeta allorchè scrisse quest'ode; dà un breve sunto del carme, e lo fa seguire da alcune osservazioni estetiche, le quali parendomi qua e là soggettive, meriterebbero più ampia discussione di quello che i limiti d'un resoconto non mi consentano; sviluppa infine una questione che i critici hanno sollevata da un pezzo, sopra il significato fondamentale della digressione che forma il mezzo dell'ode, nella quale il poeta ci canta d'un viaggio di Perseo agli Iperborei col favore di Minerva. Suppongo che il lettore conosca il componimento Pindarico. Però basti dire riassumendo, come il Dissen le attribuisce un valore puramente morale, di persuadere la temperanza nei desiderî, perocchè gl'Iperborei sono felicissimi, non per altro se non perchè sono altresì molto pii, e si contentano di quel che possedono. Il Boeckh congetturava che Perseo, progenitore di Ercole, avesse culto speciale presso gli Alevadi, per commissione dei quali l'ode stessa fu scritta. Il Rauchenstein faceva notare di proposito, come il punto principale della digressione consista nel contrapposto che si fa spiccare tra la felicità del vincitore e del padre suo, che ha toccato gli ultimi confini prescritti all'uomo; e quella di Perseo, il quale col favore degli Dei (ma solo con questo) era potuto giungere a quei paesi fortunati.

Succedeva Ticone Mommsen, al quale aderiva il Rauchenstein, e voleva vedere nella digressione Pindarica un'allusione alle condizioni politiche della Grecia: Scoppiava, così egli, in quel torno la ribellione delle città ioniche in Asia coll'aiuto degli Ateniesi; e non è improbabile che ambasciatori persiani si trovassero alla corte degli Alevadi, amici, perchè principi, dei Persiani e degli ottimati, e poichè i Greci facevano derivare i Persiani da Perseo, viene da sè che Pindaro facesse profetare da Perseo il castigo dei Nassi che nell'Ol. 69 avevano scacciata la nobiltà. « Poichè Perseo porta la morte agli isolani. Quando gli Dei ti sorreggono nulla è meraviglioso. Ma chi è poi la Gorgone? Il popolo dalle molte teste ».

Il Fraccaroli accenna bene a tutte queste opinioni, ma non vi si acqueta, e si domanda: Perchè mai Pindaro fa volgere a settentrione Perseo, mentre la Gorgone, cui l'eroe doveva uccidere, stava, secondo alcuni, ad occidente all'estremità della Libia, e, secondo altri, nelle parti dell'Eritreo e dell'Etiopia a mezzodì? E soggiunge: « Nell'andata di Perseo agli Iperborei, io ci vedo adombrata la spedizione di Dario contro gli Sciti. Perchè mai, se fosse altrimenti, avrebbe il poeta fatto andar l'eroe fin lassù? Per giungere all'occidente? Se allude all'impresa di Dario, mi par tutto chiaro; allora l'escursione contro gli Sciti non è che il prodromo d'una spedizione nell'occidente »; e qui il Fraccaroli accennando che l'impresa di Dario non ebbe, è vero, grande successo, conchiude (così interpretando il parlare di Pindaro) « badino dunque a sè gl'isolani (nota che non dice quelli di Serifo) che non sopraggiunga loro rovina ».

Non ho riportato così per disteso le due ipotesi del Mommsen e del Fraccaroli, se non perch'elle mi sembrano presentare la soluzione della questione, ma non esporla nella sua luce. Non dirò col Mezger, come l'ipotesi del primo, che nobili Persiani si trovassero alla corte degli Alevadi, e che per compiacere ai medesimi Pindaro inserisse questa disgressione, non ha per sè veruna prova di fatto che la conforti. Ma osservo che Pindaro, proprio nel principio della digressione, esclama :

> .....ναυσὶ δ' οὔτε πεζὸς ἰὼν ἂν εὔροις
> ἐς Ὑπερβορέων ἀγῶνα θαυματὰν ὁδόν.

che il F. stesso così traduce :

> « La strada
> Cercar dell'Iperborea contrada,
> In terra o in mar non vale ».

Or bene, o si supponga che l'ode sia stata scritta mentre si facevano in Persia i preparativi per la spedizione contro gli Sciti, o durante, o dopo la medesima, la digressione intesa a modo del Fraccaroli, riesce un appunto al re di Persia, dopo i versi surriferiti. Perchè alla perfine anche Dario era un uomo, e non gli stava bene tentare imprese superiori alle forze dell'umana natura ; molto meno che ad ogni altro a lui, il quale succedeva a Perseo ritenuto capostipite della nazione persiana. Ma Pindaro ha voluto stabilire una proporzione : come Perseo andò agli Iperborei, così Dario agli Sciti. Senonchè questo riscontro che cosa importerebbe all'argomento dell'ode ? Chi non vede come questa supposizione noccia all'effetto estetico del componimento ? Che Pindaro abbia potuto fare assegnamento sull'interpretazione possibile delle sue parole, non è solamente possibile, ma forse ancora verosimile, perchè ci spiega il tocco leggerissimo, e proprio di sfuggita, col quale accenna agli isolani spenti da Perseo colla testa della Gorgone ; ma questo senso non doveva essere il più appariscente e principale del mito, il quale non doveva avere essenzialmente altro valore dal morale accennato di sopra.

Infine, il sig. F. ci ha dato una versione in versi del carme Pindarico. Versione che merita lode, sebbene si scosti un po' troppo qua e là dall'originale. Così al verso 4 il κατ' ἄκαιρον è reso con un *insano* anzichè con *inopportuno*; particolarmente poi il verso 10 e segg. sono tradotti con troppa libertà :

"Απολλον, γλυκὺ δ' ἀνθρώπων τέλος ἀρχά τε δαίμονος ὀρνύντος αὔξεται·
ὁ μέν που τεᾶς γε μήδεσι τοῦτο ἔπραξεν·
τὸ δὲ συγγενὲς ἐμβέβακεν ἴχνεσιν πατρὸς.....

E il F.:

> « Liete le mosse auspice Dio, — si cura
> La meta dei mortai : — Febo, è tua cura
> Questa, che lo incorona.
> Ed è del padre la virtù », ecc.

Nella quale versione, a tacer d'altro, ognun vede come vada lungi dal senso del testo il F. interpretando il γλυκύ doppiamente per *lieto* e per *sicuro*.

Convien però dire come questo sia tra i luoghi più intralciati dell'ode; e a me sia lecito proporre a questo luogo una nuova lezione, la quale, secondo me, agevolerebbe l'intelligenza di questo luogo, perchè colla semplice apocope del v di ἀνθρώπων, avremmo il duale ἀνθρώπω, o potremmo tradurre così:

O Apollo, il fine ed il principio soave dei due uomini (d'Ippocle e di suo padre), sarà abbellito viemmeglio, procurandolo un Dio: l'uno toccò il primo (cioè il fine) per opera tua; e il discendente si è già avviato sulle orme del padre.

Quest'interpretazione, a mio avviso, spiega meglio d'ogni altra quel τέλος ἀρχά τε, riferendolo a *padre* e *figlio*: τέλος del padre, ἀρχά del figlio. Permette di tradurre quel πού che altrimenti non ha senso, di contrapporre l'ὁ μέν al τὸ δέ, e di voltare la voce συγγενές in modo semplice e piano; perchè l'intenderlo per un accusativo di relazione: *ad virtutem innatam quod attinet,* è un darle il senso di ἐμφυής, ἔμπεφυκώς, ἔμφυτος.

Chiudendo questi cenni, colla severità colla quale li abbiamo condotti, noi non vorremmo leggere frasi e dizioni come queste: *ma non è mica neanche dovere* con tanti *n* che si danno sulle calcagna: ovvero: *se non si sapesse... si potrebbe interamente convincersene* per: *chi non lo sapesse... potrebbe* ecc. Non lo vorremmo, diciamo, perchè vediamo nel sig. F. un amoroso cultore degli studî classici contemporanei; nè a siffatti è permesso di essere nè affettati, nè trascurati.

Torino, gennaio 1882.

ALESSANDRO ARRÒ.

Zakonische Grammatik von Dr. Michael Deffner, Erste Hälfte. Berlin, Weidmann, 1881.

È un fatto che lo studio del neogreco e principalmente quello dei dialetti fino ad oggi parlati nelle diverse contrade abitate da' Greci, può riuscire di grandissima importanza per la conoscenza del greco; ma è pur anche vero che la maggior parte de' filologi che rivolgono le più minute cure allo studio d'ogni avanzo antico, poco o nulla si curano della lingua ancor viva. Una delle ragioni di questa trascuranza, non potendo qui accennarle tutte, n'è certamente il ben piccolo numero di lavori veramente scientifici che possediamo intorno ai dialetti neogreci; come fino a questi ultimi tempi, per la mancanza di convenienti edizioni di testi della grecità medioevale, fu eziandio impossibile il seguire lo svolgersi della lingua letteraria attraverso i secoli tenebrosi della decadenza e dell'oppressione straniera della Grecia. Ma quanto più scarso è il numero di lavori che ci possono informare intorno agli svariati dialetti parlati dagli odierni Greci, con altrettanta cura, mi sembra, debbonsi fare conoscere gli studî che sono diretti a riempire una lacuna nel corredo nostro per lo studio della grecità in tutta la sua estensione. Ed è perciò che vogliamo fare un breve cenno dell'opera sopraindicata intorno ad un dialetto, il cui studio riesce della massima importanza per la conoscenza del dorismo, o per meglio dire, del dialetto laconico, di cui il zacone è il continuatore. Niuno meglio del prof. Deffner poteva fornirci un lavoro che a nostro parere verrà accolto col massimo favore. Glottologo di vaglia e da anni stabilito in Grecia, ha potuto fare lungo soggiorno nel distretto montuoso, tra Nauplia e Monembasia, ove in una città, sei villaggi ed alcuni casolari isolati, dodici o tredici mila uomini parlano questo dialetto, per lo studio del quale la bocca del popolo è l'unica fonte a cui attingere; popolo la cui esistenza in quell'angusto tratto di terra è anco un interessante problema istorico. Le prime notizie di questo dialetto son dovute ad un greco del XV secolo, il Mazaris, poi ne parla il Gerlach (1574); il Villoison nei Prolegomeni agli scolii dell'Iliade è il primo che riconosce la sua vera natura, il Thiersch prova che è un dialetto veramente greco, il Deville francese ne dà una notizia più completa (1), e ne tratta anche M. Schmidt negli *Studî di G. Curtius*, III, p. 345-376. Ma ora soltanto possiamo, per l'opera del Deffner, sperare uno studio veramente completo, fatto con tutto il corredo della scienza moderna, studio che era urgente, dacchè il dialetto stesso sta per iscompa-

---

(1) Vedi la recensione della sua « Étude sur le dialecte Zaconien » inserita dal nostro Comparetti nel vol. XVIII della *Zeitschrift di Kuhn*.

rire e a cedere il posto al neogreco comune. Il valente docente della università d'Atene aveva già inserito nel suo *Archivio für mittel-und neugriechische Philologie* (Atene, 1880, fasc. I e II) due dissertazioni (*Das Zaconische als Fortentwicklung des laconischen Dialects — Das ʒaconische Verbum und seine Formen*), ma ora espone, in una grammatica di questo dialetto, di cui però finora non è comparsa che la prima parte, la fonologia, i risultati de' suoi studî, dei quali ci occuperemo estesamente appena sia uscito tutto il volume. Per ora ci limitiamo ad annunziare brevemente l'importantissima pubblicazione agli studiosi italiani, ed aggiungiamo che s'attende un altro frutto delle ricerche fatte dal Deffner con sacrifizio ed abnegazione in quella interessante parte del Peloponneso in cui per lungo tempo Venezia ebbe dominio diretto, cioè una « descrizione pittorica della Zaconia », di cui finora non abbiamo visto che il programma.

Necrologia.

Da Parigi ci è giunto il doloroso annunzio della morte di **CARLO GRAUX.** Giovanissimo, egli aveva già molto lavorato pel pubblico; e in tutto quello che conosciamo di lui, dai primi tentativi critici negli Esercizî della Conferenza filologica del Tournier sino ai suoi più recenti articoli nella « Revue Critique », nel suo Coricio non meno che nel suo Plutarco, nelle pazienti ricerche sticometriche del pari che nello splendido volume sui mss. greci dell'Escuriale, dappertutto trovammo perspicacia, erudizione, carattere di vero e proprio scienziato. Ma dei suoi meriti di filologo e di paleografo meglio di noi parleranno i suoi amici francesi; noi non vogliamo che esprimere il sentimento di dolore che abbiamo provato.

Carlo Graux è morto vittima di violenta febbre perniciosa, soltanto pochi giorni dopo che egli era tornato a Parigi da un viaggio scientifico in Italia. Quanti in Firenze lo conobbero, ne ammirarono le cortesi maniere, la dottrina, l'entusiasmo di filologo e di paleografo. Tutti ora lo rimpiangono con vero affetto, e tutti contrista il sospetto che dalla nostra Italia e' riportasse in patria il germe del terribile male che lo spense così giovane, così pieno di vita e di non vanitose speranze! Io che scrivo queste linee avevo trovato in lui un amico, ed è soprattutto l'amico che ora rimpiango. Nel tornare da Roma ripassò per Firenze il 20 dicembre, oggi è un mese; e non lo vidi, perchè appunto in quei giorni la morte aveva visitata anche la casa mia. Mi scrisse un biglietto che mi fu di consolazione, e mi rimane ora come doppiamente mesta memoria.

Auguro di tutto cuore alla Francia che presto si trovi chi occupi degnamente il posto che il Graux ha lasciato vacante nella Filologia francese; ma non meno caldamente le auguro una schiera di dotti, che possano contendere al nostro caro estinto il vanto dell'essere molto amato.

Firenze, 20 gennaio 1882.

G. VITELLI.

PIETRO USSELLO, *gerente responsabile.*

QUAESTIONES CRITICAE

Ut inde quaestiones meae proficiscantur, unde totius antiquitatis studiorum principia ducuntur, primus Homerus tractetur.

Constat dogma esse insitum doctis illis, quos Lachmannianos appellant philologi, esse in primo Homeri Iliadis libro diversorum · carminum contaminationem neque res sic esse compositas, ut plane inter se cohaereant. Idque cum aliis argumentis tum e v. 493 intelligi putant

ἀλλ' ὅτε δὴ ῥ' ἐκ τοῖο δυωδεκάτη γένετ' ἠώς

quem versum defendi suo loco non posse, nisi quid sit, quo 'ἐκ τοῖο' referatur. nihil autem est in superioribus versibus dictum, ad quod pertinet, neque versu Ω, 31 excusatur, ubi similem difficultatem habemus atque hoc loco; nam ne eum quidem versum iusto loco esse patet. Sed ut id omittamus, non convenit temporum ratio, qualem nunc habemus in v. 423-425, cum aliis rebus, quas poeta narravit. Eis enim versibus Iuppiter reversurus esse dicitur duodecimo die, postquam Thetis ad filii colloquium venerat. Et revertitur sane die duodecimo, sed 'ἐκ τοῖο', id quod quo

loco nunc legitur tantum potest referri ad Ulixis expeditionem, quae antea descripta est. Ergo si dies accurate nu-
meramus, cum v. 475-477 dies et nox praeterierit, Iuppiter
re vera non duodecimo die post illud colloquium redit, sed
die decimo quarto seu quinto. At enim viri doctissimi, pe-
ritissimi carminum Homeri ab hac sententia dissentiunt,
quorum auctoritatem apud multos hoc tempore plurimum
valere intellego. Quid igitur dicunt illi viri? consentiunt
rectissime Lachmannum vidisse, sed putant hoc loco temporum rationem non habuisse nec poetam nec auditores.
Quid? num ipsos effugit illa contradictio? an dubitant, num
id quod ipsi viderint, alii item perspiciant? vereor, ne qui
librum primum Iliadis, qualis nunc est, defendant, cum
illas res inter se repugnantes animadverterint, se ipsi re-
fellant. Iam vero musae Homeri quae potest medicina in-
veniri? insani medici sunt, qui aegrotum si vident nunquam
plane posse sanari, priusquam mortuus sit, in partes dis-
secare volunt: sic ne bestiam quidem tractare fas est. Quae
cum ita sint, remedia adhibenda vel desperatissimis et ea
semper vitanda, quae ipsam mortem afferant. Atque illud
in primis iure me semper aegre tulisse puto, quod eo qui
nunc est in libro primo rerum ordine Ulixis navigatio interrumpitur non modo exercitus piaculo, sed etiam Bri-
seidis ex Achillis tabernaculo deductione, quae deductio a dei
conciliandi consilio prorsus aliena est. Exspectaveris enim
post exercitus purgationem Ulixis expeditionem ad finem
perduci; et id ipsum poetam voluisse certissime puto, cum
praesertim videam hunc rerum contextum facillime esse restituendum loco qui legitur v. 430-487 tralato in medium
versum 318, ita ut versus 318 initium excipiatur exitu v.
430 hoc modo

ὡς οἱ μὲν τὰ πένοντο κατὰ στρατόν· αὐτὰρ᾽ Ὀδυσσεύς cet.

Multo vero verisimilior fit res, quod etiam nunc posse
videtur intellegi, quomodo carmen simili duarum particu-
larum initio distortum sit. Neque enim dubito, quin post
v. 487 poeta superiore versu ex usu Homerico repetito (cf.
vii, 442) perrexerit olim (v. 318)

ὣς οἱ μὲν πένοντο κατὰ στρατόν· οὐδ᾽ Ἀγαμέμνων cet.

usque ad v. 428 et 429

ὣς ἄρα φωνήσασ᾽ ἀπεβήσετο, τὸν δ᾽ ἔλιπ᾽ αὐτοῦ
χωόμενον κατὰ θυμὸν ἐυζώνοιο γυναικός.

Quibus versibus iam ea subiungenda esse, quae a versu
493 usque ad finem totius libri leguntur, patet. sunt enim
quae incipiunt inde a verbis

ἀλλ᾽ ὅτε δὴ ῥ᾽ ἐκ τοῖο δυωδεκάτη γένετ᾽ ἠώς,
καὶ τότε δὴ πρὸς Ὄλυμπον ἴσαν θεοὶ αἰὲν ἐόντες.

Dimidium versus 430: τήν ῥα βίῃ ἀέκοντος ἀπηύρων cum
Lachmanno Lehrsii observatione adiuto expungendum, quia
speciem additamenti prae se fert, quod a quodam diasceuasta
videtur inlatum, ut disiecta carminis membra consueret. Reliquum est, ut de loco qui versus 488-492 complectitur pauca
dicam. ego enim existimo eos versus, quos et ipse Zeno-
dotus ἠθέτησε, removendos esse a carmine, in quo neque
contio quam Achilles adire neque pugna· commemoratur
cuius particeps esse potuisset, ut toti libro contradicant ea
quae leguntur v. 491-492.

οὔτε ποτ᾽ εἰς ἀγορὴν πωλέσκετο κυδιάνειραν
οὔτε ποτ᾽ ἐς πόλεμον.

Satis mihi multa verba fecisse videor, qua ratione esset hoc carmen restituendum: restat, ut de sententiarum contextu qualis exoritur versibus transpositis pauca exponam. Chryseidem postquam Agamemnon dimisit, convocato exercitu omnibusque militibus ad lustrationem adhibitis (v. 308-317) celeriter mandata Agamemnonis peregit Ulixes (v. 430-487). Agamemnon autem, ubi altero die Ulixis adventum cognovit, Briseidem iubet adduci, qua re permotus Achilles cum procul ad oram maritimam abiisset, matrem suam Thetin ad Iovem mittit rogatum, ut ipsum ulciscatur (v. 318-429). Postquam id animum advertit, filium suum Thetis relinquit seque die duodecimo ad Olympum confert (v. 493 seqq.). Qua ratione praeterea res sunt ita compositae, ut id quod Achillis mater dixit, deos 'heri' ad Aethiopes decessisse bene conveniat cum isto 'die duodecimo'; nam die postquam filia sacerdoti reddita erat, quominus Thetis cum filio colloquens dicat 'deos', in iis Apollinem et Minervam 'heri' ad Aethiopes profectos esse, nihil prorsus obstat, quoniam causa non est, cur negemus Apollinem cum Graecis reconciliatum eodem die ceteros deos prosecutum esse. Licuit tamen deo usque ad vesperum in Olympo preces Graecorum atque paeanes audire, licuit quoque altero die, ubicumque erat, Graecis ἴκμενον οὖρον mittere.

Atque ita simul efficitur, ut v. 428-429

> ὣς ἄρα φωνήσασ' ἀπεβήσετο, τὸν δ' ἔλιπ' αὐτοῦ
> χωόμενον κατὰ θυμὸν ἐυζώνοιο γυναικός

recte excipiantur ab isto

> ἀλλ' ὅτε δὴ ῥ' ἐκ τοῖο δυωδεκάτη γένετ' ἠώς.

Neque vero timeo, ne quis contra me praesentia proferat in v. 389-390

τὴν μὲν γὰρ σὺν νηὶ θοῇ ἑλίκωπες Ἀχαιοὶ
ἐς Χρύσην πέμπουσιν, ἄγουσι δὲ δῶρα ἄνακτι,

quamquam v. 391 poeta praeterito tempore pergit

τὴν δὲ νέον κλισίηθεν ἔβαν κήρυκες ἄγοντες
κούρην Βρισῆος, τήν μοι δόσαν υἷες Ἀχαιῶν.

nam cum desint apud Homerum praesentia historica quae
vocantur, patet hoc loco poetam praesenti tempore dedita
opera adhibito exprimere voluisse: Achillem Ulixis expeditionem, utrum iam prorsus peracta esset necne non amplius
curasse, cum ira incensus a ceteris sese secrevisset interque
Myrmidones suos succenseret Achaeorum rerum incuriosior.

Facile autem intellegitur vitia eiusmodi solis tribuenda
esse tribus illis viris, qui Homeri carmina redegerunt Pi-
sistrato iubente, quibus nuper tandem quartum rectissime
videtur addidisse Italorum summus philologus Comparetti.

In lectorum faciliorem usum infra versus Homeri eo
ordine secuntur, quo ego ponendos arbitror.

Ἀτρείδης δ᾽ ἄρα νῆα θοὴν ἅλαδε προέρυσσεν,
ἐς δ᾽ ἐρέτας ἔκρινεν ἐείκοσιν, ἐς δ᾽ ἑκατόμβην
βῆσε θεῷ, ἀνὰ δὲ Χρυσηΐδα καλλιπάρηον   310
εἷσεν ἄγων· ἐν δ᾽ ἀρχὸς ἔβη πολύμητις Ὀδυσσεύς.
    Οἱ μὲν ἔπειτ᾽ ἀναβάντες ἐπέπλεον ὑγρὰ κέλευθα,
λαοὺς δ᾽ Ἀτρείδης ἀπολυμαίνεσθαι ἄνωγεν·
οἱ δ᾽ ἀπελυμαίνοντο καὶ εἰς ἅλα λύματ᾽ ἔβαλλον,
ἔρδον δ᾽ Ἀπόλλωνι τεληέσσας ἑκατόμβας   315
ταύρων ἠδ᾽ αἰγῶν παρὰ θῖν᾽ ἁλὸς ἀτρυγέτοιο·
κνίση δ᾽ οὐρανὸν ἷκεν ἑλισσομένη περὶ καπνῷ.
ὣς οἱ μὲν πένοντο κατὰ στρατόν· αὐτὰρ Ὀδυσσεὺς   430
ἐς Χρύσην ἵκανεν ἄγων ἱερὴν ἑκατόμβην.

οἱ δ' ὅτε δὴ λιμένος πολυβενθέος ἐντὸς ἵκοντο,
ἱστία μὲν στεῖλαντο, θέσαν δ' ἐν νηῒ μελαίνῃ,
ἱστὸν δ' ἱστοδόκῃ πέλασαν προτόνοισιν ὑφέντες
καρπαλίμως, τὴν δ' εἰς ὅρμον προέρεσσαν ἐρετμοῖς.
ἐκ δ' εὐνὰς ἔβαλον, κατὰ δὲ πρυμήσι' ἔδησαν·   436
ἐκ δὲ καὶ αὐτοὶ βαῖνον ἐπὶ ῥηγμῖνι θαλάσσης,
ἐκ δ'ἑκατόμβην βῆσαν ἑκηβόλῳ Ἀπόλλωνι·
ἐκ δὲ Χρυσηὶς νηὸς βῆ ποντοπόροιο.   439
τὴν μὲν ἔπειτ' ἐπὶ βωμὸν ἄγων πολύμητις Ὀδυσσεὺς
πατρὶ φίλῳ ἐν χερσὶ τίθει, καί μιν προσέειπεν·

   « Ὦ Χρύση, πρό μ' ἔπεμψεν ἄναξ ἀνδρῶν Ἀγαμέμνων
παῖδά τε σοὶ ἀγέμεν, Φοίβῳ θ' ἱερὴν ἑκατόμβην
ῥέξαι ὑπὲρ Δαναῶν, ὄφρ' ἱλασόμεσθα ἄνακτα,
ὃς νῦν Ἀργείοισι πολύστονα κήδε' ἐφῆκεν ».   445

   Ὣς εἰπὼν ἐν χερσὶ τίθει. ὁ δ' ἐδέξατο χαίρων
παῖδα φίλην· τοὶ δ' ὦκα θεῷ κλειτὴν ἑκατόμβην
ἑξείης ἔστησαν ἐύδμητον περὶ βωμόν,
χερνίψαντο δ' ἔπειτα καὶ οὐλοχύτας ἀνέλοντο.
τοῖσιν δὲ Χρύσης μεγάλ' εὔχετο χεῖρας ἀνασχών·   450

   « Κλῦθί μευ, ἀργυρότοξ', ὃς Χρύσην ἀμφιβέβηκας
Κίλλαν τε ζαθέην, Τενέδοιό τε ἶφι ἀνάσσεις·
ἠμὲν δή ποτ' ἐμεῦ πάρος ἔκλυες εὐξαμένοιο,
τίμησας μὲν ἐμέ, μέγα δ'ἴψαο λαὸν Ἀχαιῶν·
ἠδ' ἔτι καὶ νῦν μοι τόδ' ἐπικρήηνον ἐέλδωρ·   455
ἤδη νῦν Δαναοῖσιν ἀεικέα λοιγὸν ἄμυνον ».

   Ὣς ἔφατ' εὐχόμενος, τοῦ δ' ἔκλυε Φοῖβος Ἀπόλλων.
αὐτὰρ ἐπεί ῥ' εὔξαντο καὶ οὐλοχύτας προβάλοντο,
αὐέρυσαν μὲν πρῶτα καὶ ἔσφαξαν καὶ ἔδειραν,
μηρούς τ' ἐξέταμον κατά τε κνίσῃ ἐκάλυψαν   460
δίπτυχα ποιήσαντες, ἐπ' αὐτῶν δ' ὠμοθέτησαν.
καῖε δ' ἐπὶ σχιζῃς ὁ γέρων, ἐπὶ δ' αἴθοπα οἶνον
λεῖβε· νέοι δε παρ' αὐτὸν ἔχον πεμπώβολα χερσίν.
αὐτὰρ ἐπεὶ κατὰ μῆρ' ἐκάη καὶ σπλάγχν' ἐπάσαντο,
μίστυλλόν τ' ἄρα τἆλλα καὶ ἀμφ' ὀβελοῖσιν ἔπειραν,

ὤπτησάν τε περιφραδέως, ἐρύσαντό τε πάντα. 466
αὐτὰρ ἐπεὶ παύσαντο πόνου τετύκοντό τε δαῖτα,
δαίνυντ᾽, οὐδέ τι θυμὸς ἐδεύετο δαιτὸς ἐίσης.
αὐτὰρ ἐπεὶ πόσιος καὶ ἐδητύος ἐξ ἔρον ἔντο,
κοῦροι μὲν κρητῆρας ἐπεστέψαντο ποτοῖο, 470
νώμησαν δ᾽ ἄρα πᾶσιν ἐπαρξάμενοι δεπάεσσιν,
οἱ δὲ πανημέριοι μολπῇ θεὸν ἱλάσκοντο,
καλὸν ἀείδοντες παιήονα, κοῦροι Ἀχαιῶν,
μέλποντες ἑκάεργον· ὁ δὲ φρένα τέρπετ᾽ ἀκούων.

᾽Ημος δ᾽ ἠέλιος κατέδυ καὶ ἐπὶ κνέφας ἦλθεν, 475
δὴ τότε κοιμήσαντο παρὰ πρυμνήσια νηός.
ἦμος δ᾽ ἠριγένεια φάνη ῥοδοδάκτυλος Ἠώς,
καὶ τότ᾽ ἔπειτ᾽ ἀνάγοντο μετὰ στρατὸν εὐρὺν Ἀχαιῶν·
τοῖσιν δ᾽ ἴκμενον οὖρον ἵει ἑκάεργος Ἀπόλλων. 479
οἱ δ᾽ ἱστὸν στήσαντ᾽ ἀνά θ᾽ ἱστία λευκὰ πέτασσαν·
ἐν δ᾽ ἄνεμος πρῆσεν μέσον ἱστίον, ἀμφὶ δὲ κῦμα
στείρῃ πορφύρεον μεγάλ᾽ ἴαχε νηὸς ἰούσης·
ἡ δ᾽ ἔθεεν κατὰ κῦμα διαπρήσσουσα κέλευθον.
αὐτὰρ ἐπεί ῥ᾽ ἵκοντο κατὰ στρατὸν εὐρὺν Ἀχαιῶν,
νῆα μὲν οἵγε μέλαιναν ἐπ᾽ ἠπείροιο ἔρυσσαν 485
ὑψοῦ ἐπὶ ψαμάθοις, ὑπὸ δ᾽ ἕρματα μακρὰ τάνυσσαν·
αὐτοὶ δ᾽ ἐσκίδναντο κατὰ κλισίας τε νέας τε.

῾Ως οἱ μὲν τὰ πένοντο κατὰ στρατόν· οὐδ᾽ Ἀγαμέμνων 318
λῆγ᾽ ἔριδος, τὴν πρῶτον ἐπηπείλησ᾽ Ἀχιλῆι,
ἀλλ᾽ ὅγε Ταλθύβιόν τε καὶ Εὐρυβάτην προσέειπεν,
τώ οἱ ἔσαν κήρυκε καὶ ὀτρηρὼ θεράποντε· 321

« Ἔρχεσθον κλισίην Πηληιάδεω Ἀχιλῆος·
χειρὸς ἑλόντ᾽ ἀγέμεν Βρισηίδα καλλιπάρηον·
εἰ δέ κε μὴ δώῃσιν, ἐγὼ δέ κεν αὐτὸς ἕλωμαι
ἐλθὼν σὺν πλεόνεσσι· τό οἱ καὶ ῥίγιον ἔσται ». 325

῾Ως εἰπὼν προίει, κρατερὸν δ᾽ ἐπὶ μῦθον ἔτελλεν.
τὼ δ᾽ ἀέκοντε βάτην παρὰ θῖν᾽ ἁλὸς ἀτρυγέτοιο,
Μυρμιδόνων δ᾽ ἐπί τε κλισίας καὶ νῆας ἱκέσθην.
τὸν δ᾽ εὗρον παρά τε κλισίῃ καὶ νηὶ μελαίνῃ

ἤμενον· οὐδ' ἄρα τώγε ἰδὼν γήθησεν Ἀχιλλεύς.   330
τὼ μὲν ταρβήσαντε καὶ αἰδομένω βασιλῆα
στήτην, οὐδέ τί μιν προσεφώνεον οὐδ' ἐρέοντο·
αὐτὰρ ὁ ἔγνω ᾗσιν ἐνὶ φρεσὶ, φώνησέν τε·
    « Χαίρετε, κήρυκες, Διὸς ἄγγελοι ἠδὲ καὶ ἀνδρῶν,
ἆσσον ἴτ'· οὔτι μοὶ ὔμμες ἐπαίτιοι, ἀλλ' Ἀγαμέμνων,
ὃ σφῶι προίει Βρισηίδος εἵνεκα κούρης.   336
ἀλλ' ἄγε, Διογενὲς Πατρόκλεις, ἔξαγε κούρην
καί σφωιν δὸς ἄγειν. τὼ δ' αὐτὼ μάρτυροι ἔστων
πρός τε θεῶν μακάρων πρός τε θνητῶν ἀνθρώπων
καὶ πρὸς τοῦ βασιλῆος ἀπηνέος, εἴποτε δ' αὖτε   340
χρειὼ ἐμεῖο γένηται ἀεικέα λοιγὸν ἀμῦναι
τοῖς ἄλλοις. ἦ γὰρ ὅγ' ὀλοιῇσι φρεσὶ θύει,
οὐδέ τι οἶδε νοῆσαι ἅμα πρόσσω καὶ ὀπίσσω
ὅππως οἱ παρὰ νηυσὶ σόοι μαχέοιντο Ἀχαιοί ».
Ὣς φάτο· Πάτροκλος δὲ φίλῳ ἐπεπείθεθ' ἑταίρῳ,   345
ἐκ δ' ἄγαγε κλισίης Βρισηίδα καλλιπάρηον,
δῶκε δ' ἄγειν, τὼ δ' αὖτις ἴτην παρὰ νῆας Ἀχαιῶν,
ἡ δ' ἀέκουσ' ἅμα τοῖσι γυνὴ κίεν. αὐτὰρ Ἀχιλλεὺς
δακρύσας ἑτάρων ἄφαρ ἕζετο νόσφι λιασθείς,
θῖν' ἔφ' ἁλὸς πολιῆς, ὁρόων ἐπ' ἀπείρονα πόντον   350
πολλὰ δὲ μητρὶ φίλῃ ἠρήσατο χεῖρας ὀρεγνύς·
    « Μῆτερ, ἐπεί μ' ἔτεκές γε μινυνθάδιόν περ ἐόντα,
τιμήν πέρ μοι ὄφελλεν Ὀλύμπιος ἐγγυαλίξαι,
Ζεὺς ὑψιβρεμέτης· νῦν δ' οὐδέ με τυτθὸν ἔτισεν.
ἦ γάρ μ' Ἀτρείδης εὐρυκρείων Ἀγαμέμνων   355
ἠτίμησεν· ἑλὼν γὰρ ἔχει γέρας, αὐτὸς ἀπούρας ».
Ὣς φάτο δακρυχέων, τοῦ δ' ἔκλυε πότνια μήτηρ
ἡμένη ἐν βένθεσσιν ἁλὸς παρὰ πατρὶ γέροντι.
καρπαλίμως δ' ἀνέδυ πολιῆς ἁλὸς ἠΰτ' ὀμίχλη,
καί ῥα πάροιθ' αὐτοῖο καθέζετο δακρυχέοντος,   360
χειρί τέ μιν κατέρεξεν, ἔπος τ' ἔφατ' ἔκ τ' ὀνόμαζεν·
    « Τέκνον, τί κλαίεις; τί δέ σε φρένας ἵκετο πένθος;
ἐξαύδα, μὴ κεῦθε νόῳ, ἵνα εἴδομεν ἄμφω ».

Τὴν δὲ βαρυστενάχων προσέφη πόδας ὠκὺς Ἀχιλλεύς
« οἶσθα· τίη τοί ταῦτα ἰδυίη πάντ' ἀγορεύω;   365
ᾠχόμεθ' ἐς Θήβην, ἱερὴν πόλιν Ἠετίωνος,
τὴν δὲ διεπράθομέν τε καὶ ἤγομεν ἐνθάδε πάντα.
καὶ τὰ μὲν εὖ δάσσαντο μετὰ σφίσιν υἷες Ἀχαιῶν,
ἐκ δ' ἕλον Ἀτρείδῃ Χρυσηίδα καλλιπάρῃον.
Χρύσης δ' αὖθ', ἱερεὺς ἑκατηβόλου Ἀπόλλωνος,   370
ἦλθε θοὰς ἐπὶ νῆας Ἀχαιῶν χαλκοχιτώνων
λυσόμενός τε θύγατρα φέρων τ' ἀπερείσι' ἄποινα,
στέμματ' ἔχων ἐν χερσὶν ἑκηβόλου Ἀπόλλωνος
χρυσέῳ ἀνὰ σκήπτρῳ, καὶ ἐλίσσετο πάντας Ἀχαιούς,
Ἀτρείδα δὲ μάλιστα δύω, κοσμήτορε λαῶν.   375
ἔνθ' ἄλλοι μὲν πάντες ἐπευφήμησαν Ἀχαιοὶ
αἰδεῖσθαί θ' ἱερῆα καὶ ἀγλαὰ δέχθαι ἄποινα·
ἀλλ' οὐκ Ἀτρείδῃ Ἀγαμέμνονι ἥνδανε θυμῷ,
ἀλλὰ κακῶς ἀφίει, κρατερὸν δ' ἐπὶ μῦθον ἔτελλεν.
χωόμενος δ' ὁ γέρων πάλιν ᾤχετο· τοῖο δ' Ἀπόλλων
εὐξαμένου ἤκουσεν, ἐπεὶ μάλα οἱ φίλος ἦεν,   381
ἧκε δ' ἐπ' Ἀργείοισι κακὸν βέλος· οἱ δέ νυ λαοὶ
θνῆσκον ἐπασσύτεροι, τὰ δ' ἐπῴχετο κῆλα θεοῖο
πάντῃ ἀνὰ στρατὸν εὐρὺν Ἀχαιῶν. ἄμμι δὲ μάντις
εὖ εἰδὼς ἀγόρευε θεοπροπίας ἑκάτοιο.   385
αὐτίκ' ἐγὼ πρῶτος κελόμην θεὸν ἱλάσκεσθαι·
Ἀτρείωνα δ' ἔπειτα χόλος λάβεν, αἶψα δ' ἀναστὰς
ἠπείλησεν μῦθον, ὃ δὴ τετελεσμένος ἐστίν.
τὴν μὲν γὰρ σὺν νηὶ θοῇ ἑλίκωπες Ἀχαιοὶ
ἐς Χρύσην πέμπουσιν, ἄγουσι δὲ δῶρα ἄνακτι·   390
τὴν δὲ νέον κλισίηθεν ἔβαν κήρυκες ἄγοντες
κούρην Βρισῆος τήν μοι δόσαν υἷες Ἀχαιῶν.
ἀλλὰ σύ, εἰ δύνασαί γε, περίσχεο παιδὸς ἑῆος·
ἐλθοῦσ' Οὔλυμπόνδε Δία λίσαι, εἴποτε δή τι
ἢ ἔπει ὤνησας κραδίην Διὸς ἠὲ καὶ ἔργῳ.   395
πολλάκι γάρ σεο πατρὸς ἐνὶ μεγάροισιν ἄκουσα
εὐχομένης, ὅτ' ἔφησθα κελαινεφέι Κρονίωνι.

οἴη ἐν ἀθανάτοισιν ἀεικέα λοιγὸν ἀμῦναι.
ὁππότε μιν ξυνδῆσαι Ὀλύμπιοι ἤθελον ἄλλοι,
Ἥρη τ᾽ ἠδὲ Ποσειδάων καὶ Παλλὰς Ἀθήνη.   400
ἀλλὰ σὺ τόν γ᾽ ἐλθοῦσα, θεά, ὑπελύσαο δεσμῶν,
ὦχ᾽ ἑκατόγχειρον καλέσασ᾽ ἐς μακρὸν Ὄλυμπον,
ὃν Βριάρεων καλέουσι θεοί, ἄνδρες δέ τε πάντες
Αἰγαίων᾽ — ὁ γὰρ αὖτε βίῃ οὗ πατρὸς ἀμείνων —
ὅς ῥα παρὰ Κρονίωνι καθέζετο κύδεϊ γαίων   405
τὸν καὶ ὑπέδδεισαν μάκαρες θεοὶ οὐδέ τ᾽ ἔδησαν.
τῶν νῦν μιν μνήσασα παρέζεο καὶ λαβὲ γούνων,
αἴ κέν πως ἐθέλῃσιν ἐπὶ Τρώεσσιν ἀρῆξαι,
τοὺς δὲ κατὰ πρύμνας τε καὶ ἀμφ᾽ ἅλα ἔλσαι Ἀχαιοὺς
κτεινομένους. ἵνα πάντες ἐπαύρωνται βασιλῆος,   410
γνῷ δὲ καὶ Ἀτρείδης εὐρυκρείων Ἀγαμέμνων
ἣν ἄτην, ὅτ᾽ ἄριστον Ἀχαιῶν οὐδὲν ἔτισεν ».
    Τὸν δ᾽ ἠμείβετ᾽ ἔπειτα Θέτις κατὰ δάκρυ χέουσα
ϲ ὤμοι, τέκνον ἐμόν, τί νύ σ᾽ ἔτρεφον αἰνὰ τεκοῦσα;
αἴθ᾽ ὄφελες παρὰ νηυσὶν ἀδάκρυτος καὶ ἀπήμων   415
ἧσθαι, ἐπεί νύ τοι αἶσα μίνυνθά περ, οὔτι μάλα δήν ·
νῦν δ᾽ ἅμα τ᾽ ὠκύμορος καὶ ὀιζυρὸς περὶ πάντων
ἔπλεο · τῷ σε κακῇ αἴσῃ τέκον ἐν μεγάροισιν.
τοῦτο δέ τοι ἐρέουσα ἔπος Διὶ τερπικεραύνῳ
εἶμ᾽ αὐτὴ πρὸς Ὄλυμπον ἀγάννιφον, αἴ κε πίθηται.
ἀλλὰ σὺ μὲν νῦν νηυσὶ παρήμενος ὠκυπόροισιν   421
μήνι᾽ Ἀχαιοῖσιν, πολέμου δ᾽ ἀποπαύεο πάμπαν ·
Ζεὺς γὰρ ἐς Ὠκεανὸν μετ᾽ ἀμύμονας Αἰθιοπῆας
χθιζὸς ἔβη κατὰ δαῖτα, θεοὶ δ᾽ ἅμα πάντες ἕποντο ·
δωδεκάτῃ δέ τοι αὖτις ἐλεύσεται Οὔλυμπόνδε,   425
καὶ τότ᾽ ἔπειτά τοι εἶμι Διὸς ποτὶ χαλκοβατὲς δῶ,
καί μιν γουνάσομαι, καί μιν πείσεσθαι ὀίω ».
Ὡς ἄρα φωνήσασ᾽ ἀπεβήσετο, τὸν δ᾽ ἔλιπ᾽ αὐτοῦ
χωόμενον κατὰ θυμὸν ἐυζώνοιο γυναικός.
Ἀλλ᾽ ὅτε δή ῥ᾽ ἐκ τοῖο δυωδεκάτη γένετ᾽ ἠώς,   493
καὶ τότε δὴ πρὸς Ὄλυμπον ἴσαν θεοὶ αἰὲν ἐόντες etc.

Quoniam de vetustissima arte epica verba fecimus, recte nemini ineptum videbitur, quod tetigimus infra etiam epicum quendam posteriorem.

Duentzerus qui primus quod sciam fragmenta graecorum epicorum collegit, Pisandri cuiusdam praeclarum fragmentum protulit ex Zosimo historico (V, 29) : τοὺς Ἀργοναύτας φασὶν ὑπὸ τοῦ Αἰήτου διωκομένους ταῖς εἰς τὸν Πόντον ἐκβολαῖς τοῦ Ἴστρου προσορμισθῆναι κρῖναί τε καλῶς ἔχειν διὰ τούτου πρὸς ἀντίον τὸν ῥοῦν ἀναχθῆναι καὶ μέχρι τοσούτου διαπλεῦσαι τὸν ποταμὸν εἰρεσίᾳ καὶ πνεύματος ἐπιτηδείου φορᾷ, μέχρις ἂν τῇ θαλάσσῃ πλησιαίτεροι γένοιντο· πράξαντες δὲ ὅπερ ἔγνωσαν, ἐπειδὴ κατὰ τοῦτον ἐγένοντο τὸν τόπον. μνήμην καταλιπόντες τῆς σφετέρας ἀφίξεως τὸν τῆς πόλεως οἰκισμὸν μηχαναῖς ἐπιθέντας τὴν Ἀργὼ καὶ τετρακοσίων σταδίων ὁδὸν ἄχρι θαλάσσης ἑλκύσαντες, οὕτω ταῖς Θεσσαλῶν ἀκταῖς προσωρμίσθησαν, ὡς ὁ ποιητὴς ἱστορεῖ Πίσανδρος ὁ τῇ τῶν ἡρωικῶν θεογαμιῶν ἐπιγραφῇ πᾶσαν ὡς εἰπεῖν ἱστορίαν περιλαβών. Quo loco cum mare, cui Argonautae appropinquant, Hadriaticum fuisse constet idque quin etiam Olympiodorus historicus nominaverit non dubium relinquat Sozomenus ecclesiasticae historiae scriptor non spernendus, pro Θεσσαλῶν seu potius Θετταλῶν haud dubie scribendum est Ἰταλῶν, ut sententia recte procedat. Vidit enim Duebnerus qui paucis septimanis post Duentzerum in fine voluminis editionis Didotianae, quod primo loco Hesiodum a fratre Lehrsii Regimontani recensitum complectitur, eadem fragmenta contulit, repetisse illa Sozomenum idque ut rectissime Duebnerus l. c. contendit ex Olympiodori Silvis, unde extremam partem suarum historiarum etiam Zosimum hausisse inter omnes nunc satis constat. Neuter virorum doctorum cognovit etiam a Plinio H. N. III, 18 ed. Detlefs. similia narrata esse. 'Deceptos credo, inquit, quoniam Argo navis flumine in mare Hadriaticum descendit non procul Tergeste, nec iam constat quo flumine, umeris travectam Alpes diligentiores tradunt, subisse autem Histro, dein Savo, dein Nauporto, cui nomen ex ea causa est inter Aemonam Alpesque exorienti'. Quam narrationem ex Pisandri carmine fluxisse nemo negabit, cui notitia est Argonauticorum. Quae cum ita sint, dubitationibus vel coniecturis, utri duorum Pisandrorum, quos novimus, ἡρωικαὶ θεογαμίαι vindicandae sint, non amplius opus est; neque enim dubitari potest, quin Suidas s. v. Πείσανδρος carmen illud iuniori Pisandro sub Alexandro imperatore vivente tribuens erraverit, quem errorem quidem nonnulli cognoverunt, sed certis argumentis non comprobaverunt. Idque maximi momenti est, quod Heynius olim in excursu primo ad lib. II Vergilii negaverat carmen Pisandri, quem Vergilio fontem excidii Troiae fuisse Macrobius testatus est, et quod quin idem sit, quod Zosimus commemorat, dubitari nequit, senioris Pisandri esse, sed omnia a Macrobio de ea re exposita temere esse dicta. Kinkelium qui nuper denuo Graecorum epicorum fragmenta collegere coepit, res prorsus effugisse videtur.

Postquam de Homero et poesi epica nonnulla disputavimus, transibimus ad illos, qui τεμάχη τῶν Ὁμήρου μεγάλων δείπνων collegerunt. Atque primum quidem lectores relegamus ad Sophoclis Oedipum Regem qui vocatur v. 420 seqq.

> βοῆς δὲ τῆς σῆς ποῖος οὐκ ἔσται λιμήν,
> ποῖος Κιθαιρὼν οὐχὶ σύμφωνος τάχα,
> ὅταν καταίσθῃ τὸν ὑμέναιον, ὃν δόμοις
> ἄνορμον εἰσέπλευσας εὐπλοίας τυχών:

Ut nunc alia omittam, quae interpretationi difficultatem attulerunt, Tiresias caecus vates iam montes, inquit, Oedipi lamentationes repercutient, cum cognoverit nuptias suas, quales sint infaustae neque similes putandae navi in securum quendam portum intranti. Sed ad singula accedamus. Omnes adhuc quantum scio ὑμέναιον tralata notione pro ipsis nuptiis acceperunt, ὅν autem idque quidem accuratius descriptum ἄνορμον attributo accusativum esse voluerunt interioris obiecti quod grammatici recentiores vocant. Δόμοις denique cum εἰσέπλευσας coniungi solet, ut tamquam meta navigandi significetur. At qualis est illa meta? domus est, inquit poeta. Esto, sed cuius? Lai et Iocastae dixeris. Id tamen non legitur apud poetam. Sunt qui contendunt supplendum esse et facile suppleri posse. Fieri posse prorsus nego; nam si eam supplendi rationem sequeremur, quaelibet ubique ex silentio scriptorum supplere liceret. Neque autem fieri potest, ut δόμοι in universum pro domo accipiantur, quoniam Tiresias commemoratione dignum non potest putare Oedipum omnino domum quandam nuptiis sortitum esse, sed domum illam certissimam, unde ipse natus est. Quocumque igitur δόμων interpretationem vertimus, ad rectam sententiam cum non perveniamus, postquam levi mutatione γάμοις pro δόμοις scriptum est, ὑμέναιον primaria notione carminis nuptialis accepto, hoc modo putamus interpretandum esse: omnes regiones Oedipi clamorem repercutient, cum cognoverit, quo hymenaeo infausto ac tamquam importuoso cantato quamvis felicem navigationem nactus insanarum nuptiarum portum ceperit. Ad γάμοις non opus est supplemento, ut eae nuptiae significentur, in quibus totius fabulae cardines vertuntur. Cf. v. 1403, ὦ γάμοι, γάμοι.

Ad graecarum rerum scriptores pervenimus, ex quorum numero Thucydidem et Xenophontem tractabimus.

Thucydides postquam narravit (II, 6) Thebanos a Plataeensibus captos interfectos esse, pergit: τοῦτο δὲ ποιήσαντες (scil. Πλαταιῆς) ἔς τε τὰς ᾿Αθήνας ἄγγελον ἔπεμπον καὶ τοὺς νεκροὺς ὑποσπόνδους ἀπέδοσαν τοῖς Θηβαίοις. Miserunt igitur Plataeenses legatos; sed ut quid nuntiarent? mortem nimirum Thebanorum, cum non esset alia causa, cur post victoriam Athenas mitterent. At id non nuntiaverunt, nam infra Thucydides ipse testatur duos nuntios Athenas missos esse, quorum neuter Thebanorum mortem in notitiam Atheniensium pertulerat, ut eorum legatus cum Plataeas venisset, praeter exspectationem mortuos inveniret. Quid? tertius nonne dimitti potuit a Plataeensibus? potuit sane, concedo, sed non missus est, nam aut Athenas re vera venisset: tum Athenienses non ignari fuissent Thebanorum interfectionis (cf. infra); aut si non advenisset id tantum reliquum esset, ut praeconi Atheniensium eum obviam factum esse putaremus; quod si fuisset verum, praeco ad Thebas viam neque perfecisset neque id Thucydides silentio praetervectus esset.

At narrat: οὐ γὰρ ἠγγέλθη αὐτοῖς (=᾿Αθηναίοις), ὅτι τεθνηκότες εἶεν (scil. Θηβαῖοι)· ἅμα γὰρ τῇ ἐσόδῳ γιγνομένῃ τῶν Θηβαίων ὁ πρῶτος ἄγγελος ἐξῄει, ὁ δὲ δεύτερος ἄρτι νενικημένων τε καὶ ξυνειλημμένων· καὶ τῶν ὕστερον οὐδὲν ᾔδεσαν, οὕτω δὴ οὐκ εἰδότες οἱ ᾿Αθηναῖοι ἐπέστελλον· ὁ δὲ κῆρυξ ἀφικόμενος ηὗρε τοὺς ἄνδρας διεφθαρμένους. Quae cum ita sint, vitium latet in τὰς ᾿Αθήνας, cuius loco scribendum est τὰς Θήβας, ut h. l. nuntius significetur missus qui interfectos esse Thebanos traderet.

In pestilentia describenda Thucydides, II, 48, 3 : λεγέτω μὲν οἶον, inquit, περὶ αὐτοῦ ὡς ἕκαστος γιγνώσκει καὶ ἰατρὸς καὶ ἰδιώτης, ἀφ᾽ ὅτου εἰκὸς ἦν γενέσθαι αὐτὸ καὶ τὰς αἰτίας ἅστινας νομίζει τοσαύτης μεταβολῆς ἱκανὰς εἶναι δύναμιν [εἰς τὸ μεταστῆναι] σχεῖν. Quo loco cum verba.τοσαύτης μεταβολῆς ita sint comparata, ut a relativo dependere possint (cf. Krueg, 47, 9, 5), ita tamen non comparata sint, ut eorum notio accurate sit disiungenda a notione verbi μεταστῆναι quod sequitur, sed tautologia exoriatur, quae ferri nequeat, quis dubitabit, quin haec tanta 'mutandi' verborum coacervatio, quae nobis hoc loco offertur, in contextum librarii interpolatione irruerit? At de illorum verborum relatione de quibus nunc agitur, doctus Thucydidis interpretum Nestor ita exposuit, non ut in enuntiatione relativa ea verba posita esse videantur, sed ut videantur dependere* a τὰς αἰτίας. Sed tamen vir peritissimus Thucydidis interpretationis, cum τοσαύτης μεταβολῆς de ἅστινας pendeat, illa verba manere semper partem enuntiati relativi negare non poterit, ut etiam tautologia in eo remaneat, praesertim cum propter ea quae secuntur non possit dubium esse, ad quamnam rem ἱκανὰς αἰτίας scriptor referre voluerit. Quare quamquam viri doctissimi auctoritatem etiam apud me plurimum valere confiteor, tamen in hac causa interpretandi viam mihi intrandam esse putavi, quam post Gesnerum Stahlius denuo nobis praeivit, qui nuper peregregie Thucydidis libros recensuit. Qui vir doctissimus eadem haud dubie ratione perductus, quam supra demonstravimus, in adnotatione critica iure reiecto exemplo, quod Poppo olim ad locum nostrum defendendum ex Thuc., VI, 20 attulerat, interpretamentum esse iudicavit δύναμιν ἐς τὸ μεταστῆσαι σχεῖν et inclusit.

Multo vero id magis laudaverim, quia ne Reiskio quidem divo illi Lipsiensi philologo contigit, ut καὶ post εἶναι interiecto sententiam restitueret; nam qui locus ex Demosthenis oratione Olynthiaca (II, § 13) a Wyttenbachio collatus est, πολλὴν δὴ τὴν μετάστασιν καὶ μεγάλην δεικτέον τὴν μεταβολήν,

eum locum dico prorsus alienum esse ab eo, de quo agitur,
quoniam cum Demosthenes oratoris gravitate usus copiosius
saepe soleat loqui, Thucydides res gestas graviter sane narrat, sed procul ab illis verborum ornamentis, quae spectant
ad forensem usum et publicum. Reliquum est, ut id paucis
exponamus, quod in Stahlii lectione vituperandum esse putamus. Est sane interpretamentum quoddam removendum,
sed cavendum, ne nimia resecemus. Si quid est in me iudicii, aut τοσαύτης μεταβολῆς aut ἐς τὸ μεταστῆναι expun-
genda sunt; cur reliqua verba δύναμιν σχεῖν in suspicionem
vocemus, causa non est, cum iis tautologia efficiatur nulla.
Utrum autem eorum expungendum sit, non difficile est ad
intellegendum. Ego enim existimo, alterum esse interpola-
tum, quo remoto, postquam τοσαύτης μεταβολῆς cum δύναμιν
coniunximus, optima sententia evadit; nam indicantur causae,
quas aptas esse putant, quae facultatem habuerint tantae
mutationis.

Et quoniam de rerum scriptorum principe egimus, unum
quoque locum tractabimus Xenophontis anabasis, qui diffi-
cillimus est habendus.

Quo loco graecorum transitus in Carduchos describitur,
legitur, IV, 2, 6: μαστὸς ἦν ὑπὲρ αὐτῶν παρ'ὃν ἦν ἡ στενὴ
αὕτη ὁδός, ἐφ'ῇ ἐκάθηντο οἱ φύλακες· ἔφοδος μέντοι αὐτόθεν
ἐπὶ τοὺς πολεμίους ἦν οἳ ἐπὶ τῇ φανερᾷ ὁδῷ ἐκάθηντο. Carolus Schenkelius, *Annal. Vindob. Acad.*, 1869, p. 606:
στενὴν ὁδὸν eandem esse voluit atque φανερὰν ὁδόν, ut φύλακες et πολέμιοι non essent diversi. Quod si recte dixisset
vir doctus, eodem iure παρ' ὃν — οἱ φύλακες interpolationem
expunxisset. At cum Vollbrechtio, *Ann. Fleck.*, 1874,
p. 622 altera via ab altera accuratissime discernenda est,
cum sit στενὴ ὁδός, quam viam voluntarii Graecorum in-
traverant Carduchos circumveniendi causa, φανερὰ autem
ὁδός supra nominetur μία αὕτη ὁδὸς ἣν ὁρᾷς ὀρθία, in qua

φυλάττουσι τὴν ἔκβασιν (IV, 1, 20). Quam rem vir doctus mathematicorum subtilitate demonstrare potuisset, si (IV, 2, 8) contulisset, ubi Cheirisophum copiis progredientem legimus ἄνω κατὰ τὴν φανερὰν ὁδόν. Age vero qualis sit στενὴ ὁδός consideremus. Xenophon enim ipse (IV, 2, 13) de suo itinere narrat ἐπὶ πολὺ δ' ἦν τὰ ὑποζύγια ἅτε διὰ στενῆς τῆς ὁδοῦ πορευόμενα, quam viam non esse diversam ab altera via, in qua hostium custodes stationem habebant, verba nos docent, quae ibid. § 9 leguntur Ξενοφῶν δὲ — ἐπορεύετο ᾗπερ οἱ τὸν ἡγεμόνα ἔχοντες.

Cave ne credas cum Schenkelio viro doctissimo nostrae sententiae ea repugnare quae ibidem secuntur εὐοδωτάτη τοῖς ὑποζυγίους; nam iumenta alterum post alterum etiam in angustiis satis commode progredi posse patet', quae ascensu non difficiles sunt. Iam vero viis accurate distinctis etiam Breitenbachii conatum, *Zeitsch. Gymn.*, 1868, p. 59 seqq. praeterire possumus, qui idem duas illas vias diversas esse negavit.

Reliquum est, ut de ἔφοδος quam definire nemo conatus est, pauca exponamus. In tabulis pictis Vollbrechtius, l. c., p. 620 et in editione sua, Rehdanzius in adnotationibus στενὴν ὁδὸν et ἔφοδον secrevisse videntur. Languescit tamen ista sententia silentio Xenophontis multo magis quam aliis rebus refutata; nam tale trivium, si illo loco vere fuisset, Xenophon facere non potuit, quin commemoraret. Quid multa? brevissime dicam, ἔφοδον aditum esse, quem στενὴ ὁδός ad illos, οἳ ἐπὶ τῇ φανερᾷ ὁδῷ ἐκάθηντο, eis dabat qui στενὴν ὁδὸν fecerant.

Novam autem difficultatem praebet ibid. § 9. Dicit enim Xenophon de se ipso: ἐπορεύετο ᾗπερ οἱ τὸν ἡγεμόνα ἔχοντες· εὐοδωτάτη γὰρ ἦν τοῖς ὑποζυγίοις (cf. 1, 24), quae eadem res 2, § 10 repetitur bisce verbis: καὶ αὐτοὶ μὲν ἂν ἐπορεύθησαν ᾗπερ οἱ ἄλλοι, τὰ δὲ ὑποζύγια οὐκ ἦν ἄλλη ἢ ταύτῃ ἐκβῆναι. Verbis, quae postremo loco descripsimus, etiam narrationis contextus prorsus interrumpitur. Xenophon enim hostibus in clivo viae imminenti inventis timet, ne milites dimoverentur ἀπὸ τῶν ἄλλων Ἑλλήνων id est ab reliquis Graecis, quos Cheirisophus altera via secum duxerat. Errare patet, si qui hoc loco apud Xenophontem excusationem viae exspectent. Verbis igitur quibus Xenophon timorem expressit, ne a Cheirisopho intercluderetur, statim subiungenda sunt ea quibus Xenophon narratur milites cohortatus esse, ne se admodum animo dimitterent, sed impetum in clivum facerent. Idque suadet etiam particula ἔνθα δή, unde incipit alterum enuntiatum. Quae cum ita sint inclusis iis quae interpolata puto atque spuria esse, locum hoc modo scribo (§ 10): πορευόμενοι δ’ ἐντυγχάνουσι λόφῳ ὑπὲρ τῆς ὁδοῦ κατειλημμένῳ ὑπὸ τῶν πολεμίων, οὓς ἢ ἀποκόψαι ἦν ἀνάγκη ἢ διαζεῦχθαι ἀπὸ τῶν ἄλλων Ἑλλήνων. [καὶ αὐτοὶ μὲν ἂν ἐπορεύθησαν ἧπερ οἱ ἄλλοι, τὰ δὲ ὑποζύγια οὐκ ἦν ἄλλῃ ἢ ταύτῃ ἐκβῆναι]. ἔνθα δὴ παρακελευσάμενοι ἀλλήλοις προσβάλλουσι πρὸς τὸν λόφον cet. Schenckelio autem teste utor, qui praeclara dissertatione l. c., p. 613 seqq., plurimis exemplis docet, quam multis locis Xenophontis scripta interpolationibus foedata sint.

Hoc loco Demosthenis locum sequi volui simili modo sanandum, qui legitur prima oratione in Philippum habita § 20: καὶ τροφὴν ταύτῃ πορίσαι κελεύω· ἔσται δ’ αὕτη τίς ἡ δύναμις καὶ πόση καὶ πόθεν τὴν τροφὴν ἕξει καὶ πῶς ταῦτ’ ἐθελήσει ποιεῖν, ἐγὼ φράσω, καθ’ ἕκαστον τούτων διεξιὼν χωρίς. Habemus igitur hoc loco enumerationem earum rerum, quas orator clarissimus infra tractaturus est. Atque primum quidem interrogationi ἔσται δ’ αὕτη τίς ἡ δύναμις; locus respondet qui legitur infra inde a verbis ξένους μὲν λέγω, deinde alteri πόση; inde a λέγω δὴ τοὺς πάντας στρατιώτας δισχιλίους. De duabus denique postremis quaestionibus agitur

inde a πόθεν δὴ τούτοις ἡ τροφὴ γενήσεται; Quae cum ita
sint, non intellegitur, quid sibi verba velint, quae partitioni
supra praemittuntur καὶ τροφὴν ταύτῃ πορίσαι κελεύω : sunt
enim praeter omnem conexum cum iis quae secuntur. Nequaquam vero coniungi possunt cum verbis antecedentibus.
Postulat enim Demosthenes superiore oratione δύναμιν, ἢ
τῆς πόλεως ἔσται, κἂν ὑμεῖς ἕνα κἂν πλείους κἂν τὸν δεῖνα καὶ
ὁντινοῦν χειροτονήσητε στρατηγὸν, τούτῳ πείσεται καὶ ἀκολου-
θήσει. Cui postulationi subiungi non possunt illa verba,
quae sequi iam diximus καὶ τροφὴν ταύτῃ πορίσαι κελεύω
cum in verbis commemoratis insit non ferenda πρόληψις
tertiae particulae divisionis quae sequitur. Ergo nihil restat,
quam ut illa verba καὶ τροφὴν ταύτῃ πορίσαι κελεύω expun-
gamus. Est enim lemma, quod librarius quidem in margine notavit sive ad eum locum, quem supra descripsimus,
sive ad § 22 πόθεν — γενήσεται.

In transcursu denique commemoro vix sanum esse in
§ 21 τὸν αὐτὸν τρόπον. Ut enim superiore loco Demosthenes
voluit στρατιώτας χρόνον τακτὸν στρατευομένους nulla re de
bellandi ratione addita, sic puto eum etiam infra equites
significasse non τὸν αὐτὸν τρόπον , sed τὸν αὐτὸν χρόνον
στρατευομένους. Sed haec hactenus de Demosthene.

Ne desint christiani inter paganos, nonnulla de ecclesiasticis graecis scripsi, quos quod viri docti qui illius aetatis
res gestas conscripsere, nimis neglexerunt, studiis historicis
detrimento fuit maximo.

Et vetus quidem est controversia, uter prior scripserit
historiam ecclesiasticam, Socrates an Sozomenus? Uterque
enim eadem tempora enarravit, praeterea consentit alter cum

altero non modo in rebus earumque ordine, sed etiam non paucis locis fere verbo tenus. Valesius doctissimus ille Gallorum causidicus, ut decebat virum a Societate Jesu profectum, credo, inquit, Socratem Sozomeni auctorem fuisse, neque fidem suam argumentis comprobavit. Prorsus vero nihil profuit Holzhausenus, qui libellum academico praemio Georgiae Augustae ornatum eumque tamen deterrimum edidit qui ne dignus quidem est, cuius titulum hoc loco commemoremus; voluit autem utrumque scriptorem eundem fontem adhibuisse. Valesii sententiam denuo nuper exceperunt Gueldenpenning (Theodosius Magnus imperator, scripserunt Gueldenpenning et Ifland 1878) et Sarrazinus (de Theodoro Lectore in commentt. phil. Ienens, 1881, p. 166) paulo confidentius. Sed etiam Gueldenpenning vir sane summae industriae id tantum demonstravit scriptores illos miro modo nonnullis locis inter se convenire. Omnes effugit Socr., 1, 10 et Sozom., 1, 22. Quibus locis controversia tandem diiudicatur secundum Valesium. Socrates enim postquam l. c. narratiunculam quandam colloquii inter Constantinum imperatorem et Acesium episcopum commemoravit, Τούτων, inquit, οὔτε ὁ Παμφίλου Εὐσέβιος, οὔτε ἄλλος τε ἐμνημόνευσε πώποτε· ἐγὼ δὲ παρὰ ἀνδρὸς ἤκουσα οὐδαμῶς ψευδομένου, ὃς παλαιός τε ἦν σφόδρα καὶ ὡς ἱστορήσας τὰ κατὰ τὴν σύνοδον ἔλεγεν. Exspectaveris quidem apud Sozomenum rem praetermitti. Immo vero, etiam apud Sozomenum legitur neque is verborum convenientia caret. ʻEccum quem quaerisʼ fraudulentum homunculum.

Hoc quod sequitur satis luculentum omnibus exemplum numeralium corruptionis esse duxi. Hausit enim non pauca Sozomenus ex Philostorgio, cuius membra quod misere tantum mutilata nunc habemus, valde dolemus. Locus autem de Joviani morte apud Philostorgium frgm. VIII, 8, legitur hic: αὐτὸς δὲ μετὰ τοὺς ὑπολειφθέντας καταλαμβάνει

τὰ Δαδάστανα · ἔν τινι δὲ καταλύσας σταθμῷ καὶ τροφῆς με-
τασχὼν ἐν οἰκήματί τινι ἄρτι κεκονιαμένῳ κατακλίνεται πρὸς
ὕπνον. πυρὸς δ᾽ ἀναφθέντος, ὥστε ἀλέαν ἐγγενέσθαι τῷ οἰκή-
ματι, νοτὶς μὲν τῶν νεοσχρίστων τοίχων ἀνεδίδοτο · ἠρέμα δὲ
διὰ τῶν ῥινῶν παραδυομένη καὶ τοὺς ἀναπνυστικοὺς πόρους
ἐπιφράττουσα καὶ ἀποπνίγουσα διαφθείρει τὸν βασιλέα.

Sozom. VI. 6, de eadem re scripsit: ἐξαπίνης ἐν Δαδαστά-
νοις χωρίῳ τῆς Βιθυνίας καθ᾽ ὁδὸν ἐτελεύτησεν · ἢ ἀφειδέστερον
ὥς τινες λέγουσι, δειπνήσας ἢ ὑπὸ τῆς ὀδμῆς τοῦ οἰκήματος
ἐν ᾧ ἐκάθευδεν, ἀσβέστῳ προσφάτως ἐγχρισθέντος· ἐπιγενέσθαι
γὰρ ἰκμάδα καὶ νοτισθῆναι τοὺς τοίχους ἀμέτρως, πολλῶν ἀν-
θράκων αὐτόθι καιομένων, ὡς ἐν ὥρᾳ χειμῶνος διὰ τὴν ἀλέαν.

Qui scriptorum consensus multo magis cognoscitur, si
comparatur Marcellini locus xxv, 10, 12, qui non prorsus
cum illis convenit: 'cum enim venisset Dadastanam, qui
locus Bithyniam distinguit et Galatas, exanimatus inventus
est nocte. super cuius obitu dubietates emersere complures.
fertur enim recenti calce cubiculi illiti ferre odorem no-
xium nequivisse, vel extuberato capite perisse succensione
prunarum immensa aut certe ex colluvione ciborum avida
cruditate distentus'. (Cf. Aur. Vict., ep. c. 44 cruditate sto-
machi, tectorio novi operis gravatus repente interiit).

At summa tamen differentia inter Philostorgium et Sozomenum eodem loco intercedit, ut primo obtutu compa-
ratio, quam fecimus, irrita videatur. Subiungit enim Phi-
lostorgius διανύσαντα ἐν τῇ βασιλείᾳ μῆνας ἐγγὺς δέκα, cum
Sozomenus loco, quem descripsimus, praemittit ὁ δὲ Ἰοβιανὸς
ἀμφὶ ὀκτὼ μῆνας ἐν βασιλείᾳ διαγενόμενος (scil. ἐτελεύτησεν).
Locus Philostorgii autem corruptus est, quae corruptio de
itacismo qui vocatur posteriorum Graecorum a nobis de-
ducitur. Signa enim numeralium ι΄ et η΄ sunt, quae eodem
modo illis temporibus pronuntiata et audita a quodam li-
brario inter se oculis quoque commutata sunt. Cf. de men-

sium numero Zosim., III, 35, μῆνας μὲν ὀκτὼ βασιλεύσαντι (sc. mors venit) et Eutr., X, 18, minus accurate ' decessit imperii mense septimo '. Et quoniam Zosimi est facta mentio, qui Eunapium descripsit cum aliis locis, tum eo loco, quem commemoravimus, etiam pauca dicemus de Philostorgio qui Eunapium legisse videatur. fuit enim constans usus ecclesiasticis graecis paganorum historias eorumque etiam pervicacissimorum legendi, quam rem cum Rosensteinius accurate demonstravit de nono Sozomeni libro, tum ego demonstrabo opusculo peculiari paulo post in aedibus B. G. Teubneri proferendo. Sed si accurate quaerimus, cur etiam Philostorgium putaverimus in rebus profanis, quae dicuntur, scribendis hausisse ex Eunapio, causam reperiemus verissimam: quod Theodosii Magni ingenium et naturam aeque condemnavit, ac Zosimus fecit seu potius Eunapius, cuius verba ipsius nonnulla ea de re facta in Suidae lexico conservata sunt. Cf. Mueller, *Frg. hist. gr.*, IV, p. 36, 49. Dicit autem is qui excerpta ex Philostorgio confecit: ταῦτα λέγων ὁ δυσσεβὴς περὶ τοῦ εὐσεβεστάτου Θεοδοσίου οὐκ αἰσχύνεται κωμῳδεῖν αὐτὸν ἐπ᾽ ἀκρασίᾳ βίου καὶ τρυφῆς ἀμετρίᾳ, δι᾽ ἣν αὐτὸν ἁλῶναι γράφει καὶ τῷ τοῦ ὑδέρου νοσήματι. Ad quem locum velim lectores conferant praeter ea quae Muellerus, l. c., commemoravit, Zosim., IV, 50, qui de Theodosio dixit: φύσει γὰρ ὢν ἐκμελής, ῥαθυμίᾳ τε πάσῃ ἐκκείμενος et paulo inferius καθιστάμενος εἰς ἀνάγκην σαλεύειν κατά τι τὰ καθεστῶτα προσδοκωμένην ἀπετίθετο μὲν τὴν ῥαθυμίαν καὶ τῇ τρυφῇ χαίρειν εἰπών cet. Cf. Gueldenpenning, Ifland, l. c., p. 236 (de veritate eius iudicii). Frustra Sudhausius contendit, ut ea similitudo, quae inter Ammianum et Zosimum (i. e. Eunapium) intercederet, inde orta esset, quod uterque eorum Oribasium medicum illum Iuliani praeclarissimum, qui sibi in bello Parthico ὑπομνήματα notaverat, excripsisset. Iure enim Th. Opitz (Ritschl.,

Act. II, p. 260, adn. 83): 'Ei, inquit, sententiae hoc obstat, quod Ammiano et Zosimo etiam de rebus ceterorum principum convenit, Oribasii autem ὑπόμνημα res unius Iuliani complexum esse videtur'. Ergo ad Martini sententiam revertamur necesse est, qui multis locis Eunapium Ammiani vestigiis insistere recte iudicavit. Quae cum ita sint, non mirum est, quod quibus locis Sozomenus plus habet quam auctor suus Socrates ecclesiasticus cum Ammiano saepius consentit. Neque enim dubito, quin id plerumque factum sit eo, quod Sozomenus Philostorgium legerit, qui Eunapio usus est. Quomodo diiudicandum sit de praeclaris illis ecclesiasticorum locis qui ad Ulphilam episcopum pertinent Maroldius Fridericiani collegii 'Gothicus' peculiari libro iam est explicaturus.

Sed restant alia, quae ad Latinos scriptores pertinent.

Et primum quidem locus Ciceronianus a me tractabitur, qui legitur in oratione de imperio Cn. Pompei, § 18. Quo loco nunc ex Mommseni auctoritate apud Kayserum 'etenim illud parvi refert, nos republica his amissis [vectigalia] postea victoria recuperare'. Quamquam in Mss. traditur 'nos publicanis amissis vectigalia postea victoria recuperare'. Quae verba ut rectam sententiam efficiant, tantum abest, ut ne verti quidem possint. Quid hoc loco Cicero sibi voluerit, si quid video, non potest dubium esse. Dixit enim, si ea quae res publica ex Asia cotannis in publicum usum accepisset, perdidisset, postea Mithridate victo recuperasset, tamen facultates eorum, qui in Asia pecunias magnas conlocatas habuissent, non restitui, cum eorum fides et pecunia semel periisset. Quare gravioribus mutationibus, quas

praeter Mommsenum alii conati sunt, non opus est, sed
scribendum est, lenissima litterarum mutatione 'etenim illud
parvi refert, nos publicis agris amissis vectigalia postea
victoria recuperare'. Sententia, quae desideratur, eo modo
efficitur. Iam enim, inquit Cicero, parvi refert, nobis qui
rempublicam representant, publicis agris primum bello
amissis, sed postea victoria recuperatis vectigalia, quae ex
illis agris in aerarium confluunt, denuo comparari, nam eo
modo nequaquam restituuntur privatorum et maxime quidem
publicanorum res semel amissae. Sic igitur probatur id
quod praecedit: humanitatis futurum esse populi magnum
numerum civium, qui in Asia provincia pecunias colloca-
verant, a republica non seiunctum putare. Γένεσις quae
vocatur corruptelae quamvis antiquae facillime cognosci potest: scriptum olim erat, ut fit etiam in inscriptionibus, PVBL.
AGRIS vel PVBL. AGR. quod compendium posterioris
aetatis librarius non perspexit ut pro uno vocabulo legeret
et in PVBLICANIS corrumperet. Potuit quoque fieri, ut
vitium evaderet ex 'publicis agris' minusculis litteris exarato
sillaba 'is' postquam casu quodam vel librarii temeritate
omissa est, duabus voculis in unum contractis.

Nuper legi secundi Titi Livi c. 3o 'Multis, ut erat, horrida et atrox videbatur Appi sententia; rursus Vergini
Larciique exemplo haud salubres, utique Larcii putabant
sententiam, quae totam fidem tolleret'. Quem locum inter-
polatum esse viderunt omnes fere qui Livium ediderunt.
Sunt enim qui verba 'putabant sententiam' a contextu pu-
tent esse removenda, ut quamvis Vergini Larciique sententiae haud salubres fuerint, tam noxia Larcii sententia
videatur fuisse, quae totam fidem tolleret. Sunt quidem
quoque qui nullam censeant in hoc loco inesse corruptionem,
sed interpretandum esse : quamquam Vergini Larciique
exemplo haud salubres videbantur sententiae, tamen Larci

sententiam talem esse putabant, ut totam fidem tolleret. At in utraque earum lectionum duplex illa Larcii nominis repetitio maxime offendit, cum primo loco 'haud salubris' eius sententia nominetur, altero autem multo gravius 'quae totam fidem tolleret'. Id ferri nequit, cum praesertim Appi Vergini Larci sententias, sicut singulae antea enumeratae sunt, ita hoc capite singulas a scriptore recensitas esse contextus facile doceat. Quae cum ita sint, non dubito uncis includere 'Larciique' et 'salubres' mutare in 'salubris', ut illa quam deesse supra diximus, sententiarum distinctio efficiatur. Sed ne sic quidem locus sanatur, sive priorem quam commemoravimus rationem interpretandi sequimur, sive alteram; nam cum scriptor dicat Larcii sententiam, quae totam fidem tolleret, omnino non potuisse accipi, ita ut patres eam prorsus statim reicerent, vocabulum desideratur, quod 'multis' respondeat et 'omnes' significet. Si tale quid deesset, locus de ea sententia deflecteret, quam Livium exprimere voluisse patet: nemini Larci propositum placuisse. Ex 'multis' enim ad ea quae secuntur, nihil liceret supplere, nisi iterum 'multi', quae res eo non mutatur, quod 'utique' particula addita est. Ergo in 'utique' latere puto 'cunctique' saepissime compendio 'cŭctique' in Mss. exaratum et pro 'putabant' scribendum esse 'repudiabant', quod ante me etiam ab altero quodam scriptum nuper vidi. Id autem rectissime factum esse propterea pro certo habeo, quod verba 'utique Larcii putabant sententiam, quae totam fidem tolleret' prorsus a latinitatis usu abhorrere videtur. Restat, ut locum qualis a me legitur, infra describam: 'Multis, ut erat, horrida et atrox videbatur Appi sententia; rursus Vergini exemplo haud salubris, cunctique Larcii repudiabant sententiam, quae totam fidem tolleret'.

Legenti mihi deinde permirum videbatur, quod editores initium capitis XL eiusdem libri silentio praeterierunt vel

pauca modo dixerunt, quae interpretationem parum adiu-
vabant. Nunc enim legitur ille locus hoc modo: 'tum matronae ad Veturiam matrem Coriolani Volumniamque
uxorem frequentes coeunt, id publicum consilium an muliebris timor fuerit, parum invenio'. Quid ? num putemus
Livium frequentem matronarum conventum dixisse 'esse'
publicum consilium vel timorem muliebrem? Id fieri potuisse omnino negamus; nam tantum abest, ut ille conventus consilium vel timor quidam 'sit', ut consilio vel timore quodam 'efficiatur'. Quare iam ne caecum quidem
loci corruptela, ubi sit, effugerit. Latet enim in 'fuerit' pro
quo scribendum est 'fecerit', ut loci postrema particula sic
egatur 'id publicum consilium an muliebris timor fecerit,
parum invenio'. Sana illo modo evadit sententia : Livium
apud scriptores quos adhibuit, non invenisse, utrum illum
Romanarum matronarum conventum effecisset reipublicae
consilium an timor mulierum.

Regimonti, mense decembri 1881.

LUDOVICUS JEEP.

AD EURIPID. HERC., 190

Amfitrione, ad onore e gloria di Herakles, vuol dimostrare a Lico quanto meno di un τοξότης valga un ὁπλίτης :

ἀνὴρ ὁπλίτης δοῦλός ἐστι τῶν ὅπλων   190
καὶ τοῖσι συνταχθεῖσιν οὖσι μὴ ἀγαθοῖς
αὐτὸς τέθνηκε δειλίᾳ τῇ τῶν πέλας,
θραύσας τε λόγχην οὐκ ἔχει τῷ σώματι
θάνατον ἀμῦναι, μίαν ἔχων ἀλκὴν μόνον.

Che il luogo sia corrotto mi pare lo abbia dimostrato il GOMPERZ, *Beiträge ʒ. Krit. u. Erkl.*, 2, 23 [767], alle cui parole non posso nè aggiunger nulla nè togliere. Ma ardisco separarmi da lui quando egli afferma che Euripide abbia dovuto scrivere invece :

ἀνὴρ ὁπλίτης δοῦλός ἐστι τῶν ὅπλων
καὶ τάξεων· ταχθεὶς ἐν οὖσι κτέ.

Credo fermamente che si debba emendare in questo senso, ma credo anche che Euripide non abbia scritto un trimetro così cattivo come è questo che il Gomperz si è veduto costretto a prestargli. E se si vorrà pensare anche alla violenza dei rimedii adoperati dal Gomperz, non potremo essere soddisfatti neppure del palliativo ritmico ταχθείς τ'έν οὖσι, proposto non ha guari dal MEKLER nei *Wiener Studien*, III, 1, p. 41 sg. Nè d'altra parte vorrò contentarmi della trasposizione ammessa dal Wilamowitz (v. 190, 193-194, 191-192), perchè essa richiede anche la mutazione del καὶ in κἀν (cosi già Dobree prima del Kirchhoff), e dopo tutto attribuisce una pesante ed impacciata παράταξις appunto a quel disinvolto poeta che sa ridurre a σύνταξις vivace persino le più noiose enumerazioni.

La correzione vera è, se non m'inganno, la semplice sostituzione di una costruzione più rara alla volgarissima di δοῦλος con genitivo :

ἀνὴρ ὁπλίτης δοῦλός ἐστι τοῖς ὅπλοις
καὶ τοῖσι συνταχθεῖσιν οὖσι μὴ ἀγαθοῖς·
αὐτὸς τέθνηκε κτέ.

Cf. EUR., *Tro.*, 250(cfr. 185): ἦ τᾷ Λακεδαιμονίᾳ νύμφᾳ δούλαν; *Ion.*, 130: κλεινὸς δ'ὁ πόνος μοι Θεοῖσιν δούλαν χέρ' ἔχειν. KRÜGER, 48, 13, 6. KÜHNER II², § 423, 15. È vero che in espressioni analoghe a quella di cui abbiamo parlato, Euripide, per quanto so, adopera sempre il genitivo, ma in tesi generale nulla mi sembra dovrebbe avergli vietato di usare, p. es., tanto del suo γνάθου δοῦλος (Fr. 284, 5 Nk.), quanto anche di un γαστρὶ δοῦλος, come pure dovrebbe aver scritto DIODORO DI SICILIA, 8, 18, 1 Dind. (ed. Lips. II, p. 133), per cui v. COBET, *Collectanea Critica*, p. 238.

Firenze, dicembre, 1881.

GIROLAMO VITELLI.

ΑΓΑΘΑΓΓΕΛΟΣ

Wer schafft aber von Florenz die kol-
lation des griechischen textes?
LAGARDE (G. Ab., 43).

Di quella storia di re Tiridate e di san Gregorio che corre sotto
il nome di Agatangelo noi abbiamo il testo armeno e un'antica versione in greco. L'armeno fu stampato a Costantinopoli (1709-1824),
poi, sulla scorta di sette codici, a Venezia nel 1835, e nel 1862 fu
tradotto da' Mechitariani, e anche esso, come il corenese, con eleganza rifatto da Niccolò Tommaseo; di nuovo, per salti (1), lo mise
in francese Vittorio Langlois, aprendo qua e là un occhio sul testo,
tutti e due spalancandoli sull'italiano, guida che non si volle appiat-
tare (2). Il greco diede fuori la prima volta Giovanni Stilting, con
versione latina e buone annotazioni, negli Atti de' Bollandisti (3); e
lo trasse da un codice laurenziano, forse l'unico, sopra una copia
procurata a' suoi colleghi dal P. Daniele Papebroch; finalmente gran
parte ne ristampò per quei luoghi che rispondevano a' capitoli armeni che egli aveva prescelti, il Langlois. Dolevasi lo Stilting, critico
avveduto, di non avere che una copia riboccante di errori di quella
istoria; istoria che il Papebroch *Florentiae cum Henschenio excri-
bendam curavit non propria manu* (4) *excripsit, excriptamve cum co-*

(1) Ne dà ragione il LANGLOIS nel suo libro (I, 102); ma al GUTSCHMID
non parevano salti fatti con prudenza (*ZMG.*, 31, 1, nota).
(2) *Collection des historiens anciens et modernes de l'Arménie.*
Paris, 1867. I, 99-194. Ne uscirono due volumi.
(3) *Acta sanctorum*, sept. vol., VIII, 320-402:
(4) Non va dunque detto, col Langlois, copié par le P. Papebrock
(*Coll.* I, 201).

dice contulit; sed utrumque factum, continua lo Stilting, *manu mihi ignota magisque festinanter quam diligenter, nisi multa in codice sint menda* (p. 306).

Al Langlois venne in soccorso un valoroso grecista, nel correggere gli antichi testi esercitatissimo, Francesco Dübner; il quale non solo a suo luogo ripose parecchi accenti sviatisi nella stampa Stiltingiana, ma spesso propose emendazioni e accettò quelle del predecessore; così che nella *Collection*, per quelle buone' lezioni che ti vengono innanzi, fra parentesi, non sapresti, senza altri riscontri, a quale dei due critici spetti il merito e la lode (1).

Il greco, in que' capi ne' quali Gregorio l'Illuminatore dà principio alla lunga predica, non credè opportuno di intrattenerne i lettori; come altrove, di suo, accorcia o n'esce con un καὶ τὰ λοιπά (part. 57); non ci resta dunque di quella santa istruzione che il testo armeno (2), non tradotto da' Mechitariani, dal Langlois, da nessuno (3). E a questo luogo sarà acconcio il rammentare una scrittura di armeno che, sulle dottrine del grande convertitore del suo paese, ci parla a lungo, e promette darci una versione di tutta la catechesi, utile di certo alla istoria dei dommi e alle vecchie, non sopite, dispute de' Monofisiti. Il libro al quale rimando è questo: *Agathan-*

---

(1) Avverte il Langlois (*Coll.* I, viii) dovere esser grato al signor Dübner che *s'est obligeamment chargé de revoir les textes grecs et d'y apporter toutes les améliorations qu'on est en droit d'attendre d' un critique aussi éclairé.* — A riprova delle mie parole citerò qualche passo. Nel par. 1 τὰ ἐν πελάγεσιν è corretto dal Dübner in ταῖς ἑ. π.; lo stesso aveva già fatto lo Stilting, e anzi il primo amanuense che copiò il laurenziano. — Del Dübner è il συγγράφων πόλεμον, accettato anche dal Gutschmid (*ZMG.*, pag. 4). — Di tutti e due, nel par. 2, il Πάρθοι e l' Ἀρσακιδῶν, non contando che lo St., per errore di stampa, ci dà Πάρτοι, e, con peggiore accento, Ἀρσακίδων. — Solo del Dübner è il Σασανίδαι, nel par. 3, ove il codice scorrettamente legge Σασαμίκαν.

(2) Nella edizione del 1862 da pag. 194 a pag. 539.

(3) La predica cadrebbe nel par. 106, tra le parole ὁλοθύμως ἀκούσατε e quelle altre δεῦτε οὖν ἀδελφοί. Il laurenziano l'avrebbe alle carte 81: unico segno della lacuna è questo che, nel manoscritto, il δεῦτε οὖν è a capo della riga, ed è scritto con Δ maiuscolo, che non è l'uso dell'amanuense.

Anche il s. Lauer traducendo dall'armeno Fausto da Bisanzio *Geschichte Armeniens*, Köln, 1879) ommette un discorso dommatico che crede di poca importanza (p. IV).

gelos et la doctrine de l' église arménienne au Vᶜ siècle ; thèse prés. à la fac. de théol. de l'église libre du canton de Vaud par GARABED THOUMAIAN (1), Lausanne, 1879.

Intorno alle fonti, dalle quali attinse il narratore armeno, scrisse con quella erudizione e quell'acume e quella sobrietà che tutti conoscono, il prof. Alfredo v. Gutschmid in una dissertazione che ebbe posto nel giornale degli orientalisti di Germania (2), tradotta in parte nell'armeno, con qualche nota del volgarizzatore, nel *Baʒmavep* (3). Qui il critico (4) spartisce le vecchie storie, delle quali crede probabile sia composto il racconto, in tre; senza contare i luoghi tolti a Koriun. Le tre sorgive sarebbero : una vita di san Gregorio, di un tarônese (p. 33) ; gli Atti del santo e delle sante Rhipsime, libro grêco (p. 35-36), rifatto da un prete armeno del Valarsciapatiano (p. 39), e qui si frappone anche la *Dottrina* (p. 37) ; finalmente l'Apocalisse dell'Illuminatore, di un altro sacerdote di Valarsciapate, verso il 452 (p. 42). Dell'ultimo riordinatore sono il prologo e la chiusa (p. 44).

Nessuno giurerebbe che ogni frammento fosse parte proprio di questo o di quel libro ; nuove ricerche, nuovi ricercatori possono trattenerci o spingerci più in là ; ma che l'opera non uscisse di getto parrà certo supposizione ragionevole a chi la studi minutamente. Gioverà anche paragonare quello che dice su queste origini e le obiezioni che fa il Thoumaian, meno pieghevole de' critici non armeni a disossare l'antico libro.

---

(1) *Karapet* o Garabed, secondo la pronuncia degli armeni di ponente, è di que' nomi che confondono; è veramente il Precursore, il Πρόδρομος de' Greci, non più usato, che io sappia, come nome di battesimo. Anche gli ebrei spesso, guidati dall'orecchio, traducono i nomi nostri con altri che pare assomiglino tra quelli del V. T.; gli armeni, trovando affinità con *Carolus*, cambiarono spesso il *Karapet* in Carlo, benchè a questo risponda nell'uso degli scrittori il *Karolos*.

(2) *ZMG.*, 1877. XXXI, 1-60.

(3) Nell'annata del 1878 (pag. 297-304) e in quella del 1879 (pag. 10-16, 97-101). Ma la traduzione non va più in là della pagina 20 del testo tedesco, e chiude con le parole *unterwiesen habe.*

(4) Poichè si tratta di erudito così sagace ed accurato, avvertirò che, facendo dire ai mechitariani i luoghi citati dalla *Bibbia* in Agatangelo, essere *ganz conform* alla versione della chiesa, andò troppo in là. Affermavano solo che sono *molto conformi*, e per la storia del libro non va trascurato.

Quello che oggi mi propongo è cosa di poco momento. Mi premeva riconoscere quali aiuti avrebbe un nuovo editore del greco da una diligente revisione del laurenziano : se lo Stilting e il Dübner avevano sempre corretto il codice antico o solo le negligenze della copia venuta in mano de' Bollandisti : se, finalmente, tutti gli argomenti che il prof. Gutschmid traeva dalle parole del greco reggevano davvero, o se non aveva a sparire d'un tratto o a disdirsi il testimonio invocato. È strano poi che il Langlois preposto a così utile impresa, come era quella di raccogliere le istorie d'Armenia, abbia schivata la piccola briga ; e non la schiverò io che, per favore del signor ministro, e per la cortesia del dott. Anziani bibliotecario, posso con mio agio consultare il codice laurenziano qui in Pisa, e posso dire, a chi ne abbia la curiosità, due parole.

Il codice (plut. VII, cod. 25) (1) è del secolo XII, in quarto piccolo, in pergamena ; è di buona lettera, e se togli gli scambi delle vocali, cosi frequenti ne' testi per la mutata pronuncia del greco, e non ti curi di qualche accento che non posa sopra il suo luogo, è mediocremente corretto (2). Di altri manoscritti da poter riscontrare non so (3), nè potrei, per la povertà delle nostre librerie, assicurarmene.

La prima considerazione vuole esser fatta intorno a' luoghi racconci dai due editori, e l'amore della giustizia, che non va negato nemmeno

---

(1) Per isvista, nel Langlois, è VII, 27 (*Coll.* I, 101).

(2) Di troppa correzione non potrebbe vantarsi un galantuomo che forse fu padrone del codice o credeva poter far da padrone e scrisse quattro parole alla fine della *Vita*, cioè a carte 135, e dicono così :

> « Istud Librus non intentet
> nullus qmt esset Bonus
> Litteratus nisi non esse in
> Deus et debet essere si
> sicut sanctus pauolo fuit ».

E accanto, con molta umiltà, pone il suo nome : *Bernardus Fatuus.* È mano, se non erro, del trecento.

(3) Il Langlois dice il laurenziano *le plus ancien manuscrit connu* (I, 101). Ripeto che non so dove sieno i più giovani ; se però il francese non avesse nell'intenzione di dire che il Codice fiorentino serba la più vecchia *redazione*.

ai poveri amanuensi, domanda che, dove il codice legge chiaro come
il senso la grammatica i correttori vorrebbero, s'avverta. Questo farà,
naturalmente, chi pensi a nuova recensione; ora basti qualche appunto. L' εὐθυμίας dello Stilting (par. 1) è felicemente corretto dal
Dübner in εὐθηνίας; ma εὐθηνίας aveva già il codice, e nel codice
stesso sono le parole ἤρχοντο (per ἦρχόν τε, par 7); τὸν ἐμαυτοῦ [per
errore ἐμαυτὸν] κόπον (par. 23); ὁ γάρ (anzi che ὁ μέν, par. 9, 27);
πρὸς τὴν τῶν θεῶν (par. 58, 16). E così altrove.

Prendiamo intanto in mano la Memoria del GUTSCHMID. Fra le lacune che egli avverte, paragonando il greco con l'armeno, sarebbero
anche le parole (par. 142, 2) προφήτου καὶ βαπτιστοῦ Ἰωάννου καὶ
Ἀθενογένους τοῦ μάρτυρος, καὶ φθάσας...; ma il codice le ha tutte alle
carte 110 (cfr. GUTSCHMID, p. 3). — Trattandosi di lezione dubbia,
noterò che il Dübner, al par. 10, ha solo Ζουάρου, da correggere in
καΖουάρου; laddove, cosi i Bollandisti come il nostro ms. (f. 11),
danno καὶ Ζουάρου (GUT., p. 8). — Altrove (p. 11, nota) il Gutschmid
tocca dello στηλῖται, e gli piacerà sapere che il laurenziano legge altrimenti, cioè σπηλίτας (f. 120), voce che sarà agevole mutare in
σπηλαῖτας, e così cascano i ragionamenti che posavano sull'età di Simeone.

Un luogo principalmente mi tormentava nelle stampe, e fu quello
appunto che m'invogliò a consultare il laurenziano. Solo il greco,
come accennavano il Langlois (p. 115) ed il Gutschmid (p. 3) ha nel
capo X° ἀνακάμψας δὲ ἐπ' Ἐρασενεῖς, onde le note sul *campus araxenus·*
dello Stilting (p. 327) e del francese; ma anche qui soffia un vento
e tutto sparisce; il codice ha queste parole, ἀν. δὲ ἐπέρασεν εἰς τὴν
ἰδίαν πατρίδα. La correzione era così ovvia che non se ne avvide
nessuno!

Ma prima di attendere a quello che abbiamo nel codice, discorrerò
della parte che manca, ed è una lacuna tra il capo VIII ed il IX
che lo Stilting ed il Langlois riempiono con la versione latina di un
luogo corrispondente nella vita di Gregorio che troviamo tra quelle
di Simeone il Metafraste. Il codice in fatti ha due pagine (9 B e
10 A) che non si leggono più; la raschiatura è tale che in molti
luoghi è sfaldata la pergamena, e, nelle altre parti, delle lettere rimane
appena una fuggevole traccia. Dalle cose raccontate da Simeone, se
veramente vi rispondeva la narrazione del nostro testo, non si sco-
prirebbe la ragione che movesse un nuovo lettore a cancellare le

tradizioni de' suoi vecchi; nè l'armeno ci può aiutare perchè in questo principio va solo, per la sua strada, il greco. Forse a migliori occhi riescirà di raccapezzare i periodi compiuti; io non leggo che parole staccate, e con fatica trovo nella prima pagina qualche proposizione monca e da non contentare che i curiosi. Spesso non restano che gli accenti, di sotto a' quali puoi indovinare, con probabilità, che cosa intendesse lo scrittore.

1. Ἀρταβάνην Ἀρτ[ασι]ρᾶς . . . . . .
2. ἑαυτῷ . . . .
3. . . . .
4. . . . . τὰ σοῦ
5. καὶ . . . . . . κύριος ὑπάρχει
6. δίδου ἐμοὶ ἑκὼν τὸ στέμμα φορεῖ . . .
7. προσδωρήσομαί σου χώραν μίαν ἐν ᾗ
8. βιώσῃς καλῶς· μέμνησο δὲ τῶν σῶν
9. ῥημάτων ἡνίκα εἴρηκας τῇ βασιλήσ-
10. σῃ ἀποβλέψας εἰς τοὺς δρόμους τῶν αἱ-
11. τέρων ἐν ἐκείνῃ τῇ ἡμέρᾳ ἡμεῖς
12. ἀκ[ούον]τες δὲ τὸ . . . . . ὁρ-
13. μήσαμεν ἐπιστάμεν[οι] . . . μὲν
14. ἐμὴν νίκην σὴν δε ἀπώλειαν χ.'. . ρει
15. εἰς το. . . θῆναι. Ἀρταβάνης δὲ πρὸς
16. τοὺς ἃ . . . .

Il δρόμους al v. 10 non ho potuto mutarlo perchè le lettere sono assai chiare; facile è il correggere αἱτέρων in ἑτέρων. Per ora non ho potuto fare nè meglio nè più.

Vengo ora alle lezioni; scelgo e non do ogni cosa; vedremo come spesso migliora, peggiora qualche volta, il testo delle stampe; gioveranno gli appunti o a chi studia il greco o a chi ama compararlo all'armeno. Di accenti errati, di sgorbi di penna, di errori manifesti, non tocco; e perchè non tutti hanno alle mani i Bollandisti, andrò per ordine. citando que' paragrafi che si trovano nella edizione Dübneriana; serbo gli altri alla fine (1).

_____

(1) Cito il capo e le righe, poi le carte (f) del manoscritto.

ι, ι6, εἰς τοιοῦτο οὖν, f. 4 | 3, 3, καταγόμενος, e 3, 22, καταγόμενοι, f. 4, 5 | 3, 20. βασιλίδα, f. 5 | 4, 19, μετὰ τῆς οἰκείας, f. 6 | 4, 20, ἔλεγεν οὕτως· ὁρᾶτο θεία, f. 6 | 7, 9, τοὺς τὰ δεινὰ π., f. 8 | 8, 8, ἐν ὀχυρω-τάτῃ, f. 8 | 8, ι5. Il Dübner, non già lo Stilting, suppone lacuna; non così lo scrittore del codice. Abbiamo forse a leggere: Πέρσαι τε καὶ Πάρθοι, f. 9 | 8, 22, πάλιν πρὸς πόλεμον εὐτρεπής. Veramente il cod. ha εὐτρεπός; il Dübner εὔτρεπτος, f. 9 | 8, 23, μήναις, f. 9 | 8, 23, παροχησάντων, gli editori; è oscura la lezione nel ms. f. 9 | 9, 7. Luogo dubbio. Il cod. f. 9, Χοσ..α τῷ ’Α. Il Gutschmid ne parla in nota alla pagina 4 | 9; ι3, ἐξέλειπεν ὁ χρόνος, f. ιο | 9, 20, συνενώσας (non συναρμώσας), f. ιι | 9, 3ι, per ἅμα τε ἔφη proponeva il Dübner ἀνεστράφη, e infatti il cod. legge ἀναστρέφει f. ιι | ιο, ιο, καὶ εἰς ἀφανισμὸν μεταθεῖναι τὰς, f. ιι | ιι, 3, θεωρήσαντες, f. ι2 | ιι, ιο, τὴν Περσῶν | ιι, ιο, καὶ ταῖς π., f. ι2 | ιι, ι7, ἀποσταλῆναι, f. ι3 | ι3, 2, Πάρθων, non Περσῶν; come l’armeno, f. ι4 | ι4, ι6, ἐπεδείκνυτο, f. ι4 | ι5, 2ι; ι9, 2ι, νουμέναρχοι, già corretto dal Dübner | ι5, 32, πε-ριεποιήσατο, f. ι6 | Nel ms. la fine del capo XV è congiunta al prin-cipio del capo XVI, e a me pare assai meglio: Καὶ ἐγένετο ὡς ἤκουσε, f. ι6 | ι6, ι3, τοῦ τόπου ἐκάλει. Forse il prototipo aveva τὸ ὄνομα τ. τ. ἐ, f. ι7 | ι6, 9, e le stampe e il codice, f. ι6, οὐ μικρότατον παι-δίον; ma il nome che precede è Κουσάρω, scritto, quanto alle finali, in modo spesso oscuro; credo dunque che ου, o segno che assomi-gliava, appartenesse a quel nome, e si debba leggere μ. κ. π. Così risponderebbe meglio all’armeno (p. 42, 2) che vuole appunto *mankik mi phoqrik*, cioè un bimbo piccino | ι7, 9, π. δ. ἑαυτόν, f. ι7 | ι7, ι6, διαφόρους ἀγανακτήσεις, lezione ottima, f. ι7 | ι8, ι2, ὑποκλίναντες (non ἀποκ.), f. ι8 | ι8, fine, mancano nelle stampe le parole del co-dice: ἦν δὲ καὶ Τηρηδάτης σὺν αὐτοῖς, f. ι8. Allo stesso modo dice l’armeno (p. 45, 23) | 20, 20, φραγελώσαντες, f. ι9 | 20, 23, τὸν τῶν Γ., f. ι9 | 2ι, ι7. Forse avanzo di migliore lezione, il codice ha questa: ἐκκλησίαν ἣν λεγ, f. 20 | 23, 6, προσεδόκουν, f. 2ι | 23, ι3. Che mancasse una parola si accorse lo Stilting; il Dübner suppose σε-βόντων. Ecco la lezione del ms.: τιμὴν τῶν δοξολογούντων ἐν ἐ. τ., f. 22 | ι3, 27. Le stampe οὐχ ἡ ἐμὴ ἀλλ’οὐδενὸς ἡ ἐλπίς; il codice in-vece: οὐχ ἡ ἐμὴ ἀλλῆς ἡ ἐλπίς, f. 23, e correggeremo ἀλλ’ἡ σὴ ἐλπίς. Così anche l’armeno (pag. 53, 24) | 24, 8. Cancella il μέν, f. 22 ! 28, ι5, ἐπαρρησιάσω ἀλόγους, f. 26 | 3ι, 3, ἐπὶ κεφαλῆς κρεμαμένου, f. 27 | Nota che il D. salta, al par. 48, 5, tra δεινῶς e οὐκοῦν, nove righe che puoi vedere nello Stilting | 48, 8, καλάμινον ἀ, f. 40 | 49, 2, σπαρτίοις τῶν ἀσκῶν, (f. 40), come aveva già lo Stilting | 49, 3, κατακέφαλα, f. 40 | 5o, 7. Qui il D. fa congettura di un ἐκαλίνδουν; l'ἐκκάλιπτον dello St. è proprio del codice, f. 41 | 53, 3, καταχέειν κατὰ τοῦ σώματος αὐτοῦ, καὶ κατεκάη ὅλον τὸ σῶμα αὐτοῦ, f. 43 | 54, 18, κυρίου καὶ σωτῆρος, f. 44 | 55, 4, κατέστρεψεν, f. 44|.

Alla fine del capo LVIII leggiamo le parole, citate già dal BANDINI nel suo Catalogo (I, 276), e trascurate dallo Stilting: Ἐντεῦθεν τὰ κατὰ τὰς ἁγίας γυναῖκας.

6o, 10, γαμικήν (non γυναικείαν); f. 48 | 62, 3. Va restituito l'ἁγιοτρόφοις del manoscritto (f. 49), mutato in ἁγιοτρόποις dagli editori; il quale risponde alla voce armena srbasne'li (pag. 116, 2) | 56, 19. Di chiara lezione è nel codice ὑελουργεῖν, f. 52 | 57, 16, τὸν ἐξ αὐτῶν θάνατον ὑπὸ τοῦ θεοῦ αὐτῶν δόξαν, f. 53 | 68, 3, διεδώθη, f. 53 | 68, 5, τὴν διδαχὴν αὐτῶν, f. 53 | 70, 9, ὑπὸ τῶν πεζῶν, f. 55 | 71, 5. Naturalmente εὐμορφίας αὐτῆς, come ha il codice, f. 56 | 75, 12. Pare dica ἐπιώρας; leggerò ἐπὶ ὥρας (non ἐπὶ ἀρᾷ), f. 59 | 75, 21, καὶ τὰ γενόμενα. Migliore lezione che il λεγόμενα, f. 59 | 77, 5-9. Il D. propone riordinare e correggere. Avverto solo che lo Stilting segue alla lettera il nostro codice, f. 6o | 71, 12, παραθήκη, conservato anche dallo Stilting, f. 6o | 78, 5. Il Dübner ἀναγκάσαι (come l'armeno, che dice stipe'l, 145, 13); il ms. legge, e cosi la vecchia stampa, ἀπατῆσαι, f. 61 | 78, 16, ἠνάγκαζον αὐτὴν εἰπεῖν ποιεῖν τὸ θ., f. 61 (cf. nell'armeno fa le voglië di lui, p. 145, 17 | 85, 23, εἰμὶ ἐγώ, f. 66 | 88, 4, αὐλίσκοις, f. 67 | 88, 17, ἡ ἁγία Γαιανή, f. 68 (come nell'armeno surbn G. p. 163, 21) | 89, 14, συάγρων ἀλλαγείς, f. 68 | 90, 6, ὑμῶν, f. 68 (non ἡμῶν. Anche l'armeno s'accorda al ms. p. 166, 3 | 90, 13, ἐρίψαμεν, f. 69. (La stampa dice come l'armeno) | 90, 14, ὀστᾶ αὐτοῦ, f. 69 | 90, 23, ἐνώχλει (le stampe ἐν ὄχλῳ), f. 69 | 91, 4, ἀπάντησιν, f. 69 | 91, 7, ἆρα ζῆ, f. 69 (le stampe ἆ. σύ. L'armeno s'accosta al ms. chi sa ci sia? p. 167, 17) | 91, 9, τὰ γενόμενα ἔργα, f. 69 | 92, 8, αὐτῶν δ., f. 70 | 93, 12, οὐδὲ μὴν ὤ., f. 70 | 108, 6, ἦσαν δέ, f. 84 | 110, 7, 8, τότε..... ἔφθασεν, f. 85 | 110, 12. Il Dübner era dubbio; il ms. βρύζων, f. 85 | 110, 24. Il Dübner corregge in περικεκλεισμένος il περικεκλωμένος dello Stilting; il ms. περικεκαλυμμένος (come l'armeno patate'al, p. 55o, 23 | 111, 5, εὐθύμως, f. 86 | 111, 31, ὑπὸ τ. θ., f. 87

| 114, 18, σχῆμα ὡς σκηνὴν ἐ. νεφοφανῇ, f. 88. Non c'è *luna*, come non c'è nell'armeno, p. 556, 13 | 115, 7, ἀμέτρων, f. 89 | 121, 8, πρόστεταγμένοις. Cfr. anche 122, 6 | 121, 8, αἱ περί, f. 94 | 124, 10. Il καὶ è già nel codice, f. 96 | 124, 24, τοῦ ἔργου, f. 97 | 126, 17, τὸν ποιήσαντα, f. 98 | 126, 18, ἀπελθὼν εἰς τὸν τόπον, f. 98 (cfr. l'armeno, p. 578, 25) | 129, 9, τὸν ἐκεῖσε βωμόν, f. 100 (onde, nelle stampe, τὸν σεβασμόν) | Sulla fine del § 129 è a vedere quello che propone lo Stilting, e poi il Dübner, e gli avvertimenti del LAGARDE (*Gesam. Abhandl.*, p. 294). Noto solo che il codice legge εὐμάθητος, f. 100 | 130, 2, ἔκαυσαν (non ἔκλασαν), f. 100, come l'armeno (*ajre'al*, p. 584, 15) | 132, 19, Βαρσαμήνης, f. 102 | 133, 2, 'Ιανί (non 'Ιαυί), f. 103. A non dire *Ani* può essere stato trascinato dal leggere in fretta il suo testo armeno, cfr. p. 590, 8, h*Ani*) | 133, 22, Θισδίας (armeno *Thil*, p. 591, 16) | 134, 6, μεταβαλεῖν, f. 104 | 134, 9, καὶ οἰκείους, f. 104 | 134, 11, Βαγααρίζ (non Βαραάριζ, f. 104 (armeno BAGAJAR'IC') | 136, 13. Il ms. ἄρχων τούτων Ἀγγ., e correggeremo τοῦ τῶν Ἀ., f. 105 | 136, 22, ἄρχων ὁ τῆς Κ. .....ἄρχων ὁ τῆς Σ., f. 106 | 136, 24, cancella il καί | 136, 25, ὁ τεσ. ἄρχων | 136, 27, Μαλχαζιῶν, f. 106 | 140, 11, τῶν ἐπισκόπων, f. 109 | 141, 1, Καὶ ὅτε ἔφθασεν τὰ ὄρη, f. 109 (anche l'armeno *e'kn*, p. 606, 9 | 141, 2, 13, Οὐαυήιος, f. 109 | 141, 14. Le parole in parentesi nel D. appartengono al codice | 142, 14, κατὰ πρόσταξιν, f. 111 | 143, 11, τόπον τοῦ ἱεροῦ, f. 111 | 143, 19, per l'ἐπελθόντας, il ms. vuole ἀπελθόντας che non quadra; ma forse il greco aveva, come l'armeno (cfr. p. 618, 18) PARTITI DA CESAREA | 144, 12, ἀδελφὴν αὐτοῦ, f. 112 | 149, 6, κ. αὐτοπροαιρέτως, f. 116 | 150, 5. ἐνεχθέντων μαρτύρων, f. 117 (anche l'armeno dice così, p. 623, 8) | 151, 7, ἀρούρας ἐν τοῖς χωρίοις, ἐν δὲ ταῖς κωμοπόλεσιν ἑπτὰ ἀρούρας εἰς. Parole che sono già nello Stilting e dimenticate dal Dübner | 151, 9, ἐκέλευσαν, f. 118 | 151, 15, διὰ πιστικωτάτης ὁδηγίας, f. 118 | 152, 9, παιδενομένους ὥστε, f. 118 | 154, 6, πενθοῦσι καί, f. 120 | 159, 12, καὶ τοῖς πνευματικοῖς, f. 124 | 160, 3. Il ms. Τασάτης Ἀσουὴν ων παρτίδος con accenti sopra ων che sono rifatti e cancellati si leggerebbe Ἀσουηνῶν, f. 125. L'armeno *Ashotzkh* (p. 641, 8) | 161, 8, καὶ πλεῖον ἐν τῇ πίστει στηρίξῃ, f. 126. L'armeno, come le stampe, solo il RAFFERMARE (p. 643, 7) | 163, 7, οὕτως, f. 127 | 163, 10, πάντες τῇ ἀληθείᾳ πιστεύσωσιν, f. 127 | 163, 17, Λικιανόν (cfr. l'armeno, 646, 21, e le correzioni proposte dagli editori) | 165, 16. Come le stampe legge il codice, ma è a vedere la congettura del LAGARDE (*Ges. Abh.*, 188),

Μασαχούτων | 166, 8, περὶ τούτων, f. 129 | 166, 14, οἰκουμενικῇ, f. 166
| 166, 16, ἀναπαύσονται (leggi -σωνται) | 167, 1, Διόπερ θαυμάσας,
f. 130 | 167, 19, ἐξεῖπεν δὲ καί | 168, 13, Ἀραρὰτ καὶ πόλει, f. 131 |
169, 17, πίστεως καὶ ἁγίας, f. 132 | 172, 3, χρηστοὺς χρονογραφέας τό-
μους διεγλύψαμεν, f. 133 | 172, 12, διετάξατο | 163, 16, ὁ πανάγιος Λ.|.

Due volte rammentai il LAGARDE, e gioverà porre qui tutti i luoghi
delle sue *Dissertazioni* (Leipzig, 1866) che toccano del testo armeno
o del greco di Agatangelo, e sono : pag. 40, su HANGAMAN, ἐπιτήδευσις
(armeno, p. 568, greco,. § 121); p. 43, su PALHAV (arm., p. 36, 39, gr.,
§ 13, 14); p. 49, su TAG'AR', παλάτιον (arm., p. 650, gr., § 165); p. 68,
su SHAHAP, ἐθνάρχης (arm., p. 650, gr., § 165); p. 69, su SHAHAPIVAN
(arm., p. 650, gr., § 165); p. 179, sul mese di SAHMI (arm., p. 611,
gr., § 143); p. 186, sullo SPAR'APET, στρατοπεδάρχης (arm., p. 650, gr.,
§ 165), e p. 187, su BDEʾASHKH (arm., p. 650, gr., § 165).

Vengo ora a' capitoli del greco che il Langlois mise da parte e per
i quali abbiamo a ricorrere alla edizione dei Bollandisti ; se non che
mi asterrò da lunghe citazioni, scegliendo solo nelle mie note quei
passi ne' quali la revisione diede qualche buon frutto.

Capo XXVII, 19. Il luogo della Scrittura (Salmi CXIII, 15 = CXV, 7)
è citato più ampiamente : οὐκ ὀσφρανθήσονται. χεῖρας ἔχουσι καὶ οὐ
ψηλαφήσουσιν, f. 25. (Così pure l'armeno, p. 60, 8).
Capo XXXIII, 26. Ἐγένετο ὡς ἡμεῖς (invece che ἐ. εὐσεβής), f. 30.
(E l'arm., p. 71, 5).
Capo XXXV, 16. Τὸ αἷμα τῶν θυσιῶν, f. 31.
Capo LXIV, 20. La stampa : ἐν ἡμέρᾳ τῆς δικαιοκρισίας τῆς δόξης
σου ; il manoscritto (f. 51) : ἐ. ἡ. τ. δ. καὶ ἀποκαλύψεως, e dopo una
riga raschiata : τῆς δόξης σου. Sotto alla raschiatura si vede chiaro
che c'erano le parole stesse, ripetute per errore di copista. L'armeno
infatti nulla ha di più del laurenziano (p. 120, 14).
Capo LXV, 21. La stampa : παραδοῦναι βασάνοις, ἀλλ'ἵνα τὰς ψυχάς ;
il ms. (f. 51), tra βασάνοις ed ἀλλ'ἵνα, ha una riga cancellata, e legge,

per di più, οὐδὲ γὰρ ἔμελλεν αὐταῖς (non αὐτῶν). L'armeno oltre ai *tormenti* ha la *maldicenza* (p. 122, 2). Anche lo Stilting avverte le due lacune.

Capo LXXIX, 20. La stampa: ἕνεκεν αὐτοῦ θανάτου. μεθ' ὅλην τὴν ἡμέραν; il ms. è. α. θανατούμεθα ὅλην τ. ἡ., f. 62. (L'arm., p. 148, 12).

Capo LXXXII, 13. Οὐκ ἐπεθύμησα, f. 64. Manca la negazione alla stampa, e se n'era avveduto lo Stilting. (Arm., p. 153, 25).

Capo XCVIII, 25. Più ha la stampa che l'armeno (p. 180, 11), e più della stampa il laurenziano: πρὸς ἴασιν ψυχῶν καὶ σωμάτων · καὶ ἰδοὺ ἐργατικῶς ἕτοιμοί ἐσμεν τὴν γῆν τῶν ψυχῶν ὑμῶν, f. 75.

Capo CVIII, 2. Leggi: εἰς ἀνάπαυσιν καὶ ἐν εἰρήνῃ ὑπνώσατε, f. 83. Così anche l'armeno (p. 544, 23).

Capo CVIII, 28. La stampa: τὰ τῆς ἀληθινῆς παραδώσεως τοῦ Χριστοῦ, καὶ τοὺς πνευματικοὺς πόνους, e nella versione: *cum vera traditione de Christo, et vitam illorum et spirituales labores.*

Non c'è nel greco che un salto fatto dal compositore; certo l'apografo aveva, come il laurenziano, καὶ τὸν βίον αὐτῶν, f. 84. (Arm., p. 546, 26).

Cap. CXVII, 16, 17. Il ms.: αὐτῶν (f. 90) invece dei due αὐτοῦ della stampa, accordandosi con l'armeno (p. 561, 12, 14).

Capo CXVIII, 10. La stampa: ὑψηλή ἐστιν ἡ καθολικὴ ἐκκλησία; il ms.: ὑ. ἐ. τῆς καθολικῆς ἐκκλησίας, f. 91. Comparando l'armeno (PATIV, p. 562, 23) leggeremo ἡ δόξα τῆς κ. ε.

Capo LXXXVII, 2. Le parole Εἰκὼν τῆς ἐπιστολῆς sono nel manoscritto (f. 106) in lettere maiuscole, e a capo della pagina. Come fanno nella edizione armena (p. 598) i mechitariani.

Capo CXLV, 31. Come la stampa, così il codice. Ne fo cenno perchè lo S. suppone perduto un πάντας, che non ha nemmeno l'armeno (p. 615, 9).

Capo CXLVIII, 13. Leggeva lo Stilting τὰ παρ' αὐτῶν προστεταγμένα, ma avrebbe desiderato παρ' αὐτοῦ, e così appunto ci dà il laurenziano (f. 115).

Capo CLVI, 1. La stampa: Τούτων ἑαυτῷ ἐπιτεθηκώς: manca βίον (τ. β. ἑ. ἑ.) che è già nel codice (f. 121) e che suggerito anche dall'armeno, che bisogna con attenzione comparare (p. 632, 21).

Capo CLVIII, 7. Εἰπόντος e non ποιούντος (f. 122).

Pauca quidem fateor, ma il lettore si contenta. Nè dovrei qui rifare la storia delle ricerche intorno ad Agatangelo, alle quali ho in parte accennato. Un desiderio mi nasce sempre più vivo: che i mechitariani, così operosi illustratori delle cose nazionali, ci dieno di quelle antiche istorie una nuova edizione, nella quale pongano il greco accanto all'armeno, seguendo per l'uno, anche nelle cose piccine, il laurenziano, e avvertendo chi corregge e perchè; e vorrei che per l'originale, stampassero a piè di pagina quante varianti dànno i codici anche dove, specialmente ne' nomi proprî, ci vorrebbero trascinare ad errore. V'è, per esempio, un nome di paese non sufficientemente spiegato: la stampa del 1862 legge *Ĕr'otantak* (p. 626, 20), e la traduzione italiana dà in nota: *nome in varii modi scritto nei codici e in tutti male* (p. 176). Se avessimo tutti questi sgorbi sotto gli occhi non potrebbero forse giovare? Il codice greco ci dà una mano appena: di quel nome non c'è ombra; esso ci offre (f. 119), come le stampe (§ 152): ἔφθασεν οὖν καὶ ἐν τοῖς πρώτοις μέρεσιν ὁ ἀρχιεπίσκοπος ἐν τῇ Ἀραρὰτ πατρίδι. Insomma, nella giacitura delle parole, a quella voce oscura dell'armeno, risponde l'*arcivescovo*; nasce dunque il dubbio che un prototipo dicesse per modo che il greco poteva farne una chiara traduzione, e un altro codice, male letto e peggio ricopiato da altri, tramandasse un enimma. Dò la congettura che so bene non reggersi sopra basi salde come vorrei.

Che il greco sia versione, originale l'armeno s'ammetteva con qualche dubbio dal SOMAL (*Quadro*, p. 11); con più sicurezza dai mechitariani che ebbero cura della versione italiana (p. X); e da ultimo ripetè e accrebbe le ragioni che ce lo confermano il P. GARE'GIN nella sua *Storia della letteratura armena* (1) (I, 116). E sono: *a*) l'uso di Ἐρασάχ (p. 40, § 15, p. 17); *b*) Κρόνος per *Aramaꝗt* (p. 590, § 133, p. 151); *c*) Ἥφαιστος per *Mihr* (p. 593, § 134); *d*) l'armeno Μασάχ (p. 598, § 138, p. 153); *e*) il σαομί (p. 611, § 143, p. 165); *f*) il plurale ξενοδεκτῶν θεῶν (p. 623, § 150); *g*) il Μαναάρχ (p. 642, § 160); *h*) il Πασκαπετέων (p. 650, § 165, p. 172); e finalmente *i*) il Σαρακηνῶν (p. 587, § 132, p. 149).

Anche contro l'autenticità della *Lettera d'alleanꝗa* combatte il nuovo

---

(1) In armeno, stampata a Venezia; il 1º volume nel 1865, il 2º nel 1878, e si aspetta il terzo. — In queste citazioni dò la pagina del testo di Agatangelo, il paragrafo del greco, e la pagina dell'italiano, quando le note di questo s'accordano col dire del p. Gare'gin.

storico (1), come un suo collega respinge nel *Baʒmawep* (1878, pp. 229-232) la supposizione che ci fosse un testo greco rifatto in armeno nel secolo VII da Eznik il prete; così per lui come per gli altri mechitariani, e intendo dire i nostri veri maestri, lo stile del libro ci porta al quattrocento, alla età d'oro dei traduttori.

Pisa, 1° febbraio 1881.

Emilio Teza.

SE I GRECI ODIERNI

SIENO SCHIETTA DISCENDENZA DEGLI ANTICHI

(a proposito d'una recente pubblicazione)

È nota la conclusione a cui, dopo il Kopitar (2), fu tratto il Fàllmerayer dai vasti, ma non sempre abbastanza profondi suoi studî sulla storia e sull'onomastico topografico della Grecia medievale: — Nei primi secoli del medio evo fino all'800 ha luogo in questa contrada una continua e forte intrusione di elementi etnici stranieri; dappertutto, salvo nelle città marittime, l'antica popolazione, la ellenica, è sopraffatta e scompare; quasi dappertutto l'odierna popolazione è provenuta da quei diavoli in carne ed ossa che sotto i nomi di Sciti, Sclavi (Sclavini, Sclavesiani), Bulgari, Unni, Avari, Pazinachi, Cumani, Alani, ecc., invasero la penisola sterminandone gli indigeni, e specialmente dagli Slavi. I quali però vennero a poco a poco, nel

---

(1) Vedi lo Stilting (VIII, 401) e l'Agatangelo italiano (p. 194). Una parte di questa lettera si può vedere nel Galano (*Concil.*, I, 31-35).

Noto qui, chiudendo, che il Patkanov nel suo *Bibl. Oc'erk* (pag. 28) rammenta anche una versione in latino, stampata a Venezia nel 1835. Ma il dotto armeno fu tratto in errore da qualche catalogo che citò in latino il testo armeno stampato appunto in quell'anno.

(2) V. Deffner, *Archiv für mittel- und neugriechische Philologie*, I, p. 3 (1881).

corso di sei o settecent' anni, ellenizzati nei costumi e nella lingua, come nella religione, dalla Chiesa sempre potente e dal Governo bizantino nelle sue diverse epoche di rifiorimento (1).

Fin dal principio, a dotti anche non greci siffatta conclusione parve eccessiva e temeraria. Già, in opere ben note, l'Hopf, il Rambaud, il Paparrigopulos e ultimamente Bern. Schmidt (2), Enr. Kiepert (3), G. F. Hertzberg (4) e Lor. Diefenbach (5) la ridussero entro confini più modesti e ragionevoli. Se fosse vero infatti che un tempo la Grecia, non eccettuato il Peloponneso, fu presso che tutta slava, dovrebbesi poter affermare (il che non si può) che nell'ordine antropologico il tipo slavo è quello che oggi vi domina (6), e non si saprebbe spiegare come gli idiomi che ora vi si parlano sieno continuatori legittimi della lingua antica; come questa, se non si è propagata in essi tal quale col suo primitivo organismo, secondo che quasi vorrebbero far credere i dotti d'Oltre-Jonio, siasi però alterata e trasformata conforme a leggi organiche indipendenti da ogni influsso straniero, analoghe a quelle per cui si convertiva il latino, p. e., nell'italiano; e come assai poche (lo vedremo più sotto) sieno le voci slave che vi si odono, nel tempo stesso che rimangono pure di elementi slavi la fonetica e la morfologia non meno della sintassi. E non è ammissibile d'altra parte che una Grecia slava sia stata riellenizzata poi al risorgere della potenza bizantina e sotto l'influsso della Chiesa, perchè in tal caso noi vi troveremmo oggi una lingua comune, uniforme, portante, per cosi dire, in fronte il carattere di tale origine, in luogo della più grande e viva varietà dialettale ch'essa ci presenta (7). Nessuno però di quei dotti mise in dubbio che abbondante sangue slavo

---

(1) *Welchen Einfluss hatte die Besetzung Griechenland's durch die Slaven*, ecc. (1835), *Geschichte der Halbinsel Morea während des Mittelalters* (1830-36); *Fragmente aus dem Orient*, ecc. (1845).

(2) *Das Volksleben der Neugriechen und das hellenische Alterthum* (1871).

(3) *Lehrbuch der alten Geographie* (1878).

(4) *Geschichte Griechenlands seit dem Absterben des antiken Lebens bis zur Gegenwart* (1876-79).

(5) *Voelkerkunde Osteuropas, insbesondere der Haemoshalbinsel und der unteren Donaugebieten*, I (1880).

(6) Diefenbach, *Op. cit.*, p. 142.

(7) Schmidt, *Op. cit.*, p. 4.

col tempo si fosse trasfuso nell'ellenico. Or la medesima quistione sollevò dianzi e intese di risolvere in senso affatto negativo il valente erudito greco Costantino Sathas (1); egli volle lavar via quella che a lui pare una macchia ignominiosa dal corpo della sua nazione e dimostrare come il sangue ellenico, il neo-ellenico, nominatamente nel Peloponneso, sia puro d'ogni miscela straniera. Perciò doveva egli, da una parte, dimostrare che l'Ellenismo nel Peloponneso era persistito continuo e inalterato dall'antichità fino ai nostri tempi e, dall'altra, che non erano punto Slavi gl'invasori medievali di questa regione, cui dicono Slavi gli scrittori bizantini.

Abbastanza facile era il primo cómpito, a cui avevano ben preparato il terreno le opere degli eruditi su citati e massime quelle dell'Hopf (2) e dell'Hertzberg e la grande opera in cinque volumi, in greco, del PAPARRIGOPULOS, di cui in Occidente, in generale, non si conosce se non il sunto pubblicato in francese dall'autore medesimo (3). Ecco qui, in sostanza, come ragiona il Sathas.

—Sebbene per origini e lingua e tradizioni unita all'impero bizantino o, com'esso intitolavasi, romaico, l'Ellade da questo non fu mai voluta riconoscere per madre, giacchè il pernio della politica bizantina, come ora dell'austroungarica, era la negazione d'ogni nazionalità, della preminenza d'una nazione sulle altre. Nel quale disdegnoso procedere la Corte aveva per compagna la Chiesa, che non poteva facilmente dimenticare l'antica tradizione che nel motto E l l e n i s m o le faceva vedere un sinonimo di P a g a n e s i m o ; tanto più che questo in Ellade ebbe infatti vita assai lunga e tenace e anzi non era ben morto neanche dopo il secolo X. Di qui tra Elleni e Bizantini un antagonismo che si andò facendo sempre più evidente e violento: i Bizantini davano un significato di spregio al nome di O c c i d e n t a l i col quale chiamavano gli Elleni, e questi al nome di O r i e n t a l i che applicavano a quelli. Per più di undici secoli l'impero si ostinò a credersi e a dirsi romano, e gli Elleni, quieti dai tempi di Alarico fino a tutto il VI secolo e poi fino alle Crociate ostili e

---

(1) Μνημεῖα τῆς ἑλληνικῆς ἱστορίας, *Documents inédits relatifs à l'histoire de la Grèce au Moyen-Age*, T. I. (Paris, 1880), prefazione.

(2) *Griechenland im Mittelalter und in der Neuzeit* (nell'*Encycl. v.* ERSCH. *u.* GRUBER, vol. 83, 1866).

(3) *Histoire de la civilisation hellénique* (Paris, 1878).

apertamente ribelli a Costantinopoli, non esercitano su di esso influenza alcuna. Ma ciò non vuol dire che gli Elleni fossero estinti. Non mancano indizî e altresì buone prove ch'essi erano pur sempre vivi e vitali. Bastino queste. Essi tennero sempre, come tengono tuttavia, la medesima dimora e parlarono sempre, come parlano tuttàvia, la medesima lingua dei loro antenati viventi prima della conquista romana. Nel secolo XI un uomo politico, Psello, e al principio del XV un filosofo, Pletone, asseveravano che gli abitanti della Grecia dei loro tempi erano della stirpe degli Elleni, che tali erano stati sempre in particolare gli abitanti del Pelopónneso, non mai da altri espulsi e soppiantati, fedeli conservatori della lingua e delle istituzioni avite. E tanto in qualche modo confermavano i governatori dei dominî veneziani della Morea, ricordando che quei di Tripolizza erano vera progenie degli Arcadi e che i Mistraoti si gloriavano di sangue spartano.

Or come avvenne che si formasse l'opinione che nell'età di mezzo il Peloponneso, se non quasi tutto, come vorrebbe il Fallmerayer, almeno, come credono presso che tutti gli altri dotti stranieri alla Grecia, in buona parte venisse colonizzato e rinsanguato da Slavi? È un fatto che i cronografi bizantini ci parlano di S c l a v i che in quell'età invasero il Peloponneso. Ma erano essi veramente Slavi? — Il Sathas dice risoluto di no. Ed ecco perchè: — I. Questi invasori (ai quali va attribuita l'introduzione in Ellade del sistema feudale, così contrario allo spirito dell'antichità ellenica) da quei cronografi propriamente più spesso che Σκλάβοι (= Σλάβοι) sono chiamati Σθλάβοι, voce contenente una lettera (θ) ignota a tutti gli idiomi slavi antichi e moderni. II. La cronica greca metrica della Morea (Βιβλίον τῆς Κουγκέστας τῆς 'Ρωμανίας καὶ τοῦ Μωραίως ο *Livre de conqueste*) il più importante tra i documenti del linguaggio parlato colà dal popolo nel secolo XIII, mentre pur menziona sovente gli Slavi, contiene bensì voci latine, albanesi e persino turche, ma non una slava, non una della schiatta che avrebbe, secondo il Fallmerayer, estirpato da quel suolo la ellenica. III. Falsa è l'etimologia, immaginata dagli Slavofili, di Μάνη o Μάνια (volgarm. Μαῖνα) dallo slavo *mandjak*, mentre non vi si ha a vedere altro che una continuazione di Μάνια = Μάλια, nome originario del promontorio tra il golfo laconico e l'argolico, estesosi nel medio evo al Tenaro. E invano si cerca un'etimologia slava al nome di M o r e a; il quale è semplicemente quello d'un'antica

città marittima d'Elide, estesosi via via all'intera regione al di qua
dell'istmo di Corinto coll'estendersi della importanza politica di quella;
il nome d'una città esistente di certo nel 1111 e ancora alla metà del
sec. XIII (ὁ Μορέας, corrispondente forse alla Μαργάλα o Μαργαίαι del-
l'antichità classica) e riguardata come la vera capitale del Peloponneso
da Ibn-Sayd (morto nel 1274) citato da Abulfeda; ecclissata poi da
Andravida, la capitale di Villhardouin, come questa da Clarenza; e
infine scomparsa affatto. Quei così detti Sclavi dovevano essere di
stirpe non molto diversi dagli Elleni. Se i Bizantini infatti, pel solito antagonismo cogli Elleni, vedevano degli impuri e detestabili
Barbari in quegli invasori d'una delle più ricche province dell'impero; gli Elleni li consideravano all'incontro come fratelli e liberatori e si sottomettevano al giogo dei costoro capi (toparchi) più
volontieri che consentire a riconoscere la legittimità del sedicente
impero romano di Costantinopoli. Secondo Costantino Porfirogennito (1) avevano essi occupato Elide e Laconia. L'Epitome di Stra-
bone, che non è posteriore all'803, dà come occupati da Sciti-Sclavi
gli antichi territori di Olimpia e di Pilo. Or un documento più moderno, la Bolla d'oro attribuita, se pur è autentica, all'imperatore
Niceforo, chiama non già *Sclavi* ma *Avari* quelle schiere che al principio del secolo IX invasero l'Acaja, e vinte, come si credette, per
intercessione dell'apostolo S. Andrea, si sottomisero in condizione
di servi della gleba alla Chiesa arcivescovile di Patrasso. Un altro
esempio di confusione di Avari con Slavi lo abbiamo nel c. 29
dell'opera citata di Costantino Porfirogennito. — Certo è che
gli Avari, dopo il secolo VI, accampati oltre il Danubio, secondo ogni probabilità intorno a Pest, scorrevano di lì rapinàndo
e devastando in Macedonia, Tracia, Illirico e anche più a mezzogiorno. E così fecero poi anche gli Slavi. E loro s'univano o
almeno con loro si concertavano nelle imprese contro i Bizantini i
popoli ch'essi stessi avevano vinti e ridotti in condizion di vassalli:
Valachi, Albanesi, Bulgari, Macedoni. I quali, solitamente nemici al
par degli Avari e degli Slavi ai Bizantini, venivano da questi confusi
or cogli uni or cogli altri e chiamati or Avari or Sclavi secondochè
questi o quelli tenevano tra i barbari della penisola balcanica l'ege-
monia. Di questo numero, non veri e proprî Avari nè Slavi, dovettero

---

(1) *De admin. imp.*, c. 60.

essere i barbari che dal secolo VI in poi attraverso a Macedonia, Tessalia e Beozia, si spinsero fino in Peloponneso. Essi riconobbero, anche dopo che si furono insediati colà, l'alto dominio degli Avari sino alla fine del secolo VIII, sino alla distruzione del costoro impero effettuata da Carlo Magno, epperò conservarono sino al XV secolo (come risulta da parecchie e buone autorità) il nome di Ἀράβοι, evidente metatesi di Ἀβάροι, od Ἀραβαῖοι, quasi *Avarei*. Si trovano infatti così chiamati (Ἀράβοι) da Gregorio Abulfarag' (Barebreo) e non già Σθλάβοι o Σκλάβοι, come hanno i Bizantini, i prigionieri che Stauracio, generale dell'imperatrice Irene, prese ai così detti Sclavi di Macedonia e Peloponneso da lui vinti, intanto che Carlo Magno preparavasi ad assalire gli Avari nel cuore di loro potenza. Laonico Calcondila poi ci leva ogni dubbio intorno alla nazionalità degli stranieri che già vedemmo acquartierati in Elide. Rammentandoli a proposito della conquista del Peloponneso fatta dai Turchi, li chiama Ἀραβαῖοι Ἀλβανοί (Avari-Albanesi). Sono gli stessi che vediamo dapprima in buoni termini con Murad II, dal quale si fanno riconoscere « legittimi possessori della terra dei loro padri » (così denominavano essi la parte del Peloponneso da loro abitata) e poi all'incontro alleati di Costantino Paleologo (anno 1446), e infine vinti dai Turchi e fuggiaschi in Sicilia, ove ancora rimpiangono nei loro canti la bella Morea. I così detti Avari o Sclavi del Peloponneso non sono altro adunque che Albanesi; com'è, secondo uno scritto di Giovanni vescovo di Nicio, nel secolo VI, non erano Sclavi, ma A l v a r i k i, cioè ancora Albanesi, gli alleati degli Avari nel famoso assedio che questi posero in quel secolo a Tessalonica. — Di più. È noto che i conquistatori Franchi incontrarono la più pertinace resistenza da parte dei pretesi Sclavi stabiliti sulla catena e intorno ai passi del monte anticamente chiamato M i n t h e, tra Elide e Arcadia. Orbene, i nomi dei costoro principi che soli ci furono tramandati (*Butʒaras* e *Vranas*) sono albanesi, e albanese la denominazione medievale del classico monte Minthe, che è *Scorta malja*, rispondente a capello, nel significato, alla neoellenica Κοντοβούνια « monti brevi »; per tacere che nella denominazione di A l b a e n a, che trovasi data pure al monte medesimo, si continua quella appunto del popolo invasore (1). — E altri scambi di Albanesi e anche di

---

(1) Gli Albanesi, com'è noto, chiamano se stessi propriamente *Schki-*

Greci con Slavi ci occorrono in altri punti del Peloponneso. Degli Sclavi, durante la peste del 747, a detta di Costantino Porfirogenito, presero stanza su ambo i versanti, messenico e laconico, del Taigeto; e *terra sclavinica* è detto il territorio abitato dagli odierni Tsáconi dal pellegrino franco S. Winibaldo che passava per Monembasia (Malvasia) nel 723; e *terra degli Sclavi* la chiamano i documenti veneziani fino al 1485. Ora, Laonico Calcondila e Melezio dicono Valachi gli Sclavi del Taigeto, ma merita più fede l'indigeno Doroteo, arcivescovo di Monembasia, del secolo XVI, il quale identifica questi altri Sclavi coi Manioti o Mainoti; e noi sappiamo dal già citato Costantino che questi erano anzi degli antichi Romei, cioè dei Greci, a cui i vicini davano in proprio il titolo di Elleni per essere stati in Grecia i più restii ad abbandonare l'idolatria. Niun dubbio poi che sieno Elleni i Tsáconi. — E circa agli altri supposti Slavi dimoranti isolati, per quanto appare dal *Livre de conqueste*, in mezzo a popoli d'origine greca, dai documenti veneziani del secolo XV, come anche da parecchi nomi di tipo albanese che s'incontrano tra quelli degli antichi feudatari del Peloponneso (*Rendacio, Bua, Sguro*) e dal nome speciale, pur albanese (Δρόγγος = Λόγγος), che la or citata Cronica dà all'aspro montuoso paese da loro abitato tra Mainoti e Tsáconi, si argomenta che fossero appunto semplicemente Albanesi. Che infine, presso ai Tsáconi sieno dimorati da tempo remoto degli Albanesi, è attestato dalle tracce profonde d'influenza dei costoro dialetti sul linguaggio di quelli: tracce che erroneamente si facevano risalire agli antichi Pelasgi o si attribuivano agli Albanesi maomettani che nel 1770 furono fatti entrare dalla Porta nel Peloponneso per punirlo della sua rivolta; e che degli Albanesi sieno stati per lungo tempo vicini dei Mainoti, lo dice il barbaro costume della vendetta del sangue, che, ignoto a tutto l'Ellenismo, ritroviamo sol presso gli Albanesi e i popoli che si mescolarono con questi o coi Mainoti, p. e., in Corsica, in Sicilia, in Calabria; e altresì il nome di φαμέγιοι che questi, i soli tra i Greci che serbino qualche traccia di feudalesimo, danno ai clienti d'una casa aristocratica, nome che dev'essere dall'alban. *faljmeja*, « servitù ». Il Sathas trova pure a che tribù ap-

---

petar; ma conoscono ed usano pure talvolta, rifoggiato a lor modo (*Arber* ecc.), l'altro nome, d'origine certo antichissima, che lor danno i Greci di 'Αλβανῖται, dond'è venuto pure il turco *Arnaut*.

partenevano questi Albanesi di Laconia; trova ch'erano affini a quelli
che occupavano un tempo, in condizion di pastori, il versante tessalo
ed acarnanico del Pindo allato o insieme coi Valachi, che, sebbene
poi rimasti soli, continuano a chiamarsi o ad essere chiamati Ἀρβα-
νιτόβλαχοι; onde gli pare spiegato perchè essi poi, in Peloponneso,
non volessero riconoscere al di sopra di sè nè Bizantini nè Franchi,
ma solo i Despoti d'Epiro, sotto la giurisdizione dei quali stava appunto la Tessalia, e si conservassero amici a Venezia finchè questa
li protesse contro gli uni e gli altri senz'attentare alla loro indipendenza. Conchiude ripetendo ormai asseverantemente che questo ramo
peloponnesiaco degli Albanesi per tutto quel medio evo ch'ebbe tanto
in orrore il nome di Elleni non vollero mai essere altro che Elleni,
e che appunto per tali vennero, come vengono tuttavia, considerati,
non già per istranieri, dagli indigeni, e che sol i Bizantini, per ignoranza o per disprezzo e odio ai Peloponnesii, che volentieri facevano
causa comune cogli invasori, davano a questi il nome di *Sclavi*.

Ora, per ciò che riguarda la prima tesi, il Sathas la svolge cosi
bene, che ormai non è più permesso il dubbio intorno alla persistenza dell'ellenismo in Grecia dall'antichità fino a noi. Ma quanto
alla seconda, si può chiedere se gli sia riescito di provare (1) che
ormai non va più parlato di invasioni slave in Ellade, nominatamente in Peloponneso, e 2) che quelli che i Bizantini dissero Sclavi
non erano altro che Albanesi. Fermiamoci alla prima parte di questa
seconda tesi. È da dire innanzi tutto che non è ben chiaro che valore
egli dia al fatto, che negli scrittori bizantini allato a Σκλάβοι leggesi anche
Σθλάβοι. Il θ può essere qui, anzi è di certo, al pari del κ, una consonante anorganica richiesta dall'eufonia, inserita nella voce straniera
dai Greci stessi per conciliare tra loro in qualche maniera i due elementi della combinazione σ-λ, difforme dall'indole del loro linguaggio.
Non pare ci sia qui nulla a sostegno dell'opinione dell'A. — Nè si
può affermare in modo assoluto che voci d'origine slava manchino
nel *Livre de conqueste*, se, p. e., è tale (come opina il Miklosich [1])
ῥοῦχον « roba, veste », ch'era del resto allora, com'è oggi, del linguaggio comune. — Sarebbero poi importanti di certo, se fossero
vere, le etimologie che il Sathas addita di Maina e Morea. Ma,

---

(1) *Die slavischen Elemente im Neugriechischen*, Wien, 1870.

prima di tutto, è ben lecito dubitare della seconda (1); e, in ogni caso, se valgono a restringere il campo d'azione dello Slavismo in Grecia, non si ponno pretendere bastevoli a provare che questo non vi è mai esistito.

Lo stesso va detto dell'argomento che l'A. accampa nella seconda parte della sua tesi. È grandemente probabile (non oserei dire, senza altre prove, pienamente sicuro) ciò ch'egli pel primo ha supposto: che, nei casi da lui accennati, sotto il nome degli Avari e degli Sclavi si debbano intendere gli Albanesi. Ma ad ogni modo si tratta di pochi casi e non sarebbe lecito tirarne la conseguenza, ch'egli sottintende, ch'erano Albanesi tutti gl'invasori del Peloponneso noti nella storia sotto il nome di Avari e di Sclavi. Ma è sol lecito ti-

---

(1) In un articoletto infatti del *Bulletin de Correspondance hellénique* (Athènes-Paris, mars, 1881), C. Paparrigopulos nega sia mai esistita una città dal nome di Morea in Elide o in altra parte qualunque del Peloponneso, sì perchè nei versi del *Livre de conqueste* che il Sathas cita in suo favore, come in altri due luoghi, col nome di ὁ Μωραίας è chiaramente indicata non una città, ma una regione; sia perchè di una città siffatta nulla sa il geografo Edrisi, del XII secolo, di gran lunga più autorevole del suo connazionale, a lui posteriore, Ibn-Sayd. — Dallo stesso Paparrigopulos si apprende che anche ZACHARIAE VON LINGENTHAL (*Deutsche Literaturzeitung*, 1880, n° 6) la pensa qui come lui e che del nome di *Morea* propone una nuova etimologia. Vedendo cioè che nei più antichi documenti questo nome ci appare sotto la forma di *Amorea*, egli volontieri lo deriverebbe da ἀμόρειος = ἀνόρειος, aggettivo qualificativo della bassa Elide, bene corrispondendo la denominazione ἡ ἀμόρειος Ἦλις alla κοίλη Ἦλις dell'antichità classica. Ma bene avverte il P. che non si spiega perchè sia entrato nell'uso questo nome piuttosto che un altro, se non si prova almeno ch'era adoperato in Elide all'epoca che vi arrivarono i Franchi; e conchiude che questa sfinge non ha trovato ancora il suo Edipo. — Aggiungerò, per esaurire l'argomento, che l'etimologia ora preferita del nome di cui si tratta è questa: ch'esso sia metatesi del nome Ῥωμαία che un certo tempo sarebbesi applicato in particolare al Peloponneso. A questa etimologia, contro la quale pure, a dir vero, stanno non lievi difficoltà (perchè, p. e., ὁ Μωρέας invece di ἡ Μωραία?), inclinano, rigettate definitivamente le antiche spiegazioni da μωρέα (gelso moro) e dallo slavo *more* (mare), l'HOPF (*Monatsber. der k. Berlin Akad.*, 1862, p. 487), il BURSIAN (*Geographie von Griechenland*, II, p. 3) e l'HERTZBERG (*Op. cit.*, II, p. 85). L'ultimo avverte che già l'aveva proposta nel sec. XVI il Porcacchi.

rarne questa : che in compagnia e al séguito di costoro (ai quali erano soggetti) vennero in Ellade, e quindi anche in Peloponneso, e vi si stabilirono delle schiere di Albanesi e verisimilmente pure di Valachi. Certo è che nel medio evo Valachi, Albanesi e Slavi della penisola balcanica furono spesso e per lungo tempo tra loro strettamente uniti; lo attestano, oltre la storia, i rispettivi loro linguaggi. Anche al principio dell'evo moderno noi li vediamo emigrare insieme e insieme stabilirsi in regioni diverse, p. e., in Istria e in Dalmazia (1). Non è credibile quindi (se anche prescindasi dalle prove sicure di Slavismo in Grecia di cui faremo cenno bentosto), non è credibile, dico, che fossero tutti Albanesi i così detti Avari che invasero l'Elide nel 588 e furono domi nell' 805 ; e i così detti Sclavi ch'entrarono in Peloponneso verso la metà e poi ancora verso la fine del sec. VI e ancora alla metà dell'VIII, soggiogati quindi nell' 860 da Teoctisto, generale di Michele III ; quando di una parte di essi (dei Melingi e degli Ezeriti), Laonico Calcondilas (citato dall' A. stesso) nel 1456, allorchè ben noti erano gli Albanesi e non più possibile confonderli con altri popoli, dice ch'erano i soli Sclavi superstiti in Peloponneso; quando un altro bizantino, Mazaris (2), al principio del secolo stesso espressamente distingueva tra gli abitatori del Peloponneso, a' suoi giorni, gli Sclavini e gli Illirii. Nè si può, credo, senz'altra prova, tenere per certo che gli Albanesi a cui accennano i documenti veneziani del secolo XV siano proprio i discendenti di quelli che sette od otto secoli prima il Sathas vede stanziarsi in Elide, mentre sappiamo che già alla metà del secolo XIV ha principio il movimento dell'emigrazione moderna degli Albanesi verso mezzogiorno.

Che il Peloponneso poi sia soggiaciuto ad una notevole invasione di elemento slavo, non si può mettere in dubbio, anche se non si voglia tenere in nessun conto l'autorità, pur non sempre oppugnabile, degli scrittori bizantini. Rimarrebbero pur sempre fermi in tutta la lor forza contro gli oppositori questi due argomenti che il Sathas ha passato sotto silenzio : 1) le voci slave entrate nel lin-

---

(1) V. MIKLOSICH, *Ueber die Wanderungen der Rŭmŭnen in den dalmatischen Alpen und den Karpathen* (Wien, 1879), e v. nella *Romania*, aprile, 1880, la recens. di quest'opera fatta dal prof. IVE.

(2) V. Bar. OW, *Die Abstammung der Griechen und die Irrthuemer und Taeuschungen des Dr. Ph. Fallmerayer* (Muenchen, 1848), p. 103.

guaggio dell'Ellade e ancor in uso pur nel Peloponneso; 2) i nomi di origine slava di luoghi abitati, monti, corsi d'acqua, ecc., di cui abbonda l'Ellade e massime appunto il Peloponneso. Il Miklosich (1) ha trovato nel vocabolario neo-ellenico qualcosa più d'un centinaio di quelle voci. Anche Bern. Schmidt (2), non men geloso d'un greco della purezza della nazione ellenica e non men renitente ad accogliere le conclusioni degli Slavofili, è costretto ad ammetterne parecchie, cioè, per lo meno (oltre ῥοῦχον su citato): βουρκόλακας vampiro, ζακόνι costume, κόκκοτας -ος gallo, λόγγος bosco, σανός fieno, στάνη giaciglio e gregge e τσοπ- τσουπάνος -ης pastore. Si aggiunga che ne ricorrono alcune eziandio nel dialetto dei Tsáconi, che sono forse oggidì i più puri rappresentanti degli antichi Elleni (3); e non mancano del tutto (v., p. e., *cúscia* capra e *ʒambatári* pastore) nemmeno nelle colonie bizantine d'Italia, il cui nucleo primitivo dev'essere anteriore al 1000 (4). — Quanto ai nomi topografici che accusino origine slava, chi è vago di conoscerli ne trova dei lunghi elenchi nell'opera citata dell'Hopf, il quale, si avverta bene, riscontra e corregge qui il Fallmerayer (5). Ne citerò qui in prova (oltre *Sclavochóri*) alcuni fra i moltissimi spettanti al Peloponneso: *Cimova*, *Vipovo*, *Aracova*, *Passava*, *Liesinova*, *Cosova*, *Anastasosova*, *Varsova*, *Cracova*, *Glogova; Gurnitsa*, *Cernitʒa*, *Vorbitʒa*, *Goritsa*, *Granitsa*, *Planitʒa*, *Pirnatsa; Teʒnica*, *Servianica*, *Zagora* ecc. — Nomi simili (che certo non si potranno attribuire tutti agli Albanesi, la cui lingua, com'è noto, subì non leggermente l'influenza slava) appaiono perfino nel territorio abitato dagli Elleni per eccellenza, dai Tsáconi. Lo stesso Bar. Ow, accanito avversario del Fallmerayer e facile a battezzare per schiette greche altresi delle parole turche, è costretto a confessare che qualche denominazione topografica del Peloponneso ha sembiante slavo.

---

(1) Nell'op. cit. *Die slav. Elem. im Neugriech.*

(2) *Op. cit.*, p. 3.

(3) V. Schmidt, *Op. cit.*, p. 12; Deffner, *Op. cit.*, p. 5: contro Hertzberg, il quale (*Op. cit.*, I, p. 200) erroneamente chiama ancora i Tsáconi « einen slavischen Stamm ».

(4) V. Morosi, *Studi sui dialetti greci di Terra d' Otranto*, p. 190 segg., e *I dialetti romaici del mandamento di Bova in Calabria*, p. 72 segg.

(5) V. p. 296 segg.

Ma i dotti d'Oltre-Ionio non si danno facilmente per vinti. Loro
sta sempre a cuore di purgare ad ogni costo la loro nazione dal-
l'onta che, secondo loro, le si fa, di crederla non immune da mescolanza d'elementi stranieri; così appunto come sta lor a cuore di
ricondurre, a ritroso dei fati, la loro lingua letteraria al tipo della
lingua classica, di fare di tutto per iscostarla, con gravissimo danno
della coltura generale del loro paese, dalla viva sorgente della lingua
parlata. Eppure la miscela dei sangui non sarebbe punto una macchia
propria del popolo ellenico, poich'è un carattere comune a tutti i
popoli odierni di Europa. Qual è tra essi quello che possa vantarsi
d'essere giunto da una remota antichità attraverso ai secoli fino a
noi esente d'ogni contatto con altri? Forse che i Tedeschi, p. e., si
reputano a disonore il fatto che nel loro sangue germanico s'è infil-
trato molto sangue slavo e celtico? O forse è cagione di rammarico
a noi Italiani il sapere che nel nostro organismo etnico quale si era
costituito sotto la dominazione romana si sono introdotti, e in abbondanza, elementi germanici, greco-bizantini, arabi? il sapere che
ancora oggigiorno vivono tra noi delle colonie francesi o provenzali,
tedesche, greco-bizantine, albanesi, e persino, in Molise e in Friuli,
proprio delle colonie slave? E poi il fatto dell'avere non già gli
Slavi assimilato a sè i Greci, ma i Greci gli Slavi, nella lingua, nella
religione, nei costumi, nella coltura (1), non è la prova più evidente
e conclusiva di quella persistenza della nazionalità ellenica che l'A.
e i suoi compaesani tanto si studiano di assodare e mettere in piena
luce? E, in ogni caso, se anche si riescisse a dimostrare la Grecia
pura d'elementi slavi, forse che con ciò la si dimostrerebbe immune
d'ogni elemento straniero? Nessuno vorrà dire molto affini agli Elleni i pastori erranti Tsintsari o Cutsovlachi, un tempo così numerosi sui due versanti del Pindo, che si nominava una *Gran Valachia*
in Tessalia e una *Piccola Valachia* in Epiro e che il loro capo, tra
l'XI e il XII secolo, portò il titolo di *Gran Vlaco*; i quali ancora
oggi vivono in parecchie migliaia, più o meno segregati dal consorzio ellenico, e ivi e nella valle dello Sperchio e nell'Eparchia di
Calcide d'Eubea e non iscarseggiano neppure nel centro e nel mezzogiorno della penisola (2). E che si dirà degli Albanesi? Li incon-

---

(1) V. Schmidt, *Op. cit.*, p. 2 segg.
(2) Diefenbach, *Op. cit.*, p. 187.

triamo in tutte le eparchie, tranne (almeno ora) in Etolia, Acarnania
e Laconia, e in parecchie isole; furono sino a poco fa, se non sono
ancora, il nucleo principale, l'elemento preponderante della popolazione, non già solo dell'Epiro, ma altresì del regno ellenico, donde
si spiega nella parte maschile di questa l'uso comune dell'albanese
fustanela, e come (il che è di gran lunga più importante) nel suo
complesso questa riproduca il tipo fisico albanese piuttosto che il
greco classico. Essi furono qua e là assai bene ellenizzati, ma generalmente sono ancora abbastanza distinti dagli Elleni nei costumi
e anche nella lingua, continuando di solito ad usare in privato la
propria anche quando l'hanno smessa in pubblico (1). Il Sathas,
come già il Paparrigopulos (2), afferma che i Greci non considera-
rono mai come stranieri questi discendenti degli Illiri o dei Macedoni, se non anzi dei Pelasgi, venuti a stabilirsi tra loro; che accolsero anzi come fratelli e liberatori dalla odiata dominazione bizantina
già quei primi che apparvero nella penisola sotto il nome di Avari
o di Sclavi. Questa asserzione non parrà a tutti, così senz'altro, am-
messibile. Ma, se anche si ammettesse, ne verrebbe forse cancellata
la differenza glottologica e proprio etnica che tra i due popoli intercede? Sì, gli Albanesi calati in diversi tempi in Grecia furono e
sono a poco a poco attirati nell'orbita della civiltà della patria loro
adottiva e di questa non men degli Elleni si mostrarono e si mostrano amanti, nè men pronti a versare per questa il loro sangue;
ma è pur vero, checchè dica la scuola capitanata dall'Hahn, che essi
in sostanza [derivino o no dagli antichi Illiri o dai Macedoni], sotto
l'aspetto glottologico ed etnico insieme, differiscono dai Greci, non
dirò col Fallmerayer quanto gli Afgani, ma certo non meno o poco
men degli Slavi.

E che fa ciò? Per un popolo — piaccia che io ripeta qui le parole che un vero amico dei Greci odierni, Ulrico Koehler, pronun-
ziava nella seduta de' 13 dicembre 1877 dell'Istituto Archeologico
Germanico ad Atene (3) — per un popolo è un privilegio ben dubbio

---

(1) DIEFENB., ibid.; e SCHMIDT, *Op. cit.,* p. 14 segg.

(2) *Op. cit.,* p. 395.

(3) *Ueber die Zeit und den Ursprung der Grabanlagen in Mykenæ
und Spata,* nelle *Mittheil. des deutsch. archaeolog. Institutos in Athen,*
Athen, 1878.

quello d'avere un albero genealogico assolutamente puro. Mentre delle nazioni che superbamente rifuggono da ogni mescolanza con altro sangue si veggono fiorire per poco e di buon'ora scadere, insegna la storia d'ogni tempo che sono i più atti a vivere e incivilirsi quei popoli che hanno saputo accogliere elementi stranieri e assimilarseli. I Greci fino al giorno d'oggi tale attitudine la mostrarono. E qui appunto è una delle più sicure guarentige ch'essi vivranno e sul cammino della civiltà andranno via via progredendo.

Firenze, gennaio 1882.

GIUSEPPE MOROSI.

DELLA LUNGHEZZA DI POSIZIONE

NEL LATINO, NEL GRECO E NEL SANSCRITO

I. La questione ch'io sto per trattare non è forse senza importanza, come quella che può dall'una parte interessare il filologo e il glottologo, e dall'altra chi si occupa di studî metrici. E se considero che in questi ultimi anni ne trattarono il Corssen, il Baudry, il Pezzi, il Cannello, lo Schmidt, non mi resta alcun dubbio che la sua importanza cc l'ha veramente e non piccola. Piuttosto temo di aver mirato a troppo arduo segno prendendo a studiare un argomento, intorno al quale già si esercitarono tante belle intelligenze. E di questo chiedo venia anticipata.

Intorno alla lunghezza di posizione delle sillabe gli antichi grammatici Pompeo e Prisciano ci lasciarono una teoria che il CORSSEN espone diligentemente nella sua opera capitale: *Ueber Aussprache, Vocalismus und Betonung der lateinischen Sprache* (2ª edizione, II, p. 613-14 e segg.). Pompeo e Prisciano ci insegnano che ogni *consonante semplice*, paragonata con l'unità di misura metrica ossia con una *mora* (il χρόνος πρῶτος di Aristosseno), vale un mezzo tempo, cioè una mezza mora; e che ogni consonante *doppia*, e a fortiori *due consonanti che si seguono immediatamente* valgono una mora intiera, e perciò hanno il valore metrico di una vocale *breve*. Questa teoria si ricava dai passi seguenti: POMPEII, p. 112 Keil: « *e* brevis unum habet tempus, *t* dimidium tempus habet, *s* dimidium tempus habet..... T consonans est et omnis consonans dimidium habet tempus... X, quae duarum consonantium fungitur loco, unum habet tempus..... Illud etiam sequitur, esse aliquas syllabas plurimas, quae et plura habent tempora, quam oportet, ut est *lēx*. Ecce *ē* ipsum naturaliter duo tempora habet; *x*, quae duarum consonantium fungitur loco, unum habet tempus; ecce invenitur ista syllaba habere tria tempora.....».

Ne avviene che quando alla durata di una vocale breve si aggiunge la durata di *due* consonanti semplici che le tengono dietro immediatamente, queste due durate, sommate insieme, equivalgono alla durata di una vocale lunga; di qui nasce la *lunghezza di posizione* delle sillabe. POMPEII, p. 112 Keil: « quae positione fit longa, duo habet tempora. Quomodo? *unum* habet a vocali, et *unum* habet a duabus consonantibus, quia duae consonantes dimidium et dimidium habent tempus et faciunt longam syllabam praecedentem ».

I grammatici latini ci insegnano eziandio che vi sono consonanti di una durata *incommensurabile*, ossia *consonanti irrazionali*. Tra le quali *consonanti irrazionali* essi annoveravano le liquide *r* ed *l*: Cledon., p. 27 k: « liquidae eo dictae quia liquescunt in metro aliquotiens et pereunt »; quando cioè, spiega il Corssen, in unione con la muta e la vocale breve precedente, non producono lunghezza di posizione. Lo stesso dicono dell' *s* iniziale seguito da muta, dinanzi al quale *s* la vocale finale della parola precedente rimane breve: Pompeii, p. 108: « *s* littera hanc habet potestatem, ut, ubi opus fuerit, excludatur de metro: « *ponitĕ spes sibi quisque* »; ergo talis est *s* quales sunt liquidae ».

Adunque, conchiude il Corssen, da questa incommensurabilità o irrazionalità di *r, l, s* dipende se queste consonanti spesso con una muta e una vocale breve precedenti non compiono la durata di due tempi, e quindi non producono *lunghezza di posizione*.

Questa è la teoria insegnataci dai grammatici antichi ed esposta dal Corssen. Eccone la sostanza: una vocale breve vale un tempo; una vocale lunga, due tempi; una consonante mezzo tempo. Perciò una vocale breve seguita da due consonanti semplici o da una consonante doppia, diventa *lunga per posizione*: perchè la durata della vocale breve (un tempo) sommata con la durata delle consonanti (un tempo) ci dà *due tempi* ossia la durata di una vocale lunga. Però i suoni *r*, *l*, *s* hanno valore incommensurabile; di qui ne viene che spesso, quando a una vocale breve tengono dietro due consonanti di cui l'una è *r* o *l* o *s*, non abbiamo *lunghezza di posizione*; perchè la somma della durata della vocale e delle due consonanti non è uguale (non essendo da tener calcolo dell' *r* o *l* o *s*) che a un *tempo e mezzo*, cioè non è tale da potersi considerare come durata di una vocale lunga.

Questa teoria è talmente empirica che già fu combattuta da tutti coloro che in seguito si occuparono di quest'argomento; ed io dubito ancora che il Corssen l'abbia voluto patrocinare come vera e sostenibile, ma che semplicemente egli l'abbia esposta per far conoscere quali fossero a questo proposito le opinioni degli antichi.

È al tutto empirica l'affermazione che il suono d'una consonante valga la metà di una vocale breve. A ogni modo, bisognerebbe sempre distinguere se *nella sillaba* la consonante è preceduta o seguita dalla vocale: p. es. in *ta* il valore del *t* è ben diverso che in *at*. Ma di questo, più tardi.

Ancora, su qual fatto possiamo noi fondarci per dire che i suoni *r*, *l*, *s* sono *irrazionali?*

E ammesso pure che lo siano, cioè che siano più brevi di un mezzo tempo, perchè dunque *r* ed *l* fanno *sempre* posizione quando essi precedono la muta, e quando sono *doppi?* Se *tr* può non far posizione con la vocale breve precedente, perchè dovranno farla *sempre rt* ed *rr?*

Il BAUDRY (*Grammaire comparée des langues classiques*, p. 10-13) dichiara insufficiente la teoria suddetta, ed espone una sua idea, a vero dire, un po' vaga e un po' confusetta. Egli in sostanza attribuisce, mi pare, la lunghezza di posizione alla difficoltà di poter pronunziare più consonanti di seguito: « on s'en peut faire une idée quand on entend les Orientaux qui parlent aujourd'hui notre langue; un Persan qui parle français prononce *ferançais*, *obejet*... Il suffit qu'une difficulté semblable se soit rencontrée dans la prononciation des langues anciennes pour expliquer l'allongement d'une syllabe qui, à sa voyelle briève valant un temps, ajoutait un retard équivalant à une fraction d'un autre temps ». Io non so perchè queste medesime difficoltà non si dovessero incontrare nella pronunzia di quelle consonanti che talvolta non fanno posizione (s, r, l); tanto è vero che il Baudry stesso ci porta di tali esempi: f(e)rançais, ecc.

Nè credo che i Latini pronunciassero am(e)nis per amnis, lon(e)gus per longus, f(e)remere, t(e)remere, nè i Greci λαμ(ε)πάς per λαμπάς, ἔρ(ε)γον per ἔργον, φ(ε)ράζω, β(ε)ροτός, ecc. Di più, già notava il CORSSEN (Op. cit., II², 618) che l'ipotesi della inserzione d'un e irrazionale fra le due consonanti facienti posizione, per ispiegare la lunghezza di posizione, è inutile, e non è in alcun modo confermata nè dalla scrittura nè dalla metrica latina.

Veniamo ora alla teoria esposta dal nostro professore DOMENICO PEZZI, il quale (ne sono certissimo) nella franchezza con cui io discuto le sue opinioni non vorrà vedere che un attestato, il più alto, il più sincero ch'io gli possa dare, della mia stima e della mia riconoscenza. Egli adunque, dopo analizzate minutamente e respinte le teorie del Corssen e del Baudry, soggiunge (Gram. storico-comp. della lingua lat., p. 106): « ci sembra assolutamente necessario in questa investigazione tener conto del posto occupato dalla liquida e supporre che la medesima possa esercitare sulla muta precedente (che le si addossa) un'azione abbreviatrice, quasi la pronunzia, impaziente di giungere al secondo elemento della combinazione fonetica, sorvoli sul primo. Restringendo il nostro discorso, oramai troppo lungo, su questo argomento al solo studio del suono r, a cui principalmente si riferisce il fenomeno che investighiamo, noteremo che l'azione da noi attribuitagli ipoteticamente trova, se non ci apponiamo in fallo, riscontro degno di nota nella potenza, ch'esso rivela già nel campo latino e maggiore in quello degli idiomi neo-latini, di affievolire suoni esplosivi precedenti, facendo sì che esplosive sorde s'indeboliscano nelle sonore corrispondenti, e tanto le prime quanto le seconde in certi casi si dileguino compiutamente senza lasciar traccia di sè ».

Non è dubbio che l' r tenda ad affievolire, e qualche volta riesca anche a far dileguare i suoni esplosivi che immediatamente lo precedono. Ma, notiamo, questo fatto avviene sopratutto nel campo neolatino, mentre nel campo latino ci sono pochissimi esempi di digradamento, nessuno, ch'io sappia, di dileguo d'un suono esplosivo innanzi ad r. Resta adunque sempre, sebbene talvolta digradata, resta sempre nel campo latino una consonante esplosiva dinanzi ad r, nè mi pare che sia sufficiente spiegazione della *posizione debole* (1) il dire che l' *r* tende ad abbreviare la muta precedente. E la stessa spiegazione potrebbe poi valere per l' *l* ? per l' *s* seguito da muta ? varrebbe pel campo greco ?

Del resto il Pezzi stesso credo abbia rinunziato a questa spiegazione, poichè in una sua opera posteriore (*Glottologia aria recentissima*, p. 28, nota 1) parlando della teoria immaginata dallo Schmidt, la dice « la migliore di quante illustrazioni furono tentate di questo fenomeno (posizione debole) ».

Vediamo adunque quale sia la teoria esposta dallo Schmidt, che è anche la più recente ch'io conosca intorno a questo argomento.

Lo Schmidt consacra il secondo volume della sua opera *Zur Geschichte des Indogermanischen Vokalismus* (Weimar, 1875), all'investigazione della azione esercitata da *r* ed *l* sulle vocali vicine. Egli trova che nella più parte delle lingue indogermaniche il suono vocale inerente ad *r* ed *l* (der stimmton des *r, l*) si manifesta con tal forza che sotto favorevoli condizioni si può svolgere in una vocale indipendente tra la liquida e le consonanti vicine (p. 1). Questo suono vocale così sviluppato è detto dai grammatici indiani *svarabhakti*, e lo Schmidt conserva questa denominazione perchè più esatta delle greche ἐπένθεσις ἀνάπτυξις e del russo *pollnoglasie*.

Egli si accinge quindi a studiare la *svarabhakti* nel campo sanscrito, nello slavo e ne' suoi varî rami, nel lettico, nel lituano, nel prussiano, nell' antico eranico, nel greco, nel latino, nell' irlandese, nel germanico. Noi lo seguiremo nel campo sanscrito, nel greco e nel latino, lasciando gli altri che non fanno al caso nostro.

Sanscrito (*Op. cit.*, II, vol., p. 1-8): Dopo avere accennato alle varie opinioni sulla qualità del suono che si svolge dopo *r* ed *l* (poichè il Whitney, per es., lo paragona alla vocale indeterminata dell' inglese *but*, mentre il Benfey lo identifica con l' *e* dell'ant. battriano svolgentesi tra *r* e consonante, es.: *dadareça* = skr. *dadarça*), il nostro autore soggiunge che negli inni vedici non ci sono tracce sicure della rappresentazione grafica di questa *svarabhakti*. Ce ne sono però in opere posteriori; egli trova :

---

(1) Avverto per maggior chiarezza che si dice esservi *posizione debole* quando una vocale breve dinanzi a due consonanti (cons. + *r, l, s* + cons.) *può* restar *breve*.

dhŭrušadam per *dhūršadam* ;

paraçu per *parçu* ;

bhuraǵ per *bharaǵ, *bharǵ.

çarad-, *çaradā*, autunno, anno, deve dedursi per svarabhakti da
çard.

pālavi, specie di vaso, lat. *pelvis*, gr. πελλίς, πέλλα da *πελϜ ; —
senza svarabhakti *palva-la-s*, piccolo recipiente da acqua.

karavas, corvo, lat. *corvus*.

palāvas, loppa, pula, gr. πάλη, sorta di farina, da *παλϜη, come
ὅλος da *ὅλϜος.

Gli aoristi *akārišam*, *anvakārišam* per *akāršam*, *anvakāršam*.

variša-, *kariša-* invece di *varša-*, *karša*, e pochi altri.

Anche dinanʒi a r (prego di notare queste parole) si trova svarabhakti (auch vor *r* findet sich svar.): il trovare computato *indra*,
rudra, ecc. di *tre sillabe*, ci accenna a *indara* o *indira*, *rudara*, ecc.
Troviamo ancora *tarasanti* per *trasanti*, *palava* per *plava*.

Greco (p. 307-342). Questo capitolo non contiene molto che faccia
al caso nostro; si estende invece moltissimo a proposito dei mutamenti, delle metatesi, degli allungamenti e dei varî coloramenti di·
vocali cagionati da *r* ed *l*.

Esempi di vocali *lunghe* parassite che stanno *dopo* r ed *l*:

σκαρίφος accanto a σκαρφίον, κάρφος.

ἀρήγω, ἀρωγός accanto ad ἀρκέω.

ἀλωφός, bianco = ἀλφός, albus.

κολωνός, collina, lat. *collis* da *colnis, lit. *kálnas*, monte.

ἐρωδιός accanto ad *ardea*.

Queste vocali *lunghe* parassite dovettero anch'esse dapprima esser
brevi; ma quando ebbero acquistata una piena esistenza individuale,
allora sotto la sempre crescente influenza del suono vocale inerente
al ρ, esse divennero lunghe (p. 311).

Esempi di vocali brevi parassite *dopo* r ed *l* : ὀρόγυια : ὀργυιά; ἀλε-
γεινός : ἀλγεινός, ecc. (p. 313).

Da questo fenomeno della svarabhakti lo Schmidt fa dipendere la
posiʒione debole: « È influenza della svarabhakti non ancora svoltasi
in una vocale piena e da calcolarsi metricamente, se una consonante
momentanea seguita da una liquida non fa posizione. In tal caso non
c'è veramente una doppia consonanza; le due consonanti, per mezzo
del debole suono vocale ancora metricamente irrazionale, sono così

separate l'una dall'altra, che solamente la prima si può computare con la sillaba precedente » (p. 313).

Latino (p. 342-370). Anche qui la massima parte del capitolo non fa per noi. Teniamoci strettamente al fenomeno della svarabhakti. Eccone alcuni esempi :

balatrones : blaterones, *magistaratum : magistratum*, *Terebonio : Trebonio*, *trichilinio : triclinio*, *urebem : urbem*, *Militiades : Miltiades*.

Lo Schmidt, contrariamente al Corssen, connette *volup*, ant. *volop*, con ἔλπομαι, e quindi abbiamo un altro caso di svarabhakti.

Abbiamo nell'osco : *sakarater* = lat. *sacratur*, *alafaternum* accanto al lat. *alfaterna*, *aragetud* = lat. *argento*, ecc.

Parlando della posizione debole (p. 343) combatte la teoria del Corssen che la vuole spiegare per mezzo della irrazionalità dei suoni *r*, *l*, e soggiunge *svarabhakti* e *mancanza* di *posizione* si determinano a vicenda.

Questi sono, molto succintamente, i risultati degli studî dello Schmidt in ordine alla mancanza di posizione che spesso occorre quando dopo una vocale breve segue una consonante muta e una liquida. Le vaste investigazioni del dotto professore di Berlino, delle quali tralascio ogni elogio che in bocca mia suonerebbe ridicolo o superbo, serviranno certo, in molteplici maniere, ai glottologi e anche ai filologi ; ma mi pare di potere affermare che esse non riescono punto a spiegare il fenomeno della posizione debole.

Anzitutto io faccio osservare :

1° Gli esempi di svarabhakti recati dallo Schmidt sono molti in sè, ma sono assai pochi se si considera il grande numero di parole sanscrite, greche e latine, in cui s'incontra il gruppo *r*, *l* + conson. oppure cons. + *r*, *l*. Quindi io non so se da questi pochi esempi accertati noi abbiamo il diritto di dedurre che sempre, in tutti i casi, si svolse la svarabhakti.

2° Ammesso pure che in latino non si pronunciasse *supra* ma *sup(e)ra* o *sup(a)ra*, io mi domando : perchè non conteremo noi questa parola come avente *tre sillabe?* e se vogliamo ridurre le due prime a *una* sola, non sarà questo un motivo di più perchè questa *una* sia *lunga?* Non abbiamo noi visto in sanscrito, a cagione della svarabhakti, *indra* e *rudra* computati di *tre* sillabe?

3° Se la svarabhakti nella combinazione cons. + *r*, *l* produce *posizione debole*, perchè questa posizione debole l'hanno solamente il greco e il latino, e non si trova nel sanscrito, dove pure la svara-bhakti ha molta azione?

4° Faccio ancora osservare che la svarabhakti si trova pure, anzi, come lo stesso Schmidt dichiara e come appare dagli esempi recati, è assai più frequente nel gruppo *r, l* + cons. (es. *artis, altus*) che non nel gruppo cons. + *r, l* (*patris, delubrum*). Perchè dunque nel primo caso non fa posizione debole, ma solamente nel secondo?

Quando noi ci troviamo davanti a un fenomeno, il quale alcune volte è accompagnato e altre volte non è accompagnato da certa condizione, possiamo noi affermare che questa condizione è la causa di quel fenomeno? Esempio: se un patologo, esaminando cento ca-daveri tubercolotici, incontra in alcuni certe alterazioni al fegato, negli altri non le incontra, mi pare non abbia il diritto di dire che quelle tali alterazioni epatiche sono inseparabili dalla tubercolosi, tanto meno poi che esse sono causa della tubercolosi. Noi siamo in presenza d'un fatto analogo: noi abbiamo un certo numero di vocaboli *affetti* da *svarabhakti*; gli uni ci presentano posizione de-bole, gli altri no; possiamo noi dire che questi due fenomeni sono inseparabili o che l'uno è la causa dell'altro? Se la logica vale qual-cosa, mi pare possiamo rispondere recisamente no.

5° Infine noi troviamo talvolta posizione debole anche quando a una vocale breve tien dietro il gruppo *s* + cons.; il che gli antichi spiegavano dicendo che anche l' *s*, come l' *l* e l' *r* è un suono irra-zionale. Come spiegherebbe lo Schmidt questa strana posizione de-bole? Qui la svarabhakti non serve, perchè non so davvero e non credo che il gruppo *s* + cons. abbia mai svolto alcun suono parassita.

Conchiudo: la teoria della svarabhakti non serve a spiegare la lun-ghezza di posizione nè debole nè forte.

Fin qui m'è toccato di fare l'ingrata parte dello spirito che nega. Ora m'accingo molto volentieri a vedere se è possibile di affermare qualche cosa, con la speranza che, se non altro, avrò almeno dato prova di buona volontà.

II. Nella teoria della lunghezza di posizione io credo sia avve-nuto quello che avvenne nella teoria della elettricità dinamica. È noto che Alessandro Volta attribuiva la *forza elettromotrice*, come egli la chiamava, al *contatto* di due metalli; si vide più tardi che c'era *con-*

tatto, ma c'era insieme reazione chimica, e questa, non il contatto, era la sorgente dell'elettricità. Lo stesso errore, dicevo, mi pare sia avvenuto nella teoria della lunghezza per posizione. Ognuno avrà osservato che tutte le teorie precedentemente esposte partono da questa definizione : è lunga per posizione quella vocale breve che è seguita da *due* consonanti, oppure: è lunga per posizione quella sillaba che contiene una vocale breve seguita da *due* consonanti. Vediamo se queste definizioni sono conformi alla realtà delle cose. Consideriamo questi due esempi :

dicit aeque
dicit bene.

Nel primo caso noi abbiamo la sillaba *cit* breve, nel secondo caso essa diventa lunga. Perchè ciò ? Io non trovo altra ragione all'infuori di questa : nel primo caso noi leggiamo

di-ci-tae-que

nel secondo

di-cit- be-ne.

Mi pare impossibile si possa dare un'altra ragione probabile. La vocale *i* di *cit* non diventa lunga per posizione se non perchè, venendole dopo il *b*, noi non possiamo unire il *t* con la sillaba seguente, ma siamo costretti a sillabarlo col *ci* precedente; mentre nel primo caso noi uniamo, pronunziando, il *t* con la sillaba seguente *ae*.

Mi si dirà: è sempre la stessa cosa ; anche a questo modo si ammettono *due* consonanti perchè una vocale breve si allunghi per posizione. Pare, ma non è : c'è anzi una notevole differenza. Per gli altri il *b* di *bene* viene unito col *t* di *dicit*, e per spiegare la lunghezza di posizione aggiungono il suono *tb* a *ci*; per me invece il *b* fa sillaba, com'è naturale, con l' *e* che gli tien dietro (*bene*), e, per rispetto a *dicit*, il *b* non ha altro valore che quello di costringere il *t* a far sillaba con *ci*. Non è dunque *citb* che ci dà la lunghezza per posizione, ma semplicemente *cit*.

Perciò io credo che all'antica si debba sostituire questa definizione : « È lunga per posizione quella sillaba la quale contiene una vocale breve ed è chiusa da *una* consonante ».

Ora veniamo alla posizione debole. Consideriamo questi due esempi:

legunto
patris.

La sillaba *gun* è sempre lunga per posizione perchè io non posso sillabare in altro modo che *le-gun-to*, e non mai, per es., *le-gu-nto*. La prima sillaba di *patris* invece può essere breve o lunga perchè si può con tutta facilità sillabare *pă-tris* e *pāt-ris*.

Mi pare quindi si possa spiegare il fenomeno della *posizione debole* osservando che, per la natura della liquida, la muta precedente può unirsi in sillaba tanto con la vocale precedente quanto con la seguente: *pă-tris* e *pāt-ris*, *pūb-licus* e *pŭ-blicus*, ecc.

Si noti ancora che, come già ho avvertito, talvolta anche il gruppo *s* + cons. non faceva posizione. E questo mi pare si spieghi naturalmente se si osserva che l'*s*, per la sua natura, può far sillaba così con la vocale precedente come portarsi sulla sillaba seguente. Quindi noi troviamo: *vetūs-tatis* e *vetŭ-statis*, *scelēs-tus* e *scelĕ-stus*, *fenēs-tra* e *fenĕ-stra* (Corssen, II², p. 660).

Lo stesso si dica del greco dove fenomeni identici si spiegano con identiche ragioni. Anzi qui troviamo un fatto che ci conferma nella nostra spiegazione. Il Curtius (*Gram. greca*, § 78) dice che quando in un composto la muta è finale di una parte, mentre la liquida è iniziale della parte seguente del composto, allora c'è sempre posizione; es.: ἐκ-λέγω. Ora questo fatto non può dipendere da altro se non da questo, che il greco, sentendo ancora la forza di ciascuna parte del composto, sillabava sempre ἐκ-λέγω, non mai ἐ-κλέγω.

Per l'opposto, tanto nel greco quanto nel latino *r, l* + cons. fa sempre posizione, perchè non si può far a meno di sillabare la liquida con la vocale precedente: *partem, artem, altus,* ἐλπίς, ὄρνις... non si possono sillabare altrimenti che *pār-tem, ār-tem, āltus,* ἐλ-πίς, ὄρ-νις...

E se in sanscrito non troviamo la posizione debole, vuol dire che gli Indiani univano sempre la muta alla vocale precedente, cioè sillabavano sempre *pit-ra, mit-ra, rud-ra, put-ra*, ecc.

Mi pare adunque che il fenomeno della posizione debole si possa così spiegare molto semplicemente senza ricorrere nè alla irrazionalità delle liquide nè alla azione della svarabhakti.

Io era arrivato a questo punto del mio lavoro, quando, seguendo una nota del prof. Pezzi alla sua *Glottologia aria recentissima* (p. 28), ebbi a consultare la *Rivista di filologia classica*, anno II, p. 226 e segg. Ivi trovai, con mia grata sorpresa, che già il prof. Cannello aveva proposto la spiegazione della posizione debole con la possibilità di sillabare, per es., *pa-tris* e *pat-ris*. Senonchè il Cannello, anzichè risalire ai primi principî della questione, ebbe il torto di fermarsi alla prima idea; tanto che dopo avere avuto il merito di dichiarare che *pa* di *patris* può essere breve o lungo perchè si può sillabare *pa-tris* e *pat-ris*, misconosce egli stesso il valore del suo pronunziato, si impaccia nelle more e nelle mezze more, e finisce per darsi la zappa sui piedi, affermando (p. 223) d'accordo col Corssen e con Prisciano che il latino « aveva consonanti d'una durata incommensurabile, nulla per la prosodia : e a questa categoria di suoni appartenevano la *s* davanti a muta e la *r* dopo muta » (perchè non anche l' *l* ?).

Per me queste consonanti che, in certi casi dati, hanno un suono incommensurabile, nulla per la prosodia, sono un mistero che non riesco a spiegare e neppure a credere ; tanto più quando considero che, anche in quei dati casi, l'orecchio li avverte, li misura nè più nè meno che qualunque altro suono.

Il Cannello inoltre non ha avvertito che non si può parlare di valore metrico delle consonanti senza considerare la loro posizione rispetto alle vocali ; poichè, come già dissi, ben diverso, per es., è il valore del *t* in *ta* e in *at*. Egli invece seguita col Corssen e col Prisciano ad attribuire alle consonanti, qualunque sia la loro collocazione, il valore di *meʒʒa mora* (fatta eccezione, s'intende, dei suoni *s* ed *r* che in certi casi sono incommensurabili o nulli). Egli adunque date le parole

$$spr\bar{e} - t\breve{u} - s \quad \breve{a} - m\bar{o} - re \qquad fr\bar{e} - t\breve{u} - s$$

le calcola a *more* così :

$$3 \tfrac{1}{2} - 1 \tfrac{1}{2} - 1 \tfrac{1}{2} - 2 \tfrac{1}{2} - 1 \tfrac{1}{2} - 3 - 1 \tfrac{1}{2} - (\tfrac{1}{2}).$$

Donde risulta evidente che, se per es. l' *e* di *spretus* fosse breve per natura, avremmo *sprĕ* = more 2 $\tfrac{1}{2}$, cioè mi par chiaro che questa sillaba *sprĕ* del valore di more 2 ¹/₂ dovrebbe essere computata come *lunga*; il che invece è contrario a quanto vediamo avvenire nella metrica. Infatti noi troviamo *strŭ-o, strĕ-po, stră-men, strŏ-pha, stră-men*, ecc.

E a questo inconveniente egli cerca di rimediare ricorrendo alla incommensurabilità dell'*s* innanzi a muta e dell'*r* dopo muta. Laddove a me pare che basti avvertire un fatto naturale, fisiologico, e che ha la propria spiegazione nella natura delle consonanti, il fatto cioè che una consonante, o anche un gruppo consonantico, quando *precede* a una vocale *nella stessa sillaba*, si pronunzia così aderente, quasi direi cosi compenetrata con la vocale, che il valore metrico di questa non ne viene alterato in modo sensibile. Per contro, quando la consonante *tien dietro* alla vocale con cui fa sillaba, il nostro organo vocale è costretto a una tensione più grande e più durevole per far sentire dopo la vocale anche il suono della consonante; onde risulta che quando abbiamo da pronunziare una sillaba composta di una vocale breve e di una consonante (*et, at*, ecc.), il tempo impiegato a pronunziare la consonante aggiungendosi al tempo impiegato a pronunziare la vocale, ci dà un tempo, un valore metrico eguale a quello di una sillaba lunga.

Alle proposizioni del Cannello il Pezzi fece sei obbiezioni, a cui egli non rispose. Di queste obbiezioni alcune sono rivolte a considerare l'affievolirsi delle mute dinanzi all'*r*, e queste non fanno al caso nostro. Ci tocca però, e molto da vicino, la quinta obbiezione. Se fosse vero, dice il prof. Pezzi, che l'*a* di *patris* può restar breve perchè si può sillabare *pa-tris*, perchè troviamo lungo l'*e* di *rē-stringo*, l'*e* di *rēsto*, l'*e* di *rēspiro*, ecc.? « Nè vi ha mezzo di confutarci se non insegnando che simili composti debbono essere divisi per sillabe nel modo seguente: *rēs-tringo, rēs-to, rēs-piro* ».

Confesso che alle prime rimasi alquanto imbarazzato. Ma poi mi parve di scorgere in queste parole, più che un ostacolo, un aiuto, più che una obbiezione che atterra, un fatto che conferma. Ognuno mi vorrà concedere agevolmente che il *re* di *rĕdico*, di *rĕduco*, di *rĕficio* è al tutto lo stesso *re* che troviamo in *restringo*, in *resto*, in *respiro*. Ora come va che il *re* in *rĕduco, rĕdico, rĕficio* è breve, mentre in *rēstringo, rēsto, rēspiro* è lungo? Siccome non è probabile che i fenomeni della metrica avvengano a caso, una ragione ci ha da essere. Ora, in fede mia, non posso immaginarne altra se non ammettendo che i latini pronunziassero *res-tringo, res-to, res-piro*. Nè questo mi fa meraviglia: anzi, mi pare che di regola i latini dovessero sillabare l'*s* seguito da consonante con la vocale precedente; tanto è vero che il gruppo *s* + cons. fa quasi sempre posizione, mentre sono pochissimi i casi in cui non fa posizione (*vetŭstatis, venŭstatis, scelĕstus*), casi che non mi paiono spiegabili se non ammettendo che l'*s* qui venga unita, pronunciando, con la sillaba seguente.

Ancora un'osservazione. Se è vero che una vocale breve *può* restar breve dinanzi a *s* + cons. e a cons. + *r, l*, perchè questi gruppi consonantici *possono* trasportarsi sulla sillaba seguente, è ovvio dedurne una conseguenza la quale permette d'allargare la regola a questo modo: ci è posizione debole ossia « può esserci mancanza di posizione ogniqualvolta il gruppo consonantico che tien dietro a una vocale breve si può con una certa agevolezza sillabare tutto con la sillaba seguente ». E, per ristringerci al campo latino, i gruppi consonantici che (oltre *s* + conson. e conson. + *r, l*) si possono con una certa agevolezza sillabare con la sillaba seguente sono specialmente *pt, ps, ct*. Orbene, di ognuno di essi noi abbiamo degli esempi, dove non fanno posizione:

> *volŭptatis, volŭptatem* (CORSSEN, II², p. 662);
> *ĭpse, ĭpsius* (CORSSEN, II², p. 630);
> *senĕctutem* (CORSSEN, II², p. 662).

Non reputo opportuno di entrare a parlare delle cagioni per cui la posizione debole, di uso quasi costante presso i poeti comici latini, sia spessissimo trascurata presso i poeti dell'evo augusteo. Neppure mi fermerò sulle frequenti violazioni della legge di posizione che occorrono presso i comici latini, perchè, lasciando stare che ho inteso come il signor Edom ne fece poco fa il soggetto di una lettura all'Accademia di Francia, io sono persuaso che qualunque possano essere le ragioni o storiche o artistiche o glottologiche o metriche con cui si vorranno spiegare queste varietà dell'uso, esse non potranno influire direttamente sulla soluzione del problema onde nasca la lunghezza di posizione.

Torino, ottobre, 1881.

FEDERICO GARLANDA.

CONGETTURE CATONIANE

I. Oltre a tutte quelle varie obbiezioni che da Gio. Matt. Gessner (1) in poi furono messe in campo per dimostrare che il libro *De re rustica* di M. Porcio Catone subì un grande rimaneggiamento nell'ordine e nella lingua; obbiezioni alle quali risposero per buona parte Gio. Ugo di Bolhuis (2) e Rinaldo Klotz (3); nell'edizione dei *Rustici latini volgarizzati* (Venezia, stamperia Palese, 1792-94, vol. I, p. 148, n. 4) si legge la seguente, ch'io credo gravissima, alla quale i critici non hanno per anco tentato di dare una risposta : « .....Catone comincia così il suo libro : « Est interdum praestare (*populo* aggiunge un cod. della libreria di S. Marco) mercaturis rem quaerere, ni tam periculosum siet etc. ». Per me un tale modo di cominciare un'opera non va a garbo. Infatti veggo che i commentatori si sbracciano a trovarvi il senso vero. Ma checchè sia della giustezza di questo modo di cominciamento, le ultime linee del Proemio sembrano sciogliere, a mio favore, la questione. Catone termina così : « Nunc, ut ad rem redeam, quod promisi institutum principium hoc erit ». Che è quanto dire : Ora, ritornando al proposito, ecco come do principio a quanto promisi. Se noi non vogliamo riguardare Catone come un babbuino smemorato, che crede d'aver detto ciò, che non ha detto per nissun conto, siccome apertamente consta, che in

---

(1) *Scriptores rei rusticae*. Lipsiae, MDCCXXXV, prefaz.

(2) *Diatribe literaria in M. Porcii Catonis Censorii quae supersunt scripta et fragm., Trajecti ad Rhenum.* MDCCCXXVI, p. 176-187.

(3) *Ueber die urspr. Gestalt von Cato's Schrift de re rustica.* JAHN'S, *Jahrbb.*, Suppl. X, 1844, p. 5 sg.

tutto il proemio suo nè ha specificato di voler trattare dell'agricoltura, nè lo ha promesso, forza è concludere che realmente manca buona parte del proemio scritto da Catone, e che questo, che ora ci rimane, è mutilato..... ».

Sorvolando alle parole « est interdum praestare mercaturis rem quaerere e. q. s. » che non è il caso di giustificare, con moltissime altre, dalle accuse di commentatori, i quali per colpa tutta loro non intendono Catone (1), vengo a proporre una variante nella chiusa del proemio: « nunc, ut ad rem redeam, quod promisi institutum principium hoc erit »: dove invece di *promisi* leggerei *promsi*, modificando il senso nel modo seguente: « Questo che [finora] ho detto sarà (opp.: valga per) l'introduzione ch'io aveva divisato [di premettere all'opera mia] ».

Per tal guisa sarebbe tolto il sospetto di una lacuna, la quale del resto non si saprebbe dove ammettere: non in principio del proemio, perchè esso è troppo solenne, se posso dirlo, per doversi considerare mutilato: non in mezzo, perchè la successione logica delle idee non è affatto interrotta.

Per altro contro questa congettura sorge una difficoltà. Nel periodo Catoniano precitato, si legge il verbo *redeam*, il quale naturalmente parrebbe implicare l'idea di ritorno ad una cosa alla quale l'autore sia di già venuto; ma di ciò si può dare spiegazione.

Catone, l'uomo pratico per eccellenza, che va sempre diritto, senza ambagi, al suo scopo, tanto nella vita come nelle opere sue e segnatamente nel libro *De re rustica*, dove precetti sono aggiunti a precetti, spesso perfino senza legame, dopo aver premesso una prefazione alquanto larga e generica, accennando ai pericoli del commercio, alla disonestà dell'usura, all'eccellenza dell'agricoltura, che fa gli uomini forti ed onesti e i soldati valorosi, ed alla ingenua semplicità de' costumi presso i maggiori, i quali per lodare un uomo dabbene lo chiamavano « bonum agricolam bonumque colonum », s'accorge di aver fatto una digressione che lo ha allontanato dal dare principio all'argomento tutto pratico ch'egli si era proposto di svolgere nel

---

(1) Chi volesse consultare l'opera da me citata, avrebbe più volte occasione di osservarvi che i saggi di spirito frequentissimi e inopportuni, si conciliano mirabilmente colla scarsa cognizione del linguaggio Catoniano.

De r. r., e quindi, come pentito, *ritorna* ad esso « nunc, ut ad rem redeam, quod *promsi* institutum principium hoc erit ».

Questo va detto qualora s'intenda il verbo *redire* nella significazione primitiva di *ritornare*. Se poi piacesse invece considerarlo come ·usato semplicemente nel senso di *venire, venire realmente*, ecc., giusta parecchi esempi classici, la difficoltà sarebbe anche minore.

II. Forse perchè in PRISCIANO, lib. VI, p. 226 e 266, ediz. HERTZ, ·si legge: « M. Cato in censura de vestitu et vehiculis... », Enrico Jordan (1) credette che il titolo dell'orazione Catoniana, alla quale si allude, fosse « In censura de vestitu et vehiculis »; mentre è da ritenersi, con molta probabilità, per solo titolo genuino: « De vestitu ·et vehiculis ».

Le parole *in censura* sono state aggiunte, a mio credere, dal grammatico per indicare che Catone avea pronunziato quell'orazione *mentre era censore*.

Che poi la cosa stia veramente così lo proverebbe PRISCIANO stesso, il quale al libro XIII, p. 8, dice semplicemente: « Marcus Cato de ·vestitu et vehiculis... » senza aggiungervi che l'orazione era stata ·detta *in censura*, perchè l'avea già accennato due volte.

Parimenti, dalle parole di GELLIO, lib. V, 13, 4, ediz. HERTZ « M. ·Cato in oratione quam dixit apud censores in Lentulum », se ne è ricavato il titolo « In Lentulum apud censores » che ancora si legge ·nelle edizioni catoniane, compresa quella, del resto diligentissima, di Enrico Jordan a p. 59, mentre il vero titolo parmi « In Lentulum ».

III. Conosceva Tito Livio l'orazione Catoniana « De lege Oppia »?

Feder. Lachmann (2) dice: « An Catonis pro lege Oppia orationem ·legerit Livius incertum est. Non in omnium manibus erant Catonis orationes. Ciceronem scimus quasdam data opera invenire non potuisse. Illa Catonis pro lege Oppia oratio quae libro 34, 2 et sq. legitur, Livii debetur ingenio, apte, ut Fabricius dicit, ad rem et Catonis personam expressa, et in aliis locis Livius, ubi orationes a

---

(1) *M. Catonis praeter librum de re rust. quae extant.* Lipsiae, MDCCCLX, p. 50.

(2) *De fontibus Historiarum T. Livii, commentatio altera.* Gottingae, MDCCCXXVIII, p. 18.

magnis viris habitas superesse sciret, alias ipse suo ingenio proferre noluit. Cfr. 45, 25 ubi dicit: non inseram simulacrum viri copiosi quae dixerit referendo. Ipsius oratio extat Originum quinto libro inclusa. Idem facit 39, 42, 43 ubi nonnulla commemoratur e Catonis in Flamininum oratione desumpta, etiam 38, 54 ubi extare dicit orationem de pecunia regis Antiochi, et 43, 2, de qua re Catonis extabat oratio in P. Furium (non Lucium, ut in fragm. coll. legitur), pro Lusitanis dicta s. Lusitanis Hispanis, ut Charis, p. 198 dicit, qui locus ad hanc orationem referendus est. Et hi sunt loci, in quibus Catonis orationibus usus est Livius e. q. s. ».

Ora tutto questo si riduce, a parer mio, a dire in altre parole che Livio quando conosce le orazioni di Catone non le riferisce; ma quella « De lege Oppia » la riferisce, dunque non la conosce. Il quale ragionamento non sembrami intieramente giusto, poichè altro è dire che nei quattro esempi (il secondo e il terzo si riducono ad uno) citati da Lachmann, Livio mostra di conoscere le orazioni Catoniane senza riferirle, altro è dire che ogni qualvolta le conosce non le riferisce. Livio potea in quei luoghi conoscere le orazioni di Catone e non riferirle, ed altrove, pur conoscendole, riferirle· se gli pareva opportuno. Per cui, chi vorrà derivare da pochissimi esempi una legge certa alla quale si attenesse strettamente Livio senza riservare alcuna libertà al suo ingegno, non foss'altro per variare? In que' tempi la storia non era ancora una scienza, ma, come parte dell'epopea, opera d'arte (1) e quindi non si può riscontrare in essa il metodo costante, la precisione rigorosamente scientifica dei lavori storici recenti.

Enrico Jordan (2) che di Catone pubblicò con molta diligenza i

---

(1) Cfr. QUINTIL., X, 1, 31-32, ediz. BONNELL: « Historia..... est enim proxima poetis, et quodammodo carmen solutum, et scribitur ad narrandum non ad probandum ; .....neque illa Livii lactea ubertas satis docebit eum qui non speciem expositionis sed fidem quaerit ».

(2) Op. cit., p. LXIV, proleg.: « Praeclara extat oratio a Livio, XXXIV, 2, composita, quo auctore quod ne titulum quidem orationis agmen reliquiarum ducere passus sum, scio fore qui reprehendant. Verum cum Livius ubicunque Catonis orationum meminit ibi fere, quoniam integrae etiam tum extarent, « simulacrum viri copiosi », ut ait XLV, 25, annalibus inserere quasi religiosum habeat, Oppiae legis suasionem, quam uberrime exposuit, a Catone scriptam ignorasse videtur ».

frammenti superstiti, non fa che ripetere l'argomento di Lachmann. Per questa ragione non aggiungo parola intorno ad esso.

Ermanno Peter (1), dopo aver rifatto il riscontro che Jordan (2) avea già tentato fra quello che dicono i frammenti Catoniani della orazione « Dierum dictarum de consulatu suo » (3), e Livio nel lib. XXXIV, 8-21, esce in queste parole: « Vix enim mihi persuadere possum, Livium, cum omnes res a Catone gestas conlectas et dispositas in Originibus videret, ipsum quae opus erant, ex orationibus laboriose conquirere maluisse, praesertim cum perpaucos libros, qui non essent annales, in scribendo ante oculos habuisse videatur, origines autem noverit atque ita eorum mentionem fecerit, ut magnam eius auctoritatem habitam cognoscamus. Accedit quod consensus fragmentorum Catonis et Livii non est talis, ut quin Livium ipsis orationibus usum esse statuere cogamur. res concinunt, non verba. atqui Catonem consulatum suum in Originibus silentio non praeteriisse eademque narrasse quae in illis orationibus apertum est: quid ni igitur hanc rerum expositionem Livium secutum arbitremur? »

Prima di tutto osserverò che se · perpauci erano i libri consultati da Livio all'infuori degli annali, non si può a tutto rigore negare che fra que' perpauci si annoverassero anche le orazioni, molte delle quali avevano stretta relazione colle cose narrate nelle Origini.

In secondo luogo ancorchè si ammettesse, per voler essere più severi dello stesso Peter, che Livio non abbia consultato altri libri che annali (4), colla congettura non infondata che farò più sotto, Livio, leggendo le Origini Catoniane (che spesso sono anche dette annali) leggeva pure implicitamente molte delle di lui orazioni, e fra queste

---

(1) *Historicorum romanor. relliquiae.* Lipsiae, MDCCCLXX, vol. I, p. CLIV-CLVI.

(2) *Op. cit.*, p. LXVI-LVII, proleg.

(3) Vedili a p. 33-36, Jordan, *Op. cit.*

(4) Oltre a non poche ragioni si potrebbe addurre in contrario anche la seguente osservazione: Livio al lib. XXXIII, 15, 9, dice: « Cato ipse haud sane detrectator laudum suarum », la quale espressione pare alludere alle orazioni di Catone anzichè alle origini, perchè con quelle ebbe spesso a lodarsi, ad opporre, come realmente faceva, la propria condotta a quella degli altri e a difendersi quaranta e più volte; cfr. l'orazione « de suis virtutibus contra Thermum », « de sumptu suo » « ad litis censorias » (p. 43. 37. 51 Jordan, *Op. cit.*) ed altre.

quella « De lege Oppia » perchè, per l'importanza sua, conferiva ad illustrare un punto non oscuro della vita di Catone, il consolato. Al che parrebbe pure arrecar luce il seguente frammento da Festo (1): « Mulieres opertae auro purpuraque: arsinea, rete, diadema, coronas aureas, rusceas fascias, galbeos lineos, pelles, redimicula... ».

Per quanto riguarda l' orazione « Dierum dictarum de consulatu suo », alla quale accenna il Peter nel passo precitato, non dovendo discorrerne qui, mi limiterò ad osservare che mentre si trova pieno accordo se non nelle parole, almeno nelle cose, fra Livio e Catone, non vedo la necessità di far congetture sulla possibilità che Catone abbia narrato ciò stesso nelle Origini, e che Livio abbia quindi tolto da esse quanto ci riferisce.

Nè ciò basta; perchè dall'esame stesso dell' orazione che si legge presso Livio credo poter rilevare qualche cosa di più. L' orazione comincia così:

« Si in sua quisque nostrum matre familiae, Quirites, ius et maiestatem viri retinere instituissent, minus cum universis feminis negotii haberemus; nunc domi victa libertas nostra impotentia muliebri hic quoque in foro obteritur et calcatur, et quia singulas non domuinus, universas horremus. Equidem fabulam et fictam rem ducebam esse, virorum omne genus in aliqua insula coniuratione muliebri (2) ab stirpe sublatum esse; ab nullo genere non summum

---

(1) Pag. 265, ediz. MÜLLER. Noto che l'espressione *auro purpuraque*, tutta catoniana, si riscontra più volte nell'orazione stessa riferita da Livio.

(2) Da questa orazione che Livio mette in bocca a Catone, come pure dal primo paragrafo del libro XXXIV ed. MADVIG, al quale essa appartiene, risulta chiaro che le donne avevano fatto allora una specie di congiura: « Matronae nulla nec auctoritate nec verecundia nec imperio virorum contineri limine poterant; omnes vias urbis aditusque in forum obsidebant, viros descendentes ad forum orantes, ut, florente republica, crescente in dies privata omnium fortuna, matronis quoque pristinum ornamentum reddi paterentur ». Per cui mi fo lecito di congetturare che all' orazione Catoniana « De lege Oppia », anzichè ad un'altra supposta « De coniuratione », come finora si è sempre creduto, appartenesse la parola *precem* conservataci da FESTO, p. 242 M.: « *Precem* singulariter Cato in ea quae est de coniuratione ».

Cose più certe non dissero ENRICO MEYER (*Orator. romanor. fragm.*, Parisiis, 1837, p. 129), ENRICO JORDAN (*Op. cit.*, p. LXXVII, proleg.),

periculum est, si coetus et concilia et secretas consultationes esse
sinas... », e più giù, al § 3, 1.-3: « Recensete animo muliebria iura,
quibus licentiam alligaverint maiores vestri, per quae *eas* subiecerint
viris; quibus omnibus constrictas vix tamen continere potestis. Quid?
si carpere singula et extorquere et aequari ad extremum viris pa-
tiemini, tolerabiles vobis eas fore creditis? Extemplo, simul pares
esse coeperint, superiores erunt ».

Che cosi abbia veramente parlato Catone non oserei dire; ma però
le idee, per lo meno, sono tutte Catoniane e mi paiono avere una
certa relazione con quello che ci racconta Plutarco (1): « Περὶ δὲ τῆς
γυναικοκρατίας διαλεγόμενος, πάντες, εἶπεν, ἄνθρωποι τῶν γυναικῶν ἄρ-
χουσιν, ἡμεῖς δὲ πάντων ἀνθρώπων, ἡμῶν δὲ αἱ γυναῖκες ».

Nel quale raffronto bisogna, ben s'intende, tener conto di una cosa:
che cioè tanto l'uno quanto l'altro dei due autori riferiscono, chi sa
con quali modificazioni, il testo Catoniano, per cui non si può pretendere una coincidenza tale da togliere affatto ogni dubbio.

Inoltre al § 4 di detta orazione trovo scritto: « Saepe me que-
rentem de feminarum, saepe de virorum, nec de privatorum modo,
sed etiam magistratuum sumptibus audistis, *diversisque duobus vitiis*,
avaritia et luxuria, civitatem laborare, quae pestes omnia magna im-
peria everterunt... », dove oltre ad un' immagine fedele del severo
romano che volea, al dire di Livio stesso, « castigare nova flagitia
et priscos revocare mores » (2) trovo anche una sentenza che Livio
deve quasi sicuramente aver tolto da Catone e che Sallustio, diligente
imitatore di lui (3), ritrasse, a mio credere, nel Catil. cap. 5 ed.

---

quali credettero si alludesse ai Baccanali (cfr. Livio, XXXIX, 15, 16),
nè Greg. Maians (*Ad triginta iurisconsultor. commentarii*, Genevae,
1764, vol. I, p. 42) che volle riferirla ai tumulti degli ostaggi Cartaginesi « qui Setiae custodiebantur » (Liv. XXXII, 26).

(1) *Vita di Cat.*, VIII, 2. ediz. Blass.

(2) XXXIX, 41.

(3) Cfr. in Quintil., VIII, 3, 29, il noto distico d'incerto autore:

> « Et verba antiqui multum furate Catonis
> Crispe, Iugurthinae conditor historiae ».

e Sveton., *Oct.*, 86; *De ill. gramm.*, 10 e 15; Front. *Epist. ad Caes.*,
IV, 3; Gust. Brünnert, *De Sallustio imitatore Catonis, Sisennae...*,
Jenae, 1873.

DIETSCH, in questo modo : « Incitabant (Catilinam) praeterea con-
rupti civitatis mores, quos pessuma ac *divorsa inter se vitia, luxuria
atque avaritia* vexabant ».

I frequenti « maiores nostri » (2, 11); « maiores vestri » (3, 1);
« maioribus nostris » (4, 7); « patrum nostrorum memoria » (4, 6),
che pur si riscontrano di sovente in Sallustio, ci ricordano il famoso
lodatore del passato, il quale nel nuovo non vede altro che corruzione.

Di più ricorre l'espressione : « auro et purpura » (3, 8; 4, 14);
« aurum et purpuram » (4, 10), che si legge nei frammenti Catoniani : « auro purpuraque » (p. 28, 13, Jord.), « in auro atque in
purpura » (p. 69, 2 Jord.).

Per ultimo, la chiusa stessa dell' orazione (4, 21): « vos quod fa-
xitis, deos fortunare velim » ha un sapore d'arcaismo purissimo, che
Livio avrà forse affettato ad arte, come del resto può anche avere
del Catoniano (1).

Per tutte queste ragioni non credo improbabile che Tito Livio
abbia letto l'orazione Catoniana « De lege Oppia » e che da essa
abbia tolto più di quello che, nella mancanza assoluta dell'originale,
non ci è lecito congetturare.

IV. Fra tutte le orazioni Catoniane, Alb. Bormann (2) ed Enrico
Jordan (3) credono che due sole, quella «Pro Rhodiensibus» (lib. V) (4)

---

(1) Anche altrove sembra aver Livio riprodotto Catone; per es. al
lib. XXXIX, 42, dopo aver riferito il fatto di L. Quinzio Flaminio, che
egli lesse certamente, come dice, nell'orazione Catoniana, esce fuori col
seguente periodo che egli probabilmente tolse da Catone, se si deve giudicare dall'impeto oratorio ed anaforico tutto proprio delle orazioni di
lui: « Facinus... saevum atque atrox : inter pocula atque epulas, ubi
diis dapes, ubi bene precari mos esset, ad spectaculum scorti procacis
in sinu consulis recubantis, mactatam humanam victimam esse et cruore
mensam respersam »; cfr. BOLHUIS, *Op. cit.*, p. 137.

(2) *M. Porcii Catonis Originum libri septem*, Brandenb. MDCCCLVIII,
p. 41.

(3) *Quaestionum Catonian. capita duo*, Berolini, MDCCCLVI, p. 14
e sg., e *Op. cit.*, p. LVIII, proleg.

(4) Cfr. LIV., XLV, 25: « Non inseram simulacrum viri copiosi quae
dixerit referendo: ipsius oratio scripta extat originum quinto libro inclusa »; GELLIO, VI, 3, 7.

e quella « In Galbam pro Lusitanis » (lib. VII) (1) facessero parte delle Origini; e la ragione di ciò, secondo lo stesso Bormann, è che se anche altre orazioni fossero state introdotte da Catone nelle Origini, gli scrittori romani che le citano non avrebbero detto solo per le due accennate, che si trovano nelle Origini.

A queste due Aug. Wagener (2) ne aggiunse per congettura, una terza, quella « Adversus Carneadem » che sarebbe stata nel lib. VI, quando si riferisca ad essa il frammento: « Itaque ego cognobiliorem cognitionem esse arbitror » che Gellio (3) dice appunto essere registrato in quel libro medesimo.

Io però a codeste opinioni che limiterebbero a due o, al massimo, a tre il numero delle orazioni riferite nelle Origini, muoverò alcuni dubbî.

È da notare per prima cosa, che non avendo nè tutte, nè tutte intiere le opere degli scrittori romani, non si può affermare in modo veramente sicuro che soltanto le predette orazioni facessero parte delle Origini.

---

(1) CIC., *Brut.*, 23, 89, ediz. PIDERIT : « Cato legem suadens in Galbam multa dixit ; quam orationem in Origines rettulit, paucis antequam mortuus est diebus an mensibus »; *De Orat.*, I, 53, 227; *Epit. Liv.*, XLIX; VALER. MAX., VIII, 2, ediz. HALM; GELLIO, XIII, 25, 15.

(2) *M. Porcii Catonis Originum fragm.*, Bonnae, MDCCCXLIX, p. 65.

(3) XX, 5, 13: « Hoc ego verbum: Ξυνετοί γάρ εἰσιν quaerens uno itidem verbo dicere, aliud non repperi, quam quod est scriptum a M. Catone in sexta origine: « itaque e. q. s. ». — JORDAN (*Quaest. Cat.*, p. 60) accettando la congettura Wagneriana tentò di completare le parole di Catone in questo modo: « Cognobiliorem cognitionem esse puto iuris, historiae etc. quam philosophiam, quam vos, Athenienses, laudibus celebratis ». Però nei *Proleg.* della seconda opera non ne tiene neppur parola.

Che Catone abbia pronunziato, come risulta da PLUTARCO (*Vita di Catone*, XXII) un'orazione contro i filosofi greci, sebbene altri pensi diversamente, non trovo ragione per negarlo ; anzi sarei d'avviso che con essa abbiano qualche relazione le parole di GELLIO (XIII, 23, 2): « Graecae istorum praestigiae, philosophari sese dicentium umbrasque verborum inanes fingentium » e quelle che dice al lib. XVIII, 7, 3 : « Ego grammaticus vitae iam atque morum disciplinas quaero, vos philosophi mera estis, ut M. Cato ait, mortualia ; glosaria namque conlegitis et lexidia, res taetras et inanes et frivolas, tamquam mulierum voces praeficarum. Atque utinam, inquit, muti omnes homines essemus ! minus improbitas instrumenti haberet ».

In secondo luogo non pare probabile che due o tre orazioni soltanto fossero da Catone registrate nelle Origini, mentre ne aveva parecchie non certo inferiori a quelle per importanza : per es. quella « De bello Karthaginiensi » (1) ed altre.

Inoltre, allo stesso modo che Cicerone (Brut. 20, 80), Gellio (I, 12, 17) e Quintiliano (II, 15, 8), rispetto all'orazione « In Galbam pro Lusitanis » che noi sappiamo certamente aver fatto parte delle Origini, non dicono nulla in proposito, una trascuranza consimile può anche aver avuto luogo in ordine alle altre orazioni, tanto più che allora citavasi di frequente con poca precisione e anche a memoria.

Per ultimo, come si può pretendere che ci venga indicato dagli scrittori sommi l'opera cui appartenevano le orazioni di Catone, se vediamo spesso non esserci neppur conservati con precisione i veri titoli di esse?

Il perchè, io credo, che parecchie orazioni fossero da Catone intercalate nelle Origini : tutte quelle cioè che potevano avere una importanza storica speciale, ed attinenza colle cose narrate nelle Origini stesse, le quali venivano a ricevere per cotal guisa una luce maggiore (2).

Molte poi di codeste orazioni od anco tutte saranno, com'è probabile, state estratte dai grammatici a comodità e utilità de' lettori e delle scuole, sia per l'importanza storica, come dissi, sia perchè presentavano certe particolarità degne di considerazione : per es. figure, sentenze, locuzioni, ecc.

Ad ogni modo se vogliamo stare unicamente alle testimonianze

---

(1) In favore della mia opinione sta il framm. 4 della orazione (p. 56, JORD.) conservatoci da SOLINO, *Polyhist.*, 27: « Urbem istam (Karthaginem), ut Cato in oratione senatoria (cfr. PLUT., *Vita di Cat.*, XXII, 4: « παρελθὼν εἰς τὴν σύγκλητον ἐμέμψατο κ. τ. λ. ») autumat, cum rex Iapon rerum in Libya potiretur, Elisa mulier extruxit domo Phoeniix et Karthadam dixit, quod Phoenicum ore exprimit civitatem novam ». Il quale passo ci mostra, a mio avviso, come l'orazione « De bello Karthaginiensi » facesse parte delle Origini, nelle quali appunto si trattava « unde quaeque civitas orta sit ».

(2) A questa opinione, sebbene in modo meno determinato, si avvicina PETER, *Op. cit.*, CXXXXIIII, dove dice : « Sed postea quam ad res a se gestas pervenit, non solum ipsas res enarravit, sed etiam orationes a se habitas addidit e. q. s. ».

superstiti, si può affermare che l'orazione « Pro Rhodiensibus » ai tempi di Gellio si leggeva *seorsum* (1).

Questa ragione può benissimo aver cooperato a far dimenticare in parte le Origini (2), delle quali ne attesta Cicerone (3), che a' suoi tempi mancavano gli *amatores*.

Riguardo alle altre orazioni poi, non parrebbe lontano dal vero il credere che Catone le raccogliesse insieme e correggesse in vecchiaia, per lasciarle come una specie di memoriale (4) della sua vita politica ed oratoria.

Savona, 28 gennaio 1882.

GIACOMO CORTESE.

BIBLIOGRAFIA

Virgilio — La Georgica, versione di ANGELO LO JACONO, Catania, 1881.

Si potrebbe far questione se a' tempi nostri coll'indirizzo severamente scientifico che hanno preso gli studi filologici, colla necessità che si fa ogni giorno più sentire in Italia di moltiplicare gli sforzi, di tener deste tutte le energie dello spirito per non esser lasciati

---

(1) GELLIO, VI, 3, 7; JORDAN (*Quaest. Cat.*, p. 18, e *M. Catonis quae extant*, p. LVIII, proleg.) dalle parole di GELLIO, XIII, 25, 15: « Cato ex originum VII in oratione, quam contra Servium Galbam dixit » credette poter rilevare che anche questa si leggeva separatamente; ma forse a torto, giacchè anche altrove (XIII, 3, 6) dice « quartum ex historia librum », il che equivale a « quartum historiae librum ».

(2) Cfr. JORDAN, *M. Catonis quae extant*, p. LVIII, proleg.

(3) *Brut.*, 17, 66.

(4) Cfr. MOMMSEN, *Röm. Gesch.*, Berlin, 1874, vol. I, p. 925.

troppo addietro dagli stranieri in quegli studi, si possano conciliare certe pubblicazioni della natura di quella che sto per esaminare, fatta, come ce lo dichiara lo stesso signor Lo Jacono, « per esercizio di poetico stile ». Io comprendo benissimo che piuttosto che ad altri lavori volgano alcuni le forze dell'ingegno a tradurre o questa o quella delle più segnalate opere che ci lasciarono e Greci e Romani ; ma è pur d'uopo confessare che lavori simili sono comportabili, anzi sono da valutarsi assai, quando al loro artistico pregio vada congiunta una perfetta interpretazione dell'opera tradotta, cosa questa che difficilmente si riscontra e di cui non v'è neppur l'ombra nel libro del Lo Jacono. Il quale, come colui che pensa « che in un tempo che i classici studii si van tra noi facendo sempre più radi, non dovrebbe certamente parere inutile intento quello d'incitar coll'esempio la gioventù studiosa ad esercizii di questo genere» da lui reputati « necessarii a ritemprare in Italia il prosaico e snervato eloquio delle Muse odierne », avrebbe provveduto assai meglio a quella gioventù, dato il caso che il suo libro le capitasse nelle mani, e, dirò anche, a se stesso, e non avrebbe col proprio esempio confermato quel decadimento degli studi, di cui par che si lagni, se avesse aspettato a far di pubblica ragione il suo lavoro sino a quando, per aver acquistato una migliore conoscenza del testo virgiliano ed una ben maggiore padronanza dello stile poetico italiano, avesse potuto purgarlo degli errori e delle innumerevoli imperfezioni che si riscontrano quasi ad ogni verso.

Di questi errori e di queste imperfezioni darò parecchie prove confrontando colla novella versione l'originale latino.

Virgilio (I, 101-103) dice :

« hiberno laetissima pulvere farra,
Laetus ager ; nullo tantum se Mysia cultu
Iactat, et ipsa suas mirantur Gargara messes » (1).

---

(1) Nelle citazioni dell'originale latino mi servirò in generale del testo pubblicato da E. Benoist (Paris, lib. Hachette, 1876, nella *Collection d'éditions savantes des principaux classiques latins et grecs*), senza tenermi però strettamente ad esso qualora per qualche rispetto non mi paresse accettabile. Avverto a tale scopo ch'io tengo pure sott'occhio le edizioni del Ribbeck, del Forbiger (4ª) e del Ladewig (sechste Aufl. von C. Schaper).

Ora ecco in qual modo questo passo è recato in italiano :

> « di polve iberna
> Van lietissimi i farri, e lieto il campo :
> Nè *per veruna altra coltura* tanto
> Superbisce la Misia, e di sue messi
> Il Gargaro si loda » (1).

Chi capisce quel *Nè per veruna altra coltura* con quel che segue ? Che cos'è quell'*altra* se non un'assurda superfetazione ? Se il traduttore avesse pensato al valore di quel *nullo cultu*, il quale, come ben avverte il Forbiger « non stricte capiendum, sed pro perexiguo cultu positum esse patet » (2), e come interpretano altresì il Ladewig, il Benoist, il Fornaciari (3) e quanti han buon senso in capo, avrebbe facilmente veduto, collegando mediante il *tantum* i versi citati con quello che precede, cioè :

> « Umida solstitia atque hiemes orate serenas
> Agricolae »,

avrebbe veduto, dico, che il poeta intese dire che con pochissima coltura possono la Misia e le contrade del Gargaro tanto vantarsi, quanto fanno, di lor fecondità, perchè favorite da quell'acconcia distribuzione di temperatura che trovasi accennata nell'espressione or ora citata.

Più sotto l'espressione

> « cumulosque ruit male pinguis arenae »
>
> (v. 105)

vien tradotta: « e i cumuli *arrovescia* » (p. 15), verbo questo che non ci dà punto l'idea del *ruit* di Virgilio, significante « appianare rompendo », come interpreta il Forbiger (4), o, ma forse meno bene, « appianare facendo cadere », come si rileva dal Forcellino.

------

(1) Pp. 14, 15.
(2) Nota al luogo citato.
(3) Nell'ediz. delle Georgiche per uso delle scuole, Firenze, 1868.
(4) Anche il Ladewig interpretando « die grösseren allzutrocknen Erdschollen zerschlägt » dà al verbo *ruit* un significato pressochè identico.

Virgilio poco appresso dice :

« Et, cum exustus ager morientibus aestuat herbis,
Ecce supercilio clivosi tramitis undam
Elicit ».

(vv. 107-109).

La traduzione suona così :

« e quando
Adusta *alle* morenti erbe la terra
Bolle, ecco d' *alto* di pendente *via*
Elíce un fonte » (1),

dove s'ha a notare che il primo verso intero non è nè chiaro nè italiano, e nel secondo non è indovinato, non che esser bene espresso,
il pensiero del poeta, specialmente per non aver capito il significato
di quel *clivosi tramitis* mal tradotto in *pendente via*, essendo chiaro
che indica il rivo che a guisa di sentiero si fa discendere giù dal de-
clivio. L'aver poi tradotto in *alto* il *supercilio* di Virgilio dimostra
chiaramente come il Lo Jacono non gusti punto le bellezze artistiche
del poema che traduce. È noto che la metafora significata da quel
vocabolo è tolta da Omero :

« οἱ δ' ἑτέρωσε καθῖζον ἐπ' ὀφρύσι Καλλικολώνης »,

(Υ, 151)

verso stupendamente tradotto dal Monti :

« Sul ciglio anch'essi s'adagiar dell'erto
Callicolon gli opposti numi ».

(vv. 184, 185).

Ora perchè non poteva il traduttore valersi del vocabolo *ciglio?*
Non poteva usare tale metafora, mentre lo Strocchi non dubitò di
tradurre :

« Ecco dal *ciglio* di supino clivo » ?

(1) Pag. 15.

Veggasi come 'è ben tradotto il v. 111 dello stesso libro I:

« Quid, qui, ne gravidis procumbat culmus aristis »,

sono otto monosillabi e due parole bisillabe in un verso:

« E che di lui, che acciò che poi non cada
Col pondo delle spiche il gambo a terra » (1).

Nel verso seguente, il 112:

« Luxuriem segetum tenera depascit in herba »,

il Lo Jacono non ha capito il valore di quel *depascit*, volgendolo in italiano con *decima*:

« Decíma in erba tenera il rigoglio
Soverchio delle biade »,

senza punto pensare al mezzo, accennato dal poeta, di togliere il soverchio rigoglio delle biade portandovi a pascolare le pecore, mezzo questo ricordato anche da Plinio colle parole: « Luxuria segetum castigatur dente pecoris in herba dumtaxat; et depastae quidem, vel saepius, nullam in spica iniuriam sentiunt » (2).

Più innanzi, sempre nel medesimo libro, i due versi:

« Ut varias usus meditando extunderet artes
Paulatim, et sulcis frumenti quaereret herbam »
(vv. 133, 134)

son così tradotti:

« Affinchè *via di studî esperienza*
Gisse le varie in luce arti traendo
A mano a mano; e l'erba del frumento
Cercasse ai solchi » (3);

---

(1) Pag. cit.
(2) *H. N.*, XVIII, 45, 4.
(3) Pag. 16.

dove, tralasciando quel *via di studî* che, a cagione del *meditando* di Virgilio, vorrà forse dire *per via di studi,* si vede una cotale pretensione di riprodurre alla lettera il pensiero del poeta; ma appunto per cotesta pretensione s'ha il diritto di domandare se *sulcis frumenti quaereret herbam* significhi proprio « l'erba del frumento Cercasse *ai* solchi », e se non sia grave colpa l'ignorare come la parola *sulcus* per sineddoche significhi non di rado l'aratura stessa, onde *sulco quaerere* vale quanto *aratione parare.* Ma che il Lo Jacono conosca pochissimo i varii significati dei vocaboli ce lo dimostra un altro grave errore commesso nei versi su riferiti, consistente nell'aver creduto che l'*usus* di Virgilio significasse *esperienza,* mentre salta agli occhi la sua esatta corrispondenza al greco χρεία, che, oltre ad *uso,* significa anche *bisogno, necessità.* E non ha veduto il traduttore che il poeta stesso gl'indicava il vero valore del vocabolo soggiungendo poco sotto :

« Labor omnia vicit
Improbus et duris urgens in rebus egestas »?
(vv. 145, 146).

E tanto meno poi sarebbe caduto in tale errore se avesse conosciuto il seguente luogo di Lucrezio, al quale senza dubbio ebbe l'occhio Virgilio :

« Navigia atque agri culturas, moenia, leges,
. . . .
usus et impigrae simul experientia mentis
paulatim docuit pedetemtim progredientis » (1),

dove trovandosi appunto i due vocaboli *usus* ed *experientia,* spicca assai meglio il loro diverso significato, sebbene io creda che l'*usus* di Virgilio non sia precisamente nel senso dell'*usus* di Lucrezio, che forse non inchiude l'idea di bisogno, di necessità, inchiuso invece nell'*usus* virgiliano, che perciò sarebbe propriamente l'*uso necessario.*
Ma dal libro primo passiamo al secondo e propriamente all'episodio contenente le lodi della vita campestre, che serve di chiusa. Fa vera-

---

(1) V, 1446-1451, ediz. BERNAYS.

mente pietà a vedere come sia orribilmente maltrattato dal traduttore questo passo che è de' più belli del poema. Metterò sott'occhio alcuni versi dell'originale con accanto la versione corrispondente :

« O fortunatos nimium, sua si bona norint,
Agricolas ! Quibus ipsa procul discordibus armis
Fundit humo facilem victum iustissima tellus ».

(vv. 458-460).

« O fortunato veramente *assai*
Il *villanel*, se conoscesse i beni
Che gli pendono intorno ! Ei, cui la terra,
Lontano *alle* discordi arme, dal *seno*
Profonde *più che giusta* un facil vitto! » (1).

E qui, oltre alle gravi improprietà ed alle viziose aggiunte, non si può non notare il poco criterio di chi tradusse il *iustissima* di Virgilio in *più che giusta*, e non vide che quella ragione stessa, che indusse Virgilio ad adoperare il superlativo, doveva essere rispettata dal traduttore. Sappiamo di fatto che il poeta dovette certamente aver in mente un passo di Senofonte: « αὐτὸς σκάπτων καὶ σπείρων καὶ μάλα μικρὸν γήδιον, οὐ μέντοι πονηρόν γε, ἀλλὰ πάντων δικαιότατον » (Cyr. VIII , 3, 38), ed un passo di Filemone: « Δικαιότατον κτῆμ' ἐστιν ἀνθρώποις ἀγρός » (406 — Meineke). Onde bene tradusse lo Strocchi :

« A cui lontan da discordate insegne
La giustissima terra il cibo apporta », (2)

e male il Delille, per avere ommesso quell'aggiunto *iustissima* assai significativo, o, meglio, per averlo stemperato in un verso intero:

« Fidèle à ses besoins, à ses travaux docile,
La terre lui fournit un aliment facile » (3).

---

(1) Pag. 64.
(2) L'Arici tradusse quindi non bene « equa terra ».
(3) *Œuvres de Virgile trad. en vers*, Paris et Lyon, MDCCCXXXVIII, p. 43.

I versi 461, 462:

> « Si non ingentem foribus domus alta superbis
> Mane salutantum totis vomit aedibus undam »

sono tradotti:

> « Se di porte superbe alto palagio
> Un'immensa il mattin *da tutti gli atrî*
> Non gli versa di gente onda che venne
> Per *lo* saluto » (1);

dove, prendendo il *totis* nel significato che avrebbe *omnibus*, invece di tradurre *dal pieno atrio* si dice nientemeno *da tutti* (!) *gli atrî*.

Lasciamo stare « Inlusasque auro vestes » (v. 464) tradotto in « *adombrate* di bei scherzi d'oro Vesti » (2), ↑ secura quies » (v. 467) in « pace sicura » (3), ed osserviamo come il detto:

> « Me vero primum dulces ante omnia Musae,
> Quarum sacra fero ingenti percussus amore,
> Accipiant »   (vv. 475-477)

venga così recato in italiano:

> « *Ma* primamente *me* le dolci *Muse,*
> *Me sopra tutto* accolgano, che, preso
> D'amore immenso, *al ministero sacro*
> *Di lor cose mi reco* » (4).

Facciasi grazia al Lo Jacono dell'orribile cacofonia del primo verso, ma veggasi se si possa comportare *ante omnia* riferito a *me* invece che a *dulces*, quando la disposizione stessa della frase non lascia alcun dubbio; e se non sia un prender lucciole per lanterne tradurre in quel modo il *quarum sacra fero*, che significa semplicemente *quarum sacerdos sum*: onde lo Strocchi ha:

> « Degnino accoglier me lor sacerdote ».

---

(1) Pag. cit. — (2) Pag. cit. — (3) Pag. cit. — (4) Pag. 65.

Per non esser troppo lungo citerò solo pochi altri svarioni relativi alla versione dell'episodio stesso. « Hic petit excidiis urbem » (v. 5o5) è tradotto con « ai miseri Penati Altri *cerca* l'eccidio »; « hunc plausus hiantem..... Corripuit » (vv. 5o8, 5 io) con « uno sgomentò Grato sorprende » (1), dove, oltre al non aver capito nulla, viene affatto tralasciato il *hiantem*, di cui non so quale ostrogoto non comprenderebbe la bellezza e quindi l'importanza che ha in quel passo. Traducendo poi più sotto: « quinci la sua patria e i suoi Figlioletti sostien » (2), il Lo Jacono ha certamente preferito la lezione « parvosque nepotes » (v. 154), e forse non ha fatto male, ma non ha capito quanta tenerezza vi sia nel ricordare, non i figli, ma i figli dei figli, ed ha quindi guastato interamente il delicato concetto del poeta. Che dire inoltre di chi scrive « i porci sazii Gli riedono *da* ghianda » per tradurre « Glande sues laeti redeunt » (v. 52o)? Dove, oltrechè si potrebbe osservare, malgrado l'autorità del Wagner e del Benoist, che non è molto bello il far dipendere *glande* da *redeunt*, è egli ad ogni modo comportabile il dire *riedono da ghianda?*

Noterò ancora parecchi degli errori o delle gravi imperfezioni che ho trovato nella versione dei primi 131 versi del libro IV.

La proposizione « nam pabula venti Ferre domum prohibent » (vv. 9 e 10) è tradotta con « chè non fanno i venti Cibo a casa portar » (pp. 105, 106); « picti squalentia terga lacerti » con « splendenti al tergo Stelleggiate lucerte » (id.), espressione questa che si può solamente aspettare da chi non conosca quale sia il valore del verbo *squalere* in questo ed altri luoghi del poema virgiliano. Che questo valore sia ignorato dal traduttore, e che egli perciò non conosca un passo di Aulo Gellio, da cui viene chiaramente spiegato (3), lo dimostra la espressione « squalentis conchas » (II, 348) tradotta con « *squallidi* nicchi » (p. 58), non che un altro passo del medesimo libro IV (v. 91):

« Alter erit maculis auro squalentibus ardens »,

dove il traduttore scrivendo (p. 110):

---

(1) Pag. 67. — (2) Pag. cit.

(3) « Quicquid nimis inculcatum obsitumque aliqua re erat, ut incuteret visentibus facie nova horrorem, id *squalere* dicebatur. Sic in corporibus incultis squamosisque alta congeries sordium *squalor* appellabatur ». *N. A.*, II, 6; 24, 25.

« L'uno di macchie *rifulgenti* d'auro
Tutto fiammante »,

viene a dire una cosa molto diversa da quella che si deve intendere,
per quanto, come avverte il Forbiger (1), il Wagner creda che *squalentibus* abbia il valore di *fulgentibus* (2), nel qual caso non ci sarebbe più il contrapposto tra le due specie di re delle api e di api
stesse che il poeta ci descrive, giacchè

« elucent aliae, et fulgore coruscant
Ardentes auro et paribus lita corpora guttis ».
(vv. 98, 99).

Ma su questo passo ritorneremo tra poco. E rifacendoci indietro notiamo il « nidis immitibus » (v. 17) tradotto con « nidi inquieti »
(p. 106); « obvia arbos » (v. 24) con « offerente alber » (id.); « fucoque et floribus oras Explent » (vv. 39, 40) con « e d'alga e fiori Ne
spalmano i vivagni » (p. 107), dove, oltre al non aver compreso l'en-
diadi *fucoque et floribus* che sta per *fucoque ex floribus confecto*, non
si può intendere quale significato dia il traduttore alla parola *alga*
per farla corrispondere al latino *fuco* qui non altro significante che
melligine e certamente sinonimo di *propolis*.

Continuando notiamo « giardini e selve » (p. 108) corrispondente
a «saltus silvasque » (v. 53); «e dei dipinti fiori *Fan messe*» a « Pur-
pureosque metunt flores » (v. 54); « i figli e il nido *covano* » (id.) a
« Progeniem nidosque fovent » (v. 56); « Se avvien poi, che *sorti-
scano* alla guerra » (p. 109) a « Sin autem ad pugnam exierint »
(v. 67); « Che il suon rassembra di squarciate trombe» (id.) a «fractos
sonitus imitata tubarum » (v. 72), mentre è tanto chiara e naturale
l'interpretazione dell'Heyne seguita dai migliori commentatori (3).

(1) Nota al v. 91 del lib. IV.

(2) Molto meglio il Ladewig al v. cit.: « mit Gold überdeckt, denn in
squalere liegt auch — und zwar seit V. — der Begriff der Fülle ».

(3) Quindi il Ladewig al v. cit. spiega « der gebrochene, bald stär-
kere, bald schwächere Ton »; il Forbiger ed il Benoist dànno la stessa
spiegazione. GIACOMO PONTANO in *Symbolarum libri XVII, quibus P.
Virgilii Maronis Bucolica, Georgica, Aeneis, ex probatissimis aucto-
ribus declarantur*, etc. (Lugduni, MDCIIII) scrive a tal riguardo: « In-
nuit fragorem Virgilius et stridorem..... qui rumpi et refringi magis,
quam edi videtur: quem murmur tumultuantium apum quodammodo
imitatur » (p. 547).

Passando oltre ai bei versi :

« Animo grande in picciol petto *menano ;*
E sì son *pertinaci altrui non cedere,*

. . . .

. . . . e questo tanto
Arder di guerra *a solamente un getto*
Di poca polve si faranno queti »

(p. 110),

dove non v'è nemmeno una pallidissima idea d'eleganza e di grazia;
torniamo al passo testè citato, in cui Virgilio stabilisce un confronto
fra le due specie di re. Ecco le sue parole :

« Verum ubi ductores acie revocaberis ambo,
Deterior qui visus, eum, ne prodigus obsit,
Dede neci ; melior vacua sine regnet in aula.
Alter erit maculis auro squalentibus ardens ;
Nam duo sunt genera; hic melior, insignis et ore,
Et rutilis clarus squamis ; ille horridus alter
Desidia latamque trahens inglorius alvum ».

(vv. 88-94).

È evidente che nel verso « *Alter erit* ecc. si vuol indicare il re *deterior qui visus,* e che l'*hic melior* ecc. si riferisce all'altro re di cui
il poeta scrive *melior vacua sine regnet in aula ;* così che nei versi
sopra citati con chiaro ordine si accenna prima alla specie peggiore
(si intende di figura) da *Deterior* a *neci,* poi alla migliore da *melior* ad
aula, quindi nuovamente alla peggiore da *Alter* ad *ardens,* alla migliore da *hic melior* a *squamis,* e finalmente ancora alla peggiore da
ille horridus ad *alvum.*

Ora di questo ordine bellissimo e che mi sembra tanto chiaro, il
Lo Jacono ha nulla capito traducendo :

« Ma poi che richiamato hai dalla pugna
Ambo quei duci : qual ti par da meno,
Quello metti a morir, perchè non viva
Ad altrui spese ; e nella vuota reggia
Lascia quello regnar, ch'è *di più merto,*
L'uno di macchie rifulgenti d'auro

Tutto fiammante (chè due son le specie),
Ed è migliore, e nobile d'aspetto,
E di splendide anella : orrido l'altro
D'infingardía, che dietro si trascina
Una lunga ventraja inonorato » (p. cit.).

Tiriamo innanzi e vediamo altre belle interpretazioni : « ceu pulvere ab alto Cum venit..... viator » (vv. 96, 97) = « Qual *da lontano* tutto polveroso Vien pellegrino » (p. cit.); « caeli tempore certo » (v. 100) = « A tai punti dell'anno » (p. 111); « Dulcia mella premes, nec tantum dulcia, quantum Et liquida et durum Bacchi domitura saporem » (vv. 101, 102) = « *avremo....* il dolce miele, *Nè dolce più, che* in sua purezza ancora Domar non sappia il gusto aspro di Bacco » (p. cit.); « niger Galaesus » (v. 126) = « l'*ombrato* Galeso » (p. 112); « vescumque papaver » (v. 131) = « *eduli* papaveri » (p. cit.). Arrestiamoci un istante a questo *vescumque papaver* che è qui veramente una pietra di paragone per valutare la conoscenza che il traduttore ha della lingua latina. L'aggettivo *vescus* non ha mai il significato di *edule* accettato dal Lo Jacono seguendo una falsa interpretazione di parecchi commentatori, ma bensì in un passo di Lucrezio

« nec, mare quae impendent, vesco sale saxa peresa » (1)

ha il significato di *edace*. E probabilmente Lucrezio faceva nascere *vescus* da *vescor*, quasi *vescens*. Comunque sia, è certo che *vescus* non ha mai il significato di *edule*, ma, derivando da un *ve* privativo e da *esca*, e non da *vagari*, come *vascus*, secondo il Dœderlein (2), significa: *che soffre tedio nel mangiare, gracile, minuto, esile, piccolo, magro* e simili. Un esempio di Ovidio comprova quanto affermiamo :

« Vegrandia farra colonae
Quae male creverunt, *vescaque* parva vocant » (3).

E basti il fin qui detto. Scusi il lettore se sono stato un po' lungo. Non voleva dire che la versione del Lo Jacono è un cattivo lavoro, senza appoggiare la mia affermazione a parecchie prove.

Ettore Stampini.

---

(1) I, 326. — (2) Benoist al v. cit.
(3) *Fast.*, III, 445, 446, ediz. Merkel. Vedi anche, riguardo al significato di *vescus*, A. Gellio, *N. A.*, XVI, 5; 6 e 7.

II.

Le Nubi ossia Aristofane e Socrate.

Abbattere opinioni che sono il frutto d'una convinzione tradizionale e che da personaggi nella scienza eminenti hanno ricevuto, per così dire, la loro sanzione, è cosa sovra ogni altra malagevole. L'animo nostro è così fatto che, senza pensare più oltre, trova comodo adagiarsi tranquillamente in quella antica convinzione, per quante ragioni le si vogliano opporre, avvalorate da fatti incontestabili. E pur nondimeno si va affermando che la scienza dev'essere progressiva, che non devesi acquietare in nessun fatto, se prima con un severo esame non ne ha accertata la realtà, che deve apprezzare le teorie giusta il grado di probabilità che in sè contengono! Non dico che negli altri rami della scienza ciò non sia avvenuto: ma in quello della storia, dove la materia il più delle volte ha di già ricevuto dal passato una forma determinata e fissa per ragioni non sempre e totalmente intrinseche, il principio di autorità, checchè se ne dica, possiede ancora un vasto dominio. A toccare alcune splendide figure innalzate dalla credulità fin sopra gli altari, a spogliarle di quell'aureola onde sono state circondate, e a strappar loro quel velo di misticismo, che le avvolge, per poterle conoscere quali furono, è pericoloso ancora ai nostri tempi perchè facilmente s'incorre nella taccia di eretico.

Ma ora io non voglio levare tanto in alto le mie pretese: in primo luogo perchè sento che i passi miei nel campo della filologia non sono ancora abbastanza sicuri, e in secondo luogo perchè un siffatto lavoro, in quanto a Socrate ed Aristofane, da alcuni anni fu di già felicemente compito (1). Io mi limiterò ad accennare i risultati ottenuti per valermene nella spiegazione di un fatto di storia letteraria che fin ora, malgrado i molti tentativi fatti, rimane ancor ravvolto nelle tenebre. Questo mio lavoretto sarà diviso in tre parti : dopo, di avere esposto lo stato della questione, mostrerò 1° come Aristofane doveva comportarsi di fronte alla sofistica ; 2° come Socrate poteva colle sue dottrine politiche e morali offendere la suscettibilità d'un patriota ateniese ; 3° in qual modo e Aristofane e Socrate si adoperassero per il benessere d'Atene ; per ultimo seguirà la soluzione della questione propostami, quale può unicamente derivare dal loro modo di pensare e dal loro modo di operare nella vita politica a cui presero parte.

Stato della questione. — Fra i dieci argomenti alle *Nubi d'Aristofane*, havvene due di capitale importanza per la storia di questa commedia, e sono i seguenti (2):

Argomento quarto. — Αἱ πρῶται Νεφέλαι ἐν ἄστει ἐδιδάχθησαν ἐπὶ ἄρχοντος Ἰσάρχου [*Ol.* 89, 1 = 423 a. Cr.], ὅτε

---

(1) Forchhammer, *Die Athener und Socrates.* Berlin, 1837; Müller-Strübing, *Aristophanes und die historische Kritik.* Leipzig, 1873.

(2) Vedi la raccolta premessa all'edizione delle *Nubi* del Dindorf.

Κρατῖνος μὲν ἐνίκα Πυτίνῃ, Ἀμειψίας δὲ Κόννῳ. διόπερ Ἀριστοφάνης ἀπορριφθεὶς παραλόγως ᾠήθη δεῖν ἀναδιδάξαι τὰς Νεφέλας [τὰς δευτέρας] καὶ ἀπομέμφεσθαι τὸ θέατρον. ἀποτυχὼν δὲ πολὺ μᾶλλον καὶ ἐν τοῖς ἔπειτα οὐκέτι τὴν διασκευὴν εἰσήγαγεν. αἱ δὲ δεύτεραι Νεφέλαι ἐπὶ Ἀμεινίου ἄρχοντος.

Argomento sesto. — Τοῦτο ταὐτόν ἐστι τῷ προτέρῳ, διεσκεύασται δὲ ἐπὶ μέρους, ὡς ἂν δὴ ἀναδιδάξαι μὲν αὐτὸ τοῦ ποιητοῦ προθυμηθέντος, οὐκέτι δὲ τοῦτο δι' ἥν ποτε αἰτίαν ποιήσαντος· καθόλου μὲν οὖν σχεδὸν παρὰ πᾶν μέρος γεγενημένη διόρθωσις. τὰ μὲν γὰρ περιήρηται, τὰ δὲ παραπέπλεκται, καὶ ἐν τῇ τάξει καὶ ἐν τῇ τῶν προσώπων διαλλαγῇ μετεσχημάτισται. τὰ δὲ ὁλοσχεροῦς τῆς διασκευῆς τοιαῦτα ὄντα τετύχηκεν. αὐτίκα ἡ παράβασις τοῦ χοροῦ ἤμειπται, καὶ ὅπου ὁ δίκαιος λόγος πρὸς τὸν ἄδικον λαλεῖ, καὶ τελευταῖον, ὅπου καίεται ἡ διατριβὴ Σωκράτους.

Confrontando fra di loro questi due argomenti, noi vediamo che manifestamente in due punti s'accordano: 1) che Aristofane scrisse non una, ma due commedie intitolate Νεφέλαι, cioè le πρῶται e le δεύτεραι; 2) che nelle πρῶται (rappresentate l'anno 423 av. Cr. — Ol. 89, 1, rimasto deluso nelle aspettazioni sue, credette necessario riporre in scena la sua commedia per cancellare l'onta ricevuta. L'autore dell'argomento sesto, è vero, non ci dice che Aristofane avesse in pensiero nelle sue seconde *Nubi* di far di quell'onta acerbi rimproveri a' suoi spettatori; ma pure se badiamo all'indole stizzosa del nostro comico, io credo che ciò si potrebbe facilmente sottintendere. Ma egli ci porge invece una notizia molto più importante; vale a dire, che Aristofane dovette introdurre parecchie modificazioni nella sua commedia prima di rappresentarla una seconda volta. E che esistesse presso i poeti comici la consuetudine di ritoccare l'opera loro quando si trovavano nella

condizione di Aristofane, è confermato da una testimonianza di Camaleonte, citato da ATENEO (1), il quale narra di un tale Anassandride : πικρὸς ὢν τὸ ἦθος ἐποίει τι τοιοῦτον περὶ τὰς κωμῳδίας· ὅτε γὰρ μὴ νικῴη, λαμβάνων ἔδωκεν εἰς τὸν λιβανωτὸν κατατεμεῖν, καὶ οὐ μετεσκεύαζεν, ὥσπερ οἱ πολλοί. La qual cosa era assai naturale ; poichè altrimenti nè l'arconte gli avrebbe potuto concedere un nuovo coro per la seconda rappresentazione, nè il popolo ateniese avrebbe tollerato che si rimettesse in scena una commedia che egli aveva di già riprovata e condannata, senza che prima l'autore non l'avesse emendata come le convenienze esigevano.
— Le correzioni introdotte da Aristofane nelle sue *Nubi*, secondochè avverte per di più lo stesso autore del sesto argomento, furono essenzialmente di due specie : le une consistenti in semplici ritoccamenti ; le altre in vere ritrattazioni, come nella parabasi (v. 518-562), e in sostituzioni di scene, come quella della contesa fra il λόγος δίκαιος e il λόγος ἄδικος, e dell'incendio dello studio di Socrate. Delle seconde (che sono pel nostro assunto le più degne di considerazione) noi abbiamo parecchie prove. Lo Scoliaste alle *Nubi* ci afferma anch'egli al v. 520, che la parabasi fu totalmente rifatta, che persino venne mutato il metro : οὐχ ἡ αὐτὴ δέ ἐστιν (ἡ παράβασις), οὐδὲ τοῦ αὐτοῦ μέτρου τῇ ἐν ταῖς Νεφέλαις πρώταις ; e al v. 543, che la commedia non terminava affatto coll'incendio della διατριβὴ di Socrate : ἴσως ἑαυτῷ (παρονειδίζει), ἐπεὶ πεποίηκεν ἐν τῷ τέλει τοῦ δράματος καιομένην τὴν διατριβὴν Σωκράτους — ἐν δὲ ταῖς πρώταις Νεφέλαις τοῦτο οὐ πεποίηκε. Che poi anche la contesa fra il λόγος δίκαιος ed il λόγος ἄδικος sia una scena introdotta da Aristofane nelle seconde *Nubi*, mentre nelle prime non esisteva, si può chiaramente rilevare da un passo dell'*Apologia*

---

(1) IX, p. 374 AB.

di PLATONE, dove si parla delle vecchie accuse che a Socrate si movevano (cap. III): Σωκράτης ἀδικεῖ καὶ περιεργά-
ζεται ζητῶν τά τε ὑπὸ γῆς καὶ τὰ ἐπουράνια, καὶ τὸν ἥττω
λόγον κρείττω ποιῶν, καὶ ἄλλους ταὐτὰ διδάσκων. τοιαύτη τίς
ἐστι· ταῦτα γὰρ ἑωρᾶτε καὶ αὐτοὶ ἐν τῇ 'Αριστοφάνους κωμῳ-
δίᾳ κ.τ.λ. Secondo queste parole, Aristofane avrebbe nelle
prime *Nubi* rappresentato Socrate come un sognatore di cose
strane, un cavillatore, ma non come un antesignano delle
nuove idee, della riforma. dell'educazione antica, quale appare appunto dalla contesa e dalla prevalenza del λόγος ἄ-
δικος sul δίκαιος nelle seconde *Nubi*. — Dove però gli autori di questi due argomenti discordano, si è intorno alla
rappresentazione delle seconde *Nubi*. L'autore del quarto
argomento ci dà come positivo che le seconde *Nubi* sono
state realmente rappresentate, adducendone persino l'anno;
αἱ δὲ δεύτεραι Νεφέλαι ἐπὶ 'Αμεινίου ἄρχοντος; e per contrario
quello del sesto ce lo nega recisamente: οὐκέτι δὲ τοῦτο δι'
ἥν ποτε αἰτίαν ποιήσαντος. Ma che l'asserzione dell'autore
del quarto argomento sia addirittura falsa si può sufficientemente. provare. Lo Scoliaste alle *Nubi* (v. 549) insegna,
che veramente non si sa nè in qual anno, nè in quale solennità siano state rappresentate; Eratostene (1) di più ci
dice, in termini assoluti, che le sole prime *Nubi* sono
state rappresentate: τὰς διδαχθείσας; e come prova maggiore
di ciò sta il fatto stesso che nelle seconde *Nubi* si trovano
incongruenze e lacune, ed Aristofane, nel caso di una
rappresentazione, avrebbe necessariamente dovuto provvedere che scomparissero. Tali sono la mancanza del coro
dopo il verso 888, parecchie disgiunzioni sul processo della
azione, come dopo il v. 1104, ed anche non poche contraddizioni qua e là, dove di Cleone, ad esempio, ora si

_____

(1) *Scol.* alle *Nubi*, v. 552.

parla come vivente ed ora come di già defunto. — Se le cose adunque stanno veramente in questi termini, io domando, perchè Aristofane non ha persistito nel suo proposito? perchè non ci ha voluto dare un rifacimento compiuto della sua commedia? quali sono stati i motivi potenti che hanno potuto distornelo? Tale questione, più grave assai che a prima vista non paia, quando venisse sciolta, ci potrebbe porgere la chiave per conoscere le relazioni che intercedettero in fatto di sentimenti politici fra Aristofane e Socrate. E io pertanto tento, per quanto mi è possibile, questa soluzione, ricorrendo a tutti quegli argomenti che la critica e la storia mi possono somministrare, senza punto entrare nel campo delle teorie preconcette, che, invece di apportarvi la luce, ne accrescerebbero maggiormente l'oscurità.

Ecco i punti che si debbono dilucidare per riuscire con qualche probabilità nell'intento mio. C'era alcun che nella sofistica che potesse eccitare la suscettibilità di Aristofane? E perchè in tal caso se la pigliò con Socrate anzichè con qualche altro sofista? In qual rapporto stanno le accuse mosse da lui nelle seconde *Nubi* con quelle di Meleto? Quali furono le vere cagioni per cui Socrate venne condannato a morte? Quale fu l'indirizzo tenuto dal nostro filosofo durante la breve sua vita politica? Se mi verrà fatto di dare a queste domande un'adeguata risposta, allora balzerà fuori, come di per sè, la soluzione che io ricerco.

1) *La sofistica ed Aristofane; Aristofane oligarchico.*

Come nel secolo VI av. Cr., dallo scemare della fede nelle credenze patrie era nata la filosofia ionica, così dai disparati e inconcludenti sistemi escogitati per isciogliere l'arduo problema delle origini cosmiche, nasceva pur necessariamente nel secolo V, la sofistica. La quale segna quel

punto in cui il pensiero ellenico, sfiduciato delle proprie
forze, dà un eterno addio alla contemplazione metafisica
e rientra decisivamente nel campo della pratica. La si
potrà definire la parola nell'arte; con che si verrebbe ad
accennare a quel turgido vuoto che erasi formato nella coscienza del popolo greco dopo lo sfacelo del vecchio mondo
religioso e morale. Se non che, per la ragione che non si
ha così un'idea chiara dello stesso modo con cui è venuta
formandosi, mi par meglio ricorrere alla definizione seguente:
la sofistica fu specialmente l'applicazione degli effati di due
sistemi filosofici, che sebbene contrarî ed opposti, nell' universale scetticismo si accordarono su un unico e identico
risultato, la negazione della verità assoluta.

Uno di questi due sistemi appartenne alla scuola eleatica,
che ebbe il suo più grande campione in Parmenide e dal
quale ricevette la più rigorosa e completa interpretazione
in un libro intitolato: Περὶ φύσεως (1). Esso dividevasi in
due parti: nella prima, come risulta dai frammenti rima-
stici, trattavasi della verità, nella seconda, dell'apparenza;
o in altri termini, nella prima trattavasi dell'ente, nella seconda dei fenomeni, chiamata dal Bertini fisica-fenomeno-
logica. L'ente, secondo Parmenide, è l'unico reale, l'unico
assoluto Intelligibile, principio, condizione, legge ed oggetto
essenziale del pensiero eterno, infinito, semplice, immobile,
indivisibile, perfettissimo, identico colla sua idea. Il nascere
e il perire sono fenomeni fallaci: tutta la natura sensibile
è un'illusione (2). Ogni essere dell'universo non è altro che
un fenomeno; a costituirlo concorrono due principî da lui
detti forme: la fiamma dell'etereo fuoco, lieve, tenuissimo,

---

(1) Come ben fa osservare il Bertini, il vocabolo φύσις fu qui tolto
da Parmenide in senso universale ed analogo alla natura naturante
di Spinoza.

(2) V. *La filosofia greca prima di Socrate*, p. 133.

simile per ogni parte a sè stesso, e la notte oscura, materia
densa e pesante; i quali essendo di natura del tutto opposta
e contraria, debbono perciò essere conciliati fra loro da Venere o l'Amore (attivo e passivo) (1). Analoga e conseguente
alla fisica è pure l'antropologia di Parmenide. « L'uomo
non è, secondo lui, un composto di due sostanze, spirito e
materia....., ma consta di quegli stessi due elementi onde
risulta il mondo, cioè di calore e freddo » (2). L'anima
non è distinta dal corpo; gli stati e le azioni dell'anima
per conseguenza vengono determinati dall'elemento predo-
minante nel corpo (3). Per cui, « l'anima, cioè il soggetto
pensante, essendo materiale, ed ogni attività della materia
riducendosi ad una mera esistenza oggettiva, cioè ad esistere ad un soggetto che in qualche modo la apprenda, ne
segue che il sentimento e il pensiero immanente non può
essere altro che esistenza, e che dove trovasi esistenza ivi
è pure sentimento e pensiero; ne segue altresì che ogni sentimento e pensiero nuovo, avventizio, non può esser altro che
una alterazione della maniera di esistere, e viceversa, ogni alterazione è necessariamente sentita e pensata» (4). Onde veniva ad essere logica la deduzione che trassero da questa dottrina i due zelanti seguaci di Parmenide, Melisso e Zenone;
cioè, che la percezione sensibile non è un verace testimonio,
e che la coscienza volgare è insussistente per tutte le contraddizioni intime onde viene travagliata. — Ciò posto, se ogni
sentimento, ogni pensiero nuovo ed avventizio non è altro
che un'alterazione della maniera di esistere, ne risulta evidentemente che la verità e l'errore non sono altro anch'essi

---

(1) V. BERTINI, *Op. cit.*, p. 135. Col vocabolo di *forme* egli intendeva non solamente due maniere di essere ma due diverse sostanze :
così il Bertini al passo citato.

(2) V. BERTINI, *Op. cit.*, p. 140.

(3) V. BERTINI, *Op. cit.*, p. 140.

(4) V. BERTINI, *Op. cit.*, p. 141.

che un'alterazione della maniera di esistere, e possono quindi essere sentiti e pensati; ne risulta che tutto è per noi, quale ci apparisce in ogni alterazione della sua maniera di esistere e come lo sentiamo e come lo pensiamo. E di tale opinione era appunto Gorgia Leontino, il quale riusciva così facilmente a provare che nulla vi ha, o se pure qualche cosa vi ha, non potrà mai essere da noi conosciuto, o se si potrà conoscere, non si potrà tuttavia ad altri comunicare; così che, venendo egli a dire, in altri termini, che la conoscenza non può essere la mira dell'uomo sapiente, altro non prometteva ai discepoli suoi che di farli valenti oratori. Con queste teorie Gorgia si recava in Atene, l'anno secondo dell'*Ol.* 88 = 427 av. Cr., quattro anni prima della rappresentazione delle *Nubi* di Aristofane.

L'altro sistema, di cui mi rimane a discorrere, venne professato da Eraclito di Efeso. — Contro la determinatezza e l'immutabilità di una natura, in cui si trova concreta la essenza astratta dell'essere, egli dichiarò che l'essenza dell'essere consiste nel non averne alcuna, nel non rimanersi fisso e chiuso in alcuna forma, ma nell'uscire sempre d'una per entrare in un'altra (1). — Nel nascere d'una cosa, nel mutarsi, nel diventare, nel *fieri*, egli ammise quel punto, in cui coincidono e si riuniscono i due contradditorî dell'essere e del non essere (2). — La tesi dell'identità dei contrarî, pare che da Eraclito sia stata trattata con grande amore, e di essa abbondano i frammenti, più che di qualunque altra parte del suo sistema filosofico. Secondo Eraclito, tenebre e luce, male e bene, nascere e morire, il regno dei viventi e il regno dei morti è tutt'uno; Dio è tutto, giorno e notte, estate e inverno, guerra e pace,

---

(1) V. BERTINI, *Op. cit.*, p. 222.
(2) V. BERTINI, *Op. cit.*, p. 220.

sazietà e fame, ecc. ecc. (1). Nascere e vivere è un correre alla morte; dar vita a figli è avviarli alla morte; la malattia rende piacevole la sanità; la fame il saziarsi; la fatica il riposo, ecc. ecc., dappertutto egli trovava la coincidenza dei contrari (2). Persino l'uomo stesso risulta, secondo Eraclito, dalla coincidenza e riunione di due contrarî; dal corpo terreno e dall'anima di natura ignea e razionale, diametralmente opposti fra loro. Ed è questa la ragione per cui egli era di parere che l'anima umana congiunta al corpo sia meno capace di percepire le cose nel loro vero essere, cioè nel loro continuo mutarsi, e vada soggetta all'inevitabile illusione di apprendere come stabili le cose che si mutano, che si muovono continuamente (3). — Ora, se l'essenza dell'essere consiste in un continuo mutarsi dove coincidono fra di loro i contradditorî, ne segue di necessità che ogni cosa dev'essere per noi quale ci apparisce in ogni istante del tempo e quale noi la sentiamo, ancorchè sotto aspetti opposti. E da questa deduzione ecco Protagora formulare quella sua famosa sentenza, che l'uomo è misura a se stesso di ogni cosa. Per lui ogni cognizione è subiettiva e soltanto ha valore per un determinato uomo, il quale può giudicare delle cose sul modo che meglio gli talenta, perchè tali si presenteranno a' suoi sensi. Onde per una via del tutto opposta a quella di Gorgia, anch'egli veniva a togliere ogni differenza fra la verità e l'errore; egli apertamente diceva che sopra un medesimo obbietto, secondo le sensazioni diverse che vengono da esso impresse nella successione del tempo, si possono dare due giudizî affatto contrarî. Di qui le lagnanze di Platone in alcuni de' suoi dialoghi, come nel

(1) V. BERTINI, *Op. cit.*, p. 221.
(2) V. BERTINI, *Op. cit.*, p. 221.
(3) V. BERTINI, *Op. cit.*, p. 228.

Teetete e nell' *Eutidemo*. Protagora fu il vero fondatore della sofistica; fu il primo che considerò la filosofia come una coltura universale in servigio della facoltà intellettiva per la pratica della vita (1).

Fra Gorgia e Protagora, i quali rappresentano le due principali direzioni della sofistica, si collocarono Prodico ed Ippia. Meno entusiasti di natura, e più temperati nelle loro deduzioni e nei loro pronunciati, sebbene internamente assentissero alle teorie di Gorgia e Protagora, perchè anche essi avevano disperato di potersi acquistare un vero sapere intorno alla verità assoluta, tuttavia ad esse non diedero mai alcuna conferma coll'autorità del proprio nome; essi mirarono esclusivamente a procacciarsi idee e principî salutari per la loro vita pratica. Quindi è che sotto questi aspetti considerati si avvicinano più che gli altri, specialmente Prodico, a Socrate.

Errerebbe nondimeno a partito chi credesse che Gorgia e Protagora si fossero lasciati trascinare nella pratica a tutte quelle estreme conseguenze che nei loro principî si trovavano implicitamente. Se Platone non fa di loro così grandi elogi come di Prodico, ne rispetta tuttavia il loro carattere personale, siccome quelli che sopratutto tennero in conto la virtù e la venerazione degli Dei. Protagora aveva spogliato bensì di ogni realtà l'assoluto vero, ma riguardo alla virtù non si era mai pensato di fare altrettanto (2). E riguardo

---

(1) V. E. FERRAI, *Proemio alla traduzione del Protagora*, p. 426.

(2) PLATONE nel *Protagora* si limita a mostrarne solamente la vanità; della perversità di lui in fatto di virtù non ne fa mai parola. Al cap. XXII induce Socrate a beffarlo in certo qual modo, ed egli è perchè Protagora studiavasi ne' suoi discorsi di celare con divisioni e sottodivisioni ed antitesi le sue sofisticherie. Se della virtù non avesse tenuto qualche conto, non lo avrebbe detto Platone? E la gioventù ateniese lo avrebbe cotanto stimato, come ci fa sapere lo stesso PLATONE al cap. VI del suo *Protagora* ?

agli Dei, se ne pose in dubbio l'esistenza in quel suo libro intitolato Περὶ θεῶν, che gli valse il bando da Atene, tuttavia non la negò giammai, come si può ricavare da un passo del *Protagora* (cap. XI), dove Platone ci dice che egli valevasi dei miti nelle sue dissertazioni, come di luoghi comuni. Lo studio di Protagora, come di Gorgia e degli altri sofisti, era specialmente quello di ragionare pro e contro sopra qual si fosse argomento; ma nel tempo stesso che ei dimostrava, conformemente a' suoi principî, che la verità non esisteva, la riduceva a certi sentimenti, dietro ai quali si sarebbe, secondo lui, dovuta regolare la vita. — Egli è di Prodico che Platone ha maggior considerazione che di qualunque altro sofista. Prodico dilettavasi sopratutto delle ricerche grammaticali e linguistiche, massime di sinonimia (1). Possedeva una bella parola e dava buoni insegnamenti, per cui, oltre ad una sostanza cospicua guadagnossi parimenti una grandissima fama (2). Socrate gli mandò a scuola molti de' suoi discepoli (3), e non dubitò nemmeno di annoverare se stesso fra i discepoli di lui (4). — Quanto ad Ippia, pel contrario, non si sa veramente per quali ragioni Platone ci faccia di lui un ritratto co' peggiori colori. Egli era molto vano; si compiaceva di sfoggiare dappertutto la sua immensa erudizione, si vantava di aver fatto più denari che non tutti gli altri sofisti; ma non facevano anche gli altri sofisti press'a poco altrettanto?

---

(1) V. *Carmide, Lachete, Eutidemo, Menone* e *Cratilo.*

(2) *Protagora*, cap. VIII. Prodico veniva considerato come uomo quasi divino.

(3) V. il *Teetete*, cap. VII, p. 151 B.

(4) V. *Protagora, Cratilo, Carmide* e *Menone*. Intorno alla notizia di Platone che Socrate sia stato discepolo di Prodico, nota assai acconciamente il Ferrai che devesi ciò intendere con molta restrizione; cioè che Socrate abbia attinto bensì alle dottrine di Prodico, ma che non le seguisse in tutto e per tutto.

Sarei inclinato a credere, che la causa dell'animosità di Platone contro Ippia sia stata quella di aver cominciato forse, nell'attuazione delle sue teoriche, a gettarsi giù per la china, per la quale si precipitarono ciecamente i sofisti che tennero dietro a queste prime.

Costoro veramente non badando molto a tutti gli scrupoli che avevano frenato i loro maestri, si diedero anima e corpo alla rettorica, che sola poteva guidare al possesso dell'eloquenza (δεινότης), che era la molla per elevarsi a potenza in mezzo alla democrazia ateniese. Fin a questo tempo l'eloquenza aveva avuto per base la santità dei principî religiosi e morali; ma essi ne la spogliarono e la convertirono poco a poco in un semplice giuoco di parole e cavilli. Poscia, progredendo nella loro audace impresa, si occuparono altresì degli altri rami dell'umano sapere, e in ognuno aprirono la via al dubbio ed alle ipotesi; tutto, compresa la religione, divenne soggetto di disputa, e ad ogni problema si volle rispondere. Sottentrò così l'arbitrio dell'individuo alla suprema legge naturale; l'opinione subiettiva alla verità obbiettiva (1). Si sostenne che la giustizia e la credenza negli Dei erano state inventate dai primi dominatori per frenare le moltitudini, che le leggi erano state fatte da loro pei deboli, col fine di procacciare a se stessi sicurezza. E così evidentemente spianavasi il cammino alla tirannide, al diritto del più forte (2).

Con tale fermento di idee rivoluzionarie, la sofistica veniva necessariamente a porsi come un nuovo e più terribile nemico che non fosse la democrazia, di fronte alla fazione aristocratica. Non erano più alcuni uomini che

(1) V. FERRAI, *Proemio alla traduzione del Protagora*, p. 410.
(2) Vedi *De Orat.*, III, 59; 1, 22, 102; *Accadem.*, II, 23, 73; *De Finibus*, II, 1, 1.

questa doveva combattere, persone che, col pugnale o con la calunnia, si potevano in qualche modo togliere di mezzo; era un movimento generale che penetrando nella stessa moltitudine, minacciava di far crollare insieme colle basi delle antiche credenze, pur quelle degli antichi privilegi e diritti. I soli rimedî che in siffatti frangenti potevano sembrare efficaci contro il male, erano due: arrestarlo in sul principio, accusandone gli autori di empietà, ovvero favorirlo per valersene a vantaggio suo proprio. Credette più opportuno prescegliere il primo, e quindi Aristofane, il quale aveva già rotto qualche lancia in servizio della parte aristocratica nei *Daitaleis*, negli *Acarnesi* e nei *Cavalieri* (commedie tutte inspirate a sensi altamente aristocratici), comparire l'anno 423 av. Cr. colla commedia delle *Nubi*.

Che Aristofane siasi indotto a questo passo di proprio moto, perchè colpito dai pericoli che minacciavano la società, fu opinione universale degli eruditi fino a questi ultimi giorni. Per essi Aristofane è l'ardente patriota, pieno di entusiasmo per l'età dei Maratonomachi, nemico di ogni innovazione che avesse potuto danneggiare la fede nelle credenze proprie e la vecchia educazione. Secondo il BERGK (1), Aristofane all'età di anni 17 « iuvenis admodum qui pueris excesserat » già dimostrava di conoscere perfettamente quanta fosse la corruzione dei tempi suoi, e quindi sorgeva come *vindex acerrimus* di quella beata età. Di anni 18 il nostro comico, a quanto dice il RANKE (2), era già assai versato nella conoscenza della amministrazione pubblica: « artem... suam non vi comica solum, sed regendae reipublicae scientia non minus niti credebat », cosa che ripete e maggiormente conferma lo stesso scrittore là dove parla

(1) Presso MEINEKE, *Fragm. comic.*, II, p. 896.
(2) *Vita Aristophanis*, p. 373.

degli Acarnesi: « Acharnensibus doctis his cunctis in rebus se non esse tyronem ac rudem..... luculenter demonstraverat »; per cui non dovrebbe far meraviglia, soggiunge il Müller-Strübing (da cui ho tolto queste citazioni delle opere del Bergk e del Ranke), se Aristofane all'età di 20 anni siasi sollazzato nei *Cavalieri* intorno a Cleone! (1). Come pure non dovrebbe far meraviglia, se egli vedeva che le nuove dottrine sofistiche andavano poco a poco minando tutte le basi degli ordinamenti sociali e politici! « Aristophanem non fugit, dice il Bergk, latius iam serpere pestem illam (novitiae disciplinae) et quam rerum privatarum, eamdem esse publicarum perniciem et corruptelam ». Ma chi sovr'ogni altro esalta Aristofane è specialmente Carlo Kock, il quale ne fa veramente un apostolo del bel tempo antico (2). Ma queste son opinioni, che non possono essere da altro

(1) Vedi quante ne dice in proposito anche Teodoro Kock nella sua *Introduzione a' Cavalieri*, p. 7 e seg.

(2) « Ar. ist nicht für oder gegen bestimmte einzelne Einrichtungen, er ist ein Feind der Gesinnung seiner Zeit, mag sie sich auf dem Gebiete des Staates, der Religion, der Sitte oder der Kunst äussern. In seinem Geiste ist eingeboren die unsterbliche Schönheit der alten Zeit, das reale Dasein, wie er meint, des hellenischen Ideals. Sein Herz glüht für den festen, gebundenen Geist des alten Staates, für den mässigen Sinn und unbezwinglichen Mut der Marathonkämpfer, für den alten, naiven und heitern Volksglauben und für die strenge, unverweichlichte und ungeschminkte Kunst. Doch gibt diese Charakteristik uns die Grundlagen seines Wesens an, dessen äussere Erscheinung unter den wechselvollen Geschicken des Staates eine zeitweilige Umwandlung erlitt. Während der Strom neuer Ideen in dem gleissnerischen Gewande der Sophistik von allen Seiten mit Macht auf das gesamnte athenische Leben einwirkte, während der ganze Staat die gewaltigsten Krisen einer stürmischen Uebergangsepoche durchmachte, und selbst fast daran zu Grunde gieng, ist es da ein Wunder, wenn der klare Spiegel des Dichtergemüths von dem Wehen das neuen Geistes vorübergehend getrübt erscheint? ». *Die Vögel des Aristophanes-Besonderer Abdruk aus dem ersten Supplementbande der Jahrbücher für classische Philologie*, p. 11. E così seguita di questo passo.

derivate tranne che da un'inconsulta e cieca ammirazione
per Aristofane, la quale non ha lasciato scorgere chi Aristofane fosse, in quali tempi vivesse ed a quale partito, se
a quello della verità oppure a quello d'un'idea politica appartenesse (1).

Non pertanto, io sono ben lungi dal voler negare col Müller-Strübing una tal quale precocità al genio di Aristofane,
checchè ne vada quegli dicendo (2). Non si hanno forse esempi
di genii precoci nelle storie letterarie? Non fu il nostro Tor-
quato altrettanto precoce nelle creazioni sue, quanto il comico
Ateniese? Ben so, che altro è comporre un poema, dove
la fantasia senza freno può liberamente spaziare, ed altro
è distendere una commedia, massimamente di quelle del
genere aristofanesco, in cui la facoltà riflessiva deve prevalere ad ogni modo sopra la fantasia. Ma noi non dobbiamo
dimenticare giammai che la politica era il principale elemento di vita pel popolo ateniese; che nelle famiglie, nelle
scuole pubbliche, nelle vie, nei fori, nei comuni ritrovi era
il soggetto su cui versava generalmente la discussione, perchè
la politica sola poteva somministrare i mezzi per conservare la supremazia sopra la confederazione ionica, dalla quale
dipendeva la stessa esistenza d'Atene. — Se non che, per
quanto ci pare, il Müller-Strübing confonde insieme due cose
fra loro diversissime, le quali possono stare congiunte bensì,
ma anche andare l'una dall'altra separate: vale a dire la

---

(1) Per conferma di queste mie parole si legga, di grazia, la prima
parte dell'opera già citata del Müller-Strübing.

(2) V. *Op. cit.*, p. 73: « Wahrhaftig, es wird uns Modernen schon
schwer genug, eine solche Frühreife des poetischen Talents, wie sie
uns schon in den « Acharnern », dem frühsten der auf uns gekom-
menen Stücke, in übermüthiger und dennoch planvoll besonnerer
Ausgelassenheit, in maashaltender Zügellosigkeit möchte ich sagen,
entgegentritt, aus dem Leben *jener* wunderbaren *Zeit* heraus zu verstehen, und in ihrem ganzen Umfange zu würdigen!

maturità e la giustezza d'un giudizio medesimo. Non può essere un giudizio qualsiasi, maturo e falso nello stesso tempo? specialmente quando vi ha esercitata una qualche influenza lo spirito di parte? E questo è appunto il caso di Aristofane. Onde si può giudicare quanto valore abbia quell'argomento che a mo' d'esempio adduce il MÜLLER-STRÜBING in sostegno della sua asserzione (1). A nostro giudizio, Aristofane mette alla rinfusa Pericle con gli altri demagoghi a bello studio e non per mancanza di giusto discernimento, perchè Pericle veramente fu anche un avversario di quel partito che egli così accanitamente sosteneva.

Ciò posto, se Aristofane non era quel patriota, quell'apostolo degli antichi principî, che da tanto tempo si è proclamato che sia, chi dunque era egli? quale scopo proponevasi colle sue commedie? Secondo il Müller-Strübing Aristofane altro non era che un giovane pieno di vita, ardente e appassionato, artista per natura, tutto correttezza nei modi, elegante e di squisito sentire. Odiava egli la democrazia insieme con tutti quanti i demagoghi? Non era tanto perchè svolgendosi pienamente la democrazia sarebbero ruinati i privilegi di casta che gli aristocrati con ogni sforzo avevano procurato conservare; quanto perchè in essa scorgeva un ostacolo insuperabile, che gl'impediva di goder nella pace i piaceri della natura, per cui la sua indole aveva un così grande trasporto. Sentivasi egli per istinto spinto ad odiare fra i demagoghi particolarmente Cleone? Questi era un rozzo cuoiaio. Odiava anche Socrate ed Euripide? L'uno era un

---

(1) « Nicht blos die Kriegspolitik des Pericles ist es, was er besonders bekämpft, vielmehr ist ihm Pericles ein Demagoge ganz von demselben Schlage wie Kleon und Hyperbolos, ja selbst Euathlos und Kleonymos, und wie sonst seine demokratischen Gegner alle heissen — er macht keinen Unterschied, für ihn gehören sie alle in denselben Sack » (V. *Op. cit.*, p. 74).

sistematizzatore, e l'altro un poeta dialettico, improvvisatore, a cui poco importava la eleganza del dire. Di politica Aristofane non s'intendeva affatto, e non se ne era mai occupato; il suo scopo precipuo era veramente quello di poter realizzare nella vita l'ideale che andava accarezzando nella sua fantasia. Se egli prese parte alla vita politica, fu perchè venne spinto dagli amici suoi. Erano costoro giovani al par di lui eleganti, gioviali e pieni di spirito, figli delle primarie famiglie di Atene, che pensavano specialmente a godersi la vita, e della politica non si curavano o se ne curavano solo in quanto loro porgeva un'occasione per ridere alle spalle dei demagoghi. Da questi Aristofane lasciavasi guidare ed imporre; con essi rideva e li faceva ridere, ricorrendo senza alcuno scrupolo ai più luridi e licenziosi motti, calpestando la religione, la morale, quantunque mostrasse di sforzarsi per conservarne il prestigio! Il che viene a dire, che il poeta in mezzo a quella sfacciata e spensierata società, faceva la parte da buffone, pronto, ad un cenno di chicchessia a versare il ridicolo su tutto quanto vi poteva essere di più santo e venerabile (1). — Riguardo

---

(1) Ecco il passo da cui particolarmente ho tolto queste idee: — « Er, der lebensvolle, heissblütige Jüngling, liebt den Frieden um des Friedens willen, schon deshalb, weil der Friede allein ihm den Genuss der Natur und des Landlebens, für dessen Reize er ein so tiefes poetisches Gefühl hat, in Ruhe und Freudigkeit gestattet. Darum hasst er den Gegner des Friedens, Kleon, gewiss mit Fanatismus, aber mit dem naiven Fanatismus des Temperaments, wie denn ihm, dem Künstler, der ganze Mensch mit seinem unfeinen Wesen, mit seinen uneleganten Formen von vornherein instinctmässig zuwider gewesen sein wird-ganz ähulich, wie auch sein Hass gegen Sokrates, den systematisirenden, und gegen Euripides, den poetisirenden Dialektiker, ursprünglich aus der tiefen innerlichen Antipathie des schaffenden Dichters, des unmittelbar producirenden Künstlers, mit voller Naturberechtigung hervorgegangen ist.....

« Dies nun, das damals in ihm dominirende Gefühl gegen Kleon,

a questa teoria, che pure ha un lato di verità, poichè Aristofane ha realmente voluto militare in servigio della fazione oligarchica, io vorrei fare alcune osservazioni di non poca importanza. E primieramente ripeto che la politica non era soltanto un'occupazione esclusiva di pochi, ciò che vorrebbe farci credere il nostro critico, ma eziandio (sempre parlando dei tempi che allora correvano) di qualunque dei cittadini d'Atene, come appare dalla commedia *le Vespe*; poichè la politica era l'unica base su cui reggevasi l'esistenza di quella repubblica, tolta la quale sarebbe essa precipitata nel nulla. In secondo luogo, io voglio dimandare: chi era adunque e donde usciva questo Aristofane, così ignaro di politica in mezzo ai compagni e coetanei suoi, che pure di politica erano intelligenti, e dai quali doveva tutti i momenti attendere l'imbeccata? Egli ci pare che l'educazione stessa, quale Aristofane dimostra di aver ricevuto, contraddica manifestamente all'asserzione del nostro critico. E finalmente, quando anche volessi con-

---

bringt ihn denn natürlich in frühe Berührungg mit denen « die denselben Mann hassen, wie er » (*Ritter*, 510) und als ein ächter Dichter, höchst eindrucksfähig und leidenschaftlich, giebt er sich diesen Genossen und Freunden in voller Sympathie hin, und lässt sich in dem, wovon er nichts versteht, auch schon dem Alter nach nichts verstehen kann, und womit er sich doch als komischer Bühnendichter beschäftigen muss, beeinflussen und leiten, nämlich in der Politik.

« Wer waren nun diese Genossen und Freunde, die denselben Mann hassen, wie er? — Doch gewiss Niemand anders — denn das Gleiche sucht sich und zieht sich an — als die geistvollsten, lebenslustigsten, gebildetsten Jünglinge von Athen! — und diese waren natürlich die Söhne der ersten Familien in Athen, die Blüthe der besten Gesellschaft, die Tonangeber, wie das in der Natur der Sache liegt, in geselligen Verkehr, auch in litterarischen Dingen, kurz, die jungen, reichen, übermüthigen Aristokraten, denen, ebenso natürlich, ein so unterhaltender, so witziger, zu jedem Uebermuthe, zu jeder genialen Tollheit aufgelegter Gefährte änsserst willkommen gewesen sein muss!» (V. *Op. cit.*, p. 112 e 113).

cedere al Müller-Strübing che quella società elegante dei
giovani aristocratici di Atene avesse per precipuo scopo di
godersi liberamente la vita e spassarsela, ridendo alle spalle
dei demagoghi (e avverto che in siffatta guisa parimenti
cooperavano per quel fine che le loro famiglie volevano
raggiungere, cioè la caduta della democrazia e per conseguenza la ruina di Atene), rimarrebbe da spiegare come
mai Aristofane, plebeo di nascita — chè tale appare nella
teoria del nostro critico — riuscisse a farsi ammettere, sia
pur anche in qualità di buffone, nei circoli segreti di quella
società, che in lui certamente doveva sospettare e temere
un delatore.

Ma, checchè sia di ciò, senza divagare in ipotesi che
pel mio assunto non sarebbero affatto proficue, ritengo soltanto che Aristofane serviva la fazione aristocratica e che
quindi aveva qualche interesse a combattere la democrazia
e tutti quelli che anche apparentemente avessero voluto
darle incremento.

Alcuno vorrebbe forse sapere la ragione per cui Aristofane volle prendere specialmente di mira Socrate anzichè
Protagora o Gorgia, Prodico od Ippia, che della sofistica
erano i grandi maestri. E una tale ragione, a mio credere, sta principalmente nell'indole della commedia ateniese.
L'arma di questa era lo scherzo liberissimo, la caricatura
sconfinata, che estendevasi a colpire persino le più minute
particolarità della vita. E perciò niun altro sofista di quei
tempi avrebbe potuto somministrare ad Aristofane la materia per una commedia in proposito, tranne Socrate. Quale
degli altri era Ateniese? Non erano forse tutti forestieri
che percorrevano l'Ellade insegnando a pagamento le loro
dottrine, e che in Atene si trovavano soltanto di passaggio? Quindi Aristofane, anche nel caso che ne avesse
avuto l'intenzione, non poteva assolutamente servirsi di

loro, perchè null'altro di essi conosceva che una qualche parte delle loro dottrine sofistiche, delle quali ogni altro poeta comico, nonchè Aristofane, avrebbe creduto bene di valersi con assai discrezione. Il popolo, che va al teatro per trovarvi un sollazzo, in qual modo si sarebbe comportato alla rappresentazione di una commedia di questo genere, in cui non l'individuo nelle sue dottrine, ma le dottrine nell'individuo, se così mi posso esprimere, fossero state messe in burla dal comico? Giudichiamo ora del popolo ateniese, così amante del riso, così appassionato per le feste e per la allegria! — Invece riguardo a Socrate la cosa mutava. di aspetto. Non solamente era egli in ogni particolare della vita conosciuto da tutti, ma per di più la natura stessa di lui, i costumi, le consuetudini, tutto quanto Socrate insomma poteva diventare nelle abili mani di un comico materia di ridicolo. Ed Aristofane, colla perspicacia che aveva, non dubitò menomamente di appigliarsi al partito d'inveire contro Socrate, per inveire contro le dottrine sofistiche. Quelli che affermano, quasi per addurre una qualche scusa in discolpa di Aristofane, che questi, punto filosofo od amante di filosofia, non abbia saputo distinguere e giudicare i principî di Socrate e perciò l'abbia messo in fascio cogli altri sofisti, mostrano di ignorare del tutto il processo dello svolgimento delle dottrine di Socrate. Egli fu dapprima un pretto sofista; fu seguace in qualche modo di Prodico e di Anassagora, 'lo fu pure di Protagora, da cui tolse il principio, che l'uomo è misura a se stesso di tutte le cose; negò anch'egli ogni valore agli Dei della religione tradizionale; attese anch'egli all'esercizio della facoltà della parola, in quanto che pose il fondamento alla dialettica che poi sempre, dal nome di lui, venne chiamata socratica. Quindi Aristofane veramente non ha, come si dice, errato, ma ha bene colpito nel segno, se nelle sue prime *Nubi* rappresentò Socrate qual « syllabarum aucupem, artis dicendi putridum magistrum, de coelestibus rebus inaudita quaedam somniantem, praeque iis patrios deos contemnentem », come appunto risulta dagli studî fatti da insigni filologi (1).

A questa mia opinione a prima vista si opporrebbe un fatto che non è bene passare sotto silenzio perchè intimamente con questi miei studî connesso; voglio dire il fatto della prima sconfitta che toccò ad Aristofane l'anno 423 av. Cr. allorquando entrò in gara con Cratino rappresentando le sue prime *Nubi*. Ma mi piace fin da principio far osservare che le ragioni di ciò sono del tutto estrinseche alla commedia di Aristofane. Noi sappiamo con certezza che la commedia rappresentata in questa occasione da Cratino portava il titolo di Πιθύνη o la *Bottiglia*, e cosa rara per le opere di Cratino, persino quale ne sia stato l'andamento. L'antica moglie di Cratino che era la commedia, a cagione dei cattivi trattamenti del marito, il quale l'aveva abbandonata per correre dietro ad un'altra donna, che era la Bottiglia, tutta adirata s'indirizza all'Arconte portandovi un'accusa per ottenere il divorzio. E Cratino ridotto a mal partito, per non potersi difendere, rientra allora nuovamente in sè, si pente e ritorna a' suoi antichi amori (2). Un tema siffatto era nuovo nel suo genere pel popolo ateniese; non sappiamo, per mancanza di sufficienti notizie e frammenti, se un tale tentativo fosse già stato fatto prima da altri; ma quello che è certo, si è, che Aristofane non l'ha fatto mai; dal che potrebbesi in qualche modo inferire che ricorrere a temi di questo genere, in cui il soggetto è lo stesso poeta, non era in uso presso i comici ateniesi. Quindi pensi ognuno quale acco-

---

(1) V. Teuffel, *Introduzione alle Nubi*, p. 7.
(2) V. Cratini *Fragmenta*, coll. Runkel; Meineke, *Hist. crit. com. graecae*, p. 51.

glienza dovesse trovare il vecchio Cratino, allorquando per
l'ultima volta compariva in scena con questa commedia,
rivolgendo la sua satira non più contro il popolo o qualche
noto cittadino, ma addirittura contro se stesso. All'incontro,
assai meno dilettevole impressione fece la commedia d'Aristofane, perchè (oltrechè la sofistica era ancora poco conosciuta, trovandosi solo allora ne' suoi primordî) essa sembrava manifestamente contraddire alla stessa verità. E di
ciò possediamo una qualche prova in un passo di Plutarco,
in cui è detto, che rappresentandosi le *Nubi* d'Aristofane e
trovandosi per caso presente Socrate, un tale, avvicinatosi
a lui, gli domandò perchè non isdegnavasi contro il comico, il quale divertiva alle spalle di lui gli spettatori; e
che Socrate gli rispose ridendo: Ὡς γὰρ ἐν συμποσίῳ με-
γάλῳ τῷ θεάτρῳ σκώπτομαι (1). Non si potrebbe veramente
provare che il fatto sia reale; tuttavia risulta da questo
racconto, che il popolo ateniese non prestava menomamente fede alle accuse ed alle calunnie che Aristofane sca-
gliava contro Socrate; giacchè, in caso contrario, quel tale,
anzichè domandare al filosofo se non isdegnavasi, gli avrebbe
piuttosto dovuto dimandare, se non pensava a mutare in
avvenire il tenore della sua vita. E se PLATONE nel *Protagora* (2) ci dice che grande sia stato l'odio portato dal volgo
ai sofisti, noi dobbiamo riferire questa asserzione sua non
al tempo in cui vennero rappresentate le *Nubi*, ma ad un
tempo molto posteriore, in cui si era già conosciuto di quali
effetti potevano essere causa le dottrine sofistiche. Invece al
tempo della rappresentazione delle *Nubi*, i sofisti venivano
piuttosto ammirati dal volgo, come pur li ammirava la gioventù che in folla accorreva alle scuole loro; quelle grandi

---

(1) V. PLUTARCO, *De educand. lib.*, c. 14.
(2) V. cap. IV.

ricchezze acquistate giorno per giorno cogli insegnamenti, dovevano abbagliare e sbalordire il popolo, e procacciare ai sofisti grande stima e venerazione. Inoltre, Platone stesso ci fa sapere (1) che il titolo di sofista tardò molto ad essere ricevuto fra i Greci; e ciò dimostra ancora più chiaramente, che il popolo a nessun costo poteva rassegnarsi in sulle prime a dar questo titolo ai sofisti che suscitavano il suo entusiasmo e formavano la sua ammirazione. Considerate adunque tutte queste ragioni, si deve affermare, che se Aristofane colle sue prime *Nubi* ha ricevuto uno smacco che giammai non si sarebbe aspettato, converrà attribuirlo a null'altro che all'originalità della produzione di Cratino ed all'entusiasmo del popolo pei sofisti allora non ancora esattamente conosciuti.

2) *Socrate filosofo.*
Socrate e l'accuse di Meleto — Socrate e le seconde Nubi.

Se Socrate, come ho detto di sopra, fu un pretto sofista, non era però uomo tale che nelle vane ciancie, nell'arte fina della parola, unica cura dei sofisti, potesse acquietarsi e trovar sufficiente appagamento a quella facoltà religiosa che noi portiamo innata da natura. Tutto il mondo olimpico degli Dei eragli caduto in frantumi; il dubbio lo tormentava senza posa; il vuoto che gli era rimasto nella coscienza voleva essere colmato; egli pensò al mezzo di riempirlo e lo trovò. Già due principî fra loro affini gli aveva inculcato la sofistica; quello di Protagora, che l'uomo a se stesso è misura di tutte le cose, e quello di Eraclito: cerco me stesso. D'altra parte la religione tradizionale facevagli ancor ricor-

---

(1) *Prot.*, cap. 111.

dare il delfico : Γνῶθι σαυτόν, sebbene con significato ben
diverso da quello che confusamente cominciava a intrave-
dervi. Ed egli colla scorta di questi tre principî si accinse
a studiare se stesso, per rifornire alla morale, alla verità assoluta, quella base fondamentale che colla ruina dell'Olimpo
si era perduta, ponendo l'io come centro di tutto il mondo
morale. Se non che per questo studio gli faceva di bisogno
una qualche norma certa e sicura che lo salvasse da ogni
pericolo di errore, in cui tanto facilmente sarebbe potuto
cadere ; poichè l'io, siccome affatto individuale e perciò dipendente in gran parte dalle impressioni esteriori, si muove
non in piena libertà di se stesso, ma va soggetto alle passioni che nell'animo continuamente si sollevano e determinano il modo di pensare ed operare. Perciò Socrate si
propose di studiare la coscienza dell'uomo che sa e può
frenare i suoi sensi e le sue passioni, cioè la coscienza
dell'uomo puro, onesto e prudente, perchè questa sola può
essere del tutto libera e indipendente. In questo modo si fece
a indagare le leggi della vita morale. E ne seguì, qual conseguenza immediata, che di fronte al criterio individuale
di Socrate, ogni relatività dei principî di Eraclito e Protagora venne immantinente a dileguarsi ; e si ricostituì la
verità assoluta su basi ben più solide che non quelle som-
ministrate pel passato dall'Olimpo degli Dei, e nel medesimo tempo altrettanto universali, essendochè l'uomo onesto
e saggio pensa ed opera sempre allo stesso modo in tutti
i luoghi ed in tutti i tempi. Di qui l'origine del così detto
δαίμων di Socrate. Che cosa era mai questo δαίμων ? Nul-
l'altro se non una voce interiore che dall'armonia della
vita, ottenuta mediante la compressione dei bassi istinti,
risuonava nella sua coscienza di uomo probo ed onesto.

Ora, il principio del criterio individuale di Socrate, poteva
urtare col modo di sentire di un Ateniese allevato nella re-

ligione patria, che pure di tutti i Greci era quello che faceva
in siffatta materia le più larghe concessioni? Vediamolo. Ogni
giovane ateniese, pervenuto all'età di anni diciotto, doveva
pubblicamente prestare un giuramento, col quale impone-
vasi il nuovo cittadino due obblighi assolutamente infran-
gibili : quello cioè di venerare la religione patria e di farla
venerare, e l'altro di procacciare alla repubblica tutte le mi-
gliorie possibili, difendere in ogni modo la costituzione vigente, ed obbedire e far obbedire alle leggi che il popolo
avesse creduto opportuno introdurre. Ciò posto, Socrate,
colla sua dottrina del criterio individuale, non veniva a far
direttamente a cozzi coi due obblighi· suddetti? Egli non
credeva più nelle divinità greche, la cui esistenza per lui
era diventata un assurdo ; seguiva invece Eraclito ed
Anassagora nell'opinione di una divinità astratta, d'una
mente ordinatrice dell'universo; e se non poneva manifestamente in discredito gli antichi Dei, cercava tuttavia di
mutarne il concetto, come la ragione richiedeva (1). Egli
disprezzava la costituzione patria, perchè basata su principî
democratici; non avendo mai voluto assumere alcun incarico pubblico, se non quando la democrazia cominciava a
soggiacere ai sempre crescenti trionfi dell'oligarchia che la
aveva, per così dire, minata; non che desiderare e favorire
il miglioramento della patria sotto il governo democratico,
egli non credette che si potesse raggiungere altrimenti che
nella prevalenza della fazione aristocratica. Ben a ragione
dice adunque il FORCHHAMMER, laddove comprova la giustizia delle accuse di Meleto, che il nostro filosofo era un
geset̞widriger Oligarch, cioè un oligarca che osteggiava la
costituzione in vigore (2).

---

(1) V. FORCHHAMMER. *Op. cit.*, p. 10.
(2) V. FORCHHAMMER, *Op. cit.*, p. 54.

Con tutto ciò non credasi che io voglia in qualche modo scemare i meriti incontestabili di Socrate. Egli fu un grande riformatore; vide tutto il marcio della società fra cui viveva; sentì il bisogno di principî che avessero forza di rialzare il grado morale dei corrotti suoi concittadini; e questi principî escogitò colla potenza del suo genio e difese col sacrifizio della propria vita. Ma egli con questi principî veniva ad offendere la costituzione e l'educazione patria; e perciò ben giusto fu il biasimo che si tirò adosso da' suoi concittadini e dai posteri. Se vogliamo portar un adeguato giudizio delle relazioni di un insigne personaggio colla vita pubblica de' suoi tempi, noi non dobbiamo misurarlo alla stregua dei nostri principî moderni o della bontà delle sue dottrine; noi dobbiamo far invece astrazione da ciò, dobbiamo trasferirci colla nostra fantasia nel tempo in cui visse, in mezzo alla sua società, fra quei principî religiosi e civili, sanciti da un rispetto e da una osservanza tradizionale di qualche secolo. Se no, l'aureola del grand'uomo ci abbaglierà, la sua superiorità mentale ci si imporrà, e noi pronunzieremo giudizî pienamente erronei. È questo un precetto per lo storico omai abbastanza trito; eppure quanti ancora lo pongono in non cale! Voglio qui, ad esempio, citare ERNESTO CURTIUS, l'autore della più briosa storia della Grecia che la filologia moderna possegga, il quale parlando della giustificazione della condanna di Socrate, dopo aver riferito il giuramento che la gioventù ateniese doveva prestare, soggiunge: « Ora non serbò Socrate fede e fede non comune a questo venerando giuramento in tutte le sue parti? Non vi si mostrò devoto fino al sacrificio di se stesso? Di fronte a Socrate quindi e accusatori e giudici non avevano giustificazione di sorta. Egli pagò il fio di colpe, delle quali non era reo, condannato da alcuni per malvagità d'animo, da altri per accecamento e strettezza di mente. Egli fu vittima di un fanatismo politico, che aspirava a far rivivere l'Atene dei tempi antichi, senza avere un'idea chiara de' mezzi e del fine » (1). Che sia stato vittima di un fanatismo politico, come la intende Ernesto Curtius, non saprei veramente come spiegarmelo, essendochè la sofistica aveva già nella coscienza del popolo ateniese seminato il dubbio e lo scetticismo, lasciandovi dell'antica fede soltanto la mera apparenza. Crederei invece che si possa dire, che sia stato soltanto vittima di un fanatismo di parte, che malgrado l'amnistia concessa ai colpevoli dopo la caduta dei Trenta, cercava un qualche pretesto per isfogare l'odio che nutriva contro coloro i quali manifestamente avevano cospirato pel trionfo dell'abborrita aristocrazia. Ma, dopo ciò che ho detto intorno alle teorie di Socrate, potrò io ammettere che egli abbia pagato il fio di colpe delle quali non era reo? E di che mai altro fu giudicato colpevole?

L'accusa portata da Meleto innanzi al tribunale dell'arconte re, la primavera dell'anno 399 av. Cr., sul principio del mese Targelione (che fu l'ultimo dell'arcontato di Lachete), come ce l'ha conservata Senofonte, era formulata nei seguenti termini: Ἀδικεῖ Σωκράτης οὓς μὲν ἡ πόλις νομίζει θεούς, οὐ νομίζων, ἕτερα δὲ καινὰ δαιμόνια εἰσφέρων · ἀδικεῖ δὲ καὶ τοὺς νέους διαφθείρων. Come vedesi, due capi di accusa si facevano a Socrate: 1° che egli non avesse degli Dei quel concetto che la religione dei Greci imponeva, e nuove divinità andasse introducendo; 2° che egli corrompesse la gioventù. Or bene, del primo capo di accuse, può dire il Curtius che Socrate non fosse reo? Credeva egli negli Dei della città? Non voglio negare che credesse negli Dei, essendo un fatto incontestabile; ma non erano essi quegli

---

(1) Fasc. XI, p. 119, della versione italiana di G. MÜLLER e G. OLIVA.

stessi Dei che la città venerava, poichè il loro concetto era stato interamente mutato. E poi, se fosse stato veramente manifesto, come dice Senofonte, che Socrate credeva negli Dei della città, che li venerava ed a loro sacrificava al pari di ogni altro buon Ateniese, come mai avrebbe potuto Meleto accusarlo? Non sarebbe stata questa una menzogna infame che a Meleto avrebbe costata la vita? — E del secondo capo di accusa, quello cioè di corrompere la gioventù, non si può dire, ugualmente colpevole Socrate? L'accusatore su questa parte dell'accusa di esso ha voluto maggiormente diffondersi dividendola in cinque punti distinti. Egli affermava che Socrate, 1° induceva gli scolari a disprezzare le leggi vigenti (ossia la costituzione dello stato), come quegli che tacciava di pazzi i suoi concittadini, che affidavano alla sorte l'elezione dei supremi magistrati della repubblica, essi che non avrebbero alla sorte lasciato la scelta di un artefice per un loro bisogno (1); col quale insegnamento egli rendeva intolleranti e violenti quei giovani che alla sua scuola si recavano; 2° che tali appunto furono due scolari di lui, Alcibiade e Crizia, i quali recarono, l'uno durante la prevalenza della democrazia, e l'altro durante quella dell'oligarchia, il maggior male possibile alla patria (2); 3° che insegnava a' suoi discepoli a maltrattare i padri loro, perchè divenuti più sapienti di essi, come egli persuadeva a fare, avrebbero potuto, secondo le leggi, legarli (ossia loro comandare), quando li avessero convinti dinanzi ai tribunali, d'imbecillità, essendo del tutto legale, che l'ignorante e lo sciocco venga legato, cioè diretto, dal sapiente (3); 4° che Socrate parimenti insegnava a tener in

---

(1) V. *Memorab.*, lib. I, cap. II, § 9.
(2) V. *Memorab.*, lib. I, cap. II, § 12.
(3) V. *Memorab.*, lib. I, cap. II, § 49.

poco conto i congiunti, giacchè, nel caso di una malattia o di una citazione dinanzi ai tribunali, ad esempio, non essi, ma i medici o gli avvocati avrebbero potuto prestare qualche soccorso; e che pure a proposito degli amici diceva, a nulla servire la benevolenza loro, quando non potessero anche recare qualche utilità, ed essere degno di amore solamente colui che conosce ciò che a noi è necessario ed è in grado di potercelo procacciare, al che aggiungeva esser lui il più grande sapiente e il più capace di render tali tutti gli altri, ed a far conoscere le cose suddette (1); 5° finalmente, che Socrate scegliendo qua e là nei più illustri poeti i peggiori brani, se ne valeva per indurre i discepoli suoi ad essere malvagi e tirannici; poichè spiegava il verso d'Esiodo:

Ἔργον δ' οὐδὲν ὄνειδος, ἀεργίη δὲ τ' ὄνειδος

nel senso che il poeta stesso avesse voluto esortare a non astenersi da qualunque azione anche ingiusta, purchè fosse tornata di qualche utilità; e dal passo di Omero che tocca di Ulisse, da Senofonte a bello studio non riferito per intiero nella sua apologia, come il Forchhammer opportunamente ha notato, ricavava che il poeta consigliasse a percuotere (cioè ad opprimere) il popolo (2).

Contro questi cinque punti del secondo capo di accusa, Senofonte a tutto potere si studiò di difendere Socrate, mettendo in campo quelle ragioni che in una causa tanto difficile il suo ingegno gli sapeva additare. Ma che siavi riuscito, non posso addirittura affermarlo. Molte volte a bella posta sorvolò sull'essenziale, fermandosi soltanto a sofisticare su

(1) V. *Memorab.*, lib. I, cap. II, § 51-52.
(2) V. *Ill.*, II, v. 188-206.

qualche parola dell'accusa; molte volte non trattò la questione che con grande superficialità; come ognuno può di leggieri convincersi, ove legga con qualche attenzione il primo dei *Memorabili* e lo confronti poscia con la bella operetta del Forchhammer, già da noi più volte citata, dove l'autore difende il popolo ateniese cotanto infamato per la condanna di Socrate. Checchè ne dica RUGGIERO BONGHI nel suo *Proemio all'Apologia di Platone*, le accuse mosse da Meleto a Socrate, sono pienamente conformi alla giustizia ed alla verità. Senofonte istesso ci conferma che Socrate aborriva l'elezione dei pubblici magistrati a sorte, perchè la sorte è cieca e non fa distinzione alcuna tra il valente e il dappoco. Che se volessi fermarmi un momento su questa questione, potrei domandare se tutte le magistrature ateniesi erano affidate alla sorte. Quelle che per la pratica esigevano dal concorrente una debita conoscenza e attività, non erano forse abbandonate alle disposizioni del popolo, e poscia l'elezioni dei magistrati sottoposte alla docimasia? (1). Senofonte ci dice riguardo a Crizia ed Alcibiade che Socrate fu ingiustamente creduto causa della loro malvagità, poichè furono essi che vollero essere istruiti puramente sulla politica, lasciando da parte la morale, come cosa di nessuna utilità per loro (2). Ma che potrebbe lo stesso Senofonte addurre in sua discolpa, qualora noi volessimo accusarlo di tradimento per essersi recato presso il nemico della patria sua, presso quel Ciro che, traditore egli pure, mirava a privare del regno il proprio fratello Artaserse, suo legittimo signore? La così detta calocagatia, insegnata da Socrate, di grazia, in che mai consisteva? Forse non nel pro-

---

(1) V. SCHOEMANN, *Antichità greche*, vol. II, p. 113 della versione italiana di RODOLFO PICHLER.

(2) V. *Memorab.*, lib. I, cap. II, § 17.

prio utile ? Era questa una conseguenza logica del principio
del criterio individuale che dovevasi da ognuno, secondo
Socrate, porre a base di tutte le azioni. E perciò, vediamo
in qual modo consigliasse i proprî scolari. Nel caso che
fossero diventati più sapienti dei loro genitori (specioso pretesto!) potevano strappare loro di mano l'amministrazione domestica, e tenerli, quasi come servi, soggetti.
Volendo procurarsi qualche amico, dovevano cercarlo fra
quelli che avessero potuto essere di una qualche utilità (1).
Che anzi persino il culto della divinità riposava per Socrate
sulle teorie del proprio utile; noi veneriamo gli Dei, facciamo loro sacrifizî, non perchè vi abbiano qualche titolo, bensì perchè ci possono esser utili (2). Quindi non
dovrebbe far meraviglia neppure, se egli, volendo in ogni
modo spingere i suoi discepoli alla sovversione del governo democratico, valevasi dei passi dei più illustri poeti,
come Esiodo ed Omero (3); questa non era che una conseguenza di quei principî politici che Socrate voleva legit-
timare con qualche autorità. Il popolo ateniese non poteva
possedere quelle giuste norme ch'egli richiedeva per l'elezione dei magistrati supremi della repubblica; non poteva sottrarsi all'impero delle proprie passioni, e volubile
ed entusiasta qual era, non poteva sfuggire alle arti che
molti ambiziosi ponevano in opera per soddisfare alle loro
mire segrete. E perciò Socrate odiava il governo democratico, desiderava che l'oligarchia od anche qualche τύ-
ραννος (nel significato greco della parola) carpisse il potere,
perchè l'amministrazione pubblica sarebbe venuta nelle
mani di chi avrebbe certamente posseduto maggiori cogni-

---

(1) V. *Memorab.*, lib. II, cap. II, cap. V, cap. VI.
(2) *Memorab.*, lib. I, cap. IV, § 18.
(3) V. FORCHHAMMER, *Op. cit.*, p. 54 e segg.

zioni in siffatta materia che non un popolo aggiratò dai demagoghi. Ciò è tanto vero che il suo discepolo Platone, il quale era stato imbevuto di questi principî, sulla medesima base voleva costrurre uno stato, che, sebbene per natura fantastico, nondimeno era in aperta contraddizione collo stato ateniese, perchè fondato su principî del tutto aristocratici. Ma Platone era forse l' unico dei discepoli di Socrate che nutriva questi sentimenti? Di Crizia non vogliamo parlare, e nemmeno di Senofonte. Che diremo di Teramene, il così detto coturno a due piedi? E di Caricie, di Carmide? Di Alcibiade dirò più tardi quello che penso. Anch'essi, come Platone, furono scolari di Socrate ed oligarchici.

Ecco le ragioni ed i fatti, che si dovrebbero avere dinanzi agli occhi per giudicare se giusta od ingiusta sia stata la condanna di Socrate. Sofisticare e sottilizzare sulle dottrine di lui colle nostre idee moderne, oppure attribuirgli certe idee e vedute che furono il frutto dei tempi seguiti, ponendo in non cale i fatti che ne furono la conseguenza diretta, pare a me, che non possa veramente essere la giusta via da tenersi in siffatta disamina. E venir oggi a dire che Socrate intendeva un detto, un principio, come l'ha poi inteso la riflessione de' suoi discepoli, e antichi e moderni, senza citare fatti e testimonianze che ne possano essere una qualche conferma, è cosa, mi si scusi il termine, assai puerile. Chi potrebbe negare che la teoria dell' utile non sia stata da lui escogitata e promossa? Non lo dice chiaramente in più luoghi Senofonte? Nondimeno si odono ancora da un insigne personaggio, qual è Ruggiero Bonghi, le parole seguenti: .....Un verso di Esiodo, il quale, parlando del lavoro dei campi, dice, che « nessun lavoro è vergogna, e bensì è vergogna l'ozio », egli, dicono, l'interpretava, come se il poeta avesse voluto dire, che non bisognava astenersi da nessuna azione, anche ingiusta e turpe, anzi anche questa commetterla, se ci si guadagna. Ora, il vero è, che Socrate cominciava col dimostrare, che non si *fa,* se non quando si *fa* il bene, e non si ozia, se non quando si *fa* il male; e posto ciò, conchiudeva, che chi fa, checchè faccia, è buono; dove chi fa il male, checchè faccia, è ozioso » (1). Non si accorge egli, il Bonghi, che Senofonte vuol farci fraintendere le cose? Qui non si parla di morale, ma di politica, e il verso di Esiodo veniva da Socrate spiegato nel senso che, pur si alterasse il governo popolare e si sostituisse un qualche altro governo più saggio, ogni mezzo, qualunque si fosse, era pienamente giustificato. Ad avvertirlo di ciò, a quanto pare, avrebbe dovuto bastare, non dico la parola dello stesso accusatore, ma ancora la citazione dei versi di Omero, per i quali nessuna altra spiegazione, fuorchè politica, si potrebbe accettare! (2).

Ma intanto che siffatti principî, morali e politici si fissavano e determinavano nella mente di Socrate, e quasi contemporaneamente venivano da lui propalati per le vie e per le piazze, Aristofane andava spiando e scrutando in ogni verso il filosofo. Lo stimolava non tanto il rincrescimento della sconfitta alcuni anni indietro toccatagli, quanto la brama intensa di abbattere in Socrate, come già prima aveva tentato, la nemica acerrima della aristocrazia, vale a dire la sofistica. Ed egli non tardò molto ad accorgersi nella sua perspicacia, che Socrate poco a poco andavasi discostando dagli altri sofisti, che nuove dottrine da quei principî veniva deducendo, le quali manifestamente si contrapponevano alle credenze religiose del popolo, ed all'antica educazione, più ancora che non le stesse teorie sofistiche. Allora

---

(1) V. *Proemio all'Apologia* tradotta da RUGGIERO BONGHI, p. 182.
(2) V. FORCHAMMER, *Op. cit.,* p. 57.

probabilmente si pose per la seconda volta all'opera, e ri-
fece la sua commedia delle *Nubi*, procurando di adattarla
alle nuove esigenze. Noi abbiamo di già veduto quali accuse si potevano muovere a Socrate dopo la riforma da lui
introdotta nelle sue dottrine; vediamo ora, come siasi comportato Aristofane dal canto suo. — L'argomento delle seconde *Nubi*, quali ci sono pervenute, è il seguente: « Strep-
psiades, senex rusticus, sed per bellum nunc in urbem
pertractus, quum aere alieno uxoris ac filii prodigis moribus
conflato liberari cupiat, Phidippidem filium hortatur ut a Socrate addiscat novas disputandi et dicendi artes, quibus ut in-
iuria verti soleat iniustum ita debita quoque devolvendi spes
sit. Quod quum nequeat filio persuadere senex semetipsum in
Socratis disciplinam traditurus adit eius domum, confirma-
turque in proposito omnibus iis rebus quos ante fores ac
statim ab introitu audit ex aliquo discipulo. Quibus in
summam expectationem adductus postremo ipsum magistrum
conspicit ab eoque edocetur vulgarium deorum nullam apud
ipsos esse auctoritatem, sed pro diis coli nubes; quae postquam Strepsiades, ut earum adspectu dignus fiat, sordidis
quibusdam caeremoniis initiatus est, a Socrate invocantur
(Πρόλογος, v. 1-274). Invocatae audiuntur primum (Πάροδος,
275-313), paulatim etiam cernuntur mulierum habitu in-
dutae, et eas esse deas adeo probatur Strepsiadi ut ab iis
se voti compotem fore iam pro certo habeat omniaque quae
postulentur earum gratia in se recipere paratus sit. Ita
postquam de eius voluntate res est comperta et deinde mens
quoque paululum explorata, ad erudiendum introducitur
Strepsiades ('Επεισόδιον πρῶτον, 314-509). Vacuefacta scena
canitur ἡ Παράβασις (510-626). Interea Strepsiadem suas
artes docere conatus Socrates parum profecit; et quum nec
ea quae nunc cum eo molitur melius procedant, postremo
abiecta spe negat se eum amplius edocturum. De rebus

suis desperanti Strepsiadi Chorus suadet ut pro ipso filium mittat ('Επεισόδιον δεύτερον , 627-803) , Socratem autem monet ut oblata opportunitate gnaviter utatur (804-813). Minis precibusque patris tandem victus Philippides, quamvis invitus, a se impetrat, ut Socratis disciplinae se tradi patiatur ('Επεισόδιον τρίτον, 814-888). Nullo interposito cantico iustus et iniustus orator ineunt inter se certamen, uter sit potior magisque dignus qui adolescentem accipiat erudiendum. Abducit eum qui victor evasit iniustus ('Επεισόδιον τέταρτον, 889-1104) et Socrates (1105-1014). Post breve tempus (quod expletur epirrhemate (1105-1130) reversus Strepsiades recepto filio penitus erudito exsultat suosque creditores male habet ('Επεισόδιον πέμπτον, 1131-1302). Sed celeriter subsequitur paena, quam praedixerat Chorus (1303-1320). E domo enim proripit se Strepsiades, se mulcatum conquerens a filio , qui rem non modo fatetur sed recte factam esse pollicetur se demonstraturum. Quo probato quum matrem quoque iure mulctari a filiis docere paret Phidippides, iam pater perspicit quid sit re vera haec nova sapientia et quo perducat , eiusque auctores incensa domo expellit » (᾽Εξοδος, 1321-1510) (1).

Esaminiamo ora diligentemente la commedia del nostro comico e specialmente quelle scene che toccano più da vicino le dottrine di Socrate. Strepsiade bussa alla porta della scuola di Socrate, ma in modo così villano, da far cadere ad uno scolaro un concetto che aveva trovato. Questi si adira e ne dice il perchè. Allora Strepsiade preso da curiosità, vuole conoscere questo concetto. Lo scolaro s'ar-

---

(1) V. TEUFFEL, *Introd. alle Nubi*, p. 14. Ho creduto bene di togliere dal Teuffel questo argomento delle *Nubi*, perchè nel tempo stesso che è breve e preciso, offre anche una chiara idea di tutto l'andamento della commedia.

rende al desiderio di lui, ma prima l'ammonisce che deve tenere ciò che nella scuola s'insegna e si specola in conto di misteri (v. 143), i quali non si possono svelare se non agli iniziati. Strepsiade ascolta avidamente la rivelazione di alcuni ritrovati di Socrate, e, viemmaggiormente confermato nel suo proposito, dimanda di essere in quei misteri iniziato; cosa che Socrate volentieri gli concede. Del tutto secondo i riti prescritti per gli altri misteri, Socrate gli chiede, se desideri veramente di conoscere le cose divine (τὰ θεῖα, v. 250-251) e di venire a colloquio colle *Nubi*, sue δαίμονες, così chiamate da Aristofane in allusione al δαίμων di Socrate. Avutane risposta affermativa, com'era da credere, Socrate lo fa sedere sul sacro letticiuolo, da lui destinato a servire per l'iniziazione dei nuovi discepoli (v. 254) e poscia gli presenta una corona e gli ordina di mettersela in testa (v. 256), perchè, come Socrate stesso soggiunge (v. 258), così debbono fare tutti quelli che vengono da lui iniziati. — Da queste due scene del prologo cominciamo a vedere, che Aristofane vuol rappresentare Socrate come ierofante di nuovi misteri, da lui introdotti, a somiglianza dei misteri di Δημήτηρ e Περσεφόνη; e che le divinità di Socrate, in onore delle quali questi misteri vengono celebrati, sono le *Nubi*, Νεφέλαι. — Chi siano, ce lo dicono esse stesse più tardi: sono quelle divinità che concedono ai mortali i maggiori beni (v. 805), cioè abilità nel parlare, intelletto, ciarlataneria, loquacità, arte d'ingannare altrui, fare stupire gli uditori e cattivarsi i loro animi (1). E perciò son esse le Dee alimentatrici di molti sofisti, degli indovini di Turi, dei moderni cerretani, di quelli che por-

---

(1) Vedi v. 317-318 e l'interpretazione dello *Scoliaste* a pag. 62 delle *Nubi* del TEUFFEL.

tano le dita cariche d'anella, dei noiosi cantori di canti ci-
clici e di cori, e di quelli ancora che ragionando delle cose
celesti e divine, si beffano degli altri; ossia Dee che pascono
oziosi, i quali le lodano nei loro versi (v. 331-334), e tra
essi viene pure annoverato Socrate, vecchio annoso che va
a caccia di discorsi cari alle Muse, sacerdote di sottilis-
sime baie, che tutti gli altri sorpassa in questo mestiere,
e a cui le Dee si manifestano e prestano volentieri l'orecchio, poich' egli va superbamente per le vie, lanciando lo
sguardo qua e là, senza calzari, molti mali sopporta, e
da esse pigliando l'esempio (v. 358-363) compone a gravità il suo volto. — Non par egli, che dipingendo Socrate in questo modo, Aristofane voglia far ancora allusione
agli insegnamenti dei sofisti, fra i quali seguita a comprendere anche Socrate? Una maggiore conferma di ciò noi
l'abbiamo nella scena, in cui Socrate si sforza ad insegnare certe inezie al rozzo Strepsiade, come i ritmi, le misure dei versi, e il genere dei nomi (forse qui c'è un'allusione agli insegnamenti di Prodico), e, per ultimo, il
modo di vincere le liti. La spiegazione di questo fatto, a
mio credere, non può esser altra se non la seguente:
questa scena doveva appartenere di già alle prime *Nubi*,
da cui Aristofane credette bene di toglierla, aspettando a
correggerla quando avesse interamente abbozzata la sua commedia. E vedremo più sotto quanto essa stuoni colle rimanenti, dove Socrate viene ritratto con maggiore verità, cioè
come filosofo che corrompe la gioventù, impartendole una
educazione contraria alle leggi. — Strepsiade, costretto ad
abbandonare, perchè troppo ottuso, la scuola di Socrate,
corre difilato a casa, e dopo molti sforzi finalmente riesce
a persuadere suo figlio Fidippide a recarvisi in vece sua,
come il coro l'aveva consigliato. Allora innanzi a Fidippide
s'impegna una viva lotta fra il λόγος δίκαιος e il λόγος

ἄδικος, rappresentanti l'uno l'antica e l'altro la nuova educazione; vince l'ἄδικος, e Fidippide si consegna nelle mani
di Socrate per essere educato conforme ai nuovi principî
ed i nuovi metodi. Qui mi viene in acconcio di fare notare
che Socrate non figura come un abile precettore che sia disposto indifferentemente ad impartire tanto l'antica quanto
la nuova educazione, ma come il rappresentante esclusivo dell'ultima, alla quale tutto si è dedicato; chè altrimenti, l'effetto, che Aristofane si studiava di raggiungere,
non l'avrebbe punto ottenuto, essendo in tal caso da im-
putarsi i fatali risultamenti della nuova educazione a chi
voleva frequentare la scuola di Socrate. Tale, per contrario, ossia rappresentante e dell'una e dell'altra educazione, sebbene alquanto più propenso per l'antica, dobbiamo
dire che sia il coro delle *Nubi*, dal quale dipendono entrambi i logoi. Egli vede il trionfo del λόγος ἄδικος, e fin
d'allora predice malanni allo sciagurato Strepsiade (v. 1113).
Quando compaiono in scena i due creditori Pasia ed Aminia,
e Strepsiade duramente li scaccia, il coro ai giusti rimproveri che gli muove, aggiunge ancora nuovi pronostici di
future disgrazie. Di più, veniamo agli effetti dell'insegnamento socratico. Entra in scena Strepsiade tutto in lamenti
per le percosse ricevute dal figlio in seguito a un diverbio
che era nato fra di loro da un diverso modo di pensare sugli
antichi poeti, e le Nubi nobilmente gli rispondono : incol-
pane te stesso che ti sei volto a malvagio operare (v. 1454 e
1455); poichè noi vogliamo precipitare nelle disgrazie tutti
quelli che vediamo amanti del mal operare, affinchè im-
parino a temere gli Dei (v. 1458-1461). In questo modo, a
parer mio, si viene a toglier di mezzo la contraddizione
apparente che esiste fra la negazione assoluta di ogni divinità, fuorchè delle *Nubi*, per parte di Socrate, e la credenza
in Giove e in tutti gli altri antichi Dei per parte del coro:

esso, e voglio ripeterlo, rappresenta sì l'antica come la nuova educazione; Socrate invece è un ministro delle Nubi bensì, ma solo per diffondere i nuovi principî e le nuove idee, che noi vediamo comicamente esposti da Fidippide nella penultima scena. — I vecchi sono due volte fanciulli, egli risponde a suo padre: or bene, se tu hai bastonato me quand'era fanciullo, ragion vuole che bastoni ora io te e ti faccia piangere tanto più, quanto meno è giusto che i giovani cadano in errore (v. 1415-1419). Le leggi dell'antica educazione per lui hanno cessato di esistere; furono uomini quelli che le fecero, e perciò può egli pure, siccome uomo al pari di loro, farsene altre a suo talento (v. 1421-1424). E poi non deve egli tener conto delle battiture ricevute quand'era fanciullo? deve senz'altro condonarle? Gli dice il padre, che potrà poi rifarsene sui proprî figli; ma egli risponde: e qualora non ne avessi, dovrò avere inutilmente pianto? (v. 1436-37). E perchè non abbia a dolersi di essere stato lui solo bastonato, gli promette di bastonare anche la madre. — Tali dovevano essere i risultati d'alcuni principî socratici, quando venivano presi alla lettera. E forse di questi fatti Aristofane ne avrà avuto alcuni sotto gli occhi, se ce ne ha dato un esempio nell'ultima parte della sua commedia, che è la più stupenda.

Riassumiamo ora brevemente quali accuse muove Aristofane a Socrate nelle seconde *Nubi*. Due son esse, come quelle di Meleto, ma non tutte e due come quella complete: l'una, risguardante la religione patria, e l'altra la educazione antica, considerata però soltanto dal lato morale: Socrate nega le antiche divinità, e altre nuove ne introduce: Socrate corrompe i giovani instillando loro principî fatali, come quello di poter battere i genitori, ove di questi essi siano diventati più sapienti (1). Orbene, come va che Aristofane non fa nessuna menzione dei principî politici di Socrate che pure erano avversi alla costituzione d'Atene? Ne ha forse Aristofane a bello studio taciuto? E allora perchè non valersene e quindi condurre a termine il rifacimento della sua commedia? Chi mi ha seguito fino a questo punto non avrà nessuna difficoltà a dare un'adeguata risposta. Ma il TEUFFEL crede bene spiegare nel seguente modo il fatto del rifacimento incompleto delle *Nubi* d'Aristofane: « .....ut recte videtur coniecisse Sch. ad v. 591, Aristophanem per aliquantum temporis spatium suum agitasse consilium fabulae in scenam reducendae ideoque ad intermissum aliquandiu opus retractationis alio tempore esse reversum, ita eodem iure colligas poetam illud consilium postremo abieciisse, quippe qui non fuisset passurus ut in eadem fabula tam diversorum temporum vestigia remanerent, partim cum notatione iam non amplius congrua, utve in eadem Cleo et vivus et mortuus esse narraretur, in eademque et impugnaretur Hyperbolus et de assiduis eius impugnationibus rideretur. Abiecisse autem videtur istud consilium restincto per interlapsum tempus paulatim operis studio et amore, cum modo composita inseguentibus rebus statim antiquarentur, ut Cleonis morte epirrhema de aliis poetae dubitatio oriretur num starent cum veritate, ut de iis maxime credibile est quae finxerat de Socrate (2). — Che nelle seconde

---

(1) Al v. 1400, dove Fidippide esclama in tuono di compiacenza: « Come è dolce aver dimestichezza con nuove cose ed astute, e poter fare nessun conto delle leggi esistenti! Ma non havvi nessuna allusione a idee politiche imparate da Socrate, per le quali si permettesse di disprezzare la costituzione dello stato, ma sì bene ai nuovi principî morali, con cui egli poteva calpestare quelle leggi naturali sanzionate dal comune ateniese, che imponeva al figlio il rispetto del padre ».

(2) TEUFFEL, *Introduzione alle Nubi*, p. 10-11.

Nubi realmente esistano siffatte incongruenze e contraddizioni non si può contestare; ma che appunto per l'esistenza di queste incongruenze e contraddizioni, Aristofane debba avere smesso il pensiero di compire l'opera sua, ci pare assolutamente inammessibile. Non avrebbe egli potuto facilmente superare, quando l'avesse voluto, tutte queste difficoltà, come ha pur fatto per la commedia del *Pluto* ? Mi risponde il Teuffel, che gli è venuto meno il buon volere, senza avvedersi che in tal caso fa un gran torto ad Aristofane. Socrate continuava intrepido nella sua via, perfezionava e propalava fra il popolo, con sempre maggiore alacrità, le sue dottrine, nuovi e gravi danni ogni dì più andava recando alle antiche idee religiose e politiche; ed Aristofane, il campione dell'educazione antica, come il Teuffel lo reputa con molti altri, spaventato da così leggiere difficoltà, se ne stava spettatore inerte dei progetti di questo innovatore ! Io invece vorrei a ben altre ragioni attribuire questa inerzia d'Aristofane, ragioni nè inerenti nè relative all'intreccio dell'azione, ma totalmente estrinseche alla sua commedia. Ma prima di addurle è necessario dare un rapido sguardo agli ultimi anni della guerra peloponnesiaca, dove troveremo fatti che manifestamente le comprovano.

3) *Socrate ed Aristofane nella loro vita pubblica.*

Correva l'anno 413 av. Cr. (*Ol.* 91, 3). Per i disastri toccati in Sicilia, Atene trovavasi ridotta agli estremi. Non possedeva più armate; eran vuoti gli arsenali, e l'erario completamente esausto; le città della confederazione ionica, sia per i danni sofferti in quella malaugurata spedizione, sia per la brama di scuotere una buona volta il giogo pesante che le opprimeva, rialzavano il capo baldanzose più che

mai. Il nemico, per consiglio di Alcibiade, aveva occupato
Decelea, situata a tre miglia da Atene sul monte Parnete; e
così, non solamente le era stata tolta ogni comunicazione per
terra coll'Eubea, ma ancora correva rischio di perdere quell'isola, che forniva alla città la maggior parte de' suoi approvvigionamenti. Un terzo del territorio dell'Attica non
era più nelle sue mani, ed il rimanente era divenuto incoltivabile per le continue scorrerie dei nemici che si avanzavano
fin sotto le mura della città, mentre essa era piena di una
popolazione rustica, la quale era stata costretta ad abbandonare le campagne per sottrarsi alle spade nemiche, inetta
alle armi, costernata e lamentevole, soltanto capace di inceppare maggiormente qualunque deliberazione si fosse
presa. — Non si volevano più udire gli oratori popolari;
i personaggi eminenti che godevano di qualche · autorità si
erano dileguati; con ansia febbrile si andava in cerca di
chi avesse voluto porsi, in mezzo a tali frangenti, al timone
sconquassato della repubblica. Solamente gli oligarchici provavano fra tanti mali un certo qual interno sentimento di
compiacenza e di soddisfazione; or finalmente era giunto quel
momento decisivo da tanto tempo sospirato, di riprendere
sulla democrazia la loro rivincita. Avevano essi accortamente
seguito gli andamenti della guerra; ogni mezzo per mandare a vuoto qualsiasi provvida deliberazione avevano, senza
scrupoli, posto in opera. Di Alcibiade, che solo avrebbe
potuto sorreggere e condurre a buon termine quell'impresa
arrischiata, colla scusa del mozzamento delle Erme, avevano fatto senz'altro un nemico della propria patria; di
più, per tutta quanta la confederazione, d'accordo colla rivale Sparta e colle fazioni aristocratiche delle città ioniche,
essi avevano ordito una trama scellerata che aveva per
iscopo di demolire la base su cui posava la potenza di
Atene. E in conseguenza di tali maneggi la caduta d'Atene

era divenuta ora certa più che mai; il loro intento stava per essere infallantemente raggiunto. Ma pur sempre Atene, anche in questi estremi momenti, non era tale da pigliarsi a giuoco con tanta facilità. E perciò gli oligarchici astutamente cominciarono ad unirsi col partito moderato che osteggiava anch'esso gli ordinamenti liberi. Fecero intendere al popolo che la cagione di tutti i patiti rovesci era la grande leggerezza, con la quale si era presa ogni deliberazione nell'assemblea; non esservi guarentigie di buon successo nel consiglio dei cinquecento, così com'era costituito; esservi bisogno urgentissimo di qualche riforma per impedire che certe proposte potessero pervenire alla deliberazione dell'assemblea, senza prima essere state accuratamente esaminate (1). E· la cittadinanza, da tanti mali oppressa e resa docile e pieghevole, facilmente si persuase; per universale consenso venne subito istituito un magistrato che, a somiglianza dell'Areopago, esercitasse una specie di sindacato sulle proposte che si dovessero presentare all'assemblea popolare. Così venne creato un nuovo magistrato che fu quello dei Probuli, dieci di numero, forse eletti dalle dieci tribù. Per tal modo venne ristabilito l'ordine, e l'infelice Atene cominciò nuovamente a respirare; guidata dal partito moderato riprese animo, si dispose volenterosa ad ogni sacrifizio ed improvvisò un'altra armata, con la quale, mercè la irresolutezza di Agide, le discordie dei partiti di Sparta, l'interesse personale dei Corinzî e la baldanza generale dei Peloponnesi, abbatteva la flotta nemica che dal golfo Saronico salpava per la Ionia, come se Atene già non fosse più esistita.

Ma a trattenere ed arrestare Atene a mezzo della sua

---

(1) V. ERNESTO CURTIUS, *Op. cit.*, fasc. X, p. 644 della traduzione italiana di GIUSEPPE MÜLLER e GAETANO OLIVA.

precipitosa ruina ogni sforzo era omai inutile; si opponevano gli oligarchi; mancavano gli uomini capaci a resistere alla ostile e prepotente attività di Alcibiade, che non
sazio ancora di aver ferita nel cuore la sua patria, la voleva ad ogni costo, nella sete di vendetta, prostrata ai suoi
piedi. Vedendo egli l'inazione di Sparta, cagionata in massima dalla recente sconfitta, con sole cinque navi parte
alla volta della Ionia; approda a Chio e la fa insorgere;
ed Eritre e Clazomene seguono l'esempio. Vi accorrono
gli Ateniesi con una nuova armata (poichè l'altra bloccava
quella dei Corinzî) allestita mediante i mille talenti che
erano stati posti in serbo da Pericle; ma non riescono a
rallentare i progressi di Alcibiade. Egli continuando nella
sua impresa, naviga verso Mileto; gli Ateniesi si fermano
a Lade, e i Milesî da lui guadagnati si ribellano. Sparta
desiderava, per proseguire la guerra, di valersi dell'oro della
Persia; ed egli senza nessuno scrupolo, la collega con ver-
gognoso trattato alla Persia. Quindi altre nuove città fa
insorgere, come Lesbo, Mitilene e persino la fida Metinna.
Si accosta anche a Samo; ma il popolo aiutato da tre sole
navi ateniesi sterminò gli oligarchi, ch'erano i fautori del
moto. Sembrava che l'aura volesse nuovamente spirare favorevole agli Ateniesi. Partendo da Samo, come da un sicuro punto d'appoggio, riacquistarono Mitilene e Clazomene
e punirono severamente Chio. Sul finire dell'estate (412
av. Cr.) sopraggiungeva Frinico con una nuova armata nelle
acque della Ionia, e venuto a battaglia coi Milesî, Peloponnesî e Persiani, aveva la fortuna così favorevole, che
già, coi vantaggi ottenuti si accingeva ad assediare la stessa
Mileto. Ma, sventuratamente per Atene, pervengono ad Alcibiade inaspettati aiuti. Era Ermocrate, il quale spinto
dal suo odio contro Atene, per continuare la guerra nel
mar Egeo, entrava con una flotta peloponnesiaca nel golfo

di Iaso. Alcibiade accorre colà, e con essa si reca in tutta fretta a Mileto che di già pericolava. Gli Ateniesi allora si ritirarono e la vittoria riportata rimase senza importanti effetti.

Ma la fortuna voleva ancora ad ogni costo illudere per qualche tempo le speranze di Atene. La posizione di Alcibiade nel campo nemico si era andata poco a poco mutando. All'odio personale di Agide si era aggiunta la gelosia pubblica di Sparta, a cui sapeva male di esser debitrice ad uno straniero di tutti questi grandissimi successi. Quindi i suoi nemici ottennero facilmente da Sparta che si mandasse l'ordine segreto ad Astioco, il comandante della flotta dei Confederati, di togliere di mezzo in qualche modo Alcibiade. Ma egli ne ebbe avviso dalla moglie stessa di Agide; abbandonò subito il campo dei Peloponnesî, e si rifugiò presso Tissaferne, tutto pieno di veleno contro Sparta per tanta ingratitudine. E per vendicarsi tanto quanto eran grandi i servigi prestati, pensò di distaccarla senza altro dall'alleanza colla Persia, e sostituirle la sua stessa patria. Grandissima era certamente la difficoltà; ben egli sapeva che Tissaferne non avrebbe giammai acconsentito ad una alleanza con Atene, finchè fosse durata nel governo la prevalenza della democrazia. Ma il genio di Alcibiade era tale da sormontare ogni ostacolo; egli si volse a far introdurre un rimutamento nella costituzione della sua patria. Il terreno era preparato; in Atene, da una parte si era sfiniti da una già cosi lunga guerra e che non sembrava ancora vicina al suo termine, si bramava la pace, qualunque essa fosse, per avere un sollievo da tanti mali; dall'altra si era certi omai, che per venire ad un accordo colla rivale, dovevasi necessariamente' abolire il governo democratico. E queste voci che venivano sparse fra il popolo a bello studio dagli oligarchi, ricevettero un valido impulso da Alcibiade. Egli si pose in rela-

zione con gli oligarchi dell'armata di Samo e promise la
alleanza della Persia, qualora venisse loro fatto di riuscire ad
una riforma che fosse andata a versi al gran re. Gli oligarchi,
com'era da prevedersi, si entusiasmarono di quel disegno e
malgrado l'opposizione di Frinico furono continuati i segreti
accordi con Alcibiade; quasi certi, che anche la gran folla
se ne sarebbe persuasa, come di già la flotta, a cui avevano
fatto balenare la speranza di un aumento di soldo, inviarono
in Atene Pisandro colle debite istruzioni. — Ora, a raggiungere questo scopo anche Aristofane, siccome di principî
oligarchici, doveva concorrervi coll'opera sua; doveva cioè
rappresentare una commedia, dove si confermasse maggiormente l'idea della necessità di modificare la costituzione,
per venire ad una pace; e questa commedia fu la *Lisistrata*. Così l'ardente patriota, come s'ostinano molti a
chiamarlo ancora oggidì, patrocinava la costituzione politica
di Atene! — Rassicurati i più devoti alla libertà, e guadagnati alla causa anche quegli oligarchi che avversavano
Alcibiade, sia in causa di motivi personali, sia per diffidenza verso quell'uomo, che avevano già fatto bandire dalla
patria, si mandarono messi a Magnesia per le trattative
colla Persia. Se non che Alcibiade aveva promesso più di
quello che era in suo potere di mantenere, e Tissaferne
non era tale da lasciarsi tanto facilmente abbindolare da
lui, sebbene lo tenesse per suo confidente. Il satrapa voleva l'umiliazione completa di Atene, e gli inviati che avevano ottenuto dal popolo i più gravi sacrifici, inducendolo
persino a rinunciare a tutta la Ionia ed a tutte le isole adia-
centi, non avevano facoltà di soddisfare alle esorbitanti pretese di lui. Ritornarono adunque in Atene a mani vuote.
Tuttavia ciò non fu di ostacolo agli oligarchi, i quali volevano ad ogni costo una riforma della costituzione; la quale
se prima veniva fatta sentire come un mezzo necessario per

ottenere la vittoria e la pace, ora diventò l'unico scopo, a cui essi miravano a viso scoperto. L'esito infelice dell'ambasceria spedita a Magnesia fu tenuto celato a bello studio; si lasciava credere al popolo che le trattative si fossero conchiuse secondo le sue speranze, acciocchè più facilmente s'inducesse a favorire le loro mire. Molte ragioni furono messe in campo; alcune derivate dai difetti intrinseci della costituzione medesima, ma la maggior parte consistenti veramente in vie di fatto, mediante le quali si toglievano d'innanzi senz'altro tutti quelli che avessero potuto suscitare contro gli oligarchi una qualche opposizione. E la folla in parte persuasa, in parte atterrita lasciava fare; i Probuli, o erano della combriccola, oppure inetti ad opporvisi. — E intanto Aristofane rappresentava le *Tesmoforia-zuse!* Invece di scuotere il popolo da quel mortifero letargo, egli sollazzavasi dolcemente a far la satira del dramma euripideo e delle donne ateniesi! — Pisandro propose, che si eleggesse una commissione di venti consiglieri oltre i Probuli, con poteri illimitati, ai quali si dovesse affidare l'incarico di eseguire le convenienti riforme. Ma vi si opponeva una legge che concedeva il diritto d'intentare un'accusa pubblica contro chiunque avesse voluto introdur modificazioni nella costituzione dello stato, e questa legge con un decreto venne allora subito abrogata. Poscia si convocò il popolo fuori d'Atene, sul Colono, perchè la Pnice offriva uno spazio troppo ampio; e i punti principali delle riforme credute necessarie ed esposte a quell'adunanza di cittadini, che per la maggior parte eran favorevoli agli oligarchi, furono i seguenti: cessata ogni indennità pubblica, tranne quella richiesta pel servizio del campo; si formasse un consiglio di quattrocento membri elettivi, con pieni poteri di governar la repubblica; si sostituisse all'assemblea generale un corpo di 5000 cittadini da convocarsi a piacere del consiglio dei quattrocento, e fossero tutte le cariche indistintamente gratuite. E il popolo, così com'era sul Colono rappresentato, le approvò!... Allora, dopo siffatte deliberazioni, le persone poco gradite furono allontanate dagli uffici oppure tolte di mezzo, e l'oligarchia sfacciata e impudente si pose a sgovernare a suo talento.

Ma nondimeno i quattrocento erano in gravi apprensioni, per timore che l'armata di Samo non riconoscesse le suddette riforme. Siccome essa rappresentava il nerbo della popolazione ateniese, che si doveva fare nel caso che si fosse dimostrata contraria alle misure prese in favor dell'oligarchia? E queste apprensioni maggiormente s'accrebbero allorquando s'intese in Atene che a Samo la congiura ordita da Pisandro era stata sventata e repressa. Balenò allora alla mente degli oligarchi, qual più efficace espediente in siffatti frangenti, impedire ogni comunicazione all'armata di Samo dei mutamenti introdotti nella costituzione, fintantochè anch'essa non fosse stata persuasa di tale necessità. Perciò i marinai della Paralos che aveva recato quella novella in Atene, furono subito in parte carcerati e in parte collocati su altre navi. Ma Cherea, che ne era il comandante, riuscì a fuggire: andò in tutta fretta a Samo e, forse con qualche esagerazione, espose alla flotta la situazione di Atene. L'impressione che fece la relazione di Cherea, fu oltre modo grave. L'armata giurò subito di tenersi salda alle antiche libertà, e con ardita ma generosa deliberazione, erigendosi a corpo deliberante, costituì se stessa come il vero rappresentante di Atene. I generali, per sospetto che aderissero ai mutamenti introdotti dagli oligarchi, vennero subito mutati, e scelti in loro luogo Trasibulo e Trasillo, la cui fede alla costituzione antica era a tutti manifesta. Ma con questo passo, un nuovo nemico veniva ad aggiungersi al vecchio; le difficoltà, già enormi, ancora aumentavano. E fu allora che Trasibulo riconoscendosi inabile a sormontarle, propose all'armata di richiamare Alcibiade, come quegli che solo poteva ancor essere la salvezza di Atene, perchè il ritorno di tanto personaggio, mentre da una parte avrebbe gettato lo spavento e la discordia fra gli oligarchi, dall'altra avrebbe pur ricondotta la vittoria alle armi ateniesi. Il sentimento comune, è vero, gli era contrario; ma le ragioni addotte da Trasibulo e forse molto più gl'imminenti pericoli prestamente prevalsero, e il richiamo di Alcibiade fu acconsentito e determinato. L'effetto che si aspettava da siffatta deliberazione realmente fu ottenuto; si rialzarono gli animi, gli Spartani perdettero ogni criterio direttivo rispetto a Tissaferne, e gli oligarchi gravemente si impensierirono.

Frattanto in Atene quella condizione di cose non poteva a lungo durare. Già i quattrocento per natura erano fra loro discordi, perchè parecchi erano stati scelti senza essere affatto a parte di quella congiura. E allorquando s'intese che l'armata erasi posta a difesa della costituzione antica, e che n'era alla testa Alcibiade, si generò subito nel seno stesso di quel consiglio una controrivoluzione in favore della democrazia; la cittadinanza irritata contro gli oligarchi, che non paghi di aver dato nelle mani del nemico l'Eubea, volevano ancora tradire la stessa loro patria, spontaneamente l'appoggiò; e quindi nell'anno 411 si aboliva il consiglio dei quattrocento, e si restituiva al popolo la sua sovranità. Ma che veramente la costituzione antica sia stata richiamata in vigore nella sua piena integrità, non si può affermare. Si tentò invece di contemperare, come era possibile, i principî aristocratici ed i principî democratici in una nuova specie di governo; poichè fu bensì ricostituito il Senato dei cinquecento di Clistene, eletti dalla sorte, ma la assemblea generale doveva venir sostituita da' cinquemila cittadini, disegnati fra i più facoltosi, com'era già stato stabilito sotto i quattrocento. Dopo di ciò, per cattivarsi la flotta, Crizia proponeva il richiamo ufficiale di Alcibiade. — Così veniva provvisoriamente stipulata una specie di compromesso per togliervi l'occasione a più gravi dissidî, per ricondurre la pace interna e riamicare la flotta alla patria di cui era il necessario ed unico sostegno! Ma era questo un compromesso che imponeva all'oligarchia sol un debole freno, giacchè, continuando ad essere le cariche gratuite, restavano esse esclusivamente nelle mani dei facoltosi, i quali soli, com'era richiesto, potevano provvedersi di una completa armatura. Però, se non altro, in qualche modo se ne frenavano gli arbitrii, che nello spazio di quattro mesi non avevano avuto limiti. Ed il popolo ridotto alle strette dal più profondo bisogno, qual era quello dell'alimento, di cui ogni via gli era stata preclusa colla perdita della Ionia e dell'Eubea, facilmente si accontentò! — Ed Aristofane taceva!

Alcibiade frattanto venne rivestito di poteri illimitati; di lui si era concepita la speranza che avrebbe salvata la patria, ed egli ben tosto fece conoscere a' suoi concittadini che non aveva punto in animo di venir meno all'aspettazione. Incrociava con una flotta di ventidue navi nelle acque della Caria, riduceva all'obbedienza le città ribelli della costa, dalle quali riscuoteva somme enormi, di molto superiori all'importo dei tributi, e poscia fortificava l'isola di Coo. Indi, quando ebbe esercitate in rapide corse le sue triremi, muoveva a settentrione dov'erasi oramai trasportato il teatro della guerra e donde l'Attica poteva ancora trar copia di frumento. Egli giungeva in tempo assai opportuno. Trasibulo e Trasillo erano venuti a battaglia con Mindaro presso Abido (la quale già era caduta in poter dei nemici) ed avevano sconfitto la flotta peloponnesiaco-siracusana. Se non

che Mindaro, senza punto darsi per vinto, rinforzatosi di
nuove navi offriva nuovamente battaglia agli Ateniesi. E
già la vittoria cominciava a piegare in suo favore, allorquando sopraggiungendo Alcibiade ne faceva mutare ad un
tratto le sorti. Mindaro fu completamente sconfitto; le sue
navi fuggirono precipitose verso la costa, e forse anche
sarebbero state prese, se con le sue genti Farnabazo, a
cui si era accostata Sparta, non le difendeva ponendo a
rischio persino la propria vita. Malgrado questa seconda
vittoria, l'Ellesponto non rimaneva ancor libero agli Ateniesi; il nemico possedeva alle spalle un forte esercito di
terra, e gli Ateniesi si trovavano in grande penuria di ogni
cosa. Ed allora Alcibiade pensò di ricorrere per aiuti a
Tissaferne, recandosi egli stesso da lui, chè ancora se lo
credeva amico. Ma fu proditoriamente fatto prigioniero e
condotto a Sardi. Riesce egli nondimeno a fuggire e si
reca a Clazomene, e di là con una flotta di sei navi a
Lesbo. Ma gli Ateniesi mancanti del loro capo avevano
intanto perduto i pochi vantaggi riportati colla recente
vittoria di Abido, e si trovavano già in tale condizione
da abbandonare celatamente Sesto per sottrarsi ad una
completa ruina. Il momento era decisivo; quando ecco
ricomparire nuovamente ed inaspettato Alcibiade. Egli ra-
duna la flotta ateniese, prende i provvedimenti necessarî,
dispone tutto con fine accorgimento, e poi dà il segnale
dell'assalto contro la flotta nemica. Molti furono gli sforzi,
e molte le prove d'inaudito coraggio; alla fine gli Ateniesi
riescono vincitori, e il giorno dopo occupano Cizico (anno
410, Ol. 92, 2), dove trovano un immenso bottino. — L'annunzio di così insigne vittoria, com'era da aspettarsi, ridestò
in Atene gli antichi spiriti popolari ed ogni limitazione nel-
l'esercizio dei diritti politici si volle abolita; le misure innanzi prese non essere stato altro che uno espediente qua-

lunque per sopperire ai bisogni delle finanze; or nuove vie
per far danaro essere state aperte; esser risorta ormai la
antica Atene; epperò essere nuovamente mestieri che ri-
sorga l' antica costituzione colla sua eguaglianza non solo
civile ma anche politica. E l'oligarchia credette conveniente
non fare alcuna opposizione. Ciò, perchè sperava di non
perdere del potere se non l'apparenza, e di continuare ad
occupare le principali cariche dello stato. Ricomparvero
all'assemblea i focosi demagoghi, e il popolo trascinato dalla
sua fantasia, credendosi nuovamente pervenuto all'apice della
potenza, rifiutava la pace che Sparta affranta di forze offeriva,
ed osava aprire una seconda campagna per la riconquista
della Ionia! La fortuna pareva favorir davvero le sue speranze; Alcibiade nell'Ellesponto correva di vittoria in vittoria,
prendeva Calcedone, stringeva una pace con Farnabazo che
faceva ormai della politica propria, e poscia con uno stratagemma s'impadroniva, senza colpo ferire, di Bisanzio; la
sorte di Atene pendeva da Alcibiade. Ed egli fu in questo
tempo che il popolo ateniese entusiasmato per tali progressi
lo richiamava solennemente in patria, cassava tutti i decreti fatti contro di lui, gli restituiva ogni avere e lo eleg-
geva a comandante assoluto di tutte le forze di terra e di
mare col potere di valersi a beneplacito suo di tutti i mezzi
dello stato; maggiori onori e maggior soddisfazione egli
non avrebbe potuto desiderare. — Intanto Aristofane in
questa occasione (a. 408, *Ol.* 93, 1) rappresentava il primo
Pluto, in cui (se pensiamo che nel rifacimento di questa
commedia non avvennero modificazioni così radicali come
in quelle delle *Nubi*) egli mostrava che il Dio dell'oro era
capitato nelle mani degli uomini peggiori! — Così la democrazia si era ristabilita; l'aristocrazia ora doveva ritirarsi in
disparte ed abbandonare a quella la direzione del governo.
Di qui, ecco risorgere l'odio antico contro Alcibiade; se vole-

vasi toccare la meta, vicina omai, conveniva nuovamente e
per sempre disfarsene. Ma come? Finchè rimaneva in Atene
sotto l'egida del favor popolare, egli era certamente in-
vulnerabile. Bisognava dapprima cercare d'allontanarlo da
Atene, lasciare sbollire l'entusiasmo del popolo e poscia ricorrere a quell'arma, che aveva fatto già sì buona prova nel
processo delle Erme. Per questa infame e scellerata impresa gli oligarchi traevano coraggio dal fatto che alla testa
della flotta nemica era stato collocato Lisandro, il quale ri-
cevendo questo incarico si era deliberato di condurre la
guerra una buona volta a termine; per cui aveva stretto
alleanza con Ciro, il nuovo satrapo dell'Asia Minore e, ad
esempio di Brasida, si era messo in comunicazione con tutte
le società oligarchiche della Ionia. Non posero tempo in
mezzo; col pretesto che non si doveva trattenere il loro
generale nel corso delle sue vittorie, cominciarono ad ottenere che fosse inviato contro Lisandro. Egli avrebbe voluto
venir subito a battaglia per ritornare prestamente in patria,
sapeva che il suolo per lui non era ancora molto ben
fermo; se non che Lisandro, sia perchè conosceva qual nemico aveva di fronte, sia perchè doveva essere a parte dei
disegni della fazione aristocratica, nemica di Alcibiade, andava a bello studio temporeggiando, onde Alcibiade fu costretto a perdere molto tempo prezioso presso Andro. E
intanto la moltitudine che da lui si aspettava ormai l'impossibile, stimolata dagli oligarchi cominciò a impazientirsi
e mormorare per questo procedere così per le lunghe. Ci
volevano ancora altri tristi avvenimenti! Alcibiade per togliersi dalla sua inoperosità si era assunto l'impresa di ri-
conquistare ad Atene la Ionia, ed aveva lasciato una parte
della flotta ad Antioco per bloccare Lisandro, con ordine
di evitare qualunque occasione di venire a battaglia. Ma
Antioco venne tratto in inganno e rimase gravemente scon-

fitto. Inoltre, un tale Trasibulo figlio di Trasone, che era stato guadagnato dagli oligarchi, lascia l'esercito e si reca in Atene per accusare Alcibiade a cagione della condotta che teneva. E in prova di ciò, sempre per alimentare le incertezze e i dubbî del popolo, venivano fatti capitare in Atene continui messaggi spediti appositamente da quegli oligarchi che si trovavano nella flotta. Per tal modo si riuscì a persuadere il popolo che Alcibiade invece di prendersi cura degli interessi comuni, mirava, mediante gli aiuti della Persia e l'amicizia del satrapo che aveva il comando delle provincie dell'Ellesponto, a fondare una signoria indipendente nella Tracia, dove aveva già fatti fortificare parecchi punti. E in conseguenza del buon esito di tali maneggi, Alcibiade veniva una seconda volta destituito e cacciato in bando da quella patria, che nuovamente aveva fatto risorgere! Da questo punto la stella di Atene volse definitivamente al tramonto. — Ed Aristofane taceva!

Venne sostituito nel comando della flotta Conone; ma questi non era pari in perspicacia e larghezzza di vedute al suo predecessore. Egli lasciavasi chiudere da Callicratida, successo a Lisandro, nel porto settentrionale di Mitilene. Fu avvisata Atene del pericolo per mezzo di due navi, che Conone, mediante uno stratagemma, riuscì ad inviarle; e facendo estremi sforzi gli mandava in soccorso una nuova flotta che potè mettere insieme con quelle navi che Alcibiade aveva tolto al nemico. Ma era questa l'ultima armata che Atene inviava nei mari della Ionia. Si venne a battaglia presso le isole Arginuse (a. 406, *Ol.* 93, 3) e la vittoria per l'ultima volta sorrideva ad Atene. La flotta nemica fu così completamente disfatta, che gli Spartani atterriti spedirono nuovamente ambasciatori ad Atene per trattare della pace. Ma per consiglio di Cherofonte le offerte furono respinte; non si voleva dar tempo agli Spartani di riprendère forza e coraggio, si voleva continuare la guerra sino ad una decisione finale. Infelice Atene, che non si accorgeva qual serpe covava in seno! Per la vittoria delle Arginuse più ancora che non gli Spartani furono atterriti gli oligarchi, i quali avevano creduto di avere colla cacciata di Alcibiade privato Atene dell'unico generale che potesse trionfare di Sparta; invece di uno parecchi ne vedevano ora sorgere all'improvviso, se non uguali a quello, tuttavia abbastanza formidabili. Che occorreva adunque per rovinare il più presto possibile la loro patria? Disfarsi di essi, come già si erano disfatti di Alcibiade. Ed ecco, che ricorrono alla loro arma scellerata, fanno accusare i dieci generali vincitori di non avere pensato a raccogliere e seppellire i cadaveri di quelli che erano caduti nel combattimento. I generali degli Ateniesi in quella battaglia erano stati i seguenti: Aristocrate, Diomedonte, il giovane Pericle, Erasinide, Protomaco, Trasillo, Lisia ed Aristogene; i trierarchi, Trasibulo e Teramene. Due di loro, Trasillo e Teramene avevano ricevuto l'incarico di attendere appunto a quel pio dovere, come voleva la religione patria, mentre gli altri sarebbero andati celeremente al golfo di Mitilene per liberare dal blocco la flotta di Conone, che era il nucleo dell'armata ateniese. Ma in causa delle forti agitazioni del mare i loro tentativi erano riusciti inutili, e quindi i generali avevano scritto ad Atene che avevano bensì riportata la vittoria, ma che il salvamento dei naufraghi era stato reso impossibile dalla furia della tempesta. A un determinato giorno si doveva leggere la loro lettera all'assemblea. Ma in questo frattempo il popolo fu così astutamente sobillato dagli oligarchi, che invece di accoglierne la lettura con quella gioia e con quell'entusiasmo che parevano naturali, scoppiò in un terribile furore contro i generali, perchè avevano trascurato il loro dovere. Subitò fu spedita a Samo la nave Salaminia con l'ordine pei generali di abbandonare all'istante il loro comando

e recarsi in Atene; due di loro presentirono la tempesta da
lungi e fuggirono in luogo sicuro; ma Pericle, Erasinide,
Trasillo, Lisia, Aristofane e Diomedonte, consapevoli della
propria innocenza, ubbidirono. E furono appena giunti in
Atene, che con un primo atto d'illegalità vennero tosto in-
carcerati. Qualcuno doveva intentare contro di essi l'accusa,
e questi fu lo stesso Teramene, il coturno a due piedi, che
sentendosi più di tutti colpevole, era nuovamente passato al
partito oligarchico colla speranza di salvarsi. Ai generali fu
soltanto concesso per loro difesa di esporre il fatto in bre-
vissimi termini. Nondimeno il popolo si commosse a quella
succinta narrazione; già la maggioranza inclinava a respin-
gere l'accusa; quand'ecco, sotto pretesto che la notte si ap-
pressava il processo venne ad un tratto aggiornáto per le
mene degli oligarchi. A favorire maggiormente i loro raggiri
avvicinavasi anche la festa così detta delle Apaturie (che
cadeva nel mese di ottobre), nella quale si riunivano tutti
quelli che appartenevano alla stessa tribù, s'inscrivevano
nella fratrie i neo-nati, e verosimilmente i giovani e le don-
zelle facevano le loro promesse di matrimonio da celebrarsi
nel prossimo mese di gennaio; inoltre, si ricordavano i
membri mancanti delle famiglie, e per loro si facevano sacrifizi alle divinità sotterranee. Teramene e gli oligarchi
colsero quest'occasione per eccitare i sentimenti di umanità della cittadinanza. Alla seconda apertura del consiglio, con un decreto formulato da un tale Calosseno, strumento della combriccola, in cui accusa e difesa si dovevano
considerare come un fatto già deciso, si invitò il popolo a
giudicare se i generali avessero trasgredito il loro dovere non
prendendosi cura dei naufraghi; il giudizio dovevasi dare
complessivamente su tutti i generali e con votazione palese.
A questa scelleratezza si oppose vivamente Eurittolemo, il
figlio di Pisianatte, col dire che in questo modo si sarebbero

violate le norme della procedura giudiziaria; ma il popolo
infuriò contro di lui. Allora egli ricorse ad un'altra via;
oppose a quel decreto una contro-proposta, ed ottenuta la
parola, procurò di fare una qualche difesa degli accusati.
Già lo stratagemma stava per avere un esito felice, allorquando i congiurati fanno sorgere un nuovo incidente, per
cui la votazione viene una seconda volta differita. In questo
frattempo il popolo fu da essi così bene persuaso, che, ripresa la votazione, la contro-proposta venne subito respinta,
fu accettata la proposta del Consiglio, ed i generali furono
condannati a morte. — Aristofane, intanto, assisteva impas-
sibile a così nefando giudizio, a così scellerata condanna.
Forse per amor della pace, come vuole il Müller-Strübing?
Noi dobbiamo avere in mente che i Pritani del Consiglio
erano per natura oligarchi o fautori degli oligarchi, di opinioni politiche contrarie alla democrazia; il Consiglio era
stato così composto dai congiurati per dare l'ultimo colpo
all'infelice Atene! — Fra costoro quale dei personaggi che
noi di già conosciamo troviamo pure? Troviamo anche Socrate. Egli, è vero, fu il solo membro del Consiglio che
diede il suo voto favorevole per l'assoluzione di quegli sciagurati; ma perchè era un « buon uomo » come lo chiama
il FORCHHAMMER (1); però ciò non viene a dire che non fosse
egli pure palesemente avverso alla democrazia perchè in
caso contrario non l'avrebbero fatto membro di quel consiglio che doveva decidere la ruina di Atene (anno 406 av.
Cristo).

Nuovi generali vennero tosto nominati invece dei condannati; ma essendo tutti del partito dei congiurati, nessun profitto vollero trarre dall'insigne vittoria riportata alle Arginuse,
e se ne stettero con 180 triremi inoperosi a Samo per dare

---

(1) *Op. cit.*, p. 32.

tempo al nemico di riaversi. Ciro inviò a Sparta un'ambasceria; il partito favorevole alla guerra nuovamente prevalse,
e Lisandro fu rimandato alla flotta, apparentemente col grado
di epistoleo, ma in realtà, come navarca, poichè Araco
non lo era che di nome. Ed egli, siccome non aveva più di
fronte Alcibiade, quand'ebbe compiuti gli armamenti mosse
rapidamente nelle acque dell'Ellesponto, assaltò Lampsaco
dov'era un presidio degli Ateniesi, e la costrinse ad arren-
dersi. I nuovi generali accorsero, e si accamparono ad
Egospotamo a 15 stadi da Sesto; Alcibiade, che erasi ri-
coverato nella Tracia si presentò loro coll'offerta di aiuti
dalla parte di alcuni re di quella regione; ma essi li re-
spinsero: volle che almeno accettassero il consiglio di non
isbandarsi per la costa, come facevano, perchè avrebbero
offerta l'occasione a Lisandro di una facile vittoria; ma essi
lo derisero: erano manifestamente complici di Lisandro!
Ed ecco che, dopo quattro giorni, questi coglie il momento
opportuno che le navi ateniesi si trovavano senza difensori
e dà l'ordine dell'assalto. Poche navi gli poterono sfuggire: le otto di Conone colla Paralos, quelle di Nausimaco
di Falero, e altre due triremi staccate; le rimanenti caddero in suo potere con 3000 prigionieri, che trasportati a
Lampsaco furono tutti condannati a morte. — Per un sì grave
disastro l'infelice Atene si sentì annichilita. Nulla di meglio
poteva fare in così triste circostanze, che attendere lo svolgersi degli avvenimenti. Ma la stella di Atene era tramontata
per sempre! Gli oligarchi, cogliendo l'occasione favorevole e
cotanto sospirata, afferrano il timone dello stato, e volgono
i loro pensieri a modificare la costituzione a loro talento,
senza punto curarsi delle tristi novelle, che venivano ripor-
tate in Atene, di sempre crescenti disastri (1). Le città fede-

---

(1) Aristofane rappresentava le *Rane* nell'anno 405.

rate poste alle strette dagli oligarchi si ribellano e si gettano in braccio a Lisandro. E questi ne lasciò uscir liberamente i fautori della democrazia, affinchè si recassero in Atene ad accrescerne di più lo sgomento, persuaso che in tal modo l'avrebbe avuta senza fatica a sua discrezione. Se non che veramente s'ingannò: cessato il primo spavento, i cittadini si rincorarono e si prepararono all'assedio imminente. Ma che potevano fare contro due nemici? Si era affidato l'incarico delle opere di difesa agli ufficiali dello stato; e gli oligarchi ne rendevano nulla l'azione, e quell'incarico si recavano in loro potere; mentre che un tale Patroclide, per accrescere maggiormente la confusione, sorgeva a proporre un decreto di amnistia per tutti quelli che avevano perduti i diritti di cittadinanza. — Intanto, Lisandro si avvicinò ad Atene e vi pose il blocco. — La penuria di viveri che già pel rigurgitare della gente arrivata di fresco si era fatta sentire, allora diventò spaventevole: nessun rimedio rimaneva, tranne quello di stipulare una pace qualunque con la rivale, e di ciò fu incaricato appositamente Teramene! Le pretese di Sparta furono esagerate, ma bisognò cedere. Ecco le condizioni: distrurre le lunghe mura, smantellare il Pireo, consegnare tutte le navi da guerra all'infuori di dodici, dichiarare libere le città alleate e dipendenti, riamettere i fuorusciti, e far lega offensiva e difensiva coll'abborrita rivale, con patto di seguirla dovunque, e per terra e per mare. Dopo si provvide al riordinamento della costituzione in modo che potesse soddisfare ai desiderî di Sparta; si collocarono al governo trenta personaggi, eletti fra i più ligi a lei, conosciuti nella storia col nome dei trenta tiranni, fra cui si trovavano pure Teramene e Crizia, discepoli di Socrate.

Che anche durante questi ultimi avvenimenti della guerra peloponnesiaca Socrate abbia continuato a prendere parte alla amministrazione dello stato, per mancanza di notizie, non si potrebbe in alcun modo affermare. Nondimeno egli è indubitato, e noi lo sappiamo da PLATONE (1) e da SENOFONTE (2), ad esempio, che sotto lo sgoverno dei Trenta occupava qualche carica. I Trenta seguendo il loro sistema orribile, col quale volevano disfarsi di tutti quelli che nutrivano ancora sentimenti democratici, avevano dato l'incarico a Socrate e ad altri quattro funzionarî pubblici, di condurre da Salamina in Atene Leone il salaminio per esservi giustiziato. L'esecuzione di un tal ordine ripugnava ai principî morali di Socrate; perciò egli, senz'altro, si recò alla sua abitazione, abbandonando fors'anco la carica. Certamente è da lodarsi una tale disubbidienza; essa mostra chiaramente che Socrate aveva un ben fermo carattere. Ma non si potrebbe dimandare se egli non poteva anche fare qualche cosa di meglio? Primieramente, perchè non parlar contro a quell'ordine scellerato? E poscia, perchè non pensare menomamente allo scampo di Leone? Perchè non ha consultato allora il suo demone, come ben dice il FORCHHAMMER (3), che gli avrebbe senza dubbio risposto: Affrettati, Socrate, va tu stesso a Salamina, oppure mandavi qualcuno che ne rechi la novella a Leone. V'era adunque una ragione che induceva il nostro filosofo ad operare così; e questa non era altra, fuorchè l'odio cordiale che portava alle istituzioni democratiche ed a chiunque le favoriva; odio tale, che gli aveva offuscato la vista in modo, da non vedere più quanti malanni si erano precipitati sull'infelice sua patria per cagione di quel partito, al cui trionfo aveva anch'egli cooperato.

Ora che noi abbiamo veduto in qual modo Aristofane e

---

(1) V. *Apologia*, cap. XX.
(2) *Hellenica*, II, 3, 39.
(3) *Op. cit.*, p. 34 e più oltre.

Socrate si sono comportati in mezzo agli ultimi avvenimenti della guerra peloponnesiaca, che hanno preparata ed effettuata la ruina completa di Atene, dovremmo forse ancora tenere come strano quel fatto che Aristofane abbia deposto il pensiero di condurre a termine il rifacimento delle sue *Nubi*? Doveva egli essere così malaccorto da non accorgersi di aver preso un abbaglio riguardo alle idee politiche di Socrate, da non conoscere che era un dottrinario di sentimenti oligarchici, e quindi che in fatto di politica veniva a porsi pienamente d'accordo con lui e co' suoi *Cavalieri*? Per simile ragione, e non per altra, come comunemente si crede, parimenti si astenne dall'inveire contro i Trenta e specialmente contro Crizia e Teramene; quando vide che quel partito, per la cui causa a tutto potere s'era adoperato, aveva trionfato, allora abbandonò il campo della politica e si diede tranquillamente alla critica letteraria, checchè voglia dire il SUEVERN (1) in contrario. Egli è di opinione che Aristofane deve pur aver inveito contro Crizia, Teramene e gli altri dei Trenta in commedie andate sventuratamente perdute, e che anche in quelle che ci son rimaste si potrebbero trovar allusioni istoriche e satiriche al loro sgoverno, che noi non siamo più in grado di potere scoprire. Ma bene a dovere confuta e respinge il MÜLLER-STRÜBING una siffatta opinione con la sua pungente ironia (2). Perchè, egli dice, Aristofane ha voluto ravvolgere nell'oscurità quei motti che toccavano gli oligarchi, mentre che lasciò così manifesti i suoi assalti contro la democrazia? E soggiunge ancora : molto strano invero sarebbe poi, che a noi siano pervenute solamente quelle commedie che contengono

---

(1) *Ueber die Wolken des Aristophanes.* V. il passo citato dal MÜLLER-STRÜBING a p. 116.

(2) V. *Op. cit.*, p. 116, 117, 118.

la satira della democrazia, e che le altre siano andate totalmente perdute, senza che nemmeno una notizia, un frammento ci sia giunto per mezzo di Ateneo, di Plutarco, per
mezzo degli Scoliasti alle altre commedie, a Platone, ad Aristide, a Luciano, per mezzo di Eliano, Esichio, Suida ed altri,
che in qualche modo ci possa comprovare l'esistenza di tali
commedie. — Io anzi sostengo col Müller-Strübing, che
nemmeno contro Alcibiade, per varî motivi anche politici, non
ebbe mai in pensiero di scagliarsi Aristofane, quantunque
la pensi diversamente il FORCHHAMMER (1), il quale vorrebbe
vedere nei due personaggi delle *Nubi*, Strepsiade e Fidippide,
i pseudonimi di Clinia e di Alcibiade (2). Se non che mi

---

(1) *Op. cit.*, pp. 24 e 25.

(2) Ecco le ragioni che adduce in proposito il MÜLLER-STRÜBING
(*Op. cit.*, p. 346): « Hier ist es nur noch als charakteristisch her-
vorzuheben, wie sich der Dichter für *jetzt* zu Alkibiades stellt. Er
ist offenbar mit seinem politischen Treiben und seinem Auftreten in
der Gerichtsverhandlungen nicht zufrieden, aber er wagt es entweder
nicht, oder, was mir wahrscheinlicher ist, er kann es nicht über sich
gewinnen, da ihm des Alkibiades ganze Natur sonst sympathisch ist,
ihn scharf und entschieden auzugreifen. Und dennoch kann er der
Versuchung nicht widerstehen, ihm halb schüchtern im Vorbeigehen
einen kleinen Hieb zu versetzen. Mehr ist es ja nicht! Denn dass
er, wenn er ihn auch nicht direct als Euryproktos bezeichnet, ihn
doch in verdächtige Nähe eines solchen setzt (τοῖς νέοις δ' εὐρύπρωκ-
τος καὶ λάλος καὶ ὁ (χὠ) Κλεινίου), das hat in des Dichters Augen nicht
viel auf sich, und hatte er sicherlich auch nicht in den Augen des
Alkibiades — man denke nur an dessen widerwärtige Erzählung in
Plato's Gastmal, die doch, wenigstens dem Tone nach und in dem,
was die Charakteristik des Sprechers anbelangt, wohl nicht ganz aus
der Luft gegriffen ist. Denn der Vorwurf, den dies Wort implicirt
[das übrigens, um das gegen Herrn Deimling's Auffassung in Schwei-
zer Museum (III, 5, 314) beiläufig zu erwähnen, nicht der « Eh-
renname der Ehebrecher » ist, wenigstens nicht immer, und hier
gewiss nicht!] ist in ja unserm Dichter höchstens der einer liebens-
würdigen Schwäche! Man denke nur an den Schluss der Controverse zwischen den beiden Logoi in den Wolken! Denn wenn der
Dichter auf den Vorwurf, ein Euryproktos zu sein, den Beschuldigten
so antworten lässt: Freilich bin ich's! aber wer ist's denn nicht?

pare veramente, non essere la prima ragione addotta dal Müller-Strübing abbastanza plausibile. Fino ad un certo punto può essere accaduto, che Aristofane sia stato ammaliato da Alcibiade, ma secondo il mio modo di pensare l'asserzione mi pare troppo assoluta. Chi era Alcibiade ? La leggenda della sua fanciullezza ce lo rappresenta di una tale natura da farci argomentare che in lui esistesse in germe, per così dire, la stoffa di un principe assoluto. Or bene, che in realtà così fosse, noi lo possiamo dedurre da uno dei capi di accusa che gli vennero mossi, allorquando la seconda volta, come abbiamo veduto, venne per gl'intrighi della fazione oligarchica bandito da Atene ; cioè che egli macchinasse di crearsi, mediante l'armata ateniese e l'aiuto della Persia, una signoria nella Tracia. Ad un tale disegno la fazione oligarchica doveva essere necessariamente contraria, perchè esso incagliava i proprii progetti. Ma la fazione oligarchica non era tutto il corpo dei *Cavalieri,* a cui serviva Aristofane. Il corpo dei *Cavalieri*, come dice lo stesso Müller-Strübing, componevasi di giovani appasionati pel piacere, che solo indirettamente si occupavano di politica. Quindi, noi crediamo, che forsë costoro insieme ad Aristofane non avrebbero veduto di mal occhio che il loro compagno d'infanzia e di gioventù si fosse costituito signore di Atene. Sarebbe stata questa la riproduzione del fatto dei nobili giovani romani che desideravano la ricostituzione della tirannide di Tarquinio, perchè sotto di lui potevano vivere a

---

sind's nicht die Dichter, die Redner, die Staatsmänner? und unter den Zuschauern dort, ist's nicht der da? und der? und der? sind sie's nicht alle? oder doch bei Weitem die meisten? — wer so antworten lässt, sage ich, der bricht dem Vorwurf die Spitze ab, der stellt durch diese Verallgemeinerung die Sache als harmloss dar und beschönigt sie-wie das übrigens, wenn ich mich recht erinnere, schon K. A. Becker im Charikles richtig erkannt hat » (Cfr. il suo *Excursus* alla quinta scena, vol. II, p. 290 e seg.).

loro bell'agio. Ed una prova che Aristofane abbia desiderato di vedere Alcibiade signore di Atene noi la possiamo
ricavare da un passo delle sue *Rane,* dove invita gli Ateniesi in mezzo alle calamità, da cui erano stati oppressi,
a piegarsi al genio prepotente di Alcibiade (1) :

οὐ χρὴ λέοντος σκύμνον ἐν πόλει τρέφειν.
[μάλιστα μὲν λέοντα μὴ 'ν πόλει τρέφειν],
ἢν δ' ἐκτραφῇ τις, τοῖς τρόποις ὑπηρετεῖν.

E che sotto la figura di questo leone sia appunto nascosto
Alcibiade, è l'opinione del MEIER e di OTTOFREDO MÜLLER (2).
Ma di ciò basti.

Concludo. Dapprima Socrate fu un pretto sofista , ed
Aristofane lo tolse ad argomento delle sue *Nubi* ; di poi,
Socrate mutò indirizzo e diventò filosofo, ed Aristofane ancora persuaso in sulle prime di vedere in lui un nemico del
suo partito, intraprese, per non darsi vinto, a raffazzonare
le prime *Nubi* ; alla fine poi accortosi che Socrate, come
lui e gli altri oligarchi, osteggiava la costituzione democratica , e vedutolo anche occupare qualche carica nella
prevalenza oligarchica , depose il pensiero di condurre a
termine il rifacimento della sua commedia. Ecco la ragione probabile, a mio giudizio , di questo fatto , ragione
che emana dallo stesso svolgersi delle dottrine socratiche,
e dal posto che il filosofo occupò in alcuni tempi nella
amministrazione dello stato.

Piazza Armerina, 11 marzo 1881.

MICHELE ODDENINO.

---

(1) *Ranae,* v. 1431 seg.
(2) V. MEYERI , *De Aristoph. Ranis commentatio tertia ,* Halae ,
1852, e OTTOFREDO MÜLLER , *Storia della letteratura greca* tradotta
da GIUSEPPE MÜLLER ed EUGENIO FERRAI, vol. II, p. 235.

DI UNA ISCRIZIONE ETRUSCA

TROVATA IN MAGLIANO

——

Lettera al comm. prof. ARIODANTE FABRETTI

———

Caro collega,

A Magliano (1), o per dir meglio, a Magliano in Toscana, si scoprono da qualche anno anticaglie; vasi pietre (2)
monete. Ne donò spesso agli amici il signor Gustavo Busatti, e fece bene: ora invece raccoglie con amore ogni
cosa, e fa meglio. Appunto in un suo podere, a Santa
Maria in Borraccia (che vedrete chiamato anche *Monastero
Diruto*), in un campo che ha il nome di Pian di Santa
Maria, si trovò il mese scorso, lavorando (25 febr.), proprio
a fior di terra, una piastra in piombo, opisthographa: e
con molta cortesia, me la portò, lasciando che io ne usi

---

(1) Si aiuterebbe un forestiere avvisandolo di cercarlo tra Grosseto
e Orbetello, dentro terra, e propriamente a 42°,35 lat. 28°,59 long.
(Ferro).

(2) Una, con iscrizione, fu regalata, ma nessuno rammenta a chi.
Un'altra, con incisavi una testa di animale, è in casa.

come più giova alla scienza, il dottor Luigi Busatti, aiuto alla cattedra di mineralogia, qui in Pisa : siamo dunque in famiglia.

I vasi furono dissotterrati qua e là : ma in questo Pian di Santa Maria la nostra iscrizione è il primo segno che n'esca dell'antica vita, e speriamo che non sarà l'ultimo : nè di altre piastre trovate in luoghi vicini si sa nulla. Se ne occupano e il dott. Busatti, e il suo padre, e il suo fratello; e quando verrà fuori qualcosa di buono ce ne avviseranno (1).

La piastra ha forma quasi di cuore (2): l'orlo è irregolare, fatto proprio così e non guasto dal tempo: ha una patina di carbonato al *diritto* (come lo chiamerò, per esser breve) con quella tinterella di bigio chiaro che agevola la lettura e che ricoprì il piombo dopo che fu inciso; più leggera è la patina, qua e là interrotta, al *rovescio* : torno torno si veggono poi macchioline rossastre che accennano ad ossidi di piombo. Questo dico aiutato da buoni colleghi: e posso anche aggiungere, come pare che il piombo fosse gettato in terra, che vi lasciò impronte di sassolini o di grossa sabbia, poi si spianasse a martello la piastra, nella quale rimarrebbero segno di quel getto certe grinze che calano d'alto in basso, presso all'orlo, a destra e a sinistra.

La iscrizione è in etrusco. Nel diritto va a spire, come serpente che si raggomitoli, e, dove il margine fa seno, lo

_____

(1) Ebbi in mano tre monete che ci conducono al primo e al terzo secolo, a Domiziano e a Cerino. Nell'una non si ravvisano più nè le immagini nè le parole; una seconda è rosa da una parte, nell'altra si legge o indovina IMP. CAES. DOMIT. AUG. GERM. COS. XIII. CENS. PERP. Meglio conservata è l'ultima : CARINVS NOBIL. CAES. | PRINCIPI IVVENTVT. — Sono in rame.

(2) D'alto in basso ha otto centimetri; poco più di sette dove il cuore è più largo.

segue e si ristringe, comincia in alto a sinistra e, lungo l'orlo sinistro, scende ravvolgendosi in cinque giri, e chiude nel centro. Le righe si addossano fitte fitte, ma tra l' una e l'altra corre un solco che le divide. Di buona forma, arcaica, sono le lettere; ha sempre il punto nel mezzo il *th*, spesso gli angoli acuti il c, e tra parola e parola il punto si vede quasi dapertutto, o ve ne sono due, e anche tre. Di ogni cosa pói, e dei dubbî e di quello che suppongo, farò minute avvertenze dopo che vi avrò messo sotto gli occhi la iscrizione. Ed è questa:

CAUTHAS · TUTHIU · AVILS · LXXX · EZ ·

CHIMTHM · CASTHIALTH · LACTH · HEVN ·

AVIL · NENL · MAN : MURINAŚIE · FAL TATHI :

AISERAS · IN · EĊS · MENE · MLATHCEMARNI ·

TUTHI · TIU · CHIMTHM · CATHIALTHI ·

ATH : MARIŚLME NITLA · AFRS · CI · ALATH ·

CHIMTHM · AVILSCH · ECA · CEPEN · TUTHIU ·

THUCH · ICHUTEVR · HEŚNI · MULVENI · ETH ·

TUCI · AM · ARS

Cauthas (v. 1): il c non è angoloso, ma somiglia al latino; come più sotto, in *mlathcemarni* ed in *eca*. — Nel numero LXXX (v. 1), come è naturale, il cinquanta è rappresentato da un lamda coll'asticina che cala dal vertice. — *Murinas'ie* (v. 3): logore e oscure le tre ultime lettere: *m* con l'asta destra che scende più delle altre (come poi in -me di maris'lme). Si leggono con difficoltà la finale di *fal*, e l'iniziale di *tathi* : dubbio è se li divida un punto. — *Tiu* (v. 5): prolungato in basso l' *i*. — *Maris'lme* (v. 6): fra questa e la parola che segue c'è spazio vuoto; ma senza punti. — *Avilsch* (v. 7): proprio *avils* e un *ch* : non già il segno per cinquanta. — *Mulveni* (v. 8): mi par di vedere -*ni* e non -*m*. — Tra *eth* e *tuci* (v. 9) c'è una specie di *i* che viene sotto la linea : pare un frego fatto per errore.

Più dà a fare il rovescio. Nel quale si cammina pur sempre a spira ma il solco che ci guidi non c'è più ; le lettere, più grandi, più brutte, più irregolari, si leggono a fatica. Da questa parte la iscrizione, fatti tre giri, muta il verso, e, nel bel mezzo della piastra, chiude con tre righe, naturalmente da destra a sinistra, l'una sopra l'altra. Nella copia sono le ultime quattro parole.

MLACHTHAN · CALUSC · ECNIA · AVIL · MI-

MENICAC · MARÇALURCAC · ETHTUTHÌUNESL ·

MAN · RIVACH · LEŚCEM · TNUCASI · ŚURISES ·

TEIS · EVITIURAS · MULSLE · MLACH · LACHE ·

TINS · LURSTH · TEV

AUVITHUN

LURSTHSAL

EFRS · NAC

Comincio da destra, all'orlo, quasi a metà: e il *mlach-than* è inciso in lettere più piccole assai delle altre. Ma ho colto nel segno? principia proprio di qui?

Poco chiaro è il *s'urises* (v. 3): forse è *s'uriseis* e potrebbe parere anche *s'urisvis*. — Tra *evitiuras* e *mulsle* (v. 4) non si può dire esattamente se vi sieno punti: tutte le lettere sono accostate. — Prima di *lache* (v. 4) c'è un segno: forse *ilache*. — Oscuro l' *r* in *lursthsal* (v. 7).

So come abbondino le imposture tra coloro che amano di fare o chiasso o quattrini; ma per questa piastra, vi ripeterò solo che siamo in famiglia, e famiglia di galantuomini.

Ogni parola che di lontano ci dicono i nostri vecchi va raccolta, anche quando si legge e non s'intende; anche la parola etrusca che non mi vergogno dire come mi si ravvolga di tenebre ogni dì più. Non già che io chiudessi gli occhi, o non facessi come gli altri; la tentai di certo con meno acume, ma forse ancora con timidità più grande, e non me ne pento. Se della iscrizione mi riuscirà cavare buone immagini in fotografia ne farò dono ai pochi studiosi che possono goderne; intanto si contenteranno di meno. A voi non ho bisogno di dir altro, nè perchè mandi a voi una mia lettera; un buon italiano, se v'avessi dimenticato, m'avrebbe detto che facevo male. Vogliatemi bene e credetemi

Pisa, 5 aprile 1882.

Vostro amico aff.mo
E. TEZA.

DELLA « POSIZIONE DEBOLE » NEL LATINO

Il signor F. Garlanda ha di recente messo a nuovo e confortato di buona dottrina una mia vecchia spiegazione *Della posizione debole nel latino*; ed io gli sono grato ch'egli si sia ricordato di me, che già da tempo avevo dimenticato quello scritto (1873). Se non che, tra le cose ch'egli afferma a mio riguardo, ve n'ha taluna che non sembra del tutto vera; e siccome l'esperienza m'insegna che chi tace fa credere d'aver torto, questa volta parlerò.

Dice il sig. Garlanda che alle obbiezioni mossemi dal dott. Pezzi io non risposi; e lo dice in modo che fa supporre io non abbia risposto, perchè non avevo che rispondere. Ora sta invece il fatto, che il mio esemplare di quel fascicolo della *Rivista* reca in margine alle obbiezioni del Pezzi parecchie mie osservazioni, che non pubblicai supponendo ogni accorto lettore le avrebbe potuto pensare da sè. Nè le riprodurrò io qui, ora ·specialmente che il sig. Garlanda ne ha fatto il debito apprezzamento. Ad una sola di quelle obbiezioni darò qui la mia risposta; all'obbiezione che i Latini non potessero affatto sillabare: *res-to, res-tringo* e simili; e la dò, perchè neanche il signor Garlanda la ribatte abbastanza. Per quanto io so, nulla ci dicono i grammatici latini su questo punto; e però noi siamo ridotti a cercare il modo della sillabazione latina nelle succedanee sillabazioni neolatine. Ora è noto, per primo, a tutti quanti che i Francesi sillabano: *res-ter, es-prit* e simili, e che gli Spagnuoli scrivono: *des-nudo, des-pacho, ves-tir*. Ed è pur noto che nel francese e nello spagnuolo si ovvia all' *s* impura col preporle un *e*, così che *spiritus* diventa *esprit, espirito* ecc.; e che la stessa tendenza fonetica si rivela anche nell'italiano, quando si dice: *in ispirito, in iscuola* e simili. Che cosa provano questi fatti? Provano che una grossa parte della

Romania non riusciva a pronunciare il nesso *st sp* ecc., e però nel-
l'interno delle parole l's alla vocale precedente, e in principio di
parola profferiva una lievè vocale, alla quale qui pure allora si ap-
poggiava quel *s* incomoda, che finì poi col cadere del tutto nel
campo francese (*schola = escole = école*). Che queste condizioni glottiche sieno nel campo romanzo assai antiche è provato dagli esempî
riferiti dallo Schuchardt; e noi siamo indotti a credere che pur i
Romani dell'età classica sillabassero: *res-tat, res-tringo*, così che
quell' *e*, naturalmente breve, divenisse lunga per posizione.

Nota poi il sig. Garlanda (p. 13 dell'Estratto) che io dopo aver
data la vera ragione per cui l' *a* di *patris* poteva essere o breve o
lungo secondo che si proferiva *pă-tris* o *pāt-ris*, m'impaccio poi colle
more e colle mezze more e finisco col darmi la zappa sui piedi
(grazie della gentilezza!). Ed è vero in fatti che io mi lasciai per un
momento arrestare dalla difficoltà di spiegare come mai l' *e* di *strĕpit*
contasse per una sola breve, mentre nella teoria delle more in *strĕ-*
si avrebbero ben due tempi e mezzo! Ma io, senza saperne dare una
buona spiegazione, notavo pure che « il nesso STR [in *strĕpit*] pesava non più di mezza mora, ossia quanto una semplice consonante »
(p. 232). E più innanzi venivo a questa conclusione: « che la vocale
sia preceduta da un iato, o da una consonante semplice, o da un
nesso di consonanti, la sillaba non può venirne allungata che d'una
sola mezza mora; ed è per questo, io credo, che i grammatici latini
trascurarono di calcolare nella sillaba questa quantità, la quale era
costante » (p. 234). Ora io posso bene ingannarmi; ma sono ancora
d'opinione che questa dichiarazione sia ancora meglio accettabile di
quella del sig. Garlanda, il quale afferma che « una consonante, o
anche un gruppo consonantico, quando *precede* a una vocale *nella
stessa sillaba*, si pronuncia così aderente, quasi direi così compenetrata con la vocale, che il valore metrico di questa non ne viene alterato in modo sensibile » (p. 14 dell'Estratto).

Padova, maggio, 1882.

U. A. Canello.

BIBLIOGRAFIA

AUGUSTO FRANCHETTI. *Le Nuvole di Aristofane* tradotte in versi italiani con introduzione e note di DOMENICO COMPARETTI. Firenze, Sansoni, 1882.

L'Introduzione del Comparetti è scritta con rigore scientifico e insieme con facilità popolare. Si divide in due parti: nella prima si parla della commedia antica in generale; nella seconda delle *Nuvole* d'Aristofane in particolare. — La Commedia antica nasce nei festevoli e liberi ritrovi della villa; gli Ateniesi la sollevano ad opera d'arte: essa ritiene tuttavia le tracce della origine rusticana, specialmente nel coro e nella *parabasi*. Anche il suo contenuto séguita a basarsi sul satirico e sul ridicolo, e il suo ambiente è la società grossolana e plebea. Ciò non toglie che i grandi poeti, come Aristofane, non la rivolgano a scopi serî e d'alto interesse cittadino. Anzi tu ammiri qui il sommo dell'arte: giungere al serio per la via del ridicolo e del triviale. Questa era la Commedia antica; però essa, a differenza della tragedia, chiusa ne'suoi temi tradizionali, godeva di libertà d'*azione* e di *caratteri*. Vi si mostravano in giuoco tutte le passioni: le passioni, dico, volgari, non le nobili e delicate. Cosi l'amore non entra mai nell'antica commedia: v'entra invece l'oscenità, e v'entra in modo anche troppo indecente: però la donna o non figura in questa commedia, o vi figura in modo trivialmente ridicolo. La stessa libertà che c'è nell'invenzione e nell'organismo dell'azione, la si ha pure nel coro; anch'esso si tiene generalmente nell'ambiente del ridicolo: talora peraltro, quando s'accosta ad un'idea per se stessa solenne e poetica, osa togliersi per un momento la maschera comica e far sentire versi ammirabili di sublime poesia : di che si hanno bellissimi esempi nelle *Nuvole*, negli *Uccelli* e nelle *Rane* di Aristofane. — Lingua e metro sono di purissima lega; la dizione è tutta speciale, e va distinta coll'appellativo di *comica* : l'ufficio del traduttore è quindi spinosissimo, e spesso bisogna accontentarsi di approssimazioni, massimamente chi pensi che talora il linguaggio comico non è che una fine parodia del linguaggio tragico.

Nella seconda parte dell'Introduzione, il Comparetti dà in breve il tessuto della favola delle *Nuvole*, mostrando che si divide in due parti, ciascuna di tre scene principali. Analizza quindi il contenuto. Scopo precipuo d'Aristofane è di satireggiare la dialettica nuova dei sofisti, presa nel suo peggior senso, come arte, cioè, di far parere diritto ciò che è storto; giusto ciò che è ingiusto, abbattendo così ogni principio di religione e di moralità. Luogo rilevantissimo della commedia delle *Nuvole* è il dialogo tra i due parlari, il giusto e l'ingiusto, dove viene anco satireggiata l'educazione contemporanea in confronto dell'antica, mettendo in rilievo le tristi conseguenze di quelle teoriche nuove. Oltre che la dialettica, i sofisti promovevano in genere ogni studio, sia fisico sia speculativo. Al commediografo conservatore tutte queste paiono vanità (e in parte non avea torto), e però le mette in burla colla creazione delle Dee Nuvole. Le Nuvole, Socrate, Strepsiade, e Fidippide sono i quattro caratteri della commedia, e Strepsiade, dopo che è stato a scuola nel *Pensatoio* (φροντιστήριον) non vuol più saperne di pagare i suoi debiti, e si beffa de' creditori. Indarno Pasia incollerito gli grida :

> « Ah no ! pel sommo *Zeus*, per tutti i Numi,
> Non t'hai da pigliar giuoco impunemente
> Di me! »

Strepsiade ormai non crede più a Numi, e gli risponde :

> « Mi svaghi proprio co' tuoi Numi,
> Udir Zeus invocato in giuramento
> Fa ridere oggimai color che sanno ».

Il figlio Fidippide, che prima non ci voleva andare, per accontentare il padre, alla fine si piega e va anch'egli al *Pensatoio*, e vi impara l'arte così bene, che si mette a picchiare il padre, e dice che vuol battere anche la madre, e prova che ha ragione lui. In tal maniera Aristofane colpisce e satireggia nella sua applicazione pratica, l'idea che egli ha tolto a combattere. — Una cosa sola non può non parerci per lo meno assai strana, il vedere cioè Socrate posto qua come tipo de' vani e cavillosi sofisti. Su questo punto le osservazioni del Comparetti sono acute e belle. È un fatto, egli dice, che Socrate, sia pur giustamente, combatteva le abitudini del popolo ateniese, e i vecchi pregiudizi del pensiero comune, usando il metodo della discussione e del fino raziocinio: come poteva non parere paradossale? Quanto non era facile allora mettere a fascio il suo con quel raziocinare ardito e falso, proprio dei sofisti, e dal quale vedeva Aristofane derivare tanti mali? L'attività e l'influenza d'un uomo grande può essere giudicata ben diversamente dai contemporanei e nel suo paese, che da uomini lontani *che dopo ventiquattro secoli contemplano il suo nome e veggono il suo vero posto nella storia della umanità civile.* E si noti che il Socrate delle *Nuvole* è bensì il Socrate reale, ma è insieme il tipo di quel genere di filosofanti, contro cui, con tutta ragione, Aristofane appuntava i suoi dardi satirici: però alcuni tratti caratteristici del Socrate reale qui non si trovano, e se ne trovano invece altri che non sono proprî del Socrate della storia. Vuolsi anche osservare che Aristofane non inveisce contro Socrate, e non lo tratta alla maniera con cui tratta Euripide e Cleone. Da ultimo è bene osservare che non fu solo Aristofane che abbia preso di mira Socrate, ma altri comici lo attaccarono nei loro drammi e più violentemente di lui. Epperò il Comparetti crede di poter affermare che tra la commedia delle *Nuvole* e la morte di Socrate, avvenuta ventisei anni dopo, non ci sia alcuno special rapporto di causa ed effetto, e osserva che in Platone vediamo che i discepoli stessi ed amici di Socrate erano ben lungi da attribuire ad Aristofane alcuna responsabilità di questo fatto. — Il Comparetti chiude la dissertazione mostrando come la commedia nello stato in cui è a noi pervenuta, non potè essere rappresentata: in esso infatti si rileva un rifacimento cominciato e non terminato, per cui vi si notano lacune e contraddizioni. Non mancano memorie antiche che ci dicono, che le *Nuvole*, in seguito all'insuccesso avuto nella prima rappresentazione, furono dall'autore rivedute e corrette.

La versione del Franchetti, ha i due grandi meriti della fedeltà e della evidenza. Leggendola tu vi senti il sale comico del testo, per cui ci pare d'essere trasportato in Atene ai tempi d'Aristofane, e nel tempo stesso non vi trovi stento nessuno nè di lingua, nè di metro. Voglia il Franchetti continuare e condurre a termine la traduzione d'Aristofane,e l'Italia gliene sarà grata.

Verona, marzo 1882.

FRANCESCO CIPOLLA.

Uguale giudizio favorevole sulla versione del Franchetti dà nel *Giornale napoletano* l'egregio collaboratore di questa *Rivista*, il professore Francesco D'Ovidio, chiamandola ottima e fedelissima, essendo egli in complesso riuscito a tutto, salvo all'impossibile, anzi un po' anche a questo. Egli ha confrontata la traduzione parola per parola col testo, con pochissima speranza di trovare tante imperfezioni da smentire la diligenza del traduttore ed ha dato nel citato giornale il piccolo numero delle osservazioni che aveva da fare. L'ho confrontata anch'io coll'edizione di F. KOCK (Berlin, 1862) e registro qui le mie osservazioni ed i miei dubbî tanto per dimostrare al Franchetti il vivo interesse che m'ha ispirato il suo lavoro. Egli farà poi delle mie osservazioncelle quel conto che crede. Quanto al verso 24 il Franchetti si è attenuto alla lezione del Kuster, ἐξεκόπη, ma pare assolutamente preferibile la lezione ἐξεκόπην; mi fosse stato cavato un occhio, cioè successo qualsiasi altra maggior disgrazia. L'ἐξεκόπη si capisce a stento. Verso 28, credo si tratti d'una gara, ἅρματι πολεμιστηρίῳ (vedi SENOF., *Hipparch.* 3, 5), per cui s'intende τὰ πολεμιστήρια sc. ἀγωνίσματα, curule certamen. Inclinerei poi di leggere ἐλᾷς per ἐλᾷ. v. 37, δάκνει με τις δ. ἐκ τῶν στρ. è tradotto : « m'ha pinzato *fra le coltri* », ma è più espressivo il greco : « mi morde sì, da farmi balzar dal letto ». v. 44, εὐρωτιῶν, ἀκόρητος, εἰκῇ κείμενος, « vita volgare, senza lussi e senza pene » son parole troppo gentili per Strepsiade, che si rimane contento addirittura nel sudiciume. Al v. 47 vedi l'osservazione di D'Ovidio. v. 55 il Fr. traduce : « Io colla scusa di mostrarle questo *abito da lei fatto* ». Mi pare sbagliato. Strepsiade mostrava alla moglie l'abito sdrucito e lacero, che porta anche ora (τοδί), per rimproverarle la sua noncuranza del marito e delle cose sue. v. 70, ξυστίς è un abito splendido in genere. v. 71, φελλέως probabilmente non è un nome proprio, ma dinota in genere un pendio scosceso, sassoso e con poca vegetazione. Arpocrazione: τὰ πετρώδη καὶ αἰγίβοτα χωρία φελλέας ἐκάλουν. Confr. Senofonte, *Cineg.* 5, 18. Pel v. 140 vedi D'Ovidio. v. 180-82, ἄνοιγ' ἀνύσας τὸ φρ. καὶ δεῖξον ὡς τάχ. μοι τὸν Σ. è tradotto troppo liberamente con: « Fammici entrare nel pensatoio. Sbrigati a presentarmi a Socrate ». Lo Scoliasta dice: πεποίηκε τὸ προσταχθὲν ὁ φιλόσοφος καὶ ἀνέῳξε τὰς θύρας. ὁ δὲ εἰσελθὼν καὶ θεασάμενος αὐτοὺς ὠχροὺς καθημένους τεθαύμακεν. Mediante l' ἐκκύκλημα, gli spettatori vedevano l'interno della casa, senza che gli scolari uscissero. v. 271, vedi D'Ovidio e la versione latina: « in gratiam et honorem nympharum ». Riguardo al v. 272 veda poi il Franchetti, se non abbia ragione il Kock coll'osservare che è strano quel προχοαῖς senza preposizione e che pare mancare un epiteto all' ὑδάτων, p. e., τροφίμων da sostituire al προχοαῖς, il che renderebbe certamente più espressivo il verso. È strana pur la lezione del v. 282, καρποὺς τ' ἀρδομέναν ecc., e non dà un senso soddisfacente. Il Kock propone di leggere per καρπούς ·κρήναις o κρουνοῖς. Il Bergk legge Καρποῦς, cioè il nome dell'Ora Carpo. Così è pure poco soddisfacente la lezione del v. 336, εἶτ ἀερίας, διεράς ecc. Fra le conghietture de' più recenti interpreti alcuna potrebbe per avventura rendere il verso più vigoroso. v. 375, ὦ πάντα τολμῶν: « sfacciato » è troppo debole. verso 407 : « Forza è (confr. il δ' ἀνάγκης del verso 377) ch'esca violento per la densità.» è tradotto : « e poi che *violento* le ha rotte (le nubi), per l'*avversa* densità », l'*avversa* è' di troppo. v. 417, il γυμνασίων è certamente falso, dacchè non ha da astenersi dai ritrovi del ginnasio chi vuol rendere robusto il suo corpo. Diogene Laerzio legge : ἀδηφαγίας, il Kock propone βαλανείων. Anche nel verso 451 il *lesinante* dà da pensare. Il Fr. s'è attenuto alla lezione vulgata : ματιολοιχός, il Bentley ha proposto ματτυολοιχός. In ogni caso « il lesinante » è poco adattato come ultimo di quella serie di titoli dati all'avvocato. v. 486-487. V'era da avvertire il poco nesso, in cui i due versi si trovano col resto della scena. Non sarebbe forse stato inopportuno l'accennare, che in questa parte specialmente si rinvengono le traccie di una seconda redazione, cfr. il Kock ai versi e il n. 44 della sua introduzione. v. 528. La lezione οἷς ἡδὺ καὶ λέγειν tradotta con : « che è già piacere l'indirizzarsi ad essi » dà un senso poco conveniente. L'errore in cui il

Fr. è incorso nella traduzione del v. 530 ha già avvertito il D'Ovidio. Per i v. 595 e seg., e 624 e 767 conf. le osservazioni del D'Ovidio. L'ultimo di questi versi è tradotto da G. Hermann: « Tu ipse primus aliquid inveni idque mihi expone ». v. 661, l'ἐξάμαρτε non mi par tradotto con «svagati a tuo piacere». Str. vuol dire, che il figlio poi potrà scialacquare a suo piacimento, dacchè frodi ed inganni gli procureranno i mezzi per farlo. Per il v. 925 e seg. avrei desiderato qualche nota; cosi come si leggono comunemente dànno luogo a grandi dubbî e rimangono oscuri non meno dei v. 912-913. Il v. 955 è tradotto, forse in causa della rima : « che a grave cimento gli amici porrà ». Il concetto del ἧς (σοφίας) πέρι τοῖς ἐμοῖς φίλοις ἐστὶν ἀγὼν μέγιστος esprime meglio la versione latina dell'ed. Didot: «de qua meis amicis maximum est certamen ». A tal condiscendenza alla rima attribuisco anche il πρὸς τούτοις del v. 1022, tradotto con: « per tal cagione ». Vorrei dire anche contro l'« echeggiavano » del v. 968, con cui rende l'ἐν-τειναμένους « ed intuonavan l'armonie ». Nel v. 920 il Fr. non rende l' ἁρπάζειν « servirsi prima ». Il κιχλίζειν presso gli Attici vuol dire mangiar tordi, ed in genere cose ghiotte, cioè quasi lo stesso che ὀψο-φαγεῖν, nella posteriore grecità vale anche « ridere sottecchi »; tratterebbesi di ragazzi che discorrendo tra loro scherzano, ridono e sghignazzano, il « darsi ad oscena risata » è certamente troppo forte. Al v. 1001 osservo che il Kock cita solo due figli d'Ippocrate, Telesippo e Demofonte, mentre lo Scoliaste aggiunge Pericle; i passi de'comici che ad essi si riferiscono e son citati dal Kock, hanno il plurale, non il duale. v. 1040, il τοῖσιν νόμοις ἐν ταῖς δίκαις τἀναντί' ἀντιλέξαι «io pel primo mi son accinto a contraddire le leggi ne' processi» non è certamente ben tradotto con « primo a contraddir mi feci le leggi e la giustizia », segue un καὶ, e non « ma ». Nel v. 1126 non è tradotto l'ὔ-σομεν. v. 1242, pare che il Fr. legga ᾗ μὲν σὺ πάντων, lezione che non trovo registrata; la comune è τούτων, il Kock seguendo il codice di Ravenna legge τούτῳ, e lo riferisce all' antecedente Ζεύς, contro il quale ha egli massimamente peccato. La traduzione del v. 1255 è sbagliata, come ha osservato il D'Ovidio. Quanto ai versi 1365-1368 credo che sia da accettare la trasposizione del Kock, 1365, 1367, 1368, 1366. Il 1418 è certamente guasto, e poco hanno giovato le emendazioni fin qui proposte, per il senso però è quello che ne dà il Fr. Nel v. 1435 guardi il Fr. se il suo « e busse io prendo » possa stare. I versi 1488-89 si potrebbero per avventura tradurre più fedelmente. Per il v. 1506 confr. il D'Ovidio, che fece pure osservare altre minori cose, che il lettore vorrà vedere nel citato giornale, in cui il nostro egregio collaboratore esprime ancora il desiderio, al quale mi associo, che cioè il Comparetti fosse stato meno parco colle sue opportune note, dacchè parecchi passi potrebbero pur abbisognarne per il lettore, che vuol gustare l'Aristofane reso italiano dal Franchetti, senza ricorrere al testo ed ai suoi commentatori. Ne' più recenti di questi il traduttore, confrontandoli fra loro, potrà per avventura rinvenire proposte di lezioni ed emendamenti, di cui giovarsi in una seconda edizione e nella continuazione della sua nobile fatica.

Torino, maggio, 1882.

Giuseppe Müller.

D. Comparetti, *On two inscriptions from Olympia*. Reprinted from the Journal of Hellenic studies. London, 1881.

Già altra volta la *Rivista* ha reso conto delle dotte fatiche che il Comparetti dedica all'illustrazione delle iscrizioni greche, dovute agli scavi di Olimpia. Ora non può che brevemente accennare al lavoro inserito in uno dei volumi di « Studî ellenici » che si pubblicano in Inghilterra ed in cui intraprende in contradittorio col Kirchhoff e col Purgold, che se ne sono occupati nella « Gazzetta archeologica di Berlino », l'illustrazione nelle due epigrafi n° 382 e 383. Il Kirchhoff trascrivendole aveva addirittura dichiarato di non poter interpretare il loro contenuto. Il Comparetti, sebbene dovesse soltanto lavorare con un facsimile, è riuscito, a parer mio, ad una lezione di molto migliore del Kirchhoff, emendando con molto acume e con vasta dottrina i non pochi errori dei due bronzi che portano le iscrizioni, ed a giungere ad una intelligenza generale dei due frammenti, di cui il primo, secondo lui, è il frammento d'una legge, concernente i θεοκόλοι (carica intorno ai diritti e doveri, dei quali si sperano ulteriori notizie dalle iscrizioni d'Olimpia, ancora inedite). Sembra che essi, oltre all'ufficio sacro, avessero anche parte nell'amministrazione del territorio appartenente al tempio, e fossero persino possessori di porzione di esso, e che il frammento contemplasse il caso in cui potessero ad altro cedere parte del loro diritto. Il frammento della seconda iscrizione sembra quello d'una legge intesa a guarentire al Dio il rispetto dovutogli. L'importanza particolare dello scritto del Comparetti consiste poi nelle sue considerazioni sui singoli vocaboli dei due frammenti, considerazioni che accrescono notabilmente le nostre notizie sul dialetto dell'Elide, ancora sì poco conosciuto.

Torino, maggio, 1882.

G. Müller.

M. Porcii Catonis, *De agri cultura liber* — M. Terenti Varronis, *Rerum rusticarum libri tres* ex recensione Henrici Keilii, vol. I, fasc. I, Lipsiae, MDCCCLXXXII.

Nella mancanza assoluta di un'edizione critica degli *Scriptores rei rusticae*, non è a dire se la presente, annunziata già da qualche anno (1), fosse attesa vivamente da chi si occupa di tali studî.

Il primo fascicolo, di cui ora discorro, è unicamente dedicato all'opera di M. Porcio Catone, per la quale il Keil si è attenuto quasi per intiero all'edizione di Pier Vettori (Lugduni, 1541), e agli *Excerpta* che Angelo Poliziano avea fatto dal codice Marciano, collazionandolo coll'edizione principe (2).

Ciò mi risulta dall'esame del testo; chè il presente fascicolo non porta prefazione.

Già fin dal 1849, nelle *Observationes criticae in Catonis et Varronis de re rustica libros* (p. 66-67) il K. avea detto che per vero titolo del libro Catoniano era da ritenersi *De agricultura* anzichè *De re ru-*

---

(1) Cfr. Teubner's, *Mittheilungen*, 1878, Nr. 2, S. 25.

(2) Cfr. A. M. Bandini, *Ragionamento istorico sopra le collazioni delle fiorentine Pandette fatte* da Angelo Poliziano, Livorno, 1762, p. 67.

stica; ed oggi, col fatto, mostra di essere della medesima opinione. Ma non parmi che la cosa sia così definitivamente decisa come l'asserzione del K. potrebbe far credere.

Ecco le testimonianze che riguardano la quistione:

VARRONE (*r. r.*, I, 2, 28, ed. GESSNER) dice: « An non in magni illius Catonis libro, qui *De agricultura* est editus, scripta sunt permulta similia? ».

Ed AULO GELLIO (*N. A.*, III, 14, 17, ed. HERTZ): « M. Cato in libro quem *De agricultura* conscripsit » (1).

Peraltro lo stesso GELLIO (X, 26, 8) dice: « Cato in libro *De re rustica* » e Catone presso CICERONE (*De senect.*, XV, 54, ed. MEISSNER): « Quid de utilitate loquar stercorandi? Dixi in eo libro quem *De rebus rusticis* scripsi ».

Di fronte a tali testimonianze, sebbene si possa restare a prima giunta indecisi sul vero titolo del libro, ciononndimeno mi pare che, con tutto il rispetto dovuto all'autorità dell'eruditissimo Varrone (giacchè bisogna escludere Gellio, come colui che non decide nè per l'uno nè per l'altro dei due titoli), si potrebbe con maggiore probabilità ritenere per vero il titolo *De re rustica*; cui mi sembra poter anche ricavare dalle parole precitate di Cicerone, il quale non avrebbe osato mettere in bocca a Catone stesso un titolo di una di lui opera, se, per la conoscenza ottima ch'ei mostra spesso di avere degli scritti catoniani, non fosse stato certo che quello era il vero.

Nè contro questo varrebbe il dire che Cicerone usando *De rebus rusticis* e non *De re rustica* dia prova con ciò stesso di non riferirci il vero titolo, come parrebbe credere il K. (*Op. cit.*, p. 67); giacchè devesi ritenere che a Cicerone erano grati codesti plurali, come egli medesimo ne attesta dicendo ad Attico (XVI, ep. XI) di preferire a *De officio* il titolo *De officiis*, che per lui è « inscriptio plenior ».

---

(1) Il passo di PLINIO (XIV, 4, 44, ed. DETLEFSEN): « Catonum ille primus triumpho et censura super cetera insignis..... praeceptisque omnium rerum..... inter prima vero agrum colendi, ille (al. illius) aevi confessione optimus ac sine aemulo agricola... », e quell'altro di Columella (*r. r.*, I, 1, ed. GESSNER): «..... M. Catonem Censorium illum memoremus qui eam (agricolationem) latine loqui primus instituit » che altri citano a sostegno del titolo *De agricultura*, sembrano doversi trascurare affatto, come quelli che non riguardano il titolo dell'opera Catoniana.

In quanto ai codici, non mi varrò della considerazione che 13 (1) di essi portano il titolo *De re rustica* e soli 6 *De agricultura*, perchè accade talvolta che i più numerosi non sieno i migliori e i più autorevoli ; ma mi basterà notare che il codice Marciano, il più antico ed autorevole, portava il titolo *De re rustica*, secondo mi parrebbe doversi ricavare dalle parole seguenti di PIER VETTORI, che del medesimo si valse per la sua edizione : « Vetustissimum volumen est in divi Marci Bibliotheca, in quo M. Catonis unus liber est, quem *De re rustica* scripsit : ac tres M. Terentii Varronis *rerum* item *rusticarum*. Is unus liber, ut verum fatear, et ut veris laudibus ornem, maiores mihi utilitates praebuit, quam universi alii : superat enim reliquos, quos habui, longo intervallo, et vetustate et fidelitate » (2).

Ma alcuno potrebbe chiedere : se vi sono maggiori probabilità per credere che il titolo dell' opera Catoniana fosse *De re rustica* piuttostochè *De agricultura*, come si spiega l'uso di quest'ultimo ?

A ciò si potrebbe dare con verosomiglianza una spiegazione, supponendo che ogniqualvolta fu mantenuta la denominazione *De agricultura*, siasi badato più al contenuto che al titolo vero : cosa non infrequente presso gli antichi, allorchè il contenuto si connetteva all'argomento da essi trattato.

Premesso questo pel titolo vengo subito all'edizione, che del resto è per molti risguardi commendevole.

Anche qui il K. mantiene, forse senza sufficiente ragione, l' indice dei *lemmata*, che si legge in molte precedenti edizioni.

Io sarei invece d'avviso, e in ciò mi conferma un esame non indiligente dell'opera, che sebbene si possa ammettere la divisione per paragrafi (dico *divisione* e non *numerazione*), codesti *lemmata*, o comunque si vogliano chiamare, che il K. ne riproduce, sieno piuttosto le parole stesse con cui Catone cominciava a trattare di una data materia, variamente modificate e redatte a guisa di indice dai

---

(1) A completare le notizie forniteci dal K. (*Op. cit.*, p. 5-12) intorno ai codici, noterò che il Ricardiano, cart. n. XXVII ora 153, non consultato dal K., è autografo di Bartolomeo Fonzio e porta la data del 26 settembre 1476. Contiene una raccolta di excerpta dal *De re rustica* di Catone, come pure da Varrone e parecchi altri scrittori latini e greci.

(2) Cfr. *Explicatio suarum in Catonem, Varronem, Columellam castigationum*, Lugduni, 1542, prefazione.

grammatici per comodità dei lettori. E prova ne è pure il discordare stesso dei codici su questo punto e il trovarsi non di rado le stesse cose ridette con pressochè identiche parole nell'indice, in principio e dentro ai paragrafi del testo.

Nè difficile mi sembra a rintracciarsi la ragione di questo fatto. Dapprima si sarà condensato in breve, per così dire, e possibilmente con parole Catoniane, il contènuto di ogni paragrafo e fatto quindi un indice a comodità dei lettori ; poscia per facilitare anche più, le parole dell'indice si saranno ripetute dentro al libro, o nel margine o in capo ad ogni paragrafo, distinte dal testo con colore diverso ; ma col procedere del tempo, sia per ignoranza, sia per negligenza, trascurata tale distinzione, quello che era opera di grammatici, ebbe l'onore di far parte del testo.

Inoltre io non intendo perchè il K. non faccia corrispondere la numerazione dell'indice a quella dei paragrafi del testo. Con ciò si genera confusione non poca (1), e l'indice ch'egli premette diventa quasi inservibile. Mi si potrà dire, è vero, che l'indice serve anco a far conoscere per sommi capi il contenuto dell'opera ; ma allora perchè la numerazione ?

In quanto al testo farò alcune brevi osservazioni.

Parmi che i pochi *unus*, *tres*, *quinque* ecc. si potrebbero ridurre a I, III, V, giacchè è cosa incoerente scrivere (X, 1): « ...operarios *quinque*, bubulcos III, asinarium I, subulcum 1... ».

Al II, 1, dove si dice : « Ubi cognovit, quo modo fundus cultus siet, operaque quae facta infectaque sient », antica congettura che il K. accetta, leggerei *operaque facta, infecta quae sient*.

Nel XVI, 1 : « Calcem partiario coquendam qui dant, ita datur » con qualche codice e colle antiche edizioni scriverei *dant* e non *datur*; cfr. il proem. 2 : « Virum bonum quem laudabant, ita laudabant..... amplissime laudari existimabatur qui ita laudabatur ».

Nel XXI, 2, anzichè *lamnis* metterei *lamminis* che è pur di qualche codice e che il K. accetta per tre volte di seguito nel medesimo paragrafo.

Nel LXXXXV, 2, invece di *sub dio caelo* leggerei semplicemente *sub dio* come si legge al CVIII, 2 e CXII, 2.

---

(1) Per es. il *lemma* XLII (indice, p. 5): « Quae mala in segete sint » corrisponde al paragrafo XXXVII.

Nel CLVII, 15, invece di « Si polypus in naso *intro erit*, leggerei *introierit*, giacchè altrimenti avrebbe dovuto dirsi *intus*. In quanto alla costruzione del verbo *introire* coll'abl. cfr. HOLTZE, *Syntaxis priscorum scriptorum latinor.*, vol. I, p. 85, e DRAEGER, *Historische Syntax der latein. Sprache*, vol. I, p. 652.

Inoltre parecchi *sit* e *sint* che il K. accoglie nella sua edizione di fronte a 72 tra *siet* e *sient*, parmi che si dovrebbero, senz'essere troppo audaci, ridurre alla loro forma arcaica. Per es. nel V, 2: « Vilicus *ne sit* ambulator, sobrius siet » non si potrebbe mutare il *ne sit* in *ne siet*, non foss'altro, per analogia del CXLIII, 1 : « (Vilica)... neve ambulatrix siet... » ?

Il *posueris* del XXXVII, 3, si potrebbe ridurre a *posiveris*; cfr. *posiverunt* (proem. 1), *posiveris* (IIII, 1), *imposivi* (framm. dell'orazione *De sumto suo*, presso JORDAN, *M. Catonis praeter librum de r. r. quae extant*, p. 37, 8).

Al XLVI, 1 e XLVIII, 1, anzichè *bipalio vertito*, leggerei *bipalio vortito* come si trova al VI, 3 e CLI, 2.

Così pure in analogia a *vorsum, vorsato, quoquo vorsum, susum vorsum*, avrebbe dovuto ridurre a forma arcaica : *versus, adversus, adversum, quoquo versum, transversum* ecc.

Le forme poi *acervus, alvus, ervum, novus, ovum, servus, vulnus* si sarebbero potute scrivere: *acervos, alvos... volnus*; cfr. *convolvolus* [bis] del LXXXXV.

Nel CXXIV, accanto ad *obmoveris, obmoveto, obmovenda* stuonano le forme assimilate *ommoveto, ommovenda* ; lo stesso dicasi di *alligato, corrupta* etc., accanto alle forme più accettabili : *conligato, conlibrato, conlatis, adponito, adpetet, subripiatur (subrupiatur?), inrigivus* ed altre.

Ma di ciò basti per ora : chè io non intendo di far qui un'edizione del *De re rustica* di Catone, nè togliere a quella del Keil il valore che ha meritamente.

Savona, 25 maggio 1882.

GIACOMO CORTESE.

Le Querolus, comédie latine anonime. Texte en vers restitué d'après un principe nouveau et traduit pour la première fois en français, ecc. par L. Havet, Paris, 1880 (Bibliothèque de l'École des Hautes Études, 41ᵉ fascic.).

È noto come dell'età imperiale sia a noi pervenuta una sola com-media latina, cosi che ben a ragione può dirsi che, tolti pochi fram-menti, quanto ci rimane del teatro comico latino appartiene a Plauto, a Terenzio ed all'autore del *Querolus.* Ora intorno a questa com-media molte questioni si sono agitate, le quali non sono ancora to-talmente risolte. Si tratta in fatti di sapere chi ne sia l'autore ed in qual tempo sia vissuto; se l'abbia destinata al teatro; se la sua pri-mitiva redazione sia quale è a noi pervenuta, vale a dire in prosa.

Intorno all'autore ben si può dire che la questione è risolta nega-tivamente. Sebbene il *Querolus* sia una commedia designata nei ma-noscritti colle due parole Plauti *Aulularia,* non ostante basta leggere poche righe del Prologo per convincerci che Plauto vi è affatto estraneo.

« Aululariam hodie sumus acturi, non veterem *at* rudem,
Investigatam *atque* inventam Plauti per vestigia.
. . . .
Sed Querolus an Aulularia haec dicatur fabula,
(_ ◡ _) vestrum hinc *judicium,* vestra erit sententia » (1).

D'altra parte il vedere citati Cicerone ed Apicio ed il trovarvi allu-sioni a passi di Virgilio, di Seneca, di Marziale e di Giovenale in-

(1) Nelle citazioni mi servirò del testo quale è stato restituito dal-l'Havet stesso: per tal guisa il lettore potrà farsi un'idea più chiara del suo metodo. I segni metrici indicano, come si vedrà pure appresso, che alla redazione in prosa manca, per soppressione di vocaboli, certo numero di sillabe e talora di piedi per ricostituire il verso primitivo. Ciò, s'intende, secondo l'opinione dell'H., opinione che ci pare assai discu-tibile.

sieme con parecchi altri indizi abbastanza chiari, provano che il testo appartiene all'epoca del basso impero. L' Havet sostiene a ragione che l'autore doveva vivere in Gallia e propriamente nella metà meridionale·di essa e che s'indirizzava ad un pubblico gallo (P. 4), ma ci avverte che « jusqu' ici nous n'avons absolument aucune lumière sur le nom de l'auteur. Il est peut-être sage de ne pas prétendre à percer ce mystère » (p. 7). Resta quindi incerto il nome, ma non incerta la patria, sebbene il Bücheler abbia trovato nel *Querolus* un' origine africana per certi versi analoghi che offrono alcune iscrizioni barbare dell'Africa (1), opinione questa che fu del pari sostenuta da Gaston Paris (2), ma senza ragione di sorta.

Riguardo all'autore rimane a sapere a quale epoca possa appartenere. Per tal rispetto l'H. nota assai ragionevolmente come un'allusione, che si trova nella commedia, ai briganti delle rive della Loira, vale a dire ai Bagaudi, accordata colla dedica che l' autore fa della sua commedia ad un Rutilio da lui detto venerando e *vir inlustris* (3) (il quale non può essere altri che Rutilio Namaziano) ci conduca all'epoca dell'impero di Arcadio ed Onorio. L' H. anzi crede che si possa assegnare alla commedia una data nei venti o trenta primi anni del quinto secolo (pp. 5 e 6).

Dall'autore passiamo alla commedia stessa e vediamo che si debba dire della questione che abbiamo posta, se cioè il *Querolus* sia stato destinato al teatro.

> « Nos hunc fabellis atque mensis librum scripsimus »,

dice l'autore nella Dedica (v. 17, p. 185), e perciò ben dice l'H. che « Le *Querolus* est ce qu'on appellerait de nos jours une comédie de salon », giacchè « la salle à manger des anciens était l' équivalent de notre salon » (4). Era dunque un pubblico assai differente dell'ordinario quello a cui s'indirizzava l'autore, erano gli amici di casa Rutilio gli unici spettatori, e quindi al gusto, alla coltura del padrone di casa e de' suoi convitati doveva accordarsi interamente la commedia. In-

(1) *Rheinisches Museum*, 1872, p. 474.
(2) *Revue Critique*, p. 376, nota 2.
(3) Dedica, v. 18.
(4) Pag. 11, testo e nota 2ª.

gegnosamente l'H. nota che quest'origine artificiale si riconosce subito all'incoerenza dei dati (p. cit.), essendoci da una parte un intrigo assai bizzarro, che l'autore deve certamente aver tolto da un originale greco, come colui

« Qui Graecorum disciplinas ore narrat barbaro » (1),

e dall'altra un lungo diverbio filosofico tra il Lare domestico e Querolo, cosa questa che ci spiega perchè l'autore nella dedica a Rutilio abbia detto :

« Sermone illo philosophico ex tuo materiam sumpsimus » (2).

Non convengo tuttavia con l'H. riguardo al giudizio che dà del valore della commedia. Certo egli non giunge all'esagerazione del Magnin, a dire cioè che « C'est à la fois une comédie de caractère, de mœurs et d'intrigue, étincelante d'esprit, de verve et de poésie » (3); ma sebbene egli vi riconosca non pochi difetti, non dubita però di asserire che il poeta anonimo del *Querolus* sostiene la vicinanza di Plauto « sans en être trop accablé », aggiungendo che « Plaute a un génie plus puissant, mais notre auteur a peut-être un talent plus égal » (p. 20). Credo pertanto che sarebbe più prudente accostarsi all'opinione di Gaston Paris che giudica il *Querolus*, malgrado l'intrigo ben concepito, una cosa mediocre (loc. cit.).

Veniamo ora alla questione molto seria e che riguarda la natura del testo. L'H. dedica a tale questione il 3º capitolo della sua Introduzione prendendo ad esame le opinioni diverse dei filologi e proponendo una nuova soluzione egli stesso, soluzione che in massima sembrami ragionevolissima. Delle tre supposizioni che si possono fare intorno alla natura del testo, se cioè originariamente fosse scritto in versi, o in prosa o parte in versi e parte in prosa, egli accoglie la prima, come quella che è resa più verosimile dall'andamento stesso della prosa in cui ci è pervenuta la commedia, non che dalle parole stesse dell'autore che così conchiude il prologo:

---

(1) Prologo, v. 2, p. 186.
(2) V. 12, p. 184.
(3) *Revue des Deux-mondes*, 1835, t. II, p. 673.

« Prodire autem in agendum non clodo auderemus cum pede,
Nisi magnos praeclarosque hac in parte sequeremur duces » (1).

Certo sarebbe una vera stravaganza il credere che con l'espressione *clodo cum pede* si designasse lo scrivere prosaico ovvero un fluttuare tra verso e prosa. D'altra parte quei *magni praeclarique duces* che l'autore dice di seguire non poterono certo scrivere altrimenti che in versi, non essendo in uso presso l'antichità classica la commedia in prosa. È questa un'osservazione che mi pare debba avere un certo peso nella questione e che dà ragione all'ipotesi dell'H., sebbene non mi sembri che egli ne abbia tenuto conto.

Stabilito con l'H. che il *Querolus* nella sua forma primitiva doveva essere versificato, rimane a vedere che cosa sia quel *pes clodus* e quante specie di versi si possano ravvisare nel testo. Convengo con l'H. in quanto riferisce il *pes clodus* al γένος ἄνισον, considerandolo come un piede περισσός o πάρισος, ma non mi limiterei, come egli fa, al solo γένος διπλάσιον, ma comprenderei del pari l'ἡμιόλιον; e quindi, oltre al giambo ed al trocheo, accoglierei anche i piedi di genere peonico, come a dire il cretico ed il bacchio che hanno tanta parte nella metrica di Plauto. Così la parola *pes* indicherebbe il *genere* e non una particolare specie, come del resto ammette evidentemente l'H. stesso, dicendo che « l'opposé de *pes clodus* (iambe ou trochée) est ποῦς ἄρτιος (dactyle, anapeste, spondée) » (p. 54, n. 4). E però non posso assolutamente indurmi a credere che nel *Querolus* non ci sieno che due sorta di versi, il tetrametro trocaico catalettico ed il tetrametro giambico acataletto in un numero press'a poco uguale (2). E non è certo una ragione sufficiente per provare tale asserto il dire che la pronunzia dei tempi dell'autore era essenzialmente mutata da quella dei tempi di Plauto e di Terenzio e quindi era imperiosamente richiesta una serie ritmica uniforme (nel nostro caso, di misure quadruple a 6/8), un carattere musicale identico da un capo all'altro della commedia. Tanto più che il pubblico non era, come ammette lo stesso H., l'ordinario pubblico de' teatri, ma « un public

_____

(1) Pag. 188.
(2) Pag. 51 — Vedi anche la nota 2 alla stessa pagina.

peu nombreux, formé de personnes choisies et toutes *éminemment cultivées*, très-capable de goûter les mérites de la *forme* » (p. 11), e che poteva quindi gustare la varietà dei metri nel *Querolus* come in qualunque altro genere di poetici componimenti.

Ad ogni modo, posto pure che il *pes clodus* si riferisse al giambo ed al trocheo soltanto, e che perciò l'autore del *Querolus* si accostasse piuttosto a Terenzio, che dà pochissima parte ad altri piedi (1), per le ragioni dette non sembra assai verosimile che nel *Querolus* non si desse luogo ad altre specie di metri giambici e trocaici che quelli dall'H. supposti.

Perciò dalle premesse fatte dall'H. e poste come fondamento della questione, che egli tenta di risolvere, dovrà necessariamente seguire un metodo poco sicuro nella ricostituzione del testo nella sua primitiva forma poetica. Di fatto il suo testo non risultando di altri versi che di que' due, che ho sopra menzionato, non ci può guari soddisfare per le notevoli lacune che è costretto a riconoscervi; ed io non credo verosimile che colui che volse la commedia in prosa sia giunto persino al punto da tralasciare intere, sebbene brevi, parlate. Ammettere una cosa simile s'intende facilmente quando si vuol far servire un testo ai propri preconcetti. Diamo qualche esempio. All'atto II, scena III, pezzo 45, parlano il Sicofanta e Mandrogeronte. Quegli d'accordo con questo per ingannare Querolo lo supplica di rivelargli l'avvenire *et ea tantum modo quae sunt bona* (v. 2). Mandrogeronte esponendo le cose *a capite* (v. 3) gli dice che egli è di nobile schiatta, che *ab initio* era un uomo *nequam*, che ora è miserabile, che è minacciato da pericoli di varia specie, e finalmente ci troviamo a questo punto:

> MAND. Datum tibi est
> De proprio nihil habere. SYCOF. Intellego.
> MAND. Sed de alieno plurimum.
> (vv. 7, 8).

A queste ultime parole viene naturalissima la risposta del Sicofanta:

---

(1) Nell'*Andria* sono bacchiaci i vv. 481-484 (ediz. FLECKEISEN) e 637, 638; il v. 625 è dattilico, e 626-634 cretici; negli *Adelphi* sono coriambici i versi 612 e 613: tutti gli altri versi sono trocaici o giambici.

« Iam istud nobis sufficit »;

(v. 9)

ma l'H., il quale non trovava modo di fare i suoi giambici secondo il suo sistema, ecco come ristabilisce il dialogo :

> Mand. Datum tibi est
> 8 De proprio nihil habere. Sycof. Intellego.
> Mand. Sed de alieno plurimum.
> 9 Sycof. | ◡ || – ◡ – ◡. Mand. – ◡ – ◡.
> Sycof. | Iam istud nobis sufficit.

In verità non credo che una cosa simile si possa prendere troppo sul serio. Altrove (è il Lare che parla a Querolo) così il testo è ristabilito (p. 204, atto I, scena II, pezzo 8).

> « Quanto mallem, laberetur ut sermo, et staret fides!
> Tune credis absolutum, Querole, verbis esse te ?
> Pejerat [◡ – ◡ – ◡ – ◡] saepe qui tacet,
> Tantum enim tacere verum est, quantum et falsum dicere »,

dove non si sa capire come ci possa stare una lacuna, mentre l'ultimo verso citato, che deve spiegare il contenuto del precedente, non ci lascia supporre una qualche ommissione in quel *Peierat saepe qui tacet*, espressione proverbiale, significativa e chiarissima per se stessa.

Di questo passo potrei moltiplicare gli esempi: ma bastino i due recati per dare un'idea del, secondo me, erroneo procedere dell'H. Qui per altro voglio aggiungere un'osservazione, ed è che non sempre mi pare che, anche col presupposto dell'H., vale a dire che non si debbano ammettere più di due specie di versi, si debbano ritrovare parecchie delle non poche lacune da lui ammesse, e che quindi, pure seguendo·il prestabilito concetto, si sarebbero potute ridurre ad un numero minore. Per es., l'H. avrebbe potuto ridurre a quattro i versi 18-22 del pezzo 7 della scena II dell'atto I (pp. 199, 200), chè tali sono a me riusciti coll'aggiungere un semplice monosillabo *sic* e col cangiare *posthac* in *post*, aggiunta e cambiamento che egli può concedere, avendone dato non pochi esempi nella sua edizione.

Ad ogni modo resta all'H. un merito indiscutibile e grande, quello cioè di aver indicato una nuova via per risolvere l'ardua questione : e quantunque un malaugurato preconcetto gli abbia impedito di giungere egli stesso ad una totale soluzione, è certo tuttavia che difficilmente potrebbe altri mettersi alla difficilissima impresa con maggior copia di erudizione, con maggiore conoscenza della lingua e della metrica latina, per non parlare della diligenza usata nel riscontrare le varianti di parecchi manoscritti e nel confrontare egli stesso il codice Parigino che sembra essere del principio del secolo XII. Se non che pur troppo l'aver relegato le varianti in appendice al libro (pp. 327-363), anzichè al piede di ciascuna pagina del testo, ne rende assai malagevole l'uso, obbligando il lettore a cercare per ogni verso le varianti in quattro distinti luoghi.

Torino, 1° febbraio 1882.

ETTORE STAMPINI.

Tre letture sul grado di credibilità della Storia di Roma nei primi secoli della città di LUIGI SCHIAPARELLI. Torino, E. Loescher, 1881 (Estratto dal vol. XVI degli « Atti della R. Accademia delle Scienze di Torino »).

Malgrado le diligenti ricerche sinora fatte da strenuissimi cultori delle scienze storiche, archeologiche e linguistiche, è cosa incontestabile, come l'egregio autore osserva, che quel rimoto periodo di storia italica indicato nel titolo del suo lavoro « rimane tuttora in buona parte un vero problema storico ed etnografico in molti particolari » (p. 2), sì che può lasciar largo campo a ricerche ulteriori, a studî pazienti, a nuove rivelazioni. D'altra parte, allorquando intorno ad un'ardua ed intricata questione, come è quella della storia dei primi secoli di Roma, si sono scritte tante cose in tempi diversi e con opinioni tanto varie, è sempre assai utile che taluno si ponga all'impresa di riassumere brevemente e chiaramente quanto da altri s'è già fatto, affinchè più distinto e spiccato risulti lo stato della questione e si possa vie meglio misurare il campo che ancora si deve percorrere.

Per questo secondo rispetto io credo sia specialmente degna di considerazione la dissertazione del professore Schiaparelli, senza per altro negare che qualche osservazione nuova, qualche nuovo punto di veduta non s'abbia a trovare, come non di rado ne' suoi eruditi scritti. Una succinta analisi della dissertazione proverà il nostro asserto.

Anzi tutto l'A., dopo aver notato la tendenza di molti scrittori delle diverse contrade d'Europa ad occuparsi della storia primitiva di Roma con diversi risultamenti, passa ad esaminare i caratteri delle due scuole storiche dei tempi moderni, la tradizionale e la critica, osservando che « se i partigiani della credibilità assoluta mostrano talora grave difetto di storico acume, non è men vero ·che i più illustri dei moderni critici della storia romana eccedettero bene spesso tanto nella parte negativa quanto nella positiva ; sostituendo talora le proprie congetture e l'interna loro convinzione ai monumenti che mancano, e interpretando nello interesse ed appoggio del proprio sistema quelli che ci rimasero » (p. 3). Da queste parole si può facilmente dedurre il sistema che tiene l'A. nella sua disamina, sistema che chiamerei quasi di conciliazione, per cui, senza negare una certa importanza alla tradizione nelle sue parti meno inverosimili e specialmente in ordine alle istituzioni, si accettano le più ragionevoli conclusioni che si sono proposte dalla scuola critica coll'efficace aiuto degli studî preistorici, dell'antropologia, della linguistica, della, epigrafia, ecc. È una prudente riserva che val certo meglio delle congetture arrischiate e delle teorie chimeriche, ma che, mi pare, viene talora dall'egregio A. spinta tropp'oltre ai giusti limiti, come si potrà rilevare da quel poco che qui si dirà.

Accennati a guisa di introduzione e dichiarati i due fatti più eminenti della politica interna dei Romani, cioè lo « spirito di aggregazione degli alleati e dei vinti nel loro consorzio civile e politico » e lo « spirito di espansione dei proprii cittadini colle colonie» (p. 4), e fatto un cenno del sentimento religioso che dominava in Roma (p. 7-10), viene tosto a notare la scarsità e poca antichità dei fonti della primitiva storia romana, e per dar ragione di questi fatti, dà alcuni brevi cenni sulla introduzione nella penisola italiana, specialmente nel Lazio, delle lettere e della scrittura alfabetica (p. 11-16), conchiudendo che « *Rispetto a Roma ed al Lazio, la scrittura alfa-*

betica era certamente nota nel principio della monarchia » (p. 15) ; ma soggiungendo tosto « che l'uso della scrittura doveva essere sommamente raro, secondo la esplicita indicazione di Livio « *tunc litterae erant parvae et ad modum rarae* », riferendosi non solo al periodo della monarchia, ma ancora al primo secolo della repubblica, anzi fino alla invasione gallica » (p. 16), della quale espone accuratamente le conseguenze. Quindi, notata la poca importanza degli autori etruschi, greci e italioti riguardo a quel periodo di storia romana, mette in rilievo la mancanza assoluta di storici contemporanei nazionali prima del sesto secolo di Roma. Così termina il primo capitolo.

Nel secondo capitolo si tratta di parecchi monumenti incisi e scritti anteriori all'incendio gallico, come il *trattato coi Latini sotto Servio*; il *trattato di Roma coi Gabinii* ; il *trattato politico e commerciale* « conchiuso dai Romani coi Cartaginesi nel primo anno della repubblica e prima della invasione etrusca »; il trattato imposto da Porsena ai Romani ; i *patti di alleanza coi Latini* nell'anno 261 di Roma; la *legge Icilia* dell'anno 298; la lista delle *ferie latine* ; il *foedus ardeatinum* dell'anno 311 ; e finalmente, nono documento, la *corazza di Lino* di Volunnio ; monumenti tutti « contemporanei agli avvenimenti, ai quali accennavano... autentici e sfuggiti alla distruzione gallica » (p. 27) e perciò « pervenuti in tutta la loro autenticità ai romani annalisti, anzi agli storici del secolo di Augusto » (p. 24). Nè si dimenticano i monumenti muti; ma l'A. dà loro forse, come ad alcuno dei precedenti, troppo grande importanza, affermando senza sufficienti ragioni che « concorrono... a scuotere dalle fondamenta il sistema della incredibilità assoluta della storia dei primi secoli di Roma e dei primordii della medesima » (p. 28). Tali sono le muraglie di *Romolo* ; il carcere *Tulliano* e *Mamertino* ; le muraglie di *Servio* ; la *cloaca massima* ecc. Ancora io non posso capire come l'A. si limiti solo a dare importanza *minore* e non osi risolutamente negare un vero valore storico ad una serie di monumenti della vecchia Roma, come le statue degli otto re, quella di *Atto Navio*, di *Orazio Coclite*, di *Clelia* ecc., oltre ad altri monumenti « esistenti ancora sul fine della repubblica e ricordati più volte dagli scrittori » (P. 29), come *la casa di Romolo, ed il suo bastone augurale* ; il *fico ruminale* ; gli *ancili o scudi* di cui uno caduto dal cielo ; i *sandali e la conocchia di Tanaquilla* ecc., cose tutte che uno storico non può prendere sul serio, e sono, come l'A. stesso inclina a credere, da considerarsi « come il risultamento di leggende posteriori » ai fatti cui accennerebbero.

Passa quindi l' A. a parlare degli annali massimi o dei pontefici, che chiama di poco valore in ordine ai primi secoli della città (p. 32), dimostrando che quelli del periodo anteriore all'incendio gallico dovettero essere distrutti per quest'avvenimento, ma che, d'altra parte, sia che sfuggissero alla distruzione dell'incendio, sia che venissero restaurati, la loro importanza, come storico documento, era assai poca, perchè « dovettero limitarsi a contenere i nomi dei consoli e dei principali magistrati, che nel principio della repubblica erano pochissimi, colla semplice indicazione dei fenomeni fisici, che essi chiamavano e consideravano come miracoli, di cui Livio fa menzione anche nei primi cinque libri, e di qualche straordinario politico o civile avvenimento » (p. 35).

Fa pure menzione dei *commentarii pontificum*, dei *libri pontificum*, dei *libri augurali*, *aruspicini* e *fulgurali*, dei *libri sibillini*; delle *leges regiae* ossia del *ius papirianum*, negando a ragione « che anteriore all'incendio esistesse una collezione di leggi scritte, quale esistette veramente in tempi posteriori » col titolo menzionato (p. 39), e sostenendo giustamente che « La prima collezione di leggi scritte a Roma fu senza dubbio quella delle dodici tavole » (p. 40). Parimente menziona i commentarii dei re e dei magistrati; le tavole censorie, i libri di lino; i fasti consolari e calendari urbani e rustici; le memorie e cronache pubbliche e private; gli elogi funebri, immagini, titoli e nenie; le tavole delle leggi; gli atti del Senato e del Popolo; le tavole di bronzo; le iscrizioni ed i canti popolari nazionali.

Così, dopo aver fatto tale rassegna da me qui molto sommariamente indicata, l' A. domanda: « Con tanta copia di storici monumenti come mai puossi da un lato accusare di assoluta incredibilità la storia dei primi tre o quattro secoli della città di Roma, e ne potè dall'altro venir fuora una narrazione di quel periodo così piena di contraddizioni, di assurdità e d'incertezza rispetto ai fatti, mentre riuscì così fondata, ragionevole ed istruttiva in ordine alle istituzioni? » (p. 56). — Il capitolo III è appunto destinato « a distruggere questa evidente contraddizione con progressive osservazioni di fatto e col ragionamento ad un tempo » (id.).

A tale scopo, accennate le cause dell'incertezza della storia romana

nei primi secoli della città rispetto agli avvenimenti, passa ad esaminare la massima di Newton e di Volney relativamente alla durata
della tradizione orale in un popolo, presso cui non sia in vigore
l'uso della scrittura; ma la crede « applicabile per Roma, in ordine
ai fatti anteriori alla fondazione della città con piccola riserva, ma
non ugualmente rispetto agli avvenimenti posteriori » (p. 59). Ad
ogni modo però « Non havvi... alcun dubbio che la storia tradizionale
di Roma fu spesso sistematicamente alterata e falsificata dallo spirito
di vanità e d'orgoglio municipale più ancora che nazionale dei Romani » (p. 60), dall' esagerato patriottismo, dal sentimento religioso
popolare, dall'interesse del Senato, ecc. Pisone Frugi, Dionisio, Polibio, Livio stesso, Cicerone mostrano bene spesso pochissima fede
quanto ai primitivi fatti a quelle tradizionali narrazioni ; d'altra
parte, nè da questi nè da altri presso i Romani, o annalisti, o storici, o antiquarii, fu istituito un lavoro critico su quel primo periodo della storia romana, per parecchie ragioni ; tra cui gli ostacoli
gravissimi che un somigliante lavoro presentava per le enormi e radicali mutazioni verificatesi in Roma in quattro o cinque secoli, rispetto a lingua, religione, costumi, commercio e istituzioni. Oltre a
ciò gli « annalisti romani del VI e VII secolo furono quasi tutti uomini politici, che di quel lavoro critico non avevano nè voglia, nè tempo,
nè attitudine » (p. 68), per non dire « che opponevasi indirettamente
alle conclusioni negative, le quali da un serio lavoro critico su quel
primitivo periodo della storia romana sarebbero derivate, il sentimento religioso e nazionale del popolo » (p. 71). Quindi sembra al-
l'A. « di potere con tutta sicurezza conchiudere, che la storia di Roma
fino alla ricostruzione della città per lo spazio di 364 anni, quale noi
troviamo negli antichi scrittori, rispetto ai fatti, è piena d'incertezza
ne' generali, di contraddizione e di favole in molti particolari, a cui
neppure gli antichi scrittori prestavano molta fede » (p. cit.).

Ma quanto alle istituzioni l'A. non crede ugualmente giusta nè
applicabile una tale conclusione ; giacchè, considerati parecchi fatti
di diverso genere ed irrefutabili, si vede che il carattere della primitiva storia di Roma rispetto alle *istituzioni* contiene « tutti gli
elementi di quella certezza morale e relativa, *di cui anche la critica
più esigente si contenta e debbe contentarsi nella storia antica*, nella
quale la certezza assoluta, specialmente nei particolari, è più desiderabile che possibile, tranne rarissime eccezioni » (pp. 73, 74).

Da questo rapido cenno può ognuno farsi un'idea dell'importanza che ha questa nuova pubblicazione dello Schiaparelli, specialmente per noi Italiani che difettiamo, rispetto a tali studî, di pubblicazioni che riassumano quanto sparsamente si è fatto e detto dagli uomini più competenti. E sebbene relativamente ai fatti dei due primi secoli della storia romana, talora l'A. mi sembri troppo conservatore e troppo perplesso nell'accettare parecchie conclusioni della scuola critica che non mi sembrano affatto destituite di fondamento, certo è che la sua *Memoria* riuscirà di non poca utilità agli studiosi dell'antica storia di Roma non solo, ma pur anche a coloro che amano conoscere il movimento degli studî storici in generale e desiderano non ignorare, come molti pur troppo fanno, gli ultimi risultati delle indagini odierne.

Torino, 10 febbraio, 1882.

ETTORE STAMPINI.

Roma nella memoria e nelle immaginazioni del Medio Evo di ARTURO GRAF. — Volume I, Torino, Loescher, 1882.

Uno de' sentimenti più spiccati che si manifestano nella letteratura romana, sotto qualunque forma la si riguardi, è, come è noto, il sentimento patrio. L'idea di Roma, della sua gloria, della sua potenza, della sua immobile ed eterna grandezza è costantemente fissa nella mente dei romani scrittori, non pur ne' tempi più splendidi dell'impero, ma anche nella sciagurata età, in cui, per un formidabile concorrere di cause dissolventi, minacciava da ogni parte rovina l'immenso colosso innalzato dalla virtù, dalla costanza, dal senno, dalla fortuna della stirpe latina. Roma è non solo paragone di ogni grandezza, ma si può dire quasi che l'idea di essa incombendo sugli spiriti s'identifichi con quella dell'eternità; tanto che, quando il poeta esaltandosi nella coscienza della propria grandezza intravvede nel buio dell'avvenire una gloria imperitura, si augura che possano i suoi carmi durare

« Dum domus Aeneae Capitoli immobile saxum
Accolet imperiumque pater Romanus habebit ».

(VERG., *Aen.*, IX, 448, 449).

Così pure Orazio, inneggiando alla propria grandezza, al monumento che colla sua poesia ha innalzato

« aere perennius
Regalique situ pyramidum altius »

(*Od.*, III, 30; 1, 2)

esprime questo voto :

« usque ego postera
Crescam laude recens, dum Capitolium
Scandet cum tacita virgine pontifex »

(id., id., 7-9).

E Rutilio Namaziano, per tacere di Claudiano i cui scritti palesano uno straordinario entusiasmo per Roma, anche dinanzi agli orrori dell'Italia scorazzata dai barbari, di Roma saccheggiata e rovinata da Alarico, non può credere che questa possa perire e le innalza nel principio del libro I del poemetto *De reditu suo* un inno stupendo, in cui, fra le altre cose, le dice in tono fatidico :

« Illud te reparat, quod cetera regna resolvit :
Ordo renascendist, crescere posse malis.

. . . .

« Aeternum tibi Rhenus aret, tibi Nilus inundet :
Altricemque suam fertilis orbis alat.

. . . .

« Fortunatus agam votoque beatior omni,
Semper digneris si meminisse mei. »

(139-164, ediz. L. MUELLER).

Nè sarebbe senza grande interesse uno studio in cui si venissero raccogliendo diligentemente tutti quei luoghi degli scrittori romani, ne' quali più si manifesti il sentimento, la coscienza di Roma e della sua grandezza, sentimento e coscienza che pèrdura e, quasi direi, si accresce anche dopo la caduta ignominiosa dell'impero.

Il libro del prof. Graf è lì per provare la verità di quanto affermiamo. Il suo libro con una quantità innumerevole di fatti ci dimostra chiaramente « la tendenza degli spiriti nel medio evo a stringere intorno a Roma l'errante popolo delle favole, a raccorlo sotto la sua alta dominazione morale » (p. 244); le svariatissime leggende da lui esposte « affermano la virtù attrattiva di quella Roma medesima, divenuta centro di gravitazione a tutto il pensiero dei tempi » (id.).

Non bastano poche parole per tessere di questo libro un elogio adeguato. Basti il dire che è una pubblicazione della quale il nostro paese deve andare orgoglioso; che non saprei quale altro libro, nel suo genere, gli si possa metter di sopra, sia per molteplice erudizione e dottrina, sia per acume di vedute e profondità di osservazioni, sia per una esposizione chiara, linda, senza presunzione e senza fronzoli, ma che ti alletta e ti fa talora quasi parer romanzo un libro severamente scientifico. La mente del Graf domina sull'immenso materiale da lui raccolto, vi domina ordinandolo acconciamente, facendo vedere i nessi tra i fatti, traendone le leggi, le ragioni intime : il suo libro è un vero edifizio dove il materiale ha già avuto quel posto che gli spetta e adempie gli uffizi che gli competono. Enorme è la quantità dei libri e dei manoscritti letti e studiati dal Graf: lo attestano i numerosissimi estratti da lui dati di opere e codici in varie lingue che egli andò a cercare nelle principali biblioteche italiane ed estere , a Firenze, Roma, Bologna, Modena, Milano, Venezia, Parma, Novara, Torino ; Vienna, Monaco, Parigi, Londra, Oxford, Berna. Così che, se taluno per avventura non potrà convenire con lui nell'interpretazione di qualche leggenda, nell'origine che le assegna, nelle ipotesi che talora è costretto a sostituire al fatto che manca, nessuno potrà certamente disconoscere l'importanza della sua pubblicazione che colloca il poeta della *Medusa* fra i più chiari critici ed i più eruditi uomini del nostro paese.

Diamo un breve riassunto di questo insigne lavoro, avvertendo però che per la mole straordinaria dei fatti che vi sono raccolti ci riescirà appena di dare una pallidissima idea delle cose principali, tanta è la moltitudine dei fatti raccolti, tante le osservazioni acute e profonde colle quali l'autore cerca di leggere nell'immenso libro delle leggende.

Il volume è diviso in 11 capitoli. Nel primo, che ha per titolo *La Gloria e il Primato di Roma* (pp. 1-43), l'A. mostra come nel medio evo « Principio e fonte di ogni potestà, Roma è il simbolo della universale cittadinanza, è la patria comune in cui tutti si riconoscono » (p. 2). Esaminando come « nel medio evo si ricordasse la grandezza di Roma, e quali sentimenti, e quali atti si generassero dal ricordo » (p. 4), ci fa vedere come dai titoli che le si davano, di *aurea*, di *mater orbis*, di *mater imperii*, di *domina mundi* e specialmente di *caput mundi*, si possa riconoscere che essa era la più nobile, la massima fra le città del mondo. Il suo primato « è riconosciuto da tutti, Italiani e non Italiani » (p. 9). Anzi il concetto che se ne ha è tale « che in Roma s'immagina quasi tutta raccolta l'antichità » (p. 11). Ammirata e magnificata da tutti, l'eterna città « diventa come il natural paragone di ogni umana grandezza » (p. 18), onde le città andranno a gara « per potersi fregiare, quasi titolo singolare di nobiltà, del nome di *Nova Roma*, o di *Roma secunda* » (id.). « Città e popoli si studiano di tenersi stretti a Roma quanto più possono » (p. 21); popoli diversissimi per lingua e per costume tentano di far risalire a' Troiani le loro origini per dirsi consanguinei di Roma (p. 22): anche « famiglie patrizie, e persino dinastie » cercano « in qualche romano illustre il primo loro stipite » (p. 29).

Ma accanto a questo sentimento di ammirazione un altro si eleva ed è « quello di una profonda tristezza e di un vivo rammarico al cospetto della formidabile rovina di Roma » (p. 33). Ecco dunque sorgere « tutto un mondo di colorite finzioni » che si raggira intorno alle mura di Roma, alle sue maggiori vicende, agli uomini « che più con l'opre ne illustrarono o ne offuscarono il nome » (p. 38). Ma il ricordo della passata grandezza, del perduto splendore rende più amara negli spiriti la coscienza del presente miserabile stato dell'insigne città; quindi « le voci che nella età di mezzo suonano intorno a Roma, non tutte sono di ammirazione e di lode » (p. 39).

Il secondo capitolo (pp. 44-77) ha per argomento *Le rovine di Roma e i « Mirabilia »*. In esso, dopo aver parlato delle rovine de' monumenti, della decadenza morale ed economica, della scarsa popolazione, della profonda notte d'ignoranza che pesava su Roma, delle

« grandi aree spopolate, invase da una selvaggia vegetazione, o coperte d'acque stagnanti » (p. 48), delle mortifere esalazioni che infettavano l'aria, dei terribili contagi, ma soprattutto della quotidiana opera distruttrice dei grandi e superbi monumenti, a cui « si aggiungono le devastazioni subitanee e generali » (p. 50), ci fa conoscere come quegli avanzi qua e là sparsi commovessero « col tristo e solenne aspetto gli animi dei riguardanti » e li levassero « alla contemplazione delle glorie passate » (p. 51). Ma quelli che « dovevano di certo rimanere più profondamente impressionati alla vista delle rovine che non gli stessi Romani » (p. 56), erano i pellegrini, ai quali crede l'A. che si debbano « la maggior parte delle immaginazioni raccolte nei *Mirabilia* e nella *Graphia* » (id.). Dal sec. VII in giù si facevano sempre più numerosi i pellegrinaggi a Roma : dalle menti dei pellegrini « riscaldate dal sentimento religioso e dalle peripezie del viaggio » dovevano certo nascere molte strane immaginazioni, dalle quali « dovettero avere origine, almeno in parte, i *Mirabilia* » (p. 58). E qui l'A. si accinge a trattare una serie di questioni intorno ai *Mirabilia* ed alla *Graphia*, e le tratta da par suo con profonda dottrina, prendendo ad esaminare le opinioni di moltissimi dotti. Riguardo ai *Mirabilia* poi accenna alle diversità più o meno rilevanti che ne presenta il testo negli innumerevoli manoscritti ed alle variazioni cui esso andò soggetto in processo di tempo (p. 68 e segg.); quindi passa a discorrere della *Polistoria* di Giovanni Cavallino de' Cerroni che l'A. crede si possa considerare « come il primo trattato di antichità romane che siaci rimasto » (p. 77).

Argomento del capitolo terzo (pp. 78-108) è *La fondazione di Roma*. Fatto un cenno di parecchie leggende risalenti all'antichità classica e degli autori che ce le conservarono, l'A. nota come per l'intimo legame che stringeva nelle menti del medio evo le sorti di Roma con quelle del cristianesimo, « ragion voleva che la leggenda si prolungasse innanzi e indietro, nel futuro e nel passato, sino a quegli estremi termini a cui la storia stessa, così com'era figurata e limitata nel dogma, le poteva concedere di pervenire. Per una parte dunque la leggenda si stende sin quasi alla catastrofe del gran dramma dell'umanità, il Giudizio Universale : l'Anticristo porrà fine al sacro romano impero. Per un'altra essa rimonta indietro sino a Noè » (p. 80). La leggenda di Noè primo fondatore si trova per la prima volta notata nella *Graphia aureae urbis Romae* (p. 81) : ne parlano molti scrittori del medio evo, sebbene non si possa dire che attingano sempre alla stessa fonte (pp. 82, 83). Riportata quindi una « ingarbugliatissima storia di Giovanni d'Outremeuse » e toccate parecchie altre leggende, specialmente una rabbinica assai curiosa (pp. 91, 92), passa alle leggende di Romolo e Remo, lasciando a parte i successori di Enea ; alla favola della lupa nutrice ; alla fondazione di Roma per opera dei due fratelli ; alla morte di Remo dopo aver fondato Reims ; alla leggenda orientale riguardante l' « espiazione del fratricidio compiuta da Romolo nelle feste Lemurie » (p. 106) ; al matrimonio di Romolo, altrimenti detto Armelo, con Bisanzia, figlia di Bisas re di Bisanzio, leggenda parimente orientale ; ai sepolcri di Romolo e Remo, ecc.

Assai interessante è il capitolo quarto (pp. 109-151) riguardante *Le meraviglie e le curiosità di Roma*. La celebrità delle sue rovine è assai grande e diffusa nel medio evo. « Nei *Mirabilia*..... alle sette meraviglie del mondo, fra cui è il Campidoglio, fanno degno riscontro le sette meraviglie di Roma, le quali sono : l'Acquedotto Claudio, le Terme di Diocleziano, il Foro di Nerva, il Palazzo Maggiore, il Pantheon, il Colosseo, la Mole Adriana » (pp. 112, 113). Il Palazzo maggiore, sotto il cui nome « si comprendevano, pare, tutte le rovine del Palatino », « si credeva fosse stato sede ordinaria degli imperatori e della suprema potestà del mondo » (p. cit.). Celebrità ancor maggiore ebbe il Colosseo, che « fu nel medio evo, com'è tuttora, la rovina più cospicua della città, e la più acconcia a inspirare un alto concetto della ricchezza e della potenza de' suoi costruttori » (pp. 118, 119). Passando poi a discorrere del colosso di Nerone (p. 120), che il medio evo sapeva come rappresentasse il Sole, l'A. nota che per « una certa attrazione, provocata, se non altro, dalla somiglianza dei nomi » (p. 122), il colosso del Sole « finisce per entrare nel Colosseo che gli sta dinanzi, e il Colosseo diventa a dirittura il Tempio del Sole » (id.). Notate parecchie altre leggende che si riferiscono al Colosseo, prende a parlare del Pantheon (pp. 130-132), della cui sontuosità peraltro non si narrano nel medio evo gran meraviglie ; del Mausoleo di Adriano (pp. 133, 134) ; del Circo Massimo (pp. 135, 136) ; dei palazzi ricordati nei *Mirabilia*, nella *Graphia*, ecc. Viene poscia a discorrere delle terme ; degli acquedotti ; dei ponti ; dei due gruppi colossali di Monte Cavallo, su cui racconta una strana favola contenuta nei *Mirabilia* (pp. 141, 142), ecc. Detto della Co-

lonna Antonina (p. 146), riferisce l'A. alcune stravagantissime immaginazioni degli Arabi intorno a Roma : alle quali fan degno riscontro
le rabbiniche con cui si chiude il capitolo.

Nel quinto (pp. 152-181) si parla dei *tesori di Roma*. « La fama
della ricchezza di Roma era pari alla fama della sua potenza » (p. 152).
Si credeva che ne' suoi bei tempi dovesse riboccare di tesori; e questa
opinione veniva avvalorata dalle monete, dai vasi, dalle gemme che
si ritrovavano qua e là per l'Europa e che risguardavano la romana
opulenza (p. 155). Era perciò naturale che si credesse del pari che
sotto le sue rovine dovessero essere sepolti grandi tesori. Di qui una
serie di leggende curiose e diverse, parecchie delle quali hanno in
comune una statua « che copertamente indica il tesoro » (p. 167).

E « poichè Roma toccò il sommo della prosperità e della gloria
sotto il magnifico reggimento di Augusto cosi per quella consuetudine propria del medio evo di tutto riferire al principe quanto v'è
di più spiccato nella vita di un popolo, si cominciò a considerare il
primo imperatore di Roma come un rappresentante, anzi come un
depositario della universale ricchezza romana » (pp. 171, 172). Ed
ecco nascere una quantità di leggende di tesori inestimabili ammas-
sati da Ottaviano e che « giacciono sepolti entro certe cavità della
terra, affidati alla custodia di spiriti maligni, o di singolari ingegni,
artifiziosamente e per arte magica composti » (p. 173). Non è quindi
a stupire che nelle immaginazioni medievali a poco a poco il liberale e magnifico Augusto, come dice l'A. (p. 180), si trasformi in un
principe cupido e avaro.

La poten?a di Roma è argomento del capitolo sesto (pp. 182-229).
« Durante tutto il medio evo, nei tempi più sciagurati, in fondo alla
maggior miseria, Roma serba un'aria di signoria che impone rispetto » (p. 182). Tuttavia « quella potenza, che non ebbe l'eguale
nel mondo, appare agli spiriti inesplicabile e miracolosa » (p. 183).
Ed ecco che si ricorre alle spiegazioni soprannaturali : ed ecco sorgere la famosa leggenda della *Salvatio Romae*, della quale discorre
diffusamente l'A. allontanandosi, quanto all'origine di essa, dalle opinioni del Massmann, del Bock e del Comparetti. Egli crede questa
leggenda nata in Roma nel quarto o nel quinto secolo (p. 201) da un
complesso di cause che qui sarebbe troppo lungo riferire, ma che,
a parer mio, rendono non inverosimile l'opinione dell'A., cui sembra
dare conferma anche la narrazione dell'Anonimo Salernitano (pp.
205, 206).

Di fronte alla *Salvatio* ed alle leggende molteplici cui diede nascimento troviamo « alcune leggende di carattere al tutto opposto, le quali mostrano Roma esposta a pericoli, o vinta da nemici di cui la storia non serba ricordo » (p. 214). Riguardano tali leggende e Alessandro Magno e Davide e i Sicambri e i re della Persia, gli Ungheresi, i Danesi, Attila, ecc. È da dirsi però che nella credenza del medio evo Roma non doveva soltanto agli aiuti sovrannaturali dell'arte magica la sua grandezza e la sua signoria ; chè « La giustizia, il senno e il valore dei Romani sono ricordati continuamente, e proposti come nobile esempio da imitare » (pp. 222, 223). « Il senno latino è riconosciuto e ammirato » (p. 227).

Gli altri cinque capitoli (pp. 230-402) riguardano gl'imperatori. Nel settimo si discorre della *Leggenda degli imperatori* in generale : *Giulio Cesare*, *Ottaviano Augusto* e *Nerone* sono ciascuno argomento di un capitolo; di *Tiberio*, *Vespasiano*, *Tito* si parla nell'ultimo capitolo.

L'A. divide in due classi le leggende imperiali : « la prima, di quelle che si appiccano a imperatori reali, la seconda, di quelle che creano imperatori immaginarii » (p. 238). Di questi ultimi si tratta nello stesso capitolo settimo già citato. Non solo si notano trasposizioni d'ogni maniera nelle liste degl'imperatori (pp. 238-244); ma troviamo in libri del medio evo una lunghissima filza di imperatori fantastici dei quali l'A. dà un cenno.

Venendo a *Cesare* (cap. VIII), ci dice l'A. che « è generalmente considerato nel medio evo quale primo imperatore » (p. 248). La sua celebrità è maggiore di quella di Augusto : moltissimi libri del medio evo trattarono delle sue imprese. La fantasia lavora intorno al suo nome, alla sua nascita, alle sue guerre ; s'inventano nuove guerre da lui combattute ; sono celebrati i suoi trionfi : gli si fanno fondare molte città, ecc. La sua morte violenta è poi il fatto che sopra tutti gli altri si ricorda, e viene narrata e spiegata in varii modi. Nè meno notevole è quanto s'inventò riguardo al suo sepolcro, creduto anche da taluno opera di Virgilio. Insomma Cesare « è agli occhi degli uomini del medio evo la più grande e nobile personificazione della potenza »; e la sua gloria « oscura quella di Alessandro Magno » (p. 302).

Il capo IX è consacrato ad *Ottaviano Augusto*. La sua celebrità « nasce di due cagioni principalmente : l'avere egli levata Roma al più alto grado di prosperità ; l'esser nato sotto il suo reggimento il Redentore del mondo » (p. 309). Di qui la leggenda della sua visione e della origine di *Ara Caeli* (pp. 309-321), cui se ne aggiungono parecchie altre riguardanti ora la bellezza dell'imperatore, ora le sue crudeltà e la sua lussuria, ora costruzioni che fece di templi che rovinano la notte del nascimento di Cristo, la cui venuta è annunziata da molti segni e vaticinii ; ora la sua morte e la sua sepoltura.

Non meno celebre è nel medio evo *Nerone* (cap. X), ritenuto dopo Giuda « l'uomo più empio e scelerato che sia mai vissuto al mondo » (p. 332). Di lui si ricordano inaudite crudeltà ed infamie. « Quasi che i delitti da lui veramente commessi non fossero abbastanza numerosi, altri gliene sono imputati che non commise, e non poteva commettere » (p. 334). Di lui si nota il lusso stravagante e l'insensata prodigalità ; le dissolutezze e le lascivie, al che si lega la strana leggenda della sua gravidanza (pp. 338-342) e dell'origine del Laterano ; la condanna a morte di san Pietro e san Paolo « per vendicare l'amico suo Simon Mago » (p. 347), del quale l'A. discorre alquanto ; la sua morte ignominiosa, il suo sepolcro, la sua futura risurrezione precedendo immediatamente l'Anticristo ; i monumenti cui è legato il suo nome , sebbene viva pure nel medio evo la memoria de' suoi buoni principii sino a « fare di lui un amico di Cristo e quasi un credente » (p. 345).

Molta importanza ha il capitolo XI ed ultimo, come quello che tratta ampiamente, con ingegnose osservazioni e verosimili ipotesi basate su fatti molteplici, della Vendetta di Cristo considerata nella sua forma piena e finale, vendetta cui nelle immaginazioni medievali sono legati i nomi di *Tiberio, Vespasiano, Tito,* da cui s'intitola il capitolo. Io credo che questa sia la parte del libro del Graf ove meglio si può scorgere la singolare sua attitudine a coordinare fra loro i fatti leggendarii, a scoprirne i punti di contatto e le divergenze ; a rintracciare il nucleo primitivo di ogni leggenda e quindi seguitare le molteplici accessioni onde si venne ampliando ; a notare gl'incontri e le fusioni, gli scambii, le variazioni avvenute in quel mondo bizzarro e cotanto interessante. Di fatto la leggenda della Vendetta di Cristo è molto complessa e risulta di diverse parti che vennero aggregandosi in tempi diversi. Io non posso qui darne neppure un'idea, chè la troppa complessità della leggenda richiederebbe anche in un riassunto uno spazio assai grande. Dirò solo che l'A.

riconosce in quella leggenda cinque gradi; che la leggenda di Tiberio, il quale prima propone, per gli onori divini, Cristo al senato e poi diventa a dirittura suo vendicatore, si fonde con quella della Veronica, ed, insieme con questa, finisce per fondersi con quella della distruzione di Gerusalemme. — Al capitolo XI sono aggiunte tre appendici (pp. 403-460); la prima contenente importanti indicazioni sulle versioni e redazioni che di quella leggenda si hanno nelle varie letterature d' Europa; la seconda contenente una leggenda di Pilato in vecchio francese (482 versi) tratta da un codice della Nazionale di Torino; la terza contenente in 1189 versi un racconto, anche in vecchio francese, tratto da un codice della medesima biblioteca, della vendetta che Vespasiano fece di Cristo.

Conchiudo facendo voti che il chiaro professore possa presto pubblicare il secondo volume. Gliene sapranno grado quanti amano una solida e larga coltura, non che quelli che desiderano accrescere le proprie cognizioni riguardo ad un argomento che ha tanti punti di contatto cogli studî dell'antichità classica.

Torino, 1° marzo, 1882.

ETTORE STAMPINI.

La filosofia morale di Aristotele. Compendio di FRANCESCO MARIA ZANOTTI con note e passi scelti dell'*Etica Nicomachea* per cura di L. FERRI e di FR. ZAMBALDI professori nella R. Università di Roma. — Ditta G. B. Paravia, Torino-Roma-Milano-Firenze, 1882.

I nuovi Programmi per le scuole secondarie (16 giugno, 1881), nei quali è prescritto che l'insegnamento della Filosofia morale sia impartito sui libri di Aristotele a Nicomaco avrebbero dovuto parere assai meno strani di quello che furono comunemente giudicati, se fossero stati esaminati più tranquillamente e spassionatamente, senza quella profonda preoccupazione, che valse a fuorviare la mente di alcuni, che cioè con essi s'accampava la pretesa che i dottori in filosofia avessero conservato e coltivato quella notizia di greco, che d'altra parte, a vero dire, avevano potuto e molti anche dovuto apprendere nel corso dei loro studî universitarî. Non fu la prima l'Italia ad introdurre nelle scuole quest'opera aristotelica, sulla quale omai passarono ben ventidue secoli senza che ne deformassero le molte bellezze ; ma essa era già in parte stata prevenuta dalla Repubblica Francese, che appunto, due anni or sono, volle che nelle classi di filosofia si facesse la lettura di alcuno tra i libri della medesima (Cf. *Revue Critique d'histoire et de littérature*, 1881, p. 82, art. 161). Una invasione delle più strane e disparate dottrine era incominciata e si stava compiendo nelle nostre classi liceali ; con Aristotele tutto scompare, e mentre dall'un lato i nostri giovani sono invitati a meditare sopra uno de' più pregevoli scritti del più grande pensatore che sia mai sorto tra gli uomini, dall'altro si presenta loro una dottrina, che certo non è. senza imperfezioni, ma che pur non dà luogo a quei molti inconvenienti che si lamentavano in altre. Nè devesi badare più che tanto alla difficoltà opposta, che i dottori di filosofia *non debbono* dar prova di saper interpretare il greco *difficilissimo* di Aristotele ; innanzi tutto quel *non debbono* vorrebbe essere, come ognun vede, un po' meglio determinato; quel *difficilissimo* poi non è altro che una *esagerazione*. Cito a sostegno delle mie parole quelle di F. Figliucci (1) : « Sono ancora le scienze morali più agevoli che le speculative, perchè con più facilità le ha trattate il filosofo (Aristotile) e con termini più usati e con stile piano e chiaro, dove negli altri suoi libri è stato oscuro e breve, ecc. » e quelle del Ramsauer (2): « ... quumque intellexissem, plerumque ad Nicomachea legenda accedere qui librorum Aristotelicorum paene rudes essent, non tantum, etc. ».

Appena pubblicati i programmi, si procacciò subito da uomini volonterosi di venire in soccorso degli insegnanti con *opportune* pub-

---

(1) *Della filosofia morale,* libri dieci sopra i dieci libri dell'*Etica di Aristotile*, p. 4, Venezia, 1552.

(2) Aristotelis, *Ethica Nicomachea*, edidit et commentario continuo instruxit G. Ramsauer, p. V, Lipsiae, 1878.

blicazioni; l'editore Berardino Ciao di Napoli fece stampare dalla tipografia Festa un libro che portava sulla copertina il seguente titolo:

ARISTOTILE

La morale a Nicomaco.

Versione italiana fatta sull'edizione del BEKKER

per

FRANCESCO MARIA ZANOTTI

proposta come libro di testo ne' licei d'Italia col regolamento Baccelli

del Giugno 1881.

Non occorre neppure che io metta qui l'una di fronte all'altra le due date, della morte dello Zanotti e della nascita del Bekker, per rendere palese la sciocca menzogna; ma soggiungerò che poi veramente il libro non contiene altro che la *morale* dello Zanotti senza note e senza grande accuratezza tipografica; note ed accuratezza tipografica che non mancano nell'edizione fattane dal Barbéra, quantunque le note siano una ben povera cosa (1). Una vera traduzione dell'*Etica a Nicomaco* fu pubblicata nel passato novembre in Torino dal Paravia (2); non voglio negare che il giovane autore della medesima abbia dato una cotal prova del suo ingegno, della sua perizia nella lingua greca e, aggiungerò anche, del suo singolare ardimento coll'accingersi a tradurre in italiano quest'opera in tale spazio di tempo che ad altri sarebbe parso troppo breve per intenderne a dovere poche pagine; ma, come era naturale, furono tante le cadute, che ad enumerarle tutte converrebbe trascrivere qui buona parte

---

(1) *La filos. mor.* ecc., nuovamente pubblicata per uso delle scuole per cura di un dottore in filosofia, Firenze, 1881.

(2) ARISTOTILE, *La morale a Nicomaco*, traduzione letterale italiana fatta sull'edizione del BEKKER.

del volume; taccio de' periodi fieramente distratti fra loro e incedenti ciascuno per conto proprio (l'autore del sillogismo ci appare in questa traduzione uno sconclusionato parolaio) e cito solo alcuno dei gravi errori che trovo disseminati qua e là, aprendo a caso il volume.

A pag. 11 si legge questo periodo: « Più finale poi diciamo il ricercabile per sè, del ricercabile per altro, e il non mai eleggibile per altri dei fini e per sè, e per quello eleggibili e semplicemente finale, il fine sempre eleggibile per sè, e non mai per altro »; mentre si poteva e forse si doveva rendere italiane le parole di Aristotele (1097 a 30) nel modo seguente: « Diciamo poi che quel bene, che si ricerca per sè, è più perfetto di quello che si ricerca per cagione d'altro bene, e che quel bene, il quale non si elegge mai per cagione d'altro, è più perfetto de' beni che si eleggono e per sè e per cagione di questo; ed è poi senza dubbio perfettissimo tra i beni quello che sempre si elegge per sè stesso e non mai per cagion d'altro ». — Nella medesima pagina (1097 b 14): « ora stabiliamo essere bastante a se stesso ciò che da sè solo preso fa (in nota: costituisce), la vita e di nulla abbisogna »; mentre si poteva e forse si doveva dire: « per ora teniamo fermo che sufficiente per se stesso è ciò che anche da solo fa la vita desiderabile e di niuna cosa bisognevole »; a pag. 29: « Ma quello prima si accordi che, ogni discorso intorno alle cose operabili, in genere, e non con esattezza, conviene sia fatto, come anche riguardo ai principii dicemmo, che, secondo la materia si devono esigere i ragionamenti »; mentre pur si poteva e forse si doveva dire (1103 b 34): « Ma questo ci sia innanzi tutto concesso, che ogni ragionamento intorno alle cose agibili debba procedere a un digrosso e non con esattezza, perchè, secondo quello che s'è detto fin da principio (1), i ragionamenti si debbono esigere tali, che rispondano alla materia ». — Quindi io conchiudo che se si

---

(1) Il κατ' ἀρχάς è reso dal traduttore malamente per secondo i principii; bene invece il Segni per sì come da prima fu detto; cioè a p. 1094 b 13, dove si legge: « imperocchè l'esattezza non s'ha da cercare a un modo in tutti i ragionamenti, ecc. ». Sembra aver fatto intoppo al traduttore il plur. ἀρχάς, e non doveva, se si fosse ricordato del Curtius (Gramm. Gr., 459, B, b) o meglio, se avesse consultato l'Eucken (Ueber die Sprachgebrauch des Aristoteles, II, p. 41, Berlino, 1868), che fa un utile paragone fra κατ' ἀρχάς e κατ' ἀρχήν ed ἐν ἀρχῇ.

voleva una traduzione letterale, era meglio ripubblicare quella del Lambino, e che, se se ne voleva un'altra più elegante, era meglio ripubblicare quella del Segni, oramai fatta rarissima.

Sembra che gli egregi professori Luigi Ferri e Fr. Zambaldi abbiano degnamente provveduto ai bisogni delle nostre scuole col libro che qui si annunzia, curando il primo un'edizione con note del *Manuale* dello Zanotti, commentando il secondo una serie di capitoli, raccolti dall'*Etica a Nicomaco* dal Ferri, i quali contengono la parte capitale della dottrina aristotelica.

Dapprincipio il Ferri riassume la vita dello Zanotti, toccando delle principali sue opere; a pag. 12 facendo speciale menzione dell'aureo libretto di lui intorno alla morale de' Peripatetici, mostra in che differisca la dottrina aristotelica da quella dello Zanotti, il quale si allontana dal suo maestro specialmente sopra quattro punti, che sono: 1º la legge morale; 2º il piacere e la sua relazione col bene; 3º le idee e le verità ideali; 4º la vita futura. — Per dare una chiara idea del libro e del modo con cui venne acconciamente preparato per uso delle scuole, accennerò qui alle note più importanti che corredano la prima parte. — A p. 24 si tratteggia a grandi linee la vita di Aristotele e si tocca brevemente delle opere di lui; a pag. 39 si fa particolare menzione de' suoi scritti etici, indicandone il diverso scopo. (Qui avrei aggiunto, a far cessare la meraviglia degli scolari e forse anche quella di qualche insegnante, il perchè l'Etica detta *grande* sia poi la più *piccola* di tutte). A pag. 40 si mostra come A. per determinare il concetto di fine ultimo dell'uomo o sommo bene muova dalla divisione delle specie fondamentali della vita, vegetativa, sensitiva e razionale, indicandone le funzioni; a pag. 41 (*nota* 2) si espone da quale ragionamento sia stato condotto A. ad immedesimare il sommo bene colla felicità perfetta o beatitudine; a pag. 43 si nota l'oscillazione che si trova nell'Etica di A. fra l'elemento sensibile e il razionale, oscillazione che creò sempre un grande impaccio a' suoi espositori; dalla *nota* che è a pag. 46 trascrivo le seguenti parole, che mi paiono molto assennate: « Zanotti, fedele ad Aristotele, tratta le due parti del bene sommo da lui chiamato felicità, come se fossero due concetti di ugual valore, come se si potessero sommare, al pari di due quantità omogenee, per ottenere il perfetto bene; mentre il bene è un genere, che comprende la specie del piacere (bene sensibile) e della razionale attività pratica (bene morale) ». A pag. 49

(*nota* 1) ed a pag. 5o (*nota* 1) ed a pag. 51 (*nota* 1) si fanno utilissimi paragoni delle dottrine platoniche colle aristoteliche ; a pag. 54 si citano, dal capo VIII del lib. 1 dell'*Etica a N.*, alcune importanti proposizioni che affermano l'unione della felicità colla virtù. Il libro, come era da aspettarsi dal Ferri, è fatto con grandissima diligenza ed acutezza ; molte notizie storiche, attinte ad ottime fonti, chiariscono, quanto è necessario, le dottrine dei filosofi menzionate dallo Zanotti (1).

Nè è da dire che sia venuto meno all'ufficio suo il prof. Zambaldi, il quale, seguendo di preferenza il commento di C. L. Michelet (2), ci dà con piena competenza la dichiarazione delle più difficili frasi aristoteliche. Egli fece con buon criterio una scelta dei più importanti passi dell'*Etica a N.*, e questi poi viene corredando di opportune note, con utili confronti di luoghi paralleli e citazioni di antichi commentatori ; se non che, quei luoghi paralleli e queste citazioni avrei preferito che fossero ridotte in un italiano semplice e facile, che alleviasse la fatica dell'insegnante e spianasse la strada al buon volere de' discenti ; nel che non tenne sempre eguale misura, perchè mentre ci dà la versione di frasi semplicissime, ad esempio, di τῆς αὐτῆς ἡμέρας (p. 257), non ci dice poi nulla di altre che hanno maggior difficoltà. Leggendo le note dello Z. mi vennero in mente alcune osservazioni ; in esse, come si vedrà, non si vuole già cogliere in fallo il chiaro Ellenista, ma soltanto fargli qualche proposta, che a me non parrebbe senza alcuna utilità. A pag. 194, data la interpretazione dello Zell e del Gifanio, potevasi molto utilmente citare il passo della *Metafisica* (1, 1, 981 a 30), dove sono fra loro paragonati gli ἀρχιτέκτονες ed i χειροτέχναι, col relativo commento del Bonitz ; a pag. 195 si spiega la frase ἆρ' οὖν coll'autorità grandissima del Mureto ; ma il fatto che A. usa talvolta di *interrogare* in luogo di *affermare* è molto meglio dichiarato dal BONITZ (*Ind. Ar.*, 90 b 38): « ipsum ἆρα in interrogationibus simplicibus non raro ita usur-

---

(1) Del FERRI si potrà anche molto utilmente consultare lo scritto pubblicato nella *Filosofia delle scuole italiane* (anno XIII, vol. 25, disp. 2ª) col titolo : « *Dottrina aristotelica del Bene e sue attinenze colla civiltà Greca e Italiana* ».

(2) CAROLI LUDOVICI MICHELET, *Commentaria in Aristotelis Ethicorum Nichomacheorum libros decem.*, Ed. II, Berolini, 1848.

patur, ut interrogatio vim habeat enunciati *modeste* vel *dubitanter* affirmantis »; nella medesima pagina per far meglio intendere il valore di τύπῳ περιλαβεῖν potevasi addurre la spiegazione del TRENDE-LENBURG (*Elementa Log. Arist.*, pag. 5o, Ed. VI), e poi paragonare τύπῳ περιλαμβάνειν, διορίζειν, θεωρεῖν con ὑπογράφειν (le due espressioni trovansi accoppiate nel *De Anima*, II, 1, 413a 10: τύπῳ ταύτῃ θεωρείσθω καὶ ὑπογεγράφθω περὶ φυχῆς), per conchiudere che A. alla trattazione ampia e precisa della materia talvolta ne contrappone o premette un'altra così in di grosso, in abbozzo (ciò che egli indica con frasi tolte ad imprestito dallo scultore, p. e., τύπῳ περιλαμβάνειν o semplicemente ὑποτυποῦν, o dal pittore ὑπογράφειν oppure ἀναγράφειν) e che finalmente τύπῳ λέγειν viene a significare un *ragionamento probabile* in opposizione ad un altro *certo ed esatto*, come nell'esempio: πᾶς ὁ περὶ τῶν πρακτῶν λόγος τύπῳ καὶ οὐκ ἀκριβῶς ὀφείλει λέγεσθαι (*Eth. a Nic.*, I, 2, 1104a 1). A pag. 197 si legge: « il predicato è neutro come spesso nelle sentenze, ecc. »; molto meglio il BONITZ (*Ind. Ar.*, 484a 5o): « Apud Aristotelem perinde atque apud omnes scriptores Graecos (MATTHIAE, *Gr. Gr.*, § 437) adiectivum praedicati loco positum interdum non sequitur genus subiecti, sed substantivi instar genere neutro ponitur..... Peculiaris Aristoteli videtur esse negligentia quaedam et inconcinnitas in coniungendo genere neutro cum aliis generibus ». — A pag. 198 è bellissima l'osservazione: « Dopo la vita sensitiva non ricorda qui, come fa altrove la vita appetitiva, ἡ ὀρεκτικὴ ζωή, forse perchè l'ὄρεξις, in quanto è istintiva, è compresa nell' αἰσθητικὴ ecc. », ma potevasi dare maggior fede a questo breve ragionamento riferendo dal *De Anima* (II, 2, 413b 20) le parole seguenti: « perocchè ciascun segmento (degli insetti) ha sensibilità e moto locale, e, se sensibilità, anche fantasia ed appetito (ὄρεξις); perchè dove è sensibilità, ivi è anche piacere e dolore, e dove piacere e dolore, necessariamente anche desiderio ». Connettendo in tal modo le facoltà dell'anima, non è meraviglia che A. talvolta nella enumerazione delle medesime ne ommetta qualcuna, come fece, per es., nel *De Anima* (II, 2, 413b 12), dove erroneamente lo Steinhart a κινήσει vorrebbe far seguire ὀρέξει (1).

---

(1) Questa osservazione ci aiuterà a sciogliere un piccolo nodo che si incontra nel *Convito* di DANTE. Ivi (Tratt., IV, 7; pag. 431, 83, ediz.

Come già dissi più innanzi, a me sembra molto lodevole la scelta, che il Ferri fece dei passi commentati dallo Zambaldi; citerò il titolo di quelli che sono ricavati dal libro I :

Cap. I. Diversità dei fini e dei beni. Fine ultimo e bene sommo. Ordine delle scienze e delle arti conforme a quello dei fini e dei beni.

Cap. VII. Il fine ultimo e la felicità.

Cap. X. Elementi costitutivi della vita felice : virtù, piacere, beni esterni e di fortuna.

Ma a questo punto non avrei tralasciato quel tratto del cap. XIII (1102a 27 — 1103a 10) in cui si ricerca la natura delle due parti dell'anima, perchè « secondo la differenza, dice A., di queste due parti si dividono pure le virtù, e così diciamo che alcune di esse sono intellettive, e alcune sono dette morali : la sapienza, l'intelligenza e la sagacità sono virtù intellettive ; la liberalità e la temperanza sono morali ».

Torino, 18 maggio 1882.

G. B. Barco.

Giuliani) leggiamo : « Siccome dice Aristotile, nel secondo *dell'Anima,* vivere è l'essere delli viventi ; e perciocchè *vivere* è per molti modi (siccome nelle piante *vegetare,* negli animali *vegetare* e *sentire,* negli uomini *vegetare, sentire* e *ragionare* ovvero *intendere*), e le cose, ecc. ». Gli editori milanesi, seguendo un unico codice, a *sentire* aggiungono *muovere.* Contro tal lezione non solo si può citare l'altro testo di Dante (*Conv.,* III, 2): Aristotele « dice che l'Anima principalmente ha tre potenze, cioè *vivere, sentire* e *ragionare* : e dice anche *muovere* ; ma questa si può col *sentire* fare una, ecc. », dove quell'*anche* rischiara subito ogni cosa ; ma potevasi far meglio, recando innanzi queste bellissime parole del filosofo di Dante (*De An.,* II, 2, 413b 1): « Pertanto la vita è negli esseri viventi mediante questo principio (vegetativo), e l'*animale* poi è essenzialmente costituito tale per via della sensibilità ; ed invero, noi diciamo *animali* e non soltanto *esseri viventi* anche quelli che non si muovono e non mutano posizione, ma che sono dotati della sensibilità ».

Pietro Ussello, *gerente responsabile.*

Lightning Source UK Ltd.
Milton Keynes UK
UKHW022213140219
337291UK00006B/484/P